Vincenzo Jacomuzzi - Matilde Malvezzi

LEGGERE SENZA FINE

C Mito ed Epica

eBook+
Questo volume è disponibile anche in versione digitale.
Per attivarlo segui le istruzioni presenti sul sito internet
www.seieditrice.com/libri-digitali

SOCIETÀ EDITRICE INTERNAZIONALE - TORINO

07463

SEI

Coordinamento editoriale: Lia Ferrara
Progetto editoriale: Lia Ferrara, Vania Panfili
Redazione: Rosalba Maestro, Studio Kalamos di Claudio Cristiani
Ricerca iconografica: Enrico Badellino

Coordinamento tecnico-grafico: Michele Pomponio
Progetto grafico: Studio Mizar - Piergiuseppe Anselmo
Impaginazione: LIV - Cascine Vica (TO)

Coordinamento multimediale: Nicola Prinetti
Redazione multimediale: Roberta Ricca

Copertina: Piergiuseppe Anselmo

AZIENDA CON SISTEMA DI GESTIONE PER LA QUALITÀ CERTIFICATO DA DNV = UNI EN ISO 9001:2008 =

www.seieditrice.com

Prima edizione: 2014

Ristampa
2 3 4 5 6 7 8 9 10
2015 2016 2017 2018

Stampa: V. Bona S.p.A. - Torino

Indice generale

La narrazione mitica

Miti di oggi, miti di ieri 1

Il mito

Il significato del termine 2
Il mito alle sue origini 3
Il mito come racconto tradizionale 3
Il rapporto tra mito e religione 3
Il mito e gli altri generi di racconto tradizionale 5
La leggenda 5
La fiaba 5
La favola 5
Il lungo cammino dei miti greci 5

Eva e l'origine del male 6
L'opera 7
Note di lettura 8
Competenze alla prova 9

Demetra e Persefone: un mito comune a civiltà diverse 10
Il mito 11
Note di lettura 14
Competenze alla prova 15

Esiodo *Pandora e l'origine del male* 16
L'opera 17
Note di lettura 19
Competenze alla prova 20

Virgilio *Il mito di Orfeo* 21
Il mito 22
Note di lettura 24
Competenze alla prova 25

L'epica arcaica

La grande stagione dell'epica eroica 27

I caratteri della narrazione epica

La composizione in esametri 28
I proemi 29
Il narratore 29
I personaggi 30
Fabula e intreccio 31
La struttura sintattica 32
Lo stile formulare 32
Le figure retoriche 33

L'antologia

Le traduzioni 39

1 L'epica greca di omero

I poemi omerici e la realtà storica 41
L'ipotesi di Hertel 41
L'età dei fatti e l'età dei racconti 41
Una lunga tradizione prima della fissazione scritta 42
La figura di Omero e la nascita della "questione omerica" 42
La "questione omerica" dal Rinascimento a oggi 43
La tesi di Parry: l'uso di tecniche ritmico-canore 43
L'*Iliade* 44
L'*Odissea* 45

PAGINE DIGITALI

L'EROE DAL MITO ALLA TREGEDIA ATTICA

L'eroe nel mito
L'eroe nella poesia epica
L'intelligenza dell'eroe tra *métis* e *dolos*
Il teatro greco
L'eroe nella tragedia attica
L'eroe nell'epica latina

2 *Iliade*

Il proemio 46
Note di lettura 47
Competenze alla prova 48

L'antefatto 49
Note di lettura 51
Competenze alla prova 52

Lo scontro fra Achille e Agamennone 53
Note di lettura 58
Competenze alla prova 59
Nel mondo di Omero Una situazione senza via d'uscita 57
Achille incontra la madre Teti 60
Note di lettura 63
Competenze alla prova 64
Tersite e Odisseo 65
Note di lettura 67
Competenze alla prova 69
Nel mondo di Omero Il potere aristocratico 67
Elena sugli spalti della città 70
Note di lettura 72
Competenze alla prova 73
Lo scontro fra Paride e Menelao 74
Note di lettura 76
Competenze alla prova 77
Nel mondo di Omero L'ospitalità 76
L'incontro fra Ettore e Andromaca 79
Note di lettura 82
Competenze alla prova 85
Nel mondo di Omero Vita e destino nell'*Iliade* 86
Il combattimento e la morte di Patroclo 89
Note di lettura 93
Competenze alla prova 96
Nel mondo di Omero Le similitudini 95
Il pianto dei cavalli per la morte di Patroclo 97
Note di lettura 98
Competenze alla prova 100
Nel mondo di Omero Gli dei dell'*Iliade* 99
Il duello tra Ettore e Achille 102
Note di lettura 107
Competenze alla prova 109
Nel mondo di Omero L'ideale eroico della bella morte 108
L'incontro tra Priamo e Achille 111
Note di lettura 115
Competenze alla prova 117

3 *Odissea*

Il proemio 118
Note di lettura 120
Il concilio degli dei 121
Note di lettura 123
Competenze alla prova 125

Il canto dell'aedo Femio 126
Note di lettura 128
Competenze alla prova 129
La situazione a Itaca 130
Note di lettura 132
Competenze alla prova 133
Telemaco alla corte di Menelao 134
Note di lettura 138
Competenze alla prova 140
Nel mondo di Omero La pirateria 139
Il nuovo concilio degli dei 141
Note di lettura 145
Competenze alla prova 147
L'incontro di Ulisse e Nausicaa 149
Note di lettura 153
Competenze alla prova 155
Ulisse alla reggia dei Feaci 156
Note di lettura 158
Competenze alla prova 160
Il canto di Demodoco 162
Note di lettura 163
Competenze alla prova 164
Ulisse svela la propria identità 165
Note di lettura 166
Competenze alla prova 167
La terra dei Ciclopi 169
Note di lettura 176
Competenze alla prova 177
L'isola Eea e la maga Circe 179
Note di lettura 184
Competenze alla prova 185
Nel mondo di Omero Il folclore nell'*Odissea* 183
L'incontro con Tiresia 187
Note di lettura 189
Competenze alla prova 190
L'incontro con la madre 191
Note di lettura 193
Competenze alla prova 194
L'incontro con l'anima di Achille 195
Note di lettura 197
Competenze alla prova 197
L'incontro con le Sirene 199
Note di lettura 201
Competenze alla prova 202
L'arrivo a Itaca 204
Note di lettura 207
Competenze alla prova 208

Ulisse svela la propria identità a Telemaco 210
Note di lettura 212
Competenze alla prova 213
Il cane Argo riconosce Ulisse 215
Note di lettura 217
Competenze alla prova 218
Nel mondo di Omero Il tempo nell'*Odissea* 217
La nutrice Euriclea riconosce Ulisse 220
Note di lettura 224
Competenze alla prova 225
L'uccisione dei proci 228
Note di lettura 231
Competenze alla prova 233

4 L'epica latina di Virgilio

Virgilio e il suo tempo 236
L'epoca di Augusto e l'occasione del poema 237
La tradizione epica latina e Virgilio 238
La leggenda di Enea 239
Le peculiarità del poema virgiliano 239

5 *Eneide*

Il proemio e l'ira di Giunone 240
Note di lettura 241
L'antefatto 243
Note di lettura 244
Competenze alla prova 245
Nel mondo di Virgilio I Penati 244
L'incontro fra Enea e Didone 246
Note di lettura 251
Competenze alla prova 253
Nel mondo di Virgilio La ricostruzione di Cartagine 252
Il cavallo di legno 254
Note di lettura 256
Competenze alla prova 257
La morte di Laocoonte 258
Note di lettura 260
Competenze alla prova 261
L'invasione notturna e il sogno di Enea 261
Note di lettura 264
Competenze alla prova 265

L'uccisione di Priamo 266
Note di lettura 269
Competenze alla prova 270
Il triste destino di Polidoro 272
Note di lettura 274
Competenze alla prova 276
Le Arpie 278
Note di lettura 280
Competenze alla prova 281
Didone si confida con Anna: l'amorosa passione 283
Note di lettura 286
Competenze alla prova 287
L'ultimo incontro 288
Note di lettura 291
Competenze alla prova 292
Didone medita il suicidio 293
Note di lettura 297
Competenze alla prova 298
Nel mondo di Virgilio I precedenti letterari della vicenda di Didone 299
La discesa nelle viscere della terra 301
Note di lettura 306
Competenze alla prova 306
L'incontro con Anchise. Le anime dei beati 308
Note di lettura 311
Competenze alla prova 312
I grandi protagonisti della storia romana 313
Note di lettura 316
Competenze alla prova 317
Eurialo e Niso **319**
Note di lettura 324
Competenze alla prova 325
Il duello tra Turno e Pallante 327
Note di lettura 330
Competenze alla prova 331
Il duello fra Enea e Turno 334
Note di lettura 341
Competenze alla prova 343

Appendici
Biografie degli autori 345
Bibliografia 347

Il tuo libro è anche un eBook+

Questo corso esiste anche in forma di **eBook+**, cioè in forma **digitale interattiva**, scaricabile seguendo le istruzioni che trovi sul sito della casa editrice, alla pagina:

www.seieditrice.com/libri-digitali.

L'eBook+ è una **versione digitale del libro cartaceo, leggera e sempre disponibile**, arricchita da numerosi **contenuti digitali integrativi, accessibili direttamente dalle pagine del testo** con un clic sui punti sensibili.
Sulle pagine del tuo libro troverai una serie di **icone**, che segnalano i contenuti digitali integrativi presenti nell'eBook+.

Verifiche ulteriori in forma interattiva e autocorrettiva.

Materiale scaricabile.

Contributi multipli
(profili, autori, brani antologici didatticizzati, integrativi, rispetto al cartaceo).

Rimando alle biografie degli Autori citati.
N.B. I nomi riportati in nero sono corredati da nota biografica situata anche in *Appendice*.

La narrazione mitica

Miti di oggi, miti di ieri

Nel linguaggio corrente la parola "mito" e i suoi derivati ("mitici" e "mitizzare") è usata con vari significati relativi a contesti diversi della realtà del nostro tempo. Al termine "mito" sono legate **espressioni divenute ormai ricorrenti** nel modo di esprimersi comune: può significare qualcosa di irrazionale e potenzialmente dannoso ("il mito del successo") cui si vuole comunque aspirare; può designare desideri e sogni ritenuti irrealizzabili ("la perfetta felicità è un mito"), oppure esprimere l'esaltazione e l'idealizzazione di personaggi dello spettacolo e dello sport che, per la loro grande popolarità, sono assurti a veri e propri idoli ("quel calciatore è un mito").

Più genericamente, il mito può essere anche inteso come un **prodotto della fantasia** che altera la realtà volontariamente o involontariamente (*"crearsi dei miti"*, *"fabbricarsi dei miti"*) o un evento che assume proporzioni quasi leggendarie ed esercita un fascino straordinario su un gran numero di persone (*"quel cantante è un mito"*), oppure un fatto o un'opinione che non ha corrispondenza nella realtà (*"la sua generosità è solo un mito"*).

Alle sue origini, tuttavia, il termine mito aveva il significato di "racconto".

COMPETENZA

LEGGERE, COMPRENDERE E INTERPRETARE IL TESTO NARRATIVO

CONOSCENZE
Le tecniche della narrazione mitica attraverso le opere.

ABILITÀ
Saper analizzare le diverse componenti narrative e tematiche del testo mitico.

Giuseppe Bossi (1777-1815), *Il racconto di Enea a Didone*, 1806 ca., collezione privata.

Il mito

Il significato del termine

BIOGRAFIE
Omero
Esiodo

La parola **mito** deriva dal greco *mýthos* che in **Omero** e in **Esiodo** (un poeta vissuto intorno al 700 a.C., agli albori della letteratura greca), significa, "parola" e "racconto". Quindi il mito è prima di tutto un racconto, in particolare un "**racconto parlato**" (cioè orale), che fonda e narra l'origine di vari aspetti della realtà naturale, divina e umana. Dall'unione dei termini *mýthos* e *lógos* ("discorso") deriva il termine **mitologia**, che può essere inteso in due diversi significati:

1. insieme di enunciati discorsivi, di pratiche narrative o, anche semplicemente, di racconti e di storie;
2. discorso *sui* miti, relativo cioè allo studio dei miti.

La mitologia, quindi, è intesa come una disciplina che approfondisce la **natura**, i **significati** e la **funzione** dei miti.

Giambattista Tiepolo (1696-1770), *Apollo e Diana*, 1757, particolare, Vicenza, Villa Valmarana.

Il mito alle sue origini

I racconti mitici sono **patrimonio comune** a tutte le popolazioni della Terra e la loro origine risale ai primordi dell'umanità. Quando gli esseri umani conquistarono la posizione eretta e abbandonarono l'ambiente familiare della foresta per inoltrarsi nella savana, trovarono davanti a loro un orizzonte sconfinato dal quale potevano provenire pericoli sconosciuti e imprevisti che minacciavano la loro esistenza. Gli uomini primitivi vivevano in un paralizzante stato di angoscia e per superarlo cercarono di **rendere familiare** ciò che si presentava come ostile ed estraneo e di dare **spiegazioni** a fenomeni che apparivano inspiegabili. Per fare questo immaginarono l'esistenza di **potenze superiori** alle quali attribuirono dei **nomi** e assegnarono la **facoltà** di controllare e dominare diverse sfere della realtà.

Dare i nomi a queste potenze era la prima condizione per poter raccontare su di loro delle **storie**. In tale modo l'uomo le spogliava della loro estraneità, le rendeva accessibili al pensiero e poneva le basi per stabilire con loro dei rapporti mediante la **preghiera** e il rituale dei **sacrifici**. Il racconto mitico, dunque, non è un'invenzione fantastica, ma nasce dall'esigenza dell'uomo di creare delle **condizioni di vivibilità nel mondo**, di dare un **senso** alla sua realtà, agli eventi della vita sociale e individuale e a fenomeni naturali come il sorgere del Sole e della Luna, lo spuntare delle piante, i cicli delle stagioni.

Il mito come racconto tradizionale

I racconti mitici rientrano nel genere del **racconto tradizionale** e non dipendono dall'invenzione personale, né dalla fantasia creatrice di un individuo o di un gruppo. Un racconto diventa tradizionale per il fatto che è **accettato e ripetuto lungo il corso delle generazioni** in un'ininterrotta catena di trasmissione fondata **prevalentemente**, se non esclusivamente, sull'**oralità**. Al racconto mitico è affidata la conservazione dei modi di pensare e di vedere il mondo, la trasmissione da una generazione all'altra delle consuetudini di vita e delle credenze di un gruppo sociale.

Il fatto che la conservazione dei racconti mitici sia affidata alla trasmissione orale comporta anche che di uno stesso racconto si diffondano **versioni diverse**, più o meno estese, con diversi dettagli e situazioni fantasiose (i miti non erano considerati testi sacri in cui non si poteva cambiare neppure una parola). Per tutto il tempo in cui la tradizione orale di un racconto resta viva e impressa nei modi di pensare e nei costumi di un gruppo, il mito è aperto a **varianti** e **innovazioni**; tuttavia il suo nucleo originario conserva un alto grado di stabilità.

Il rapporto tra mito e religione

Il mito è sempre collegato alla sfera religiosa, del culto, del sacrificio e degli atti con i quali l'uomo conquista il favore degli dei e delle forze supreme che regnano sul mondo. Nel **mito greco** l'elemento divino ha il volto di **numerose divinità**, simili nella figura agli umani, che esercitano il loro potere intervenendo direttamente nelle vicende umane. Queste divinità spesso sono in **contrasto tra loro** e i loro dissidi hanno immediati **riflessi sulla vita egli uomini**. Per esempio, all'origine della lunga guerra di Troia c'è un evento che riguarda il mondo degli dei e che coinvolge l'umano Paride. Sull'Olimpo si celebra il matrimonio tra Peleo e Teti, una dea delle profondità marine. Tutti gli dei sono stati invitati tranne Eris, la dea della discordia, che però si presenta portando un magnifico dono di nozze: una mela d'oro, con incisa la dedica, "alla più bella", che getta al centro della festa. Tre dee si contendono il primato nella bellezza (Afrodite, Era e Atena) e Zeus sceglie come giudice un mortale: Paride, figlio del re di Troia Priamo. Atena, se sarà la

prescelta, promette a Paride la vittoria in guerra e la saggezza; Era promette di dare a Paride il potere su tutta l'Asia; Afrodite farà in mondo che il giovane possa sedurre Elena, la donna più bella del mondo, moglie del re di Sparta Menelao. Paride sceglie Afrodite, seduce Elena e la porta con sé a Troia. Menelao organizza una spedizione contro Troia per riprendere Elena e a questo punto si mette in moto il meccanismo della guerra.
Il mito, poi, spesso descrive un **evento esemplare**, che fonda stabilmente un aspetto della realtà. Attraverso il mito si spiega come è sorta e si è affermata un'istituzione sociale o una realtà che prima non esisteva e in seguito si costituisce stabilmente. Per esempio, il mito di Persefone, che lascia l'Ade (cioè l'oltretomba) e torna sulla terra, segna l'inizio del ciclo regolare delle stagioni (vedi p. 10); il mito di Orfeo, che accede all'Ade e ammansisce le belve con il canto, dà origine al riconoscimento della poesia come arte autonoma (vedi p. 21).
Il mito greco, in particolare, presenta l'origine del mondo e delle realtà naturali come avvenuta in un **tempo remotissimo**, durante il quale le divinità si sono contese con terribili lotte il **dominio dell'universo**. Poi, con la definitiva **vittoria di Zeus** si fonda un **ordine stabile** dell'universo: Zeus è il re degli dei e signore del cielo e del mondo, mentre ai suoi fratelli Posidone e Ade è assegnato rispettivamente il regno delle acque e dell'oltretomba. Allo stesso modo agisce il mito di **Prometeo**, il titano che sottrae il fuoco agli dei per portarlo agli uomini. Dal momento che gli uomini ottengono il dono del **fuoco** e imparano a conservarlo e a usarlo per cuocere e per altri scopi, si fissa una tappa fondamentale nella storia della civiltà del genere umano, con un salto di qualità decisivo nel controllo delle forze della natura da parte dell'uomo. Il possesso e l'utilizzazione del fuoco, infatti, costituiscono una **rottura radicale rispetto al mondo animale**, più di quanto abbia rappresentato, per esempio, l'utilizzo di rozzi utensili in pietra.
Presso la **cultura ebraica** (poi accolta dal cristianesimo), invece, l'origine del mondo e delle realtà naturali viene presentata come l'esito dell'**intervento di un unico dio** che ha come termine la creazione dell'uomo, la cui comparsa pone per la prima volta sulla terra il problema della libertà e dei suoi limiti (vedi p. 6).

Giovanni Carnovali, detto il Piccio (1804-1873), *Il giudizio di Paride*, 1853 ca., Pavia, Musei Civici.

Il mito e gli altri generi di racconto tradizionale

La leggenda

La connessione con la sfera religiosa e rituale del mito e il suo carattere di narrazione di un evento esemplare consentono di **distinguerlo dalla leggenda**, anche se i confini tra leggenda e mito non sono sempre netti. In genere si considerano "leggende" racconti tradizionali di fatti storici o eroici, solitamente molto lontani nel tempo, arricchiti o trasfigurati dalla fantasia popolare.

La fiaba

La fiaba è un **racconto puramente fantastico e immaginario** in cui predominano il meraviglioso e il magico. Non è una creazione individuale, ma appartiene al patrimonio della **cultura popolare** che affonda le radici in una lunghissima tradizione di forme elementari di narrazione orale per le quali non c'è l'autorità originaria di un autore. Nella fiaba agiscono **personaggi con ruoli fissi** (il buono, il cattivo ecc.) ed esseri dotati di poteri straordinari e magici che consentono di trasformare uomini, animali e cose (maghi, streghe, folletti). La fiaba è **fuori dal tempo**, che resta sempre indeterminato: molte iniziano, infatti, con la frase «*C'era una volta...*».

La favola

Il termine favola a volte è usato come sinonimo di fiaba. Secondo l'interpretazione corrente, la favola è intesa come **narrazione**, originariamente in versi, nella quale intervengono animali o esseri inanimati per esprimere **sentimenti umani**, perlopiù allo scopo di trasmettere un insegnamento di carattere morale. Al leggendario poeta greco **Esopo** è attribuita una raccolta di semplici narrazioni che hanno per protagonisti degli animali, riproposte in versi latini dallo scrittore **Fedro** (I secolo a.C.).

BIOGRAFIE
Esopo
Fedro

Il lungo cammino dei miti greci

I miti greci sono arrivati fino a noi sotto forma di **testi scritti**. I più antichi appartengono a opere letterarie come i **poemi epici**, nei quali sono raccolti i materiali che provenivano da una lunghissima tradizione orale. «*Omero o chiunque sia stato* – afferma un grande studioso – *si sedette o fece sedere accanto a sé uno scrivano per trascrivere e quindi rendere definitiva l'antica eredità, che forse giudicava in pericolo, delle storie e dei canti che venivano trasmessi da un luogo all'altro*». I miti, oltre che nei poemi omerici, sono stati conservati anche in altri generi: poesia, tragedia, storia.

La peculiarità dei miti greci, rispetto a quelli di altri popoli, sta proprio nel fatto che essi erano **inglobati nei testi poetici** e insieme alla poesia accompagnavano i vari momenti della vita sociale: i miti erano narrati nelle **feste** in onore degli dei e servivano all'esaltazione pubblica di un atleta vittorioso nelle gare, per il quale si richiamavano i modelli gloriosi degli antichi eroi. Nei grandi giochi delle feste panelleniche, che si tenevano periodicamente in Grecia, le vittorie celebrate dai poeti suggerivano una valutazione, un'interpretazione, una considerazione generale che richiedevano di essere dimostrate e illustrate da un esempio noto a tutti. Questa funzione era svolta dal mito, che costituiva l'elemento costante di ogni canto. I miti comparivano in **tutti i principali eventi della vita cittadina**, come accadeva negli agoni teatrali di Atene. Essi assumevano così una funzione di primo piano, perché erano uno dei modi con cui si esprimevano e si mantenevano vivi i valori e le concezioni del mondo e della vita nei quali una comunità si riconosceva.

I miti, oltre che nelle opere poetiche, vennero tenuti vivi anche in altre forme artistiche come la **pittura** e la **scultura**, e costituirono un prezioso patrimonio, destinato a durare nel tempo, che divenne caratteristico di tutta la storia dell'arte e della letteratura occidentale.

Eva e l'origine del male

Luogo:
Regno d'Israele
Anno:
IX-VIII sec. a.C.
Tratto da:
Genesi 3, 1-24
Edizione:
CEI, 1974

Il brano

Il primo capitolo della *Genesi* (libro con cui si apre la *Bibbia*) presenta la creazione del mondo, il secondo la creazione dell'uomo, posto da Dio in un giardino ricco di piante e di frutti per coltivarlo e custodirlo. Secondo il comando divino l'uomo può mangiare tutti i frutti degli alberi, tranne quelli dell'albero della conoscenza del bene e del male. Ciò significa che stabilire che cosa è bene e che cosa è male costituisce una prerogativa unicamente divina. Tuttavia l'uomo, essendo del tutto libero, può decidere se accettare o meno la legge di Dio. Sempre nel secondo capitolo si narra la creazione degli esseri viventi e della donna.
Il terzo capitolo, quello che proponiamo, presenta la figura del serpente che induce la donna a infrangere il comando divino.
Il serpente propone una visione alternativa della legge di Dio. È il mistero del male, che porta l'umanità a vedere in Dio un nemico della propria libertà e ad avere paura di lui.

Il serpente era la più astuta di tutte le bestie selvatiche fatte da Jhwh[1]. Disse alla donna[2]: «È vero che la divinità ha detto: "Non dovete mangiare di alcun albero del giardino"?». «Dei frutti degli alberi del giardino noi possiamo mangiare» rispose la donna al serpente «ma del frutto dell'albero che sta in mezzo al giardino la divinità ha detto: "Non ne dovete mangiare e non lo dovete toccare, altrimenti morirete".»
«Non morirete affatto!» replicò il serpente alla donna. «Anzi, la divinità sa che qualora ne mangiaste, si aprirebbero i vostri occhi e diventereste come gli dei, padroni del bene e del male.»
La donna vide che l'albero era buono da mangiare, gradito agli occhi e desiderabile per acquistare saggezza. Ne prese il frutto e lo mangiò. Poi ne diede anche al suo uomo[3], che era con lei e anche lui ne mangiò. Allora si aprirono gli occhi di tutt'e due e si accorsero di essere nudi. Intrecciarono foglie di fico e se ne fecero cinture.
Udirono Jhwh che passeggiava nel giardino alla brezza del giorno e l'uomo e la sua donna si nascosero da Jhwh in mezzo agli alberi del giardino.
Jhwh chiamò l'uomo e gli disse: «Dove sei?». «Ho udito il tuo passo nel giardino» rispose «ho avuto paura perché sono nudo e mi sono nascosto.» Riprese: «Chi ti ha fatto sapere che eri nudo? Hai forse mangiato dell'albero di cui ti avevo comandato di non mangiare?». «La donna che tu mi hai posta accanto mi ha dato dell'albero» rispose l'uomo «e io ne ho mangiato.» Jhwh disse alla donna: «Che hai fatto?». «Il serpente mi ha ingannata e io ho mangiato» rispose la donna.
Allora Jhwh disse al serpente: «Poiché hai fatto questo, tu sarai il maledetto tra tutto il bestiame e tutte le fiere; sul tuo ventre striscerai e polvere mangerai per tutti i giorni della tua vita. Pongo un odio implacabile tra te e la donna, tra la tua stirpe e la sua stirpe: questa ti schiaccerà la testa e tu le insidierai il calcagno[4]».

1. **Jhwh:** secondo la tradizione ebraica il nome di Dio viene designato con quattro consonanti perché originariamente le vocali, pur essendo utilizzate nella lingua parlata, non venivano scritte. Jhwh (che si pronuncia *Jahwèh*) è il nome che Dio stesso si è dato apparendo nel roveto ardente a Mosè (*Genesi* 3, 1 sgg.). È interpretato come "io sono". Secondo alcuni commentatori invece ha un significato di causa: "io faccio esistere". Poiché è il nome di Dio ed è santo, non si può pronunciare.
2. **donna:** come si dirà poche righe sotto, Eva.
3. **uomo:** è Adamo, dall'ebraico *adam*, "che viene dal suolo", secondo il riferimento che si fa ai righi 35-36.
4. **questa ... calcagno:** il testo ebraico lascia intravedere la vittoria finale dell'umanità. L'interpretazione tradizionale della Chiesa identifica la stirpe della donna con Maria, madre del Messia.

William Blake (1757-1827), *La tentazione di Eva*, 1799-1800, particolare, Londra, Victoria and Albert Museum.

L'opera

La *Genesi* costituisce il primo dei cinque libri (il *Pentateuco*) con cui si apre la *Bibbia*. Il termine *Bibbia* deriva dal greco (*ta*) *biblìa*, i libri, con cui si designa il complesso delle Scritture Sacre dell'ebraismo (Antico Testamento) e del cristianesimo (Antico e Nuovo Testamento) i cui primi testi risalgono al IX secolo a.C.

Fino al principio dell'era cristiana la composizione del *Pentateuco* era attribuita alla figura di Mosè, il patriarca biblico vissuto nel XIII secolo a.C., ma lo studio moderno di questi libri ha dimostrato che non può essere opera di un solo autore per le differenze di stile, le ripetizioni e il disordine che regna tra i racconti. Gli studiosi sono giunti a stabilire che il *Pentateuco* sarebbe il risultato della fusione di diverse tradizioni narrative, originariamente orali: la jahvista (che usa il nome di Jahvé per indicare Dio), più antica (IX secolo a.C.), che con stile vivace e colorito cerca risposta ai grandi interrogativi dell'uomo (creazione del mondo e dell'uomo, esistenza del male ecc.); la elohista (che usa il nome di Elohim per indicare Dio), più recente rispetto all'altra, dallo stile più sobrio e piatto, maggiormente finalizzata a sottolineare la distanza tra Dio e l'uomo. I racconti di questa tradizione iniziano dalla storia di Abramo e non menzionano la storia delle origini. Mentre la prima tradizione era patrimonio delle tribù ebraiche del sud, quella elohista era patrimonio delle tribù del nord. Sostanzialmente le tribù condividevano la stessa tradizione che raccoglieva in un certo ordine i ricordi della storia del popolo ebreo. Dopo la caduta del Regno del nord di Israele (avvenuta nel 721 a.C. per mano degli Assiri), le tradizioni si sarebbero fuse in un unico documento al quale sarebbe stato aggiunto il *Deuteronomio* (una raccolta di leggi civili e religiose) e successivamente, dopo l'esilio, il *Codice sacerdotale* (che conteneva leggi, genealogie e alcune narrazioni) che sarebbe servito da cornice di riferimento per l'intero racconto biblico.

Alla donna disse: «Moltiplicherò il tuo dolore e i travagli delle tue gravidanze: con dolore partorirai i figli. Verso tuo marito ti spingerà il tuo istinto, ma egli ti dominerà.» All'uomo disse: «Poiché hai ascoltato la voce della tua donna e hai mangiato dell'albero di cui ti avevo comandato: "Non ne devi mangiare!", maledetto sia il suolo per causa tua! Con dolore ne trarrai il cibo per tutti i giorni della tua vita. Spine e cardi produrrà per te e mangerai l'erba campestre. Con il sudore del tuo volto mangerai pane, finché tornerai alla terra, perché da essa sei stato tratto: tu sei solo polvere e in polvere tornerai!».

L'uomo chiamò la moglie Eva[5], perché fu la madre di tutti i viventi. Jhwh fece all'uomo e alla donna tuniche di pelli e gliele fece indossare. Poi Jhwh disse: «Ecco l'umanità è diventata come uno di noi[6], avendo fatto esperienza del bene e del male. E dunque non avvenga che, stesa la mano, prenda anche dell'albero della vita e, mangiandone, viva sempre!».

Allora Jhwh la scacciò dal giardino di Eden, perché lavorasse quel suolo da cui era stata tratta. Cacciando l'umanità, pose a oriente del giardino di Eden i cherubini[7] e la fiamma della spada folgorante, per custodire la via che conduce all'albero della vita.

in *Genesi* 3, 1-24, CEI, 1974

5. **Eva:** dalla radice *hajah*, "vivere".
6. **come uno di noi:** l'uso del plurale è stato variamente interpretato dagli studiosi. Si può intendere Dio con la sua corte celeste (gli angeli) oppure la maestà di Dio.
7. **cherubini:** il nome corrisponde a quello dei *karibu* babilonesi, geni dalla forma mezzo umana e mezzo animale che vegliavano alle porte dei templi e dei palazzi. Secondo la tradizione biblica si tratta di sfingi alate.

Note di lettura

▸ La trasgressione, la nudità, la punizione

Una volta infranta la legge divina, l'uomo e la donna si accorgono di essere nudi. In tutta la Bibbia la nudità rappresenta la condizione originaria di ogni creatura: «*Nudo dal grembo di mia madre uscii*» esclama Giobbe (nel libro omonimo dell'*Antico Testamento*, 1,21). Quando l'uomo e la donna vivevano in armonia tra loro e con Dio, accettavano la loro condizione esistenziale di creature e con essa la nudità, accettavano cioè il limite derivante dal fatto di essere stati creati da Dio. Dopo l'infrazione del divieto divino non riescono ad accettare la loro condizione di creatura perché hanno cercato di diventare simili a Dio: ora si percepiscono come inferiori a Dio e provano vergogna della loro condizione.
Dio, venuto a conoscenza di quanto accaduto, emana la sua triplice condanna: il serpente diventerà l'animale più maledetto, l'ostilità regnerà tra la razza del serpente e la stirpe della donna. Tuttavia l'immagine della donna che gli schiaccia la testa fa intravedere la vittoria finale della stirpe degli uomini e la condanna peggiore sembra essere destinata al serpente. La punizione che Dio infligge alla donna e all'uomo consiste nel rovesciamento dell'ordine che egli stesso aveva definito nel suo progetto di creazione: la donna non è più uguale all'uomo (*Genesi*, 2, 18-24), ma sarà asservita all'uomo e da lui dominata; l'uomo non è più il giardiniere di una terra ricca e fertile, ma sarà costretto a lottare contro un luogo ostile e arido. Tra l'uomo e la donna il rapporto, originariamente armonico e solidale, sarà improntato a una continua volontà di sopraffazione.

▸ Il serpente nell'Eden

Il primo personaggio a entrare in scena è il serpente, animale tradizionalmente pericoloso per un popolo originariamente nomade, come quello degli Ebrei, abituato a spostarsi attraverso terre aride alla ricerca di acqua. Raffigura quindi un essere nemico dell'uomo e si presenta in opposizione a Dio: egli infatti induce la donna a infrangere il divieto divino, garantendole che nutrendosi del frutto proibito diventerebbe simile a Dio. La donna presta fede alle parole del serpente e guarda i frutti dell'albero con occhi diversi. La prima infrazione della donna consiste già in questo, nell'aver dato ascolto a ciò che non proviene da Dio. Molti studiosi del *Pentateuco* ritengono che il serpente simboleggi l'idolo, cioè l'identificazione di Dio con un oggetto concreto, noto a tutti, di cui tutti possono fare esperienza. La colpa della donna e dell'uomo che si cibano del frutto proibito sta dunque nell'aver dato ascolto a un idolo, o meglio nell'aver idolatrato se stessi ritenendo possibile sostituirsi a Dio, «*diventare come Dio, conoscendo il bene e il male*».
Secondo il Nuovo Testamento e la tradizione cristiana, il serpente è il diavolo.
Dio ha posto il giardino in cui dimorano l'uomo e la donna prima della cacciata, a Eden, che significa Oriente. La versione greca della Bibbia chiama questo giardino con un termine derivante dal persiano, *pairidaeza*, che diventerà poi "paradiso". Il termine indica un posto recintato, fertile e fiorito, identifica un paesaggio ideale in cui l'uomo vive sereno in armonia con le altre creature alla presenza di Dio. Uno spazio con le stesse caratteristiche ritorna nella Bibbia quando il profeta Isaia immagina il mondo così come sarà alla fine dei tempi: esso si presenta come un "paradiso", un giardino felice in cui «*il lupo dimorerà con l'agnello* [...] *il bambino metterà la mano nel covo dei serpenti velenosi* [...] *la sapienza del signore colmerà la terra*». Tale giardino viene dunque a rappresentare il progetto divino della creazione, che viene interrotto dall'azione dell'uomo, ma che si ricomporrà alla fine dei tempi.

Competenze alla prova

Comprensione

difficoltà ●○○

1. Con quale argomentazione il serpente convince la donna a cibarsi del frutto proibito?
2. Perché l'uomo e la donna si nascondono?
3. Chi viene punito da Dio?
4. Quale futuro riserva Dio all'essere umano?

Analisi

difficoltà ●●○

5. Ti proponiamo una divisione del testo in quattro sequenze, di cui ti indichiamo i titoli. Individua i righi relativi.

Sequenze	Titoli	Righi
1	L'origine del male	
2	L'interrogatorio di Adamo	
3	La punizione divina	
4	La cacciata dal paradiso terrestre	

6. L'uomo e la donna ricevono una caratterizzazione fisica o psicologica?
   - ☐ Sì ☐ No
   - Giustifica la tua risposta.
7. Una volta accortisi di essere nudi, l'uomo e la donna cercano di vestirsi. Alla fine Dio, prima di cacciarli, fa loro delle tuniche. In che cosa differiscono i vestiti prodotti dall'uomo e quelli donati da Dio? Ipotizza una spiegazione che renda ragione di questa differenza.
8. Le pene colpiscono solo i protagonisti del racconto o anche la loro discendenza? Argomenta la tua risposta con precisi riferimenti al testo.
9. Prima che si manifesti chiaramente la trasgressione compiuta dall'uomo, Dio viene rappresentato in un atteggiamento quasi quotidiano, che rimanda alla situazione di armonia che regnava tra Dio e tutto il creato. Individua questo passaggio e indica i righi corrispondenti.
10. Sottolinea tutti i passaggi in cui l'uomo e la donna interagiscono con elementi dello spazio circostante.
11. Dopo il discorso del serpente la donna guarda l'albero proibito con occhi diversi: sottolinea con un colore diverso gli aggettivi con cui la donna esprime le proprie valutazioni sull'albero e fornisci una spiegazione scritta dei motivi che rendono ora l'albero attraente per l'uomo.

Produzione

difficoltà ●●●

12. Riassumi il racconto in circa 300 parole, fornendo anche un'esauriente spiegazione del significato del titolo.

Demetra e Persefone: un mito comune a civiltà diverse

Luogo: Roma
Anno: 29-19 a.C.
Tratto da: *Inni omerici*
Edizione: Mondadori, Milano

Il brano

Il brano è tratto da una raccolta di testi poetici dedicati a varie divinità, detti *Inni omerici* (perché gli antichi li attribuirono a Omero). Demetra (il cui nome i Greci credevano significasse "Terra Madre") era figlia di Rea e di Zeus ed era la dea che aveva donato agli uomini i cereali: da lei il genere umano aveva imparato a coltivare i campi. Essa proteggeva il momento della semina, quello in cui si accumulavano le spighe raccolte e ogni atto riguardante il grano. Dall'unione con Zeus era nata una figlia, Persefone. Un giorno di primavera, mentre la giovinetta era intenta a cogliere i fiori in un prato, dalla terra improvvisamente spalancatasi sotto i suoi piedi uscì il re dell'Ade, che la rapì e la condusse nel suo regno per farla sua sposa.
La madre udì il grido della figlia e, in preda alla disperazione, si slanciò sopra la terra e il mare alla sua ricerca, sino a quando il dio Sole le rivelò che, per volere di Zeus, il dio degli Inferi le aveva rapito la figlia. Allora Demetra, adirata con Zeus, si rifiutò di salire sull'Olimpo e, presa dalla collera, decise che i campi sarebbero rimasti aridi finché non le fosse stata restituita la figlia.

[La dea] diceva infatti che non sarebbe più ritornata all'Olimpo odoroso
e non avrebbe consentito che crescessero i frutti della terra,
prima di aver veduto coi suoi occhi la figlia dal bel volto.
E quando ebbe udito queste cose, Zeus dal tuono profondo[1], che vede lontano,
inviò all'Erebo[2] l'uccisore di Argo, dal caduceo d'oro[3],
affinché convincendo Ade[4] con abili parole
la veneranda Persefone fuori dalla tenebra densa
conducesse alla luce del giorno, fra gli dei, e così la madre
rivedendola coi suoi occhi, ponesse fine all'ira.
Obbedì Ermes, e subito verso le profondità della terra
si slanciò rapidamente, lasciando le dimore dell'Olimpo.
Trovò il dio che stava nella sua casa
e sedeva sul trono con la nobile compagna
piena d'inquietudine per la nostalgia della madre – e la madre, per l'agire
intollerabile degli dei immortali[5], meditava il suo tremendo disegno.
E, fermandosi presso di loro, così parlò il possente uccisore di Argo:
«O Ade dalle cupe chiome, che regni sui morti.
Zeus, il padre, mi ordina di condurre fuori dell'Erebo,
fra gli dei, l'augusta Persefone, affinché la madre
rivedendola coi suoi occhi ponga fine al rancore e all'ira inesorabile
contro gl'immortali; poiché medita un grave progetto:
sterminare la debole stirpe degli uomini nati sulla terra

1. **dal tuono profondo:** epiteto esornativo.
2. **Erebo:** il nome significa "oscurità". Con questo termine si indicava sia il dio delle tenebre sia le tenebre stesse del mondo dei morti.
3. **l'uccisore ... caduceo d'oro:** è il dio Ermes (il Mercurio latino) indicato con l'epiteto «*uccisore di Argo*». Il dio aveva ucciso Argo, il mostro dai cento occhi. Il caduceo era una piccola verga con due serpenti attorcigliati specularmente attorno a essa e due ali alla sommità.
4. **Ade:** fratello di Zeus e signore dell'oltretomba; il nome "Ade" indica anche l'oltretomba stesso.
5. **agire ... immortali:** nessuno degli dei aveva rivelato a Demetra che sua figlia era stata rapita da Ade.

Il mito

Il mito di Demetra e Persefone è la versione greca del grande mito agricolo che, dalla Mesopotamia all'Egitto, riproduce la stessa idea: la dea madre, che si identifica con la terra, è addolorata perché la figlia le è stata sottratta: tutta la natura soffre e la vegetazione muore. Quando la divinità scomparsa riappare dal sottosuolo, «*ecco che la terra nuovamente ride, le messi maturano e l'uomo potrà avere il suo pane, anno dopo anno*» (G. Guidorizzi). Il mito è strettamente connesso alla ciclicità delle stagioni: l'uomo, di fronte alla sterilità invernale della natura, teme l'eventualità che la terra smetta di generare e di assicurargli la vita. Così elabora questo mito che, come vedremo, fornisce la spiegazione sia del periodo invernale sia della rinascita primaverile.

tenendo il seme celato sotto la zolla, e distruggendo le offerte
che spettano agl'immortali. Tremendo è il suo rancore; e non si unisce
agli dei, ma, in disparte, entro il tempio odoroso d'incenso
siede, e abita l'aspra rocca di Eleusi[6]».
Così egli diceva; e il signore dei morti, Aidoneo[7], accennò un sorriso
con le sopracciglia: né si ribellò all'ordine di Zeus, il sovrano.
E premurosamente esortò la saggia Persefone:
«Torna, Persefone, presso tua madre dallo scuro peplo;
ma serba nel petto l'animo e il cuore sereni,
e non rattristarti troppo, oltre ogni misura.
Non sarò per te uno sposo indegno al cospetto degl'immortali
io che sono il fratello del padre Zeus; e quando sarai quaggiù,
regnerai su tutti gli esseri che vivono e si muovono
e avrai fra gl'immortali gli onori più grandi;
per sempre vi sarà un castigo per coloro che ti offendono,
quelli che non placheranno con offerte il tuo animo
celebrando i sacri riti e offrendoti i doni dovuti».
Così egli diceva: si rallegrò la saggia Persefone,
e subito balzò in piedi, piena di gioia; egli tuttavia
le diede da mangiare il seme del melograno[8], dolce come il miele,
– furtivamente guardandosi intorno – affinché ella non rimanesse per sempre
lassù, con la veneranda Demetra dallo scuro peplo[9].
E davanti al carro d'oro i cavalli immortali
fece preparare il signore di molti uomini, Aidoneo.
Ella salì sul carro, e al suo fianco il possente uccisore di Argo
prendendo nelle mani la briglia e la sferza
lo guidava fuori della reggia; volentieri i cavalli si alzavano a volo.
Velocemente percorsero la lunga via: né il mare,
né le acque dei fiumi, né le vallate erbose,
frenavano l'impeto dei cavalli immortali, né le montagne:
più in alto di esse muovendo, solcavano le dense nubi.

6. **Eleusi:** città dell'Attica, famosa per lo splendido tempio di Demetra, in cui si celebravano le grandi feste in onore della dea.

7. **Aidoneo:** altro nome di Ade.

8. **il seme del melograno:** «*Per la moltitudine dei semi contenuti nel frutto, il melograno è simbolo di fecondità (e pertanto sacro ad Afrodite) e quindi simbolo del legame matrimoniale. Ma è soprattutto legato al mondo dei morti: cresce sulle tombe degli eroi, ed è molto spesso un attributo di Persefone, quando è rappresentata sola o con Ade*» (Càssola).

9. **dallo scuro peplo:** epiteto esornativo di Demetra. Il peplo era una veste femminile costituita da un rettangolo di tessuto passato sotto il braccio destro, fissato con una fibbia sulla spalla sinistra e mantenuto aderente al corpo da una cintura.

› Jean Broc (1771-1850), *La morte di Giacinto*, 1801, particolare, Poitiers, Musée Sainte-Croix.

E dopo averli condotti là dove dimorava Demetra dalla bella corona[10]
li fece fermare davanti al tempio odoroso d'incenso. La dea, scorgendo sua figlia,
si slanciò, simile a una menade[11] sul monte ombroso di selve.
A sua volta Persefone, quando vide il bel volto
di sua madre, lasciando il carro e i cavalli,
scese di corsa, e le gettò le braccia al collo, stringendosi a lei.
Ma ben presto, mentre ancora la dea teneva la figlia tra le braccia,
il suo cuore intuiva un inganno; fu presa da un cupo terrore,
e interrompendo gli abbracci, subito le domandava:
«Figlia, mentre eri laggiù, non hai mangiato, certo,
alcun cibo? parla, non celarmi nulla, affinché io lo sappia con te.
Così infatti, ritornando dall'aborrito Ade,
con me e col padre Cronide[12] dalle nere nubi
potrai abitare, onorata da tutti gl'immortali.
Se invece hai mangiato, scendendo di nuovo nelle profondità della terra
lì abiterai ogni anno per una delle tre stagioni:
le altre due, con me e con gli altri immortali.
Ogni volta che la terra si coprirà dei fiori odorosi,
multicolori, della primavera, allora dalla tenebra densa
tu sorgerai di nuovo, meraviglioso prodigio per gli dei e gli uomini mortali.
E con quale insidia t'ingannò il possente dio che molti uomini accoglie?».
A lei rispondeva, a sua volta, la bella Persefone:
«Certo, madre, io tutto ti narrerò sinceramente.
Quando a me venne Ermes il corridore, messaggero veloce,
da parte del padre Cronide e degli altri dei, progenie del cielo,
a dirmi di risalire dall'Erebo, affinché rivedendomi coi tuoi occhi
tu ponessi fine al rancore e all'ira inesorabile contro gl'immortali,
al vederlo io balzai in piedi, piena di gioia; ma Ade, insidiosamente,
mi porse il seme del melograno, cibo dolce come il miele,
e, contro la mia volontà, con la forza mi costrinse a mangiarlo.
Come poi egli mi abbia rapito, secondo la ferma decisione del Cronide,
mio padre, e sia fuggito portandomi nelle profondità della terra,
io ti dirò; e ti narrerò tutto, come mi chiedi.
Noi tutte sull'incantevole prato[13]
– Leucippe e Fainò ed Elettra ed lante,
Melite, Iache, Rodeia e Calliroe,
Melòbosi, Tyche, e Okyroe dal roseo volto,
Criseide, Ianeira, Acaste e Admete,
Rodope, Plutò, e la graziosa Calipso,
e Stige, e Urania, e l'amabile Galaxaura[14],

10. **dalla bella corona:** altro epiteto esornativo della dea.
11. **menade:** con questo nome erano indicate le Baccanti, che durante i culti in onore del dio Dioniso (il Bacco dei Romani) si abbandonavano a danze violente e forsennate.
12. **Cronide:** patronimico di Zeus, figlio di Crono.
13. **incantevole prato:** il luogo è collocato nella pianura di «*Nisa oltre la Fenicia presso le correnti dell'Egitto: uno scenario favoloso ed esotico, abitato dalle Ninfe figlie di Oceano che compongono il corteggio della dea*» (Guidorizzi).
14. **Leucippe ... Galaxaura:** nomi delle Ninfe figlie di Oceano.

e Pallade[15] che suscita le battaglie, e Artemide saettatrice –
giocavamo, e raccoglievamo con le nostre mani fiori stupendi,
il delicato croco e insieme le iridi e il giacinto,
corolle di rose, e gigli, prodigio a vedersi,
e il narciso, che l'ampia terra generava come il croco[16].
Io dunque lo coglievo, piena di gioia: ma la terra dal profondo
si aprì, e ne balzò fuori il possente dio che molti uomini accoglie,
e mi portò via, sotto terra, nel carro d'oro
mentre gli resistevo, e levavo alte grida.
Tutto, nel mio dolore, io ti ho sinceramente narrato».
Così allora, per l'intero giorno, concordi nei sentimenti,
in mille modi confortavano l'una all'altra lo spirito e il cuore,
manifestando il proprio affetto; i loro cuori si liberavano dall'angoscia,
e l'una all'altra dava gioia, e la riceveva.
Venne poi presso di loro Ecate[17] dal fulgente diadema
e salutò con grande affetto la figlia di Demetra veneranda:
da allora, la dea è compagna e battistrada di Persefone.
E Zeus dal tuono profondo, che vede lontano, inviò loro, messaggera,
Rea[18] dalle belle chiome, perché riconducesse Demetra dallo scuro peplo
alla stirpe degli dei; e promise di darle,
fra gli dei immortali, qualunque privilegio ella scegliesse;
e confermò che sua figlia, per la terza parte dell'anno che compie il suo ciclo,
sarebbe rimasta laggiù, nella tenebra densa;
per due terzi con la madre e con gli altri immortali.
Così parlava; e obbedì la dea al messaggio di Zeus.
Subito si slanciò giù dalle vette dell'Olimpo
e giunse a Rario[19], terra ubertosa e feconda
un tempo; allora invece per nulla feconda: anzi rimaneva
sterile e inerte, e dentro di sé celava il bianco orzo,
per volere di Demetra dalle belle caviglie. Eppure, in futuro,
rapidamente si sarebbe coperta di lunghe spighe, come di una chioma,
con l'avanzare della primavera; nel terreno i pingui solchi
sarebbero stati onusti di spighe, e queste poi sarebbero state legate in covoni.
Colà Rea giunse dapprima, dal limpido etere:
con gioia si videro tra loro, e si rallegrarono in cuore.
E così parlò a Demetra Rea dal fulgente diadema:
«Suvvia, figlia, ti chiama Zeus dal tuono profondo, che vede lontano,
perché tu torni alla stirpe degli dei; e promette di darti
fra gli dei immortali qualunque privilegio tu scelga;
e ha confermato che tua figlia, per la terza parte dell'anno che compie il suo ciclo,
rimarrà laggiù, nella tenebra densa;
per due terzi con te, e con gi altri immortali.
Egli afferma che questo avverrà; e lo ha sancito con un cenno del capo.
Vieni dunque, figlia mia, obbedisci, e non serbare con troppa tenacia
la tua ira contro il Coronide dalle nere nubi;
e lascia che subito crescano per gli uomini le messi apportatrici di vita».
Così parlava, e obbedì Demetra dalla bella corona,
e subito fece sorgere le messi dai campi ricchi di zolle.
Tutta l'ampia terra di foglie e di fiori
era onusta.

Inni omerici, Lorenzo Valla-Mondadori, Milano

15. Pallade: altro nome di Atena.

16. narciso ... croco: il narciso e il croco sono citati insieme come fiori sacri a Demetra. Il croco è lo zafferano selvatico; il narciso era anche ritenuto il fiore della morte.

17. Ecate: divinità legata al ciclo lunare. Ha avuto un importante ruolo nelle ricerca di Persefone e quando la giovane fu trovata rimase al suo fianco come compagna e ministra, divenendo così una divinità degli Inferi.

18. Rea: antichissima divinità femminile. Rea è figlia di Gaia (la Terra) e Urano (il cielo). Sposò Crono con il quale spartì la sovranità del mondo e generò sei figli: Estia, Demetra, Era, Ade, Posidone e Zeus.

19. Rario: la pianura di Rario presso Eleusi è il primo luogo in cui fu seminato e crebbe il grano.

Note di lettura

▶ Le dee della terra feconda e del mondo dei morti

L'inno a Demetra è, più propriamente, una **celebrazione di Demetra e Persefone** e assume i toni poeticamente suggestivi di una drammatica **vicenda tutta umana** in cui si dà risalto alla manifestazione del dolore materno per la separazione dalla figlia. Ma la straziante sofferenza per l'incomprensibile sparizione di Persefone non si risolve in una fatalistica rassegnazione. La dea non cessa di andare alla ricerca della figlia esiliandosi dal mondo degli dei.
Quando scopre che tutto è avvenuto per il volere di Zeus, alla sofferenza si aggiunge un'implacabile **ira nei confronti suoi e degli dei**. Per vendicarsi di loro la dea lascia inaridire i campi, che non produrranno più frutti, provocando la fine del genere umano. In tal modo gli dei non potranno più godere delle offerte sacrificali degli uomini. Una tale situazione induce Zeus a prendere l'iniziativa della **conciliazione**. Ade accetta di rimandare sulla terra Persefone, ma in una maniera ambigua, che anticipa il compromesso risolutivo facendo mangiare i chicchi di melograno all'ignara giovane. Così, sul gioioso incontro della madre con la figlia, incombe l'ombra del sospetto di Demetra che Ade abbia vincolato a sé Persefone per sempre. Ma essa resterà nel regno dei morti solo per la terza parte dell'anno: «*Un compromesso accettabile, per quanto doloroso, anche dall'amore materno – niente invece si sa e si dice sulle reazioni psichiche di Persefone, la cui natura infantile si rivela nell'essere solo e sempre oggetto dell'amore*» (Paduano). Persefone, però, non è più la raggiante adolescente che si dilettava a raccogliere i fiori: ora è la potente dea associata al melograno, il frutto che simboleggia la fecondità e la morte. La dea, infatti, appartiene al regno dei morti, ma nello stesso tempo ha il potere di riportare ogni anno la fecondità sulla terra che prima, nel periodo invernale, ha sperimentato la morte della vegetazione.

› Dante Gabriel Rossetti (1828-1882), *Proserpina*, 1873-1877, particolare, collezione privata.

Competenze alla prova

Comprensione

difficoltà ●○○

1. Quale incarico affida Zeus a Ermes?

2. Tra le seguenti affermazioni, indica quali sono vere e quali sono false.

	V	F
a. Zeus vuole che Demetra ponga fine alla sua ira perché gli sta a cuore la sorte degli uomini.	☐	☐
b. Ermes parla ad Ade in presenza di Persefone.	☐	☐
c. Demetra, dopo aver invano cercato la figlia, è tornata sull'Olimpo.	☐	☐
d. Persefone torna alla luce su un carro trainato da cavalli immortali.	☐	☐

3. Con quale scopo Demetra lascia che la terra inaridisca?

4. Dove è portata Persefone dai cavalli immortali?

5. In quante stagioni è suddiviso l'anno in questo mito?

6. Quali dee dell'Olimpo erano presenti al rapimento di Persefone?

7. Perché Zeus manda Rea da Demetra?

Analisi

difficoltà ●●○

8. Ermes, rivolgendosi ad Ade, segue alla lettera le indicazioni di Zeus?

9. Da quali parole di Ade rivolte a Persefone si comprende che il dio è certo del ritorno della donna?

10. In quale scena si coglie l'intensità dell'affetto che lega madre e figlia?

11. Il racconto di Persefone sull'inganno del melograno in che cosa non concorda con quello dei versi 371-373?

12. I vivaci colori dei numerosi fiori elencati nei versi 426-428 quale realtà evocano per contrasto?

Produzione

difficoltà ●●○

13. Dividi il brano in sequenze e dai un titolo a ogni sequenza.

Pandora e l'origine del male

di **Esiodo**

Luogo:
Grecia
Anno:
VIII-VII sec. a.C.
Tratto da:
Le opere e i giorni, vv. 42-99
Edizione:
Mondadori, Milano

BIOGRAFIA
Esiodo

Il brano

Il testo che segue è tratto dalla prima parte delle *Opere e i giorni*, in cui si racconta il mito di Prometeo e in cui si presenta la storia della creazione della donna, Pandora, alla quale sono legati tutti i mali che affliggono l'umanità. Nel brano compaiono molte delle divinità più importanti della mitologia classica, come Zeus, Afrodite, Atena, Ermes e altre minori.

Gli dei tengono nascosti agli uomini i mezzi di vita:
facilmente potresti lavorare un sol giorno
così da averne per un anno e poi startene ozioso;
e appenderesti subito il timone dell'aratro[1] sul focolare
e cesserebbe la fatica dei bovi e dei muli pazienti.
Ma Zeus[2] li nascose, irato nel suo cuore,
perché Prometeo[3] dai tortuosi pensieri[4] lo aveva ingannato.
Perciò contro gli uomini meditò tristi affanni
e nascose il fuoco. Ma il valente figlio di Giapeto[5]
lo rubò ancora per gli uomini, di nascosto a Zeus che gode del fulmine[6].
E allora Zeus, che aduna i nembi[7], gli disse adirato:
"O figlio di Giapeto che tutti superi in astuzia,
godi pure del fuoco rubato e di avermi ingannato:
ma questo sarà gran danno per te e per gli uomini futuri.
E darò loro, in cambio del fuoco, una sventura, di cui tutti
saranno lieti nel cuore, molto amandola loro sventura".
Disse così e sorrise il padre degli uomini e degli dei[8].
E ordinò ad Efesto[9] inclito[10] immediatamente
di intridere terra con acqua e di infondervi voce
e forza umane, foggiando una bella figura di vergine[11],

1. **timone dell'aratro:** asta dell'aratro a cui sono fissate le lame per tagliare le zolle di terra.
2. **Zeus:** è il sovrano degli dei che avevano sede sul monte Olimpo, signore dei fenomeni atmosferici.
3. **Prometeo:** figlio del titano Giapeto e della ninfa oceanina Clymene, aveva sottratto il fuoco dal cielo e lo aveva donato agli uomini.
4. **dai tortuosi pensieri:** epiteto di Prometeo, significa "astuto", letteralmente "colui che pensa prima".
5. **figlio di Giapeto:** cfr. nota 3.
6. **che gode del fulmine:** che scatena i temporali.
7. **che aduna i nembi:** che raccoglie le nubi, suscitando le tempeste.
8. **il padre ... dei:** è, come abbiamo detto, Zeus.
9. **Efesto:** figlio di Zeus e di Era, forgiava i metalli in una fucina sotterranea con l'aiuto dei Ciclopi. Zoppo e claudicante per essere stato scagliato giù dall'Olimpo dal padre adirato, era sposo di Afrodite.
10. **inclito:** illustre.
11. **intridere ... di vergine:** mescolare e impastare terra e acqua, dare voce e forza umana, modellando una bella figura di donna.

L'opera

Le opere e i giorni è un poema in 828 esametri. L'occasione per la composizione è la lite dello stesso Esiodo con il fratello Perse che lo aveva defraudato dell'eredità paterna, scialacquandone poi i beni. Esiodo si rivolge al fratello Perse consigliandolo di seguire due precetti che egli considera fondamentali: lavorare e agire secondo giustizia. Lavoro e giustizia sono i due grandi temi del poema, in realtà riconducibili a un solo insegnamento, l'esortazione a lavorare, perché solo chi lavora può essere giusto.
Il poema si apre con l'invocazione a Zeus, padre degli dei e garante della giustizia universale. Dopo aver narrato l'episodio del furto del fuoco a opera di Prometeo e della punizione da parte di Zeus, che invia agli uomini la donna, Esiodo espone il mito delle cinque età dell'uomo, da quella paradisiaca e primitiva dell'oro a quella attuale del ferro. Segue poi la parte didascalica, con le istruzioni per l'agricoltura e per la navigazione.
Nell'opera di Esiodo confluisce un patrimonio di narrazione orale antecedente al periodo in cui il poema è stato scritto e l'originalità dell'autore non consiste nell'invenzione dei differenti racconti, ma nel loro sviluppo unitario e nella fede che egli esprime in tre valori cardine: la religione, la giustizia e il lavoro.

amabile, ad immagine delle dee immortali; e ad Atena[12]
comandò di insegnarle i lavori e a tessere belle tele;
e all'aurea[13] Afrodite[14] di spandere grazia intorno al suo capo
e fascino doglioso[15] e affanni che struggono le membra;
e ordinò ad Ermes[16], il messaggero Argicida[17],
di ispirarle anima di cane e carattere ingannevole[18].
Disse così ed essi obbedirono al loro signore, Zeus Cronide[19].
E subito l'inclito Ambidestro[20], secondo il volere del Cronide,
plasmò di terra una figura simile a pudica vergine:
e Atena, la dea occhiazzurra[21], la cinse e l'ornò;
e le Cariti[22] divine e Suada[23] venerabile indosso
le posero monili[24] d'oro sul corpo; e intorno
le Ore[25] dalle belle chiome la cinsero di fiori primaverili;
e il messaggero Argicida le infuse nel petto
menzogne e parole blande[26] e carattere ingannevole,
l'araldo dei numi: e questa donna chiamò
Pandora[27], perché tutti gli dei che abitano l'Olimpo
donarono un dono, sventura per gli uomini laboriosi.
E quando l'inganno rovinoso e invincibile fu pronto,
il padre inviò ad Epimeteo[28] l'inclito Argicida

12. **Atena:** Pallade Atena, dea della sapienza e delle arti, della guerra e dei lavori femminili, balzò fuori già adulta e rivestita di armi dalla testa di Zeus.
13. **aurea:** aggettivo usato metaforicamente a indicarne la bellezza.
14. **Afrodite:** dea della bellezza e dell'amore, nata dalla spuma del mare, sposa di Efesto.
15. **doglioso:** che arreca dolore.
16. **Ermes:** figlio di Zeus e di Maia, inventore della lira, araldo degli dei, dio dei viandanti, dei commercianti, dei ladroni, accompagnatore dei morti nell'Ade.
17. **Argicida:** epiteto di Ermes: uccisore di Argo, il mostro dai cento occhi.
18. **anima ... ingannevole:** la cagna era considerata simbolo di spudoratezza.
19. **Cronide:** figlio di Crono, che detronizzò il padre Urano e fu a sua volta detronizzato da Zeus.
20. **Ambidestro:** epiteto di Efesto: abile con entrambe le mani.
21. **dea occhiazzurra:** epiteto caratteristico di Atena.
22. **Cariti:** le tre dee compagne di Afrodite.
23. **Suada:** personificazione della Persuasione, compagna di Afrodite, delle Cariti e di Ermes.
24. **monili:** ornamenti, gioielli.
25. **Ore:** divinità che simboleggiavano lo scorrere del tempo e l'alternarsi delle stagioni.
26. **blande:** dolci.
27. **Pandora:** è la prima donna, come lo è Eva nella mitologia ebraica; il suo nome può essere interpretato come "dono di tutti gli dei" o "colei alla quale tutti gli dei hanno fatto un dono".
28. **Epimeteo:** il fratello di Prometeo. Il suo nome significa "lo sprovveduto". Alla lettera "colui che pensa dopo".

veloce messaggero degli dei, a portare il dono. Ed Epimeteo
non badò, come Prometeo gli aveva detto, di giammai
accettare dono da Zeus Olimpio, ma di rimandarlo
indietro, che non divenisse sventura per i mortali[29].
Ed egli dopo averlo accolto comprese, quando ebbe sventura.
Prima infatti le stirpi umane vivevano sulla terra
senza dolori affatto e senza penose fatiche,
immuni da funeste malattie, che recano all'uomo la morte.
Ma la donna, tolto con le mani il gran coperchio della giara[30],
tutto disperse: e procurò agli uomini affanni dogliosi.
Solo la Speranza restò colà, nella dimora intatta,
nell'interno della giara, sotto all'orlo, e fuori
non volò, perché Pandora aveva riposto il coperchio della giara.
E altri mali infiniti vagano fra gli uomini:
piena di mali invero è la terra e pieno il mare.
E i morbi[31], quali di giorno e quali di notte, fra gli uomini
da soli[32] vagano, recando lutti ai mortali,
in silenzio, perché Zeus sapiente tolse loro la parola[33].

Esiodo, *Le opere e i giorni*, Mondadori, Milano

29. non badò ... per i mortali: Epimeteo non diede ascolto al consiglio del fratello Prometeo che lo aveva avvertito della pericolosità per gli uomini di qualunque dono proveniente da Zeus.

30. giara: grande vaso di terracotta.

31. morbi: malattie.

32. da soli: spontaneamente.

33. perché ... parola: Zeus ha tolto la parola alle malattie per far sì che gli uomini non si accorgano del loro arrivo.

› Johann Heinrich Füssli (1741-1828), *Prometeo*, 1770-1771 ca., particolare, collezione privata.

Note di lettura

L'antefatto

Secondo la versione esiodea (la più antica) del mito di Prometeo, Prometeo ("colui che sa prevedere") è figlio del titano Giapeto. I titani erano i sei figli maschi di Urano e di Gea (cioè del Cielo, primo re dell'universo, e della Terra) e costituiscono la generazione più antica degli dei. Urano teneva prigionieri i figli, per paura di perdere il proprio potere sul mondo e Crono, il più giovane dei titani, con una falce datagli dalla madre, mutilò il padre e acquistò la libertà. Quando Crono si unì a Rea, egli incominciò a divorare ogni figlio nato, temendo di subire la stessa sorte di suo padre. Ma Rea riuscì a porre in salvo il sesto figlio, Zeus, dando al padre da divorare una pietra avvolta in fasce. Zeus, una volta cresciuto, costrinse il padre a restituire gli altri fratelli ingoiati e con loro (aiutato dal titano Oceano) combatté contro il padre e gli altri titani che giunsero in aiuto di Crono. Sconfitto Crono, il potere passò nelle mani di Zeus, capostipite della generazione degli Olimpi. Prometeo, secondo il mito, avrebbe aiutato Zeus in questa lotta (titanomachia), ma successivamente avrebbe incominciato a contrastarlo favorendo gli uomini, prima attribuendo loro la parte migliore delle vittime sacrificate e poi donando loro il fuoco sottratto a Zeus.

La maledizione di Pandora

Zeus punì Prometeo per questo furto incatenandolo a una colonna e facendogli divorare da un'aquila il fegato che continuamente ricresceva e punì gli uomini con la creazione della donna, Pandora, che Epimeteo ("colui che si rende conto dopo", il fratello stolto di Prometeo) accettò come sua sposa.
Appena creata, gli dei decisero di donare a Pandora ogni sorta di pregi e di virtù e per questo le fu dato il nome *Pandora* (formato dalle parole *pãs*, che in greco significa "tutto", *doron*, che significa "dono"). Atena le conferì l'attitudine ai lavori domestici, Afrodite le donò la bellezza ed Ermes le regalò l'astuzia. Dal maligno Ermes, però, le fu

Giandomenico Tiepolo (1727-1804), *Trasporto in città del cavallo di Troia*, 1773, particolare, Londra, National Gallery.

donata anche la curiosità, quell'invincibile forza che la spinse ad aprire il vaso di terracotta (*pithos*) che aveva ricevuto in dono da Zeus, nel quale il dio aveva confinato tutti i mali del mondo. Pandora, levando per curiosità il coperchio, liberò le malattie letali, la fatica, l'invidia e quanto di peggio si possa immaginare: i mali da quel momento si diffusero in tutto il nostro mondo, rendendo mortali gli uomini e separandoli dagli dei.

La trasgressione all'origine del dolore

Secondo questo mito, all'origine del dolore e della finitezza dell'uomo ci sarebbe la violazione, da parte di una donna, del volere di Zeus. Il male, il dolore, la sofferenza, non sarebbero dunque condizioni originarie dell'uomo, ma la conseguenza di una punizione divina inferta all'uomo per la trasgressione della legge divina: infatti accettando il dono del fuoco sottratto a Zeus da Prometeo con l'inganno, l'uomo si è reso complice della violazione della legge divina, cioè di quella legge che costituisce il criterio di giustizia per il cosmo e per gli uomini.
Pandora viene dunque creata come strumento della giustizia divina: seduce l'uomo attraverso i doni che porta con sé, ma semina sofferenza e morte. È questa, infatti, la metafora della condizione umana e delle false illusioni da cui è attraversato il mondo. Quel che sembra bello e attraente come Pandora è, il più delle volte, fonte di corruzione.

Competenze alla prova

Comprensione

difficoltà ●○○

1. Perché Zeus vuole punire gli uomini?
2. Spiega in che cosa consiste la sventura che Zeus promette agli uomini, «*di cui tutti saranno lieti nel cuore*» (vv. 56-57).
3. Che cosa viene ordinato a Efesto?
4. Qual è l'ammonimento di Prometeo a cui Epimeteo non dà ascolto?
5. Che cosa fa Pandora una volta accolta?
6. Che cosa resta nel vaso?

Analisi

difficoltà ●●○

7. Prova a individuare le sequenze in cui è possibile suddividere il brano, fornendo per ciascuna di esse un titolo sia con un proposizione esplicita sia in stile nominale. Completa la tabella seguendo gli esempi forniti.

Sequenze	Proposizione esplicita	Stile nominale
a. Versi 42-46	Gli dei impongono agli uomini il lavoro	Necessità del lavoro voluta dagli dei
b. Versi 47-51	Zeus, irato, nasconde agli uomini il fuoco, ma Prometeo lo ridona agli uomini	Ira di Zeus e secondo furto del fuoco
c. Versi 52-57	Zeus dice a Prometeo che avrebbe inviato agli uomini una sventura	Annuncio da parte di Zeus dell'invio di una sventura agli uomini
d.		
e.		
f.		
g.		
h.		
i. Versi 95-99	Tra gli uomini vagano innumerevoli mali e malattie	Presenza tra gli uomini di innumerevoli mali e malattie

8. Sintetizza le caratteristiche fisiche e psicologiche di Pandora e tracciane un ritratto.
9. Compaiono nel brano molte divinità i cui nomi ti saranno già noti. Completa (eventualmente sul quaderno), scegliendo tra quelle sotto indicate e indicando, accanto al nome della divinità, le caratteristiche che emergono dal testo di Esiodo.

- Zeus ....
- Afrodite ....
- Hermes ....

sovrano degli dei dell'Olimpo • figlio di Crono • portatore dell'egida • signore dei fenomeni atmosferici • suscita le tempeste addensando le nuvole e scagliando fulmini

Produzione

difficoltà ●●○

10. Il brano si snoda attraverso alcuni passaggi chiave:
    - si apre con la presentazione della legge che Zeus impone agli uomini («*Gli dei tengono nascosti agli uomini i mezzi di vita*», v. 42);
    - presenta il furto del fuoco a opera di Prometeo;
    - descrive la vendetta che Zeus prepara per gli uomini che hanno infranto la sua legge divina.
11. Riassumi la storia mettendo in luce quali caratteristiche assume la natura umana dopo la punizione di Zeus.

Il mito di Orfeo

di **Virgilio**

Luogo:
Roma
Anno:
I secolo d.C.
Tratto da:
Georgiche IV, vv. 457-527

Il brano

Nel quarto libro delle *Georgiche* – un poema dedicato alla coltivazione dei campi e all'allevamento degli animali – Virgilio inserisce il mito di Orfeo. L'occasione per narrare la vicenda del cantore tracio è data da una morìa che colpisce le api del mitico pastore Aristeo, figlio di Apollo e della ninfa Cirene. Per conoscere le cause della sua disgrazia Aristeo interroga il dio marino Proteo, il quale gli svela che la morte delle api è una punizione divina per aver causato la morte di Euridice, la sposa di Orfeo, della quale si era innamorato ma dalla quale non veniva corrisposto.

BIOGRAFIA
Virgilio

Quella [Euridice], fanciulla destinata a morire,
mentre voleva fuggirti correndo a precipizio
lungo la riva del fiume, non vide davanti
ai suoi piedi, un enorme e terribile serpente
che stava a guardia delle rive nell'erba alta.
Allora il coro della coetanea schiera delle Driadi[1]
riempì di grida i monti più alti; piansero le cime Rodopee[2]
e l'alto Pangeo[3] e la marzia terra di Reso[4]
e i Geti[5], e l'Ebro[6] e l'attica Orizia[7].
Egli, cercando di consolare, con la cava cetra, l'infelice amore
te, o dolce consorte, cantava sulla spiaggia solitaria,
te cantava quando il sole sorgeva, te quando il sole moriva.
Entrato anche nelle gole del Tènaro[8], le profonde
porte di Dite[9] e nel bosco oscurato da nera paura,
raggiunse i Mani[10] e il re tremendo[11] e i cuori
che non sanno impietosirsi alle umane preghiere[12].
Le ombre commosse dal canto salivano dalle dimore
profonde dell'Erebo[13], lievi, fantasmi privati della luce vitale;

1. **Driadi:** sono propriamente le ninfe dei boschi, ma qui indicano genericamente tutte le ninfe.
2. **cime Rodopee:** cime del massiccio del Rodope, in Tracia.
3. **Pangeo:** anche il Pangeo è una catena montuosa della Tracia.
4. **la marzia terra di Reso:** la Tracia, di cui era stato re Reso, chiamata "terra marzia (di Marte)" per i suoi bellicosi abitanti.
5. **Geti:** popolo stanziato sulla riva del Danubio inferiore.
6. **Ebro:** fiume della Tracia, oggi Maritza.
7. **Orizia:** una Ninfa, figlia di Eretteo, antico re di Atene.
8. **Tènaro:** è un promontorio a sud della Laconia (oggi capo Matapan) nel Peloponneso, presso il quale una tradizione poneva l'ingresso nell'oltretomba. Virgilio segue qui una leggenda diversa da quella seguita nel libro VI dell'*Eneide*, dove l'ingresso agli Inferi è situato preso l'Averno, un lago della Campania collocato in una zona paludosa che si diceva esalare vapori mortali.
9. **Dite:** re degli Inferi, noto anche con il nome di Plutone. Il nome Dite indica pure, per metonimia, gli Inferi stessi.
10. **Mani:** le ombre dei morti divinizzate.
11. **re tremendo:** è Dite, chiamato anche "Ade" (oltre che Plutone). Il termine "Ade" designa anche tutto l'oltretomba.
12. **i cuori ... preghiere:** sono i cuori del re e della regina degli Inferi, implacabili perché dal regno dei morti non lasciano tornare indietro nessuno.

Il mito

Il personaggio di Orfeo è originario della Tracia e unisce in sé le identità di poeta, mago, maestro religioso, profeta oracolare e musicista e cantore capace con le sue melodie di attirare a sé gli animali. L'originaria figura di Orfeo si ricollega a quella dello sciamano, mago e sacerdote presente presso alcune popolazioni asiatiche (a settentrione della Tracia). Lo sciamano svolge il ruolo di intermediario privilegiato con le potenze soprannaturali a beneficio della comunità. Come certi sciamani leggendari della Siberia, Orfeo visita l'oltretomba con un fine molto diffuso tra gli sciamani: recuperare un'anima perduta; e proprio per questo potere alla figura di Orfeo sono legati culti e riti iniziatici, diffusi nel mondo antico, che promettevano un destino di salvezza dopo la morte.
Ma nel mondo della grecità classica il senso misterioso della discesa dell'anima e della sua risalita si affievolisce e l'interesse è rivolto principalmente ai poteri di cantore di cui Orfeo è depositario. Egli, infatti, è inserito nel pantheon delle divinità olimpiche come figlio di Apollo e della musa Calliope ed è considerato il precursore dell'arte poetica, il simbolo del potere di seduzione della poesia. Il suo canto sortisce favolosi effetti su fiere, pietre e alberi. Non solo: anche le rocce inanimate cedono alla malia del suo canto perché esprime un'intima consonanza del poeta con la natura e le sue leggi.

quante sono le migliaia di uccelli che tra le fronde
si nascondono quando la sera o la fredda
pioggia invernale li caccia giù dai monti.
Madri e uomini e corpi che hanno compiuto
il corso della vita di magnanimi eroi
fanciulli e fanciulle non ancora sposate,
giovani posti sul rogo al cospetto dei genitori;
e intorno li circonda la nera fanghiglia, i selvatici canneti
del Cocìto[14] e la detestata palude dalla pigra corrente;
li serra con ben nove cerchi lo Stige stagnante.
Anzi, furono affascinate dal canto persino la dimore di Morte
e il profondo Tartaro[15], le Eumenidi[16] che le chiome avvolgono d'azzurri
serpenti; Cerbero[17] lasciò spalancate le triplici fauci;
si fermò la ruota d'Issione[18] che girava col vento.
Già ritornando indietro era sfuggito ad ogni pericolo
e restituita Euridice alla luce superna saliva,
a distanza seguendolo (tale patto Proserpina[19] aveva fissato)
quad'ecco una follia improvvisa travolse l'incauto amoroso,
certo da perdonare, se i Mani fossero inclini al perdono:
si fermò, ed immemore, ahimè, agitato nel cuore si volse
a guardare Euridice sua sposa quand'era già presso la luce.
Qui l'intera fatica svanì e si infransero i patti del truce
tiranno; tre volte i tuono si udì negli stagni d'Averno
E lei: «Quale follia, Orfeo, mi ha rovinato, infelice, quale

13. Erebo: figlio di Caos e fratello della Notte, si identifica con gli abissi infernali.

14. Cocìto: insieme con l'Acheronte e lo Stige, è uno dei fiumi che scorrono negli Inferi.

15. Anzi ... Tartaro: non solo gli abitatori degli Inferi, ma le loro stesse dimore si commossero al canto di Orfeo.

16. Eumenidi: divinità vendicatrici, dai Romani identificate con le Furie. Avevano serpenti al posto dei capelli.

17. Cerbero: è il "cane dell'Ade", uno dei mostri che custodiscono il regno dei morti impedendo ai morti di uscire e ai vivi di entrare. Ha tre teste di cane e una coda a forma di serpente.

18. Issione: re dei Lapiti (mitico popolo che abitava i monti della Tessaglia); per aver tentato di sedurre Giunone fu legato nell'Ade a una ruota in perpetuo movimento.

19. Proserpina: la regina degli Inferi, moglie di Plutone. A Roma Proserpina è stata assimilata alla greca Persefone, figlia di Demetra.

immensa follia ti ha rovinato? ecco il destino crudele di nuovo
indietro mi chiama, il sonno annebbia i miei occhi smarriti.
E ora addio; sono trascinata ravvolta da notte profonda;
ti tendo le mani private di forza, ahimè non più tua».
Disse; indietreggiando improvvisa svanì alla vista, come filo
di fumo mischiatosi nell'aria impalpabile; lui invano
tentava di abbracciare le ombre e dopo di allora non la vide mai più,
mentre voleva ancora a lungo parlare; né il nocchiero
dell'Orco[20] permise varcasse l'ostacolo della palude.
Che fare? Dove, perduta la sposa due volte, recarsi? Con quale
pianto smuovere i Mani, con quale preghiera gli dei?
Fredda ormai navigava sulla barca che traghetta lo Stige[21].
Raccontano che egli per sette mesi interi
senza interruzione sotto un'alta rupe presso
l'onda del solitario lo Strimone[22] pianse
solo con se stesso e rievocò queste sue vicende
sotto le gelide stelle ammansendo le tigri
e trascinando con il suo canto le querce.
Come entro l'ombra di un pioppo l'usignolo
afflitto si lamenta per la perdita delle sue creature
che il crudele aratore spiando trasse giù dal nido
ancora implumi; e quello posato su un ramo
durante la notte ripete il suo canto e riempie
le campagne per ampio tratto dei suoi mesti lamenti.
Nessun amore, nessun connubio piegarono il suo animo.
Percorreva solitario i ghiacci iperborei[23] e il nevoso Tanai[24]
e le lande sempre ricoperte dalle nevi rifee[25],
gemendo la rapita Euridice e l'inutile dono di Dite.
E le donne dei Ciconi[26], disdegnate per quella devozione,
durante i sacri riti notturni degli dei e di Bacco
fecero a pezzi il giovane e ne sparsero le membra
qua e là per la vasta campagna. Anche allora, mentre
l'Ebro Eagrio[27] trascinava il capo staccato
dal bianco collo, portandolo in mezzo ai suoi gorghi,
Euridice, ahimè, l'infelice Euridice, la voce da sola
e la fredda lingua invocava mentre la vita fuggiva,
Euridice ripetevano per tutto il fiume le rive.

Georgiche IV, 457-527, trad. it. F. Malvezzi

20. nocchiero dell'Orco: il termine "Orco" designa sia il dio dei morti sia il regno degli Inferi. Il nocchiero è Caronte, che assolve il compito di trasportare le anime sulla palude dello Stige.

22. barca ... Stige: la barca di Caronte, che attraversa lo Stige.

22. Strimone: fiume della Tracia.

23. ghiacci iperborei: gli Iperborei erano popoli mitici che popolavano le lontane regioni del Settentrione.

24. Tanai: è il nome dell'attuale fiume Don.

25. nevi rifee: i monti Rifei tagliavano le regioni della Scizia e della Sarmazia, le attuali Romania e Ucraina.

26. Ciconi: erano una popolazione della Tracia e, secondo la tradizione mitica, Orfeo aveva rifiutato di unirsi con loro.

27. Eagrio: l'Ebro è detto "Eagrio" dal nome di Eagro, che una leggenda considerava padre di Orfeo.

Note di lettura

▸ La potenza della poesia e la forza dell'amore

In questo episodio Virgilio introduce un elemento di **novità** nel mito. Il viaggio di Orfeo negli Inferi **perde ogni valore simbolico**, ma ha la sua motivazione in un **amore appassionato** (che sfida tutti i pericoli e dura oltre la morte) e nell'esaltazione del valore della poesia. Orfeo è mostrato nella sua inequivocabile **umanità**. Non c'è nessun accenno alla discendenza divina, anche se questa emerge nel momento in cui la sovrumana forza trascinatrice del suo canto riesce non solo a commuovere i cuori che non sanno addolcirsi alle preghiere umane, ma anche a squarciare per un attimo le tenebre dell'Ade, ridando a quelle ombre, prive per sempre di ogni spirito vitale, il piacere del canto; e infine a coinvolgere le dimore stesse dell'aldilà.

Virgilio non segue una tradizione diffusa che attribuiva a Orfeo il successo della sua impresa e dà invece alla vicenda una **dimensione tragica**. Infatti, la discesa di Orfeo agli Inferi, dopo un iniziale successo, si conclude con una disfatta irreparabile. Orfeo dimentica la condizione stabilita per riavere Euridice e la passione lo porta a cedere alla follia di violare l'unica condizione postagli per riavere la donna amata: egli si volge indietro ed Euridice ripiomba nell'Ade. Un fragore improvviso segna il tragico evento in un'atmosfera di cupo prodigio. «*Dopo di allora Orfeo potrà valersi dei poteri del suo canto solo per piangere il suo fallimento nello sterile, raggelato paesaggio del settentrione*» (Segal) a causa del suo furore. Tuttavia, nonostante sottolinei l'irrazionalità del comportamento di Orfeo, il poeta, per bocca di Proteo, solidarizza con questo personaggio tragicamente infelice ed è anche sentimentalmente vicino a Euridice, che raggiunge il culmine del suo coinvolgimento emotivo nell'angosciato addio a Orfeo.

Virgilio conclude il racconto del mito dando una **risonanza più vasta** alla vicenda di Orfeo e di Euridice. Nella stupenda similitudine dell'usignolo «*l'espressione del dolore supera i confini di un'esperienza "personale" e diventa pianto universale dell'uomo e della natura*» (Salvatore). Infine, il dato naturalistico della testa mozzata di Orfeo è trasfigurato nell'immagine della voce e del canto del poeta che dura eterna, al di là dei confini della vita.

› Luigi Bonazza (1877-1965), *La leggenda di Orfeo*, 1905, particolare, Rovereto, Museo d'arte moderna e contemporanea di Trento e Rovereto.

Competenze alla prova

Comprensione

difficoltà

1. Chi è il narratore del mito di Orfeo?
2. Chi è responsabile delle morte di Euridice?
3. In quale località è collocato l'ingresso nell'oltretomba?
4. Chi è il re tremendo degli Inferi e con chi regna?
5. Quali personaggi o mostri infernali ed esseri inanimati sono affascinati dal canto di Orfeo, oltre Ade e Proserpina?
6. A quale condizione Orfeo potrà riportare nel mondo dei vivi Euridice?
   - ☐ Se risalirà stando lontano da lei
   - ☐ Se la seguirà senza rivolgerle la parola fino a quando saranno usciti dall'Ade
   - ☐ Se non si volterà a guardarla prima di aver raggiunto l'uscita
   - ☐ Se varcherà la soglia dell'Ade prima di Euridice
7. Che cosa succede quando Euridice si separa definitivamente da Orfeo?
8. Chi è il nocchiero dell'Orco?

Analisi

difficoltà

9. Quale figura retorica è contenuta nei vv. 467 e 468 e quale effetto ha?
   - ☐ Iperbole
   - ☐ Anafora
   - ☐ Chiasmo
   - ☐ Allitterazione

   ....

10. In quali passi il poeta dimostra la sua partecipazione emotiva al dramma di Orfeo e di Euridice?
11. Con quale perifrasi è indicato il dio degli inferi?
12. Che cosa sottintende l'espressione: «*Né il nocchiero dell'Orco permise varcasse l'ostacolo della palude*» (vv. 506-507)?
13. In quale forma è espressa la disperazione di Orfeo nei versi 508-509?
14. Quale tipo di paesaggio fa da sfondo alla disperazione di Orfeo?

Produzione

difficoltà

15. Riscrivi la vicenda dal punto di vista di Euridice.

L'Epica arcaica

La grande stagione dell'epica eroica

La storia della nostra cultura letteraria occidentale ha inizio con due opere, l'***Iliade*** e l'***Odissea***, che fin dall'antichità hanno costituito il modello e il punto di riferimento dei successivi sviluppi della letteratura. Quando si incominciò a riflettere sulle caratteristiche di queste opere, in rapporto ad altre di diversa natura che erano state composte nel corso di molti anni, si scelse di classificarle in un genere di composizione detto "epico" e, infatti, noi chiamiamo l'*Iliade* e l'*Odissea* "**poemi epici**".

Il termine "epico" si riallaccia alla parola greca *épos*, che significa "parola" e indica, in generale, il racconto diffuso attraverso un tipo di verso chiamato "esametro". Quindi "poema epico" significa poema composto in **epesi**, cioè in **esametri**. A seconda dei contenuti che tratta, la produzione epica si distingue in epica eroica e in epica didascalica.

L'**epica eroica** aveva come argomento le **imprese gloriose** compiute da fortissimi guerrieri divenute decisive per il destino di un popolo. Le gesta di questi eroi sono presentate come **vere**, ma collocate in un **remotissimo passato mitico**, nel quale anche le divinità intervenivano direttamente nelle vicende umane.

I **poemi omerici** raccolgono l'eredità di una **lunghissima tradizione** di racconti diffusi in tutta l'area greca. Tali racconti non erano opera di singoli autori, ma facevano parte del **comune patrimonio culturale** di un popolo o di un gruppo sociale, del quale esprimevano i **valori e gli ideali**. La materia dei poemi, prima di esser fissata in testi scritti nell'*Iliade*, nell'*Odissea* e negli altri poemi epici andati perduti, fu composta, eseguita e tramandata oralmente dagli **aedi** o dai **rapsodi**, cioè "cantori" o "cantori che compongono versi epici". Costoro «*cantavano o cantilenavano (tra canto e recitazione esiste anche oggi un registro intermedio: il recitativo) accompagnandosi con uno strumento a corda. In un secondo tempo il cantore depose lo strumento, impugnò il bastone dell'oratore e recitò i versi epici senza accompagnamento musicale*» (Privitera). Gli aedi e i rapsodi cantavano non solo nelle **regge** e nelle case dei notabili, ma anche nei **santuari** e nelle **piazze**, davanti a tutto il popolo. Per questo, l'epica, sulla soglia dell'età arcaica, svolse nel mondo greco un **ruolo culturale** di fondamentale importanza, perché rese tutti i Greci partecipi delle stesse memorie, delle stesse tradizioni, dello stesso bagaglio di conoscenze e degli stessi valori.

Nel mondo classico greco e in quello latino l'*Iliade* e l'*Odissea* rappresentarono nel corso di diversi secoli un modello per gli autori di poemi epici. Il più celebre poeta epico del mondo latino fu Virgilio, che scrisse l'*Eneide*. Per i poemi che fiorirono sull'esempio dei poemi omerici, si parla di "**epica letteraria**" perché essa non ha più nessun rapporto con la tradizione orale.

COMPETENZA

LEGGERE, COMPRENDERE E INTERPRETARE IL TESTO EPICO

CONOSCENZE
Le tecniche della narrazione epica.

ABILITÀ
Saper individuare le diverse componenti della narrazione epica e i principali temi nei tre principali poemi epici dell'Antichità (storia, personaggi, spazio e tempo, narratore e punto di vista, scelte espressive e tematiche).

Giambattista Tiepolo (1696-1770), *Marte, Venere e Adone*, 1757, particolare, Vicenza, Villa Valmarana.

I caratteri della narrazione epica

La composizione in esametri

I poemi epici sono composti in **esametri**. L'esametro è un tipo di verso dotato di una grande duttilità, fondato su un'**armoniosa distribuzione degli accenti melodici**, in base alla quantità delle sillabe, in base cioè alla minore o maggiore durata della loro pronuncia nella dizione. Le sillabe si distinguono in brevi e lunghe; ad esempio si distingue una *mă* (sillaba breve) e una *mā* (sillaba lunga). La durata della pronuncia della sillaba con la *a* lunga è doppia rispetto a quella della sillaba con la *a* breve. Nell'esametro due sillabe brevi possono essere sostituite una sillaba lunga.

–∪∪ | –∪∪ | –⏕ | –⏕ | –∪∪ | –⏓

Gustave Moreau (1826-1898), *Il poeta viandante*, 1885-1890 ca., particolare, Parigi, Musée Gustave Moreau.

I proemi

Tutti i poemi si aprono con un proemio – in cui si invoca l'assistenza della **Musa** – e una **protasi** – con cui si accenna brevemente all'**argomento dell'opera** e all'**eroe protagonista**. La Musa, essendo figlia di Zeus e d Mnemosýne (il ricordo), è la garanzia dell'esattezza e della veridicità dei fatti che il poeta si accinge a raccontare.

Proemio

Dal greco *proóimion*, "introduzione".

Il narratore

La narrazione è effettuata da un **narratore esterno** che parla in terza persona ed è **onnisciente** (essendo assistito dalla Musa, egli conosce non solo tutto ciò che accade nel mondo umano, ma anche gli avvenimenti del mondo divino).

Accanto a questo narratore (detto "narratore di primo grado"), si trova anche un **narratore di secondo grado partecipe delle vicende riferite**, che racconta in prima persona le proprie peripezie (per esempio Ulisse nell'*Odissea* ed Enea nell'*Eneide*), e un **narratore di secondo grado estraneo alle vicende riferite**, che racconta in terza persona (per esempio l'aedo Demodoco nell'*Odissea*).

Nei poemi omerici la narrazione è prevalentemente **oggettiva**. Il narratore interviene in pochi casi esprimendo direttamente un suo giudizio. Per esempio:

> Se [Patroclo] avesse obbedito ai comandi del figlio di Peleo,
> sarebbe sfuggito al nero destino di morte.
> Ma la mente di Zeus è sempre più forte degli uomini.
>
> *Iliade* XVI, 686-688, trad. it. Paduano

> Combattevano tutti, una schiera ad ogni porta. Ma è difficile per me descrivere tutto, come se fossi un dio.
>
> *Iliade* XII, 175-176, trad. it. Ciani

Gustave Moreau (1826-1898), *Apollo e le nove Muse*, 1856, particolare, collezione privata.

Un caso particolare di intervento è quello dell'**apostrofe**, in cui il narratore si rivolge direttamente al personaggio:

> E tu rispondendo, o porcaro Eumeo, gli dicesti:...
>
> *Odissea* XVII, 311, trad. it. Privitera

Nell'**epica virgiliana**, invece, è sempre intensa e viva la **compartecipazione dell'autore** agli eventi narrati. Già nel proemio il poeta interviene ponendosi una domanda sul comportamento degli dei:

> O Musa, dimmi le cause, per quali offese al suo nume,
> di cosa dolendosi, la regina degli dei costrinse un uomo
> insigne per pietà a trascorrere tante sventure, ad imbattersi
> in tanti travagli? Tali nell'animo dei celesti le ire?
>
> *Eneide* I, 8-11, trad. it. Canali

I personaggi

Nell'epica omerica i modi di pensare, il carattere dei personaggi e i loro processi psicologici (il fatto di provare sentimenti, di soffrire, infuriarsi, avere pietà...) sono resi espliciti e concreti mediante l'uso del **discorso diretto legato**, che consiste nel riportare fedelmente i discorsi dei personaggi, introducendoli con un verbo dichiarativo ("disse", "rispose" ...). Viene anche usato il discorso diretto sotto forma di **dialogo** con un interlocutore, sia esso un altro personaggio, una divinità, la personificazione di un organo del personaggio stesso o anche di riflessioni fatte tra sé e sé e introdotte dal verbo "pensare". Riportiamo qui alcuni esempi:

> Gli **rispose** Teti, piangendo: «Figlio mio, perché ti ho cresciuto, io, madre infelice? Almeno tu stessi presso le navi senza lacrime, senza dolori, perché la tua vita è breve, non durerà a lungo. Sei votato a morte precoce e ora sei anche infelice fra tutti: per un triste destino ti ho messo al mondo nella reggia di Peleo».
>
> *Iliade* I, 414-418, trad. it. Ciani

> Esitava intanto il tenace Odisseo che, turbato, **diceva** a se stesso, al suo nobile cuore. «Ahimè, non tramerà ancora un inganno qualcuno degli immortali che mi ordina di abbandonare la barca?...».
>
> *Odissea* V, 355-357, trad. it. Ciani

> E subito Ulisse si levò a sedere, **pensando** in cuor suo: «Ahimè, in quale terra sono, tra quali omini? Gente violenta e selvaggia che non conosce giustizia, o persone che hanno timore di dio?».
>
> *Odissea* VI, 118-121, trad. it. Ciani

Nell'*Eneide* troviamo anche esempi di monologo in forma di **discorso indiretto libero**:

> Ahi, che fare? con quali parole oserà
> circuire la regina in delirio? come inizierà il discorso?
>
> *Eneide* IV, 283-284, trad. it. Canali

Inoltre l'autore, pur dando ampio risalto al discorso diretto, secondo il modello omerico, interviene connotando psicologicamente i personaggi:

> Frattanto all'estremità della pianura il combattivo Turno
> insegue pochi nemici dispersi sempre più sfiduciato,
> e sempre meno gioioso del trascorrere dei cavalli.
>
> *Eneide* XII, 614-616, trad. it. Canali

Il ricorso al discorso diretto ha l'effetto di coinvolgere più efficacemente gli ascoltatori, perché i personaggi si presentano con il loro carattere e il loro modo di essere, come su un palcoscenico.

Fabula e intreccio

La trama di una narrazione è costituita dalla combinazione di due diversi schemi narrativi: la *fabula* e l'intreccio. La ***fabula*** è l'**insieme dei fatti ricostruiti** e **disposti in modo ordinato** secondo una concatenazione di ordine temporale e causale, mentre l'**intreccio** si riferisce al modo in cui i fatti raccontati sono riferiti dal narratore, spesso con alterazioni dell'ordine cronologico della *fabula* e il rapporto causa-effetto con l'introduzione di **digressioni**, **descrizioni**, **prolessi** (anticipazioni di avvenimenti che accadranno o nell'arco temporale del racconto o successivamente) e/o **analessi** (si narra un avvenimento anteriore all'inizio del racconto o al punto in cui è giunto il racconto).
Le sfasature tra *fabula* e intreccio possono essere più o meno consistenti. Nell'*Iliade*, per esempio, anche se c'è una sostanziale coincidenza tra *fabula* e intreccio per quanto concerne l'ordine con cui vengono riferiti gli eventi, esistono tuttavia elementi di differenziazione, come ad esempio l'evidente sfasatura costituita dalla lunga digressione dedicata alla descrizione dello scudo di Achille. L'*Odissea* invece «*è la prima attestazione di una consapevole distinzione tra fabula e intreccio*» (Di Benedetto). Ulisse, il protagonista, entra in scena solo nel libro V, alla fine delle sue avventure, che sarà lui a raccontare al re dei Feaci, prima di essere ricondotto in patria dai suoi ospiti.

Enrico Scuri (1806-1884), *Orfeo ed Euridice*, 1842 ca., particolare, Pavia, Musei Civici.

La struttura sintattica

Nella narrazione epica prevale la **paratassi**: le proposizioni sono unite l'una all'altra non in conseguenza delle loro relazioni logiche, ma sono legate per **giustapposizione**, ossia per semplice accostamento tramite il segno d'interpunzione o mediante congiunzioni coordinative; perciò sono poste su uno stesso piano di valore e di importanza:

> Febo gli si fece incontro, nella mischia tremenda, tremendo lui stesso; ma nel tumulto Patroclo non lo vide avanzare: il dio gli andava incontro avvolto in una fitta nebbia, si fermò dietro a lui e con la mano aperta lo colpì dietro la schiena, tra le ampie spalle: gli occhi di Patroclo si rovesciarono. Apollo gli fece cadere l'elmo: e l'elmo risuonò rotolando tra le zampe dei cavalli, i pennacchi si insozzarono di polvere e sangue.

Iliade XVI, 788-795, trad. it. Ciani

I discorsi dei personaggi invece hanno generalmente una struttura sintattica più articolata:

> «Ma se lui [Sarpedonte] ti è caro, se il tuo cuore lo piange, lascia che muoia per mano di Patroclo figlio di Menezio; ma poi, quando respiro e vita lo avranno lasciato, manda Thanatos [la Morte], con il dolce Uypnos [il Sonno], che lo portino in Licia, nel grande paese, dove familiari ed amici gli renderanno l'onore della tomba e della stele».

Iliade XVI, 449-457, trad. it. Ciani

Lo stile formulare

I poemi omerici, come si è detto, raccolgono una lunga tradizione orale e una traccia evidente di questa matrice orale è costituita dalla presenza di **espressioni fisse** e **formule ricorrenti** che, oltre a essere una tecnica ritmico-canora, funzionavano come richiami mnemonici nelle recite.
Si parla a questo proposito di "stile formulare" i cui elementi sono: gli epiteti, i versi formula (o formule fisse), le situazioni tipiche.
Gli **epiteti** sono appellativi che accompagnano il nome di un personaggio, di un popolo, di un oggetto (per esempio, «*Ettore domatore di cavalli*», «*Achille piede veloce*», «*Elena dalle bianche braccia*», «*La lancia dalla lunga ombra*», «*Apollo che lungi saetta*»).
I **versi formula** o **formule fisse** sono versi o parti di verso che ricorrono costantemente e in modo sempre uguale nelle medesime situazioni (per esempio: «*Ma rispondendo disse...*», «*Parlando gli rivolse parole alate...*», «*E subito giunse l'aurora dalle dita rosate...*»).
Le **situazioni tipiche** sono modelli narrativi fissi che il poeta segue per descrivere scene che si ripetono in più occasioni, ad esempio l'arrivo di un ospite, la descrizione di un duello, la vestizione dell'eroe prima della battaglia:

> Patroclo si vestì di fulgido bronzo. Intorno alle gambe mise per prime le belle gambiere, con rinforzi d'argento alle caviglie; intorno al petto si pose la corazza di Achille nipote di Eaco, che scintillava come una stella. Appese alle spalle la spada di bronzo ornata d'argento e poi lo scudo, grande e pesante; sulla testa fiera pose l'elmo benfatto, ornato di coda equina: pauroso oscillava in alto il pennacchio. Prese due lance robuste adatte alla sua mano.

Iliade XVI, 130-139, trad. it. Ciani

Le figure retoriche

Le figure retoriche sono artifici mediante i quali l'autore cerca di dare maggiore efficacia espressiva alla sua opera.
Tra le frequenti figure retoriche alle quali ricorre il poeta, ha un grande rilievo l'impiego della **similitudine**, che consiste nell'accostamento di un personaggio o di un momento della narrazione a un'immagine che con essa ha un rapporto di somiglianza:

> [Gli Achei] si gettarono sui Teucri pieni di ardore. Si rovesciarono all'improvviso, come vespe sui sentieri, le vespe che sui sentieri hanno i nidi e che i ragazzi tormentano sempre e sempre irritano, sciocchi, preparando così un male per tutti: se sopraggiunge un viandante e senza volere le urta, esse con grande coraggio gli si fanno addosso per difendere i figli.
>
> *Iliade* XVI, 258-265, trad. it. Ciani

Come si vede, la similitudine va oltre la funzione di dare un'efficace immagine visiva dell'irruenza degli Achei che vanno in massa all'assalto dei Troiani e si arricchisce di altri suggestivi particolari. Le similitudini, infatti, acquistano spesso il carattere di **quadri autonomi**, staccati dal termine di confronto, che mettono in luce eventi e momenti della vita quotidiana.
In particolare nell'*Iliade*, nella cupa atmosfera di guerra e di stragi che predomina in tutto il poema, esse aprono uno scenario su un mondo di pace e di serenità.

Altre figure retoriche usate nell'epica sono:

- l'***adýnaton*** (parola greca che significa "impossibile"), che è un **enunciato basato sul paradosso**: si formula un'ipotesi irrealizzabile alla quale è subordinato un altro fatto, che, in tal modo, è presentato come **impossibile**. L'*adýnaton* può essere visto come una perifrasi che invece della parola "mai", propone esempi di cose o fatti impossibili:

> ... Trasformati in tutti gli aspetti, raduna quanto
> vali con l'animo e con l'astuzia; desidera di volare
> sulle alte stelle, e di racchiuderti nel cavo della terra...
>
> *Eneide* XII, 891-893, trad. it. Canali

Guido Reni (1575-1642), *Il ratto di Elena*, 1631, particolare, Parigi, Musée du Louvre.

› William-Adolphe Bouguereau (1825-1905), *L'Arte e la Letteratura*, 1867, particolare, Elmira, New York, Arnot Art Museum.

- l'**anafora** è la **ripetizione** all'inizio di un verso, di un periodo, di una proposizione o di un segmento sintattico di una o più parole con cui ha inizio il verso, il periodo, la proposizione o il segmento sintattico precedenti:

  Egli, cercando di consolare, con la cava cetra, l'infelice amore
  te, o dolce consorte, cantava sulla spiaggia solitaria,
  te cantava quando il sole sorgeva, te quando il sole moriva.

  Georgiche IV, 10-12, trad. it. F. Malvezzi

- l'**anastrofe** è l'**inversione** dell'ordine normale o abituale di due parole o due gruppi di parole:

  Vittoriosi, portando la preda e le spoglie, quei Rutuli
  il morto Volcente con pianti riconducevano al campo.

  Eneide IX, 450-451, trad. it. Calzecchi Onesti

- l'**apostrofe**, che consiste in un **discorso diretto** a una persona o a una cosa personificata, di solito con tono concitato, di affetto o di rimprovero:

  Chi per primo e chi per ultimo uccidesti, Patroclo,
  quando gli dei ti chiamarono a morte?

  Iliade XVI, 690-691, trad. it. Paduano

- l'**asindeto**, cioè l'**accostamento** di parti del discorso senza l'uso di congiunzioni:

  Piombò nel bacile la gamba, risuonò il bronzo,
  s'inchinò dalla parte opposta, l'acqua si versò a terra.

  Odissea XIX, 469-470, trad. it. Privitera

- il **chiasmo**, dal nome della lettera greca χ (*chi*). È la **disposizione incrociata** degli elementi di un enunciato che si corrispondono secondo lo schema AB-BA:

  Non fare tuo figlio orfano e vedova la tua donna.

  Iliade VI, 433, trad. it. Paduano

Se lo schema è AB-AB (per esempio: non fare tuo figlio orfano e la tua donna vedova) si ha un **parallelismo**.

- l'*enjembement*, parola francese che significa "scavalcamento", consiste nella **non coincidenza della pausa metrica di fine verso con la pausa sintattica**. Una breve frase oppure un gruppo sintattico strettamente unito (es. nome aggettivo, nome attributo, soggetto e predicato) vengono divisi tra la fine di un verso e l'inizio del successivo):

  puerilmente stolti, essi che le vacche del Sole Iperione
  mangiarono, e quello allora tolse il giorno del ritorno.

  Odissea I, 8-9, trad. it. Di Benedetto

- l'**epifonema** è una **sentenza** collocata alla fine di una narrazione, di un'argomentazione o dell'esposizione di un fatto:

  Magnanimo figlio di Tideo, perché domandi della mia stirpe?
  Come è la stirpe delle foglie, così quella degli uomini.

  Iliade VI, 144-145, trad. it. Paduano

- l'**eufemismo**, è una **forma attenuata** con la quale si esprimono fatti, giudizi, idee, che pronunciate in modo realistico potrebbero suonare troppo forti o sgradevoli:

  se un caso, se un dio dovesse gettarmi nel peggio
  (equivale a: "se un dio mi facesse morire")

  Eneide IX, 211, trad. it. Canali

- l'*hýsteron próteron* (dal greco "dopo"/"prima") è l'**inversione della successione temporale** di due avvenimenti in modo da anticipare ciò che dovrebbe essere esposto successivamente:

  Radi ammiccano i lumi; in preda al sonno ed al vino
  si dànno, e tutto, intorno, è silenzio.
  (il sonno è un effetto del vino)

  Eneide IX, 189-190, trad. it. Canali

- l'**ipallage** consiste nello **scambio** del normale rapporto sintattico o di significato tra due parole. Si attribuisce a una parola dell'enunciato ciò che andrebbe attribuito a un'altra parola dello stesso enunciato:

  e molto avendo sofferto in guerra, pur di fondare
  la città, e introdurre nel Lazio i Penati, di dove la stirpe
  latina, e i padri albani e le mura dell'alta Roma
  ("le mura dell'alta Roma" per "le alte mura di Roma")

  Eneide I, 5-7, trad. it. Canali

- l'**iperbato** è l'**inserimento** di una o più parole tra altre due che dovrebbero essere contigue e in stretto legame sintattico:

  Noi sventurati, **nel nostro ultimo giorno**,
  per la città coroniamo i templi degli dei di festosa fronda.

  Eneide II, 248-249, trad. it. Canali

- l'**iperbole**: è l'utilizzo di **espressioni o parole esagerate** oltre il verosimile nel senso sia dell'eccessivamente grande sia dell'eccessivamente piccolo:

  Donna, nessun mortale sulla terra infinita
  si può biasimare: **la tua fama va al vasto cielo.**

  Odissea XIX, 107-108, trad. it. Privitera

- la **litote**: è una perifrasi mediante la quale **si afferma qualcosa negando l'opposto**. Come l'eufemismo (vedi), ha lo scopo di esprimere in modo attenuato ciò che si vuol lasciare intendere.

  Non aveva senza lacrime gli occhi.

  Eneide IV, 186, trad. it. Canali

- la **metafora**: è la **sostituzione** di un termine con un altro il cui senso letterale ha qualche somiglianza con il senso letterale della parola sostituita. Si tratta quindi di uno **spostamento di significato** provocato da una somiglianza o analogia tra gli attributi di due entità (cose ed esseri reali o immaginari, realtà spirituali o fenomeni naturali):

  Così disse, e una **nera nube** d'angoscia lo avvolse.

  Iliade XVIII, 22, trad. it. Paduano

  finché arrivi da uomini [...]
  che non conoscono **navi dalle gote purpuree**.

  Odissea XI, 122-124, trad. it. Privitera

  Proprio davanti al vestibolo, sull'orlo delle **fauci** dell'Orco [gli inferi].

  Eneide VI, 273, trad. it. Canali

- la **metonimia**: è una figura retorica simile alla metafora in quanto si usa una parola al posto di un'altra per designare un'entità qualsiasi. A differenza della metafora, la metonimia intrattiene un **rapporto di contiguità o di dipendenza di significato** con quella sostituita. Mentre nella metafora c'è uno slittamento da un campo di significati a un altro, nella metonimia lo spostamento avviene all'interno dello stesso campo di significati (la causa per l'effetto, la materia per l'oggetto, il contenente per il contenuto, la causa per l'effetto...):

  paghino i Danai **le mie lacrime** con i tuoi dardi
  ("le lacrime" sta per "il dolore")

  Iliade I, 43, trad. it. Paduano

  libavano in mezzo alla sala le coppe di **Bacco**
  ("Bacco", il dio del vino, sta per "vino")

  Eneide III, 353-354, trad. it. Canali

  Non ho serbato la fede promessa alle **ceneri di Sicheo**
  ("ceneri di Sicheo" sta per "Sicheo")

  Eneide IV, 552, trad. it. Canali

- l'**ossimoro** è l'accostamento, in una medesima locuzione, di **parole di senso contrario**, che sembrano escludersi una con l'altra:

  ... T'inseguirò lontana
  con neri fuochi.

  Eneide IV, 384-385, trad. it. Canali

- la **perifrasi**, detta anche **circonlocuzione**, è una figura retorica che consiste nell'**ampliamento del discorso** sostituendo a una parola una locuzione più ampia. La perifrasi può essere considerata un sinonimo a più termini:

  divino scudiero del veloce discendente di Eaco
  (il veloce discendente di Eaco è Achille)

  Iliade XVI, 865, trad. it. Paduano

^ Gaspare Landi (1756-1830), *Paride*, 1794 ca., particolare, Pavia, Musei Civici.

- la **personificazione**, consiste nella rappresentazione di concetti, esseri inanimati, entità astratte, sentimenti e stati d'animo sotto **sembianze umane**:

  il Pianto e gli Affanni vendicatori posero il loro covile;
  vi abitano i pallidi Morbi e la triste Vecchiaia,
  la Paura, e la Fame, cattiva consigliera, e la turpe Miseria

  Eneide VI, 274-276, trad. it. Canali

- il **poliptoto** è la **ripetizione** contestuale di una parola in differenti casi grammaticali:

  Invecchia sulla pera la pera, sulla mela la mela,
  sul grappolo il grappolo, il fico sul fico.

  Odissea VII, 120-121, trad. it. Privitera

- il **polisindeto** consiste nell'**accostamento** di parole o di gruppi di parole all'interno di una proposizione o tra proposizioni stesse mediante **più congiunzioni coordinanti ripetute**:

  Era la notte, e in terra i corpi stanchi godevano il placido
  sonno, e s'erano acquietati i boschi e il mare tempestoso,
  quando le stelle si volgono a metà del corso,
  e tacciono i campi, le greggi e i variopinti uccelli,
  e gli esseri contenuti dalle liquide ampie distese e dalle terre.

  Eneide IV, 522-526, trad. it. Canali

- la **sineddoche** è una figura che appartiene al meccanismo metonimico: **spostamento di significato** da una parola all'altra in base a una relazione di contiguità. A differenza della metonimia (contiguità spaziale, temporale o causale), per la sineddoche si tratta di una contiguità basata su un rapporto di **maggior o minor estensione** (il genere per la specie, la specie per il genere, il tutto per la parte o la parte per il tutto, la materia di cui è composto un oggetto per l'oggetto stesso):

  per questo scettro che non metterà più rami né foglie
  da quando una volta è stato tagliato sui monti, non rifiorirà mai più:
  il **bronzo** gli ha tolto foglie e corteccia.
  (*bronzo* sta per *ascia*)

  Iliade I, 234-237, trad. it Paduano

  Rifulgono i **bronzi**
  percossi dal sole, e balenano sotto le nubi.
  (*bronzi* sta per *armi*)

  Eneide VII, 526-527, trad. it. Canali

- la **sinestesia**, consiste nell'**unione** in un'unica espressione di immagini appartenenti a **campi sensoriali diversi**:

  e intonarono un limpido canto

  Odissea XII, 183, trad. it. Privitera

L'Antologia

L'EROE DAL MITO ALLA TREGEDIA ATTICA

L'eroe nel mito
L'eroe nella poesia epica
L'intelligenza dell'eroe tra *métis* e *dolos*
Il teatro greco
L'eroe nella tragedia attica
L'eroe nell'epica latina

COMPETENZA

LEGGERE, COMPRENDERE E INTERPRETARE IL TESTO EPICO

CONOSCENZE
Le tecniche della narrazione epica attraverso le opere.

ABILITÀ
Saper analizzare le diverse componenti del testo epico (storia, personaggi, spazio e tempo, narratore e punto di vista, scelte espressive e tematiche).

‹ Giambattista Tiepolo (1696-1770), *Euribate e Taltibio conducono Briseide presso Agamennone*, 1757, particolare, Vicenza, Villa Valmarana.

Le traduzioni

Lungo il corso della nostra tradizione culturale e letteraria i poemi epici sono sempre stati **al centro dell'attenzione e degli interessi di poeti, letterati e studiosi**, molti dei quali si sono cimentati nel compito di tradurli.

Nel Cinquecento, in un clima classicistico volto ad attualizzare il poema epico classico, **Annibal Caro** (1507-1566) tradusse l'*Eneide* in endecasillabi sciolti. In realtà si tratta di un vero e proprio rifacimento composto con il gusto rinascimentale per la parola armonica, e con grande perizia retorica.

Le traduzioni dei poemi omerici fiorirono soprattutto tra la fine del Settecento e l'inizio dell'Ottocento, in un periodo di rinnovato interesse per la classicità. Celeberrime sono le traduzioni dell'*Iliade* in endecasillabi sciolti di **Vincenzo Monti** (1754-1828) e dell'*Odissea* di **Ippolito Pindemonte** (1753-1828).

Anche **Ugo Foscolo** (1778-1827) dedicò molti anni alla traduzione dell'*Iliade*, che però non portò mai a termine. Le traduzioni di Caro, Monti e Pindemonte furono quelle lette nelle scuole fino agli anni Cinquanta del secolo scorso. Ma la difficoltà di lettura di una lingua classicheggiante, distante da quella contemporanea, era un ostacolo che impediva di cogliere lo spirito dei poemi e il loro straordinario fascino poetico.

Incompleta, ma di notevole valore, è la traduzione di **Giovanni Pascoli** (1855-1912), in versi piani (cioè terminanti con parole piane, accentate sulla penultima sillaba). Anche il poeta **Salvatore Quasimodo** (1901-1968) ha realizzato una versione in versi liberi, caratterizzata da un ritmo veloce e da una sintassi lineare. In versi liberi sono state redatte anche numerose traduzioni in tutto il corso del Novecento, condotte con l'intento di restare il più possibile fedeli all'originale e nello stesso tempo di rendere il testo in un linguaggio più fruibile da un lettore contemporaneo. La scelta di spezzare il testo in versi, seppur non vincolati ad alcuno schema metrico, è dettata dalla volontà di rispettare l'andamento e il ritmo del testo. Ormai famosa, a questo proposito, è la traduzione dei poemi omerici e dell'*Eneide* di **Rosa Calzecchi Onesti** (con la revisione di **Cesare Pavese**).

Per avvicinare ancor di più il lettore alla dimensione narrativa dei poemi epici sono state scritte versioni in prosa; di **Maria Grazia Ciani** e di **Giuseppe Tonna** per i poemi omerici, di **Carlo Carena** per l'*Eneide*.

Vanno infine ricordate le pregevoli traduzioni in versi di **Giorgio Paduano** (*Iliade* e *Odissea*), di **Giovanni Cerri** (*Iliade*,) di **Aurelio Privitera** (*Odissea*), di **Vincenzo Di Benedetto** (*Odissea*), di **Luca Canali** (*Eneide*) e **Alessandro Fo** (*Eneide*).

In questo testo si è fatto riferimento principalmente alle traduzioni di Paduano, Privitera e Canali.

Le traduzioni dei poemi epici

Iliade	*Odissea*	*Eneide*
V. Monti, Brescia 1810	**I. Pindemonte**, Verona 1782	**A. Caro**, 1581
E. Romagnoli, Bologna 1924	**R. Cantarella**, Milano 1960	**G. Albini**, Bologna 1922
R. Calzecchi Onesti, Torino 1950	**R. Calzecchi Onesti**, Torino 1963	**F. Vivona**, Roma 1927
R. Cantarella, Milano 1960	**C. Saggio**, Milano-Napoli 1968	**C. Vivaldi**, Parma 1962
G. Tonna, Milano 1976	**G. Bemporad**, Torino 1970	**E. Cetrangolo**, Firenze 1966
M.G. Ciani, Venezia 1990	**E. Villa**, Milano 1972	**R. Calzecchi Onesti**, Torino 1967
G. Cerri, Milano 1996	**G. Tonna**, Milano 1974	**F. Della Corte**, Milano 1967
G. Paduano, Torino 1997	**G.A. Privitera**, Roma-Milano 1982-1986	**C. Carena**, Torino 1971
	E. Cetrangolo, Firenze 1990	**C. Saggio**, Milano-Napoli 1980
	G. Paduano, Torino 2010	**L. Canali**, Milano 1978-1983
	V. Di Benedetto, Milano 2010	**G. Vitali**, Milano 1986
		M. Ramous, Venezia 1998
		A. Fo, Torino 2012

1 L'epica greca di Omero

I poemi omerici e la realtà storica

BIOGRAFIA
H. Schliemann

Per circa due secoli gli studiosi si sono chiesti se fosse esistita realmente una città chiamata Troia e se si fosse svolta una guerra che da essa prese il nome.
Il mercante tedesco **Heinrich Schliemann**, appassionato archeologo dilettante, era convinto che i poemi omerici avessero un fondamento storico: una spedizione di Micenei avrebbe effettivamente conquistato e distrutto la città di Ilio nell'Età del bronzo. Nel 1870 Schliemann, basandosi sulle indicazioni contenute nell'*Iliade*, organizzò e finanziò personalmente una campagna di scavi in Asia Minore, precisamente a **Hissarlik**, un'altura situata a pochi chilometri dai Dardanelli. Qui trovò le tracce di insediamenti umani disposti su diversi strati e ritenne di avere individuato la città di Priamo in uno strato da cui portò alla luce una grande quantità di oggetti preziosi. Secondo Schliemann le raffinate armature rinvenute in altri scavi eseguiti a Micene, compresa la maschera funebre d'oro che egli credeva essere quella di Agamennone, si accordavano alle descrizioni omeriche dei ricchi e aggressivi protagonisti dei poemi.

^ Pieter Lastman (1583-1633), *Ulisse e Nausicaa*, 1619, particolare, Monaco di Baviera, Bayerische Staatsgemäldesammlungen, Alte Pinakothek.

Successivamente, risultò che quella che l'intraprendente archeologo credeva essere la città di Priamo apparteneva a un'epoca più antica. La città, infatti, era stata più volte distrutta e riedificata: ben dieci insediamenti si sovrappongono, dai resti più antichi (3000-1700 a.C.) fino a quelli più recenti della Troia bizantina (395-1200 d.C.). La Troia omerica, sempre tenendo per assodato che Omero rappresentasse il mondo miceneo, fu identificata con il cosiddetto strato VIIa (1300-1200). Essa era stata costruita intorno al 1300 a.C., dopo che un terremoto aveva distrutto la città precedente (la Troia dello strato VI). Quest'ultima era molto più florida e potente della città cosiddetta omerica, che risulta invece di proporzioni più modeste.

L'ipotesi di Hertel

Ma la città dello strato VII^a fu forse distrutta da un incendio una cinquantina d'anni dopo la costruzione e non fu teatro di imprese militari. **Dieter Hertel**, uno studioso ed esperto archeologo che ha partecipato a campagne di scavo in questi ultimi anni, esclude che la città corrispondente allo strato VIIa sia stata distrutta in seguito a una spedizione bellica e che sia quella assediata dagli eroi di Omero. Egli avanza un'interessante ipotesi sulla reale "guerra troiana" e sull'origine dell'*Iliade*: «*Se si riepilogano spassionatamente i risultati dell'indagine sulla fine di Troia VIIa e li si esamina senza voler a ogni costo scoprire la storicità della guerra di Troia, anche in questo caso si dovrà abbandonare la tanto cara ipotesi della conquista. La città che cadde in rovina in seguito a un catastrofico incendio verso il 1200 (questa è in effetti la cronologia della fine di Troia VIIa) non ha alcuna relazione con gli eroi di Omero.* [....]

Il nocciolo storico della saga [ciclo narrativo] *della guerra di Troia va individuato nella lotta sostenuta, dapprima con esito negativo ma infine coronata dal successo, da un gruppo di Greci provenienti dalla Grecia centrale, numericamente non molto consistente, intorno alla città di Troia nella fase VIIb2 della città, nel 1000 circa.* [...]

I greci avrebbero cercato di impadronirsi con la forza della città di Troia VIIb2. Le mura di fortificazione, straordinariamente potenti per l'epoca, e naturalmente anche l'energica opposizione dei difensori, avrebbero però sventato l'attacco; alcuni aggressori sarebbero caduti, mentre gli altri si sarebbero ritirati, probabilmente a Tenedo. Qualche tempo dopo Troia sarebbe stata colpita da un grave incendio, che avrebbe decimato la popolazione. I Greci che abitavano a Tenedo se ne sarebbero avveduti e avrebbero inviato dei ricognitori, i quali avrebbero riferito di una città rioccupata solo parzialmente dai vecchi abitanti. Tale situazione avrebbe permesso ai Greci di insediarsi in città senza grandi problemi. Solo nel corso di questi eventi, e in seguito al verificarsi di particolari condizioni, iniziò a svilupparsi la celeberrima saga cui Omero diede forma. [...] *L'Iliade nasce intorno al 750, e anche se qualche avvenimento reale, svoltosi nell'XI o nel X secolo, può aver costituito la base di partenza della tradizione mitica, non vi era nulla di più estraneo al creatore di questo poema epico che la ricostruzione cronachistica di eventi antichissimi. Egli aveva assai più a che fare con gli scottanti problemi del suo tempo e l'atmosfera culturale di riferimento dell'opera che narra la guerra di Troia è quasi esclusivamente quella dei tempi di Omero, dunque dell'VIII secolo. Poiché Omero visse per un certo periodo presso le corti principesche della Troade, sembrerebbe che sia riuscito ad ambientare il suo racconto epico con buona precisione nel quadro geografico locale, nelle strade della città e nei suoi dintorni*».

BIOGRAFIA
D. Hertel

L'età dei fatti e l'età dei racconti

Una più approfondita conoscenza dell'Età del bronzo ha permesso di accertare che se lo scenario degli avvenimenti narrati è l'età eroica della civiltà micenea, **il mondo omerico riflette invece situazioni e aspetti della vita di un'età più tarda**.

Gli Achei di Omero hanno armi di bronzo, il materiale dell'età micenea; tuttavia gli strumenti quotidiani decritti da Omero sono di ferro. I combattenti di Omero si muovono

su carri da battaglia – e infatti i Micenei usavano combattere con carri da battaglia –, ma la memoria di questo tipo di combattimento si era persa ai tempi di Omero ed egli non risulta in grado di descrivere una battaglia condotta con i carri: i suoi eroi possiedono i carri, arrivano al luogo del combattimento sui carri, ma combattono a piedi.
I combattenti dell'età micenea, stando alle raffigurazioni artistiche, usavano solitamente una lancia da assalto molto lunga. Nell'arte geometrica dell'VIII secolo a.C. i guerrieri impugnano due lance, più corte e più leggere, che sono i giavellotti lanciati dagli eroi omerici contro i nemici. Achille combatte con un'unica lunga lancia e tuttavia la scaglia come se fosse un giavellotto. Molto interessante è anche il posto assegnato all'arco nelle dotazioni dei guerrieri. Sappiamo che l'arco era un'arma molto usata nell'età micenea. In Omero invece l'arco è presente, ma non è l'arma degli eroi.
Tipico è infine il caso della sepoltura: i Micenei usavano inumare i morti in enormi "alveari" o tombe a *thólos*, volte sotterranee di forma conica, mentre nei poemi omerici gli eroi morti vengono cremati.

Una lunga tradizione prima della fissazione scritta

La tradizione che porta ai poemi omerici ha dunque **un lungo periodo di gestazione**, che dai secoli della civiltà micenea passa attraverso il medioevo ellenico e giunge fino all'VIII secolo a.C. La caduta della civiltà micenea aveva determinato la **scomparsa della scrittura** e nel mondo di Omero la scrittura è sconosciuta: non esistono cioè testimonianze della sua presenza.
Trascorsero quindi **molti secoli prima che i due poemi venissero fissati per iscritto**. Sappiamo con certezza che la prima stesura di un testo completo dell'*Iliade* e dell'*Odissea* risale al periodo della tirannide ateniese di Pisistrato nel **VI secolo a.C.**, quando i poemi furono ordinati e regolarizzati in vista della recitazione durante le feste ateniesi delle Panatenee (le principali feste ateniesi).
Solo successivamente i due testi ricevettero l'attuale suddivisione in 24 libri (distinti con le lettere dell'alfabeto greco, maiuscole per l'*Iliade* e minuscole per l'*Odissea*), per opera di studiosi ellenistici della **biblioteca di Alessandria d'Egitto**, vissuti vari secoli dopo Omero, che nel III secolo a.C. approfondirono l'analisi dei due poemi.

La figura di Omero e la nascita della "questione omerica"

Gli antichi non avevano nessun dubbio circa la realtà storica del poeta chiamato Omero, ma non avevano dati certi sulla sua vita. Così pure era controverso il luogo della sua nascita. Nell'***Inno ad Apollo***, che deriva probabilmente da un'esecuzione svoltasi a Chio nel 522 a.C., l'autore – che oggi sappiamo non essere Omero – si definisce «*il cieco che abita a Chio*», dando luogo alla leggenda di **Omero poeta cieco**, sostenuta anche dalla presenza nell'*Odissea* del cantore cieco Demodoco.
I Greci attribuivano a Omero anche altre opere, come i poemi del *Ciclo* (che avevano per oggetto le vicende della guerra di Troia), il poemetto *Margite*, la *Batracomiomachia* (*La battaglia delle rane e dei topi*) e gli *Inni*, ma già gli studiosi antichi dell'età ellenistica (che incominciarono a confrontare le diverse versioni delle opere attribuite a Omero raccolte nella biblioteca di Alessandria), avevano sottoposto a critica l'attribuzione dei poemi del *Ciclo* e degli *Inni* a Omero, e alcuni giunsero ad affermare che l'*Odissea* non era opera di Omero, il quale avrebbe composto solo l'*Iliade*. L'anonimo autore di un trattatello intitolato *Del Sublime* sosteneva invece che l'*Iliade* era opera di Omero giovane, mentre l'*Odissea* apparteneva al periodo della sua vecchiaia.
Tutti questi autori, comunque, sostenevano la tesi "**unitaria**": erano cioè convinti che Omero fosse autore sia dell'Iliade sia dell'Odissea.
Alcuni studiosi ellenistici, invece, "i **separatisti**", erano convinti che l'*Iliade* e l'*Odissea* non fossero state scritte dalla stessa persona.

La "questione omerica" dal Rinascimento a oggi

La **discussione sulla storicità di Omero** e su come si sono formati i poemi omerici – che va sotto il nome di "questione omerica" (dal latino *quaestio*, "indagine") – è stata ripresa nel **Rinascimento**, quando, diffusasi di nuovo in Occidente la conoscenza della lingua greca, i letterati e gli intellettuali ebbero conoscenza diretta dei poemi omerici.
Il dibattito si riaccese nel **Settecento** ed è proseguito per duecento anni, incentrato sulla **contrapposizione tra separatisti e unitari**, per iniziativa di uno studioso tedesco **Friedrich A. Wolf**. Questi sostenne che i poemi omerici erano la **risultante di poemi più brevi composti da più autori** e tramandati a memoria senza l'aiuto della scrittura, fino a quando, più tardi, nel VI secolo a.C., furono fissati in forma scritta: ad Atene, ai tempi della tirannide di Pisistrato (come abbiamo detto), queste brevi narrazioni furono assemblate da brillanti editori che diedero forma all'*Iliade* e all'*Odissea*.
L'interpretazione di Wolf fu accettata per tutto l'Ottocento e parte del Novecento. I seguaci di questa interpretazione furono chiamati "**analitici**" perché cercarono di scomporre il testo dei poemi omerici ripristinando i suoi nuclei costitutivi. Gli "**unitari**", sostenevano, invece, che sia l'*Iliade* sia l'*Odissea* erano opera di una personalità che li aveva composti sulla base di un materiale tradizionale.
I moderni tendono ad accettare l'attribuzione *dell'Iliade* e dell'*Odissea* a Omero come una **convenzione** ormai consolidata, ma ritengono che **non necessariamente i due poemi si possano considerare opera di un unico autore**.

La tesi di Parry: l'uso di tecniche ritmico-canore

Un contributo determinante a sostegno della tesi di opere create da un'unica personalità è stato fornito, all'inizio del XX secolo, da un giovane studioso californiano, **Milman Parry**. Parry sostenne che Omero era un **cantore orale** e che l'*Iliade* e l'*Odissea* si inseriscono nel solco di una **poesia orale**, priva del supporto della scrittura, conservata nella memoria attraverso una **tecnica ritmico-canora** e l'uso massiccio di espressioni precostituite: si tratta di epiteti, frasi e formule fisse che ricorrono con regolarità e si ripetono in determinate situazioni o posizioni nel verso. I poeti disponevano di **un vasto sistema di gruppi di parole** che utilizzavano per dare forma a grandi blocchi delle opere. Queste espressioni formulari non erano opera di un solo poeta, ma si erano prodotte nel tempo: il linguaggio omerico, affermò Parry, era **tradizionale**, e il poeta sulla base di questi repertori fissi aveva composto le sue opere senza fare uso della scrittura.

BIOGRAFIE
F.A. Wolf
M. Parry

Per cercare un modello che comprovasse la sua tesi, Parry si recò nei Balcani meridionali con il suo allievo Albert B. Lord e raccolse un'enorme quantità di registrazioni di lunghi poemi cantati dai *guslari* (il nome deriva dallo strumento che usavano per l'accompagnamento, la *gusla*), contadini che non sapevano né leggere né scrivere, i quali cantavano poemi su eroiche battaglie e rapimenti di donne. Le tipologie narrative erano affini a quelle dei poemi omerici: tra gli altri, l'argomento di un racconto era il ritorno di un uomo che giunge alla sua casa dopo molti anni, quando la moglie sta per sposare un altro.
Per analogia, affermava Parry, Omero doveva aver fatto qualcosa di simile: in sostanza Omero era un poeta orale, un *guslar*. L'*Iliade* e l'*Odissea* che conosciamo sono, secondo Parry, **versioni uniche dettate dal poeta a un amanuense**.
Se Parry ha il merito di aver messo in evidenza il contesto di oralità in cui operò Omero, la distanza che separa i canti dei *guslari* e i testi omerici è in realtà notevole perché Omero si avvale dello stile formulare con grande libertà espressiva e compositiva, giungendo a **risultati originali** mai raggiunti in altri cicli epici.

Gustave Boulanger (1824-1888), Ulisse riconosciuto dalla nutrice Euriclea, 1849, particolare, Parigi, École Nationale Supérieure des Beaux-Arts.

L'*Iliade*

Il poema racconta un episodio del decennale assedio degli Achei (così sono chiamati i Greci in Omero) sotto le mura di Troia. Nell'ultimo anno di guerra sorge una contesa tra Agamennone, capo dell'esercito acheo, e Achille, il più forte guerriero della spedizione. Questi si ritira dalla battaglia con la conseguenza che i Troiani, sotto la guida di Ettore, figlio del re Priamo, prevalgono e minacciano da vicino l'accampamento degli assedianti. Achille riprende le armi solo quando Patroclo, il suo amico più caro, viene ucciso da Ettore. La morte di Ettore è il preannuncio della fine della città, ma anche della morte di Achille: l'eroe sa che anche lui è destinato a perdere la vita.
Achille infierisce crudelmente sul corpo di Ettore, che vorrebbe dare in pasto agli uccelli, ma poi, cedendo alle suppliche di Priamo, lo restituisce al padre. Il poema si conclude con i funerali dell'eroe Troiano.
L'argomento dell'*Iliade* riguarda un **tempo limitato** del lungo assedio: l'azione del poema abbraccia un periodo di circa cinquanta giorni. Il poeta ha dunque attinto al patrimonio di tradizioni sulla guerra e sulla presa di Troia, i poemi del *Ciclo troiano*, facendo oggetto della sua narrazione **un solo episodio**. Gli ascoltatori conoscevano il contesto e gli antefatti della storia, anch'essi oggetto di altre narrazioni epiche. Sapevano, per esempio, che la causa della guerra era stata il rapimento di Elena, la più bella delle donne, moglie del re di Sparta Menelao. La donna era stata rapita da Paride, figlio di Priamo re di Troia, una città situata nella zona nord-occidentale dell'Asia Minore. Il re di Micene, Agamennone, fratello di Menelao, aveva organizzato una spedizione per riprendere Elena. Oltre ad Achille, facevano parte della spedizione anche i più famosi eroi della Grecia: Aiace Oileo e Aiace Telamonio, Ulisse, Diomede e il vecchio e saggio Nestore.

› Jérôme-Martin Langlois (1779-1838), *Cassandra*, 1810, Chambéry, Musée des Beaux-Arts.

L'Odissea

Con la conclusione della guerra incomincia un'altra serie di vicende legate al ritorno degli eroi in patria, appartenenti al Ciclo dei ritorni (in greco *nóstoi*, "ritorni"). L'*Odissea* tratta appunto le vicende del ritorno di *Odísseus* (in latino *Ulixes*, donde anche il più comune nome "Ulisse") alla sua terra, l'isola di Itaca. Odisseo è l'unico acheo al quale, a causa dell'odio di Posidone, è precluso il ritorno in patria.
Il poema ha inizio quando gli dei decidono di consentire il ritorno in patria di Odisseo che, dopo aver errato per tre anni, si trova da sette anni nell'isola di Ogigia, trattenuto suo malgrado dalla ninfa Calipso.
Nella sua patria è da tutti ritenuto morto e un gruppo di tracotanti giovani nobili, da Itaca e dalle isole vicine, si è trasferito da tempo nella sua casa, facendo pressione su Penelope, moglie di Ulisse, affinché sposi uno di loro. Telemaco, il figlio di Ulisse, per porre fine a questa situazione, parte alla ricerca di notizie sul padre e ottiene la certezza che è ancora vivo. Frattanto, dopo che il dio Ermes ha rivelato a Calipso la volontà di Zeus, Ulisse può lasciare Ogigia e su una zattera fa vela verso Itaca, ma una tempesta scatenata da Posidone lo fa naufragare nell'isola di Scheria, terra dei Feaci. Qui è ospitalmente accolto dal re Alcinoo alla corte del quale narra tutte le sue peripezie.
Una nave di Feaci riporta a Itaca Ulisse che, insieme con il figlio Telemaco, libera la sua reggia dagli avidi pretendenti uccidendoli tutti.

‹ William-Adolphe Bouguereau (1825-1905), *Omero e la sua guida*, 1874, particolare, Milwaukee, Milwaukee Art Museum.

2 *Iliade*

Il proemio

Luogo: Grecia
Anno: VIII secolo a.C.
Tratto da: **Libro** I, vv. 1-7
Edizione: Einaudi, Torino

Il brano

L'*Iliade* come poi l'*Odissea* – e quindi tutte le successive composizione epiche – si apre con un proemio suddiviso in due parti: l'invocazione alla Musa perché assista il poeta e la protasi in cui viene dichiarato l'argomento dell'opera.
Il proemio in realtà anticipa solo il contenuto dei primi diciotto libri, cioè il tempo durante il quale si prolunga l'ira di Achille, il quale, dopo la morte di Patroclo, riprende le armi per vendicare l'ami-

^ Giorgio de Chirico (1888-1978), *Trofeo con testa e tempio*, 1974, particolare, Roma, Fondazione Giorgio e Isa de Chirico.

co. Il pubblico che ascoltava, tuttavia, avendo familiarità con i racconti che da tempo circolavano sulla guerra di Troia, aveva sufficienti elementi per orientarsi sugli sviluppi di tutta la vicenda.

Canta, Musa divina[1], l'ira di Achille figlio di Peleo[2],
l'ira rovinosa[3] che portò ai Greci[4] infiniti dolori,
e mandò sottoterra all'Ade[5] molte anime[6] forti
d'eroi, e li lasciò in preda ai cani ed a tutti
gli uccelli[7]: così si compiva il volere di Zeus –
da quando si divisero, in lite l'uno con l'altro,
il figlio di Atreo[8], capo di eserciti[9], e il nobile Achille.

trad. it. G. Paduano, Einaudi, Torino

1. **Musa divina:** qui la Musa è una divinità unica. Nel prologo del secondo libro (II, 484-487) il poeta si rivolge invece alle "Muse". In epoca successiva a quella omerica si differenzieranno nove Muse, ciascuna protettrice di un'arte. La Musa che presiederà alla poesia epica sarà chiamata *Calliope*.
2. **figlio di Peleo:** Achille è figlio di un mortale, Peleo, e di una dea, Teti e in altri punti del poema è indicato con il patronimico "Pelide".
3. **rovinosa:** funesta, portatrice di morte.
4. **Greci:** nell'*Iliade* i Greci sono indicati con i nomi di Argivi (alla lettera "abitanti di Argo") o Achei (nome di una delle tribù greche) o anche Danai (dal nome di Danao, mitico re di Argo).
5. **Ade:** è il regno dell'oltretomba e anche il nome del dio che lo governa.
6. **anime:** per "anima" si intende il soffio vitale che con la morte abbandona il corpo.
7. **preda ... uccelli:** i Greci consideravano una tremenda sciagura questa sorte. Si riteneva che se il corpo veniva privato del rito funebre, l'anima del morto vagasse in una specie di terra di nessuno, esclusa dal mondo dei vivi ma anche da quello dei morti.
8. **il figlio d'Atreo:** Agamennone, anch'egli indicato con il patronimico "Atride".
9. **capo di eserciti:** epiteto che indica la posizione di capo della spedizione.

Note di lettura

▸ La Musa e il poeta

La Musa, che il poeta esorta a "cantare" servendosi di lui come tramite, è una divinità figlia di Zeus e di Mnemósyne ("Ricordo"). In quanto figlia di Zeus, è garante dell'**autenticità** degli eventi che costituiscono il tema del canto; in quanto figlia di Mnemósyne, è depositaria di un **sapere** che risale molto addietro nel tempo e che essa preserva dall'oblio trasmettendolo agli uomini mediante il poeta.
Se la fonte del canto è la divinità, il poeta è necessariamente un **narratore onnisciente**: egli, grazie al favore della Musa, conosce, senza aver necessità di "**vedere**" e di essere stato "diretto testimone", tutto ciò che accade ed è accaduto non solo nel mondo degli uomini, ma anche in quello degli dei, dal momento che la motivazione delle vicende è divina e umana. A questa particolare "onniscienza", per la quale il cantore conosce ciò che sfugge ai più (dotati solo della vista materiale) è legata la **tradizione della sua cecità**.

▸ L'ira e il destino degli eroi

Il poeta, con un'originale invenzione, sceglie come materia del canto non la celebrazione delle imprese degli eroi, o genericamente un episodio della decennale guerra, ma un **sentimento**: l'ira del più forte e valoroso eroe del poema. L'**ira** è un rancore e un risentimento cupo e implacabile che si radica profondamente nell'animo. Questo perché, diversamente dalla collera, che riguarda la sfera privata, l'ira è la reazione a un oltraggio che investe l'uomo soprattutto come **membro di una comunità** e ne lede il prestigio. Essa perciò, nel sistema di valori del mondo eroico, esige una **riparazione**, pena la perdita dell'autorevolezza e dell'onore nella comunità.

La parola «*ira*» (vv. 1, 2), nel testo greco posta non a caso all'inizio del primo verso del poema, assume il valore di **parola chiave** di tutta l'opera insieme con «*dolori*» (v. 2). Essa è definita rovinosa (ma il termine greco ha anche il significato di "maledetta") per le sue **devastanti conseguenze**. Il poeta mette in risalto questi effetti evocando lo spettacolo dei corpi degli eroi morti lasciati in preda ai cani e a «*tutti*» (v. 4) gli uccelli. Se si considera che, in realtà, nel primo giorno dopo i combattimenti Greci e Troiani raccoglievano i loro morti, appare chiaro che il poeta enfatizza questo particolare con l'intento di suscitare una **forte impressione** nel suo uditorio. Il pubblico del cantore aveva il culto della guerra e dell'azione eroica, ma l'idea del corpo abbandonato incuteva un cupo terrore.

Il poeta, in tal modo, lascia trasparire una sua visione della guerra che non coincide con quella del suo pubblico, prospettando una linea di sviluppo della narrazione nella quale il tema dominante, al di là della guerra che costituisce la base della vicenda, è la **realtà della morte**.

La sofferenza e la morte sono un'esperienza che accomuna tutti. Infatti, se qui, nel proemio, il poeta si riferisce solo alla sorte degli Achei, più avanti anche gli eroi Troiani sono coinvolti in un comune destino voluto da Zeus che «*stava per infliggere nuovi dolori e lamenti / a Greci e Troiani nelle dure battaglie*» (II, 39-40).

Competenze alla prova

Comprensione

difficoltà ●○○

1. Quale rapporto si instaura tra la Musa e il poeta?
2. Che cosa comporta il fatto che la Musa sia figlia di Mnemósyne?
3. Quale visione della guerra traspare nel proemio?
4. Individua tra le seguenti affermazioni quella esatta.
   - ☐ Il poeta è autonomo creatore di poesia
   - ☐ Il poeta si serve dell'assistenza della musa ma inventa
   - ☐ La fonte di ciò che il poeta racconta è la divinità
   - ☐ La musa dà solo al poeta il talento necessario per comporre il poema

Analisi

difficoltà ●●○

5. Individua la differenza tra il proemio dell'*Iliade* che abbiamo letto e analizzato e il seguente proemio di un poema detto *Piccola Iliade* (di cui abbiamo solo pochi frammenti).

Canto Ilio e la terra dei Dardani [i Troiani] dai bei puledri,
per la quale i Danai [Achei, Greci] soffrirono molti dolori, loro
che sono servitori di Ares.

Produzione

difficoltà ●●○

6. Immagina che i primi sette versi del poema siano letti ad ascoltatori che ignorano tutto sulle vicende della guerra. Scrivi un breve testo introduttivo con le informazioni necessarie per conoscere il contesto della vicenda.

L'antefatto

Luogo:
Grecia
Anno:
VIII secolo a.C.
Tratto da:
Libro I, vv. 8-52
Edizione:
Einaudi, Torino

Il brano

Dopo il conciso proemio, la narrazione vera e propria inizia con una breve ricostruzione retrospettiva degli eventi che hanno portato alla contesa tra Agamennone e Achille e al ritiro di Achille dalla battaglia. Lo scenario è il campo Acheo in riva al mare dove giunge Crise, sacerdote di Apollo, per riscattare la figlia catturata in una delle frequenti incursioni degli Achei nelle località della Troade.

Ma quale degli dèi li spinse alla disputa?
Il figlio di Zeus e di Leto[1]. Irato contro il sovrano,
suscitò una feroce malattia per il campo, e morivano gli uomini,
perché Agamennone aveva oltraggiato il suo sacerdote,
Crise[2]. Era venuto alle rapide navi dei Greci
per liberare la figlia, portando un enorme riscatto,
e in mano aveva le bende sacre[3] ad Apollo arciere,
avvolte intorno allo scettro dorato[4], e pregava tutti gli Achei,
ma soprattutto i due figli di Atreo[5], capi d'eserciti:
«Figli di Atreo e voi altri, Achei dalle belle gambiere,
gli dèi che hanno la loro casa sul monte Olimpo[6]
vi concedano di devastare la città di Priamo[7] e tornare incolumi in patria[8]:
ma liberate mia figlia, ed accettate il riscatto,
venerando il figlio di Zeus, Apollo arciere[9]».
Tutti i Greci approvarono che si rispettasse
il sacerdote, e si accettasse il ricco riscatto,
ma non piaceva al cuore di Agamennone figlio di Atreo;
lo cacciò malamente, ed aggiunse queste aspre parole:
«Bada che non ti colga più, vecchio, presso le navi,
a indugiarvi adesso o a tornarvi un'altra volta:
non ti salverebbe lo scettro, e neanche la benda del dio.
Non la libererò, tua figlia; la raggiungerà la vecchiaia
nella nostra casa in Argo[10], lontano dalla sua patria,
lavorando al telaio e frequentando il mio letto.
Ora vattene e non irritarmi, se vuoi tornartene salvo».

---

1. **Il figlio di Zeus e di Leto:** Apollo. Leto (chiamata anche – dal nome latino – Latona) è madre anche della dea Artemide.
2. **Crise:** sacerdote di Apollo.
3. **bende sacre:** le fasce di lana bianca con le quali i sacerdoti si avvolgevano il capo durante i sacrifici. Crise le porta con sé perché rappresentano la dignità sacerdotale e garantiscono l'inviolabilità.
4. **scettro dorato:** è l'emblema del potere che Apollo gli ha conferito. In epoca classica le bende di lana avvolte attorno a rami simboleggiavano la condizione di supplice.
5. **i due figli di Atreo:** Agamennone e Menelao.
6. **Olimpo:** monte della Tessaglia (il più alto dei monti della penisola greca) ritenuto la sede degli dèi.
7. **la città di Priamo:** perifrasi per "Ilio" o "Troia".
8. **vi concedano ... in patria:** con il singolare augurio di distruggere la città, Crise cerca di guadagnarsi la benevolenza degli Achei.
9. **arciere:** epiteto formulare. Il termine greco significa sia "abile nel lanciare con l'arco" sia "che lancia frecce da lontano".
10. **Argo:** città dell'Argolide (regione del Peloponneso) in cui si trovava Micene, di cui era re Agamennone.

Così disse, e il vecchio ebbe paura ed ubbidì alla parola;
andò in silenzio lungo la riva del mare rumoreggiante,
e in disparte rivolse molte preghiere
al dio Apollo, figlio di Leto dai bei capelli:
«Ascoltami, dio dell'arco d'argento, tu che proteggi
Crisa[11] e la sacra Cilla[12], e sei il signore di Tenedo[13],
Sminteo[14], se mai t'ho eretto un tempio gradito,
se mai ho bruciato in tuo onore cosce grasse di tori
e di capre, tu compi questo mio desiderio:
i Greci paghino con le tue frecce il mio pianto».
Così disse pregando, e Febo Apollo l'udiva:
scese dalle vette d'Olimpo, irato nel cuore,
portando sulle spalle l'arco e la faretra ben chiusa.
Risuonavano i dardi sulle spalle del dio adirato
al suo passo, e veniva avanti come la notte.
Lontano dalle navi, si abbassò e lanciò una freccia[15]:
un tintinnio terribile venne dall'arco d'argento.
Prima colpì i muli ed i cani veloci,
poi scagliò contro gli uomini le frecce aguzze,
e sempre bruciavano fittissimi roghi di morti[16].

trad. it. G. Paduano

11. Crisa: città della costa orientale della Troade.

12. Cilla: località della costa meridionale.

13. Tenedo: isola di fronte alla Troade.

14. Sminteo: nell'isola di Tenedo sorgeva un tempio dedicato ad Apollo Sminteo (dal greco *sminthos* = topo). L'epiteto, riferito probabilmente già a una divinità pre-ellenica e poi ad Apollo, significa "sterminatore di topi".

15. lanciò una freccia: alle frecce lanciate da Apollo era attribuita la morte improvvisa o inspiegabile degli uomini, alle frecce lanciate dalla sorella Artemide la morte delle donne.

16. Prima colpì ... roghi di morti: è la prima descrizione, nella letteratura, della peste.

› Alberto Savinio (1891-1952), *Le songe d'Achille*, 1929, particolare, collezione privata.

Note di lettura

L'arroganza e l'empietà di Agamennone

Crise si presenta non tanto come supplice, cioè in atteggiamento di umile sottomissione, ma con l'autorevolezza che gli viene dalla sua **dignità sacerdotale**. L'unica concessione al rituale della supplica sono le parole bene auguranti per gli Achei, con l'auspicio del loro successo e di un felice ritorno in patria.

Presentandosi con le **insegne sacerdotali**, Crise è sicuro che gli Achei rispetteranno il dio di cui è sacerdote e acconsentiranno a uno scambio che peraltro era già consuetudine praticare. Contrariamente all'aspettativa e benché gli Achei siano disposti ad accettare il riscatto, **Agamennone** oppone, con parole oltraggiose, un netto **rifiuto**. In modo brutale e spietato si compiace di infierire sul padre ricordando il destino che ha riservato alla figlia. Agamennone non si dimostra solo crudele e arrogante, ma anche **empio**: minaccia di non rispettare l'inviolabilità del sacerdote se questi si presenterà ancora al campo. Egli si macchia di una colpa definita dai Greci *hýbris*, termine con il quale si definisce un **atto di tracotanza che viola le regole umane e divine**.

L'azione di Apollo

Apollo, la prima divinità che entra in azione nella vicenda, esaudisce prontamente la preghiera rivoltagli da Crise di vendicare l'umiliazione subita e scende dall'Olimpo armato di arco e frecce. Il dettaglio dei dardi che risuonano nella faretra dà risalto per contrasto al silenzio in cui è immerso il cammino del dio, mentre la similitudine della notte sottolinea l'inesorabilità del suo procedere ed evoca l'atmosfera di cupo terrore e di morte che sta per avvolgere il campo Acheo.

L'azione del dio simboleggia la **morte improvvisa e inspiegabile**, ma è rappresentata con la concretezza dell'immagine dell'arciere esperto che piega a terra un ginocchio e in questa posizione lancia, non visto, i suoi infallibili dardi.

Le forme della narrazione

La scelta del poeta di fare del padre di Criseide un sacerdote si dimostra un felice espediente per **includere la sfera divina nella trama**. Infatti, l'oltraggio subito da Crise determina il coinvolgimento della divinità nella vicenda e «*si dà inizio in tal modo a quel duplice piano degli avvenimenti che caratterizza tutta l'*Iliade*: il piano umano e quello divino corrono paralleli uno accanto all'altro; ognuno ha la sua autonomia, ma in certi punti o tratti confluiscono l'uno nell'altro: gli uomini si rivolgono agli dèi, questi – una volta coinvolti – prendono parte alla vicende terrene anche di propria iniziativa; nasce una fitta trama di intrecci e di rimandi reciproci*» (Latacz).

Carlos Schwabe (1866-1926), *L'onda*, 1907, particolare, Ginevra, Musées d'art et d'histoire de la Ville de Genève.

Competenze alla prova

Comprensione

difficoltà ●○○

1. Per quale motivo Crise si reca al campo degli Achei?
2. Con quali espressioni Crise cerca di conciliarsi la benevolenza degli Achei?
3. Qual è l'atteggiamento dell'assemblea degli Achei di fronte alla richiesta di Crise?
4. Quali parole di Agamennone feriscono più profondamente Crise?
5. Quale realtà è simboleggiata nella figura di Apollo che scocca i suoi dardi?
6. L'episodio di Crise è definito un'analessi. Sapresti spiegarne il motivo?
7. Individua quali delle seguenti motivazioni del comportamento di Agamennone è quella esatta.

   Agamennone oltraggia e minaccia Crise perché
   - ☐ ha osato presentarsi al campo greco
   - ☐ non ritiene adeguato il riscatto proposto
   - ☐ Criseide è la sua schiava preferita
   - ☐ pensa che Crise non sia degno della sua dignità sacerdotale

Analisi

difficoltà ●●○

8. Quali figure retoriche sono contenute nel verso «*i Greci paghino con le tue frecce il mio pianto*» (v. 42)?
9. A chi o a che cosa sono attribuiti i seguenti epiteti?

   Rumoreggiante • *arciere* • *rapide* • *dai bei capelli* • *dall'arco d'argento*

Produzione

difficoltà ●●○

10. Scrivi due resoconti dell'episodio immaginando prima di essere un guerriero che approva il comportamento di Agamennone e poi un guerriero favorevole alla liberazione di Criseide.

Cerchia di Primaticcio, *Ratto di Elena*, 1540-1555, Durham, Bowes Museum.

Lo scontro fra Achille e Agamennone

Luogo:
Grecia
Anno:
VIII secolo a.C.
Tratto da:
Libro I, vv. 53-247
Edizione:
Einaudi, Torino

Il brano

La peste semina morte nel campo Acheo già da nove giorni, ma i Greci non pensano a metterla in relazione con l'oltraggio recato da Agamennone a Crise e neppure sono in grado di trovare un rimedio a un male di cui non conoscono la causa. In questa situazione disperata Achille decide di convocare un'assemblea.

Per nove giorni[1] percorsero il campo le frecce divine;
il decimo giorno Achille chiamò l'esercito in assemblea:
glielo mise in mente Era[2], la dea dalle candide braccia,
che si preoccupava dei Greci, perché li vedeva morire.
Quando furono tutti adunati in assemblea,
si alzò tra loro il veloce Achille, e parlò in questo modo:
«Figlio di Atreo, credo che presto noi torneremo
indietro respinti, se pure riusciamo a sfuggire alla morte,
giacché insieme la guerra e la peste tormentano i Greci.
Ma su, interroghiamo un profeta, o un sacerdote,
o un esperto di sogni[3] – giacché da Zeus proviene anche il sogno –
che ci dica perché è tanto irato con noi Febo[4] Apollo,
se si lagna per qualche preghiera o qualche ecatombe,
e se, accettando il fumo d'agnelli e di capre senza difetto,
vorrà allontanare dal nostro campo la peste».
Ciò detto, sedette, e si alzò in mezzo a loro
Calcante figlio di Testore, l'augure[5] di gran lunga migliore,
che sapeva il presente, il futuro, il passato,
e aveva guidato a Troia le navi dei Greci
con l'arte divinatoria, che gli donò Febo Apollo.
Lui dunque, con grande saggezza, parlò in questo modo:
«Achille caro a Zeus, tu mi ordini di rivelare
l'ira di Apollo, il divino signore dell'arco,
ed io parlerò; ma tu dammi ascolto e giurami

1. **nove giorni:** nove è un numero convenzionale per indicare un intervallo di tempo.
2. **Era:** la sposa di Giove sostiene i Greci perché Paride, figlio del re di Troia Priamo, chiamato a giudicare quale fosse la dea più bella tra Era, Atena e Afrodite, aveva scelto Afrodite.
3. **profeta ... sogni:** il "profeta" o "vate" è l'indovino, un veggente che dalla divinità ha avuto il dono di conoscere l'avvenire; il sacerdote è colui che fa i sacrifici agli dei e, conoscendo la volontà degli dei, può rivelarla agli uomini; l'interprete dei sogni è un tipo particolare di indovino che sa interpretare i sogni (ai quali era allora attribuito un particolare valore profetico perché si riteneva che fossero mandati da Zeus).
4. **Febo:** epiteto di Apollo, in greco *phóibos* che significa "splendente", "luminoso".
5. **augure:** l'augure è propriamente il sacerdote che rivela la volontà degli dei osservando i fenomeni naturali in particolare il volo degli uccelli.

› Giambattista (1696-1770) e Giandomenico (1727-1804) Tiepolo, *Minerva trattiene Achille dall'uccidere Agamennone*, 1757, particolare, Vicenza, Villa Valmarana, stanza dell'Iliade.

che mi difenderai con le parole e col braccio:
penso che irriterò un uomo che ha grande potere
su tutti i Greci, e a lui i Greci obbediscono.
È troppo più forte un re, quando si adira con un uomo qualunque[6]:
se anche per un giorno inghiotte la collera,
poi conserva il rancore dentro il suo animo
finché può sfogarlo[7]: tu pensa se mi salverai».
E a lui così disse in risposta il veloce Achille:
«Coraggio, parla e di' quel che sai del volere divino:
in nome di Apollo caro a Zeus, che tu preghi, Calcante,
per rivelare ai Greci il volere divino,
finché io vivo e vedo sopra la terra, nessuno
presso le nostre navi ti metterà addosso le mani,
nessuno fra tutti i Greci, se anche nominassi Agamennone,
che ora si vanta di essere il primo tra i Greci».
Allora si rincuorò il grande profeta, e così disse:
«Non si lagna per nessuna preghiera o ecatombe[8],
ma per il suo sacerdote, che Agamennone ha offeso,
non ha liberato la figlia, non ha accettato il riscatto.
Perciò il dio arciere ci ha dato pene e ce ne darà altre ancora:
non stornerà dai Greci la terribile peste,
prima che sia ridata al padre la giovane dagli occhi vivi,
senza prezzo, senza riscatto[9], e si mandi una sacra ecatombe
a Crisa. Allora soltanto potremo placarlo e convincerlo».
Ciò detto, sedette, e si alzò in mezzo a loro
l'eroe figlio di Atreo, il potente Agamennone,
irato, l'animo pieno di nero furore[10],
gli occhi simili a fiamme che lampeggiavano,
e subito guardò male Calcante, e gli disse:
«Profeta di mali, mai dici niente che mi sia gradito,
sempre piace al tuo cuore profetizzare sciagure,
una parola buona non l'hai mai detta o compiuta.
E anche ora, vaticinando tra i Greci, racconti
che il dio arciere dà loro pena perché ho rifiutato

6. **si adira ... qualunque:** evidentemente Calcante fa tesoro di ciò che è accaduto a Crise.
7. **È troppo forte ... sfogarlo:** Calcante conclude il discorso con una sentenza di carattere generale, detta in retorica "epifonema".
8. **ecatombe:** originariamente è il sacrificio di cento buoi, poi il termine indica il sacrificio di un grande numero di animali.
9. **senza riscatto:** dopo l'offesa l'atto riparatore comporta la rinuncia al riscatto.
10. **animo ... nero furore:** la parola greca tradotta con "animo" indicava una cavità toracica con gli organi che presiedono alle emozioni e alle passioni. L'aggettivo "nero" potrebbe riferirsi al sangue (percepito nei poemi omerici come nero) che irrorano questa parte del corpo; oppure come metafora dell'ottenebramento causato dalla collera.

di accettare il ricco riscatto per la figlia di Crise;
sì, perché desidero molto averla nella mia casa:
perfino a Clitennestra[11], la mia legittima moglie,
la preferisco: non le è per nulla inferiore
d'aspetto né di statura, d'abilità né di mente.
Ma tuttavia acconsento a ridarla, se questo è il meglio;
voglio che si salvi il mio popolo e non sia perduto:
ma preparate presto per me un altro premio, che non sia il solo
tra i Greci a restarne privo, non sarebbe giusto.
Lo vedete tutti, che il mio premio se ne va altrove».
E a lui così rispose il nobile, veloce Achille:
«Gloriosissimo figlio di Atreo, fra tutti il più avido,
come faranno a darti un premio i magnanimi Achei?
Non abbiamo da parte molti beni comuni:
la preda delle città devastate è già stata spartita,
e non può essere che i soldati tornino a metterla insieme.
Ma tu questa donna rendila al dio, e noi Greci
te la ripagheremo tre o quattro volte, se Zeus
ci concede di saccheggiare Troia dalle belle mura».
E a lui così disse in risposta il potente Agamennone:
«Non cercare così, per quanto grande tu sia, Achille pari agli dèi
di nascondermi il tuo pensiero: non puoi ingannarmi, e neppure convincermi.
Tu vuoi, mentre ti tieni il tuo premio, che io in questo modo
ne resti senza, e mi esorti a restituire la donna?
Ma se mi daranno un premio i magnanimi Achei,
scegliendolo adatto al mio desiderio, e che valga quanto quest'altro...
se non me lo dànno, allora verrò a prendermi io stesso
il tuo premio, o quello di Aiace[12], o quello di Odisseo,
lo prenderò e lo porterò via, e si adirerà quello che scelgo!
Ma a questo potremo pensare anche più tardi;
ora mettiamo nel mare divino una nave, e raduniamo
un equipaggio scelto di rematori e un'ecatombe,
imbarchiamo la figlia di Crise dal bel viso, ed il capo
della spedizione sia scelto tra i miei consiglieri,
Aiace o Idomeneo[13], oppure il nobile Odisseo,
oppure tu stesso, figlio di Peleo, il più tremendo fra tutti gli uomini:
fa' tu il sacrificio e rendi propizio a noi il dio arciere».
Lo guardò di traverso, e gli rispose il veloce Achille[14]:
«Sfrontato, profittatore, come potrebbe
dare volentieri ascolto alle tue parole un Acheo,
affrontare una strada o combattere contro il nemico?
Non sono venuto qui a causa dei guerrieri troiani,
per combatterli; non mi hanno fatto niente di male,
non mi hanno portato via le vacche e neanche i cavalli,
non hanno distrutto i raccolti della fertile Ftia,
madre d'eroi – tanti monti ombrosi ci sono in mezzo,
e il mare rumoreggiante. Te abbiamo seguito,
spudorato, per il tuo piacere, perché tu e Menelao
riceviate onore da Troia, faccia di cane!
Di questo non ti preoccupi, non ti dài pensiero,
e tu, proprio tu, minacci di portarmi via il premio
per cui tanto soffersi, e me lo diedero i figli dei Greci.

11. **Clitennestra:** sposa di Agamennone e sorella di Elena. Agamennone al ritorno in patria dopo la presa di Troia sarà ucciso dalla moglie con la complicità del suo amante Egisto.
12. **Aiace:** nome di due eroi dell'esercito greco: Aiace Telamonio e Aiace Oileo.
13. **Idomeneo:** figlio di Deucalione e re di Creta, guidava i Cretesi nella spedizione contro Troia.
14. **Lo guardò ... Achille:** verso formulare.

Mai non ho un premio uguale al tuo, quando i Greci
devastano qualche popolosa città dei Troiani:
la più parte della dura battaglia la compiono
le mie mani; però, quando si arriva a spartire,
il tuo premio è molto più grande, ed io me ne vado
alle navi con uno piccolo e caro, dopo aver faticato a combattere.
Me ne vado a Ftia[15]; molto meglio tornare a casa
con le mie navi; no, non voglio restare
qui senza onore, ad accrescere le tue ricchezze».
E a lui così rispose Agamennone, capo d'eserciti:
«Fuggi, se il tuo cuore ti spinge a questo; io non ti supplico
di rimanere per me. Accanto mi stanno anche altri
che mi onoreranno, e il saggio Zeus soprattutto.
Tra i re di stirpe divina tu mi sei il più odioso,
perché sempre ti sono cari i litigi, le battaglie, le guerre:
se sei fortissimo, questo un dio te l'ha dato.
Vattene a casa con le tue navi e i tuoi compagni,
regna sui Mirmidoni[16]; io di te non mi curo,
non temo la tua collera. Anzi ti dico:
poiché Febo Apollo mi toglie la figlia di Crise,
io la rimanderò su una delle mie navi e coi miei compagni;
ma Briseide[17] dal bel viso verrò io stesso
alla tua tenda a portartela via, il tuo premio, così che tu impari
quanto sono più potente di te, e così anche ogni altro
tema di parlare di fronte a me e di dichiararsi mio pari».
Così disse, e il dolore colpì il figlio di Peleo; il suo cuore
nel petto villoso si divideva fra due diversi pensieri:
o sfilare dalla coscia la spada acuta
e fare alzare gli altri e uccidere il figlio di Atreo,
o calmare la collera e trattenere il suo cuore.
Così meditava l'eroe nel cuore e nell'animo,
e traeva dal fodero la grande spada, ma giunse Atena
dal cielo: l'aveva mandata Era, la dea dalle candide braccia,
che amava ugualmente ed aveva a cuore ambedue.
Si fermò in piedi dietro il figlio di Peleo e lo prese
per i biondi capelli, visibile a lui soltanto; degli altri nessuno
la vide. Si stupì Achille, si volse e riconobbe
subito Pallade Atena – le splendevano gli occhi terribilmente –
e rivolgendosi a lei, le disse queste parole:
«Perché sei venuta qui, figlia di Zeus signore dell'egida?
Per vedere la violenza di Agamennone figlio di Atreo?
Ma io ti dico, e penso che avverrà a questo modo:
per la sua superbia perderà presto la vita».
A lui rispose Atena, la dea dagli occhi splendenti:
«Sono venuta a fermare la tua furia, se vorrai darmi ascolto;
giungo dal cielo, mi manda Era, la dea dalle candide braccia,
che ama ugualmente ed ha a cuore ambedue.
Su, smetti la lite, non sguainare la spada,
contentati d'umiliarlo a parole, dicendogli ciò che deve essere,
e come ti dico, così sarà: verrà un giorno
che ti offriranno splendidi doni, tre volte tanto,
in cambio di questa violenza: trattieniti e dammi retta».

15. **Ftia:** città della Ftiotide, regione della Tessaglia.
16. **Mirmidoni:** popolo acheo della Ftiotide.
17. **Briseide:** la schiava prediletta di Achille, chiamata così dal nome del padre Brise, fratello di Crise e sacerdote di Apollo a Lirnesso. Il suo vero nome era Ippodamia.

E a lei così disse in risposta il veloce Achille:
«Devo obbedire, dea, alla vostra parola,
per quanto sia irato nel cuore: sarà questo il meglio.
Chi obbedisce agli dèi, gli dèi molto lo ascoltano[18]».
Così disse, e trattenne sull'elsa d'argento la mano pesante,
e di nuovo ripose la grande spada nel fodero,
obbedendo alla parola d'Atena; lei tornò sull'Olimpo,
nelle case di Zeus signore dell'egida, con gli altri dèi.
Allora il figlio di Peleo nuovamente con aspre parole
si rivolse al figlio di Atreo, e non trattenne la collera:
«Ubriacone, faccia di cane e cuore di cervo[19],
tu non hai mai avuto il coraggio di armarti
per la guerra assieme ai tuoi uomini, né di andare in agguato
coi migliori dei Greci: questo ti sembra la morte.
Molto meglio restare nel vasto campo dei Greci
e portar via i premi di chi ti parla apertamente,
re divoratore del popolo, perché comandi a gente da nulla:
altrimenti, figlio di Atreo, per l'ultima volta avresti offeso.
Ma io ti dico e ti faccio un giuramento solenne:
per questo scettro[20] che non metterà più rami né foglie
da quando una volta è stato tagliato sui monti,
non rifiorirà mai più – il bronzo gli ha tolto
foglie e corteccia, e ora lo tengono in mano
i figli dei Greci che amministrano legge e diritto
in nome di Zeus (è questo il giuramento più grande) –
un giorno la nostalgia di Achille invaderà i Greci
tutti; e tu non potrai in nessun modo soccorrerli,
benché addolorato, quando in tanti cadranno per mano
di Ettore sterminatore, e ti roderai dentro il cuore
per la rabbia di non aver onorato il migliore dei Greci».
Così disse il figlio di Peleo, e gettò a terra lo scettro
adorno di borchie dorate e sedette. Dall'altra parte
il figlio di Atreo covava il suo rancore[21].

trad. it. G. Paduano

Nel mondo di Omero

Una situazione senza via d'uscita

Per comprendere le motivazioni profonde del comportamento dei due eroi bisogna innanzitutto tenere ben presente che il confronto avviene nel contesto di un'assemblea di guerrieri e non nella sfera privata. Questo significa che essi sono soprattutto mossi dall'irrinunciabile esigenza di rivendicare pubblicamente il possesso del dono, segno tangibile del loro valore guerriero (*areté*) e dell'onore e prestigio che ne deriva (*timé*) nella collettività, secondo il codice di comportamento che associa l'onore alla gloria e alla fama (*kléos*) che l'onore a sua volta comporta.
Il sistema di valori accettato e condiviso si trasforma così in un «*trabocchetto, per uscire dal quale, per chi vi è caduto, non vi è altro modo che quello di recar danno, di offendere un altro. E l'altro risponde con la sua collera*» (Miralles). La situazione in cui vengono a trovarsi Achille e Agamennone (anche Agamennone senza il suo dono perderebbe pubblicamente la sua dignità, con gravi conseguenze per il capo di una spedizione) sembra dunque un dilemma senza soluzione.

18. **Chi obbedisce ... molto lo ascoltano:** epifonema (vedi nota 7, p. 52).
19. **faccia di cane e cuore di cervo:** il cane ha nel mondo omerico una connotazione negativa ed è associato all'impudenza, alla sfrontatezza e anche all'avidità. "Cuore di cervo" invece è la metafora della mancanza di coraggio.
20. **scettro:** bastone simbolo del potere, riccamente ornato. Nell'assemblea gli araldi lo affidavano a chi prende la parola, conferendogli autorità.
21. **covava il suo rancore:** il verbo greco ha la stessa radice della parola «*ira*» del verso 1.

Note di lettura

▸ La dinamica dell'aspro diverbio

Prendendo l'iniziativa di convocare l'assemblea e intervenendo per primo, **Achille** non solo assume il ruolo di protagonista ma, di fatto, **indebolisce** anche il prestigio e la posizione gerarchica di **Agamennone**, che agli occhi dei guerrieri non si è mostrato all'altezza della gravità della situazione in cui si trova l'esercito (la convocazione dell'assemblea sarebbe stata suo dovere, invece è stato preceduto da Achille). Achille, inoltre, appare in una luce favorevole perché si mostra determinato, sicuro di sé e del suo valore, risoluto nella volontà di trovare la causa e i rimedi del male. Il suo intervento non ha un tono aggressivo (egli non mette in relazione l'epidemia con l'oltraggio subito da Crise); tuttavia identifica «*con sferzante ironia*» (Mirto) in Agamennone il possibile vendicativo e prepotente re temuto dall'indovino, e questo aperto richiamo è già di per sé sufficiente a irritare il collerico capo.

Agamennone tratta Calcante, che suggerisce un sensato e ragionevole rimedio, con una gratuita aggressività nella quale si può cogliere un implicito **attacco ad Achille**, che si era detto pronto a proteggere l'indovino. Agamennone giustifica ora il suo rifiuto di restituire Criseide dichiarandosi **conquistato** dalla sua bellezza e dalle sue doti che la rendono preferibile alla moglie Clitennestra (contrariamente a quanto aveva detto a Crise) e ostentando la sua sollecitudine per l'esercito: consente di restituire Criseide solo a condizione di avere subito un dono equivalente a quello lasciato.

L'invito di Achille ad attendere la conquista della città viene interpretato come una cinica mossa tesa a ledere il suo prestigio. Da qui la minaccia di estorcere ciò che non gli viene assegnato spontaneamente. A questo punto la situazione precipita. **Achille** dà sfogo alla sua **collera**, frutto anche di un risentimento che cova da tempo, per l'avidità del capo nella spartizione delle prede di guerra. Questa è l'occasione che lo spinge a **mettere in discussione le motivazioni della sua partecipazione alla guerra** contro gente che non gli ha recato nessun danno. Agamennone evita di confutare l'accusa di egoismo, ma manifestando un astio che appare profondamente radicato nel suo animo, cerca con rabbioso accanimento di **offuscare e screditare il prestigio di cui Achille gode**; infine, per dimostragli di essere più potente di lui, gli annuncia che andrà personalmente a impossessarsi di **Briseide**, la sua schiava prediletta.

Achille, ferito nella sua fama di valoroso guerriero e privato del suo onore, resiste all'impulso di dare istintivo sfogo alla sua ira con la forza e si limita a una dura **aggressione verbale** contro l'avversario con pesantissime accuse, coinvolgendo anche i capi degli Achei (nessuno infatti ha osato intervenire a favore di Achille), ma annuncia con giuramento solenne il suo **ritiro dalla guerra**, che colpirà non solo Agamennone ma tutti i Greci.

▸ Le forme della narrazione

Il modo in cui è strutturato l'episodio è tipico di tutto il poema: i personaggi agiscono o parlano. Parlano in **discorso diretto**. Il poeta non si sofferma a descriverne il temperamento, i sentimenti, le emozioni e le passioni. I tratti della loro personalità emergono dalle loro azioni e sono nettamente individualizzati dalle loro parole nei diverbi, nei dialoghi o nei monologhi.

Di particolare interesse è la tecnica di rappresentazione del **tormento interiore** di Achille, incerto se obbedire all'impulso di uccidere Agamennone o di frenarsi. Secondo la concezione dell'epica arcaica – per la quale nelle azioni umane agisce, accanto alla responsabilità dell'uomo, la volontà divina –, Omero chiama in causa **Atena**, ma lo fa con un passaggio narrativo in cui racconta che Achille, ispirato da Atena, rinfodera la spada. Il poeta in particolare vuole dare evidenza concreta ai brevi istanti di riflessione nella naturalezza e immediatezza di un'**azione scenica** (si pensi al dettaglio della dea che prende Achille per i capelli) che, occupando ben 18 versi, interrompe quella principale.

Competenze alla prova

Comprensione

difficoltà

1. Qual è il motivo della lite che esplode fra Agamennone ed Achille?
2. Qual è l'atteggiamento tenuto da Agamennone?
3. Che cosa rinfaccia Achille ad Agamennone?
4. Chi evita che la lite volga in tragedia?
5. Perché l'ira di Achille esige una vendetta?
6. Spiega in che cosa consiste il codice eroico dell'onore.

Analisi

difficoltà

7. Confronta ciò che Agamennone dice al padre di Crise sulla condizione della figlia con le affermazioni fatte nell'assemblea e spiega quali sono a tuo parere i motivi di questo duplice atteggiamento.
8. Scegli tra i seguenti attributi quali sono riferibile ad Achille e quali ad Agamennone (alcuni non sono riferibil a nessuno dei due):
   audace • collerico • mite • impulsivo • generoso • superbo • paziente • avido • dispotico • rispettoso della volontà divina • pavido • prepotente • remissivo
9. Dividi l'episodio in sequenze riassumendo il contenuto e indicando il tipo di sequenza.

Produzione

difficoltà

10. Rielabora l'episodio della contesa fra Achille e Agamennone in forma narrativa eliminando i dialoghi.
11. Scrivi due versioni, in forma di articolo per un quotidiano, dell'episodio della contesa, assumendo prima il punto di vista di Achille e poi quello di Agamennone.
12. Riscrivi ancora l'episodio immaginando che il narratore sia un personaggio estraneo e ostile al mondo dei nobili guerrieri, per esempio uno schiavo.

Pierre Puvis de Chavannes (1824-1898), *Le bagnanti*, 1890 ca., particolare, Toronto, Art Gallery of Ontario.

Achille incontra la madre Teti

Luogo:
Grecia
Anno:
VIII secolo a.C.
Tratto da:
Libro I, vv. 318-400, 407-430
Edizione:
Einaudi, Torino

Il brano

Dopo che Achille ha concluso il suo intervento scagliando a terra lo scettro e giurando solennemente che non tornerà più a combattere a fianco degli Achei, nell'assemblea prende la parola il saggio Nestore, l'eroe più anziano e più assennato dell'esercito. Egli invita i contendenti a riconciliarsi: Agamennone dovrà rinunciare a impossessarsi di Briseide e rassegnarsi a deporre la sua collera verso Achille, che è un grande baluardo nella guerra. Achille, da parte sua, dovrà riconoscere l'autorità del capo, il cui prestigio deriva dal fatto di essere re di molti popoli.
Il tentativo di Nestore fallisce: i due si scambiano ancora roventi insulti. Achille dichiara che consegnerà Briseide, ma che a partire da quel momento si sottrarrà all'autorità di Agamennone. L'assemblea si scioglie: Achille torna alla sua tenda con il fedele amico Patroclo e gli altri compagni, mentre Agamennone provvede alla restituzione di Criseide e ai sacrifici espiatori in onore di Apollo.

Questo dunque si faceva nel campo; però Agamennone
non desisteva dalla lite e dalla minaccia
fatta ad Achille: disse a Taltibio ed Euribate[1],
i suoi araldi e zelanti scudieri:
«Andate alla tenda di Achille, figlio di Peleo,
prendete per mano Briseide dal bel viso e portatela qui:
se non ve la dà, allora verrò io stesso a prenderla
con più uomini, e questo gli sarà più duro».
Ciò detto, li mandò, imponendo un aspro ordine,
e quelli andavano controvoglia lungo la riva del mare infecondo[2],
e giunsero alle navi e alle tende dei Mirmidoni, dove
lo trovarono accanto alla tenda e alla nave,
seduto – non fu lieto – Achille a vederli.
Si fermarono, per timore e rispetto del re,
e non gli si rivolgevano, non dicevano niente.
Ma lui capì nel suo cuore, e così disse:
«Salute a voi, araldi, messaggeri di Zeus e degli uomini,
accostatevi: non siete voi colpevoli, bensì Agamennone
che vi manda qui per Briseide. Su dunque,
nobile Patroclo, conduci fuori la giovane,
dagliela, che la portino via, e mi siano loro
testimoni davanti agli dèi beati e agli uomini
e al re crudele, se mai accada che un giorno
ci sia bisogno di me per stornare dagli altri
l'indegna rovina; ma lui folleggia nel suo cuore perverso,
non sa vedere insieme il prima e il dopo, come i Greci potranno
combattere con buon esito presso le navi».
Così disse, e Patroclo obbedì al caro compagno,
condusse fuori dalla tenda Briseide dal bel viso e la diede

1. **Taltibio ed Euribate:** la funzione degli araldi è sacralizzata dall'autorità divina. Achille li saluta quali messaggeri di Zeus.
2. **infecondo:** epiteto. Il termine greco significa anche "agitato", "vasto".

loro da portar via. Procedevano lungo le navi
e controvoglia con loro andava la donna. Intanto Achille
sedeva piangendo[3], lontano dai suoi compagni,
in riva al mare bianco, e guardava la distesa infinita,
e pregava la madre, tendendo le mani:
«Madre che mi hai generato a una vita brevissima,
almeno Zeus olimpio tonante dovrebbe
concedermi gloria, ma adesso non mi ha onorato.
Il figlio di Atreo, il potente Agamennone,
mi ha offeso, mi ha tolto il mio premio, e se lo tiene».
Così diceva piangendo, e l'udì la nobile madre
che stava negli abissi del mare, accanto al vecchio padre[4];
subito emerse dal mare bianco, come la nebbia,
e si sedette accanto a lui che piangeva,
lo accarezzò con la mano, e gli disse:
«Figlio mio, perché piangi? Quale pena ti ha invaso il cuore?
Parla, non nasconderla dentro di te, anch'io la voglio sapere».
Le rispose, profondamente gemendo, il veloce Achille:
«Lo sai; perché dirtelo se sai già tutto?
Andammo a Tebe, la sacra città di Eezione[5],
la saccheggiammo e portammo via tutto il bottino,
che i Greci divisero equamente tra loro,
e Criseide dal bel viso[6] la diedero ad Agamennone.
Ma Crise, sacerdote di Apollo, il dio arciere,
venne alle navi dei Greci vestiti di bronzo[7],
per liberare la figlia, portando un enorme riscatto,
e in mano aveva le bende sacre ad Apollo arciere,
avvolte intorno allo scettro dorato, e pregava tutti gli Achei,
ma soprattutto i due figli di Atreo, capi d'eserciti.
Tutti i Greci approvavano che si rispettasse
il sacerdote, e si accettasse il ricco riscatto;
ma non piaceva al cuore di Agamennone figlio di Atreo;
lo cacciò malamente, ed aggiunse aspre parole.

3. **piangendo:** il pianto degli eroi non è considerato segno di debolezza né è disonorevole.
4. **vecchio padre:** è il dio marino Nereo.
5. **Eezione:** è il re della città di Tebe di Misia (regione dell'Asia Minore), padre di Andromaca, moglie di Ettore.
6. **dal bel viso:** epiteto formulare. In greco è una parola composta che significa letteralmente "dalle belle guance".
7. **vestiti di bronzo:** epiteto formulare. La parola greca composta ha il significato di "tunica" e di "cotta di bronzo". Il traduttore sceglie "vestito" perché l'armatura è, di fatto, la veste degli assedianti.

‹ Achille Funi (1890-1972), *Ciclo sul mito di Ferrara*, 1934-1937, particolare, Ferrara, Palazzo Municipale, sala dell'Arengo.

Il vecchio se ne andò irato, ma Apollo
ascoltò la sua supplica, giacché gli era carissimo,
e scagliò sui Greci le frecce malefiche:
i soldati morivano a mucchi, mentre gli strali del dio
volavano dappertutto nel vasto campo dei Greci. Il profeta
sapiente svelò il responso del dio arciere.
Per primo io consigliai che placassimo il dio,
ma il figlio di Atreo fu preso da collera: levatosi in piedi,
mi fece una minaccia che già si è compiuta.
Quella su di una nave gli Achei dagli occhi vivi
la conducono a Crisa, portando doni al sovrano;
ma la figlia di Briseo, che mi donarono i figli dei Greci,
gli araldi me l'hanno portata via dalla tenda.
Tu dunque, se puoi, aiuta tuo figlio;
sali all'Olimpo da Zeus, e pregalo, se mai una volta
hai compiaciuto il suo cuore con fatti o con parole.
Spesso nel palazzo di mio padre ti ho udito
vantarti, dicendo che sola fra gli immortali
avevi stornato dal dio delle nuvole nere un'indegna violenza,
quando gli altri dèi dell'Olimpo volevano incatenarlo,
Era, Poseidone, e Pallade Atena.

Achille rievoca l'aiuto che Teti aveva dato a Zeus quando Poseidone, Era e Atena si erano ribellati alla sua autorità e avevano tentato di detronizzarlo. Teti aveva chiamato in soccorso Briareo, uno dei giganti dalle cento mani e dalla forza prodigiosa, che con la sua sola presenza aveva intimorito i ribelli.

Ricordagli questo, e siedigli accanto e abbracciagli le ginocchia[8]
pregandolo di prestare aiuto ai Troiani
e ricacciare i Greci verso le navi ed in mare,
facendone strage, perché se lo godano tutti il loro re,
e capisca il figlio di Atreo, il potente Agamennone,
la sua colpa[9], di non avere onorato il migliore dei Greci».
Gli rispose Teti, versando lacrime:
«Figlio mio, a che ti ho cresciuto, madre infelice che sono?
Potessi restare accanto, alle navi, senza lacrime e senza dolore,
giacché hai avuto in sorte una vita brevissima.
Ma adesso hai insieme un destino veloce e una pena
maggiore di tutti; davvero a una sorte infelice ti generai nella casa.
Andrò a dire questo a Zeus fulminante
sull'Olimpo nevoso, se mi vorrà dare ascolto.
Tu intanto resta presso le navi e astieniti
dalla guerra, serbando rancore agli Achei.
Zeus è andato ieri a un banchetto presso i nobili Etiopi[10],
verso l'Oceano, e tutti quanti gli dèi l'hanno seguito.
Tra undici giorni ritornerà sull'Olimpo,
e allora mi accosterò alla soglia di bronzo della sua casa,
lo supplicherò credo che riuscirò a persuaderlo».
Ciò detto, se ne andò, e lasciò là, irato
nel suo cuore per la donna dalla bella cintura che gli avevano tolto
a forza, contro la sua volontà.

trad. it. G. Paduano

8. **abbracciagli le ginocchia:** è un gesto rituale di supplica, di cui faceva parte anche quello di sfiorare il mento. Abbracciare le ginocchia era segno di umiltà e di sottomissione.
9. **la sua colpa:** il termine greco *ate* significa "accecamento". *Ate* è l'errore fatale rovinoso in cui cade l'uomo colpevole precipitando nella sventura.
10. **Etiopi:** nel mondo omerico gli dei mantengono con gli uomini di popoli esotici rapporti familiari (gli Etiopi nell'*Iliade* e i Feaci nell'*Odissea*), ricordo della remota commensalità con gli uomini.

Note di lettura

▸ Il carattere di Achille

Nell'incontro con gli araldi Achille rivela alcuni lati sorprendenti del suo temperamento. Già la litote «*non fu lieto – Achille a vederli*» (v. 330) contribuisce a delineare l'immagine di un **uomo profondamente amareggiato** ma calmo, al contrario di Agamennone, che persiste nella sua collera («*non desisteva dalla lite*», v. 319). I due araldi, che hanno obbedito a malincuore all'ordine ricevuto, si soffermano in silenzio accanto ad Achille in atteggimento mesto: sentono l'imbarazzo di essere strumento di un'offesa ai suoi danni e temono anche una sua dura reazione. Ma Achille li accoglie con l'affabilità propria di un **animo sensibile e gentile**. Egli riconosce la sacralità del loro ruolo e li rassicura: non sono loro i colpevoli, ma Agamennone, contro il quale però non infierisce più; si limita a definirlo crudele e folle per non aver saputo prevedere le conseguenze del suo gesto. Achille invita Patroclo a consegnare agli araldi Briseide, che si separa da Achille malvolentieri. Anche questo dettaglio, che allude a un legame affettivo, fa emergere un altro tratto umano della personalità di Achille. Partiti gli araldi, Achille si apparta. In solitudine, davanti alla distesa del mare, **piange disperato** e, come un fanciullo, sente il bisogno della tenerezza e del conforto materni. In questo stato d'animo avvilito ed esacerbato si fa più penosa la consapevolezza del destino che lo attende. Egli, infatti, lo ha saputo dalla madre: «*Mia madre, Teti dai sandali argentei, mi parla di due destini che mi conducono a morte: se resto qui a battermi intorno alle mura di Troia, non farò più ritorno, ma eterna sarà la mia gloria; se invece torno a casa, nella patria terra, per me non vi sarà gloria, ma avrò lunga vita, non mi raggiungerà presto il destino di morte*» (IX, 410-416, trad. it. Ciani). L'oltraggio ricevuto lo ha costretto ad allontanarsi dal campo di battaglia e a non potersi coprire di quella gloria che doveva essere il compenso per la brevità della sua vita.

▸ Teti dea e madre sofferente

Pronta a esaudire l'invocazione del figlio, la dea Teti sale dalle profondità dell'oceano emergendo dal mare come nebbia. Evidentemente, come osserva Achille stesso, la dea conosce già l'accaduto, ma vuole lasciare al figlio la possibilità di dare sfogo alla sua pena. Achille le chiede di rivolgersi a Zeus perché punisca il responsabile dell'oltraggio e favorisca i Troiani in modo che Agamennone si renda conto della sua colpa. La madre risponde prima con un'angosciata domanda rivolta a se stessa, poi evoca la triste sorte del figlio in tono accorato. Profondamente afflitta per la situazione che il figlio sta vivendo, non si sofferma a considerare la gravità della richiesta: pensa solo a far sì che il figlio, già destinato a vita breve, non sia anche infelice, e acconsente a intercedere presso Zeus.
Sulla figura della dea, in Teti prevale quella della **madre che si sente partecipe del destino del figlio**. Gli dei oltre che immortali dovrebbero essere anche eternamente beati, ma, mescolandosi con gli umani e divenendo padri e madri, possono sperimentare la più acuta delle sofferenze: la perdita prematura di un figlio, di cui, oltretutto, gli dei, a differenza dei mortali, conoscono il destino fin dalla nascita.

▸ Le forme della narrazione

Omero drammatizza l'incontro tra madre e figlio riproponendo la vicenda della lite con le parole di Achille. La scelta (alcuni gruppi di versi sono ripetuti) può sembrare superflua, data la vicinanza agli eventi narrati. Ma bisogna tener presente che nella tradizione orale le **riprese** o **repliche** di episodi o di blocchi di versi servivano a **facilitare la memoria degli ascoltatori**, privi del vantaggio offerto dalla parola scritta, che dà la possibilità di scorrere avanti e indietro il testo.
Nel discorso che Achille rivolge alla madre e nelle parole di Teti, il poeta richiama l'attenzione sulla prossima morte di Achille (un accenno che si infittisce nella parte finale dell'opera). In tal modo egli getta, per così dire, un ponte su un evento che sta oltre l'architettura del poema, ma che è strettamente legato alle vicende narrate, perché costituisce l'inevitabile compiersi di tre destini: quello di Patroclo, quello di Ettore e infine quello di Achille.

Competenze alla prova

Comprensione

difficoltà ●○○

1. Agamennone teme che Achille non consegni Briseide agli araldi. Che cosa si propone di fare in questo caso?
2. Qual è l'atteggiamento degli araldi quando giungono alla presenza di Achille?
3. Da dove viene Teti?
4. Quale destino Teti predice al figlio?

Analisi

difficoltà ●●○

5. Individua i versi nei quali si trova l'analessi presente nel discorso di Achille.
6. Perché Achille chiama gli araldi messaggeri di Zeus?
7. Individua a quali personaggi sono attribuiti i seguenti epiteti:
   arciere, dal bel viso, dagli occhi vivi, dalla bella cintura
8. Achille, raccontando alla madre Teti ciò che è avvenuto nell'assemblea, quali particolari tralascia?
9. Che cosa chiede Achille agli araldi?
   - ☐ Che non portino via Briseide
   - ☒ Che siano in futuro testimoni dell'oltraggio da lui subito
   - ☐ Che non maltrattino Briseide
   - ☐ Che gli riferiscano che cosa ha detto loro Agamennone

Produzione

difficoltà ●●●

10. Trasforma in discorso indiretto i versi 334-344.

Dal Libro I al Libro II

Odisseo, insieme con altri compagni, riporta Criseide al padre, che rivolge una preghiera ad Apollo pregandolo di far cessare la peste nel campo acheo. Anche gli Achei si uniscono alla sua preghiera e offrono un sacrificio in onore del dio, che si placa.
Frattanto Achille se ne rimane in disparte presso le sue navi e non frequenta più nemmeno le assemblee dei capi. Dodici giorni dopo la riconsegna di Criseide gli dei si riuniscono sull'Olimpo e Teti chiede a Zeus di dare il suo aiuto ai Troiani, in modo che Agamennone sia costretto a rendere al figlio l'onore che gli spetta. Zeus esita a esaudire le preghiere di Teti perché teme l'ira di sua moglie Era, protettrice degli Achei. Tuttavia, con un cenno del capo rassicura la dea. Il colloquio fra i due non sfugge a Era che, spinta dalla gelosia, reagisce aspramente alla decisione di Zeus. Tra i due scoppia una violenta lite, sedata però dall'intervento del loro figlio Efesto. Il clima si rasserena e tutti gli dei si dispongono allegri a banchettare senza più pensare alle vicende umane.

Tersite e Odisseo

Luogo:
Grecia
Anno:
VIII secolo a.C.
Tratto da:
Libro II, vv. 207-277
Edizione:
Einaudi, Torino

Il brano

Zeus, esaudendo la preghiera di Teti, manda ad Agamennone un sogno ingannatore, con il quale gli annuncia che, per volere degli dei, è giunto il momento propizio per conquistare Troia. Agamennone, però, prima di sferrare l'attacco decisivo, decide di mettere alla prova lo spirito combattivo degli Achei. Raduna in un'assemblea i soldati e annuncia che Zeus lo ha esortato a interrompere l'assedio e a ritornare in patria. Contrariamente alla sua aspettativa, si leva un alto grido di gioia e i soldati corrono subito alle navi. Odisseo però, esortato da Atena, riesce a trattenerli tutti.

Così, con autorità, [Odisseo[1]] riordinava l'esercito, e nuovamente
accorrevano in assemblea dalle navi e dalle tende
con frastuono, come quando l'onda del mare rumoreggiante
muggisce lungo la riva, e l'acqua rimbomba.
Gli altri sedettero, fermi ai loro posti:
solo Tersite[2] ancora urlava senza ritegno[3],
Tersite che aveva nel cuore molte parole confuse,
inutili, disordinate, ostili ai sovrani,
ma gli sembrava che avrebbero divertito gli Achei[4].
Era il più brutto tra i Greci venuti a Troia:
si trascinava zoppo ad un piede, le spalle curve
rientranti nel petto; sopra, la testa
era appuntita e coperta di rada peluria.
Era odioso soprattutto ad Achille ed Odisseo,
perché sparlava di loro, ma in quel momento
schiamazzava con voce acuta contro l'illustre Agamennone.
Verso Tersite i Greci avevano forte irritazione e rancore,
ma lui, urlando, aggredì Agamennone in questo modo:
«Figlio di Atreo, di che ti lamenti, che cosa ti manca?
Hai piene di bronzo le tende, e nelle tende
ci sono donne scelte, che noi Achei
ti diamo per primo, quando prendiamo una città.
Forse ti manca ancora l'oro che ti porta da Troia
qualcuno dei Troiani abili nel donare i cavalli, per il riscatto del figlio
che io ho preso e legato[5], io o qualche altro Greco,
o una giovane donna per farci l'amore
e godertela solo, in disparte? Ma non è giusto
che il capo porti alla rovina i figli dei Greci,
Vergogna a voi, Achee e non Achei[6], torniamo
a casa sulle nostre navi, e lasciamo costui
a Troia, a digerirsi i suoi premi, che veda
se noi gli siamo s'aiuto oppure no;
lui che anche adesso ha offeso Achille, un guerriero

1. **Odisseo:** anche in questa emergenza della diserzione di massa come in quella della peste, Agamennone non ha un ruolo attivo e l'iniziativa di riorganizzare le file achee è presa da Odisseo.
2. **Tersite:** il nome deriva probabilmente dall'aggettivo *thársos* che significa "coraggioso", "temerario".
3. **urla senza ritegno:** la prima caratteristica negativa messa in luce dal poeta è la mancanza di misura.
4. **avrebbero divertito gli Achei:** Tersite ha il solo scopo di mettere in ridicolo i capi suscitando l'ilarità degli Achei.
5. **che io ... legato:** Tersite si attribuisce doti guerriere di cui è privo, data la sua gracilità. Come gli ricorda Odisseo (v. 254) non partecipa alle battaglie.
6. **Achee e non Achei:** Tersite insulta anche i suoi compagni chiamandoli «*Achee*», ossia "femminucce".

› Jean-Auguste Dominique Ingres (1780-1867), *Giove e Teti*, 1811, particolare, Aix-en-Provence, Musée Granet.

molto migliore di lui, gli ha tolto il suo premio, e se lo tiene.
Ma Achille è conciliante, non ha rabbia nel cuore;
altrimenti, figlio di Atreo, per l'ultima volta avresti offeso».
Diceva così Tersite, insultando Agamennone,
capo d'eserciti: gli fu accanto rapidamente l'illustre Odisseo,
lo guardò di traverso e lo investì con dure parole:
«Tersite, disordinato, per quanto sonoro, oratore[7],
smetti e non ti azzardare, tu solo, a disputare coi capi.
Io dico che non c'è nessuno peggiore di te, tra tutti quanti
venimmo a Troia assieme ai figli di Atreo.
Smetti dunque di avere i re sulla bocca,
di ingiuriarli e occuparti del nostro ritorno.
Non sappiamo ancora come andranno queste vicende,
se torneremo vincitori o sconfitti, noi Greci.
Tu stai in ozio e offendi Agamennone, figlio di Atreo,
capo di eserciti, perché gli eroi greci gli offrono
moltissimi doni; per questo chiacchieri e offendi.
Però ti dico quello che deve compiersi:
se ti colgo un'altra volta, come adesso, a impazzare,
non voglio che mi resti la testa sopra le spalle,
non voglio più essere chiamato padre di Telemaco[8], se
non ti prendo e ti spoglio delle tue vesti,
del mantello e della tunica che copre le tue vergogne,
e non ti rimando in lacrime alle navi veloci,
cacciato dall'assemblea e percosso con disonore!»
Così disse, e lo colpì con lo scettro sul dorso
e sulle spalle – Tersite si piegò e gli cadde una lacrima,
e una piaga si produsse sul dorso al colpo
dello scettro dorato; sedette impaurito e dolorante,
e con uno sguardo attonito si asciugò il pianto.
A ciò gli altri sorrisero, per quanto afflitti[9];
e qualcuno, guardando, diceva al vicino:
«Perdio, molto di buono ha fatto Odisseo,
dando buoni consigli e combattendo;
ma il meglio tra i Greci l'ha fatto oggi,
facendo tacere quel calunniatore arrogante.
Possiamo essere certi che il suo cuore superbo non lo spingerà più
a insultare i sovrani con parole offensive».

trad. it. G. Paduano

7. **per quanto sonoro, oratore:** è una "concessione" sarcastica, perché si tratta di una qualità positiva dell'oratore attribuita a Nestore (un personaggio saggio ed eloquente) di cui Tersite è privo.
8. **Telemaco:** figlio di Odisseo e di Penelope.
9. **per quanto afflitti:** gli Achei sono insensibili di fronte all'umiliazione di Tersite. Il cruccio riguarda la delusione per la mancata partenza e per le incerte sorti della guerra cui allude Odisseo (vv. 252-253).

Nel mondo di Omero

Il potere aristocratico

L'episodio di Tersite e dello scontro tra Achille e Agamennone rivelano alcuni aspetti della dinamica dei rapporti sociali del tempo di Omero, quando il potere è passato dal sovrano ai ceti aristocratici. Nell'assemblea convocata da Achille e riservata ai soli capi, esponenti del ceto aristocratico (i *basiléis*, letteralmente "i re", "i sovrani"), si assiste a un aspro confronto in cui Agamennone appare un re privo della facoltà di ridurre all'obbedienza Achille, che si sente un re al pari di lui. In altre parole, Agamennone è un primo tra uguali: per esempio, non spetta a lui decidere la spartizione del bottino, ma all'assemblea.
L'assemblea alla quale partecipa anche Tersite si può definire un'assemblea allargata, «*ci sono i primi e gli ultimi Achei*» (v. 281), dove ha libertà di parola anche un semplice soldato; ma questo non può essere interpretato come un primo segno di evoluzione in senso democratico della società. Infatti, mentre Achille e Odisseo possono impugnare lo scettro, che qui simboleggia l'autorità di chi lo impugna, Tersite non ha questo privilegio ed è perciò sottoposto alla volontà e all'arbitrio dei nobili guerrieri. Costoro possono rivaleggiare ed essere in feroce competizione tra loro per l'onore (*timé*) e il possesso, ma sono solidali nell'affermare anche con la forza il loro predominio assoluto nei confronti di un rappresentante dei ranghi inferiori.

Note di lettura

▸ Tersite: la caricatura dell'eroe

Tersite è l'unico personaggio del poema che ha un rilievo autonomo, pur non appartenendo al mondo eroico. Egli fa parte dell'anonima moltitudine dei soldati che non possono vantare una nobile discendenza. Tra questa massa il poeta sceglie un individuo, che rappresenta con marcate **caratteristiche negative**, e ne fa il rappresentante di un mondo totalmente estraneo e in netta antitesi con quello eroico dell'aristocrazia guerriera. Più specificatamente, Tersite appare contrapposto al tipo esemplare dell'eroe impersonato da Achille, tanto che è stato definito una «*controfigura di Achille*» (Di Benedetto). Il poeta, nella presentazione del personaggio, schierandosi apertamente con i nobili guerrieri, mette anzitutto in risalto la sua voce stridula, la vacua eloquenza e il suo disordinato e confuso bagaglio espressivo di cui si serve per sparlare dei capi, soprattutto per il gusto di divertire gli Achei.
Segue la descrizione dei tratti fisici: Tersite spicca per la sua **bruttezza** (Achille invece era il più bello di tutti i Greci) ampiamente messa in evidenza da una puntuale e crudamente realistica rassegna delle sue deformità. L'aspetto fisico, la goffaggine e la mancanza di misura nell'esprimersi sono indici di **spregevolezza** e di **viltà**, caratteristiche che lo rendono odioso ad Achille e a Odisseo. Achille e Odisseo sono oggetto della sua invidia perché sono i due guerrieri più prestigiosi dell'esercito: l'uno per il valore e la bellezza, l'altro per la sagacia.
Tersite **mette sotto accusa Agamennone** riutilizzando i motivi già usati da Achille: la prepotenza, l'avidità e i privilegi nella spartizione del bottino. Anche nell'esortazione ad abbandonare la guerra si pone in linea con Achille. Ma il suo discorso appare come una **parodia** dello sdegno di Achille, evidente nel modo in cui Tersite si sofferma sui comportamenti di Agamennone nell'appropriarsi di riscatti che non gli spettano e sul suo desiderio smodato di godersi da solo in disparte le donne preda di guerra.
Il tentativo di convincere gli Achei ad abbandonare il campo fallisce. Tersite è ridotto al silenzio dalla **brutale repressione**

di Odisseo: il sangue sul dorso e la lacrima che scorre sul suo viso gli danno ora l'aspetto di una **vittima patetica** che non solo non desta neppure la pietà dei compagni, ma suscita il riso (l'afflizione degli Achei non è per Tersite ma per la mancata partenza e l'incertezza delle sorti della guerra).

Il comportamento di Odisseo

Nella sua pronta replica Odisseo rimprovera aspramente Tersite per aver osato, sentendosi pari ai grandi, offendere Agamennone e lo accusa di essere un vile desideroso solo del ritorno in patria.
Odisseo sorvola astutamente sul fatto che l'invito a tornare in patria era stato poco prima impartito da Agamennone e che tutti i capi, lui compreso, stavano eseguendo con molta sollecitudine gli ordini. Poi, in seguito all'intervento di Atena, si è assunto il compito di rendere di nuovo compatto l'esercito intorno al capo per proseguire la guerra. Ora con la sua dura reazione all'intervento di Tersite e con l'esemplare punizione minacciata con un giuramento solenne, che mette addirittura in gioco la sua autorevolezza, intende **ristabilire l'autorità e il prestigio di Agamennone** e neutralizzare ogni fermento di dissenso tra la massa dei soldati.

Le forme della narrazione

Nel presentare gli eroi che popolano lo scenario delle vicende narrate, Omero non si sofferma quasi mai a descriverne l'aspetto fisico: è per lui sufficiente dire che sono belli. L'aggettivo "**bello**" è strettamente legato a qualità come lo splendore di una **perfetta forma fisica**, la **forza** e la **nobiltà**. A Tersite, invece, il poeta riserva un altro trattamento: la descrizione che ne fa è stata definita il primo ritratto realistico dell'arte greca.
Dal punto di vista dell'organizzazione narrativa l'episodio di Tersite svolge una funzione importante di **riequilibrio della posizione di Agamennone** nella comunità dei combattenti. Dopo la ribellione di Achille e la disordinata fuga verso le navi dei soldati e dei loro capi, bloccata da Odisseo (peraltro esortato da Atena e non per sua autonoma iniziativa), il prestigio e l'autorità di Agamennone sembravano seriamente compromessi. Il contesto ostile nei confronti di Tersite, chiaramente condiviso dal narratore, e la dura condanna del suo tentativo di ribellione, hanno l'effetto di **ristabilire le gerarchie** e di dimostrare che il caso di Achille non può essere preso come esempio per altri tentativi di indebolire la posizione del comandante della spedizione.

› Jacques-Louis David (1748-1825), *Ettore*, 1778, Montpellier, Musée Fabre.

Competenze alla prova

Comprensione

difficoltà ●○○

1. Come rappresenta il poeta il modo rumoroso degli Achei di sedersi in assemblea?
2. Qual è la prima caratteristica negativa di Tersite che il poeta mette in luce?
3. Perché Tersite era odioso ad Achille e a Odisseo?
4. Che cosa rimprovera Tersite ad Achille?
5. Qual è solitamente lo scopo degli interventi di Tersite? Ti sembra che anche questo intervento abbia tale scopo?
6. Odisseo aggredisce Tersite e lo riduce al silenzio con le percosse:
   - ☐ perché teme che Tersite gli risponda che le sue critiche ad Agamennone sono le stesse che gli ha rivolto Achille
   - ☐ perché Tersite è un pessimo oratore che ha le idee confuse e potrebbe influire negativamente
   - ☐ perché Tersite è un essere debole che non sarebbe in grado di difendersi
   - ☒ perché a un uomo del rango sociale di Tersite non è concesso di competere con i sovrani e di criticarli
7. Tersite, rinfacciando ad Achille di non avere ucciso Agamennone, evita di usare il termine "uccidere", che avrebbe un impatto troppo forte sull'uditorio. Quali parole usa?

Analisi

difficoltà ●●○

8. In quali passi il poeta dimostra apertamente una sua diretta presa di posizione ostile a Tersite?
9. Quale insulto rivolge Tersite ai compagni?
10. L'espressione «*digerirsi i suoi premi*» (v. 237) è:
    - ☐ una sinestesia
    - ☐ una metafora
    - ☐ una metonimia
    - ☐ una sineddoche
11. Confronta le accuse rivolte da Tersite ad Agamennone con quelle di Achille. Quali analogie e differenze riscontri?

Produzione

difficoltà ●●●

12. Immagina di essere un corrispondente di guerra di un quotidiano che è espressione dell'aristocrazia guerriera e scrivi un articolo, come se si trattasse di un fatto attuale e in linguaggio giornalistico moderno, sulla figura di Tersite.
    Ecco un esempio:
    «Approfittando di un certo malcontento che serpeggiava tra i soldati, alcuni pacifisti avevano sollevato pesanti critiche sulla necessità della guerra, trovando in Tersite un leader particolarmente ostinato. Costui aveva organizzato una rumorosa protesta e, durante un sit-in, inveiva contro Agamennone e contro una guerra scatenata, a suo dire, per pura sete di dominio, tacciando gli Achei di imperialismo e accusandoli di avere mire espansionistiche in Asia Minore. Si trattava di argomentazioni grossolane e strumentali [....] Fortunatamente Tersite non ha raccolto molti proseliti e il provvidenziale intervento di Odisseo lo ha ricondotto alla ragione dopo un vivace alterco».
    Historicus, *Tutta un'altra storia*, il Mulino, Bologna
13. Immagina che Tersite abbia la libertà di rispondere a Odisseo. Quali argomenti potrebbe portare in sua difesa?

Dal Libro II al Libro III

Nell'assemblea dei capi Achei convocata per decidere le sorti del conflitto prende la parola Odisseo, che esorta Agamennone a continuare la guerra. Tutti gli Achei applaudono le parole di Odisseo, al quale si associa anche il vecchio e saggio Nestore, sostenendo la necessità di continuare la guerra. Agamennone li ringrazia e, dopo un sacrificio agli dei seguito dal banchetto, fa schierare l'esercito per la battaglia nella pianura del fiume Scamandro (detto anche Xanto). Dopo un'invocazione alle Muse «che sole potrebbero ricordar e quanti vennero a Ilio per combattere», *il poeta elenca minuziosamente tutte le forze achee. Iride, la messaggera divina, si reca da Ettore, il capo dell'esercito troiano, per informarlo dell'imminente attacco. Anche i Troiani si preparano allo scontro e il poeta fa una breve rassegna dello schieramento dei Troiani e dei loro alleati.*

Elena sugli spalti della città

Luogo: Grecia
Anno: VIII secolo a.C.
Tratto da: **Libro III**, vv. 121-180
Edizione: Einaudi, Torino

Il brano

I due eserciti schierati stanno avanzando l'uno contro l'altro, con alte grida i Troiani, in silenzio gli Achei, evidentemente intimoriti dall'assenza di Achille. Quando sono a distanza ravvicinata, Paride avanza tra la massa dei soldati e sfida baldanzosamente i più valorosi degli Achei. Immediatamente Menelao balza dal cocchio per accogliere la sfida, ma Paride, terrorizzato, torna rapidamente tra i suoi compagni.
Dopo gli aspri rimproveri del fratello Ettore, che lo chiama bellimbusto, donnaiolo e seduttore, accusandolo di essere la causa della sventura della sua patria, Paride accetta di affrontare Menelao a condizione che il duello metta fine alla guerra e che al vincitore tocchi Elena con i suoi tesori: i due si daranno battaglia nel breve spazio che divide gli eserciti schierati. I Troiani e gli Achei si rallegrano della proposta di Paride nella speranza di finire la penosa guerra. Ettore manda due araldi in città a prendere Priamo, che Menelao richiede come garante dei patti.

Iride[1] intanto andò messaggera da Elena dalle bianche braccia,
assumendo l'aspetto della cognata, la moglie di Elicaone,
il potente Elicaone figlio di Antenore,
Laodice, la più bella fra le figlie di Priamo.
La trovò in casa che lavorava una grande tela[2]
doppia, purpurea, e vi intesseva le imprese dei Troiani, abili
nel domare i cavalli, e degli Achei vestiti di bronzo,
tutto ciò che soffrirono in guerra per lei.
Standole accanto, così le disse Iride, la messaggera veloce:
«Vieni qui, cara cognata, vieni a vedere le imprese dei Troiani, abili
nel domare i cavalli, e degli Achei vestiti di bronzo[3],
che prima tra loro combattevano una battaglia feroce
nella pianura, desiderosi di guerra e di rovina;
ora la guerra è cessata e stanno seduti in silenzio,
appoggiati agli scudi con le lunghe lance
piantate in terra. Ma Paride e il valoroso Menelao
combatteranno per te con le lunghe lance,

1. **Iride:** È la messaggera degli dei e personificazione dell'arcobaleno. Il poeta non dice se Iride agisca di sua iniziativa o sia stata inviata da un dio.
2. **la trovò in casa ... tela:** nei poemi omerici è l'occupazione femminile per eccellenza.
3. **domare cavalli ... vestiti di bronzo:** tutto il verso è occupato da epiteti formulari.

e tu sarai la sposa del vincitore[4]».
Così dicendo la dea le mise nel cuore
la nostalgia del primo marito, della città, dei genitori,
e subito indossò una veste candida
e uscì dalla stanza, versando tenere lacrime;
non sola, le tenevano dietro due serve[5],
Etra, figlia di Pitteo, e Climene dai grandi occhi,
e rapidamente giunsero alle porte Scee[6].
Priamo e i suoi consiglieri, Pantoo e Timete,
Lampo, Clitio e Icetaone, discendente di Ares[7],
Ucalegonte e Antenore, saggissimi entrambi –
sedevano dunque gli anziani presso le porte Scee;
a motivo della vecchiaia non combattevano più, ma erano validi
oratori, come cicale che nella foresta,
stando sugli alberi, emettono un canto acuto:
così i principi di Troia stavano sopra un bastione[8],
e quando videro Elena arrivare al bastione,
si dissero a bassa voce l'uno con l'altro:
«Non sono da criticare i Troiani e gli Achei dalle belle gambiere[9],
se tanto tempo hanno sofferto per una simile donna,
che terribilmente somiglia alle dee immortali.
Ma bella com'è, se ne vada via sulle navi,
non resti con noi per la rovina nostra e dei figli».
Così dicevano, e Priamo le si rivolse ad alta voce:
«Vieni qui, cara figlia, siediti accanto
a me per vedere il tuo primo marito, i parenti e gli amici;
non sei tu responsabile per me, lo sono gli dèi,
che hanno provocato la terribile guerra coi Greci;
dimmi il nome di quell'uomo imponente,
chi è quell'eroe greco, così forte e grande:
altri sono più alti di lui di statura,
ma così bello non ho mai visto nessuno,
né così nobile: ha un aspetto regale».
E a lui così rispose Elena, l'illustre donna:
«Suocero mio, ho vergogna e riguardo di te;
quanto vorrei aver scelto la morte crudele al momento
di seguire tuo figlio, lasciando il letto nuziale,
la figlia bambina, le amiche e coetanee.
Così non è stato, e per questo mi consumo nel pianto.
Ti dirò subito quello che tu mi chiedi:
quell'uomo è il potente Agamennone, figlio di Atreo,
insieme buon re e valoroso guerriero –
un tempo, se mai ci fu, cognato di questa cagna[10]».

trad. it. G. Paduano

Giorgio de Chirico (1888-1978), *Testa di Minerva*, 1947 ca., particolare, Roma, Fondazione Giorgio e Isa de Chirico.

4. **tu sarai la sposa del vincitore:** la presenza di Elena sulle mura assume un particolare valore perché la donna è «il simbolo concreto delle ragioni della guerra e della ricompensa che attende il vincitore» (Mirto).
5. **due serve:** era costume delle donne di nobile condizione presentarsi in pubblico accompagnate da altre donne o da ancelle.
6. **porte Scee:** è la porta principale di Troia, in direzione del campo di battaglia. Al plurale perché in greco il termine usato per "porta della città" significa "i battenti".
7. **Ares:** è il dio della guerra.
8. **bastione:** si tratta di una costruzione alta, posta accanto alle porte Scee, dalla quale si ha la vista sul campo di battaglia.
9. **dalle belle gambiere:** altro epiteto degli Achei, qui indicati come coloro che portano begli schinieri, cioè le parti dell'armatura che proteggono le gambe.
10. **cagna:** il cane è metafora di un comportamento facile al tradimento: «*pur legato al padrone il cane rivela in più occasioni una natura corruttibile*» (C. Brillante). Sulla base di questa concezione si accostava la natura del cane con quella della donna.

Note di lettura

▶ La bellezza di Elena

Il poeta evita di cimentarsi nella descrizione oggettiva della figura di Elena, ma «*conferisce plastica evidenza alla sua bellezza irresistibile*» (Mirto) attraverso le reazioni che suscita in chi la vede. Gli anziani, pur provati dalle sofferenze di nove anni di guerra, riconoscono che non sono da biasimare i Troiani e gli Achei che si scontrano per una donna che «***terribilmente***» (v. 158) **somiglia a una dea**. Il paragone con la dea è convenzionale nella descrizione della bellezza femminile, mentre è sull'avverbio «*terribilmente*» che si fonda la natura e l'irresistibilità del fascino di Elena. L'aggettivo da cui deriva (*ainós*) significa "terribile", "atroce", "spaventoso", ma l'avverbio assume anche i significati di "grandemente" e "molto", "fortemente". In questa parola usata spesso da Omero associata anche al verbo "temere" ("temo terribilmente") si racchiude dunque l'idea della **straordinarietà della bellezza di Elena** che provoca quasi un senso di **turbamento** e di **sbigottimento** e nello stesso tempo evoca l'idea di una **forza travolgente e spaventosa**, fonte di lutti e di morte. Elena si trasforma così in una figura densa di significati. In particolare, diventa il simbolo del **miraggio della felicità** alla quale tutti aspirano e per il quale si lotta incessantemente anche fino alla rovina.

▶ Lo stato d'animo di Elena

Elena compare poche volte nel poema, ma il poeta fa di lei uno dei pochi personaggi dotati di una **propria fisionomia** e di una **vita interiore**, caratterizzate in questo caso dalla drammatica tensione con cui Elena vive la propria condizione di donna al centro di un conflitto di cui si sente responsabile per una scelta che ora rimpiange amaramente di aver fatto.

Priamo, come se avesse intuito ciò che gli anziani si augurano e l'imbarazzo che proverà trovandosi in pubblico tra le donne troiane («*aveva d'intorno molte Troiane*» precisa il poeta più avanti, v. 384), la invita ad alta voce e con gentilezza a sedersi accanto a lui e si affretta ad affermare che **non la considera colpevole della guerra**. Naturalmente con questa affermazione Priamo **discolpa anche Paride**, che pure è stato accusato da Ettore di essere il vero colpevole. Anche Elena potrebbe fare sue le parole di Priamo e di Ettore, tanto più che lei non ha avuto alcun modo di influenzare gli avvenimenti e la decisione della guerra è ricaduta su altri personaggi. Oltre a ciò, in questa circostanza Elena apprende da Iride che altri e non lei stanno decidendo del suo destino.

Eppure le affabili parole di Priamo e il sincero affetto che le manifesta non riescono a confortarla né a liberarla dal senso di colpa che prova sentendo su di sé il peso della responsabilità della guerra. Inoltre, essa si strugge in pianto per la **nostalgia della sua terra e del suo mondo d'affetti**, a cui si aggiunge l'acuto rimorso per il dolore che ha provocato nei suoi famigliari.

Elena critica con durezza il proprio comportamento passato fino al punto di preferire la morte alla condizione attuale. Anche nel colloquio che avrà con Ettore, ritornato in città per incontrare Andromaca e il figlioletto (vedi pp. 78-82), esprimerà il rammarico di non essere morta il giorno stesso nel quale era venuta alla luce. Rivolgendosi l'ignominioso appellativo di "cagna", alla quale i Greci associavano l'idea di un'impudicizia senza ritegno, Elena manifesta un totale **disprezzo di se stessa** e rivela di non sapersi rassegnare alla remissività e alla debolezza di volontà che l'hanno indotta ad abbandonare Menelao, attirata dalle lusinghe di Paride e di Afrodite. Ma il suo animo e la sua volontà sono destinati a essere sottomessi al volere di Afrodite. Elena dovrà recitare fino in fondo la parte dell'amata e dell'amante impostole dalla dea che, dopo aver portato in salvo Paride, il suo pupillo, la costringerà a raggiungerlo nella stanza nuziale.

Competenze alla prova

Comprensione

difficoltà ●○○

1. Quali sentimenti suscitano in Elena le parole di Iride?
2. Che cosa si augurano gli anziani quando vedono Elena?
3. A chi attribuisce Priamo la colpa della guerra?

Analisi

difficoltà ●●○

4. Con quale figura retorica il poeta rappresenta il chiacchiericcio degli anziani?
5. Come si possono riassumere i sentimenti che si agitano nell'animo di Elena?
6. Perché nell'*Iliade* la metafora del cane ha una connotazione negativa?

Produzione

difficoltà ●●●

7. Immagina che Elena scriva una lettera a un'amica in cui descrive la situazione in cui vive nella reggia di Priamo e tuttavia rimpiange tutto quello che ha lasciato in patria.

Jacques-Louis David (1748-1825), *Patroclo*, 1779, Cherbourg, Musée Thomas Henry.

Lo scontro fra Paride e Menelao

Luogo:
Grecia
Anno:
VIII secolo a.C.
Tratto da:
Libro III, vv. 324-382; 448-454
Edizione:
Einaudi, Torino

Il brano

Giunto Priamo dalla città, Agamennone sacrifica agli dei e li chiama a testimoni del solenne giuramento che sancisce il patto: se Paride ucciderà Menelao si terrà Elena. Se invece Paride soccomberà, i Troiani restituiranno Elena con tutti i tesori e pagheranno un'ammenda. Priamo, non avendo cuore di vedere il figlio scontrarsi con Menelao, torna in città. Ettore e Odisseo provvedono a misurare il terreno dello scontro, poi si apprestano a sorteggiare chi dei due dovrà scagliare per primo la lancia.

[…] Ettore, l'eroe dall'elmo splendente, guardando indietro,
mescolò le sorti[1]; e quella di Paride balzò fuori per prima.
I soldati sedettero, fila per fila, e accanto a ciascuno
stavano i cavalli veloci e le armi ornate;
l'illustre Paride, marito di Elena dai bei capelli[2],
indossò sulle spalle le armi bellissime;
per prima cosa mise alle gambe le belle gambiere,
rafforzate da cavigliere d'argento; subito dopo
indossò sopra il petto la corazza di suo fratello
Licaone[3], che si adattava bene anche a lui.
Alle spalle appese la spada di bronzo
con le borchie d'argento, e poi lo scudo grande e robusto;
sulla testa superba[4] indossò un elmo ben lavorato,
con coda equina – sopra ondeggiava terribilmente[5] il pennacchio –;
poi prese una lancia robusta, adatta alla sua mano. Allo stesso
modo si armava intanto il valoroso Menelao.
Quando si furono armati, in disparte dai loro compagni,
avanzarono tra i Troiani e gli Achei
guardandosi trucemente; al vederli stupirono i Troiani, abili
nel domare i cavalli, e gli Achei dalle belle gambiere[6].
Si fermarono vicini, nel campo misurato[7], agitando

1. **guardando indietro ... le sorti:** il sorteggio consisteva nello scuotere in un elmo ciottoli o cocci di ceramica (contrassegnati da qualche segno o di diverso colore) estraendone uno che indicasse la persone prescelta. Ettore estrae il ciottolo senza guardare nell'elmo per assicurare l'imparzialità del sorteggio.
2. **dai bei capelli:** epiteto formulare.
3. **la corazza ... Licaone:** il particolare potrebbe alludere al fatto che Paride non ha un'armatura propria perché egli preferisce usare l'arco, un'arma usata da chi vuole stare lontano dalla mischia. Il guerriero omerico, pur essendo abile nell'uso dell'arco, combatte con l'asta e la spada, che nel combattimento ravvicinato gli consentono di mostrare le sue qualità eroiche.
4. **superba:** il termine greco significa anche "forte", "valoroso".
5. **terribilmente:** alla luce dello sviluppo della battaglia la parola assume un risvolto ironico.
6. **stupirono ... belle gambiere:** i combattenti appaiono nello splendore delle armi che dovrebbe essere segno del valore di chi le indossa.
7. **campo misurato:** Ettore e Odisseo avevano precedentemente delimitato lo spazio dentro il quale doveva svolgersi il duello in mezzo ai due eserciti. I soldati dei due eserciti formano una platea che assiste a uno spettacolo o a una competizione agonistica.

le lance l'uno contro l'altro, furenti.
Il primo fu Paride a scagliare la lunghissima lancia,
e colpì lo scudo[8] rotondo del figlio di Atreo,
ma il bronzo non lo spezzò, anzi si piegò la punta
sul forte scudo; allora Menelao si scagliò per secondo
con la lancia di bronzo, dopo avere pregato Zeus padre:
«Signore Zeus, concedimi di punire chi per primo mi ha offeso,
l'illustre Paride: domalo sotto le mie mani, così che anche
tra gli uomini a venire si abbia ritegno
di fare del male all'ospite che offre amicizia».
Così disse e, dopo averla palleggiata[9], scagliò la lunghissima lancia,
e colpì lo scudo rotondo del figlio di Priamo;
la lancia attraversò lo scudo lucente
e si piantò nella corazza ornata, strappando
lungo il fianco la tunica, e però Paride
si chinò, e schivò il nero destino di morte.
Il figlio di Atreo sguainò la spada con le borchie d'argento,
la sollevò e colpì il cimiero[10] dell'elmo, ma la spada gli cadde
di mano, rotta in tre o quattro pezzi.
Il figlio di Atreo guardò al vasto cielo e gemette:
«Zeus padre, non c'è dio più funesto di te;
pensavo di punire Paride del suo delitto,
e adesso la spada mi si è rotta in mano, e la lancia
l'ho inutilmente scagliata senza colpirlo».
Ciò detto, balzò e lo prese per l'elmo dalla folta criniera,
e lo trascinava girandolo tra gli Achei dalle belle gambiere;
lo strangolava sul morbido collo la cinghia
traforata dell'elmo, tesa al di sotto del mento.
L'avrebbe trascinato, ricavandone immensa gloria,
se non se ne fosse subito accorta la figlia di Zeus Afrodite,
che ruppe la cinghia di pelle di bue; rimasto vuoto,
l'elmo seguì la mano robusta di Menelao,
che lo scagliò tra gli Achei dalle belle gambiere
roteandolo; lo raccolsero i suoi compagni.
Lui balzò di nuovo, desideroso di ucciderlo
con la lancia di bronzo, ma glielo sottrasse Afrodite
facilmente, essendo una dea, e lo avvolse di fitta nebbia,
e lo trasportò nella stanza nuziale fragrante[11].

Afrodite si reca sui bastioni e, assunto l'aspetto di una vecchia filatrice spartana, invita Elena a raggiungere Paride nella stanza nuziale. Elena riconosce la dea e rifiuta risolutamente l'invito, ma Afrodite la apostrofa con minacciose e terribili parole: lei può odiare Elena tanto terribilmente quanto l'ha amata. Elena, intimorita, comprende che non può opporsi al suo volere e, non vista dalle donne troiane, segue in silenzio la dea.

Mentre [Paride ed Elena] giacevano sul letto traforato, il figlio
di Atreo camminava tra le file come una belva,
se riusciva a trovare Paride, simile a un dio;
ma nessuno dei Troiani e dei loro illustri alleati
poteva mostrare Paride al valoroso Menelao;
e se lo vedevano non gliel'avrebbero nascosto per amicizia[13]:
a tutti quanti era in odio la nera dea della morte.

trad. it. G. Paduano

8. scudo: lo scudo era composto con strati alterni di cuoio e di lamine metalliche.

9. dopo averla palleggiata: dopo averla fatta saltellare con la mano.

10. cimiero: pennacchio che sovrasta l'elmo.

11. fragrante: la parola greca significa propriamente "che odora d'incenso".

12. e se lo vedevano ... per amicizia: i Troiani sono solidali con Menelao: nessuno avrebbe aiutato Paride a nascondersi.

Note di lettura

▶ Un duello da commedia

Lo scontro che dovrebbe decidere le sorti della guerra è stato preparato con grande solennità ed è preceduto dalla descrizione delle armi, mentre vengono indossate dall'eroe. La **vestizione delle armi** è un rituale che precede lo scontro e fa parte di una situazione tipica dello stile formulare detta *aristía* (dal greco *aristéia*, "azione eroica"), ossia la celebrazione ed esaltazione delle gesta dell'eroe. Omero si sofferma a descrivere dettagliatamente solo la **vestizione di Paride**, mentre sorvola su quella di Menelao. La minuziosa rassegna delle armi – di cui si mette in risalto la bellezza – e la baldanza con cui Paride le indossa sembrano preannunciare un'azione gloriosa nella quale il troiano dimostrerà finalmente non le sue doti di seduttore, ma quelle di valoroso combattente. Ma, alla luce dell'andamento e dell'esito del duello, il sontuoso rituale acquista una **colorazione ironica**, che si coglie anche nel maggiore spazio dedicato alla vestizione di Paride rispetto a quello riservato al duello, ridotto a una messinscena che sconfina nella **commedia**. Infatti, prima che Afrodite giunga in suo soccorso, Paride soccombe disonorevolmente trascinato nella polvere come un animale recalcitrante o come un fantoccio. Quell'elmo con il suo pennacchio, che prima ondeggiava «*terribilmente*» (v. 337), spicca ora per il particolare della cinghia con la quale Menelao serra e ferisce alla gola Paride per fargli subire una morte assai poco eroica. Dissoltasi la nebbia, Menelao, già furente con Zeus che non ha esaudito la sua preghiera, si trova tra le mani come unico trofeo l'elmo «*vuoto*» (v. 375) della testa di Paride, che scaglia esasperato in mezzo agli Achei, roteandolo come se partecipasse a una gara di lancio del peso e poi si aggira furibondo per il campo di battaglia. Anche l'eroico Atride agli occhi del pubblico del poeta finisce per assumere i tratti di un personaggio da commedia: non solo è stato ingannato, ma, quel che lui non sa, è anche stato beffato da Afrodite. La dea non si è limitata a salvare il suo pupillo, ma lo ha anche portato nella camera nuziale dove lo raggiunge Elena, costretta da Afrodite; e mentre «*l'infuriato e ridicolo marito percorre a grandi passi la piana andando su e giù alla ricerca del rivale*» (Powell), Paride celebra il **trionfo dell'*eros* sull'eroismo**.

▶ Le forme della narrazione

La scena di Priamo che chiede a Elena di indicargli i guerrieri più illustri dello schieramento nemico è detta *teicoscopía*, cioè "guardare dalle mura", ed è caratteristica della narrazione omerica. Dall'alto delle mura Elena indica a Priamo i grandi eroi greci come se Priamo non li conoscesse già, dal momento che siamo nell'ultimo anno di guerra. La rassegna degli eroi e il successivo combattimento tra Menelao e Paride **avrebbero senso solo all'inizio della guerra** e non all'ultimo anno, quando dovrebbero svolgere semmai la funzione di un'analessi. Omero invece inserisce l'episodio nell'intreccio senza soluzione di continuità. Nel piano della narrazione questa scelta può essere dovuta alla volontà di **riutilizzare del materiale di cui il poeta disponeva** per ottenere un effetto ritardante e per creare l'illusione che molti avvenimenti si verificano in attesa degli eventi centrali: il ritorno di Achille alla battaglia e l'uccisione di Ettore. Ma si può anche ritenere che Omero intenda riportare alla memoria del suo pubblico, tutto concentrato sull'ira d'Achille, le **cause remote della guerra**, mettendo in scena come se fosse attuale un episodio che risale molto addietro nel tempo.

Nel mondo di Omero

L'ospitalità

Nel sistema dei valori del mondo greco l'ospitalità è uno dei cardini degli usi che regolano i rapporti umani e oggetto di un vero e proprio culto: la colpa più grave di cui si è macchiato Paride non è la seduzione di Elena, ma il tradimento del vincolo di ospitalità. Nei riguardi di Paride, Menelao si è comportato lealmente e lo ha accolto e trattato come un amico dimostrando piena fiducia in lui, è stato il principe troiano ad approfittare della benevolenza del suo ospite, seducendone la sposa.
Nella lingua greca lo straniero e l'ospite sono indicati con un unico termine (*xénos*) e la parola "ospite" designa sia chi accoglie sia colui

Competenze alla prova

BIOGRAFIA H. Böll

Comprensione

difficoltà ●○○

1. Quale reazione suscitano l'aspetto dei contendenti e gli sguardi feroci che si scambiano?

2. Qual è l'auspicio di Menelao nell'affrontare il duello?

3. Da che cosa si comprende che Menelao è più forte di Paride?

4. Quale accusa rivolge Menelao a Zeus?

Analisi

difficoltà ●●○

5. Da quale particolare si può dedurre che l'episodio del patto tra Troiani e Achei risale agli inizi delle ostilità?

- [x] Dall'ammirazione suscitata dalla bellezza di Elena
- [ ] Dal desiderio di Priamo di conoscere i capi degli Achei
- [ ] Dal fatto che Menelao intende punire Paride per l'offesa ricevuta
- [ ] Dal senso di colpa di Elena

6. Elenca nell'ordine le armi descritte nella vestizione di Paride.

7. Che cosa rivela il fatto che Paride indossi la corazza di Licaone?

Produzione

difficoltà ●●○

8. Riscrivi l'episodio dell'apparizione di Elena sugli spalti e del duello riproponendolo come un'analessi. Scegli come voce narrante una delle due ancelle (Etra o Climene) e come destinatario uno straniero che ignora le vicende della guerra.

9. In un racconto di uno scrittore tedesco contemporaneo, **Heinrich Böll**, la voce narrante è un essere inanimato: una tazza da tè. Riscrivi l'episodio del duello scegliendo come voce narrante l'elmo di Paride che racconta i fatti in prima persona. Ti proponiamo una struttura narrativa; puoi seguirla o inventarne un'altra.

1. L'elmo è fiero del suo pennacchio e orgoglioso di essere indossato da Paride. *Oppure*. L'elmo è fiero del suo pennacchio, ma nutre dei dubbi sulla propria sorte, perché sa che Paride non è un valoroso eroe.
2. Timori per l'esito del duello dopo che Paride non ha colpito Menelao.
3. Lamento per il dolore causato dalla spada di Menelao.
4. Sorpresa di essere staccato dalla testa di Paride e timore di essere calpestato da Menelao furibondo per la sparizione di Paride.

che è accolto. Questo significa che fra le due nozioni c'è uno stretto legame: lo straniero che si presenta per chiedere accoglienza è senz'altro riconosciuto e accettato senza esitazione come un ospite. In una società in cui i rapporti sociali non sono ancora regolati da norme che salvaguardino l'incolumità dei singoli, lo straniero è del tutto privo di diritti e senza protezioni. Egli trova una sicura salvaguardia in questa forma di rapporto sociale considerata sacra e posta sotto la tutela di Zeus. Di conseguenza, il rifiuto o il tradimento dell'ospitalità è considerato un'azione empia.

L'estraneo, che potrebbe essere un potenziale nemico oppure un dio sotto mentite spoglie, accolto ospitalmente è inserito temporaneamente a pieno titolo nella comunità cui appartiene l'ospitante. Tra i due si stabilisce un legame di amicizia che presuppone l'instaurarsi di una relazione di tipo personale con obblighi reciproci, sanciti anche dallo scambio di doni: colui che ospita si aspetta di ricevere uguale accoglienza da colui che è stato precedentemente ospitato. Inoltre, tali vincoli ospitali coinvolgono le famiglie delle due persone e si tramandano di generazione in generazione. Essi non possono essere spezzati neppure dall'eventualità che i due o i loro discendenti si trovino ad affrontarsi su opposti campi di battaglia. Nel libro VI l'eroe greco Diomede si accinge a scontrarsi con Glauco, un guerriero licio alleato dei Troiani. I due, prima di venire alle mani, rivelano la loro discendenza e scoprono che i loro avi erano legati da un vincolo di ospitalità; perciò evitano di lottare e si scambiano le armi.

Dal Libro III al Libro IV

Sull'Olimpo gli dei sono riuniti in consiglio e osservano gli avvenimenti che si svolgono sulla Terra. Zeus propone che si ponga fine alla guerra: Elena sarà restituita a Menelao e i Troiani vivranno in pace. Ma Atena ed Era si mostrano risolutamente contrarie a questa idea, decise più che mai a vedere distrutta Troia. Zeus allora si piega alle insistenze di Atena, la quale consente di intervenire per riaccendere la battaglia: «la dea scese dalle cime d'Olimpo scese d'un balzo, simile all'astro che il figlio di Crono [Zeus] dai sottili pensieri invia come presagio ai marinai o ai guerrieri di un esercito immenso, fulgida stella dalle mille scintille» *(vv. 73-76, trad. it. Ciani).*
Atena prende l'aspetto di un guerriero troiano e convince l'arciere Pandaro a scagliare una freccia contro Menelao. Ma poi la dea devia la traiettoria del dardo, «come una madre scaccia una mosca dal figlio, immerso nel sonno soave» *(vv. 131-131, trad. it. Ciani), che provoca solo una ferita superficiale all'eroe. Agamennone chiama subito il medico Macaone, che medica la ferita. Inizia così la grande battaglia in cui i guerrieri si affrontano in duelli individuali. Anche gli dei scendono in campo: Ares sostiene i Troiani, mentre Atena combatte con gli Achei. In questi scontri trova la morte, nel fiore dell'età, il giovane Simoesio:* «Aiace di Telamone colpì allora il figlio di Antemione, il giovane e fiorente Simoesio, che un tempo la madre discesa dall'Ida, diede alla luce sulle rive del Simoenta, dove aveva seguito i genitori per guardare le pecore: lo chiamavano perciò Simoesio; ma ai genitori non poté rendere il prezzo delle loro cure, breve fu la sua vita che l'intrepido Aiace stroncò con la sua lancia. [...] Cadde l'eroe nella polvere, a terra, simile un pioppo cresciuto nell'umido prato di una grande palude: è liscio ma sulla cima spuntano i rami: lo tagliò un fabbricante di carri con la sua ascia lucente per piegare la ruota di un carro bellissimo» *(v. 473 -487 trad. it. Ciani).*
Le prime file dei Troiani indietreggiano insieme a Ettore. Allora Apollo, dall'alto della rocca, incita i Troiani ricordando loro che Achille è assente, mentre Atena va in mezzo agli Achei a rincuorare quelli che vede spossati.

Libro V

Tra gli Achei si distingue per le sue eroiche gesta il forte Diomede, al quale Atena spira furore guerriero. L'eroe travolge le schiere troiane. L'arciere Pandaro ed Enea cercano invano di fermarlo. Enea, colpito con un masso, è salvato dalla madre Afrodite, che viene ferita al polso. La dea affida il figlio ad Apollo perché lo porti al sicuro dentro le mura di Troia. Poi si fa prestare il cocchio da Ares, il dio della guerra, e sale dolorante sull'Olimpo.
Diomede è inarrestabile: assale anche Apollo e tenta di colpirlo per ben tre volte, ma il dio ferma l'impeto dell'eroe greco ricordandogli con tono minaccioso che la stirpe degli dei è ben diversa da quella dei comuni mortali. Apollo poi invita Ares a scendere in campo accanto ai Troiani, i quali, spronati dal dio della guerra, passano al contrattacco. Anche Enea torna alla battaglia e combatte valorosamente. Però a fianco degli Achei sono schierate Era e Atena, con l'aiuto della quale Diomede riesce a ferire Ares. Il dio della guerra abbandona il campo e torna sull'Olimpo, dove si lamenta con Zeus dell'affronto subìto, protestando contro le due dee. Zeus rimprovera al figlio l'eccessivo amore per la guerra, ma poi si impietosisce e chiama il medico degli dei, Peone, perché gli guarisca la ferita: «come quando il succo del fico fa cagliare il bianco latte, e il liquido, mescolato, si rapprende veloce, così rapidamente Peone guarì l'ardente Ares» *(vv. 902-904, trad. it. Ciani). Frattanto anche Atena ed Era abbandonano la battaglia e risalgono alla dimora degli dei.*

Gaspare Landi (1756-1830), *L'incontro di Ettore e Andromaca*, 1795, particolare, Piacenza, Palazzo Gazzola.

L'incontro fra Ettore e Andromaca

Luogo:
Grecia
Anno:
VIII secolo a.C.
Tratto da:
Libro VI, vv. 369-502
Edizione:
Einaudi, Torino

Il brano

L'eroe greco Diomede imperversa nella battaglia e gli Achei incalzano i Troiani fin sotto le mura della città. Ettore è esortato dall'indovino Eleno, suo fratello, a tornare in città e a chiedere alla madre Ecuba di recarsi con le altre donne troiane al tempio di Atena e supplicarla di allontanare la furia degli Achei. Ettore torna immediatamente in città, si reca subito dalla madre Ecuba e le riferisce la richiesta di Eleno. Ecuba con molte anziane va al tempio portando in dono alla dea un prezioso peplo e implorandola di proteggere la città, ma il simulacro di Atena con un cenno del capo nega il suo aiuto. Nel frattempo Ettore si dirige alla casa di Paride, dove è accolto affabilmente da Elena che cerca di trattenerlo per una breve tregua dalle fatiche della guerra. Ma egli risponde che deve affrettarsi ad accorrere in aiuto ai suoi compagni e che vuole vedere la moglie e il figlio, perché non sa se farà ancora una volta ritorno o se gli dei lo abbatteranno per mano degli Achei.

Ciò detto, se ne andò Ettore, l'eroe dall'elmo splendente[1];
giunse subito alla sua bellissima casa, ma nelle stanze
non trovò Andromaca dalle candide braccia[2],
che col bambino e con una serva dal bel peplo era andata
sul bastione e là piangeva e gemeva.
Ettore, come non vide in casa la sua nobile sposa,
si fermò sulla soglia e chiese alle serve:
«Ditemi dunque la verità: dove è andata,
fuori di casa, Andromaca dalle candide braccia?
È andata dalle mie sorelle, o dalle mie cognate
dai bei pepli, o al tempio di Atena, dove le altre Troiane
dai bei capelli propiziano la terribile dea?[3]».
La laboriosa dispensiera[4] così gli rispose:
«Ettore, giacché tu mi ordini di dire il vero,
non è andata dalle tue sorelle, né dalle tue cognate dai bei pepli
né al tempio di Atena, dove le altre Troiane,
dai bei capelli propiziano la terribile dea,
ma sul grande bastione di Troia, perché ha sentito
che i Troiani sono sfiniti, e grande è la forza dei Greci.
Per questo si è precipitata alle mura
come una pazza[5], e la nutrice le porta il bambino».
Così disse la dispensiera, ed Ettore si slanciò fuori di casa
per la stessa via, lungo le belle strade:
quando ebbe attraversato la grande città,
e fu alle porte Scee[6], e di là doveva sbucare alla piana,
gli venne incontro correndo la moglie che gli aveva portato
una ricca dote, Andromaca figlia del magnanimo Eezione[7],

1. **dall'elmo splendente:** letteralmente il termine greco significa "che agita l'elmo". Non si tratta di un epiteto generico, ma specificatamente riferito a Ettore ed è il segno distintivo del suo impeto guerriero.
2. **dalle candide braccia:** epiteto formulare generalmente riservato alle dee o alle donne di particolare bellezza.
3. **al tempio di Atena ... terribile dea:** Ecuba, la madre di Ettore, si era recata al tempio per propiziare Atena, ma la dea aveva ricusato il suo aiuto (letteralmente: "aveva fatto cenno di no ritraendo indietro il capo").
4. **dispensiera:** l'ancella che custodiva le provviste della casa.
5. **come una pazza:** Andromaca è ossessionata da un sinistro presagio.
6. **porte Scee:** dove si era recata anche Elena per assistere dall'alto di un bastione al duello tra Paride e Menelao (vedi libro III, v. 145, p. 68).
7. **Eezione:** re della città di Tebe di Misia, regione dell'Asia minore (nell'attuale Turchia nord-occidentale) poco distante da Troia.

Eezione che abitava sotto il Placo selvoso[8],
in Tebe Ipoplacia; e regnava su genti cilicie[9].
Sua figlia sposò dunque Ettore, l'eroe dall'elmo di bronzo.
Gli andò incontro, e assieme a lei c'era la serva
che teneva in braccio il bambino ancora piccolo, tenero,
il figlio amato di Ettore, bello come una stella;
il padre gli aveva messo nome Scamandrio[10], ma gli altri Astianatte[11]
«signore della città», perché Ettore era la sola difesa di Troia.
L'eroe sorrise in silenzio vedendo il bambino,
ma Andromaca gli fu accanto, versando lacrime,
gli prese la mano, e gli parlò in questo modo:
«Sventurato, il tuo coraggio ti ucciderà. Non hai compassione
del tuo bambino, né di me infelice, che sarò presto
la tua vedova. Presto infatti ti uccideranno gli Achei
assalendoti tutti insieme, e per me meglio sarebbe,
se ti perdo, andare sottoterra: non avrò altro conforto
quando tu avrai compiuto il tuo destino, non avrò che dolori.
Non ci sono più mio padre e la mia nobile madre.
Mio padre lo uccise l'illustre Achille, quando distrusse
Tebe dalle alte porte, la popolosa città dei Cilici;
uccise Eezione, ma non gli tolse le armi,
perché n'ebbe ritegno nel cuore, lo bruciò con le armi[12]
ornate e gli diede una tomba, e tutt'intorno
fecero crescere olmi le ninfe dei monti,
figlie di Zeus signore dell'egida[13]. Sette fratelli
avevo nella mia casa e tutti quanti
in un giorno solo scesero all'Ade[14];
tutti li uccise il nobile, veloce Achille,
presso le mandrie dei buoi dal passo ricurvo[15] e le pecore bianche.
Mia madre, che regnava sotto il Placo selvoso,
la portò qui con tutte le nostre ricchezze
e la liberò accettando un immenso riscatto,
ma Artemide arciera la colpì[16] nella casa paterna.
Ettore, tu sei per me mio padre e mia madre,
mio fratello, mio meraviglioso compagno –
abbi pietà, rimani qui sul bastione:
non fare tuo figlio orfano e vedova la tua donna.
Raduna i tuoi uomini al fico selvatico[17], dove è il passaggio

---

8. **Placo selvoso:** monte situato fra la Troade e la Misia. Tebe sorgeva alle falde del monte Placo e perciò era detta Ipoplacia ("sotto il Placo").
9. **cilicie:** il termine è riferito alla popolazione della città di Tebe e non, come si potrebbe erroneamente pensare, a quella della Cilicia situata nella parte sud-orientale dell'Asia Minore.
10. **Scamandrio:** dal nome del fiume che bagnava Troia, lo Scamandro.
11. **Astianatte:** significa "Signore della città". Questo nome gli è stato dato per rendere onore al ruolo di Ettore, signore e difensore della città.
12. **non gli tolse ... bruciò con le armi:** è un particolare inatteso che rivela un altro tratto del carattere di Achille. Egli non solo non si impossessa delle armi dello sconfitto, come è consuetudine fare, ma fa seppellire il nemico con tutti gli onori.
13. **egida:** è lo scudo di Zeus.
14. **Ade:** è il regno dell'oltretomba e anche il nome del dio che lo governa.
15. **dal passo ricurvo:** il termine greco significa letteralmente "dall'andatura traballante".
16. **Artemide ... colpì:** la morte improvvisa e non violenta era attribuita agli invisibili dardi di Apollo per gli uomini e a quelli di Artemide per le donne.
17. **fico selvatico:** sorgeva presso le porte Scee. È qui che si trova il punto più debole delle mura al quale si riferisce Andromaca.

più facile per la città e più accessibili sono le mura;
tre volte hanno attaccato da quella parte i migliori,
con i due Aiaci[18] e il glorioso Idomeneo[19],
i due figli di Atreo[20] e il forte figlio di Tideo[21];
o che glie l'abbia detto un indovino sapiente,
o che sia il loro animo a spingerli ed a spronarli».
Così le rispose Ettore, l'eroe dall'elmo splendente:
«A tutto questo io penso, donna, ma terribilmente
mi vergognerei di fronte ai Troiani e alle Troiane dai lunghi pepli,
se come un vile mi tenessi lontano dalla battaglia;
non a questo mi spinge il mio cuore, poiché da sempre ho imparato
ad essere forte e a combattere in prima fila
tra i Troiani, dando grandissima gloria a mio padre e me stesso.
Io lo so bene nel cuore e nell'animo:
verrà un giorno che perirà la sacra Ilio
e Priamo e il popolo del valoroso Priamo, ma non mi colpisce
tanto il dolore che aspetta i Troiani, né quello
di Ecuba stessa, né di Priamo, il sovrano,
né dei miei fratelli, che in gran numero e coraggiosi
cadranno nella polvere sotto le mani nemiche,
come il tuo, quando qualcuno dei Greci vestiti di bronzo
ti porterà via in lacrime, togliendoti la libertà,
e in Argo forse tesserai per un'altra la tela,
e porterai l'acqua dalla fonte Messeide[22] o dall'Iperea[23],
vittima di molte offese, subendo un duro destino.
E qualcuno allora dirà, vedendoti piangere:
"Questa è la moglie di Ettore, che primeggiava in battaglia
fra i Troiani abili nel domare i cavalli quando combattevano
attorno ad Ilio". Così diranno un giorno e a te di nuovo
verrà l'angoscia di avere perduto chi ti proteggeva dall'essere schiava.
Ma mi ricopra morto la terra rovesciata sopra il mio corpo,
prima di saperti trascinata via e di sentire il tuo grido».
Così disse lo splendido Ettore, e tese le braccia a suo figlio,
ma il bambino piegò la testa piangendo nel seno
della nutrice, terrorizzato dalla vista del padre;
lo spaventava il bronzo e il cimiero coi crini
di cavallo che vedeva oscillare terribilmente in cima all'elmo.
Sorrisero allora il padre e la nobile madre,
e subito lo splendido Ettore si tolse l'elmo
e lo depose, rilucente, sopra la terra;
baciò suo figlio e lo palleggiò tra le braccia,
poi rivolse una preghiera a Zeus e agli altri dèi:
«Zeus e voi altri dèi, concedete che questo mio figlio
si distingua come me in mezzo ai Troiani,
che abbia forza e dominio sovrano su Ilio,
e un giorno qualcuno dica "è molto più grande del padre",
quando tornerà dalla guerra, e possa portare le spoglie cruente
dei nemici uccisi, e ne sia lieta sua madre[24]».
Così detto, diede suo figlio in braccio alla sposa,
e lei lo accolse sul petto fragrante e sorrideva
in mezzo alle lacrime. La vide Ettore e n'ebbe pietà,
l'accarezzò con la mano e le disse:

18. i due Aiaci: Aiace Oileo e Aiace Telamonio che è, dopo Achille, il guerriero più forte dell'esercito Acheo.

19. Idomeneo: figlio di Deucalione e nipote di Minosse, è a capo dei Cretesi.

20. figli di Atreo: Agamennone e Menelao.

21. figlio di Tideo: Diomede, uno dei più forti capi achei.

22. Messeide: sorgente greca, situata forse nella Laconia, regione del Peloponneso.

23. Iperea: sorgente della Tessaglia.

24. Zeus e voi .... lieta sua madre: queste parole di Ettore sono un esempio di "ironia tragica": Ettore esprime l'auspicio di un avvenire glorioso per il figlio, ma gli ascoltatori conoscono tutte le vicende del ciclo troiano e sanno che Astianatte sarà ucciso da Neottolemo, il figlio di Achille.

«Sventurata, ti prego, non abbatterti troppo nell'animo,
nessuno mi getterà all'Ade contro il destino –
e al destino, ti dico, non può sfuggire nessuno degli uomini,
non il vile né il coraggioso, una volta che è nato.
Ma tu torna alla casa e pensa ai tuoi lavori,
al telaio, alla conocchia, e comanda alle serve
di fare il loro lavoro; alla guerra penseranno gli uomini,
tutti quelli che sono nati a Troia, ed io soprattutto».
Così disse lo splendido Ettore, e riprese da terra
l'elmo con il cimiero equino; Andromaca tornò a casa,
voltandosi indietro e versando moltissime lacrime.
Presto giunse alla bellissima casa di Ettore
sterminatore[25], e trovò dentro le serve
e suscitò in tutte loro un lugubre pianto.
Ancora vivo, piangevano Ettore nella sua casa,
non pensavano che sarebbe tornato mai più dalla guerra,
salvo dal furore e dalle mani dei Greci.

trad. it. G. Paduano

25. sterminatore: letteralmente "uccisore di uomini (in battaglia)". È un epiteto specifico di Ettore: ricorre solo sedici volte di cui undici riferito a Ettore, tre alle mani di Achille, uno al dio Ares e uno a un personaggio mitico.

Note di lettura

▸ Il commovente incontro

L'incontro con Andromaca non avviene nello spazio protetto e accogliente della casa, ma **all'aperto**, nello scenario di una città sulla quale incombe più minacciosa l'ombra dell'imminente rovina dopo che Atena ha negato il suo aiuto.

Nel segno di questi infausti presagi, il colloquio tra i due coniugi è dominato dalla dolente **consapevolezza**, non apertamente manifestata, che questo è l'**ultimo loro incontro**.

Il poeta con due semplici notazioni (il sorriso di tenerezza di Ettore che in silenzio contempla il bambino e il gesto accorato e affettuoso di Andromaca di prendere la mano del marito) dà la misura dell'**intensità del rapporto affettivo** che lega i due coniugi e della loro capacità di **reciproca comprensione**. «*Si annuncia così l'atmosfera di questo indimenticabile colloquio, fatta di lacrime, sorrisi, silenzi, gesti affettuosi e, soprattutto, della profonda immedesimazione di cui ciascuno dei due coniugi è capace, vivendo la propria angoscia come riflesso di quella dell'altro*» (Mirto).

▸ L'angoscia di Andromaca

Andromaca, dopo aver ricordato la **tragica sorte della sua famiglia di origine**, rivela l'intensità del suo amore e la profondità del legame che la unisce a Ettore nel richiamo ai vincoli più esclusivi che caratterizzano la vita affettiva all'interno di un nucleo familiare: per lei Ettore compendia in sé, oltre a quello di **sposo**, il ruolo di **padre**, **madre** e **fratello**. Facendo leva su questi sentimenti tanto appassionatamente evocati, Andromaca, angosciata per il modo con cui Ettore si espone ai pericoli della guerra, cerca di risvegliare in lui la consapevolezza dei suoi **doveri verso la famiglia**. In nome di questi doveri e per la peculiarità del suo legame con Ettore, di **dipendenza** ma **non di sottomissione**, Andromaca si spinge a consigliare al marito una condotta di guerra

che lo metta al riparo da inutili rischi senza sottrarsi agli obblighi verso la patria.

▸ Un valido suggerimento strategico

Andromaca, implorando il marito di essere prudente, di non esporre lei, il figlio e se stesso ai pericoli più gravi, suggerisce anche a Ettore una **condotta di guerra difensiva**. Per comprendere l'efficacia strategica del suo consiglio, bisogna tenere presente le caratteristiche della guerra che si sta combattendo. I Troiani non stanno propriamente subendo un assedio. L'assedio, nel vero senso della parola, chiude la città in una morsa fatale che impedisce agli abitanti di uscire e che taglia tutti i rifornimenti, con la conseguenza che tutti soffrono la fame e altre privazioni. A Troia, invece, la vita della città, pur condizionata dalla guerra, scorre normalmente; per esempio i Troiani possono uscire dalle mura e andare ad attingere acqua ai pozzi che sono all'esterno. I due eserciti si confrontano in una piana delimitata da una parte dalle mura di Troia e dall'altra dal muro che gli Achei hanno costruito a difesa delle loro navi. In questa situazione di **scontri in campo aperto** gli assediati possono diventare a loro volta assedianti, quando i Troiani riescono a sfondare il muro e ad arrivare fino alle navi nemiche.
Andromaca mostra di essere cosciente della **superiorità degli Achei** e del pericolo per Ettore e per i Troiani di uno scontro in campo aperto. Un tattica difensiva invece, come quella suggerita da lei, finirebbe per **logorare il morale delle truppe achee** e accrescere in loro il **desiderio di abbandonare l'impresa**, già vivo in tutto l'esercito, come si è visto nell'episodio di Tersite (cfr. p. 63).

▸ Ettore: un drammatico dissidio

Le parole iniziali della risposta di Ettore sono in sintonia con quelle di Andromaca («*A tutto questo io penso*», v. 440): l'angoscioso quadro della futura schiavitù di Andromaca e la tenerezza del gesto di accogliere tra le braccia il figlio e di baciarlo esprimono la **forza dei suoi sentimenti**. Egli dimostra anche la sua **incondizionata dedizione ad Andromaca** affermando che il suo dolore gli sta a cuore più di quello dei suoi famigliari. Ma il lato umano dell'eroe che avverte i **doveri verso la famiglia** entra in conflitto, più che con i doveri di difensore della città, con le norme del **codice d'onore della morale eroica**. Infatti, Andromaca non gli chiede di rinunciare al suo ruolo di difensore della città: lo esorta a tenere una condotta di guerra più cauta e strategicamente più efficace. Tuttavia Ettore **respinge l'appello di Andromaca**, anche se dolorosamente consapevole delle conseguenze che questo avrà sulla sua famiglia. Secondo la scala di valori nel rispetto dei quali è stato allevato, al vertice vi sono la pubblica stima e l'onore che deriva da un comportamento eroico. Egli non fa apparire incrinature nella sua condotta quando, tenendo tra le braccia Astianatte, prega gli dei perché concedano a suo figlio di diventare un eroe più grande del padre. Il dettaglio della madre che si compiace delle gesta del figlio che torna con le spoglie insanguinate dei nemici uccisi (un quadro che è stato definito di "barbarie eroica"), suona come un invito ad Andromaca a guardare il figlio in questa luce eroica e nel medesimo tempo a immaginare un **futuro felice**.
Andromaca rimane in silenzio, quasi consapevole dell'inutilità di insistere oltre nel suo appello. Da parte sua Ettore accarezza teneramente Andromaca e, riprendendo lo stesso appellativo «*Sventurata*» (v. 486) che aveva usato lei stessa (v. 407), cerca di consolarla; la esorta a **non abbandonarsi alla disperazione** perché la vita di tutti è nelle mani del destino e non sarà il tipo di comportamento (l'irruenza eroica o la cautela nell'azione bellica) a modificarli. Ma la fedeltà di Ettore alla morale eroica avrà conseguenze tragiche, perché porterà alla distruzione della città e segnerà la fine di un «*mondo socialmente e affettivamente sviluppato*» (Avezzù). E più tardi, quando, ignorando i consigli di un guerriero troiano di non affrontare Achille ma di ripiegare in città, Ettore si troverà in procinto di soccombere al suo più forte avversario, acquisterà un'amara consapevolezza delle funeste conseguenze della sua scelta: «*ahimè per mia stoltezza ho rovinato il mio popolo*».

▸ Le forme della narrazione

L'espediente, escogitato da Omero, di far rientrare Ettore in città è stato definito «*plausibile anche se poco probabile*» (Kirk):

l'incarico di far innalzare preghiere ad Atena poteva essere affidato anche a un messaggero. Ma l'artificio narrativo obbedisce a una precisa motivazione: il poeta intende **dare spessore alla figura di Ettore**, il personaggio di primo piano del poema insieme con Achille, al di fuori della condizione consueta di aggressività guerriera, per far venire alla luce i **tratti umani del suo carattere** nel contesto di una complessa rete di relazioni familiari cementate dal rispetto e dall'amore. Infatti, Omero lo mostra nelle vesti di figlio di Ecuba, fratello di Paride, cognato Elena e soprattutto di padre di Astianatte e marito di Andromaca.

Nel colloquio di Ettore con Andromaca la strategia narrativa del poeta si muove su due piani: da una parte il poeta **soddisfa le aspettative del proprio pubblico** con le parole di Ettore che si augura un futuro eroico per il figlio e che invita Andromaca a rientrare nel suo ruolo di moglie dedita alla cura delle faccende domestiche; dall'altra **mette in crisi lo schema competitivo dell'ideologia aristocratica** e rappresenta l'altra faccia crudamente realistica della morale eroica. Il poeta, infatti, dà una drammatica **evidenza alle nefaste conseguenze della fedeltà di Ettore al suo ideale eroico** sul destino di Andromaca e di Astianatte, due figure la cui sorte poteva impressionare gli ascoltatori toccando la sfera degli affetti privati (nel canto XIII, descrivendo la morte di un giovane sotto gli occhi del padre, il poeta dice: «*non c'è compenso di un figlio morto*»).

Ricorrendo a una commovente **analessi** dei suoi lutti familiari e a un'incisiva **prolessi** della sua sorte dopo la presa di Troia, Omero traccia la parabola di una sventurata esistenza che rende Andromaca un personaggio tragico di valore altamente simbolico. In lei e in Astianatte è prefigurata la **sorte di tutti i deboli e gli indifesi**, vittime dei conflitti scatenati dagli uomini nel corso della storia.

Giorgio de Chirico (1888-1978), *Il pianto d'amore (Ettore e Andromaca)*, 1974, particolare, Roma, Fondazione Giorgio e Isa de Chirico.

▶ Ettore, Achille e Andromaca

Andromaca non è rappresentata solo come depositaria di valori alternativi a quelli della morale eroica: rievocando la tragica fine dei suoi famigliari, si sofferma sul **comportamento di Achille** che non solo rinuncia a impossessarsi delle armi di Eezione, ma gli rende solenni onori funebri. Un particolare che acquista pieno significato e rilevanza alla luce degli sviluppi della narrazione e degli eventi del ciclo troiano che non sono raccontati nel poema. In questo ampio scenario, che gli ascoltatori conoscevano bene, i destini di Ettore e Achille appaiono intimamente intrecciati non solo per le vicende che li riguardano personalmente, ma anche per il **coinvolgimento dei loro famigliari**. Achille uccide i fratelli di Andromaca e uccidendo Ettore avrà lo stesso destino del suo antagonista. Infatti, sarà **ucciso da Paride**, un fratello di Ettore. Il figlio di Achille, Neottolemo, condurrà schiava Andromaca e ucciderà Astianatte. **Andromaca** è l'unica sopravvissuta, ma paradossalmente può essere considerata la **vera vittima di Achille**. Essa, infatti, è destinata a sperimentare il dolore e la disperazione di una vita in schiavitù, privata anche della consolazione toccata a sua madre di morire libera nella casa paterna.

Competenze alla prova

Comprensione

difficoltà

1. **Trova gli errori contenuti nel seguente breve sunto dei versi 369-465.**

Rientrato in città, Ettore si reca alla sua casa, ma non trova Andromaca. La dispensiera gli riferisce che si è precipitata sulle mura con in braccio il figlioletto Astianatte, sconvolta dalla notizia che i Troiani sono esausti. Ettore corre verso le porte Scee, dove gli si fa incontro Andromaca che gli esprime la sua angoscia perché la sua baldanza bellica mette in pericolo la sua vita e quella della famiglia. La donna ricorda a Ettore che può contare solo sul suo sostegno, perché Achille le ha ucciso il padre, la madre e i fratelli, e gli chiede di non esporsi ai pericoli di uno scontro diretto con i nemici. Ettore risponde che non può darle ascolto perché vuole dimostrare ai Troiani di essere un grande eroe, anche se prova un grande dolore per la sua sorte, che gli sta a cuore come quella della madre Ecuba, di Priamo e dei suoi fratelli. Egli poi prefigura il doloroso destino di lei quando sarà trascinata schiava ad Argo, dove dovrà subire molte offese per essere stata la moglie di Ettore.

2. **Rispondi alle seguenti domande.**

a. Dove si svolge la scena dell'incontro tra Andromaca ed Ettore?

b. A che cosa è paragonata la bellezza di Astianatte?

3. **Che cosa rimprovera Andromaca a Ettore?**

- ☐ Di non cercare un accordo con i Troiani per stabilire la pace
- ☐ Di pensare solo alla guerra
- ☐ Di mettere a repentaglio la sua vita ignorando i suoi doveri verso la famiglia
- ☐ Di pensare solo alla propria gloria

4. **Quale tattica suggerisce Andromaca a Ettore per difendere la città e dove dovrebbe radunare le truppe?**

5. **Come reagisce Astianatte quando il padre gli tende le braccia?**

6. **Quale preghiera Ettore rivolge a Zeus per il proprio figlio?**

7. **Ettore non accetta il consiglio di Andromaca di difendere la città sul bastione e di non affrontare sul campo gli eroi achei:**

- ☐ perché ritiene che si tratti di un'azione tattica inefficace e pericolosa
- ☐ perché pensa che i Troiani lo rimprovererebbero
- ☐ perché teme il giudizio dei Troiani che si aspettano da lui un comportamento eroico
- ☐ perché pensa di difendere meglio la città tenendo lontani gli Achei dalle mura

Analisi

difficoltà

8. **Rispondi alle seguenti domande.**

a. Che cosa rappresenta Ettore per Andromaca? Perché, come afferma M.S. Mirto, «*il rapporto di dipendenza che ella ha nei confronti del marito è ancora più profondo e più totale di quello di qualsiasi donna nella società antica*»?

b. Nel consigliare al marito la strategia migliore per difendere la città, Andromaca dimostra di saper andare oltre al ruolo tradizionalmente riservato alla donna. Con quali parole Ettore ristabilisce questo ruolo congedandosi da lei?

c. In quale modo Ettore ristabilisce le regole del comportamento eroico senza enunciarle direttamente?

d. Come si capisce che Andromaca ha vissuto questo colloquio come un distacco definitivo da Ettore?

9. **Individua l'analessi e la prolessi contenute nel brano.**

10. **Quale figura retorica è contenuta nel v. 432: «*non fare tuo figlio orfano e vedova la tua donna*»?**

Produzione

difficoltà

11. **A tuo avviso il consiglio di Andromaca che chiede a Ettore di rimanere dentro le mura può essere definito saggio e realistico? Prepara una risposta orale in cui argomenti la tua opinione.**

12. **Riscrivi l'episodio dell'incontro tra Ettore e Andromaca in discorso indiretto, immaginando che la voce narrante sia prima quella di Ettore poi quella dell'ancella.**

13. Scrivi un testo in forma di monologo nel quale Andromaca, dopo l'estremo saluto, rievoca il suo passato di sposa felice.
Puoi prendere spunto, per la tua rielaborazione personale, da questo frammento di una poesia di **Saffo** (vissuta nel VII secolo a.C.). In questi versi l'araldo annuncia l'evento delle nozze di Ettore e Andromaca, la cui fama si diffonderà in tutta l'Asia.

BIOGRAFIA
Saffo

«Ettore con i suoi reca da Tebe sacra,
da Placia viva d'acqua una raggiante sposa,
navigando sul mare salso[1]: è la squisita
Andromaca; e con lei reca monili d'oro e vesti
di porpora [...] gioielli variegati,
avori, e coppe innumerevoli d'argento»
Disse così. Sollecito si leva il padre,
e giunge a tutti per la gran città la voce.
Sotto rapidi carri portano i Troiani
le mule, ed ecco una gran folla vi saliva:
donne, fanciulle di caviglie affusolate,
a parte, insieme, le figlie di Priamo.
Sotto il giogo dei cocchi gli uomini portavano
i cavalli, coi giovani. Gran pompa[2] [...]
[sulle bighe] gli aurighi ...
e s'avanza il corteo verso la sacra Ilio,
di flauti dolci e di lire si mesceva il suono,
e fragore di crotali[3] [...] cantavano
fanciulle un inno sacro e fino al cielo l'eco
divina si spandeva, e il riso
per le vie dovunque [...]
crateri[4] [...]
misti aromi di mirra[5], di casia[6], d'incenso.
Urli acclamanti delle donne anziane; gli uomini
tutti, con l'inno dilettoso e forte, invocano
Peana[7]: il Dio dell'arco e della cetra celebri
Ettore e Andromaca, gli sposi pari ai numi.

1. **salso:** che contiene sale.
2. **gran pompa:** allestimento solenne e fastoso.
3. **crotali:** strumento musicale simile alle nacchere.
4. **crateri:** vasi a imboccatura larga con due manici laterali usati per mescolare l'acqua e il vino.
5. **mirra:** unguento profumato.
6. **casia:** cannella.
7. **Peana:** appellativo di Apollo.

Nel mondo di Omero

Vita e destino nell'*Iliade*

Cercando di mitigare lo sconforto di Andromaca, Ettore le dice che nessuno lo getterà nell'«Ade *contro il destino*» (v. 487) (*aísa*) e che «*al destino*» (v. 488) (*móira*), «*non può sfuggire nessuno degli uomini*» (v. 488).

Le parole di Ettore esprimono la consapevolezza che l'uomo nel mondo percorre un cammino di cui non conosce né il senso né il termine. Egli sa solo che a un certo punto del percorso, senza che si sappia come e quando, c'è l'ineludibile scadenza della morte. Per indicare questa condizione dell'esistenza umana il greco usa i termini astratti *móira* e *aísa*, pressoché sinonimi, che noi traduciamo con "destino" e "sorte". *Móira* significa letteralmente "parte" e sottintende il participio "assegnata". La *móira* è, quindi, la parte assegnata e designa una quantità definita di eventi favorevoli o sfavorevoli assegnati inesorabilmente al singolo individuo: a lui nulla può accadere che non sia compreso in questo "copione" prestabilito. La *móira* nell'epica non è concepita solo come termine astratto, ma è anche personificata: la Moira è anche colei che dà la morte.

A volte all'uomo può essere data la possibilità di scelta tra due destini, come nel caso di Achille: l'eroe può scegliere tra una vita breve e una morte gloriosa oppure una vita lunga priva di gloria, ma egli è conscio che in realtà il cammino tracciato per lui è quello della vita breve.

La *móira* è superiore anche a Zeus. Il re degli dei appare come colui che amministra i destini umani e quindi determina anche la fine della vita, ma nello svolgere questa funzione egli è solo un esecutore di un ordine imperscrutabile al quale egli stesso è sottoposto.

Dal Libro VI al Libro VII

Ettore esce dalle porte Scee con Paride, che ora arde dal desiderio di combattere. Sull'Olimpo Atena e Apollo si accordano per fare in modo che Ettore si scontri in un duello mortale con uno dei guerrieri Achei. Ettore lancia la sfida, che è raccolta da Menelao. Ma Agamennone dissuade il fratello: Ettore è troppo forte per lui; anche Achille – dice Agamennone – ha paura dell'eroe troiano. Il suo posto è preso da Aiace, sorteggiato tra i guerrieri che si sono dichiarati disposti al duello. Il combattimento si svolge in forma cavalleresca ed è interrotto dal calar della notte: i due avversari si scambiano parole di reciproca stima. Durante la notte Nestore, nel consiglio dei capi greci, dichiara la necessità di sospendere gli scontri per dare sepoltura ai morti e di costruire un muro per la difesa delle navi.

Anche i capi troiani si riuniscono in assemblea e Antenore propone di consegnare Elena agli Achei con tutti i suoi beni. Paride si oppone: può accettare di restituire i beni, ma non Elena. L'indomani la proposta viene portata all'assemblea degli Achei che non la accettano; acconsentono invece alla richiesta di Priamo di una tregua per seppellire i morti.

Libro VIII

Zeus ordina agli dei riuniti in assemblea che nessuno di loro intervenga nella battaglia per offrire aiuto ai contendenti, pena gravi punizioni. Poi sale sul suo carro e si reca sulla cima del monte Ida, da dove assiste alla battaglia. Sul campo si attua la promessa fatta a Teti (madre di Achille) e i Troiani, con il favore di Zeus, cominciano a prevalere.

Era e Atena, preoccupate per la sorte degli Achei che non riescono ad arginare l'offensiva troiana, decidono di andare in aiuto dei loro beniamini, ma il re degli dei invia Iride a intimare loro di non intervenire.

Dopo gli scontri, che si sono prolungati per tutta la giornata, i Troiani si accampano nei pressi delle navi nemiche. Ettore fa accendere numerosi fuochi per impedire un eventuale attacco notturno degli Achei. «Per tutta la notte sul campo stettero, pieni d'orgoglio e arsero fuochi a migliaia: come quando in cielo, intorno alla luna splendente, brillano luminose le stelle quando nell'etere non spirano i venti; e all'improvviso tutte le vette appaiono e i promontori estremi e le valli; si è aperto il cielo infinito, tutti gli astri si vedono, e il pastore gioisce nell'animo; così tra le navi e le acque dello Scamandro, brillavano i fuochi che i Troiani accesero davanti a Ilio» *(vv. 535-561, trad. it. Ciani).*

Libro IX

Mentre i Troiani vegliano e sono pronti a sferrare l'attacco decisivo, gli Achei sono in preda al panico. Agamennone, preoccupato, convoca un'assemblea e prospetta il rientro in patria, ma Diomede propone di resistere. Nestore consiglia di inviare ambasciatori ad Achille per indurlo a riconciliarsi con i compagni. Agamennone riconosce di avere sbagliato nei confronti dell'eroe e si dichiara pronto non solo a restituire Briseide, ma a dargli in sposa una delle sue figlie, purché Achille torni a combattere. Odisseo, Aiace Telamonio e Fenice (un vecchio eroe che è stato precettore di Achille) si recano da Achille, che li accoglie con cortesia e offre loro cibo e vino. Ulisse lo informa della situazione e lo esorta ad accettare le proposte di Agamennone. Ma Achille rifiuta manifestando l'intento di tornare in patria, a Ftia dove vive il vecchio padre Peleo, che gli cercherà una sposa.

Anche il tentativo di Fenice, che ricorda ad Achille i legami di affetto che lo legano a lui, fallisce. Aiace tenta per ultimo di richiamare l'eroe alla solidarietà con i compagni, tenendo conto dei doni offerti, ma Achille è irremovibile e dichiara che non riprenderà le armi a meno che Ettore in persona non decida di attaccare direttamente le navi dei Mirmidoni. Nella tenda di Agamennone tutti sono profondamente turbati dall'esito negativo del colloquio, ma Diomede esorta tutti a lasciare perdere Achille e a riprendere le armi per affrontare la battaglia decisiva del giorno seguente.

Libro X

Agamennone e Menelao, angosciati per la difficile situazione, non riescono a prendere sonno; decidono pertanto di svegliare gli altri capi e di riunire un consiglio. Nestore propone un'esplorazione notturna nel campo nemico per raccogliere informazioni. Diomede si offre prontamente per questa missione e sceglie come compagno Odisseo, perché ne apprezza l'avvedutezza e il coraggio, ma anche perché egli gode della protezione di Atena. I due si armano e si dirigono al campo troiano.

Anche i Troiani, riuniti in assemblea, ritengono opportuna un'esplorazione nel campo nemico. Si offre il presuntuoso Dolone, che pretende come ricompensa i cavalli immortali di Achille. Ma non appena si inoltra nel campo nemico, viene scoperto da Odisseo e Diomede e, per aver salva la vita, fornisce loro utili informazioni sulla disposizione del campo troiano. Odisseo e Diomede, però, uccidono il troiano e penetrano nell'accampamento dei Traci, alleati dei Troiani. I due sorprendono i guerrieri nel sonno e li uccidono insieme al loro capo Reso, al quale sottraggono gli splendidi cavalli. Dopo questa incursione, senza procedere oltre, Odisseo e Diomede tornano al campo dove sono festosamente accolti dai compagni.

Libro XI

L'indomani, all'alba, Zeus invia sul campo Eris, la dea della discordia, a incitare gli Achei alla lotta. Anche i Troiani, spronati da Ettore, si preparano allo scontro. La battaglia infuria: Agamennone fa strage di Troiani che si ritirano fino alle porte Scee, ma ben presto il comandante acheo viene ferito. È il segnale che Ettore attendeva per passare al contrattacco. Diomede, ferito da Paride, si allontana dal campo. Anche Odisseo, accerchiato dai nemici, è ferito e viene salvato da Menelao e Aiace. Tra i moltissimi feriti degli Achei c'è anche il medico Macaone.
Achille, che dalla poppa della sua nave osserva il combattimento, manda l'amico Patroclo da Nestore per avere informazioni e questi ne approfitta per lamentare la crudeltà di Achille, insensibile alla strage dei suoi compagni. Nestore, poi, prega Patroclo di indossare le armi di Achille e di rientrare in battaglia ingannando così i Troiani, al fine di intimorirli e indurli a ritirarsi.
Mentre ritorna alla tenda di Achille, Patroclo incontra un altro ferito, il capo dei Tessali Euripilo e lo soccorre curandogli la ferita provocata da una freccia.

Libro XII

*I Troiani arrivano ai piedi del muro innalzato dagli Achei per proteggere le navi e che Apollo e Posidone faranno abbattere dai fiumi in piena non appena cadrà la rocca di Priamo. Ettore, seguendo il consiglio di Polidamante, trattiene i cavalli e fa attraversare l'esercito a piedi. I Troiani avanzano verso il muro strenuamente difeso dagli Achei. In cielo compare un'aquila che tra gli artigli tiene un enorme serpente. Polidamante ritiene questa apparizione un presagio funesto per i Troiani e consiglia a Ettore di ritirarsi, ma questi non gli presta ascolto e guida personalmente l'attacco. Zeus interviene inviando un turbine di polvere e acceca gli Achei, che però non si arrendono. Dopo duri combattimenti, Ettore con un attacco irresistibile sfonda una porta usando un enorme macigno: «*Ettore alto lavando il macigno lo dirigeva contro i battenti che tenevano serrate le porte saldamente connesse [...] Arrivò vicinissimo e con tutte le forze colpì nel mezzo, ben saldo sulle gambe perché il colpo fosse più forte. Piombò dentro il macigno con tutto il suo peso, scricchiolarono tremendamente le porte, non resistettero i chiavistelli, i battenti andarono in pezzi per la violenza del colpo. Balzò dentro Ettore rapido come la notte; splendeva terribile il bronzo che rivestiva il suo corpo*» (vv. 453-464 trad. it. Ciani). Ettore voltandosi verso i suoi guerrieri li incita a oltrepassare il muro, mentre gli Achei fuggono atterriti verso le navi.*

Libro XIII

In aiuto degli Achei interviene il dio del mare Posidone, che sprona i due Aiaci. Ettore intanto continua l'assalto, ma gli Achei hanno serrato le fila: su un fronte della battaglia si distinguono Idomeneo, capo cretese, il suo compagno Merione e Antiloco, figlio di Nestore. Dalla parte in cui combatte Ettore la situazione volge a favore dei Troiani, ma quando Ettore è informato della battaglia sull'altro fronte, accetta il consiglio di Polidamante e raduna gli uomini per decidere se ritentare un attacco alle navi o ritirarsi. L'eroe acheo Aiace affronta Ettore: i due si scambiano terribili predizioni. Intanto gli Achei assistono a un fausto presagio: un'aquila vola sulla parte destra del cielo: tra le schiere achee si leva un grido di gioia, ma Ettore avanza e la battaglia si riaccende.

Libro XIV

Gli Achei sono in notevole difficoltà e Agamennone è scoraggiato al punto da proporre agli altri capi di abbandonare l'assedio. La sua proposta è fermamente respinta da Odisseo e Diomede, che suggeriscono invece di rientrare in campo per infondere coraggio ai guerrieri. Il dio Posidone appare ad Agamennone e, per dimostrargli che non tutti gli dei sono ostili agli Achei, si getta nella mischia con un grido che rianima i combattenti. La moglie di Zeus, Era, trova il modo di impedire al marito di seguire la battaglia, seducendolo e addormentandolo con l'aiuto del dio Sonno.
Mentre Zeus dorme profondamente, Posidone guida gli Achei al contrattacco e si scatena una violenta battaglia tra i due eserciti. Ettore viene colpito da un macigno scagliato da Aiace Telamonio e cade a terra privo di sensi. I compagni lo portano in salvo in riva al fiume e durante la sua assenza gli Achei riescono a far indietreggiare i Troiani oltre il muro, verso la città.

Libro XV

Zeus, al suo risveglio, si accorge dell'inganno di Era e la rimprovera aspramente. Invia poi Iride da Posidone per intimargli di abbandonare il campo e per ordinare ad Apollo di infondere coraggio a Ettore. Apollo si avvicina a Ettore, gli si rivela e lo aiuta a riprendersi. La lotta si riaccende presso le navi, oltre il muro, che i Troiani assaltano con impeto. Nella battaglia Zeus desidera dare gloria a Ettore perché presto dovrà morire e per esaudire la preghiera funesta di Teti.

Il combattimento e la morte di Patroclo

Luogo:
Grecia
Anno:
VIII secolo a.C.
Tratto da:
Libro XVI, vv. 684-711; 742-754; 783-867
Edizione:
Einaudi, Torino

Il brano

I Troiani sono arrivati alle navi degli Achei, dove infuria la battaglia. Patroclo, tornato in lacrime da Achille, informa l'amico delle condizioni disperate in cui versano gli Achei, rimproverandolo per l'insensibilità al suo dolore. Poiché Achille persiste nel rifiuto di combattere, l'amico gli chiede di poter entrare in campo indossando le sue armi, in modo che i Troiani, credendolo Achille, si astengano dalla guerra. Achille cede alle preghiere di Patroclo, ma gli raccomanda di non avventurarsi nella pianura e di limitarsi a mettere in fuga i Troiani dalle navi, senza cedere alla tentazione di inseguire i nemici fin sotto le mura di Troia.
Patroclo, indossata l'armatura di Achille, alla testa dei Mirmidoni, entra in battaglia e i Troiani, terrorizzati, si danno a una fuga disordinata. L'eroe, eccitato dal successo e dimentico delle raccomandazioni di Achille, si spinge fino alle porte di Troia, facendo strage di nemici.

Patroclo, dopo aver incitato Automedonte[1] e i cavalli
si mise a inseguire i Troiani e Lici: un grave errore,
sciocco[2]! Se avesse obbedito ai comandi del figlio di Peleo[3],
sarebbe sfuggito al nero destino di morte.
Ma la mente di Zeus è sempre più forte degli uomini:
mette in fuga anche un valoroso e gli toglie
facilmente la vittoria; altre volte lo spinge egli stesso a combattere.
E così allora ispirò il cuore di Patroclo.
Chi per primo, chi per ultimo uccidesti, Patroclo,
quando gli dèi ti chiamarono a morte?
Per primi Adrasto, Autonoo ed Echeclo,
Perimo figlio di Mega, Epistore e Melanippo
e poi ancora Elaso, Mulio e Pilarte[4];
questi li uccise e tutti gli altri si volsero in fuga.
E allora i Greci avrebbero preso Troia dalle alte porte
per mano di Patroclo che imperversava con la sua lancia,
se Apollo non fosse stato sulla torre ben costruita,
meditando la sua rovina e soccorrendo i Troiani.
Tre volte Patroclo salì su una sporgenza dell'alto muro,
e per tre volte Apollo lo ricacciò indietro,
colpendo con le mani immortali lo scudo lucente.
Ma quando si scagliò la quarta volta, simile a un dio,
urlò terribilmente e gli disse:
«Ritirati, nobile Patroclo: non è destino
che sotto la tua lancia cada la rocca dei superbi Troiani,
e neanche sotto quella di Achille, che pure è molto più forte di te».
Così disse, e Patroclo si ritirò molto indietro,
schivando l'ira di Apollo, il dio arciere.

1. **Automedonte:** è l'auriga di Achille e suo fedele compagno di combattimento.
2. **sciocco:** il termine greco, *népios*, non ha una sfumatura negativa ed esprime un affettuoso rimprovero che mette in evidenza l'ingenuità propria di un fanciullo.
3. **comandi del figlio di Peleo:** Achille aveva detto: «*Cacciali* [i Troiani] *dalle navi e poi torna indietro. Se anche / lo sposo tonante di Era [Zeus] ti concedesse di conquistare la gloria / non volere tu senza di me combattere contro i Troiani, / valorosi guerrieri: mi toglieresti l'onore; / e neanche, esaltato dalla strage e dalla guerra / nell'uccidere gli avversari, devi guidare l'esercito / a Ilio*» (vv. 87-93).
4. **Adrasto … Pilarte:** Patroclo uccide nove uomini. Più avanti il numero nove sarà ripreso per indicare altre anonime vittime del suo impeto bellico.

Ettore, trattenendo i cavalli presso le porte Scee, è incerto se tornare a combattere oppure ordinare ai suoi di rifugiarsi dentro le mura. Apollo gli si avvicina sotto le spoglie di un suo zio materno e lo incita ad affrontare Patroclo. Ettore allora comanda al suo auriga Cebrione di dirigersi nella mischia e di puntare i cavalli contro Patroclo che, balzato a terra dal carro, scaglia contro Ettore una pietra aguzza, che però colpisce in mezzo alla fronte Cebrione.

[Cebrione][5] simile a un tuffatore,
cadde dal bel carro e la vita lasciò il suo corpo.
E tu così lo schernisti, Patroclo cavaliere:
«Come è agile l'uomo e come volteggia bene!
Se andasse sul mare pescoso a cercare molluschi,
nutrirebbe a sazietà molti uomini
gettandosi dalla nave anche col mare in tempesta,
come adesso volteggia nella pianura gettandosi dal suo carro.
Ci sono acrobati anche fra i Troiani».
Così dicendo mosse contro Cebrione
con l'impeto del leone che, devastando la stalla,
viene ferito nel petto e la sua stessa forza l'uccide –
tanto smanioso balzasti, Patroclo, addosso a Cebrione.

Anche Ettore scende dal carro e i due si contendono il corpo di Cebrione: Patroclo lo tiene per i piedi, mentre Ettore lo tiene per la testa; fra tutti i Troiani e gli Achei divampa una selvaggia lotta intorno all'auriga disteso in una tempesta di polvere.
Si combatte accanitamente, senza che nessuno dei contendenti riesca a impadronirsi del corpo di Cebrione, fino al primo pomeriggio, quando gli Achei prevalgono e strappano le armi dalle spalle dell'eroe ucciso e portano via il corpo.

Patroclo si scagliò, meditando morte ai Troiani:
tre volte si scagliò, simile ad Ares[6] violento,
gridando terribilmente, e per tre volte
uccise nove uomini. Ma quando la quarta volta si slanciò simile
a un dio, allora, Patroclo, apparve la fine della tua vita.
Gli venne incontro Febo[7], in mezzo alla violenta battaglia,
terribile, e lui, nel tumulto, non lo vide venire;
gli si fece incontro avvolto da una gran nebbia[8],
e stando di dietro gli colpì la schiena e le larghe spalle
con il palmo della mano, e gli si stravolsero gli occhi.
Gli gettò l'elmo[9] giù dalla testa il dio Febo Apollo,
e l'elmo rotolò con la visiera rimbombando sotto gli zoccoli
dei cavalli, e i pennacchi si sporcarono di sangue e polvere.
Prima, non sarebbe mai stato possibile che si sporcasse
di polvere l'elmo coi crini di cavallo, giacché proteggeva
la testa e la nobile fronte di un uomo divino,
Achille, ma allora Zeus lo diede ad Ettore[10]

5. Cebrione: è uno dei numerosi fratellastri di Ettore, figlio di Priamo e di una concubina. La tradizione attribuisce a Priamo cinquanta figli, numero che non è attestato da alcun autore.

6. Ares: figlio di Zeus e di Era, è il dio della guerra.

7. Febo: Apollo è chiamato anche "Febo", dall'aggettivo greco che significa "luminoso", "splendente".

8. avvolto … nebbia: qui, come in altre occasioni, gli dei entrano in scena avvolti da una fitta nebbia. Nel libro III (vv. 380-382), il poeta dice che Afrodite avvolse Paride in una fitta nebbia, che evidentemente avvolge anche lei, sottraendolo così a Menelao (vedi p. 73).

9. l'elmo: il poeta insiste sul particolare dell'elmo che rotola nella polvere ora per la prima volta (mai in passato ciò era accaduto ad Achille).

10. Ettore: si prefigura il destino di morte per Ettore che si

Jacques-Louis David (1748-1825), *I funerali di Patroclo*, 1779, particolare, Dublino, National Gallery of Ireland.

che lo portasse in testa, quando la morte gli era vicina[11].
Gli si ruppe in mano la lunghissima lancia[12]
grande, pesante, robusta, con la punta di bronzo, e dalle spalle
cadde a terra lo scudo bordato con la cinghia di cuoio[13];
gli sciolse la corazza il figlio di Zeus, Febo Apollo.
L'accecamento gli prese il cuore, e si sciolsero le belle membra.
Si fermò attonito, e da dietro gli colpì la schiena con la lancia acuta,
in mezzo alle spalle, da vicino, un guerriero dardano[14],
Euforbo, figlio di Pantoo[15], che brillava tra i suoi coetanei
per l'abilità nella lancia e nel guidare i cavalli,
e per la corsa veloce; già venti uomini aveva gettato dal carro
dalla prima volta che venne ad apprendere il combattimento.
Questi fu il primo che scagliò l'arma su di te, Patroclo,
e non t'uccise; corse via e si mescolò nella calca:
dopo avere strappato dal corpo l'asta di frassino,
non resse alla vista di Patroclo, anche senz'armi, nella battaglia.
Patroclo, colpito dalla mano del dio e dalla lancia,
riparava tra i suoi compagni, per sfuggire al destino di morte.
Allora Ettore, quando vide il magnanimo Patroclo
ripiegare ferito dal bronzo acuto, gli venne vicino
attraverso le file, e lo ferì con la lancia
al basso ventre, e il bronzo passò da parte a parte.
Cadde con grande fragore e afflisse il cuore dei Greci.
Come quando un leone sconfigge un cinghiale instancabile
– entrambi orgogliosi, combattono sulla cima del monte
per poca acqua che entrambi vogliono bere –
e il leone con la sua forza vince il cinghiale ansimante,

---

impadronirà dell'elmo.

11. **la morte gli era vicina:** è una prolessi dell'imminente morte di Ettore per mano di Achille.

12. **lancia:** la lancia è l'unico pezzo dell'armatura che non apparteneva ad Achille. La lancia è espressione concreta della forza del guerriero. Poiché nessun eroe è forte come Achille, nessuno è in grado di maneggiare la sua lancia di frassino, dono del Centauro Chirone al padre di Achille, Peleo, in occasione delle sue nozze.

13. **lo scudo … cuoio:** «*l'*Iliade*, in cui convergono tradizioni diverse e di diversa epoca, conosce due tipi di scudo, uno circolare e l'altro rettangolare, formati entrambi da pelli di bue sovrapposte e cucite su un telaio di legno, con una piastra di bronzo applicata all'esterno*» (trad. it. Ciani).

14. **dardano:** equivalente di "troiano". I Troiani sono discendenti da Dardano, figlio di Zeus e di Elettra.

15. **Euforbo … Pantoo:** Euforbo è figlio di Pàntoo, uno

così al figlio di Menezio[16], che tanti ne aveva uccisi,
tolse la vita con la sua lancia Ettore figlio di Priamo,
e vantandosi gli si rivolse con queste parole:
«Patroclo, tu pensavi di distruggere la mia città,
di togliere la libertà alle donne troiane
e portarle sulle navi alla tua patria. Sciocco!
In loro difesa i veloci cavalli di Ettore
si slanciano al combattimento, ed io mi distinguo
con la lancia tra i bellicosi Troiani, e così li proteggo
dal giorno fatale – tu, sarai cibo per gli avvoltoi.
Sciagurato, non ti è servito Achille, per valoroso che sia,
che certo, restando e mandandoti, ti disse molte parole:
"Non mi tornare; Patroclo, abile nel guidare i cavalli,
alle navi, prima d'avere lacerato sul petto
la veste sanguinante di Ettore, sterminatore".
Così certo ti disse, e, sciocco che sei, persuase il tuo cuore».
E tu, senza più forze, gli rispondesti, Patroclo cavaliere:
«Ora puoi vantarti, Ettore, perché ti ha dato vittoria
Zeus, figlio di Crono, ed Apollo, che mi hanno vinto
facilmente: loro mi hanno tolto dalle spalle le armi.
Se venti uomini come te mi fossero venuti a fronte,
tutti sarebbero qui periti, vinti dalla mia lancia;
ma il destino funesto e il figlio di Leto[17] mi hanno ucciso,
e tra gli uomini Euforbo; tu arrivi, terzo, a spogliarmi.
E mettiti bene in testa quello che dico:
neanche tu vivrai molto, perché già incombe
su te vicina la morte ed il feroce destino[18]
per mano del grandissimo Achille, discendente di Eaco».
Mentre così diceva, la morte lo avvolse,
l'anima lasciò le membra e volò nell'Ade,
piangendo il suo destino, lasciando la forza e la giovinezza[19].
E a lui già morto disse lo splendido Ettore:
«Patroclo, perché mi profetizzi l'abisso di morte?
Chissà se Achille, il figlio di Teti dai bei capelli
colpito dalla mia lancia non mi preceda a morire?»
Così dicendo, strappò via dalla ferita la lancia di bronzo,
premendo col piede[20], e staccò dalla lancia il corpo supino.
Subito mosse con le armi contro Automedonte,
divino scudiero del veloce discendente di Eaco[21]:
voleva colpirlo, ma lo portavano via i veloci cavalli
immortali[22], che diedero a Peleo gli dèi in splendido dono.

trad. it. G. Paduano

degli anziani di Troia.

16. **figlio di Menezio:** il padre di Patroclo, Menezio, era figlio di Egina che aveva dato a Zeus il figlio Eaco, nonno di Achille. E ciò fissò una parentela tra Patroclo e Achille.

17. **il figlio di Leto:** Apollo è figlio di Leto (o Latona).

18. **incombe ... destino:** gli antichi credevano che in punto di morte gli uomini prevedessero il futuro. Patroclo ha anche la certezza che Achille vendicherà la sua morte.

19. **Mentre ... giovinezza:** Omero riprenderà alla lettera gli stessi versi narrando la morte di Ettore (XXII, 361-363). Si tratta, significativamente, di espressioni non formulari per descrivere la morte riservata solo ai due eroi. Nel poema solo per loro la *psýche*, lo spirito vitale, «*aleggia lamentandosi funebremente all'Ade*».

20. **premendo col piede:** Patroclo colpito a morte era rimasto seduto. Ettore lo spinge con il piede per estrarre la lancia e lo lascia supino.

21. **discendente di Eaco:** cfr. nota 16.

22. **cavalli immortali:** sono Balio e Xanto, «*che volavano assieme al vento: / li generò a Zefiro l'arpia Podarge*» (XVI, 149-150).

Note di lettura

▶ Patroclo: l'eroismo e l'umiliazione

Patroclo, indossando le armi di Achille, ne assume l'identità. Egli giganteggia in vigore ed eroismo: grazie a quelle armi è come se avesse acquistato l'**invincibile forza dell'amico**. Nella sua irresistibile irruenza che semina strage tra i nemici è paragonato ad Ares. Il poeta non si limita a dire che Patroclo uccide un gran numero di nemici prima di affrontare Ettore: fa i nomi di ventotto avversari, poi offre al suo pubblico la possibilità di completare il conteggio di quelli anonimi, lasciando la scena tutta per Patroclo e dando l'impressione di un'impresa che supera ogni limite umano.
Tuttavia Patroclo non entra in battaglia per accrescere la sua *timé* (il suo onore): egli vive questa sua avventura quasi con **spirito agonistico** e con una **giovanile baldanza** che manifesta nell'ironico, anche se sprezzante, commento sulla fine di Cebrione – quando questi stramazza dal carro con il cranio fracassato – e sui Troiani, abili tuffatori.
Inebriato e accecato dal successo, Patroclo ha dimenticato le raccomandazioni di Achille, ma soprattutto **ignora il consiglio di Apollo**; perciò il suo comportamento si configura come una **sfida al dio**, come un atto di tracotanza di chi non tiene conto dei limiti dell'umano e che provoca quindi la terribile reazione del dio.
Dopo il triplice assalto, che a differenza del triplice tentativo di scalare le mura è coronato dal successo, Apollo interviene non più rivelando la sua presenza e schierandosi di fronte a lui: ora giunge alle spalle, avvolto dalla nebbia. Il colpo inaspettato che stordisce Patroclo e gli fa perdere quasi coscienza basterebbe a renderlo un facile bersaglio dei Troiani, ma il dio provvede anche a spogliarlo delle armi.
Il **rovesciamento del modulo consueto della vestizione**, che comporta la sequenza schinieri-corazza-spada-scudo-elmo-lancia, ha un notevole impatto emotivo e crea un forte **contrasto** con il precedente scenario dei trionfi dell'eroe. La descrizione dell'**elmo** che cade a terra per la prima volta, rivelando che la statura eroica di Patroclo è inferiore a quella di Achille, acquista un valore simbolico: perdere l'elmo significa perdere la maschera che faceva di Patroclo il doppio di Achille. L'azione di Apollo è spietata e straziante. Ora Patroclo è un **essere umiliato** alla mercé del nemico. Ma tutta la scena, con i successivi sviluppi e le commosse apostrofi del poeta, contribuisce ad **esaltare la dignità dell'uomo** vittima del suo altruismo e di una forza superiore, con l'effetto di dare agli ascoltatori la chiara consapevolezza che **chi ucciderà Patroclo non avrà motivo di trarne vanto**.

▶ La morte di Patroclo: una crudele esecuzione

Pur così ridotto, Patroclo **incute ancora timore** e l'intervento di Apollo non basta a rassicurare i Troiani che hanno sperimentato la sua forza e il suo eroismo. Egli ha ancora energie per tentare di sfuggire alla morte cercando di riparare tra i compagni. L'**azione vile di Euforbo** lo rende ancora più vulnerabile e quando subentra Ettore non c'è un combattimento, ma solo una specie di esecuzione.
Ettore si limita a dare a Patroclo il colpo di grazia. La similitudine del cinghiale e del leone non rispecchia la reale situazione, ma solo ciò che appare a chi non ha visto l'intervento del dio che ha spogliato Patroclo delle armi di Achille.
Può sembrare strano che Ettore, un eroe magnanimo e di nobili sentimenti, apostrofi Patroclo, che giace per terra, con parole così brutali e ingenerose (negandogli addirittura la sepoltura) senza aver ricevuto da lui una vera sfida e oltretutto non avendolo sconfitto in un duello in cui ha messo in gioco la propria vita. Ma Ettore si accanisce in modo così spietato **perché vede in lui il grande assente, Achille**. Infatti, egli è certo che Patroclo è stato mandato per uccidere il difensore della città, colui che impedisce che sia tolta la libertà alle donne troiane, e immagina addirittura le parole pronunciate da Achille riferendole in discorso diretto. Questa supposizione accende il suo furore e lo acceca al punto di non considerare che Achille, un eroe che partecipa alla spedizione per coprirsi di gloria, non delegherebbe mai a un altro

un'azione eroica che, come dice a Patroclo concedendogli di vestire le sue armi, lo priverebbe della sua parte di onore (v. 90).

▶ Le ultime parole dell'eroe morente

Ettore, orgoglioso e compiaciuto della sua vittoria, se ne arroga il **vanto**, ritenendo che Patroclo sia già morto e che non possa quindi contestare le sue affermazioni. Patroclo, però, non è ancora spirato e, presa coscienza in punto di morte di come si sono svolti i fatti, risponde all'avversario negandogli non solo il merito della vittoria, ma non mettendolo neppure tra coloro che gli hanno tolto la vita: Ettore è arrivato ultimo solo per spogliarlo. Poi, prima di spirare, ribadisce il suo affetto per Achille accompagnando il suo nome con un nobile epiteto che suona come una smentita alle convinzioni di Ettore, al quale profetizza la **morte per mano di Achille**.

Il congedo di Patroclo dalla vita è espresso (in versi che saranno ripetuti anche per la morte di Ettore) con la struggente immagine dello **spirito che si stacca prematuramente dalla vita** e vola nell'Ade piangendo la giovinezza e la forza perdute.

Ettore, con una sorta di autoinganno alimentato dal temporaneo successo, si illude di poter modificare il corso del destino e il gesto sprezzante di spingere il cadavere appare come un modo per allontanare l'ombra minacciosa della prossima fine.

▶ Le forme della narrazione

Nell'episodio della morte di Patroclo acquista un sorprendente risalto la **sintonia tra narratore e personaggio**. Omero abbandona l'oggettività della narrazione epica e **interviene rivolgendosi direttamente a Patroclo**, mediante il procedimento dell'**apostrofe**, con un tono dolente di paterno affetto. Questo procedimento si intreccia, qui e altrove, con un altro procedimento, che consiste nell'**anticipare la morte che incombe sul personaggio** o nel sottolineare l'errore fatale che egli sta per compiere: «*allora, Patroclo, apparve la fine della tua vita. / Gli venne incontro Febo, in mezzo alla violenta battaglia*» (vv. 787-788). In questo modo, il **senso della tragedia** che incombe sul destino degli eroi prevale sulla violenza e sulla crudeltà dei singoli eventi rappresentati.

Sempre nello stesso episodio, Omero riprende un **motivo folclorico**, diffuso nella tradizione popolare, dell'**armatura dotata di peculiarità magiche** che la rendono impenetrabile e trasmettono una forza prodigiosa a chi la indossa. Infatti, quando Ettore indossa l'armatura di Achille sottratta a Patroclo, acquista uno straordinario vigore: «*[Zeus] fece un cenno e adattò le armi al corpo di Ettore: entrò in lui il terribile / Ares e le membra gli si riempirono / di forza e di furore*» (XVII, 210-212). L'impenetrabilità sembrerebbe smentita dall'esito del duello di Ettore con Achille, nel quale Ettore indossa le armi di Achille prese a Patroclo; ma Ettore è colpito in un punto non protetto dalla corazza.

Il poeta riprende questo motivo inserendolo nel tessuto della religione olimpica (sono Zeus e Ares i dispensatori dei poteri magici) e lo cela nelle pieghe degli avvenimenti adattandolo al suo disegno narrativo. La **spogliazione** di Patroclo da parte di Apollo si spiegherebbe appunto con il fatto che l'armatura di Achille è dotata del potere magico dell'impenetrabilità; e Apollo, perciò, facilita l'uccisione di Patroclo rendendolo **vulnerabile**. Ma, con geniale perizia artistica, il poeta sa trasformare questo motivo folclorico in un **elemento carico di una forte tensione emotiva**, e fa apparire la spogliazione operata da Apollo un atto di gratuita **crudeltà**. Anche il ritmo lento con cui è descritta la scena, con una serie di proposizioni coordinate ben scandite (come in una sequenza cinematografica ripresa al rallentatore), ha l'effetto di suscitare negli ascoltatori una profonda **pietà** per l'umiliante condizione in cui il valoroso guerriero è ridotto.

A differenza di ciò che accade per Cebrione (gli Achei si impadroniscono del corpo e delle armi), Ettore si impossessa delle armi, ma non riuscirà a impadronirsi del corpo di Patroclo. L'espediente è funzionale al **progetto compositivo del poema** che prevede una conclusione centrata sui due protagonisti dell'opera: Achille ed Ettore. Se Ettore riuscisse a portare in città il corpo di Patroclo, questo in seguito diventerebbe oggetto di scambio con il suo corpo dopo la conclusione del duello con Achille e non ci sarebbero più altri sviluppi narrativi di rilievo, mentre il corpo di Ettore, di cui Achille fa prima scempio, sarà restituito dopo un commovente colloquio tra Priamo e Achille, nel corso del quale il poeta mette in luce nuovi aspetti della personalità e del carattere dell'eroe acheo.

Nel mondo di Omero

Le similitudini

Gli eroi impegnati nella guerra conducono un'esistenza al di fuori della dimensione quotidiana. Essi sembrano proiettati in un universo costituito solo dallo spazio e dal tempo della lotta e del riposo notturno: le battaglie occupano la maggior parte dell'opera. Non c'è un tempo per la festa, per i riti, per i banchetti, per le relazioni di amicizia e d'amore. Non esistono l'avvicendarsi delle stagioni con i fenomeni atmosferici. In questo universo non ci sono cittadini comuni, contadini, artigiani, marinai, mercanti che ricordino i ritmi normali dell'esistenza.
Tuttavia, le realtà che riguardano la vita di tutti i giorni sono ben presenti nella narrazione. Il poeta non le racconta direttamente, ma le fa emergere secondo una chiara strategia attraverso le similitudini, che non devono essere considerate un semplice espediente retorico per dare maggior evidenza concreta a un personaggio, a un'azione o a un fatto. Le similitudini, infatti, acquistano spesso il carattere di quadri autonomi, staccati dal termine di confronto. Esse richiamano alla mente degli ascoltatori un mondo lontano dalla guerra, che occorre rendere desiderabile anche per un uditorio ideologicamente incline ai conflitti. Il poeta, in questo modo, si stacca dal tempo eroico oggetto della sua narrazione e, attraverso la similitudine, fa balenare nel cupo scenario della strage lo spettacolo della varietà della vita di tutti i giorni in tempo di pace, con affascinanti quadri che illustrano paesaggi e fenomeni naturali, opere dell'artigianato, momenti di vita familiare, della vita agreste e dei lavori della campagna, dell'allevamento e della pastorizia.

Sulla prateria in fiore presso lo Scamandro si fermarono, erano migliaia, come le foglie e i fiori in primavera e come fitti sciami di mosche che vanno volando in una stalla nei giorni di primavera, quando il latte riempie i secchi, così, nella pianura, gli Achei dai lunghi capelli si arrestarono di fronte ai Troiani, avidi di carneficina. E come quando i guardiani di capre senza fatica dividono i numerosi greggi che si sono mescolati nel pascolo, – così i capitani da una parte e dall'altra schieravano gli uomini per la battaglia. (II, 469-477)

Come un fanciullo sulla riva del mare costruisce per gioco castelli di sabbia e per gioco poi li distrugge con le mani e coi piedi. Così tu, signore dell'arco, rovesciasti il muro che ai Danai era costato tanta pena. (XV, 362-365)

Ma Ettore, come un leone feroce assale le vacche che pascolano numerose nel prato di una grande palude – il pastore non sa lottare contro la fiera per salvare le bestie dalle corna ricurve –, e mentre con le prime e con le ultime vacche si accompagna, la belva salta nel mezzo e ne divora una, fuggono le altre atterrite; così allora gli Achei presi da spaventoso terrore fuggirono incalzati da Ettore e da Zeus padre. (XV, 630-637)

Perché piangi, Patroclo, come una bimba piccina che corre accanto alla madre e chiede di essere presa in braccio, si attacca alla sua veste e le impedisce il cammino, e piange guardandola di sotto in su, per essere sollevata da terra. (XVI, 7-10)

Si rovesciarono all'improvviso, come vespe sui sentieri, le vespe che sui sentieri hanno i nidi e che i ragazzi tormentano sempre e sempre irritano, sciocchi, preparando così male per tutti: sopraggiunge un viandante e senza volere le urta, esse con grande coraggio gli si fanno addosso per difendere i figli. Così i Mirmidoni, con uguale slancio e coraggio, si riversarono fuori dalle navi. (XVI, 259-267)

› Jacques-Louis David (1748-1825), *Il dolore di Andromaca sul cadavere di Ettore*, 1783, particolare, Parigi, Musée du Louvre.

Competenze alla prova

Comprensione

difficoltà ●○○

1. Che cosa aveva comandato Achille a Patroclo?
2. Quale parte dell'armatura di Patroclo non appartiene ad Achille e per quale motivo?
3. Che cosa succede all'elmo quando Apollo priva Patroclo dell'armatura?
4. Che cosa intende dire Ettore con l'espressione «*sarai cibo per gli avvoltoi*», del verso 836?
5. Nelle sue ultime parole, a chi Patroclo attribuisce il merito della vittoria e a chi la sua morte?
6. Chi si impadronirà dell'armatura di Achille?

Analisi

difficoltà ●●○

7. Individua le espressioni che denotano un intervento diretto del poeta nella narrazione.
8. In quali versi è anticipato il destino di Ettore?
9. Perché il poeta si sofferma sui dettagli dell'elmo che cade nella polvere?
10. Nei versi 788-795 prevale l'ipotassi o la paratassi? Qual è l'effetto del procedimento usato dal poeta?
11. Per quale motivo nella similitudine dei versi 823-828 l'aggettivo «*instancabile*» (v. 823) riferito al cinghiale nella particolare situazione dello scontro non riflette le reali condizioni di Patroclo?
12. Con quale figura retorica il poeta esprime la sua simpatia per Patroclo?
13. Quale figura retorica è costituita dall'espressione «*discendente di Eaco*» (vv. 854 e 865)?
    - ☐ Metonimia
    - ☐ Anastrofe
    - ☒ Perifrasi
    - ☐ Anafora
14. Quale figura retorica è costituita dalla frase «*Ma la mente di Zeus è sempre più forte degli uomini*» (v. 688)?
    - ☐ Iperbole
    - ☒ Metafora
    - ☐ Ipallage
    - ☐ Epifonema

Produzione

difficoltà ●●○

15. Nell'*Odissea*, Ulisse durante la sua visita al regno dei morti incontra alcuni eroi della guerra troiana. Immagina che incontri anche Patroclo, il quale gli racconta e commenta l'episodio della propria morte.

Jean-Auguste-Dominique Ingres (1780-1867), *L'apoteosi di Omero*, 1827, particolare, Parigi, Musée du Louvre.

Il pianto dei cavalli per la morte di Patroclo

Luogo:
Grecia
Anno:
VIII secolo a.C.
Tratto da:
Libro XVII, vv. 424-460
Edizione:
Einaudi, Torino

Il brano

Tutto il libro XVII è occupato dal durissimo combattimento intorno al corpo di Patroclo. I Troiani sono decisi a morire piuttosto che cedere al nemico il cadavere dell'eroe; i Greci, a loro volta, sono determinati a non lasciare il corpo del loro compagno nelle mani del nemico.

Così quelli lottavano, e un ferreo tumulto
giungeva attraverso l'etere deserto[1] al cielo di bronzo;
i cavalli di Achille, fuori della battaglia,
piangevano da quando videro il loro auriga[2]
cadere nella polvere per mano di Ettore sterminatore.
Automedonte, il forte figlio di Diore,
li batteva spesso con l'agile frusta, e li esortava
spesso con dolci parole e spesso con le minacce,
ma non volevano tornare indietro verso il vasto Ellesponto[3],
e neppure andare in battaglia in mezzo ai Greci,
ma, come resta ferma una stele sopra la tomba
di un uomo o di una donna morta, così restavano
fermi davanti al bellissimo carro, inclinando
a terra la testa, e lacrime calde cadevano
giù dalle palpebre e scorrevano a terra
per nostalgia[4] del loro auriga, e si sporcava la folta criniera,
cadendo dal collare lungo il giogo da entrambe le parti.
Li vide piangere e ne ebbe pietà il figlio di Crono[5],
e scuotendo la testa disse al suo cuore:
«Infelici, perché vi abbiamo dato all'eroe Peleo[6],
mortale, voi che siete immuni da vecchiaia e da morte?
Per avere dolore in mezzo ai poveri uomini?
Davvero niente è più infelice dell'uomo
tra tutto ciò che respira e si muove sopra la terra.
Ma su di voi e sul carro ornato Ettore
figlio di Priamo non salirà: io non lo permetto.
Non è abbastanza che abbia preso le armi e se ne vanti?
Vi ispirerò furore nelle ginocchia e nel cuore,
perché salviate Automedonte dalla battaglia
e lo riportiate alle navi: agli altri darò ancora la gloria
di uccidere, fin quando giungeranno alle navi dai begli scalmi[7]
e il sole tramonti e cali la notte sacra».
Così dicendo, ispirò ai cavalli un vigore furioso,
ed essi, scuotendo dalle criniere a terra la polvere,
portarono subito il carro veloce fra i Troiani e gli Achei.
Su di esso Automedonte, sebbene afflitto per il suo compagno,
combatteva scagliandosi con i cavalli come un avvoltoio sulle oche.

trad. it. G. Paduano

1. **l'etere deserto:** l'aria deserta. L'aggettivo greco è tradotto anche con "livido", "l'aria irrequieta". Ha anche il significato di "sterile", "infecondo".
2. **il loro auriga:** Patroclo aveva questo ruolo quando accompagnava Achille in battaglia.
3. **verso … Ellesponto:** verso l'accampamento dei Greci situato sulle rive del mare. L'Ellesponto è l'antico nome del braccio di mare di fronte ai Dardanelli.
4. **nostalgia:** il termine italiano non esprime pienamente il senso della parola greca *póthos*, che potremmo rendere con "struggente rimpianto".
5. **il figlio di Crono:** Zeus.
6. **Peleo:** i cavalli Xanto e Balio furono donati a Peleo, il padre di Achille, in occasione delle sue nozze con la dea Teti.
7. **scalmi:** sono le forcelle sulle quali vengono appoggiati i remi.

Note di lettura

▸ L'umanissimo pianto dei cavalli

L'episodio è uno splendido omaggio alla figura di Patroclo, fatto non di parole ma di **silenzio** e di **lacrime** di due creature non umane. Xanto e Balio si sono allontanati dalla terribile mischia nella quale «*Continuamente* [Achei e Troiani] *si urtavano intorno al morto* [Patroclo] / *con le lance aguzze, e si uccidevano gli uni con gli altri*» (vv. 412-413). Il fragore che arriva fin sotto a un cielo di un colore livido, che crea un quadro quasi surreale, è lasciato sullo sfondo e la scena è occupata dalla **statuaria fissità** e dal **silenzioso pianto dei cavalli** per il rimpianto del loro amato auriga. Nel tumulto selvaggio della guerra, solo questi cavalli manifestano sentimenti che gli uomini sembrano aver dimenticato.

La loro inerzia è paragonata all'**immobilità della morte**. «*La plastica similitudine compendia in una stessa immagine la quiete e la funerea dignità del monumento che ricorda il defunto ai vivi; non soggetti alla corruzione del tempo, un po' come la stele che s'intende preservi a lungo la memoria del morto, i cavalli ci appaiono davvero un monumento celebrativo della vicenda terrena di Patroclo*» (Mirto)

Le umanissime lacrime umane che sgorgano dagli occhi di Xanto e Balio sono un tributo non all'eroe che ha fatto strage di nemici, ma al **giovane «*gentile*»** ("gentile" è un epiteto non formulare riservato solo a Patroclo), vittima, al pari di quelli che ha ucciso, della logica spietata della guerra.

Zeus dall'alto osserva commosso la scena, ma non condivide con i cavalli il dolore per la morte di Patroclo. La sua commiserazione è per Xanto e Balio che, essendo stati donati ai mortali, sono destinati a soffrire come loro, pur essendo immuni dalla morte e dalla vecchiaia. L'indugio su questo dato dà un particolare significato alla considerazione sulla condizione umana: gli uomini sono i più **infelici** tra tutte le specie viventi perché **hanno la coscienza del loro destino mortale**.

▸ Forme della narrazione

Anche in questo episodio è presente un motivo tipico del folclore e della narrativa popolare degli **animali con facoltà umane**, ma con la consueta abilità il poeta elimina l'aspetto magico che desta stupore e meraviglia, e inserisce il motivo folclorico con **naturalezza** nella vicenda.

C'è ovviamente l'**effetto sorpresa** che non è dato dalla componente magica, ma dal fatto che gli ascoltatori hanno una testimonianza del tutto singolare e inaspettata delle **qualità umane di Patroclo**, il quale ha saputo anche guadagnarsi il profondo affetto di Balio e Xanto. Inoltre, il motivo folclorico nel contesto della crudele battaglia assume nuove connotazioni legate alla **contrapposizione che si crea tra animali ed esseri umani**: tra il silenzioso pianto carico di umana *pietas* e il fragore assordante di una battaglia in cui predomina una disumana ferocia.

› Gustave Moreau (1826-1898), *Elena sulle mura di Troia*, 1880, particolare, Parigi, Musée Gustave Moreau.

Nel mondo di Omero

Gli dei dell'*Iliade*

Gli dei costituiscono un mondo parallelo a quello degli uomini: sono organizzati secondo il modello di una società aristocratica che sembra riflettere quella micenea, al cui vertice c'è un re temuto e rispettato. La dimora degli dei è il monte Olimpo, dove «*il vento non soffia, non cade la pioggia, non scende la neve, un limpido cielo senza nubi s'apre, uno splendore radioso è sempre diffuso nell'aria. Là, giorno dopo giorno, vivono lieti gli dei*» (*Odissea* VI 41-46, trad. it. Ciani), sotto la paterna sovranità di Zeus, il quale però, è anch'egli sottoposto al destino (vedi a p. 84).

I membri di questa privilegiata società aristocratica hanno gli stessi vizi, le stesse virtù, le stesse passioni e gli stessi sentimenti degli uomini, ma sono liberi dalle difficoltà e dai limiti che caratterizzano l'esistenza umana: il lavoro, la fatica, le avversità della vita, l'ostilità della natura, la malattia, la vecchiaia e, soprattutto, la morte. Infatti, gli dei sono immortali. Immortali ma propriamente non eterni, perché hanno avuto una nascita, sono entrati nella dimensione del tempo e nel tempo vivono le loro storie, come gli uomini. Gli dei, però, non sono soggetti alle leggi naturali che regolano il ciclo della vita umana: giunti al culmine della parabola della vita, che è la giovinezza, la loro diventa un'esistenza senza fine. Si cibano di un nettare divino, l'ambrosia, e nelle loro vene scorre una linfa, l'*icore* che non è il sangue umano. Sono dotati di poteri inaccessibili agli uomini, che permettono loro di esercitare il dominio sul mondo.

La loro vita è un modello di perfetta felicità che escluderebbe ogni coinvolgimento in tutto ciò che potrebbe turbare questa condizione. Tuttavia, la loro vita comunitaria è spesso agitata da liti, minacce, ritorsioni. Però, se gli uomini si battono per la vita e per la morte, gli dei possono accapigliarsi senza rischi sotto lo sguardo di Zeus che ride di gioia per la loro contesa. Inoltre, non vivono separati dagli uomini: nell'epoca eroica cantata nei poemi, si recano frequentemente a banchetto con gli Etiopi e intervengono attivamente nella vita umana con le loro simpatie e antipatie. Non a caso l'azione dell'*Iliade* si svolge fondamentalmente su due piani: il cielo e la terra.

Gli dei greci partecipano anche alla guerra, ma la loro immunità dalla morte non li espone agli stessi rischi degli uomini: possono essere feriti, ma le ferite sono subito risanate.

Gli dei si uniscono con donne e uomini mortali e generano figli per la sorte dei quali soffrono, perché i loro nati non hanno il privilegio dell'immortalità, come testimoniano Teti e lo stesso Zeus, il cui figlio Sarpedonte cade per mano di Patroclo. Neppure Zeus può stornare il destino di morte dal figlio e una profonda tristezza contamina la sua beatitudine celeste. Egli può solo fare in modo che il corpo del figlio sia riportato alla sua terra: «*Va dunque, Febo – dice – sottrai Sarpedonte al tiro delle frecce, detergi il suo sangue; portalo lontano e lavalo nelle acque del fiume, ungilo con l'ambrosia, vestilo con vesti immortali: e poi affidalo ai messaggeri veloci, affidalo a Hypnos [personificazione del sonno] e a Thanatos [personificazione della morte] suo gemello, che velocemente lo porteranno nella vasta terra di Licia dove familiari e amici gli renderanno onore con la tomba e la stele: perché questo è il privilegio dei morti*» (XVI, 666-675 trad. it. Ciani).

Tuttavia, l'interesse degli dei per il mondo è ambivalente e dipende dal loro capriccio. Talvolta, assistono gli uomini e li proteggono, li guidano, stabiliscono dei rapporti personali ma mai collettivi; talaltra nella loro sede si godono da spettatori i drammi della realtà umana oppure ribadiscono la loro superiorità o la loro indifferenza per la specie umana lasciando che i mortali "vivano o muoiano secondo il loro destino".

Eppure gli uomini accettano il dominio degli dei e li sentono anche artefici delle proprie azioni: a loro fanno risalire le cause degli avvenimenti (nel proemio dell'*Iliade* il poeta si chiede quale degli dei spinse alla disputa Agamennone e Achille). Essi offrono sacrifici agli dei e ne hanno timore; ma in forza dell'antropomorfismo con cui li immaginano e del fatto che spesso si uniscono a donne o uomini mortali, non li concepiscono come potenze misteriose e inaccessibili che incutono angoscia e paure irrazionali. «*Dalla divinità è assente ogni carattere mostruoso*.

Inoltre, l'analogia con gli uomini nei pregi e nei vizi esclude che gli dei offrano insegnamenti morali agli uomini e che abbiano verità sulla natura divina da trasmettere tramite una classe sacerdotale che nella società ha una posizione di potere, come in altre concezioni della divinità presso altri popoli. Nel mondo di Omero i sacerdoti devono essere rispettati, ma sostanzialmente la loro funzione è quella di provvedere al culto del dio; prevalgono invece l'autorevolezza e il prestigio dell'aedo che, grazie all'assistenza della Musa, conosce sia la realtà del mondo degli uomini sia quella del mondo degli dei. L'aedo non solo è il depositario dei valori tradizionali sui quali gli uomini fondano la loro esistenza, egli può anche assicurare agli uomini una sorta di immortalità nel ricordo: grazie alla sua poesia, egli conserva e tramanda la memoria di tutti quelli che si sono distinti per le loro eroiche imprese.

Competenze alla prova

Comprensione

difficoltà ●○○

1. Che cosa tenta di fare Automedonte?
2. Come manifestano il loro lutto i cavalli oltre che con il pianto?
3. Nel suo monologo, Zeus
   - ☐ è addolorato per la morte di Patroclo
   - ☐ è dispiaciuto per l'infelicità umana
   - ☐ si rammarica di aver donato i cavalli a Peleo
   - ☐ è dispiaciuto di aver reso immortali i cavalli
4. Perché Zeus ridà vigore ai cavalli?

Analisi

difficoltà ●●○

5. Quale figura retorica è contenuta nel verso 455: «[finché] *il sole tramonti e cali la notte sacra*»?
6. Qual è il motivo per il quale gli uomini sono i più infelici tra tutti gli esseri che popolano la terra?
7. Quando Zeus vede Ettore che veste le armi di Achille esclama: «*Infelice, non senti nel cuore la morte / che ormai ti è vicina, e indossi le armi immortali / di un eroe di cui tutti gli altri tremano, / e gli hai ucciso il compagno valoroso e gentile, strappandogli senza riguardo le armi dal capo / e dalle spalle: adesso ti voglio concedere grande potere, / e compenso dal fatto che al tuo ritorno dalla battaglia / Andromaca non avrà le armi del figlio di Peleo*» (XVII, 201-208). Ricordiamo però che in realtà Patroclo è stato spogliato delle armi da Apollo.
   Alla luce di questo intervento che cosa rimprovera ora Zeus a Ettore e di quale colpa si macchia ai suoi occhi?

Produzione

difficoltà ●○○

8. Trasforma il monologo di Zeus in discorso indiretto libero. Ti presentiamo l'inizio.
   "Giove vide i cavalli in pianto e ne ebbe pietà..."

Giorgio de Chirico (1888-1978), *Cavalli antichi*, 1960 ca., particolare, Roma, Galleria Nazionale d'Arte Moderna.

Dal Libro XVII al Libro XVIII

Achille si avvicina al campo di battaglia e la sua presenza impedisce che il corpo di Patroclo cada nelle mani dei nemici: fermo sul fossato, lancia un urlo che terrorizza i Troiani. I compagni di Achille, nel frattempo, si occupano del corpo di Patroclo: lo lavano, lo ungono e lo ricoprono di una tunica. Per tutta la notte riecheggia il pianto disperato dei Mirmidoni. Teti, intanto, si reca da Efesto chiedendo di forgiare nuove armi per il figlio. Efesto è ben felice di aiutare la dea e si mette subito all'opera. Egli costruisce per Achille armi bellissime, tra le quali risplende un meraviglioso scudo d'oro e d'argento.

Libro XIX

All'alba Teti porta le nuove splendide armi ad Achille, che si trova accanto al corpo di Patroclo e piange disperatamente. La madre lo conforta, gli consegna le armi e gli promette che instillerà nelle narici del corpo di Patroclo nettare e ambrosia perché rimanga bello e intatto. Achille chiama a raccolta i capi achei e comunica la sua decisione di rientrare in battaglia. Agamennone cerca di giustificare il suo comportamento precedente attribuendolo alle divinità che gli hanno accecato la mente e si dichiara pronto a riparare l'offesa restituendo Briseide insieme con altri doni. Achille lo invita a non perdersi in discorsi ormai inutili e a riprendere subito la battaglia. Odisseo propone di restituire subito Briseide che, tornata alla tenda di Achille, piange la morte di Patroclo ricordando la sua dolcezza e bontà: «Patroclo, che eri tanto caro al mio cuore, vivo ti lasciai quando abbandonai questa tenda, morto ti ritrovo ora, al mio ritorno, signore di uomini. Sempre, per me, sventura si aggiunge a sventura. [....] Dicevi che mi avresti fatta sposa di Achille divino, che sulla nave mi avresti condotto a Ftia, che fra i Mirmidoni avresti celebrato le nozze. Per questo piango senza conforto, tu che eri così dolce» *(vv. 287-290, trad. it. Ciani).*
Achille indossa le nuove armi e sale sul carro condotto dai cavalli immortali Balio e Xanto. Quest'ultimo si rammarica di non aver ricondotto sano e salvo Patroclo, ma attribuisce la colpa al volere di Apollo e ricorda ad Achille che il giorno della sua morte è vicino. L'eroe si irrita: egli è ben consapevole del destino che l'attende, ma prima vuole vendicare l'amico.

Libro XX

Sull'Olimpo, Zeus vuole assistere alla battaglia senza favorire l'uno e l'altro esercito, ma concede agli altri dei di scendere in campo per aiutare i loro protetti. Zeus concede loro questa libertà perché teme che la presenza di Achille possa far cadere Troia prima del tempo stabilito dal destino.
Achille cerca Ettore, ma intanto si batte con Enea, il quale rimarrebbe senz'altro ucciso se non fosse tratto in salvo da Posidone che, pur parteggiando per gli Achei, ha pietà per il generoso e devoto eroe e teme che la sua morte induca Zeus a intervenire a favore dei Troiani. Achille, dopo il fallito tentativo di uccidere Enea, fa strage dei nemici e tra gli altri uccide Polidoro, il giovane figlio di Priamo. Ettore, di fronte all'uccisione del giovanissimo fratello, non esita ad affrontare Achille. Gli dei, però, non consentono che i due eroi si battano ora e perciò deviano la traiettoria delle aste che questi si scagliano contro. Poi Apollo avvolge Ettore nella nebbia e lo sottrae alla vista di Achille, che cerca invano di colpirlo: «Per tre volte si lanciò, Achille dai piedi veloci, con la lancia di bronzo in pugno, e per tre volte colpì la nebbia profonda. Ma quando per la quarta volta balzò simile a un dio, gridando paurosamente pronunciò queste parole: "Ancora una volta, cane, sei sfuggito alla morte; eppure di era vicina. Ti salvò Febo Apollo che certo tu invochi ogni volta che affronti il tumulto. Ma se ti incontro, anche fra molto tempo, ti ucciderò, se è vero che un dio protegge anche me. Ora però mi scaglierò sugli altri che mi vengono a tiro"» *(vv. 445-454, trad. it. Ciani).*

Libro XXI

Achille continua a seminare il terrore fra i Troiani, che cercano disperatamente di fuggire in varie direzioni. Alcuni tentano si salvarsi gettandosi nello Scamandro, ma Achille li insegue anche lì e continua la strage: le acque del fiume diventano rosse di sangue. Achille, assetato di vendetta dopo la morte di Patroclo, non conosce più il sentimento di pietà e non risparmia neppure il giovane figlio di Priamo, Licaone, sorpreso in fuga, che lo supplica di risparmiargli la vita. Il dio del fiume Scamandro manifesta la sua ira per l'incontenibile crudeltà di Achille: il corso d'acqua si gonfia enormemente e comincia a inseguire Achille che fugge, temendo di morire di morte indegna: «Come quando un uomo che irriga dei campi, da una sorgente profonda guida il corso dell'acqua per orti e frutteti e con la zappa rimuove ogni ostacolo; scorre scrosciando lungo il pendio, e precede colui che la guida, così l'onda del fiume era sempre a ridosso di Achille, benché egli fosse veloce: sono più forti gli dei, degli uomini [...]. Su Achille balzò furibondo, alto nella sua furia, ribollendo di schiuma cadaveri e sangue. Alta si levò cupa l'onda del fiume divino travolgendo il figlio di Peleo» *(vv. 257-264; 324- 327, trad. it. Ciani).*
Efesto, il dio del fuoco, sollecitato da Era, viene in soccorso di Achille. Egli suscita un prodigioso incendio e arresta le acque dello Scamandro e del Simoenta, l'altro fiume troiano chiamato dallo Scamandro per unire le loro forze contro Achille. A questo punto si scatena una battaglia nella quale sono coinvolti gli dei scesi in campo a favore dell'uno o dell'altro esercito. La lotta di Achille prosegue sempre più accanita e i Troiani si ritirano fin sotto le mura. Priamo fa aprire le porte per consentire ai fuggitivi di trovare scampo, mentre Apollo fa in modo che Achille stia lontano dalle mura inseguendo il troiano Agenore.

Il duello tra Ettore e Achille

Luogo:
Grecia
Anno:
VIII secolo a.C.
Tratto da:
Libro XXII, vv. 208-405
Edizione:
Einaudi, Torino

Il brano

Terrorizzati dalla furia travolgente di Achille, i Troiani si rifugiano in città ed Ettore rimane solo mentre Achille sta correndo rapidamente verso di lui. Il vecchio Priamo dalle mura lo vede avanzare splendido come la stella di Orione – che è presagio di morte – e supplica il figlio (che immobile davanti alle porte arde dal desiderio di battersi con Achille) di rientrare in città, per continuare a vivere e a difendere la sua patria. Per convincere Ettore, Priamo prefigura l'orrore della propria fine. Anche la madre Ecuba, mostrando al figlio il seno che lo ha allattato, lo implora con disperati accenti di rinunciare al duello.

Ettore non dà ascolto alle invocazioni dei genitori, tuttavia il suo animo è turbato: accarezza l'ipotesi di rientrare in città, ma teme il biasimo di Polidamante che egli ha aspramente rimproverato, quando gli suggeriva di attendere l'assalto dei nemici al riparo delle mura: «Se seguirete il mio consiglio – aveva detto Polidamante a Ettore e ai Troiani – per questa notte noi in assetto di guerra terremo la piazza, protetti dalla città, dalle mura e dalle alte porte con battenti solidi, lisci e ben saldi. E alle prime luci dell'alba, armati di tutto punto, ci schiereremo sui bastioni. Peggio per lui, se dalle navi vuole venire a battersi intorno alle mura; alle navi dovrà ritornare, dopo aver sfinito i cavalli dalle teste superbe a forza di correre sotto la nostra città».

Ora Ettore è conscio della propria follia, che ha condotto l'esercito alla rovina, e prova vergogna davanti ai Troiani e alle Troiane. Pensa anche a un accordo con Achille promettendogli, in cambio della sua vita, di restituire Elena e di dare agli Achei tutti i tesori della città. Ma si rende conto che Achille non accetterà mai questo scambio.

Quando vede Achille che si sta avvicinando, Ettore è preso dal terrore e si dà alla fuga, incalzato senza sosta da Achille che non riesce a raggiungerlo («*così nel sogno* – dice Omero – *non riusciamo a inseguire chi fugge. Chi fugge non riesce a fuggire, chi insegue non riesce a inseguire*») e per tre volte inseguitore e inseguito fanno il giro delle mura.

Ma quando per la quarta volta giunsero alle sorgenti[1],
allora il padre Zeus tese la bilancia d'oro,
e vi mise due sorti di morte crudele,
l'una di Achille, l'altra di Ettore, abile nel domare i cavalli:
la tenne sospesa al centro e cadde il destino di Ettore,
che andò all'Ade, e lo abbandonò Febo Apollo.
Atena, la dea dagli occhi splendenti, andò dal figlio di Peleo
e, standogli accanto, gli disse queste parole:
«Adesso ho fiducia che noi, splendido Achille
caro a Zeus, riporteremo gloria alle navi, agli occhi dei Greci,
uccidendo Ettore, per quanto insaziabile sia
di lotta. Non è più possibile che ci sfugga, neppure
se Apollo, il dio arciere, provasse di tutto,
rotolandosi ai piedi di Zeus, signore dell'egida.
Tu fermati e prendi respiro mentre io vado da lui,
e lo persuaderò a affrontarti in battaglia».
Così disse Atena, ed Achille obbedì, lieto nell'animo;

1. **le sorgenti:** erano due fonti, alimentate dall'acqua dello Scamandro, una di acqua termale e l'altra d'acqua freddissima anche in estate.

si fermò appoggiato alla lancia dalla punta di bronzo:
la dea lo lasciò e raggiunse il nobile Ettore,
prendendo l'aspetto di Deifobo e la sua voce sicura,
e, standogli accanto, gli disse queste parole:
«Mio caro, il veloce Achille ti incalza inseguendoti
coi rapidi piedi attorno alla città di Priamo;
su, restiamo fermi, resistiamo e difendiamoci!»
E a lei rispose Ettore, l'eroe dall'elmo splendente:
«Deifobo, già in passato tu eri per me il più caro
dei miei fratelli, figli di Ecuba e di Priamo;
ora anche più ti onoro nell'animo
tu che, avendomi visto, hai avuto il coraggio
di uscire dalla città; gli altri restano dentro al sicuro».
E a lui così disse Atena, la dea dagli occhi splendenti:
«Mio caro, molto mi supplicavano il padre e la nobile madre,
l'uno dopo l'altra, e tutti gli amici,
di restare là, a tal punto sono sconvolti.
Ma dentro di me il cuore era afflitto da un'aspra angoscia.
Ora combattiamo con tutto il nostro coraggio
e non risparmiamo la lancia: vediamo se Achille
ci ucciderà e porterà alle navi le nostre spoglie
cruente, o se sarà lui ucciso dalla tua lancia».
Così disse Atena, e lo guidò con malizia:
quando furono vicini, avanzando l'uno contro l'altro,
parlò per primo il grande Ettore, l'eroe dall'elmo splendente:
«Non fuggirò più, figlio di Peleo, come ora ho fatto tre volte,
attorno all'illustre città di Priamo, e non ho avuto il coraggio
di aspettare il tuo assalto. Ma ora il mio cuore mi spinge
a starti di fronte, sia vincitore o sconfitto.
Ma su, invochiamo gli dèi, che saranno
i migliori testimoni e garanti dei nostri patti.
Se Zeus mi concede che io ti resista e ti tolga la vita,
io non recherò offese orrende al tuo corpo
ma, dopo averti spogliato delle armi illustri,
ridarò ai Greci il tuo corpo: tu fa' altrettanto».
Lo guardò di traverso e gli rispose il veloce Achille:
«Ettore, non parlarmi, maledetto, di accordi;
non ci sono patti tra gli uomini ed i leoni,
non hanno cuori concordi i lupi e gli agnelli,
senza tregua sono nemici gli uni degli altri:
così tra me e te non ci può essere mai amicizia
né giuramenti, prima che uno di noi cada e sazi
di sangue Ares, il guerriero dal pesante scudo.
Pensa piuttosto a tutto il tuo valore, perché ora devi
essere combattente e coraggioso guerriero.
Non puoi sfuggirmi; qui subito Pallade Atena
ti uccide con la mia lancia; e pagherai tutti quanti
i lutti per i miei compagni, che uccidesti infuriando in battaglia».
Così disse e, dopo averla palleggiata, scagliò la lunghissima lancia,
ma lo splendido Ettore la evitò guardando avanti;
la vide in anticipo e si chinò; gli passò sopra
la lancia di bronzo e si piantò in terra; la prese Pallade Atena,

e la ridiede ad Achille[2] all'insaputa di Ettore, capo d'eserciti.
Ed Ettore parlò così al grande Achille:
«Mi hai mancato; e dunque da Zeus tu non sapevi,
Achille pari agli dèi, la mia sorte, come pure hai detto:
non sei che un furbo ed un chiacchierone, e pensavi
che per paura scordassi la mia forza e il valore.
Non mi pianterai la lancia nel dorso mentre
fuggo, piantala qui nel petto mentre ti assalgo,
se te lo concede un dio, ma frattanto tu evita
la mia lancia di bronzo. Oh, se potessi riceverla tutta
nel tuo corpo! La guerra sarebbe più leggera ai Troiani,
dopo la tua morte; per loro tu sei la peggiore sciagura».
Così disse e, dopo averla palleggiata, scagliò la lunghissima lancia,
e colpì al centro lo scudo di Achille;
non fallì, ma fu respinta dallo scudo, la lancia; s'adirò Ettore,
che inutilmente il colpo veloce gli era uscito di mano.
Rimase fermo, affranto: non aveva altre lance.
Chiamò a gran voce Deifobo, l'eroe dal bianco scudo,
e gli chiedeva una lancia, ma quello non gli era più accanto.
Allora Ettore capì nel suo cuore e così disse:
«Ahimè, certo gli dèi mi chiamano a morte:
credevo che mi fosse vicino l'eroe Deifobo,
ma è dentro le mura, e mi ha ingannato Pallade Atena.
Ora mi è accanto la morte crudele, non è lontana,
non è evitabile: da tempo questo volevano
Zeus e il figlio di Zeus, l'arciere, che prima benignamente
mi proteggevano, e adesso il destino m'ha colto.
Ma non voglio morire senza lotta né senza gloria,
bensì facendo qualcosa di grande, che anche i posteri ricorderanno».
Dette queste parole, sguainò la spada acuta
che gli pendeva al fianco, grande, robusta;
si raccolse e attaccò, come l'aquila alta nel cielo,
che piomba sulla pianura attraverso le nuvole oscure
per prendere qualche agnello tenero, o qualche timida lepre:
così Ettore si scagliò, agitando la spada acuta.
E anche Achille si mosse, l'animo pieno di furia
selvaggia: aveva il petto coperto dal bellissimo scudo,
ben lavorato, e muoveva l'elmo splendente
con quattro cimieri; ondeggiava la bella criniera dorata
che Efesto[3] aveva messo, folta, attorno al cimiero.
Come nella notte s'avanza fra le altre stelle
la stella di Espero, la più bella nel cielo,
così risplendeva dalla punta acuta la lancia che Achille
brandiva nella destra, meditando la morte di Ettore,
e guardando il bel corpo, dove meglio avrebbe ceduto.
Era tutto coperto dalle armi di bronzo,
le bellissime armi che, uccidendolo, aveva tolto a Patroclo,
tranne che si vedeva il punto dove la clavicola divide il collo
dalle spalle, la gola, il punto dove la morte è più rapida.
Là, mentre attaccava, lo colpì con la lancia il nobile Achille,
e la punta gli attraversò, il collo morbido,
ma l' asta pesante di bronzo non gli recise

2. **la ridiede ad Achille:** troviamo il motivo folclorico dell'arma magica che torna a chi l'ha lanciata.
3. **Efesto:** il dio che ha forgiato le armi di Achille.

la trachea, così che poteva parlare e rispondere; cadde riverso
nella polvere e su di lui si vantò il nobile Achille:
«Ettore, tu credevi, quando spogliasti Patroclo, d'essere
al sicuro e non contavi per niente me che ero lontano;
sciocco! Lontano, ma difensore molto più forte,
restavo indietro io accanto alle navi,
io che ti ho tolto la vita; cani ed uccelli
ti sbraneranno orrendamente, lui lo seppelliranno gli Achei».
Gli rispose, senza più forze, Ettore, l'eroe dall'elmo splendente:
«Per la tua vita, per i tuoi ginocchi[4], per i genitori ti supplico:
non lasciare che mi divorino i cani presso le navi dei Greci,
ma accetta in abbondanza oro e bronzo,
il riscatto che ti daranno mio padre e la mia nobile madre,
e restituisci il mio corpo a casa, perché i Troiani e le spose
troiane mi concedano l'onore del rogo».
Lo guardò di traverso e gli rispose il veloce Achille:
«Cane, non mi pregare per i miei ginocchi né per i genitori;
vorrei che mi bastasse l'animo ed il furore
a tagliare il tuo corpo e a mangiarlo crudo, per quello che m'hai fatto,
com'è vero che nessuno allontanerà i cani dalla tua testa,
neanche se mi portassero un riscatto di dieci o venti
volte più grande e ne promettessero ancora,
neanche se Priamo discendente di Dardano[5] ti ripagasse
a peso d'oro; neanche così la tua nobile madre,
che ti ha partorito ti metterà sopra un letto funebre
e ti piangerà: ti sbraneranno tutto i cani e gli uccelli».

4. ginocchi: il supplice abbracciava le ginocchia della persona alla quale si rivolgeva.

5. Dardano: figlio di Zeus e della figlia di Atlante, Elettra. Costruì la cittadella di Troia e regnò sulla Troade.

Pierre Puvis de Chavannes (1824-1898), *Bellum*, 1861, particolare, Amiens, Musée de Picardie.

Morendo gli disse Ettore, l'eroe dall'elmo splendente:
«Ti conosco bene e lo prevedevo
che non ti avrei persuaso; hai un cuore di ferro nel petto.
Bada però che io non ti provochi l'ira
degli dèi, il giorno che Paride e Febo Apollo
t'uccideranno alle porte Scee, per quanto tu sia valoroso».
Mentre così diceva, la morte lo avvolse,
l'anima lasciò le membra e volò nell'Ade,
piangendo il suo destino, lasciando la forza e la giovinezza[6].
E a lui già morto rispose il nobile Achille:
«Muori; la mia morte l'accetterò quando
vorrà compierla Zeus e gli altri immortali».
Così disse, ed estrasse dal corpo la lancia di bronzo,
la mise da parte e dalle spalle gli tolse
le armi sanguinose; accorrevano i figli dei Greci
a vedere il corpo, il bellissimo aspetto di Ettore,
e nessuno accostandosi rinunciava a colpirlo,
e qualcuno guardandolo diceva al vicino:
«Certo adesso a toccarlo è molto più morbido Ettore,
di quando appiccava il fuoco ardente alle navi».
Così diceva ciascuno, e lo colpiva accostandosi.
Dopo averlo spogliato, il nobile, veloce Achille,
stando in mezzo agli Achei, disse queste parole:
«Amici miei, capi e guide dei Greci,
poiché gli dèi mi hanno concesso di vincere l'uomo
che ci ha fatto più male da solo di tutti gli altri,
giriamo insieme armati a esplorare le mura,
per capire qual è la mente dei Troiani, se vogliono
abbandonare la rocca dopo la morte di Ettore,
oppure anche senza di lui ostinarsi a resistere.
Ma che cosa mai mi va dicendo il mio cuore?
Giace cadavere presso alle navi, ancora privo di tomba e di pianto,
Patroclo, ed io di lui non mi scorderò mai, fino a quando
sarò tra i vivi e le mie ginocchia si muovono;
e se nell'Ade si scordano i morti, anche là
io sempre mi ricorderò del caro compagno.
Su, giovani Achei: cantando il peana[7], torniamo
alle nostre navi e portiamo quest'uomo;
abbiamo avuto una grande gloria, uccidendo il nobile Ettore,
che i Troiani nella città pregavano al pari di un dio».
Così disse, e meditava oltraggi orrendi per il nobile Ettore:
gli forò di dietro i tendini di tutti e due i piedi,
tra il calcagno e il malleolo[8], e passò due cinghie di cuoio,
e lo legò al carro, lasciando trascinare la testa,
e, salito sul carro, caricandovi le armi bellissime,
frustò i cavalli perché partissero, e quelli volentieri volavano.
Dal corpo trascinato si levò una nube di polvere,
si scompigliarono i capelli scuri nella polvere
giaceva la testa, bellissima un tempo, ma allora Zeus
concesse ai nemici di offenderlo nella sua patria.
Così la testa si riempiva di polvere.

trad. it. G. Paduano

6. **Mentre … giovinezza:** Omero riprende alla lettera i versi usati per la morte di Patroclo (XVI, 855-857). Si tratta, significativamente, di espressioni non formulari per descrivere la morte riservate solo a Patroclo e a Ettore. Nel poema solo per loro la *psýche*, lo spirito vitale, «*aleggia lamentandosi funebremente all'Ade*».
7. **peana:** è il canto della vittoria.
8. **malleolo:** la sporgenza ossea laterale in corrispondenza della caviglia.

Note di lettura

▸ L'intervento divino: solitudine e disillusione di Ettore

Con un atto solenne che sottolinea la **centralità dell'evento nel poema**, Zeus pesa sulla bilancia d'oro i destini dei due eroi, Ettore e Achille. E il piatto che si abbassa verso l'Ade è un'efficace rappresentazione simbolica dell'irrevocabilità della morte di Ettore nel duello. Il responso ha un immediato **effetto sul comportamento degli dei** coinvolti nella guerra: Atena può senza più ostacoli assistere Achille, mentre Apollo si dilegua, prendendo senz'altro atto che per Ettore non c'è più possibilità di contare su interventi divini.
Ettore è abbandonato a se stesso in una solitudine drammatica della quale non è ancora consapevole perché è anche vittima di un crudele inganno di Atena, che gli dà l'illusione di poter sopraffare l'avversario.
Infatti, Atena, sotto le spoglie di Deifobo, infonde fiducia a Ettore che ringrazia il "fratello" per la generosità dimostrata nello stargli vicino. Astutamente, però, la dea non assicura a Ettore la vittoria, come invece ha fatto con Achille: "Deifobo", infatti, è un mortale che non può avere le certezze di una divinità. Ettore, da parte sua, non ha maturato da lungo tempo, come Achille, la scelta di una morte precoce e gloriosa; anzi non ha cessato di nutrire l'**illusione che il corso degli eventi sia per lui diverso da quello delle premonizioni, come dice ad Andromaca e a Patroclo morente**. Ora, dopo aver schivato la lancia di Achille, nutre un'illusione più viva, tanto che ha parole di scherno per l'avversario, lo apostrofa da pari a pari e auspica di poter finalmente liberare i Troiani da un incubo.
La **scomparsa di Deifobo** è il momento della verità e del disinganno: il fratello non è mai stato al suo fianco ed egli è solo alla mercé di Achille. Ora Ettore non pensa a un nuovo tentativo di fuga perché ha acquisito la lucidità di intendere che **non ha più alternative**. Non ha neppure parole di recriminazione per l'inganno di Atena, dimostrando di essere **rassegnato** alla realtà del dominio degli dei sul mondo, e va incontro impavido al suo destino; e la volontà di accettarlo con coraggio lo accomuna ora ad Achille. Egli trova un risarcimento al tragico epilogo della sua vita nella consapevolezza che **il suo gesto eroico sarà ricordato presso i posteri**.

▸ Achille: la ferocia barbarica

Achille, rifiutando la proposta di accordo avanzata da Ettore, risponde che «*non ci sono patti tra gli uomini ed i leoni, / non hanno cuori concordi i lupi e gli agnelli*» (vv. 262-263).
Soprattutto il parallelismo tra Achille/leone ed Ettore/uomo pone in primo piano la **distanza incolmabile che separa i due**: Achille sembra che voglia rinnegare la comune appartenenza al genere umano, assimilando la violenza istintiva e la ferocia delle specie animali più aggressive. Egli porta agli estremi un aspetto della sua indole che si distingue per un'**impulsività** e una spiccata **passionalità** che in questo caso sfociano nella **barbarie**. Egli lo dimostra non tanto nel negare a Ettore il riscatto per abbandonarlo a cani e uccelli: anche Ettore voleva dare il corpo di Patroclo agli avvoltoi e, dopo che gli era stato sottratto, lo cercava per realizzare questo intento.
Achille manifesta una ferocia barbarica promettendo non solo di fare scempio del corpo di Ettore, ma manifestando il raccapricciante desiderio di **annientare ogni traccia della dignità e dell'umanità di Ettore** sostituendosi agli animali. Niente in questo atteggiamento sembra poter scalfire la determinazione con cui si accanisce contro Ettore. Ma egli poi sarà capace di superare questa discesa nei recessi più oscuri della natura umana che gli ha fatto dimenticare ogni principio di civiltà e **recupererà la sua umanità** quando, indotto dall'indignazione degli dei e impietosito di fronte alla dolente figura di Priamo, acconsentirà di restituire ai Troiani il corpo di Ettore.

▸ Achille, Ettore e Patroclo: un comune destino

Il poeta aveva espresso la sua commossa partecipazione alla sorte di Patroclo con le toccanti parole con cui ne aveva descritto la morte prematura. Ora ripete le stesse identiche parole per la morte di Ettore, stabilendo così uno **stretto legame tra i due eroi** vittime di un crudele destino. Del loro destino è partecipe anche Achille per il quale, dopo l'uccisione di Ettore, è imminente la morte: tutti e tre muoiono indossando **armi divine che sembrano però portare un destino di morte**.

Alcuni dati, però, rivelano in modo più o meno esplicito un **collegamento più saldo tra Achille ed Ettore**. Anzitutto ambedue sono stati **pianti prima ancora della morte**: Ettore da Andromaca con le ancelle della casa; Achille dalla madre Teti con le Nereidi, e ambedue hanno affermato di fronte a due personaggi femminili la loro decisione di andare a combattere nonostante le prospettive che la loro scelta comportava, anche se Ettore, come si è visto, non ha rinunciato del tutto alla speranza di un diverso corso del destino.

Inoltre, la modalità del duello tra Achille ed Ettore assume un **valore simbolico** che conferma il collegamento profondo che si stabilisce tra i due personaggi. Achille ha di fronte a sé un avversario che indossa le armi che gli appartengono e che in qualche modo sono il riflesso della sua personalità; è come se dentro quelle armi ci fosse lui. Proprio per questo motivo l'accanimento contro l'avversario appare rivolto contro se stesso: coerentemente con quanto aveva già detto alla madre (di non voler più vivere), **Achille vuole inconsciamente accelerare il suo fatale appuntamento con la morte** andandole incontro insieme al nemico che, uccidendo Patroclo, gli ha tolto la volontà di vivere.

All'appuntamento con lo stesso destino arrivano però da **vie diverse**. Achille è venuto a Troia per coprirsi di gloria, ma poi con la morte di Patroclo la sua scala di valori è stata sovvertita ed egli entra in battaglia al solo scopo di vendicare l'amico. Ettore è il difensore della città, da lui dipendono le sorti dei Troiani, ma in lui prevale il culto dell'onore che segnerà non solo la sua fine ma anche quella della città.

▶ Le forme della narrazione

Il ritorno di Achille sul campo di battaglia costituisce l'inizio della **parabola conclusiva della storia** al cui culmine (*spannung*) c'è lo scontro decisivo con Ettore che non viene narrato subito perché Omero preferisce ritardare l'azione. A questa dilatazione temporale corrisponde una **marcata dilatazione dello spazio** che contribuisce ad accentuare la drammaticità dello scontro tra i due eroi. Il poeta, infatti, allestisce una **grandiosa scenografia**: dalla vetta dell'Olimpo Zeus, dopo aver convocato gli dei e aver loro concesso di partecipare alla battaglia dando il loro aiuto a Troiani e Achei secondo le loro preferenze, assiste alle lotte che si sono scatenate nella vasta piana, mentre sulle mura della città si trovano, in grande apprensione, Priamo, Ecuba e i famigliari di Ettore, tranne Andromaca che è rimasta nella sua casa e intuirà la tragedia udendo le grida levate dai Troiani.

Nel mondo di Omero

L'ideale eroico della bella morte

Le parole pronunciate da Ettore prima di andare incontro alla morte: «*Ma non voglio morire senza lotta né senza gloria, / bensì facendo qualcosa di grande, che anche i posteri ricorderanno*» (vv. 304-305) illustrano molto bene un aspetto del codice eroico che non si esaurisce nell'affermazione della *timé* e dell'autorevolezza dell'eroe nella collettività. L'ideale eroico ha un valore che va oltre la vita e costituisce per i Greci (o, meglio, per un ristretto ceto privilegiato) il modo di dare una risposta al problema del declino inesorabile delle forze, dell'invecchiamento e della fatalità della morte.

La morte appare ai Greci come uno sprofondare nella notte e nel nulla. L'Ade in cui vola il soffio vitale è popolato da pallide ombre immemori dell'esistenza terrena. Una morte gloriosa, il cui ricordo possa rimanere presso i posteri, consente di sottrarsi all'oblio nel quale si cade lasciando la vita. E il mezzo che assicura la sopravvivenza nel ricordo è il canto epico. In questo senso esistono un parallelo e una sorta di continuità tra il rituale delle esequie e il canto epico. Ma, mentre con il rito funebre la memoria dell'eroe rimane all'interno del gruppo sociale al quale appartiene, grazie alla poesia la figura dell'eroe rimane viva e si diffonde tra gli uomini oltre gli angusti confini entro i quali si è conclusa la sua vicenda umana: «*Con le sue imprese, con la sua vita breve, con il suo destino eroico il morto incarna dei "valori" condivisi: bellezza giovinezza, e virilità*» (Vernant). Valori che il poeta celebra nella sua opera e tramanda di generazione in generazione.

Competenze alla prova

Comprensione

difficoltà ●○○

1. L'atto di Zeus di pesare i destini rivela che
   - ☐ il re degli dei non ha nessun potere sugli uomini
   - ☐ Zeus appare come amministratore di un destino superiore
   - ☐ in ogni caso Zeus è il dominatore assoluto e l'atto del pesare è un semplice espediente narrativo

2. Perché Apollo abbandona Ettore? ×K IL DESTINO DI ETTORE È SEGNATO

3. Indica se le seguenti affermazioni sono vere o false.

	V	F
a. Il responso della bilancia non può essere modificato da Zeus	☐	☐
b. Atena assume le fattezze di Deifobo e assicura a Ettore la vittoria su Achille	☐	☐
c. Dopo che il falso Deifobo è scomparso Ettore spera ancora di poter sconfiggere Achille	☐	☐

4. Con quale similitudine è descritto il fulgore delle punta della lancia che Achille palleggia?

5. Che cosa induce Achille ad abbandonare l'idea di un assalto finale alla città dopo l'uccisione di Ettore?

Analisi

difficoltà ●●○

6. Nelle parole di Ettore (vv. 233-237) quale osservazione suona come un velato rimprovero ai Troiani?

7. Quale tra le due immagini scelte da Achille per rifiutare la proposta di Ettore di stringere un patto mette in luce la radicale incompatibilità tra i due?

8. Achille dice a Ettore «*pagherai tutti quanti / i lutti per i miei compagni, che uccidesti infuriando in battaglia*» (vv. 271-272). Quale fatto Achille trascura in questa affermazione?

9. Perché Achille cerca di colpire Ettore in una parte del corpo non coperta dall'armatura?

10. Quale differenza c'è tra la proposta fatta da Ettore ad Achille sulla sorte del corpo del vinto e la supplica di Ettore ferito a morte?

Produzione

difficoltà ●●●

11. Suddividi in sequenze i versi 208-369 dando a ciascuna sequenza un titolo; poi analizza la descrizione della morte di Patroclo e scrivi un testo di circa 15 righe in cui metti in luce le analogie e le differenze.

Dal Libro XXII al Libro XXIII

Achille propone agli Achei di sfruttare l'occasione propizia per dare l'assalto definitivo alla città, ma poi cambia improvvisamente idea: il cadavere di Patroclo – dice – giace ancora insepolto presso le navi ed è necessario subito provvedere al rito funebre. Invita quindi gli Achei a tornare al campo cantando il peana (l'inno della vittoria). Poi sfoga ancora il suo odio sul corpo del vinto: perfora i tendini del tallone di Ettore e vi passa delle cinghie con le quali lega il cadavere dietro il carro per trascinarlo nella polvere fino al campo Acheo.

Priamo, Ecuba e tutti i Troiani che assistono dall'alto a questo spettacolo sono sconvolti dal dolore. La notizia della morte di Ettore giunge anche ad Andromaca, che accorre disperata alle mura: «si slanciò dalle sue stanze come una pazza, il cuore in tumulto: le ancelle la seguivano. Quando giunse alla torre in mezzo alla folla si arrestò sulle mura guardando intorno. e lo vide, trascinato davanti alla città. I cavalli veloci lo portavano, indegnamente, verso le concave navi dei Danai. Una notte cupa scese sui suoi occhi, cadde all'indietro priva di sensi» *(vv. 460-467 trad. Ciani). Quando si riprende, Andromaca prorompe in uno straziante lamento sull'infelice destino che attende il figlioletto Astianatte, ormai privo della protezione paterna.*

Nel campo acheo Achille invita i Mirmidoni a rendere omaggio a Patroclo e si riprende il compianto funebre. Nella notte, Achille, mentre dorme in riva al mare, vede in sogno Patroclo che gli rivolge una preghiera accorata: «Tu dormi, e di me ti sei dimenticato, Achille. Non mi trascuravi da vivo, non ti curi di me ora che sono morto. Dammi sepoltura al più presto, che io possa passare le porte dell'Ade; mi tengono lontano le ombre, i fantasmi dei morti, non lasciano che passi il fiume e a loro mi unisca; e io vado errando per la dimora di Ade dalle ampie porte. Dammi la tua mano, ora, lasciami piangere; mai più ritornerò dall'Ade, dopo che mi avrete dato alle fiamme, mai più nella vita, lontano dagli altri compagni ci scambieremo consigli, mi ha inghiottito la morte odiosa che ebbi in sorte fin dalla nascita. Anche per te è destino, Achille pari agli dei, morire sotto le mura della ricchissima Troia» *(vv. 69-81, trad. it. Ciani). Patroclo chiede che le sue ossa siano messe nell'urna d'oro donata da Teti al figlio, accanto a quelle dell'amico. Achille promette di esaudire il desiderio di Patroclo e cerca invano di abbracciarne l'ombra, ma questa svanisce come fumo.*

All'alba del nuovo giorno viene preparato il rogo. Il mattino seguente si raccolgono le ceneri nell'urna e si prepara la tomba che dovrà accoglierla. Concluso il rito, si organizzano i giochi funebri che prevedono diverse gare. L'ultima gara è quella del lancio dell'asta per la quale Achille offre il premio ad Agamennone senza farlo gareggiare, riconoscendo così la sua indiscussa superiorità.

Libro XXIV

Dopo i giochi gli Achei si riposano, ma Achille non riesce a dormire: pensa all'amico Patroclo e piange. Insonne e furioso infierisce sul cadavere di Ettore, che trascina ogni mattina per tre volte intorno alla tomba di Patroclo facendone orrendo strazio. Ma Apollo veglia sull'eroe troiano e mantiene intatto e fresco il suo corpo.

Tutti gli dei hanno pietà per Ettore, tranne Era, Atena e Posidone. Dopo dodici giorni dalla morte di Ettore, Apollo nel concilio degli dei accusa Achille di disumanità, in aperto contrasto con Era che continua a proteggerlo. Anche Zeus è indignato per il comportamento di Achille, ma decide di non intervenire direttamente. Invia Iris da Teti, che dovrà convincere il figlio a restituire il corpo di Ettore ai Troiani. Zeus poi manda Iris da Priamo per suggerirgli di recarsi da Achille con un ricco riscatto e di chiedergli la restituzione del corpo del figlio. Priamo accoglie con gioia l'invito: vince le resistenze di Ecuba, che teme per la sua sorte, e, caricato un carro con una grande quantità di oro e di oggetti preziosi, si mette in cammino accompagnato solo dall'araldo Ideo.

Pierre-Narcisse Guérin (1774-1833), bozzetto per *La morte di Priamo* o *L'ultima notte di Troia*, 1822 ca., Angers, Musée des Beaux-Arts.

L'incontro tra Priamo e Achille

Luogo:
Grecia
Anno:
VIII secolo a.C.
Tratto da:
Libro XXIV, vv. 437-590
Edizione:
Einaudi, Torino

Il brano

Quando calano le tenebre Priamo e l'araldo Ideo arrestano i loro veicoli lungo le sponde del fiume. All'improvviso l'araldo scopre a breve distanza la figura di Ermes, che ha assunto le sembianze di un giovane, e allarmato suggerisce a Priamo di decidere se fuggire o andargli incontro come supplici. Ermes prende la mano di Priamo paralizzato dalla paura e lo rassicura, rivolgendosi al lui come a un figlio. Gli chiede dove si dirige nel cuore della notte e come mai non tema l'ostilità dei Greci. Poi si offre come aiuto contro i pericoli cui il sovrano e Ideo vanno incontro. Priamo, che ancora non ha capito che sotto le spoglie del giovane si cela una divinità, è stupito di questa proposta, ma accetta esprimendo la sua gratitudine al giovane che si mostra incuriosito dei motivi di quel viaggio notturno. Quando Priamo gli dice che va a riscattare Ettore, Ermes gli rivela di essere uno scudiero di Achille, che è uscito in perlustrazione della piana perché i Greci sono desiderosi di attaccare battaglia l'indomani. Priamo chiede se il corpo di Ettore è ancora presso le navi o è stato abbandonato ai cani. Il giovane gli risponde che il corpo di Ettore è prodigiosamente intatto nonostante che Achille lo trascini ogni mattina intorno al sepolcro di Patroclo. Priamo offre una coppa perché il giovane lo guidi da Achille, ma questi la rifiuta cortesemente perché non vuole accettare doni di nascosto da Achille; tuttavia assicura la sua assistenza.

«[...] Ti farei da guida anche fino alla nobile Argo[1],
scortandoti con ogni cura, a piedi o su una nave,
e nessuno potrà disprezzare la tua guida e assalirti».
Così disse il dio benefico[2], e salì con un balzo sul carro;
rapidamente afferrò la frusta e le redini,
e ispirò vigore ai cavalli ed ai muli.
Quando arrivarono al muro ed al fossato,
davanti alle navi, da poco le guardie stavano preparando la cena,
ma il messaggero uccisore di Argo[3] versò su loro tutti
il sonno, e subito aprì le porte togliendo i chiavistelli[4],
e introdusse Priamo e gli splendidi doni sul carro.
Quando furono arrivati alla tenda[5] del figlio di Peleo,
alta, che i Mirmidoni avevano costruito al loro sovrano,
tagliando travi di abete, e sopra vi misero
un tetto di canne frondose tagliate da una palude,
e intorno avevano fatto per il loro sovrano un grande
cortile, con fitti pali una sola sbarra d'abete
chiudeva la porta, e tre Achei la mettevano
e tre la toglievano, la grande sbarra;
tre degli altri, Achille la metteva da solo.
Ermes benigno aprì la porta al vecchio,
introdusse i doni per il rapido figlio di Peleo,
poi scese a terra dal carro e disse:
«Vecchio, io sono un dio immortale, sono Ermes,

1. **Argo:** è la Argo pelasgica, in Tessaglia, la patria di Achille.
2. **il dio benefico:** si tratta di Ermes.
3. **uccisore di Argo:** l'epiteto si riferisce a un'impresa di Ermes che ha ucciso il mostro Argo.
4. **chiavistelli:** sono le sbarre incrociate che rinserrano da dentro le alte porte del muro. Sono descritti da Omero nel libro XII, dove Ettore riesce a mandarli a pezzi solo scagliando contro la porta un enorme macigno.
5. **tenda:** in realtà la dimora di Achille è una solida costruzione con più ambienti.

e mio padre mi ha mandato da te come guida.
Tornerò indietro, non mi farò vedere da Achille,
perché è criticabile che i mortali si intrattengano
così apertamente con un dio immortale, però tu entra
e abbraccia le ginocchia del figlio di Peleo:
pregalo per suo padre, per sua madre dai bei capelli
e per il figlio[6]: in questo modo commuoverai il suo animo».
Così detto, Ermes ritornò all'altissimo Olimpo,
e Priamo dal carro saltò a terra lasciando
sul posto Ideo, che rimase a custodire
i muli e i cavalli[7]; il vecchio andò dritto alla tenda,
dove sedeva Achille, caro a Zeus, e lo trovò dentro;
i suoi compagni stavano in disparte; due soli,
l'eroe Automedonte e Alcimo[8] discendente di Ares,
si occupavano di lui, che aveva appena finito
di mangiare e di bere: era ancora apparecchiata la tavola.
Il grande Priamo entrò senz'essere visto, e si fece accanto
ad Achille e gli prese i ginocchi, e gli baciò le mani terribili[9],
sterminatrici, che tanti figli gli avevano ucciso.
Come quando una grave colpa ha costretto un uomo
che in patria ha ucciso qualcuno, ad andare in terra straniera,
nella casa di un uomo ricco, e lo stupore prende i presenti,
così stupì Achille a vedere Priamo pari agli dèi,
e stupirono anche gli altri, scambiandosi occhiate.
Ma, supplicando, Priamo disse queste parole:
«Ricordati di tuo padre, Achille pari agli dèi,
che ha la mia età; sull'odiosa soglia della vecchiaia,

Pierre Puvis de Chavannes (1824-1898), *Concordia*, 1861, particolare, Amiens, Musée de Picardie.

6. **il figlio:** Neottolemo, figlio di Achille di Deidamia, figlia del re Licomede, re di Sciro. È conosciuto anche con il nome di Pirro, dal soprannome di Pirra dato ad Achille quando, per evitare che partecipasse alla spedizione, Teti l'aveva mandato da Licomede dove era nascosto nell'harem del re vestito da donna.
7. **muli e cavalli:** i cavalli trainano il carro sul quale viaggiano Priamo e Ideo, i muli invece il carro con i doni per il riscatto del corpo di Ettore.
8. **Automedonte e Alcimo:** Automedonte, l'auriga di Achille, ha preso il posto di Patroclo come scudiero insieme ad Alcimo, un compagno di Achille.
9. **baciò le mani terribili:** nel rituale della supplica, il supplice, prostrato ai piedi della persona supplicata, ne abbracciava le ginocchia con la mano sinistra, mentre protendeva la destra fino a toccarne il mento. Priamo non tocca il mento di Achille, ma bacia le sue mani, un gesto che in altri contesti è segnale «*di affetto e devozione tra familiari o reciprocamente, tra padroni e servi*» (Mirto).

e forse gli stanno addosso le popolazioni vicine e lo tormentano,
perché non c'è nessuno a difenderlo dalla sciagura.
Ma almeno lui può gioire nell'animo,
sapendo che tu sei vivo, e tutti i giorni sperare
di rivedere suo figlio di ritorno da Troia.
Io sono infelicissimo, ho dato la vita a nobili figli
nella vasta Troia, e non mi è rimasto nessuno.
Erano cinquanta, quando giunsero i figli dei Greci;
di questi, diciannove nacquero da un solo ventre[10],
gli altri li partorirono altre donne nella mia casa.
Alla più parte il violento Ares[11] ha tolto la vita:
quello che per me era il solo, che difendeva la città e la sua gente,
ora me l'hai ucciso mentre lottava per la sua patria,
Ettore. Per lui vengo alle navi dei Greci,
a riscattarlo da te, e porto un immenso riscatto.
Abbi rispetto verso gli dèi, Achille, e compassione di me,
pensando a tuo padre. Io merito pietà maggiore,
io che ho osato quello che non ha osato nessun mortale,
portare alla bocca le mani dell'uomo che ha ucciso mio figlio».
Così disse, e suscitò nell'altro il desiderio di pianto
per suo padre. Prese la mano del vecchio e la scostò dolcemente:
entrambi ricordavano l'uno Ettore sterminatore,
e piangeva fitto, rannicchiato ai piedi di Achille;
Achille piangeva quando suo padre e quando Patroclo,
il loro pianto si levava attraverso le stanze.
Ma quando ebbe goduto del pianto il nobile Achille,
e il desiderio di pianto lasciò il suo cuore e le sue membra,
si levò dal suo seggio e rialzò il vecchio,
preso da pietà per la testa e il mento canuto;
poi si rivolse a lui con queste parole:
«Infelice, quante sciagure hai sopportato nell'animo!
Come hai osato venire solo alle navi dei Greci
e alla presenza dell'uomo che ti ha privato
di tanti nobili figli? Hai un cuore di ferro.
Ma su, siedi su questo seggio e, per quanto afflitti,
lasciamo che nel nostro cuore l'angoscia abbia riposo,
perché niente si ricava dal pianto che agghiaccia.
Questo destino hanno dato gli dèi ai mortali infelici:
vivere afflitti, ma loro sono immuni da pena.
Ci sono due vasi nella sala di Zeus, e l'uno contiene
i mali che distribuisce agli uomini, e l'altro i beni:
a chi li dà mescolati Zeus fulminante,
quando si trova nel bene e quando nel male;
ma a chi dà solo dei mali, ne fa un disgraziato,
una fame maligna lo spinge attraverso la terra,
e vaga disprezzato dagli uomini e dagli dèi.
A Peleo gli dèi hanno dato splendidi doni:
dalla nascita si distingueva fra tutti gli uomini
per prosperità e per ricchezza, regnava sopra i Mirmidoni,
e a lui che era mortale diedero in moglie una dea.
Ma il dio gli diede anche un male nella sua casa:
non ha prole di figli che regneranno dopo di lui,

10. **da un solo ventre:** sono nati da Ecuba. Da queste prole di Priamo emerge il quadro di una società poligamica. Priamo ha molte mogli, ma Ecuba occupa un posto privilegiato.
11. **Ares:** è il dio della guerra.

ha generato un figlio solo, che avrà presto morte, e mentre invecchia,
non posso prendermi cura di lui, perché sto lontano
dalla mia patria, a Troia, tormentando te e i tuoi figli.
Anche di te, vecchio, so che prima eri felice:
in tutto il paese che sta tra Lesbo, sede di Macare[12],
e la Frigia e l'Ellesponto infinito, dicono, vecchio,
che tu ti distinguessi per le ricchezze e per i figli.
Ma da quando gli dèi del cielo ti hanno portato il dolore,
sempre intorno alla tua città ci sono battaglie e uccisioni.
Sopporta, non piangere senza tregua nel cuore:
dalla pena per tuo figlio non otterrai niente;
non lo risusciterai; piuttosto patirai tu prima qualche altra sciagura».
E a lui così rispose il vecchio Priamo, pari agli dèi:
«Non mi fare sedere, divino Achille, intanto che Ettore
sta nella tua tenda, senza che se ne curi nessuno;
liberalo presto, che possa vederlo, e accetta il riscatto
che ti ho portato ti auguro di goderlo e di ritornare
alla tua patria, perché sin dal primo istante tu mi hai lasciato
vivere ancora e vedere luce del sole».
Lo guardò di traverso e gli rispose il veloce Achille:
«Ora non m'irritare, vecchio; sì, sono io
che intendo ridarti Ettore; ho avuto da Zeus una
messaggera, mia madre, la figlia del vecchio del mare.
E anche te, lo so bene, Priamo, non puoi nasconderlo,
qualcuno degli dèi ti ha guidato alle navi dei Greci:
non oserebbe venire un mortale, neppure florido di giovinezza,
al nostro esercito, e non sfuggirebbe alla guardia, e non toglierebbe
con tanta facilità la sbarra dalla mia porta,
Dunque, non provocare più il mio animo in mezzo al dolore:
vecchio, potrei non risparmiarti nella mia tenda,
benché tu sia supplice, e violare i comandi di Zeus».
Così disse, e il vecchio ebbe paura e ubbidì alla parola.
Il figlio di Peleo balzò fuori della porta come un leone;
non solo, due scudieri gli tenevano dietro,
l'eroe Automedonte e Alcimo, che più di tutti
Achille onorava tra i suoi compagni dopo la morte di Patroclo.
Sciolsero dal giogo i cavalli e i muli,
e fecero entrare dentro l'araldo del vecchio,
lo fecero sedere e dal carro levigato presero
il grande riscatto per la persona di Ettore; però lasciarono
due drappi di lino e una tunica ben lavorata,
per rivestire il morto e riportarlo alla sua casa.
Chiamò le serve per lavare il cadavere
e ungerlo, ma in disparte, che Priamo non vedesse suo figlio
e, sconvolto nel cuore, non riuscisse a trattenere la collera
vedendo suo figlio, e in Achille si destasse l'ira a sua volta
e non lo uccidesse, e violasse i comandi di Zeus.
Dopo che le serve l'ebbero lavato ed unto,
lo avvolsero nel manto e nella splendida tunica,
e Achille stesso lo sollevò e lo depose sul feretro,
e insieme i compagni lo disposero sopra il carro.

trad. it. G. Paduano

12. sede di Macare: Macare, figlio di Eolo, è il nome dell'eroe che era stato il colonizzatore dell'isola.

Note di lettura

▶ La figura di Ermes

Figlio di Zeus e di Maia, Ermes è il **messaggero degli dei**, caratterizzato dalla rapidità dei movimenti. È ritenuto protettore dei mercanti e di coloro che vivono di espedienti e quindi astuto e protettore dei ladri, ma in Omero l'epiteto *eriounios* che accompagna il dio, significa "benefattore", "soccorritore". Ermes è dunque un **dio benefico**, pronto a soccorrere gli uomini. Egli, grazie anche alla rapidità dei suoi movimenti, è compagno attivo dell'uomo nei viaggi e per questo ha anche la funzione di fare da tramite fra questo mondo e l'aldilà, favorendo il **viaggio ultimo degli uomini verso l'Ade**. Per questa sua funzione qualche interprete ha voluto intravedere nell'avventuroso viaggio di Priamo la rappresentazione simbolica di una **discesa nel mondo dei morti**.

▶ Il viaggio e la guida divina

Se si esclude la spedizione notturna di Diomede e Odisseo del libro x (si tratta comunque di un'azione di guerra) questo è l'unico episodio del poema che si sviluppa nell'**oscurità della notte**. All'oscurità è associata anche l'impressione di un viaggio che si compie in un'**atmosfera quasi di religioso raccoglimento e di incantesimo**, dovuti alla presenza della guida divina che sgombra la via da tutti gli ostacoli. Ermes ispira vigore agli animali e «*il viaggio assume subito i connotati di facilità di ogni impresa divina*» (Mirto).
Per tutta la durata del viaggio nel misterioso silenzio dell'oscurità notturna nessuno dei tre parla: solo davanti alla dimora di Achille, Ermes rivelerà a Priamo la propria identità.
Le azioni del dio hanno il carattere di una mirabile **leggerezza e pacatezza**. Le pesanti e massicce porte del muro e del cortile della tenda di Achille, che si spalancano davanti a lui senza rompere il silenzio della notte, sembrano ubbidire al tocco della bacchetta magica delle fiabe popolari; ma qui il prodigio ha un fascino tutto particolare per la naturalezza con la quale Ermes esercita i suoi poteri.
Ermes, dopo aver consigliato a Priamo come rivolgersi ad Achille, torna sull'Olimpo, ma di fatto lo assiste ancora facendo in modo che non sia visto da Automedonte e Alcimo, che potrebbero impedirgli di accostarsi ad Achille.

▶ La supplica di Priamo

Priamo, giunto all'improvviso al cospetto di Achille, gli abbraccia le ginocchia secondo il rito della **supplica**, ma aggiunge subito un gesto di estrema umiliazione, soprattutto inimmaginabile in un re, di baciare le mani «*sterminatrici*» (v. 479) di colui che gli ha ucciso tanti figli. Il valore di questo suo gesto è sottolineato per antitesi dall'epiteto «*grande*» (v. 477), mai associato altrove alla sua persona. Egli non è più il re potente, ma un **vecchio padre affranto** che intende suscitare rispetto e pietà per le sue sventure. Infatti, chiede ad Achille di ricordarsi di suo padre, stabilendo così uno stretto **rapporto di familiarità con il vecchio Peleo**, bisognoso del conforto e della protezione del figlio.
Priamo mette anche in evidenza gli elementi che distinguono le rispettive situazioni: mentre Achille è ancora in vita e il padre può ancora nutrire la speranza del ritorno del figlio, egli non solo è oppresso dal peso insopportabile dei suoi lutti, ma non può più contare sul figlio migliore, quasi fosse l'unico, in grado di proteggere lui e di difendere la patria. Dopo questo crescendo emotivo, emerge la ragione della supplica espressa in forma estremamente concisa. Priamo offre il **riscatto** per il corpo di Ettore, di cui propone l'immagine non di un nemico ma di un figlio intensamente amato e di un difensore della patria. Priamo conclude il suo discorso insistendo ancora sulla sua condizione di vecchio e sul fatto che egli **merita una pietà maggiore per aver osato fare un gesto che gli ha procurato una sofferenza indicibile**.

▶ Achille: l'umanità ritrovata

Le parole e i gesti di Priamo hanno un impatto decisivo sulla sensibilità di Achille che, superata la sorpresa di quell'improvvisa apparizione, **si commuove** di fronte al potente sovrano nemico, che ha trovato il coraggio di presentarsi come supplice e di umiliarsi di fronte a lui. Scostandolo dolcemente da sé, e abbandonandosi contemporaneamente al pianto nel ricordo del padre, Achille compie un primo atto di solidarietà che lo unisce al supplice: «*Achille e Priamo si lasciano andare insieme al flusso della memoria e delle emozioni* [...] *il vecchio piange dirottamente Ettore, ancora nella sua posizione rannicchiato dinanzi ai piedi di Achille; questi piange il padre lontano, la cui sorte lo angosciava anche prima, ma pensa anche a Patroclo, sempre presente alla sua mente*» (Mirto). Priamo non è più l'odiato genitore di colui che ha ucciso Patroclo, ma un **infelice** in cui Achille vede drammaticamente rappresentata la figura del padre.

«*Lo spirito di vendetta non può durare oltre perché Priamo ha fatto riflettere Achille sulle sorti umane, e indotto a collocare il suo privato dolore nel contesto di una sofferenza condivisa da tutti gli uomini che affrontano la guerra e i suoi lutti*» (Mirto). Achille, dunque, senza sdolcinati cedimenti, **si riappropria dell'umanità che sembrava avere smarrito** e guarda gli avvenimenti umani con un'ottica nuova, che lo libera definitivamente da ogni residuo del feroce odio che lo ha spinto a oltraggiare barbaramente il corpo del vinto.

▶ Forme della narrazione

Priamo esordisce ricordando ad Achille il padre, tema che riprende a conclusione della propria supplica. La ripresa dell'argomento iniziale nella conclusione di un testo è definita "composizione ad anello" (*Ring Komposition*). Questa tecnica compositiva è tipica della **poesia epica arcaica** destinata all'esecuzione orale: il poeta, richiamando l'inizio del discorso, ne segnala la conclusione.

La replica di Achille contiene motivi topici che confluiranno in un genere letterario, molto diffuso nel mondo antico, detto *consolatorio*. In testi di questo genere ci si rivolgeva a un destinatario colpito da una sventura con considerazioni sulla **comune condizione umana**, per esempio sull'inevitabilità della sofferenza, sulla necessità di non abbandonarsi alla disperazione, adducendo vari esempi di personaggi vittime delle avversità della fortuna: è il cosiddetto principio del *non tibi soli* ("non è capitato solo a te").

▶▶▶▶▶ Conclusione del poema

Achille invita Priamo a consumare una cena con lui, dicendo che neppure nelle disgrazie più terribili si può dimenticare il cibo e che Priamo potrà piangere il figlio quando l'avrà riportato a Troia. Dopo la cena, i due restano a lungo in silenzio, l'uno accanto all'altro. Poi Priamo chiede di dormire e Achille fa preparare i letti sotto un portico in modo che gli Achei non si accorgano della presenza dei due Troiani. Achille promette di accordare una tregua di undici giorni per permettere di celebrare i riti funebri in onore di Ettore e, prima di ritirarsi nella tenda, rincuora Priamo con un gesto affettuoso.

Prima dell'alba Ermes sveglia Priamo e lo invita a mettersi subito in cammino. Guidati dal dio, Priamo e Ideo attraversano senza pericoli il campo acheo e si dirigono verso la città. Dall'alto della torre Cassandra, la profetessa figlia di Priamo, si accorge del loro arrivo e con un grido di dolore chiama a raccolta i Troiani, che accorrono in folla alle porte della città per vedere il corpo del loro eroe. Durante le cerimonie funebri Andromaca, Ecuba ed Elena (le tre donne che Ettore aveva incontrato prima di uscire per sempre dalla città) levano uno straziante lamento esprimendo il loro amore per Ettore. Priamo fa preparare una grande catasta di legna per il rogo e informa i Troiani della tregua concessa da Achille. Dopo nove giorni il corpo dell'eroe viene cremato. Fratelli e amici raccolgono le ossa e le dispongono in un'urna d'oro che viene sepolta sotto un tumulo di pietra e di terra, sorvegliata da sentinelle. I riti funebri si concludono con un banchetto offerto da Priamo ai Troiani per onorare il figlio morto.

Il poema, iniziato con il nome di Achille, si conclude con il nome di Ettore: «Dopo aver eretto la tomba tornarono indietro, in città, e qui, tutti insieme riuniti, presero parte al sontuoso banchetto nella reggia di Priamo, il re nobilissimo. Così per Ettore, domatore di cavalli, celebrarono il rito» *(vv. 801-804, trad. it. Ciani).*

Competenze alla prova

Comprensione

difficoltà

1. Quali prodigi compie Ermes?

2. Quale consiglio dà Ermes a Priamo?

3. Con quale similitudine il poeta esprime lo stupore di Achille?

4. Come reagisce Achille alle parole di Priamo?

5. Indica se le seguenti affermazioni sono vere o false.

	V	F
a. Ermes accompagna Priamo nella dimora di Achille	☐	☐
b. Priamo entra nella tenda di Achille senza essere visto	☐	☐
c. Priamo rivolgendosi ad Achille gli ricorda anche la madre	☐	☐
d. Achille esorta Priamo a sopportare il suo dolore	☐	☐
e. Gli araldi di Achille prendono tutto il riscatto portato da Priamo	☐	☐

Analisi

difficoltà

6. Perché la reazione di Achille alla vista di Priamo è di stupore?

7. «*di questi, diciannove nacquero da un solo ventre*» (v. 496): quale figura retorica è contenuta in questo verso?

☐ Sineddoche
☐ Anafora
☐ Metafora

8. Rimetti nel giusto ordine le seguenti frasi inserendo nei quadratini numeri progressivi da 1 a 6.

☐ Priamo dice di essere venuto a riscattare il figlio
☐ Priamo è infelice perché ha perso l'unico figlio che difendeva la città e la sua gente
☐ Peleo può gioire perché il figlio è ancora in vita
☐ Priamo ricorda ad Achille le condizioni del padre vecchio e privo della protezione del figlio
☐ Priamo afferma che merita pietà perché ha osato baciare la mano dell'uccisore del figlio.
☐ Priamo prega Achille di aver rispetto degli dei, di pensare a suo padre e di aver compassione di lui (Priamo)

9. Con quale immagine Achille esprime la concezione secondo la quale i beni e i mali si alternano nell'esistenza umana?

10. Individua l'analessi contenuta nel brano.

11. Quale male ha inflitto Zeus a Peleo?

12. In altri passi del poema la metafora del v. 521 «*Hai un cuore di ferro*» è usata per indicare "insensibilità". Qui invece ha una connotazione positiva. Quale dote definisce?

13. In quale occasione riaffiora il carattere irritabile e impetuoso di Achille?

Produzione

difficoltà

14. Immagina di intervistare Priamo appena giunto alle porte della città. Scrivi il testo dell'intervista con domande e risposte.

15. Scrivi un testo in cui immagini che Priamo racconti a Ecuba il suo incontro con Achille.

3 Odissea

Il proemio

Luogo:
Grecia
Anno:
VIII secolo a.C.
Tratto da:
Libro I, vv. 1-21

Il brano

Come l'*Iliade*, anche l'*Odissea* si apre con un proemio (parola derivata dal greco *proóimion*, che significa "introduzione"), nel quale il poeta invoca l'assistenza della Musa per l'argomento che si accinge a trattare. Tuttavia, mentre nel proemio dell'*Iliade* l'accento viene posto su un sentimento (l'ira di Achille), nell'*Odissea* l'attenzione è focalizzata sul **protagonista** dell'opera. Di lui il poeta non narra le vicende dalla nascita alla morte, ma ciò che gli è capitato durante i dieci anni di **viaggio** impiegati per tornare nella sua patria e i fatti che hanno accompagnato il suo **arrivo**. Come per l'*Iliade*, anche per l'*Odissea* il poeta parte dal presupposto che il suo pubblico conosca bene le peripezie vissute dagli eroi della guerra di Troia durante il viaggio di

^ Pierre Puvis de Chavannes (1824-1898), *Il bosco sacro*, 1884-1886, particolare, Lyon, Musée des Beaux-Arts.

ritorno dopo la conquista della città. Le loro avventure, infatti, erano narrate nel ciclo di poemi, detti *nóstoi* (ritorni), che appartenevano al sottogenere dell'epica eroica. Nella cornice dei *nóstoi*, il viaggio più travagliato è certamente quello compiuto da **Ulisse** (Odisseo), il geniale espugnatore di Troia.

Dell'uomo[1] dimmi o Musa[2], molto versatile[3], che molte volte
fu sbattuto fuor rotta, dopo che di Troia la sacra rocca distrusse[4],
e di molti uomini le città vide e l'intendimento conobbe
e molti patimenti, lui, sul mare ebbe a soffrire nell'animo suo,
cercando salvezza di vita e il ritorno per sé e i compagni;
ma anche così i compagni non li salvò, pur desiderandolo.
Fu per le loro stesse scelleratezze che essi perirono,
puerilmente stolti, essi che le vacche del Sole Iperione[5]
mangiarono, e quello allora tolse il giorno del ritorno.
Di ciò, iniziando da qualche punto, dea figlia di Zeus, dì anche a noi.
Allora, tutti gli altri che erano sfuggiti a precipite morte,
erano a casa, superati i pericoli della guerra e del mare.
Lui solo, mancante del ritorno e della moglie[6],
lo tratteneva la veneranda ninfa Calipso[7], divina fra le dèe,
nella cava spelonca: voleva che lui le fosse marito.
Ma quando, col volgere degli anni, quell'anno giunse
in cui gli dèi avevano stabilito che a casa tornasse
a Itaca, nemmeno allora aveva superato le avverse prove[8],
sebbene fosse tra i suoi cari. Tutti gli dèi ne avevano compassione,
a parte Posidone[9]. Costui aspra ira sentiva contro Ulisse
pari a un dio, prima che tornasse nella sua patria.

trad. it. V. Di Benedetto, Rizzoli, Milano

1. **uomo:** è Odisseo. Il nome più diffuso è Ulisse, dal latino *Ulixes* che a sua volta deriva da *Olysséus*, forma dialettale greca che compariva accanto a *Odysseús*, da cui "Odisseo".
2. **Musa:** la dea figlia di Zeus e Mnemósyne (il ricordo). Vedi il proemio dell'*Iliade* a pag. 46.
3. **versatile:** corrisponde al termine greco *polýtropos*.
4. **distrusse:** Ulisse è considerato il principale artefice della vittoria degli Achei. Egli infatti escogitò l'inganno del cavallo di legno dentro il quale erano nascosti i guerrieri Achei. I Troiani, credendolo un dono votivo per Atena, lo introdussero nella città.
5. **le vacche del Sole Iperione:** è richiamato l'episodio del libro XII, quando i compagni di Ulisse, giunti nella Trinacria (identificata poi con la Sicilia), si cibarono, nonostante il divieto di Ulisse, delle vacche sacre al dio Sole. Essi furono puniti con la morte per la loro empietà. L'attributo Iperione significa "che sta in alto".
6. **moglie:** è Penelope, di cui solo più tardi verrà fatto il nome.
7. **ninfa Calipso:** la Ninfa è una divinità minore legata agli elementi della natura (boschi, sorgenti, monti). Calipso è regina di Ogigia, un'isola ai confini del mondo, isolata da uomini e divinità, nella quale trattiene Ulisse da sette anni.
8. **le avverse prove:** Ulisse, una volta ritornato a Itaca, dovrà affrontare i proci e riappropriarsi del regno e dei propri averi.
9. **Posidone:** figlio di Crono e di Rea, è fratello di Zeus e di Ade. Nella spartizione dell'universo fra i tre fratelli, a Zeus sono toccati il cielo e la terra, a Posidone l'oceano, ad Ade il regno dell'oltretomba. Posidone è irato con Ulisse perché ha accecato il ciclope Polifemo, figlio del dio.

Note di lettura

Il travagliato ritorno

Il poeta, «*oltre a focalizzare l'attenzione sul protagonista, nel Proemio imposta un discorso più specifico, e cioè mostrare che Ulisse merita compassione*» (Di Benedetto) per le prove cui è stato sottoposto durante i dieci anni del suo viaggio. **Ulisse**, partito da Troia a capo di una flotta di dodici navi, arriva a Itaca **solitario e naufrago**. Nonostante i patimenti subiti per riportare i compagni salvi in patria, egli non è riuscito nel suo intento e questo potrebbe mettere in dubbio il suo valore. Ma il poeta si preoccupa di scagionarlo da ogni possibile accusa, attribuendo la causa della morte dei suoi compagni all'offesa da essi recata alle divinità mangiando le vacche sacre al dio Sole nell'isola di Trinacria. In realtà, però, in quell'isola Ulisse era giunto con una sola nave; le altre undici erano già state distrutte dai Lestrigoni (Libro X). Il particolare dell'empietà dei compagni esalta, per contrasto, la **devozione di Ulisse** per la divinità.

Le doti di Ulisse

Il corrispondente termine greco (*polýtropos*) dell'epiteto "multifome" (o "versatile"), nel primo verso, delinea uno dei tratti più rilevanti della personalità di Ulisse: la **versatilità dell'intelligenza** capace di affrontare, con prontezza e nel modo adeguato alle situazioni, le più disparate difficoltà di volta in volta da lui incontrate, non solo durante il lungo errare, ma anche nella sua stessa patria. A questa dote se ne aggiungono altre che le sono complementari, alcune delle quali gli vengono attribuite anche nell'*Iliade*: egli è *polýtlas* ("molto paziente", "capace di sopportare molto"), *polýmetis* ("dai molti espedienti", o "dai molti inganni"); *polýmechanos* "ricco di risorse"). A *polýtlas* è legata l'idea che il molto **pazientare** comporti anche molta **sofferenza**.
Tutte queste qualità diventano indispensabili in un contesto storico mutato rispetto all'*Iliade*: lo sviluppo economico, sociale e commerciale impone dei **cambiamenti** anche nella **gerarchia dei valori**. Mentre per gli eroi dell'*Iliade* la qualità irrinunciabile era la forza (anche se l'astuzia e l'inganno erano praticati: Troia è conquistata con l'inganno), ora il sistema di valori dell'eroe dell'*Iliade* risulta inadeguato. Nel mondo in cui si trova ad agire Ulisse pazienza «*ritegno e diffidenza sono necessari, anzi diventano virtù esaltate nell'epos. Anche simulazione e astuzia sono armi legittime nella lotta per l'esistenza*» (Di Benedetto).

Georg Kolbe (1877-1947), *L'isola dorata*, 1898, particolare, Berlino, Staatliche Museen.

Forme della narrazione

Ripetendo al v. 10 l'invocazione iniziale alla Musa, il poeta chiede di **incominciare la narrazione da un punto qualsiasi della vicenda di Ulisse**. Si tratta di una novità rilevante rispetto all'impostazione dell'*Iliade*, in cui si raccontano in ordine cronologico i fatti relativi a un breve periodo della guerra di Troia caratterizzato dal diverbio tra Achille e Agamennone. L'*Odissea*, invece, non inizia dalla partenza di Ulisse da Troia, per proseguire poi con il racconto delle sue avventure in ordine cronologico fino all'arrivo a Itaca, ma dall'eroe che lascia l'isola di Calipso alla fine delle sue peregrinazioni, e sarà lui a raccontare le sue avventure. «*È la prima attestazione di una consapevole distinzione tra fabula e intreccio*» (Di Benedetto); infatti sarà Ulisse, ormai giunto alla fine del viaggio, a raccontare le proprie peripezie. In base a questa scelta di strutturare il poema sul **racconto retrospettivo dell'eroe**, il poeta chiede alla Musa che sia lei a indicare da quale punto desidera che incominci la narrazione.

Il concilio degli dei

Luogo:
Grecia
Anno:
VIII secolo a.C.
Tratto da:
Libro I, vv. 27-95

Il brano

A causa della tenace ostilità di Posidone, Ulisse, a dieci anni dalla fine della guerra, non può ancora raggiungere Itaca. Da sette anni è trattenuto dalla ninfa Calipso nell'isola di Ogigia. Mentre Posidone soggiorna fra gli Etiopi (un popolo mitico che Omero distingue in due gruppi collocati alle estremità del mondo, a oriente e a occidente) gli dei si riuniscono in assemblea presso la dimora di Zeus.

[Gli dei] stavano insieme nelle sale di Zeus Olimpio[1].
E fra essi iniziò a parlare il padre di uomini e dei:
in mente gli era venuto il nobile Egisto,
colui che il figlio d'Agamennone, il famoso Oreste, uccise.
Di lui ricordandosi, disse agli immortali così:
«Ah! quante colpe danno i mortali agli dei!
Ci dicono causa delle loro disgrazie: ma anche da sé
con le loro empietà, si procurano dolori oltre il segno.
Come ad esempio ora Egisto: sposò la legittima moglie
di Atride, oltre il giusto, e lui, appena tornato, l'uccise,
pur sapendo della ripida[2] morte. Perché l'avevamo avvertito
mandandogli Ermete[3], l'Arghifonte, di ottima vista,
di non ucciderlo, di non volerne la sposa:
"Dell'Atride sarà fatta vendetta da Oreste[4]
quando, cresciuto, desidererà la sua terra".
Così Ermete gli disse, ma non piegò la mente di Egisto,
pur pensando al suo bene: e ora, tutt'insieme, ha pagato».
Gli rispose allora la dea glaucopide[5] Atena:
«Padre nostro Cronide[6], sommo tra i potenti,
in una morte fin troppo meritata egli giace:
muoia così chiunque altro faccia lo stesso.
Ma il mio cuore si spezza per il valente Odisseo,
infelice, che da tempo patisce dolori, lontano dai suoi,
in una terra circondata dall'acqua, dov'è l'ombelico del mare[7],

1. **Olimpio:** Zeus è detto "Olimpio" perché è il signore del monte Olimpo, in Tessaglia, mitica sede degli dei greci.
2. **ripida:** è un epiteto fisso che esprime il precipitare repentino nella morte.
3. **Ermete:** Ermete (o Ermes), figlio di Zeus e di Maia, è il rapido messaggero degli dei. L'appellativo Arghifonte significa probabilmente "uccisore del mostro Argo".
4. **Egisto ... Oreste:** Egisto aveva sedotto Clitennestra, la moglie di Agamennone. Il sovrano miceneo, al suo ritorno ad Argo, fu ucciso dai due amanti. Oreste, il figlio di Agamennone, vendicò il padre uccidendo la madre ed Egisto.
5. **glaucopide:** epiteto formulare di Atena. La parola greca significa "dagli occhi lucenti" (alla lettera, "dagli occhi di civetta").
6. **Cronide:** Zeus è figlio di Crono.
7. **l'ombelico del mare:** metafora per indicare il centro dell'Oceano.

un'isola fitta di alberi, vi abita e dimora una dea,
la figlia di Atlante, pericoloso[8], che del mare
intero conosce gli abissi ed ha le grandi
colonne che tengono la terra e il cielo divisi.
La figlia di costui trattiene l'infelice, che piange,
e sempre l'incanta con tenere e maliose
parole, perché si dimentichi d'Itaca: ma Odisseo,
che brama vedere almeno il fumo levarsi
dalla sua terra, vorrebbe morire. E il tuo cuore,
Olimpio, non si commuove? Odisseo non t'era gradito
quando presso le navi argive sacrificava,
nella vasta terra di Troia? perché, Zeus, gli sei così ostile?».
E a sua volta Zeus che addensa le nubi le disse:
«Figlia mia, che parola ti sfuggì dal recinto dei denti.
E come potrei dimenticare il divino Odisseo,
che supera per senno i mortali e offrì più vittime
agli dei immortali che hanno il vasto cielo?
Ma Posidone che percorre la terra è sempre ardentemente
adirato per il Ciclope che egli accecò del suo occhio,
per Polifemo pari a un dio, la cui forza è grandissima
fra tutti i Ciclopi: lo generò la ninfa Toòsa,
la figlia di Forco[9] che si cura del mare infecondo,
congiuntasi con Posidone in grotte profonde.
Da allora Posidone che scuote la terra[10], Odisseo, no,
non l'uccide, ma lo respinge dalla terra dei padri.
Ma orsù, pensiamo noi tutti al ritorno,
noi qui, come può ritornare. Posidone deporrà
la sua collera: contro il volere di tutti gli dei
immortali non potrà lottare da solo».
Gli rispose allora la dea glaucopide Atena:
«Padre nostro Cronide, sommo tra i potenti,
se ora agli dei beati questo è caro davvero,
che il saggio Odisseo ritorni nella sua casa,
allora mandiamo Ermete, il messaggero Arghifonte,
nell'isola Ogigia, perché dica al più presto
il volere infallibile alla ninfa dai riccioli belli,
il ritorno dell'intrepido Odisseo, perché possa tornare.
Io intanto andrò a Itaca, per incitare suo figlio[11]
di più, e mettergli in petto il coraggio,
chiamati in consiglio gli Achei dai lunghi capelli,
di mandar via tutti i pretendenti[12], che sempre gli sgozzano
pecore fitte e buoi dal passo e dalle corna ricurve.
E lo manderò a Sparta e a Pilo[13] sabbiosa,
a indagare sul ritorno del padre, se mai senta qualcosa,
e perché abbia nobile fama tra gli uomini».

trad. it. G. Paduano, Einaudi, Torino

8. **figlia di ... pericoloso:** è Calipso. Atlante è un gigante che appartiene alla generazione divina anteriore a quella degli dei dell'Olimpo e che, nel mito, regge la volta celeste. Qui il poeta dice che sostiene le colonne che tengono separati terra e cielo. Il gravoso compito è forse una punizione perché il gigante si era schierato con i Titani nella lotta contro Zeus. Atena lo chiama *«pericoloso»*, ossia "malefico" e "incline al male", per avere tentato di spodestare Zeus.
9. **Forco:** è una delle divinità marine che appartengono alla prima generazione divina.
10. **che scuote la terra:** è uno degli epiteti di Posidone al quale la mitologia attribuiva il potere di scatenare tutti i terremoti.
11. **suo figlio:** Telemaco.
12. **i pretendenti:** chiamati anche "proci", sono i nobili di Itaca e delle isole vicine che hanno invaso la casa di Ulisse nell'attesa che Penelope, considerando ormai morto lo sposo, si decida a scegliere un nuovo marito.
13. **Sparta e a Pilo:** a Sparta regna Menelao, a Pilo regna Nestore, l'eroe più anziano della spedizione contro Troia.

Note di lettura

▸ L'atmosfera del concilio

La riunione degli dei nella casa di Zeus, più che un'assemblea sembra uno **spaccato di vita familiare**: «*la sua atmosfera è piuttosto quella di un'occasionale conversazione da dopo pranzo*» (West). Inoltre, a differenza dell'*Iliade*, dove le assemblee sull'Olimpo sono molto animate (Zeus fa fatica a tenere a freno le altre divinità) e molti dei intervengono in favore o contro i contendenti, ora **tutti gli dei tranne Posidone sono fisicamente presenti, ma è come se non ci fossero**.

Nell'*Odissea* sono solo tre i numi che occupano la scena: Zeus, garante della legge morale, Atena, la protettrice di Ulisse e il dio persecutore dell'eroe, Posidone, che simboleggia il mare con tutti i suoi pericoli.

▸ Responsabilità umana e intervento divino

Zeus apre la riunione non rivolgendosi ai presenti, ma con una riflessione che sembra un monologo e introduce il tema della **responsabilità morale dell'uomo**. Egli condanna la follia dei mortali che incolpano gli dei delle loro disgrazie, mentre in realtà sono essi stessi che agendo ingiustamente attirano i castighi di Zeus. Emerge dalle sue parole una **visione nuova rispetto all'*Iliade***, dove responsabili delle sofferenze sono il destino o Zeus stesso il quale, attingendo ai due vasi del bene e del male, distribuisce ai mortali le fortune e le sventure.

Zeus cita come esempio della follia umana il comportamento di **Egisto**, che, ignoran-

❮ Giorgio de Chirico (1888-1978), *Orfeo, trovatore stanco*, 1970, Roma, Fondazione Giorgio e Isa de Chirico.

do il monito divino, si è unito a Clitennestra, moglie di Agamennone, e ha ucciso il re miceneo. Questa vicenda sarà richiamata altre volte nel poema, perché assume un valore paradigmatico: il tradimento di Clitennestra esalta per contrasto la lunga fedeltà di Penelope.
Atena sfrutta abilmente la piega assunta dai pensieri di Zeus per sollevare il problema del **ritorno di Ulisse**. La dea presenta la condizione in cui si trova Ulisse con accorati toni patetici per commuovere Zeus e indurlo a soccorrere il suo protetto: Ulisse, prima di morire, desidera vedere il fumo della sua casa, ma è irretito da una dea ammaliatrice. Chiamando Ogigia «*ombelico del mare*» (v. 50) rende più drammatica la posizione di Ulisse, **disperso** in un luogo remoto accerchiato dall'immenso oceano. Atena, nel perorare la causa del suo protetto, non trascura un altro elemento di rilievo: la **devozione di Ulisse** verso la divinità dimostrata con i molti sacrifici offerti agli immortali. Alla risposta evasiva di Zeus, che evita di esprimere una sua reazione personale, fa riscontro il deciso intervento di Atena. La dea, dimostrando di essere la vera regista dell'assemblea, **organizza le modalità dell'intervento a favore di Ulisse** e lascia l'Olimpo senza attendere il consenso di Zeus e degli altri dei.

▸ Atena

Atena, l'antagonista di Posidone, è la divinità che ha un ruolo di **assoluto primo piano** nel poema. Essa è nata dalla testa di Zeus «*proprio come dalla mente nasce il pensiero* [...]. *Da Atena dipendeva ogni impresa che esige riflessione, valutazione, consiglio e progetti [...] e proprio perché era la dea del consiglio e del progetto, cioè del pensiero applicato all'azione, Atena presiedeva in pace e in guerra non solo alle decisioni, ma anche alla tecnica e all'artigianato: ispirava agli eroi i discorsi, a Epeo il ligneo cavallo di Troia, alle donne la filatura e la tessitura* [...] (Privitera).
Tutti questi connotati della natura della dea si accordano con la **personalità di Ulisse**. La dea ha un rapporto privilegiato con l'eroe: lo assiste e lo guida con sollecitudine.
Così essa dice al suo protetto: «*entrambi sappiamo essere astuti, tu fra tutti gli uomini sei il migliore per la parola e i pensieri, e io fra tutti gli dei sono famosa per intelligenza e saggezza*» (XIII, 296-299). Ci sono tra i due una confidenza e una familiarità che superano le barriere tra un mortale e una divinità: «*Atena si tiene al fianco di Ulisse come un'amica leale e sincera, ed entrambi si parlano liberamente, senza ritegni*» (Bowra). La dea però non è presente quando Ulisse affronta i pericoli del mare, perché non interferisce nel regno di Posidone ed è, come vedremo, **estranea al mondo della fiaba** nel quale, durante il viaggio, a un certo punto Ulisse e suoi compagni entreranno.

▸ Le forme della narrazione

A differenza dell'*Iliade* che inizia con un fatto che ha immediate conseguenze sul piano dello sviluppo dell'azione, il punto di partenza dell'*Odissea* è una **situazione di stallo senza via d'uscita**. Da una parte Ulisse è da anni nella prigione dorata di Ogigia, dall'altro, a Itaca, i pretendenti di Penelope continuano a occupare la sua casa.
Il concilio degli dei ha quindi la funzione di **mettere in moto la macchina narrativa** con la duplice iniziativa proposta da Atena. Nel piano si prevede che Atena stessa voli a Itaca e contemporaneamente Ermes vada a Ogigia. Il poeta, per indicare la contemporaneità, avrebbe potuto adottare lo stilema: "La dea volò a Itaca e fece queste azioni e nel frattempo Ermete si diresse a Ogigia". Egli, invece, preferisce ricorrere a un altro espediente: prima racconta ciò che accade a Itaca (libri I-IV), poi, nel libro V, introduce un altro concilio degli dei durante il quale Atena rinnova la sua richiesta a Zeus, che ordina a Ermete di recarsi da Calipso.

Competenze alla prova

Comprensione

difficoltà ●○○

1. Perché i compagni di Ulisse perirono?

2. Quale divinità è irata con Ulisse e per quale motivo?

3. Di quale delitto si è macchiato Egisto?

4. Dove si trova Ulisse e da chi è trattenuto?

5. Qual è il piano di Atena per consentire a Ulisse di tornare a Itaca?

6. Che cosa ha progettato Atena per Telemaco?

7. Tra le seguenti affermazioni, indica quali sono vere e quali sono false.

	V	F
a. Ulisse all'inizio della narrazione è in viaggio per Itaca	☐	☐
b. Ulisse non è riuscito a riportare i compagni in patria	☐	☐
c. Alcuni dei non hanno compassione di Ulisse	☐	☐
d. Nel concilio in casa di Zeus sono presenti tutti gli dei	☐	☐
e. Secondo Zeus gli uomini sono responsabili delle proprie azioni	☐	☐

Analisi

difficoltà ●●○

8. V. Di Benedetto nella traduzione del Proemio cerca di mantenere la struttura del verso greco e lo stesso ordine delle parole. Per questo nel testo italiano sono frequenti le anastrofi e gli iperbati. Individua queste figure retoriche nei v. 1-15 e riscrivi il testo nella lingua corrente.

9. Individua gli *enjembement* presenti nel testo del *Proemio*.

10. Quali delle seguenti caratteristiche è estranea alla personalità di Ulisse?

☐ Inventiva ☐ Intelligenza
☐ Ignavia ☐ Prudenza
☐ Orgoglio ☐ Empietà
☐ Intraprendenza ☐ Passività
☐ Destrezza ☐ Astuzia
☐ Rassegnazione ☐ Abilità

11. Inserisci nei seguenti versi di un'altra traduzione del *Proemio* le parole mancanti, scegliendole tra quelle elencate qui sotto:

compagni • ingenuo • bramandolo • distrusse • ritorno • costruì • soffrì • città • follia • fantasia • scaltro • gioie • pene • rovinò • salvò

Cantami, o Musa, l'eroe ...., che molto invero
errò, poi che .... la sacra .... di Troia,
e di molti uomini vide le .... e conobbe l'animo;
e molte pene nel suo cuore .... sul mare,
per salvare la propria vita e il ritorno dei compagni!
Ma nemmeno così .... i compagni, pur ....,
perché essi perirono per la loro ....,
gli stolti, che dei bovi di Elio Iperione
avevano mangiato: e quegli tolse loro il dì del ....
Di queste cose, o dea figlia di Zeus, racconta in parte anche a noi.

trad. E. Cantarella

Produzione

difficoltà ●●○

12. Riscrivi l'intervento di Atena sotto forma di discorso indiretto.

Libro I

Atena assume l'aspetto di uno straniero di nome Mente, capo dei Tafi, e si reca alla reggia di Itaca dove trova i proci, che installati ormai da tempo nella casa di Ulisse, stanno gozzovigliando. In mezzo a loro, turbato e indignato da questo spettacolo, siede Telemaco che, accortosi dello straniero, assolve prontamente il dovere dell'ospitalità. Va verso il portico irato perché nessuno ha provveduto ad accoglierlo. Telemaco dà sfogo con l'ospite al proprio risentimento per i proci e al proprio dolore perché è convinto che Ulisse sia morto. Il giovane spiega a Mente che i proci stanno dilapidando le sostanze del padre nell'attesa che Penelope si decida a scegliere uno di loro, ma la donna usa ogni mezzo per rinviare la scelta. Mente rivela di aver conosciuto Ulisse prima che scoppiasse la guerra di Troia. Aggiunge anche che l'eroe è vivo e tornerà; ma poiché Telemaco è convinto invece che sia morto, Mente gli consiglia di radunare in assemblea gli abitanti dell'isola e di chiedere pubblicamente che i proci lascino la casa di Ulisse. Poi invita il giovane a recarsi a Pilo e a Sparta per avere notizie del padre. Se scoprirà che Ulisse è vivo, dovrà pazientare pochi giorni finché ritorni. Se invece è morto, dovrà tornare a Itaca e dare la madre in sposa a uno dei pretendenti. Poi dovrà pensare a come eliminare i proci, se a viso aperto o con l'inganno. Mente esorta Telemaco ad agire virilmente tenendo presente l'esempio di Oreste che ha vendicato il padre Agamennone e si è conquistato una grande fama. Dopo aver dato questi consigli, Mente-Atena se ne va rapida come un uccello infondendo coraggio nell'animo del giovane e suscitando in lui un ricordo del padre più vivo di prima. Telemaco, stupito di questa rapida scomparsa di Mente, si accorge di aver parlato con un dio.

Il canto dell'aedo Femio

Luogo: Grecia
Anno: VIII secolo a.C.
Tratto da: **Libro I**, vv. 324-382

Il brano

Appena partita la dea, Telemaco torna in mezzo ai proci che sono seduti a banchetto e si apprestano ad ascoltare il canto dell'aedo Femio.

Subito il giovane[1] pari a un dio tornò in mezzo
ai pretendenti; per essi cantava l'illustre aedo
e loro in silenzio ascoltavano: cantava il ritorno
luttuoso da Troia[2] che Pallade Atena inflisse[3] ai Greci.
Dal piano di sopra sentì quel canto
la figlia di Icario[4], la saggia Penelope,
e scese l'alta scala della sua stanza,
non sola – due ancelle l'accompagnavano.

1. **il giovane:** Telemaco. Nell'*Odissea* la nascita di Telemaco è posta in concomitanza con la partenza di Ulisse per Troia. Il giovane ha quindi vent'anni, l'età di uscita dalla condizione minorile.
2. **cantava ... Troia:** Femio sta cantando uno dei poemi del ciclo dei ritorni.
3. **Atena inflisse:** Atena era irata per gli atti sacrileghi compiuti dagli Achei dopo la conquista della città. Aiace d'Oileo, che aveva tentato di far violenza a Cassandra, la figlia di Priamo, rifugiatasi nel tempio di Atena, morì nel naufragio della sua nave.
4. **figlia di Icario:** Icario era fratello di Tindaro, padre di Elena e di Clitennestra. Penelope è quindi cugina delle due donne.

Quando l'illustre donna fu tra i pretendenti,
si fermò in piedi accanto a un pilastro del tetto,
tirando davanti a sé il velo nitido:
dall'uno e dall'altro lato aveva una serva.
Piangendo dunque disse all'aedo divino:
«Femio, tu conosci molti altri canti che affascinano,
di uomini e di dei, che gli aedi celebrano;
canta uno di quelli e gli altri, in silenzio,
bevano vino; ma smetti il canto luttuoso
che a me strazia sempre il cuore nel petto:
io più di tutti ho subito un dolore tremendo,
tale è l'uomo che piango, ricordandomi sempre
di lui, che ha vasta gloria in Grecia e ad Argo».
Le rispose in questo modo il saggio Telemaco:
«Madre mia, perché vieti all'aedo a noi caro
di dare piacere come lo ispira la mente?
Non sono gli aedi responsabili, il responsabile è Zeus,
che assegna come vuole la sorte a ogni uomo che si ciba di pane.
Non dev'essere biasimato se canta la sfortuna dei Greci:
gli uomini celebrano di più il canto che suona
più nuovo di tutti agli ascoltatori.
Il tuo cuore e la tua mente sopportino di ascoltare:
non solo Odisseo ha perduto il ritorno
a Troia, molti altri uomini sono morti.
Ma tu torna dunque nelle tue stanze e pensa ai tuoi lavori,
al telaio, alla conocchia, e comanda alle serve
di lavorare[5]; a parlare penseranno gli uomini
e io più di tutti che ho potere in questa casa».
Lei tornò stupefatta nelle sue stanze,
avendo inteso la saggia parola del figlio.
Salì dunque con le sue serve al piano di sopra a piangere Odisseo,
il suo sposo, finché Atena, la dea dagli occhi splendenti,
le versò sulle palpebre il sonno soave.
I pretendenti tumultuavano nella sala ombrosa,
e tutti si auguravano di andare a letto con lei.
Tra loro prese a parlare il saggio Telemaco:
«Pretendenti di mia madre, che avete arrogante superbia,
ora godiamo il banchetto e non ci siano schiamazzi,
giacché è bello ascoltare un cantore
come questo, che ha voce pari agli dei.
Però domani all'alba sederemo in assemblea,
in modo che possa dirvi sinceramente
di uscire dalla mia casa: cercatevi altri banchetti
mangiandovi i vostri averi, scambiandovi le vostre case.
Se invece vi sembra meglio e più facile
mangiare impunemente le sostanze di un uomo solo,
fatelo pure, ma io invocherò gli dèi immortali,
se Zeus vorrà che ci sia vendetta, e starà a voi
essere uccisi impunemente in questa sala».
Così disse, e si mordevano tutti le labbra,
stupiti di Telemaco che parlava con tanta audacia.

Odissea, trad. it. G. Paduano, Einaudi, Torino

5. **Ma tu ... lavorare:** sono le stesse parole che Ettore rivolge ad Andromaca (*Iliade* VI, 490-493).

Note di lettura

▶ Telemaco

Telemaco, il figlio di Ulisse, è il protagonista dei primi quattro Libri dell'*Odissea*, che per questo sono tradizionalmente definiti *Telemachia*. Quando Atena, sotto le spoglie di Mente, esorta Telemaco a mettersi in viaggio alla ricerca del padre, sa ovviamente dove si trova Ulisse, ma il suo intento è quello di **aiutare il giovane a diventare "adulto"** e a prendere coscienza della propria identità di figlio di Ulisse. Sotto l'impulso di Atena, che ha infuso coraggio nel giovane, Telemaco intraprende un cammino che lo porterà al raggiungimento della piena maturità quando, raggiunta la certezza di essere figlio di Ulisse, si incontrerà con il padre. La sua storia costituisce il primo esempio di un genere di romanzo detto *Bildungsroman* (parola tedesca che significa "**romanzo di formazione**".

Subito dopo l'incontro con Mente, il giovane manifesta i primi effetti di questa nuova disposizione d'animo nell'assunzione di un tono **risoluto e deciso** e nella volontà di reagire denunciando i proci in una pubblica assemblea. La decisione è una tappa importante nel suo cammino di crescita perché rappresenta il momento in cui Telemaco **esce dalla sua dimensione privata**. Questa mossa non avrà grande successo, ma è il segnale della conquistata capacità e volontà di reagire. Per poter compiere un'azione più incisiva Telemaco deve affrontare un viaggio a Pilo e a Sparta, presso Nestore e Menelao (due eroi dell'*Iliade*). Nelle intenzioni di Atena gli scopi del viaggio sono due: **avere notizie** della sorte del padre e **acquistare grande fama** tra gli uomini. Ma il viaggio è anche occasione di **conoscenza** (per l'uomo antico il viaggio è anche costrizione e fatica).

▶ Penelope

Per presentare Penelope il poeta ricorre a un aggettivo – «***saggia***» (*perífron*, v. 329) – che non è un epiteto formulare, ma indica un peculiare **pregio del personaggio**, la saggezza, alla quale sono connesse altre doti: la **fedeltà** e il **pudore**, virtù che la donna manifesta subito nei suoi atteggiamenti. Essa scende tra i proci accompagnata da due ancelle e velandosi il volto. Le lacrime dimostrano che la sua fedeltà a Ulisse è rimasta salda. Nell'invito rivolto all'aedo testimonia davanti a tutti con finezza e delicatezza i sentimenti che nutre per il marito e implicitamente ribadisce ai pretendenti il suo rifiuto alle loro proposte di matrimonio.

Nello sviluppo della narrazione (non nel tempo della storia) che dà il senso della lunghezza del tempo di attesa del ritorno di Ulisse, Penelope riapparirà solo nel libro XXI. Ma resta il **personaggio chiave** di tutto il poema, per il quale ha senso il ritorno. Senza di lei tutte le peripezie e le pene di Ulisse risulterebbero vane. La castità di Penelope, il rifiuto delle proposte di matrimonio sono la condizione per conservare intatto il valore della "casa" nella quale Ulisse riconosce la propria identità, come re, marito e padre.

▶ Le forme della narrazione

Nel canto di Femio troviamo una tecnica narrativa che è definita con un'espressione francese *mise en abyme* (letteralmente "collocato nell'abisso", cioè a livello inferiore rispetto al piano narrativo) e consiste nell'inserire una **storia nella storia**: il canto di Femio è un poema nel poema. Infatti, l'argomento del suo canto è «*un segmento della stessa Odissea: canta la partenza degli Achei da Troia, la fine di molti eroi e la misteriosa scomparsa di Odisseo. L'autore ha inserito nel poema un* alter ego *[un altro io] che narra ciò che narra lui stesso* (Privitera)". Le parole che Telemaco pronuncia sul canto di Femio sono il primo documento di una **nuova poetica** in cui si esprime un'originale concezione della poesia; ai vetusti argomenti tradizionali (le storie di lotte ingaggiate dai giganti contro gli dei, le gesta eroiche, i miti sull'origine del mondo) si antepongono quelli **attuali**; al racconto delle glorie il racconto delle **sofferenze**. Ma l'aspetto più rilevante e più moderno è la funzione assegnata alla poesia. Alla **poesia** sono riconosciuti un potere e una forza singolari: essa non solo produce diletto, ma **affascina gli animi** e ha la capacità di **evocare e comunicare emozioni**.

Competenze alla prova

Comprensione

difficoltà ●○○

1. Quale divinità ha punito alcuni eroi achei durante il ritorno?
2. Mentre Femio canta i luttuosi ritorni degli Achei alle loro case, i proci
   - ☐ continuano a banchettare
   - ☐ commentano tra loro l'arte di Femio
   - ☐ ascoltano in silenzio
   - ☐ rivolgono la loro attenzione a Penelope

Analisi

difficoltà ●●○

3. In che modo Penelope dimostra l'amore per il marito?
4. Quale aspetto di Telemaco il poeta vuole mettere in evidenza?
5. Quale significato ha il silenzio dei proci, abituati a strepitare e a gozzovigliare, mentre l'aedo canta?
6. Quale virtù di Penelope il poeta esalta nel modo di presentarsi della donna nella sala dove banchettano i proci?

Produzione

difficoltà ●●○

7. Telemaco tratta con insospettata autorità la madre invitandola a dedicarsi alle faccende che competono a una donna.
   Secondo un critico questo comportamento è il risultato della crescente fiducia in se stesso che Atena gli ha infuso. La madre, infatti, accetta l'invito senza rimostranze, come se trovasse naturale che ora Telemaco eserciti una nuova funzione nella casa. Secondo un altro «*L'invito alla madre in bocca a Telemaco è una tenera e deliziosa goffaggine: il ragazzo sta diventando uomo e fa la voce grossa, spropositatamente grossa, per farsi prendere sul serio; compiaciuta e non irritata è infatti la reazione della madre*» (Paduano). Confronta i due giudizi ed esprimi il tuo parere.

Magnus Enckell (1870-1925), *Risveglio*, 1894, particolare, Helsinki, Ateneum, Finnish National Gallery.

La situazione a Itaca

Luogo: Grecia
Anno: VIII secolo a.C.
Tratto da: **Libro** II, vv. 82-128

Il brano

Seguendo il consiglio di Atena, Telemaco ha convocato l'assemblea di tutti gli uomini liberi di Itaca per denunciare il comportamento dei proci che stanno mandando in rovina la casa di Ulisse. Atena infonde in lui un fascino che desta l'ammirazione da parte di tutti coloro che lo vedono arrivare. Ora il popolo lo considera un itacese adulto atto alle armi, del tutto idoneo a esercitare i propri diritti di cittadino e di principe. Per primo prende la parola il vecchio Egizio e si compiace che, dopo la partenza di Ulisse, qualcuno abbia riunito l'assemblea. E poiché Telemaco è il promotore, tiene in mano lo scettro che l'araldo porge a chi parla.
Telemaco cerca di procurarsi comprensione e solidarietà dagli Itacesi. Sulla sua casa – dice – si è abbattuta una doppia sciagura: Ulisse è morto e i pretendenti, insediati nella sua casa dove gozzovigliano, stanno distruggendo tutto il suo patrimonio. Telemaco afferma che non c'è uno come Ulisse che possa cacciarli e lui non è in grado di liberarsi di loro. Perciò implora gli Itacesi di venirgli in aiuto e di non lasciarlo solo con il suo dolore, a meno che Ulisse non abbia fatto loro del male ed essi vogliano vendicarsi facendo del male a lui. Il giovane conclude il discorso con rabbia: getta a terra lo scettro che impugnava durante il suo intervento e scoppia in pianto. Nel silenzio generale si leva solo la voce di Antinoo, il più autorevole dei proci.

Tutti gli altri stavano immobili: non uno osò
replicare a Telemaco con parole pesanti.
Antinoo soltanto rispondendo gli disse:
«Telemaco, grande oratore[1], impetuoso, cosa hai detto
infamandoci, una malignità vorresti attaccarci.
Non sono i pretendenti achei[2] colpevoli verso di te,
ma tua madre, che conosce ogni astuzia.
Perché è già il terzo anno e sarà presto il quarto,
che illude l'animo nel petto agli Achei.
Dà a tutti speranze, promette a ciascuno
mandando messaggi: ma la sua mente medita altro.
Quest'altro inganno ha escogitato nell'animo:
in una stanza aveva impostato e tesseva un gran telo
sottile e assai ampio, e ci diceva senza esitare:
"Giovani, miei pretendenti, poiché è morto il chiaro,
aspettate, pur bramando le nozze, che finisca
il lenzuolo – che i fili non mi si sperdano al vento[3] –,
il sudario[4] per l'eroe Laerte, per quando
lo coglie il funesto destino della morte spietata,
perché nessuna delle Achee tra la gente mi biasimi
se giace senza un lenzuolo uno che tanto possiede".
Disse così, e fu convinto il nostro animo altero.
Ma lei di giorno tesseva il gran telo
e di notte, con le fiaccole a lato, lo disfaceva.
Così per tre anni eluse, con l'astuzia, e convinse gli Achei:
ma quando giunse il quarto anno e tornò primavera,

1. **grande oratore:** è detto con ironia.
2. **achei:** i Greci. In questo Antinoo si riferisce ai pretendenti sia di Itaca sia delle isole vicine (Same, Dulichio e Zacinto) che costituiscono il regno di Ulisse.
3. **non si sperdano al vento:** in modo che il lavoro non vada a finire in niente.
4. **il sudario:** è il lenzuolo funebre che Penelope sta tessendo per il padre di Ulisse, Laerte. Penelope ha promesso ai proci che sceglierà il nuovo sposo quando terminerà l'opera. Ma, per ritardare questo evento, disfa di notte il lavoro del giorno. Non risulta che i Greci avessero l'usanza di avvolgere il morto in un sudario.

Paolo Fagnani (sec. XIX), *Donna seduta su uno scoglio*, 1850 ca., particolare, Pavia, Musei Civici.

allora una delle donne, che ben lo sapeva, parlò
e la cogliemmo a disfare lo splendido ordito.
Così lo ha finito, benché contro voglia, per forza.
Ti rispondono questo i pretendenti, perché tu
nel tuo animo sappia e lo sappiano tutti gli Achei:
rimanda tua madre[5], imponi che sposi
chi il padre le assegna e a lei piace.
E se a lungo farà ancora penare i figli degli Achei,
pensando nell'animo quello che Atena largamente le ha dato,
opere belle a sapersi e valida mente
ed astuzie, quali non udiamo nemmeno delle donne antiche,
delle Achee dai riccioli belli che vissero prima,
Tiro e Alcmena e Micene[6] dalle belle corone[7]
– nessuna di esse seppe pensieri come Penelope –,
ebbene, questo non l'ha pensato in modo giusto.
Perché la tua roba e i tuoi averi li mangeranno
finché lei ha questo pensiero, quello che ora
gli dei le pongono in petto: grande gloria a se stessa
procura, ma a te il rimpianto di molta ricchezza.
Noi non andremo al nostro lavoro né altrove,
se lei tra gli Achei non sposa, prima, chi vuole».

trad. it. G.A. Privitera, Lorenzo Valla-Mondadori, Milano

5. **rimanda tua madre:** Antinoo chiede a Telemaco che rimandi Penelope a casa del padre Icario, secondo l'usanza di rimandare la vedova dal padre perché le scelga un altro marito.
6. **Tiro, Alcmena e Micene:** sono tre figure del mito, famose tessitrici. Tiro, madre di Neleo da cui nacque il saggio Nestore; Alcmena madre di Eracle; Micene, figlia di Inaco, dalla quale trasse il nome la città di Micene. «*Antinoo sceglie tre grandi nomi dell'età eroica, ma non vi è motivo di credere che qualcuna di queste eroine fosse particolarmente ingegnosa*» (West).
7. **dalle belle corone:** epiteto formulare.

Note di lettura

▶ L'intervento di Antinoo

In risposta alle parole di Telemaco, Antinoo non attacca frontalmente il giovane, ma con grande astuzia scarica la responsabilità della situazione su **Penelope**.

Il suo intervento è arrogante, ma è strutturato con una **lucida razionalità**, in contrapposizione alle reazioni emotive di Telemaco. Esordisce rimproverando al giovane di accusare ingiustamente i pretendenti e poi dipinge un'**immagine negativa di Penelope**, dicendo che i pretendenti sono vittime di un suo inganno. Egli sostiene che la donna li ha raggirati con false promesse e li ha indotti ad attendere la sua scelta stando nella casa di Ulisse. A prova del suo comportamento ambiguo rivela l'inganno della tela. Ai cittadini in assemblea Penelope è presentata come tessitrice d'inganni, immagine solo parzialmente ingentilita dal richiamo alle virtù di tre eroine della mitologia. Antinoo conclude il discorso mettendo Telemaco di fronte a una drastica alternativa: o Penelope si sposa di nuovo o i pretendenti distruggeranno il patrimonio di Ulisse.

▶ Le forme della narrazione

Nella storia della tela di Penelope il poeta riprende un **motivo tipico della favolistica popolare** della donna assediata dai pretendenti mentre il marito è assente e dello **stratagemma della dilazione** escogitato dalla donna per sviare gli spasimanti. Si tratta di un tema che ha una larghissima fortuna nella tradizione dei racconti popolari. Nella tradizione cristiana questo tema è ripreso dalla leggenda di sant'Agata che, volendo rimanere vergine, cerca di procrastinare la data delle nozze imposte dalla madre e promette che si sposerà solo quando avrà terminato di tessere il velo da sposa.

Ma la scelta di Penelope di tessere un lenzuolo funebre bianco assume diversi significati simbolici. Il lenzuolo appare anche un'espressione di un **privato lutto per Ulisse** che potrebbe essere morto. Il bianco del lenzuolo, inoltre, allude al vuoto temporale dell'**assenza del marito**. Infine, il fatto di tessere e disfare poi l'ordito esprime il tentativo di **fermare il tempo**: «*Penelope cerca di arrestare il futuro che le porterebbe nella casa di nuovo un nuovo marito. Sogna un futuro uguale al passato: uguale al tempo in cui Ulisse era ancora al suo fianco*» (Privitera).

› Maurice Chabas (1862-1947), *Meditazione nel parco*, 1898 ca., particolare, collezione privata.

Competenze alla prova

Comprensione

difficoltà

1. Dove si svolge l'episodio narrato?
2. Per quale motivo Antinoo sostiene che non i proci ma Penelope è responsabile della situazione che si è creata nella casa di Ulisse?
3. Per chi tesse Penelope il lenzuolo funebre?
4. Chi ha svelato ai proci l'inganno del lenzuolo funebre?
5. A quali figure femminili è paragonata Penelope?
6. Con quale minaccia Antinoo conclude il suo discorso?

Analisi

difficoltà

7. L'episodio contiene un racconto nel racconto. Quale?
8. Come giustifica Antinoo il fatto che i proci continuano a rimanere nella casa di Ulisse?
9. In che cosa Penelope può essere paragonata a Ulisse?
10. Per quale motivo Antinoo chiede a Telemaco che rimandi Penelope dal padre?
11. A quale prezzo – secondo Antinoo – Penelope si procura grande gloria con il suo comportamento?
12. In quale parte del brano l'arroganza di Antinoo emerge più chiaramente?
13. Quale figura retorica è contenuta nel verso 98?

Produzione

difficoltà

14. Immagina che all'assemblea sia presente Penelope e che risponda ad Antinoo.

Alberto Savinio (1891-1952), *Penelope*, 1930, collezione privata.

Telemaco alla corte di Menelao

Luogo:
Grecia
Anno:
VIII secolo a.C.
Tratto da:
Libro IV, vv. 120-125; 134-289

Il brano

Telemaco e Pisistrato, figlio di Nestore, arrivano a Sparta al tramonto e si dirigono alla reggia di Menelao, dove si sta festeggiando un duplice matrimonio: di Ermione (figlia di Menelao e di Elena) con Neottolemo (figlio di Achille) e di Megapente (figlio di Menelao e di una schiava) con la figlia dell'eroe greco Alettore. I due giovani stranieri, presentatisi in incognito, sono accolti ospitalmente da Menelao nella sontuosa casa di cui essi ammirano stupiti lo splendore («*Perché v'era uno splendore come di sol e di luna / nella casa dall'alto soffitto di Menelao glorioso*»). Dopo aver fatto il bagno ed essere stati unti d'olio, gli ospiti sono rivestiti di una tunica e di un morbido mantello, quindi siedono a banchetto accanto a Menelao che, secondo il rituale dell'ospitalità, prima di chiedere chi sono li invita a rifocillarsi. Menelao, accortosi del loro stupore per la sontuosa sala, dice di aver accumulato molte ricchezze errando fra Cipro, la Fenicia e l'Egitto. Ma ormai, aggiunge Menelao, non prova più nessuna gioia perché è tormentato dal pensiero della tragica fine del fratello Agamennone e in particolare prova un'incessante e profonda pena per la sorte di Ulisse. Telemaco, sentendo parlare del padre, si commuove fino alle lacrime e Menelao, notando il pianto di Telemaco, è incerto se lasciare che sia lui stesso a parlare o fargli subito delle domande.

Mentre rifletteva così nella mente e nell'animo,
Elena venne dal talamo, odoroso d'incenso,
dall'alto soffitto, somigliante ad Artemide dall'aurea conocchia[1].
Adreste, venuta con lei, le pose un seggio ben fatto,
Alcippe[2] portò dei tappeti di morbida lana,
Filò portò un cesto d'argento,
[...]
ricolmo di filo ben torto: e sopra di esso
la conocchia era stesa, con la lana violetta.
Sedette sul seggio: c'era sotto uno sgabello pei piedi.
Subito ella chiese al marito, con domande, ogni cosa:
«Sappiamo, Menelao allevato da Zeus, chi dicono
d'essere questi venuti a palazzo tra gli uomini?
Mentirò o dirò cosa vera? Ma il cuore mi spinge.
Io dico che nessuno a vedersi è così somigliante,
né uomo né donna (stupore mi prende guardandolo),
com'è somigliante costui al figlio dell'intrepido Odisseo,
a Telemaco, che nato da poco quell'uomo lasciò
nella casa, quando veniste per me, faccia di cagna[3],
sotto Troia voi Achei, suscitando una guerra audace».
E il biondo Menelao rispondendo le disse:
«Anch'io, donna, credo ora così, come tu immagini:
erano i suoi piedi così e così le sue mani,

1. **conocchia:** è uno strumento che serve a reggere l'ammasso di fibre tessili durante l'operazione di filatura.
2. **Adreste ... Alcippe:** sono due ancelle di Elena.
3. **faccia di cagna:** Elena si presenta con l'ignominioso appellativo che lei stessa si attribuisce nell'*Iliade*.

Pellegrino Tibaldi (1527-1596), *Storie di Ulisse, Eolo dona l'otre dei venti a Ulisse*, 1550-1551, particolare, Bologna, Palazzo Poggi.

e gli sguardi degli occhi e la testa e, sopra, i capelli.
E proprio ora, ricordando Odisseo, io
raccontavo quanto egli soffrì e per me
faticò, e questi sotto le ciglia spargeva pianto copioso,
dopo aver sollevato sugli occhi il mantello purpureo»[4].
Allora Pisistrato figlio di Nestore di rimando gli disse:
«Figlio di Atreo, Menelao allevato da Zeus, capo di popoli,
questi è davvero, come dici, il figlio di Odisseo:
ma ha ritegno e prova imbarazzo nell'animo,
la prima volta che è qui, a dire cose avventate
davanti a te, della cui voce noi due gioiamo come di un dio.
Il cavaliere Gerenio[5], Nestore, mi ha mandato
con lui, per seguirlo come sua scorta: voleva vederti
perché una parola o un'azione gli suggerissi.
Infatti quando il padre è partito, il figlio ha molti dolori
in casa, se altri non gli sono d'aiuto,
come egli a Telemaco ora è partito e non ci sono
altri che nel paese tengano la sventura lontana».
E il biondo Menelao rispondendo gli disse:
«Evviva! il figlio d'un amico assai caro nella mia casa
è arrivato, di uno che sostenne per me molte lotte:
ed io pensavo che l'avrei favorito più di tutti gli Argivi,
quando fosse tornato, se Zeus Olimpio dalla voce possente
ci avesse concesso il ritorno sul mare con le navi veloci.
E una città gli avrei dato, in Argolide, e costruito un palazzo,
dopo averlo condotto da Itaca con gli averi e col figlio
e con tutte le genti, e sgombrata un'intera città,
di quelle che sono qui intorno e mi sono soggette.
E stando qui, ci saremmo spesso riuniti, e nient'altro
ci avrebbe divisi, pieni di affetto e di gioia,
fin quando la nera nube di morte ci avesse ravvolto.
Ma di questo doveva aver invidia il dio stesso,
che solo lui rese infelice senza ritorno!».
Disse così, e in tutti suscitò desiderio di pianto.
Piangeva Elena Argiva, nata da Zeus;
piangeva Telemaco e il figlio di Atreo, Menelao;
e anche il figlio di Nestore non aveva senza lacrime gli occhi,

4. **dopo … il mantello purpureo:** Telemaco, per non far vedere che piange, ha sollevato sul capo il mantello.
5. **Gerenio:** di Gereno, in Messenia, patria di Nestore.

ché s'era ricordato nell'animo del nobile Antiloco
lo uccise lo splendido figlio della lucente Aurora[6].
E di lui ricordatosi, egli disse alate parole:
«Che tu, Atride, sia saggio più degli altri mortali,
lo diceva Nestore, il vecchio, quando di te parlavamo
nel suo palazzo e chiedevamo l'un l'altro.
Dunque ora da' retta, se possibile, a me: perché davvero
non godo dopo cena di piangere, ma ci sarà
la mattutina Aurora per questo. Certo non disdegno
di piangere, chi dei mortali muoia e subisca il destino.
È pur questo il solo privilegio per i miserandi mortali,
tagliarsi la chioma e dalle guance lasciar scorrere lacrime.
Perché anche mio fratello è morto e non era degli Argivi
il peggiore. Tu lo devi sapere: io infatti non l'ho
né incontrato né visto. E dicono che Antiloco fosse migliore
di altri, velocissimo nella corsa e guerriero».
E il biondo Menelao rispondendo gli disse:
«O caro, poiché hai parlato, come potrebbe parlare ed agire
un uomo assennato e che fosse più anziano:
e infatti sei di tal padre, perché parli anche tu saggiamente.
Ben riconoscibile è il figlio di un uomo, al quale il Cronide
abbia dato fortuna nel prendere moglie e avere dei figli,
come concesse ora a Nestore, sempre e ogni giorno,
che egli agiatamente invecchiasse nelle sue case
e i figli fossero assennati e valorosi con l'asta.
Lasciamo ora il pianto, che prima fu fatto,
e pensiamo di nuovo alla cena: sulle mani versino
l'acqua. Dopo l'aurora avremo discorsi
Telemaco ed io da dirci l'un l'altro».
Disse così, e Asfalione versò sulle mani dell'acqua,
il solerte scudiero di Menelao glorioso.
Ed essi sui cibi pronti, imbanditi, le mani tendevano.
Allora pensò un'altra cosa Elena, nata da Zeus:
nel vino di cui essi bevevano gettò rapida un farmaco[7],
che fuga il dolore e l'ira, il ricordo di tutti i malanni.
Chi l'ingoiava, una volta mischiato dentro il cratere,
non avrebbe versato lacrime dalle guance, quel giorno,
neanche se gli fosse morta la madre e il padre,
neanche se gli avessero ucciso davanti, col bronzo,
il fratello o suo figlio, e lui avesse visto cogli occhi.
Tali rimedi efficaci possedeva la figlia di Zeus,
benigni, che a lei Polidamna diede, la sposa di Tone[8],
l'Egizia. La terra che dona le biade produce moltissimi
farmaci, lì: molti, mischiati, benigni; molti, funesti.
Ciascuno è medico esperto più d'ogni
uomo: sono infatti della stirpe di Peone[9].
E dopo averlo gettato nel vino e ordinato che lo versassero,
rispondendo di nuovo ella disse:
«Figlio di Atreo, Menelao allevato da Zeus, e voi pure,
figli di eroi valorosi, il dio ora a uno ora a un altro
dà il bene e il male, Zeus: egli infatti può tutto.
Banchettate ora, dunque, seduti nella gran sala

---

6. **figlio della lucente Aurora:** è Memnone, il bellissimo figlio di Titone e di Aurora. Re degli Etiopi, alleato dei Troiani, fu ucciso da Achille. L'episodio è narrato nell'*Etiopide*, un antico poema epico andato perduto.
7. **farmaco:** è stata avanzata l'ipotesi che il prodigioso farmaco sia l'oppio.
8. **Tone:** è un nome di persona effettivamente diffuso in Egitto. Tone è il nome di una città sul delta del Nilo.
9. **Peone:** è il medico degli dei.

e gioite ai discorsi: racconterò infatti a proposito.
Tutto io non posso narrare né posso elencare
quante sono le imprese dell'intrepido Odisseo,
ma dirò questa (e quale!) che l'eroe risoluto compì e ardì
nella terra di Troia, dove patiste pene voi Achei.
Dopo aver fiaccato se stesso con colpi oltraggiosi
e gettato sulle spalle un vile mantello, simile a un servo,
penetrò nella città dei nemici, dalle vie larghe.
Occultando se stesso, s'era fatto simile a un altro,
a Dette[10] che presso le navi degli Achei non era così.
Simile a lui, penetrò nella città dei Troiani: lo ignorarono
tutti! Io sola lo riconobbi, pur conciato a quel modo,
e gli feci domande: egli le schivò con astuzia.
Ma quando lo lavai e lo unsi con olio,
lo avvolsi di vesti e pronunziai un giuramento potente,
che non avrei rivelato Odisseo tra i Troiani
prima che arrivasse alle navi veloci e alle tende,
allora mi espose il piano degli Achei per intero.
Dopoché uccise molti Troiani col bronzo affilato,
tornò tra gli Argivi: riportava molte notizie.
Gemevano stridulamente le altre Troiane, ma il mio cuore
gioiva, perché ormai mi s'era rivolto a tornare
a casa; e lamentavo la follia che Afrodite
mi inflisse, quando dalla patria mi condusse laggiù,
dopo aver lasciato mia figlia, la casa nuziale e uno sposo
a nessuno inferiore, per il senno e l'aspetto».
E il biondo Menelao rispondendo le disse:
«Sì, donna, tutto questo l'hai detto in modo giusto.
Di molti eroi ho ormai conosciuto
il consiglio e il pensiero, e molta terra ho percorso:
ma non vidi mai, coi miei occhi, un cuore,
come era il cuore dell'intrepido Odisseo.
Così, anche questo l'eroe risoluto compì e ardì
nel ben piallato cavallo, dove tutti noi Argivi migliori
stavamo per recare strage e morte ai Troiani.
Tu allora venisti là: deve averti incitata
un dio, che voleva dare gloria ai Troiani;
e venendo ti seguiva Deìfobo[11] simile a un dio.
Tre volte girasti, tastandolo, intorno al cavo agguato
e chiamavi per nome i migliori dei Danai
imitando la voce delle mogli di tutti gli Argivi:
ed io e il Tidide[12] e il chiaro Odisseo
seduti tra essi sentimmo come gridavi.
Noi dunque balzammo smaniosi entrambi
di uscire o rispondere senza indugio da dentro:
ma Odisseo l'impedì e ci trattenne, per quanto bramosi.
Tutti gli altri ora stavano immobili, i figli degli Achei:
solo Anticlo voleva scambiare parole
con te. Ma Odisseo, con le sue forti mani, gli premette
senza posa la bocca, e così salvò tutti gli Achei:
e tanto lo tenne finché ti condusse lontano Pallade Atena».

trad. it. G.A. Privitera, Lorenzo Valla-Mondadori, Milano

10. **Dette:** nome di un mendicante. Elena si riferisce a un'incursione di Ulisse in città per progettare il furto del Palladio, una statua di Atena che assicurava l'invincibilità a chi la possedeva.
11. **Deìfobo:** fratello di Ettore. Dopo la morte di Paride sposò Elena.
12. **Titide:** è Diomede, figlio di Tideo, uno dei più valorosi eroi greci.

Note di lettura

▶ Il riconoscimento di Telemaco

Proprio nel momento di massima tensione per il pianto di Telemaco, appare Elena, con regale austerità e nello sfavillìo dell'oro e dell'argento. **Elena intuisce subito l'identità di Telemaco**, mettendo a confronto la fisionomia del giovane che le sta davanti con l'immagine mentale che si è fatta di Ulisse.
Menelao, a differenza di Elena, riconosce Telemaco dal pianto. «*Elena procede per intuizione, Menelao deduce, indugiando: nota che Ulisse aveva i piedi, le mani, la testa e i capelli proprio come erano quelli del giovane, e conclude che il giovane è Telemaco*». Questo duplice riconoscimento è fondamentale per dare a Telemaco la certezza che ancora gli mancava: di essere **veramente il figlio di Ulisse** e di averne ereditato l'aspetto e le virtù: «*Telemaco viaggia non solo per sapere* dove era *il padre, ma per sapere* come era *e modellarsi su di lui*» (Privitera). Inoltre, essere riconosciuto significa per lui "riconoscersi", trovare la propria identità.
Interviene **Menelao** pronunciando un discorso di lode che somiglia a un discorso funebre e concludendolo con la **rassegnata accettazione della realtà**. E secondo il rituale, dopo il discorso funebre incomincia il compianto: tutti piangono fino a quando Elena versa nel vino il prodigioso farmaco che fa dimenticare le pene. Il clima si rasserena e prima Elena poi Menelao rievocano due episodi della guerra che ebbero come protagonista Ulisse. Si tratta di due imprese che hanno un'importanza fondamentale per le sorti della guerra. Infatti, la prima è il furto del Palladio, la statua di Atena che i Troiani custodivano nel tempio della dea. La statua aveva il potere di assicurare l'inespugnabilità della città nella quale si trovava. La seconda riguarda il ruolo di Ulisse nell'impedire che l'inganno del cavallo fosse scoperto.

Alberto Savinio (1891-1952), *Senza titolo*, 1926-1927, particolare, collezione privata.

▶ L'apparizione di Elena

L'affascinante creatura che aveva suscitato l'ammirazione degli anziani sugli spalti di Troia (vedi a p. 70) è ormai svanita: **non resta traccia del suo passato**. La divinità alla quale è ora associata non è più Afrodite, ma Artemide, il cui appellativo, «*aurea conocchia*» (v. 122), richiama i lavori domestici ai quali deve attendere una donna di casa (l'ancella pone accanto a Elena la conocchia d'oro e il cesto d'argento per la lana). Essa ha ripreso la sua posizione accanto a Menelao, che considera a «*nessuno inferiore, per il senno e l'aspetto*» (v. 264). Anche in questo ruolo, però, appare in un alone di fascino misterioso nella sua capacità di dare agli uomini, per mezzo del prodigioso farmaco, l'oblio e l'illusione di essere potenti e felici.
Menelao, a sua volta, ha riacquistato l'antico onore (*timé*) e non ha motivo per rimproverare alla moglie il suo passato, tanto più che Elena è figlia di Zeus e, grazie a lei, dopo la morte avrà diritto a un destino diverso da quello dei comuni mortali.

Tuttavia egli, senza turbare il clima sereno che si è instaurato, rievoca un episodio che rivela l'**ambiguità** del comportamento di Elena durante il suo soggiorno a Troia. All'immagine che Elena dà di sé, consapevole dei propri errori e pentita, tanto da aver collaborato con Ulisse, Menelao oppone, senza peraltro turbare il clima sereno del colloquio, quella di una donna schierata dalla parte troiana fino alla fine della guerra, raccontando l'episodio del famoso cavallo di legno. Risulta così che Elena ha compiuto un duplice tradimento: prima ha tradito i Troiani che la ospitavano, poi ha tradito i Greci. Essa resta così fissata nel ruolo della **donna che tradisce** che, nel contesto dell'opera, contribuisce a esaltare per contrasto la lealtà di Penelope.

▶ Le forme della narrazione

Nell'architettura dell'opera i primi quattro libri (la *Telemachia*) hanno la funzione di dare all'ascoltatore un quadro della drammatica situazione di Itaca nell'imminenza dell'arrivo di Ulisse e di **far emergere la figura di Telemaco**. Il protagonista, dunque, non opera sulla scena occupata invece dai proci, che hanno invaso la casa di Ulisse, e da Telemaco che va alla ricerca di notizie sul padre. Il rischio di una tale scelta era quello di dare l'impressione che la *Telemachia* fosse un'opera a sé per l'assenza del protagonista e per il brusco cambiamento di scena nel Libro V, dove troveremo Ulisse in preda a un disperato sconforto perché non può lasciare l'isola di Ogigia. In realtà, il poeta assicura la continuità del poema facendo in modo che **la figura del grande assente sia continuamente richiamata** e resa quasi idealmente presente attraverso le parole di Penelope, di Nestore, di Elena e di Menelao. In particolare, Elena e Menelao non si limitano a celebrare a parole la grandezza di Ulisse. Con i loro racconti rendono visivamente presente l'eroe in imprese nelle quali ha concretamente mostrato le sue doti di intelligenza, sagacia e versatilità. «*Solo dopo aver appreso nei primi quattro libri chi era stato Ulisse in pace e in guerra è possibile misurare, nel quinto, l'abisso di miseria in cui era precipitato. Ed è una delle più forti ragioni per cui la* Telemachia *è, nel poema, assolutamente indispensabile*» (Privitera).

Nel mondo di Omero

La pirateria

Lo splendore della reggia di Menelao ha suscitato lo stupore di Telemaco e di Pisistrato: Menelao è un re ricchissimo che vive nel lusso perché ha accumulato immense ricchezze. Nei luoghi visitati durante il suo lungo viaggio di ritorno ha ricevuto molti doni ospitali, ma si è arricchito soprattutto praticando la pirateria, saccheggiando e razziando le coste dell'Africa settentrionale. La pirateria consisteva in atti di guerra, nel sequestro di navi, in incursioni ostili di genti armate contro città o comunque insediamenti umani lungo le coste. Tucidide, uno storico greco del V secolo a.C. parla di un tempo antico, quando la pirateria era molto praticata dai Greci e dalle popolazioni non greche delle isole e delle città costiere. Essa era un modo per procurare mezzi di sussistenza. Secondo Tucidide, in quei tempi la pirateria non era ancora considerata un'attività condannabile, dal momento che tutti i popoli marinari erano sia vittime della pirateria sia pirati essi stessi. La pirateria e la razzia potevano anche essere motivo di vanto e di maggior fama. Dopo la presa di Troia, anche Ulisse con le sue navi effettua un'azione di pirateria, da lui stesso raccontata, a danno dei Ciconi (Libro IX, 193-212). La pirateria sarà combattuta solo quando incominceranno ad affermarsi grandi potenze marinare perché costituirà un serio ostacolo per gli scambi commerciali.

Competenze alla prova

Comprensione

difficoltà ●○○

1. A quale dea è paragonata Elena?
2. A quale attività della donna di casa allude l'epiteto?
3. Perché Telemaco nasconde il capo sotto il mantello?
4. Che cosa intendeva fare Menelao per l'amico al ritorno da Troia?
5. Chi è Dette?
6. Tra le seguenti affermazioni, indica quali sono quelle vere (V) e quali sono false (F).

	V	F
a. Anche Pisistrato piange Ulisse.	☐	☐
b. Il farmaco di Elena proviene dall'isola di Cipro.	☐	☐
c. Gli Egizi sono esperti nell'arte medica.	☐	☐
d. Elena giunge da sola vicino al cavallo.	☐	☐
e. Elena chiama per nome gli eroi dentro il cavallo.	☐	☐
f. Ulisse convince Anticlo a non uscire dal cavallo.	☐	☐

Analisi

difficoltà ●●○

7. Da che cosa emerge il nuovo ruolo di Elena rispetto a quello che aveva nell'*Iliade*?
8. Come spiega Menelao l'avversa sorte che non gli ha consentito di compensare Ulisse per ciò che aveva fatto per lui?
9. Per quale aspetto Elena conserva ancora un fascino particolare?
10. Quale funzione hanno i due racconti delle imprese di Ulisse?
11. Nell'episodio del cavallo Ulisse impersona
    ☐ l'audacia ☐ la ragione
    ☐ la forza ☐ l'astuzia
12. Quali particolari permettono a Elena di riconoscere Telemaco?
13. Nel verso 186 («*non aveva senza lacrime gli occhi*») sono contenute due figure retoriche. Quali?
    ☐ Metafora ☐ Chiasmo ☐ Litote
    ☐ Perifrasi ☐ Metonimia
14. Quale figura retorica è contenuta nei versi 184-185: «*Piangeva Elena Argiva, nata da Zeus; / piangeva Telemaco e il figlio di Atreo, Menelao*»?
    ☐ Anafora ☐ Iperbole
    ☐ Polisindeto ☐ Paronomasia

Produzione

difficoltà ●●●

15. Come abbiamo visto, nella *Telemachia* la figura di Ulisse è idealmente presente grazie alle testimonianze e ai racconti dei personaggi, che entrano in scena in questi Libri. Attraverso le parole di Nestore (vedi il testo riportato), Atena (nel concilio degli dei), Penelope, Elena e Menelao, ricostruisci in un testo scritto i tratti caratteristici della figura di Ulisse.

Joaquín Torres-García (1874-1949), *Pallade presenta la Filosofia davanti al Parnaso*, 1911, particolare, Madrid, Centro de Arte Reina Sofía.

Il nuovo concilio degli dei

Luogo:
Grecia
Anno:
VIII secolo a.C.
Tratto da:
Libro V, vv. 43-84; 116-233

Il brano

Il Libro V si apre con un nuovo concilio degli dei in cui, come nel primo, è ancora Atena che sostiene la causa di Ulisse e sollecita un'iniziativa a suo favore. La dea ricorda la dolorosa condizione di Ulisse, che non può tornare alla sua patria perché è trattenuto nell'isola di Ogigia dalla ninfa Calipso. Inoltre – continua Atena – a Itaca i proci tramano per uccidere Telemaco, mentre sta tornando dal viaggio a Pilo e a Sparta dove si è recato per cercare notizie del padre. Zeus le ricorda le decisioni del primo concilio, durante il quale Atena aveva stabilito il piano per consentire a Ulisse di tornare a Itaca e punire i proci. Poi invita la dea a fare in modo che Telemaco torni illeso a Itaca; quindi ordina a Ermes di andare a riferire a Calipso la sua decisione irrinunciabile: Ulisse dovrà tornare a Itaca e rivedere i suoi cari.

Disse così e ubbidì il messaggero Arghifonte[1].
Subito legò ai piedi i bei sandali,
immortali, d'oro, che sia sul mare lo portavano,
sia sulla terra infinita, coi soffi del vento.
Prese la verga: incanta con essa gli occhi degli uomini
che vuole, e altri, dormienti[2], invece li sveglia.
Con essa in mano, il forte Arghifonte volò.
Disceso sulla Pieria[3] calò dall'etere in mare:
poi si slanciò come uccello sull'onda, come gabbiano
che nei seni paurosi[4] del mare infecondo
bagna d'acqua salata le salde ali in caccia di pesci:
simile a questo, Ermete avanzò su molte onde.
Ma quando all'isola giunse, che era lontana,
lasciato il mare viola[5] andò sulla terra,
finché arrivò alla grande spelonca[6], nella quale abitava
la ninfa[7] dai riccioli belli[8]: la trovò che era in casa.
Sul focolare ardeva un gran fuoco, si sentiva lontano
per l'isola l'odore di tenero cedro[9] e di tuia[10]
che bruciavano: lei dentro, con voce bella cantando,
movendosi davanti al telaio, tesseva con l'aurea spola.
Un bosco rigoglioso cresceva intorno alla grotta:
l'ontano, il pioppo e il cipresso odoroso.
Uccelli con grandi ali vi avevano il nido:
gufi, sparvieri e corvi di mare
ciarlieri, che amano le cacce marine.
Attorno alla grotta profonda, s'allungava
vigorosa una vite, ed era fiorita di grappoli.
Quattro fonti sgorgavano in fila con limpida acqua,
vicine tra loro e rivolte in parti diverse.
V'erano intorno morbidi prati fioriti di viole

1. **Arghifonte:** epiteto di Ermes che significa "uccisore del mostro Argo". Il dio parte con il suo equipaggiamento tipico: i calzari alati e la verga magica.
2. **dormienti:** tra le numerose prerogative di Ermes c'era quella di donare agli uomini il sonno e il risveglio.
3. **Pieria:** la montagna che si erge a nord dell'Olimpo.
4. **seni paurosi:** le profondità marine che incutono paura.
5. **viola:** epiteto fisso che richiama il colore cupo del mare.
6. **spelonca:** grotta.
7. **ninfa:** le Ninfe erano divinità minori della religione olimpica, che vivevano appartate e in stretto rapporto con la natura.
8. **dai riccioli belli:** epiteto formulare che accenna alle elaborate pettinature a riccioli raccolti da un nastro o da un diadema.
9. **cedro:** non il cedro del Libano, ma il ginepro.
10. **tuia:** probabilmente una varietà di cedro.

e di sedano[11]. Arrivato in quel luogo, anche un dio
avrebbe guardato stupito, e gioito nell'animo suo.
Si fermò ammirato il messaggero Arghifonte.
E, quando nella sua mente ebbe tutto ammirato,
subito entrò nella vasta spelonca: di fronte
vedendolo non ebbe dubbi Calipso, chiara fra le dee,
perché gli uni agli altri non sono ignoti gli dei
immortali, neanche se abitano case lontane.
Non vi trovò il magnanimo Odisseo:
seduto sulla riva, gemeva come sempre
lacerandosi l'animo con lacrime, lamenti e dolori,
guardava piangendo il mare infecondo.

Ermes comunica a Calipso l'ordine di Zeus.

Disse così. Rabbrividì Calipso, chiara fra le dee,
e parlando gli disse alate parole:
«Siete crudeli, voi dei, gelosi più d'ogni altro,
che invidiate alle dee di giacersi con uomini
apertamente, se si procurano un caro marito.
Così, quando Aurora dalle rosee dita scelse Orione[12]:
glielo invidiaste voi dei che lietamente vivete,
finché ad Ortigia[13] la casta Artemide sull'aureo trono
colpendolo con i suoi miti dardi l'uccise[14].
Così, quando Demetra dai riccioli belli, cedendo
al suo animo, si unì con Iasione[15] in amore nel letto
in un maggese[16] arato tre volte: non ne fu ignaro Zeus
a lungo, e l'uccise colpendolo col vivido fulmine.
Così anche ora, o dei, invidiate che da me stia un uomo.
Ma fui io a salvarlo, aggrappato alla chiglia,
solo, quando Zeus percossagli col vivido fulmine

^ Giorgio de Chirico (1888-1978), *Cavaliere con berretto rosso e manto azzurro*, 1939, particolare, Roma, Galleria Nazionale d'Arte Moderna.

11. **sedano:** pianta selvatica che nasce in luoghi paludosi.
12. **Aurora ... Orione:** la dea Aurora, avversata da Afrodite per gelosia, ebbe diversi amori tra i mortali. Orione, figlio di Posidone, era un celebre cacciatore.
13. **Ortigia:** "isola delle quaglie". Nell'Antichità erano note almeno due isole con questo nome (attualmente è così chiamata l'isola che costituisce la parte più antica della città di Siracusa, in Sicilia). Omero, tuttavia, pare non riferirsi a nessuna delle due, ma utilizza questo nome per indicare un luogo immaginario, posto in un lontano Occidente.
14. **colpendolo ... uccise:** miti dardi sono la metafora di una morte improvvisa apparentemente senza causa. In genere si riteneva che i dardi di Artemide colpissero le donne e quelli di Apollo gli uomini.
15. **Demetra ... Iasione:** Demetra era la dea delle messi; Iasione era un personaggio mitico collegato con il mondo dell'agricoltura.
16. **maggese:** il terreno lasciato a riposo senza essere seminato per aumentarne la fertilità.

la nave veloce la spezzò in mezzo al mare scuro come il vino.
Allora tutti gli altri compagni valorosi perirono,
e il vento e l'onda lo portarono e spinsero qui.
Costui io l'ho accolto e nutrito, e pensavo
di farlo immortale e per sempre senza vecchiaia[17].
Ma poiché un altro dio non può trasgredire
o rendere vano un pensiero di Zeus egìoco[18],
vada pure in malora[19], se egli lo spinge e comanda,
sul mare infecondo. Io certo non posso aiutarlo:
non ho navi coi remi, o compagni
che lo scortino sul dorso del vasto mare.
Invece gli darò volentieri consigli, senza celarli,
perché arrivi salvo alla sua terra».
Allora il messaggero Arghifonte le disse:
«Mandalo, dunque, così; e paventa l'ira di Zeus,
che poi, sdegnato con te non sia aspro».
Detto così il forte Arghifonte partì:
lei si recò dal magnanimo Odisseo[20], la ninfa possente,
quando ebbe udito il messaggio di Zeus.
Lo trovò seduto sul lido: i suoi occhi
non erano mai asciutti di lacrime, passava la dolce vita
piangendo il ritorno, perché ormai non gli piaceva la ninfa.
Certo la notte dormiva, anche per forza,
nelle cave spelonche, senza voglia, con lei che voleva;
ma il giorno, seduto sugli scogli e sul lido,
lacerandosi l'animo con lacrime, lamenti e dolori,
guardava piangendo il mare infecondo.
Ritta al suo fianco gli parlò, chiara fra le dee:
«Infelice, non starmi qui a piangere ancora, non rovinarti
la vita: ti lascerò andare ormai volentieri.
Ma su, taglia dei grossi tronchi con l'ascia di bronzo
e costruisci una zattera larga: sopra conficca dei fianchi,
perché ti porti sul fosco mare.
Io vi porrò in abbondanza del cibo, acqua
e rosso vino, che ti tengano lontana la fame;
ti coprirò di panni; ti invierò dietro un vento,
perché possa giungere incolume nella tua terra,
se gli dei che hanno il vasto cielo lo vogliono,
che quando pensano e agiscono sono più potenti di me».
Disse così: rabbrividì il paziente chiaro Odisseo
e parlando le rivolse alate parole:
«Un'altra cosa, non di mandarmi, tu mediti, o dea,
che mi esorti a varcare il grande abisso del mare,
terribile e duro, con una zattera: ma neanche navi librate,
veloci, che godono del vento di Zeus, lo varcano.
Né io monterò su una zattera contro la tua volontà,
se non acconsenti a giurarmi, o dea, il giuramento solenne
che non mediti un'altra azione cattiva a mio danno».
Disse così; sorrise Calipso, chiara fra le dee,
lo carezzò con la mano, gli rivolse la parola, gli disse:
«Sei davvero un furfante e non pensi da sciocco:
che discorso hai pensato di farmi!

---

17. **senza vecchiaia:** Calipso fa questa puntualizzazione perché Aurora aveva donato a Titone, del quale si era innamorata, l'immortalità dimenticandosi di aggiungere anche l'eterna giovinezza.
18. **egìoco:** epiteto riferito all'egida, lo scudo con il quale Zeus destava terrore in chi lo guardava.
19. **vada pure in malora:** in Omero il verbo greco significa propriamente "vada lontano"; solo più tardi assumerà il significato di malaugurio ("vada in malora").
20. **Odisseo:** Ulisse appare qui per la prima volta.

Sia ora testimone la terra e in alto il vasto cielo
e l'acqua dello Stige[21] che scorre (che è il giuramento
più grande e terribile per gli dei beati)
che non medito un'altra azione cattiva a tuo danno.
Ma penso e mediterò quello che per me
io vorrei, se fossi in tale bisogno:
perché anche io ho giusti pensieri, e nel petto
non ho un cuore di ferro, ma compassione».
Detto così lo guidò, chiara fra le dee,
sveltamente: dietro la dea andò lui.
Arrivarono, la dea e l'uomo, nella cava spelonca.
Lì egli sedette sul trono da cui s'era alzato
Ermete, e la ninfa gli offrì ogni cibo
da mangiare e da bere, di cui i mortali si cibano.
Lei stessa sedette di fronte al divino Odisseo
e le ancelle le misero innanzi ambrosia e nettare[22].
Ed essi sui cibi pronti, imbanditi, le mani tendevano.
Poi, quando furono sazi di cibo e bevande,
tra essi cominciò a parlare Calipso, chiara fra le dee:
«Divino figlio di Laerte, Odisseo pieno di astuzie,
e così vuoi ora andartene a casa, subito,
nella cara terra dei padri? e tu sii felice, comunque.
Ma se tu nella mente sapessi quante pene
ti è destino patire prima di giungere in patria,
qui resteresti con me a custodire questa dimora,
e saresti immortale, benché voglioso di vedere
tua moglie, che tu ogni giorno desideri.
Eppure mi vanto di non essere inferiore a lei
per aspetto o figura, perché non è giusto
che le mortali gareggino con le immortali per aspetto e beltà».
Rispondendo le disse l'astuto Odisseo:
«Dea possente, non ti adirare per questo con me: lo so
bene anche io, che la saggia Penelope
a vederla è inferiore a te per beltà e statura[23]:
lei infatti è mortale, e tu immortale e senza vecchiaia.
Ma anche così desidero e voglio ogni giorno
giungere a casa e vedere il dì del ritorno.
E se un dio mi fa naufragare sul mare scuro come vino,
saprò sopportare, perché ho un animo paziente nel petto:
sventure ne ho tante patite e tante sofferte
tra le onde ed in guerra: sia con esse anche questa».
Disse così, il sole calò e sopraggiunse la tenebra:
ed essi, andati nella cava spelonca,
goderono l'amore giacendosi insieme.
Quando mattutina apparve Aurora dalle rosee dita,
subito Odisseo mise un mantello e una tunica;
invece la ninfa s'avvolse un gran drappo lucente,
sottile e grazioso, si cinse ai fianchi una fascia
bella, d'oro, e pose un velo sul capo.
Allora preparò la partenza al magnanimo Odisseo.

trad. it. G.A. Privitera, Lorenzo Valla-Mondadori, Milano

21. **Stige:** è il fiume dell'Ade. Per gli dei il giuramento solenne sullo Stige non poteva essere violato, pena l'esilio di nove anni dal consesso divino.
22. **amborosia e nettare:** sono rispettivamente il cibo e la bevanda degli dei. Il termine ambrosia deriva dall'aggettivo *ámbrotos* che significa "immortale".
23. **statura:** secondo i Greci la statura accresceva la bellezza di una persona.

Note di lettura

▶ L'incanto di Ogigia

Ogigia è speculare, come vedremo, all'isola della maga Circe, dove soggiornò Enea. Ambedue, dall'uno all'altro capo del mondo, segnano i limiti estremi delle peregrinazioni dei due eroi. Di Ogigia è insistentemente richiamata la lontananza, una caratteristica che essa condivide con Scheria, la terra dei Feaci cui arriverà Ulisse dopo aver lasciato Calipso.

Ogigia, in particolare, appare un'**isola sperduta** dove gli dei si recano solo eccezionalmente e poiché è sempre associata alla figura di Ulisse "prigioniero" di Calipso, gli ascoltatori sono portati a immaginarla come una terra desolata. Invece Ermes, inaspettatamente, si imbatte in un **luogo di straordinario fascino** che desta il suo stupore.

Il poeta descrive l'ambiente dell'isola collegandolo al soggetto che l'ammira, cioè Ermes. Davanti agli occhi del dio scorrono in una «*gioiosa paratassi prolungata e in lieta sequenza gli elementi del paesaggio intorno alla grotta di Calipso*» (Privitera). L'andamento paratattico dà l'impressione che l'osservatore indugi compiaciuto su ogni particolare del paesaggio. La natura del luogo non appaga solo la **vista**, ma anche l'**udito** (la bella voce di Calipso e il canto degli uccelli) e l'**olfatto** (i profumi di cedri e di essenze odorose).

Con questo paesaggio il poeta ha inteso ritrarre un ***locus amoenus*** (letteralmente "luogo di delizie", "luogo gradevole") che, accanto ad altri passi dell'*Odissea*, sarà il punto di riferimento costante nella descrizione di paesaggi idilliaci di tutta la letteratura europea. Gli elementi costanti del *locus amoenus* saranno la vegetazione rigogliosa allietata dal canto degli uccelli, con alberi di varia specie (anche a discapito di ogni verosimiglianza naturalistica) carichi di frutti maturi, fonti d'acqua limpida e pura, un cielo luminoso, l'aria tersa e limpida di una perenne primavera.

Quello di Ogigia è dunque un **paesaggio incontaminato**, non turbato né dagli sconvolgimenti dei fenomeni naturali né dall'intervento umano, un ambiente incantato in cui c'è posto solo per Ulisse e non per altre presenze umane.

▶ Calipso: la Ninfa innamorata

Calipso, alle parole di Ermes, è subito colta da un immediato brivido che tradisce un **sentimento profondamente umano** e il suo attaccamento all'uomo che intende fare suo sposo; tuttavia, la Ninfa si rassegna dicendo che lascerà partire Ulisse solo se vuole.

Senza rivelargli di aver ricevuto un ordine da Zeus, Calipso comunica a Ulisse che lo lascerà andare. Non solo, ma gli darà tutta l'**assistenza necessaria** perché arrivi sano e salvo alla sua terra, manifestando così il sincero affetto che nutre per lui. Ulisse si insospettisce dinanzi a tanta generosità e Calipso, invece di sdegnarsi, sorride e reagisce con commovente tenerezza venata di tristezza. Calipso, a malincuore ma rassegnata, affronta la questione con l'ospite che ama. Il **tono cortese e pacato** della conversazione, soffuso di malinconia, rivela che tra i due si era creata un'affettuosa familiarità che esula dalla sensualità pura, favorita dal fatto che la certezza della partenza risveglia in Ulisse l'affetto per la donna che lo ha salvato. Calipso, nell'estremo tentativo di trattenere Ulisse, contrappone invano con un moto d'orgoglio la propria bellezza a quella di Penelope. Sono queste le sue ultime parole rivolte a Ulisse; parole che fanno della Ninfa una **creatura umana** più che una dea.

▶ Il rifiuto dell'immortalità

Ulisse per anni è vissuto, dimentico di tutto, immerso nel suo amore per Calipso, senza contatti con nessuno, nella più totale **solitudine**, in un tempo in cui ogni giorno è identico all'altro. Nei suoi riguardi Calipso ha continuato a essere piena di sollecitudine e di amore ma, come dice il suo nome, lo ha tenuto – e continua a tenerlo – **nascosto dal mondo degli uomini**. Quando, sia pur dopo un lungo periodo di tempo, l'attrazione per Calipso è finita, Ulisse ha preso coscienza della propria condizione di **recluso in una prigione dorata**. Si sono

risvegliati in lui il **rimpianto** per la vita passata, la **nostalgia** per Itaca e per la sposa Penelope.
Quando appare sulla scena per la prima volta, Ulisse non è l'eroe in azione, pieno di risorse ed energico che abbiamo conosciuto nel ricordo di altri e nei racconti di Menelao e di Elena, ma un **uomo inerte** che piange in preda alla disperazione, estraneo al rasserenante paesaggio dell'isola e a quell'ambiente sereno. Il suo sguardo è rivolto solo alla distesa del mare al di là del quale sorge la sua Itaca.
Calipso non può non sapere che Ulisse vuole lasciare l'isola. Tuttavia, nutre la segreta speranza di riuscire a fargli dimenticare il ritorno e gli offre la suprema lusinga: **essere per sempre senza vecchiaia e senza morte**, vivendo in quel luogo paradisiaco accanto a lei. Per lui significherebbe la fine del suo peregrinare, una nuova vita: non più dolori, fatiche, disillusioni, non più vecchiaia e malattie, ma un'imperitura felicità nel fiore della giovinezza. È una prospettiva che alletterebbe qualsiasi uomo. Ma **Ulisse rifiuta**: intuisce che quella vita sarebbe per lui un'"infelice beatitudine". L'immortalità sarebbe pagata a caro prezzo con l'isolamento, la separazione dal consorzio umano e la perdita dell'identità (diventerebbe "nessuno"), tenacemente difesa in tutte le vicende vissute prima di approdare all'isola. A un'anonima eternità sempre uguale a se stessa l'eroe preferisce una vita fatta di sofferenze e di gioie, di speranze e di disinganni, ma ricca di vitalità, vissuta in mezzo ai propri simili e nella sua terra accanto a Penelope. Il rifiuto dell'offerta di Calipso e la scelta di essere fedele al proprio destino di creatura mortale può essere considerato il vertice della storia di Ulisse. Sotto questo profilo è stato individuato un parallelo tra Ulisse e Achille: «*È indiscutibile il parallelo fra il rifiuto opposto da Odisseo alle proposte della dea* [....] *e quello opposto da Achille di avere una lunga vita senza gloria*» (Paduano).

▶ Le forme della narrazione

Nel personaggio di Calipso si può riconoscere il riflesso della **fata** della fiaba popolare. Ma l'elemento fiabesco è originalmente rielaborato e sviluppato dal poeta, con straordinari esiti artistici, nella creazione di un personaggio dotato di una sua specifica fisionomia. Calipso svolge un ruolo di primo piano nell'opera, perché dall'esito del suo complesso rapporto amoroso con il protagonista emerge l'alto livello di consapevolezza della straordinaria condizione raggiunta da Ulisse. Calipso è colei che, di fatto, eleva Ulisse al di sopra dei comuni mortali che subiscono la morte e non la scelgono.
Nella risposta a Calipso che gli ricorda la superiorità della propria bellezza su quella di Penolope, Ulisse, per non ferire la sensibilità della dea e ribadire con prudenza e delicatezza la sua scelta di tornare dalla moglie, adotta un abile espediente. Ricorre a un procedimento chiamato dagli studiosi moderni *Priamel* (un termine tedesco risalente al latino *preambulum*, "preambolo") per cui si elencano vari elementi per metterne in risalto uno in particolare, del quale si rivendica la superiore validità: Calipso è senz'altro più bella di Penelope, ma Ulisse **attribuisce a Penelope un valore superiore** pur senza esprimerlo direttamente (al fascino impareggiabile di Calipso antepone il desiderio del giorno del ritorno).

› Max Klinger (1857-1920), *L'ora azzurra*, 1890, particolare, Leipzig, Museum der bildenden Künste.

Competenze alla prova

Comprensione

difficoltà ●○○

1. Con quale similitudine è rappresentato il volo di Ermes sul mare?
2. Che cosa cresce intorno alla spelonca di Calipso?
3. Individua quale fra le seguenti espressioni è sbagliata.
   Quando Ermes arriva sull'isola di Ogigia:
   ☐ il dio si ferma stupito ad ammirare il paesaggio
   ☐ l'isola è avvolta nel silenzio
   ☐ Calipso è intenta a tessere in silenzio
   ☐ Ulisse non si trova nella caverna
4. Qual è l'accusa che Calipso rivolge agli dei?
5. Quali personaggi del mito cita Calipso come esempio della gelosia degli dei?
6. Che cosa teme Ulisse quando Calipso gli dice che gli consente di partire e lo esorta a costruirsi una zattera?
7. Di che cosa si ciba Calipso?
8. In che modo Calipso cerca di convincere Ulisse a restare con lei?

Analis

difficoltà ●●○

9. Con quali epiteti è definito il mare?
10. Individua gli elementi descrittivi dell'isola riferiti ai colori, ai suoni e agli odori.
11. Da che cosa è caratterizzato il periodare della descrizione dell'isola?
12. Che cosa si deduce dall'avverbio «*ormai*» del verso 153: «*ormai non gli piaceva la ninfa*»?
13. Nel testo si trova una breve analessi. Dove?
14. Quale sentimento manifesta Calipso quando Ulisse si mostra diffidente nei suoi confronti?
    ☐ Sorpresa ☐ Malumore
    ☐ Affetto ☐ Indifferenza
15. Quale aspetto del carattere di Ulisse emerge quando esprime il timore che la decisione di Calipso di lasciarlo partire su una zattera nasconda l'intento di danneggiarlo?
16. Per quale motivo qualche commentatore ha definito Ogigia «*l'ingannevole anticamera dell'aldilà*»?
17. In che modo Ulisse evita di ferire l'amor proprio della dea quando essa antepone la propria bellezza a quella di Penelope?

Produzione

difficoltà ●●●

18. Scrivi un breve dialogo tra Calipso e un'altra Ninfa alla quale Calipso racconta le sue vicende.

Dal Libro V al Libro VI

Senza più proferire parola Calipso collabora con Ulisse nella costruzione della zattera: gli dà una scure e un'ascia e lo guida all'estremità dell'isola dove crescono alberi il cui legno è adatto a costruire la zattera. Ulisse, dimostrando di essere un abile carpentiere, completa l'opera in quattro giorni. Al quinto, Calipso, dopo averlo vestito di vesti odorose, pone sulla zattera i viveri e fa levare un vento propizio. Lieto, seduto al timone, Ulisse prende il largo. Dopo diciassette giorni di navigazione giunge in vista della costa di Scheria, la terra dei Feaci. Ma Posidone, mentre sta tornando dagli Etiopi, lo vede e scatena un'improvvisa e violenta tempesta: «La notte scese dal cielo. Piombarono insieme Euro, Noto e l'impetuoso Zefiro e Borea figlio dell'etere e sollevarono immensi marosi» *(trad. it. Ciani).*

Mentre Ulisse si abbandona allo sconforto, convinto ormai di essere perduto, un'onda lo investe dall'alto e lo sommerge nell'acqua. A stento Ulisse riesce a riemergere e a sedersi sopra la zattera.

Ulisse si perde d'animo, ormai convinto di perire. Ma ancora una volta la salvezza per lui arriva da una dea. Ino Leucotea, una divinità marina, gli porge un velo dicendogli di legarselo intorno alla vita e di lasciare la barca. Una volta giunto a riva, dovrà gettarlo in mare senza voltarsi a guardarlo. Leucotea scompare tra le acque e Ulisse sospetta che dietro quell'apparizione si nasconda un altro dei tanti agguati che la sorte avversa gli riserva. Resta quindi sulla zattera, ma quando un'altra onda gli distrugge l'imbarcazione si getta a nuoto cingendosi con il velo di Ino. Posidone, soddisfatto di aver ridotto Ulisse a quel modo, ma consapevole che non è destino che egli muoia nel mare, si allontana. Interviene a questo punto Atena e placa i venti. Tuttavia, le difficoltà non sono finite. Ulisse è gettato dai marosi contro gli scogli: «Come quando un polipo viene strappato dal suo covo, e alle ventose restano infisse tante piccole pietre, così le forti mani di Odisseo si lacerarono contro la roccia» *(trad. it. Ciani).*

Atena lo soccorre di nuovo e lo sospinge in un luogo sgombro di scogli e al riparo, alle foci di un fiume dalla bella corrente. Ulisse invoca la divinità del fiume che arresta la corrente, la trattiene nel suo alveo e accoglie il naufrago nella sua limpida foce. Ulisse si stende al suolo sfinito, ma appena il respiro si fa meno affannoso bacia la terra che lo ha accolto e si abbandona a un soliloquio in cui esprime tutti suoi timori e le sue perplessità sul luogo in cui si trova. Si dirige poi verso un fitto bosco dove, in una radura, sgorga acqua sorgente e due arbusti, riparati dai venti freddi e umidi, dai raggi del sole e dalla pioggia, offrono un accogliente riparo. Atena veglia al suo fianco: lo aiuta ad adagiarsi su un letto di foglie e gli infonde un sonno ristoratore.

Pierre Puvis de Chavannes (1824-1898), *Omero (La Poesia epica)*, 1896, particolare, Boston, Museum of Fine Arts.

L'incontro di Ulisse e Nausicaa

Luogo:
Grecia
Anno:
VIII secolo a.C.
Tratto da:
Libro VI, vv. 74-197; 236-246

Il brano

Mentre Ulisse è immerso nel sonno, Atena si reca alla città dei Feaci, nel palazzo del re Alcinoo. La dea entra nella stanza dove dorme Nausicaa, la giovanissima figlia del re, «*simile alle dee per bellezza e figura*» (v. 16). La dea vola come soffio al suo letto e, sotto le spoglie di una sua amica, le appare in sogno. Il giorno delle nozze – le annuncia la dea – è vicino e le splendide vesti che dovrà indossare lei e chi la accompagnerà giacciono abbandonate. È quindi necessario che Nausicaa provveda subito a lavarle. All'alba dovrà sollecitare il padre a prepararle il carro con le mule per recarsi al torrente. Al mattino Nausicaa va dal padre. Non gli parla del sogno e delle nozze e si offre di lavare i panni di tutti i famigliari. Alcinoo intuisce il vero scopo della richiesta ed è ben disposto ad accontentare la figlia.

Dal talamo[1] la fanciulla portava gli splendidi panni.
E nel carro levigato li pose;
in un canestro la madre[2] mise ogni sorta di cibi
in abbondanza, vi pose saporite vivande, versò il vino
in un otre di capra: sul carro salì la fanciulla.
A lei diede fluido olio in un'aurea ampolla
perché si ungesse[3] con le donne sue ancelle.
Ella prese la frusta e le briglie splendenti,
frustò per avviarle, dalle mule s'alzò un tintinnio,
si tendevano esse con sforzo: portavano i panni e lei stessa,
non sola, con lei erano anche le altre, le ancelle[4].
Quando arrivarono al bellissimo corso del fiume
dove erano i lavatoi[5] perenni e tanta acqua
sgorga bella, da lavare anche panni assai sporchi,
allora esse sciolsero dal carro le mule.
E lungo il fiume vorticoso le spinsero
a pascolare l'erba dolcissima: presero dal carro
sulle braccia le vesti e le portarono nell'acqua scura,
le calcarono sveltamente nei botri[6] provocandosi a gara.
Dopoché le lavarono e resero linde d'ogni sporcizia,
le stesero in fila sulla riva del mare, dove l'acqua
soleva lavare la ghiaia di più, sulla spiaggia.

---

1. **talamo:** camera da letto. Ma il termine è generalmente usato per indicare la camera nuziale e il letto stesso degli sposi.
2. **la madre:** la regina Arète.
3. **olio … ungesse:** nell'Antichità era consuetudine ungersi, dopo il bagno, con oli profumati.
4. **le ancelle:** le donne che appartenevano a famiglie nobili comparivano in pubblico solo accompagnate da ancelle.
5. **lavatoi:** avvallamenti naturali lastricati con pietre nei quali scorre continuamene l'acqua. I lavatoi sono menzionati anche nell'*Iliade*: «*i bei lavatoi dove le mogli e le belle figlie dei Teucri lavavano le splendide vesti, prima, in tempo di pace, prima che giungessero i figli degli Achei*» (XXII, 53-56).
6. **botri:** fossi scavati dalle acque del fiume.

› Amedée Ozenfant (1886-1966), *La grotta delle bagnanti*, 1930-1931, Musée de Grenoble.

Fatto il bagno e untesi copiosamente con l'olio,
esse presero il pasto sulla sponda del fiume:
aspettavano che le vesti asciugassero al raggio del sole.
Quando le ancelle e lei stessa si furono ristorate di cibo,
gettati via i veli dal capo giocarono a palla[7].
Iniziò il gioco Nausicaa[8] dalle candide braccia[9].
Come sui monti va Artemide saettatrice[10],
sull'immenso Taigeto o per l'Erimanto[11],
lieta tra cinghiali e cerve veloci,
e con lei giocano le ninfe dei campi,
figlie di Zeus egìoco, gioisce Leto[12] nell'animo,
e lei col capo e la fronte supera tutte,
e facilmente si nota, e tutte son belle;
così tra le ancelle spiccava la vergine casta.
Ma quando doveva tornarsene a casa,
aggiogate le mule e piegate le belle vesti,
allora pensò un'altra cosa la dea glaucopide Atena,
perché Odisseo si ridestasse e vedesse la bella fanciulla
che poteva guidarlo alla città dei Feaci.
Ecco, la figlia del re lanciò la palla a un'ancella:
mancò l'ancella e la fece cadere nel gorgo profondo.
Un lungo grido lanciarono. Si destò il chiaro Odisseo,
e sedendo rimuginava nella mente e nell'animo:
«Povero me! nella terra di quali mortali mi trovo?
Forse prepotenti e selvaggi e non giusti,
oppure ospitali e che temono nella mente gli dei[13]?
Un tenero grido, come di fanciulle, m'ha avvolto;

7. **gettati … palla:** la palla era una sfera fatta di liste di cuoio riempita di stracci. Per giocare le giovinette si tolgono i veli, che sono segno di pudore.

8. **Nausicaa:** il nome di Nausicaa contiene il sostantivo *naus*, "nave". Tutti i nomi dei Feaci (tranne Alcinoo e Arète) sono connessi con la loro principale attività di navigatori.

9. **dalle candide braccia:** epiteto formulare.

10. **Artemide saettatrice:** è la dea della caccia.

11. **Taigeto … Erimanto:** sono due gruppi montuosi del Peloponneso, ricchi di boschi e di selvaggina.

12. **Leto:** è la madre di Apollo e di Artemide.

13. **prepotenti … gli dei:** la linea di confine tra uomini selvaggi e uomini giusti è tracciata dall'osservanza dell'ospitalità.

di ninfe, che abitano le cime scoscese dei monti,
le sorgenti dei fiumi e i pascoli erbosi[14].
O sono tra uomini che hanno un linguaggio?
Ma voglio tentare e vedere io stesso».
Detto così, sbucò dagli arbusti il chiaro Odisseo,
dalla fitta selva ruppe con la mano robusta un ramo
di foglie, per coprirsi nel corpo le vergogne di uomo.
Mosse come un leone montano sicuro del proprio vigore,
che avanza battuto dalla pioggia e dal vento, gli ardono
gli occhi, e si getta tra buoi o tra pecore
o dietro a selvatiche cerve: anche in un fitto recinto
il ventre lo spinge ad entrare, per assalire le greggi;
così s'accingeva Odisseo ad andare, benché fosse nudo,
tra le fanciulle dai riccioli belli: lo premeva il bisogno.
Orribile ad esse apparve, bruttato dalla salsedine:
fuggirono atterrite qua e là per le rive sporgenti.
Sola rimase la figlia di Alcinoo: a lei Atena
mise coraggio nell'animo e tolse dagli arti il terrore.
Si trattenne e gli stette dinanzi: e Odisseo fu incerto
se implorare la bella fanciulla prendendole le ginocchia[15],
o pregarla con dolci parole, così,
da lontano, che la città gli mostrasse e desse dei panni.
E così pensando, gli parve che fosse più utile
restare lontano e pregarla con dolci parole:
che la fanciulla non si irritasse prendendole le ginocchia.
E subito le fece un discorso dolce ed accorto:
«Ti supplico, o sovrana[16]: un dio sei forse o un mortale?
Se un dio tu sei – essi hanno il vasto cielo –
assai somigliante ad Artemide, la figlia del grande Zeus,
mi sembri in volto, statura ed aspetto.
Se uno dei mortali tu sei, che abitano sulla terra,
tre volte beati tuo padre e la madre augusta,
beati tre volte i fratelli: il loro animo certo
si scalda sempre di gioia per merito tuo,
guardando tale germoglio che muove alla danza.
Ma più di tutti beato nel cuore colui
che pieno di doni ti condurrà a casa sua.
Perché, coi miei occhi, non vidi mai un mortale così,
né uomo né donna: stupore mi prende guardandoti.
Vidi a Delo[17], vicino all'altare di Apollo,
una volta, un giovane germoglio di palma[18] levarsi così:
perché sono stato anche là e mi seguì molta gente
in quel viaggio, da cui doveva venirmi dolore e sventura.
E come nel vedere anche quello stupii nell'animo
a lungo, perché dalla terra un fusto così non crebbe mai prima,
così, o donna, ti ammiro e stupisco e temo tremendamente
di toccarti i ginocchi: ma un grave dolore mi opprime.
Solo ieri, al ventesimo giorno, scampai il mare scuro come vino:
per tutto il tempo mi portarono l'onda e le procelle impetuose
dall'isola Ogigia: un dio m'ha gettato ora qui,
perché anche qui patisca sventure; non credo che finiranno,
ma molte ancora ne aggiungeranno prima gli dei.

---

14. **ninfe ... erbosi:** le Ninfe sono divinità minori legate alla natura.
15. **ginocchia:** il supplice era solito abbracciare le ginocchia della persona alla quale si rivolgeva. «*Il contatto fisico aveva un forte significato rituale (come toccare l'altare).* [...] *Il senso psicologico del gesto, ovviamente consisteva nel dimostrare, con la propria umiliazione, di non costituire una minaccia*» (Hainswort).
16. **o sovrana:** Ulisse ha intuito che la ragazza è nobile.
17. **Delo:** l'isola di Delo, al centro delle Cicladi, era riconosciuta come patria di Apollo ed era famosa per il culto del dio che si era imposto nell'isola tra il XII e l'XI secolo a.C.
18. **germoglio di palma:** si tratta probabilmente della famosa palma sotto la quale il dio era venuto alla luce.

Ma abbi pietà, o sovrana: dopo molto soffrire vengo supplice
a te per prima: nessun altro conosco
degli uomini, che abitano la città e questa terra.
La rocca mostrami, dammi uno straccio da mettere addosso,
se avevi un telo per avvolgere i panni venendo qui.
Gli dei ti concedano quanto nel tuo cuore desideri,
un marito e una casa, e per compagna la felice
concordia; perché non c'è bene più saldo e prezioso,
di quando con pensieri concordi reggono la casa
un uomo e una donna: molto dolore ai nemici,
ma gioia agli amici, e soprattutto fama per essi».
Gli rispose allora Nausicaa dalle candide braccia:
«Straniero – poiché non somigli a un miserabile o a un pazzo –,
agli uomini assegna la felicità lo stesso Zeus Olimpio,
a nobili e miseri, a ciascuno come egli vuole.
E a te diede questo destino e devi sopportarlo comunque.
Ora, poiché arrivi nella nostra città e nel nostro paese,
non ti mancherà una veste o cos'altro
è giusto ottenere arrivando da supplice sventurato.
Ti indicherò la rocca, ti dirò il nome del popolo:
abitano la città e questa terra i Feaci,
io sono la figlia del magnanimo Alcinoo;
da lui dipende il potere dei Feaci e la forza».

Nausicaa richiama le ancelle che stanno fuggendo spaventate, ricordando loro che non esiste nessun uomo al mondo che possa portare guerra ai Feaci e le invita a rifocillare lo straniero e a lavarlo nelle acque del fiume. Le ancelle conducono Ulisse in un luogo appartato, gli danno le vesti e un mantello donati da Nausicaa, un'ampolla d'olio e lo esortano a lavarsi nelle acque del fiume. Le ancelle si allontanano e Ulisse si lava, si cosparge d'olio e indossa le vesti. Interviene poi Atena che rende Ulisse più bello e più alto, con i cappelli ricciuti simili al fiore di giacinto.

Poi [Ulisse] sedette in disparte, sulla riva del mare,
splendente di bellezza e di grazia: l'ammirava Nausicaa.
Allora parlò alle ancelle dai riccioli belli:
«Uditemi, ancelle dalle candide braccia, che vi dico una cosa.
Non senza il volere di tutti gli dei che hanno l'Olimpo
quest'uomo è tra i Feaci pari agli dei:
prima mi pareva ignobile e brutto;
e ora rassomiglia agli dei che hanno il vasto cielo.
Oh, se un uomo così potesse dirsi mio sposo
qui abitando e gli piacesse restare.
Ma su, ancelle, date all'ospite cibo e bevanda».

trad. it. G.A. Privitera, Lorenzo Valla-Mondadori, Milano

Nausicaa, dopo il pasto, invita Ulisse a seguire il carro fino a quando saranno in campagna. Giunti nei pressi della città, si divideranno per evitare che qualcuno possa pensare che lei sia andata a cercare uno sposo straniero. Inoltre, non è lecito che una fanciulla prima delle nozze si accompagni a un uomo senza il consenso dei genitori. Ulisse dovrà raggiungere da solo la reggia dove troverà la regina intenta ai lavori donneschi e il re seduto sul trono. Ulisse dovrà abbracciare le ginocchia della regina in atto di supplica e chiederle di aiutarlo a ritornare in patria.

Note di lettura

▶ L'incontro con Nausicaa

Ulisse, dopo molti anni vissuti in un mondo di favola, lontano dal consorzio civile, si ritrova in un **mondo reale**, dove incontra figure occupate in una di quelle attività che scandiscono i ritmi della vita di ogni giorno: un gruppo di fanciulle – Nausicaa, la figlia del re, con le sue compagne – non intente a tessere ma a lavare i panni e a divertirsi nell'atmosfera serena e gioiosa di una radiosa mattina di sole.

Nausicaa eccelle su tutte per la sua **bellezza**: il poeta la definisce «*simile a una dea per bellezza e per figura*» e ora rappresenta la sua grazia che supera quella di tutte le compagne servendosi di un'affascinante similitudine che la accosta alla vergine Artemide: la dea spicca tra le Ninfe che l'accompagnano alla caccia e suscita il compiacimento della madre Leto, che aveva concepito la figlia in seguito a un'unione con Zeus. Questo dettaglio della madre è «*un tocco delizioso di familiarità che avvicina la sfera divina all'umanità*» (Paduano) e troverà riscontro nella supplica di Ulisse quando parlerà della gioia che Nausicaa suscita nei genitori.

Ulisse, di fronte alla ragazza che gli sta davanti con coraggiosa calma, accortamente evita il gesto rituale del supplice di abbracciare le ginocchia temendo, nello stato in cui si trova, di terrorizzarla e decide di affidarsi solo alla **forza persuasiva delle parole**. Il discorso che rivolge a Nausicaa è un insuperabile esempio di abilità oratoria. Egli dovrebbe parlare di sé, ma non si presenta (parla di lui la condizione in cui si trova) e tesse un accattivante **elogio della bellezza di Nausicaa**.

▶ La bellezza di Nausicaa

In uno stupendo esordio, dopo aver pronunciato la parola «*Ti supplico*» (v. 149) non seguita da altre che ne spieghino il motivo, si rivolge alla giovinetta con una domanda che suona subito come una lode della straordinarietà della sua bellezza ("sei una donna o sei una dea?") ed equiparandola ad Artemide, come già ha fatto il poeta, esprime non solo **ammirazione** ma anche **venerazione**. Poi prosegue nell'elogio di Nausicaa non descrivendo direttamente il suo **fascino**, ma facendolo emergere dalle reazioni stupite e gioiose di chi contempla la grazia delle sue movenze nella danza. Alla grazia si aggiungono anche il **candore** e la freschezza verginale evocata dalla metafora del germoglio. Odisseo riprende il motivo del compiacimento della madre di Artemide espresso nella similitudine e lo estende anche agli altri famigliari, ma in particolar modo alla figura dello **sposo**, anticipando l'augurio di una felicità domestica con cui concluderà il suo discorso.

La lode culmina nella rievocazione del **germoglio** di una giovane palma che svettava splendida verso il cielo a Delo, contemplata da Ulisse presso l'altare di Apollo. Davanti a quella palma era rimasto a lungo in estasi come ora davanti alla fanciulla. Ritorna ancora la metafora del germoglio del verso 157, che evoca la bellezza e il candore di un fiore appena sbocciato.

Con l'accenno a un suo viaggio al tempio del dio, Odisseo fa abilmente un'implicita presentazione di sé come **personaggio importante** che aveva un grande seguito di uomini. A questo punto subentra la vera e propria supplica, la richiesta d'aiuto con una conclusione che richiama la figura di colui che sarà suo sposo.

▶ Lo sposo vagheggiato

Ulisse sembra aver intuito lo stato d'animo di Nausicaa ed esprimendo il suo augurio per una felicità futura va diritto al cuore della ragazza assorta nel pensiero delle nozze. Nausicaa nella replica, prima di assicurare al supplice l'aiuto richiesto, esprime in forma non diretta, ma mediante una litote, un timido **apprezzamento** dell'uomo che le sta davanti. Poi, quando Atena ha infuso bellezza al suo beniamino, è colpita e affascinata dalla nuova immagine di Ulisse e non esita a confidare alle ancelle il desiderio di avere come sposo un uomo "simile" a lui, che "voglia rimanere nella sua terra", ossia "uno straniero". È chiaro quindi che

› Pablo Picasso (1881-1973), *Ragazza con ventaglio*, 1905, particolare, Washington, National Gallery of Art.

in realtà vagheggia già **Ulisse come sposo**. E questo desiderio sarà condiviso dal padre Alcinoo, che proporrà a Ulisse di restare accanto a lui come marito della figlia. Ma questa trepida speranza sarà delusa. Nausicaa tornerà sulla scena poco prima che Ulisse parta, ed esprimerà pudicamente il suo segreto desiderio in un malinconico addio.

«*Ferma vicino a un pilastro dal solido tetto stava Nausicaa, bella di divina bellezza. Stupì, vedendo Odisseo, e gli rivolse parola e gli disse: "Sii felice, straniero, e quando sarai nella tua terra ricordati di me, perché a me per prima devi la vita"*» (VIII, 457-462).

«*Nel secondo ed ultimo incontro con Odisseo, nella reggia, a quest'uomo salvato dal mare e da lei soccorso, che non accetta di diventarle marito, chiede riconoscenza, radicamento nella memoria: per la prima volta nella nostra letteratura d'Occidente, viene idealizzato – come scrive Carlo Diano – il rapporto fra uomo e donna*» (Avezzù).

▸ Le forme della narrazione

Rivolgendosi a Nausicaa, Ulisse usa il modello del ***makarismós*** (da *mákar*, "felice", "beato") con il quale si attribuiva a qualcuno la qualità di "beato". Questo riconoscimento poteva essere amplificato con *tris* (tre): "tre volte beato". Ulisse estende questo augurio ai **fratelli** e ai **genitori**, ma in particolare è rivolto a colui che sarà lo **sposo** di Nausicaa. Infatti, il *makarismós* aveva un uso specifico nell'ambito dell'*epitalamio* (letteralmente "presso il letto nuziale"), canto destinato a celebrare in versi un matrimonio.

Competenze alla prova

Comprensione

difficoltà ●○○

1. Che cosa dà la madre a Nausicaa oltre a cibi e bevande?

2. A quale divinità è equiparata Nausicaa?

3. Che cosa fanno Nausicaa e le ancelle dopo aver lavato i panni e prima di mettersi a giocare a palla?

4. Da che cosa è svegliato Ulisse?

5. In chi teme di imbattersi Ulisse in questa terra sconosciuta?

6. Con quale similitudine è rappresentato Ulisse quando esce dal suo nascondiglio?

7. Tra le seguenti affermazioni, indica quali sono vere e quali sono false.

	V	F
a. Nausicaa e le ancelle giunte al fiume lasciano le mule aggiogate al carro	☐	☒
b. Le ancelle alla vista di Ulisse fuggono terrorizzate	☒	☐
c. Ulisse inizia il suo discorso abbracciando le ginocchia di Nausicaa	☐	☒
d. Nausicaa somiglia ad Artemide per statura e aspetto	☐	☒
e. Ulisse chiede a Nausicaa di essere ospitato nella reggia	☐	☒

8. Quando Ulisse appare, le ancelle lo guardano incuriosite e:

☐ alcune di loro continuano a giocare a palla
☒ fuggono atterrite
☐ sono incerte se parlargli o fuggire

9. Perché Nausicaa non fugge alla vista del naufrago?

10. Quando vede Ulisse trasformato da Atena in un uomo bello e vigoroso Nausicaa dice alle ancelle che:

☒ accompagnerà Ulisse in città dal padre
☐ desidera sposarlo
☐ desidera sposare un uomo simile a lui
☐ vorrà chiedergli di rimanere a Scheria

Analisi

difficoltà ●●○

11. Quali pensieri e dubbi esprime Ulisse nel suo monologo?

12. Quali metafore usa Ulisse per esprimere la bellezza della fanciulla?

13. In che modo Ulisse fa capire a Nausicaa di non essere uomo di infima condizione?

14. Che cosa chiede Ulisse a Nausicaa e che cosa ottiene?

15. Nausicaa, dichiarando che i Feaci accolgono generosamente gli stranieri, a quale principio fondamentale della società omerica si riferisce?

Produzione

difficoltà ●●●

16. Suddividi in sequenze il discorso di Ulisse.

17. Alcuni commentatori giudicano la similitudine dei versi 130-134 poco adatta alla situazione e perfino espressione di un involontario umorismo. Uno studioso, invece, pur ammettendo che l'immagine del leone che si viene a trovare nelle mandrie di buoi e pecore può apparire poco appropriata, sostiene che «*il paragone è complementare a quello tra Artemide e Nausicaa. Se Nausicaa è equiparata ad Artemide e le sue ancelle alle ninfe, Ulisse è equiparato a un leone che ha fame. Delicatezza e riservatezza per Nausicaa, aggressività elementare per Ulisse che viene fuori dagli arbusti. Il paragone con il leone è ben articolato. Il leone è in difficoltà di fronte alla tempesta di pioggia e vento, e però va avanti, là dove la fame lo spinge. Così Ulisse era in difficoltà di fronte a quelle giovani donne (erano le ancelle di Nausicaa, ma lui ancora non lo sapeva e tuttavia procedeva, perché a questo lo spingeva una situazione di necessità (che può intendersi come la mancanza di cibo o di vesti)*» (Di Benedetto).
Quale delle due interpretazioni ti sembra più accettabile? Argomenta per iscritto il tuo punto di vista.

Ulisse alla reggia dei Feaci

Luogo:
Grecia
Anno:
VIII secolo a.C.
Tratto da:
Libro VII, vv. 78-132

Il brano

Dopo che Nausicaa è tornata alla reggia, Ulisse si muove per entrare in città e Atena lo avvolge in una nebbia fittissima per evitare che incontri qualcuno che potrebbe insolentirlo. Poi la dea, assunto l'aspetto di una fanciulla che porta una brocca, lo guida fino al palazzo di Alcinoo. Durante il tragitto Ulisse ammira stupito *«i porti, le navi perfette, le piazze di quella gente e le mura, alte, lunghissime, rinforzate da pali, meravigliose a vedersi»*. Quando arriva alla sontuosa porta della reggia, Atena raccomanda a Ulisse (come aveva già fatto Nausicaa) di rivolgersi subito alla regina, che si trova nella grande sala insieme ad Alcinoo e altri nobili feaci.

Detto questo Atena, la glaucopide Atena, andò via
sul mare infecondo, lasciò la graziosa Scheria,
andò a Maratona[1] e ad Atene dalle vie larghe,
entrò nella solida casa di Erètteo[2]. Odisseo allora
si volse al famoso palazzo di Alcinoo[3]: molto meditò
nel suo cuore, fermandosi, prima di varcare la soglia di bronzo.
Perché v'era un chiarore come di sole o di luna
nella casa dall'alto soffitto[4] del magnanimo Alcinoo:
muri di bronzo correvano ai lati,
dalla soglia all'interno, orlati di un fregio azzurrino[5];
porte d'oro serravano la solida casa di dentro;
stipiti d'argento[6] si ergevano sulla soglia di bronzo,
d'argento l'architrave, la maniglia era d'oro.
Ai lati v'erano cani, d'oro e d'argento,
che Efesto[7] aveva foggiato con mente ingegnosa
per guardare il palazzo del magnanimo Alcinoo,
immortali e senza vecchiaia in eterno[8].
Al muro stavano troni[9], ai due lati,
in fila dalla soglia all'interno e v'erano posti sopra
dei drappi sottili, ben fatti, un lavoro di donne.
I capi feaci solevano sedersi su di essi
per bere e mangiare: ne avevano sempre.

1. **Maratona:** località che si trova nella piana a nord-est di Atene.
2. **Erètteo:** mitico re di Atene. Atena non va in un luogo di culto a lei dedicato nella città di cui è protettrice. Qui sembra che il poeta si riferisca a un'antica idea secondo la quale gli dei dimoravano nei palazzi dei re (Hainsworth).
3. **Alcinoo:** re di Scheria. Il nome del re significa "uomo forte".
4. **dall'alto soffitto:** epiteto formulare.
5. **fregio azzurrino:** la fascia superiore del muro era probabilmente di lapislazzuli.
6. **stipiti d'argento:** le parti laterali della porta rivestite d'argento.
7. **Efesto:** figlio di Zeus e di Era, è il dio del fuoco e fabbro degli dei.
8. **immortali ... eterno:** i cani d'oro sono stati scolpiti con tanta arte che sembrano vivi. Essi hanno una funzione magica e ornamentale.
9. **troni:** probabilmente erano seggi con uno schienale diritto e due braccioli.

Giovani d'oro[10] su basi ben costruite
stavano ritti con in mano facole accese,
rischiarando ai convitati nella casa le notti.
Cinquanta[11] donne servono Alcinoo in casa:
alcune sulla mola macinano grano color mela[12],
altre tessono tele e filano lane,
sedute[13], come le foglie di un altissimo pioppo.
Dai fili sospesi al telaio stilla fluido olio[14].
Come i Feaci sono più esperti di tutti gli uomini
nel guidare una nave veloce sul mare, così sono esperte
di tessuti le donne: Atena[15] concesse loro
di conoscere i lavori più belli e i pensieri più nobili.
Oltre il cortile, vicino alle porte, v'è un grande giardino
di quattro misure[16]: ai due lati corre un recinto.
Grandi alberi rigogliosi vi crescono,
peri e granati[17] e meli con splendidi frutti,
fichi dolcissimi e piante rigogliose d'ulivo.
Mai il loro frutto marcisce o finisce,
né inverno né estate: è perenne. Sempre
lo Zefiro[18] gli uni fa crescere, gli altri matura, soffiando.
Invecchia sulla pera la pera, sulla mela la mela,
sul grappolo il grappolo, il fico sul fico.
È piantata lì la sua vigna ricca di frutti:
una parte, esposta ai raggi su un aperto terreno,
è seccata dal sole; le altre uve invece le colgono,
altre ancora le pigiano. Davanti sono grappoli acerbi,
che gettano il fiore e altri che imbrunano.
Lungo l'estremo filare crescono verdure diverse[19]
in bell'ordine, che brillano per tutto l'anno.
Vi sono due fonti. Una si spande per tutto il giardino,
l'altra sotto la soglia dell'atrio scorre
verso l'alto palazzo: i cittadini attingono ad essa.
Questi, gli splendidi doni degli dei nella casa di Alcinoo.

trad. it. G.A. Privitera, Lorenzo Valla-Mondadori, Milano

10. **Giovani d'oro:** si tratta, come per i cani, di statue decorative.
11. **Cinquanta:** nell'epica è un numero convenzionale per indicare un numero molto elevato. Anche nella casa di Ulisse ci sono cinquanta ancelle.
12. **color mela:** giallo come il colore della mela matura.
13. **sedute:** si applica solo al filare. Per tessere le donne dovevano stare in piedi.
14. **stilla … olio:** nella preparazione dei tessuti di lana si usava un bagno d'olio e di altre sostanze.
15. **Atena:** è anche la dea delle arti e dei lavori femminili.
16. **quattro misure:** misura corrispondente a un'aratura di quattro giorni.
17. **granati:** melograni.
18. **Zefiro:** personificazione del vento occidentale che spira nella bella stagione.
19. **verdure diverse:** è uno dei pochissimi accenni nell'epica agli ortaggi.

Georges Michel (1763-1843), *Il temporale*, 1820-1830, particolare, Strasburgo, Musée des Beaux-Arts.

Note di lettura

▸ La reggia: un palazzo fiabesco

Giunto davanti al palazzo di Alcinoo, Ulisse lo contempla con lo stesso **stupore** con cui Ermes aveva ammirato il paesaggio di Ogigia. Il poeta ricorre a tutte le sue risorse inventive per impressionare e dare l'idea dell'impareggiabile **splendore della residenza di Alcinoo**. L'edificio richiama il tipico palazzo miceneo, ma qui è portato su un piano iperbolico. Non sono di bronzo solo le porte ma anche le pareti. «*Le porte interne erano d'oro, gli stipiti d'argento, la soglia di bronzo, l'architrave d'argento, la maniglia d'oro. L'autore esagera e accumula. Altrove un oggetto è detto d'oro o d'argento perché è adorno di fregi d'oro e d'argento. Ma l'autore non precisa, perché gli interessa suggerire non come l'oggetto era, ma quanto era prezioso, splendente e incorruttibile*» (Privitera). Questa profusione di oro, argento e bronzo, immersa in un chiarore di luna e di sole, crea un'atmosfera fiabesca in cui ci si aspetterebbe di trovare solo esseri fantastici o personaggi di origine divina, se non ci fosse la presenza, oltre che del re e dei nobili feaci, di numerose ancelle occupate in lavori che richiamano la realtà della **vita domestica**. Esse, infatti, provvedono a macinare il grano, a filare e a tessere; e sono abili in quest'arte così come gli uomini sono abili a navigare. Per queste esperte tessitrici il poeta ha creato una bellissima similitudine equiparando il continuo muoversi delle loro mani al tremolio delle foglie del pioppo nel vento.

▸ Il giardino: un paradiso di perenne abbondanza

Il giardino è un'oasi di eterna primavera e richiama il paesaggio dell'isola di Calipso: ambedue i giardini hanno una vegetazione lussureggiante, sono immersi in un'atmosfera paradisiaca, non soggetti alle intemperie e alla vicenda delle stagioni. In questo senso il giardino richiama la mitica **età dell'oro**, quando la terra offriva spontaneamente i suoi frutti senza dover essere lavorata.
Ma c'è anche una differenza sostanziale. L'isola di Ogigia è destinata solo alla dea che si ciba di ambrosia e i grappoli d'uva matura che circondano la grotta hanno una funzione ornamentale. Nell'isola di Ogigia la natura si sviluppa incontaminata e non conosce la mano dell'uomo, anche se il primo colpo d'accetta di Ulisse, che abbatte un albero per costruire la zattera, spezza l'incanto. Quello di Alcinoo, invece, è un **giardino produttivo** ricco di piante sempre cariche di frutti maturi e di ortaggi.

▸ La terra dei Feaci

Il palazzo e il giardino hanno l'aspetto di un prodigioso Eden, un paradiso terrestre, in cui però si avvertono la presenza e l'opera dell'uomo. «*A Scheria tutto è meraviglioso: ma tutto è compatibile con l'umano destino. Uno straniero che fosse stato gradito ai suoi abitanti avrebbe potuto viverci*» (Privitera).
Tuttavia gli abitanti di Scheria godono di privilegi non concessi agli altri mortali dai quali essi vivono separati in una favolosa lontananza (il poeta non dice che Scheria è un'isola, ma di fatto ha i segni distintivi che la definiscono come tale).
I Feaci vivono in stretta **vicinanza con gli dei**. Alcinoo dice a Ulisse: «*Sempre gli dei si mostrano a noi, visibili, quando offriamo sontuose ecatombi, e ci siedono accanto, al banchetto. E se anche uno di noi li incontra da solo, non si nascondono, perché siamo loro vicini come i Ciclopi, come i Giganti selvaggi*». I Feaci realizzano un ideale di vita nel quale non c'è posto per la violenza e la guerra: «*non amano* – dice Nausicaa – *arco e faretra, ma alberi di nave e remi e navi perfette*». Alla pratica delle armi si contrappone la perizia nell'**arte della navigazione**, che i Feaci esercitano non per lucro e per commercio, ma per il piacere di mostrare la loro straordinaria competenza tecnica («*le navi feacie* – dice il poeta – *raggiungono direttamente la meta senza nocchiero e senza timone*»).
I Feaci conoscono la guerra con le sue sofferenze solo come memoria delle imprese altrui attraverso il canto degli aedi. La loro esistenza trascorre tra gare di atletica, giochi, banchetti, canti e danze. Eppure que-

sta condizione edenica non è destinata a durare e su di loro si allunga un'ombra inquietante: essi saranno puniti da Posidone, che pure è il loro progenitore, perché hanno riportato in patria Ulisse. La nave che riporterà in patria Ulisse verrà pietrificata. Secondo poi quanto stabilito da Zeus e contenuto in un'antica profezia, Scheria dovrà essere sommersa da un monte. Alcinoo, per scongiurare questo evento, ordina di cessare di concedere scorte a chiunque venga tra loro e di preparare un sacrificio a Posidone di dodici tori scelti perché il dio abbia pietà dei Feaci.

▶ Le forme della narrazione

Nell'architettura del racconto il soggiorno di Ulisse nella terra dei Feaci ha un'importante funzione perché **Scheria** fa da **ponte tra il mondo mitico e il mondo reale**.
Ulisse, come vedremo, fino a un certo punto del suo viaggio è radicato nel mondo reale; poi, al largo di capo Malea – la punta sud-orientale del Peloponneso, abitualmente sferzata dalle tempeste – è sospinto dalla furia del mare verso una terra che non ha più tratti reali, ma i caratteri di uno spazio favoloso e fiabesco.
Per evitare che il ritorno alla cruda realtà di Itaca fosse troppo repentino, il poeta ha previsto una sosta in una terra che sta a metà strada tra l'irreale e il reale. In questa scelta si può intravedere lo schema dei riti, detti "di passaggio", che in tutte le società segnano la transizione di individui o gruppi sociali da una condizione sociale a un'altra. Questi riti sono uno strumento mediante il quale gli uomini si rendono consapevoli della nuova condizione alla quale si accingono a passare.

❮ Alberto Savinio (1891-1952), *L'île des charmes*, 1928, Regole d'Ampezzo, Museo d'Arte Moderna Mario Rimoldi.

Competenze alla prova

Comprensione

difficoltà ●○○

1. Chi ha forgiato i cani d'oro e d'argento?
2. Dove sono disposti i troni?
3. In quali lavori sono impegnate le donne?
4. In quali lavori sono esperti gli uomini feaci?
5. Quale vento soffia nel giardino della reggia?
6. Quali alberi da frutto crescono nel giardino di Alcinoo?
7. Tra le seguenti affermazioni, indica quali sono vere e quali sono false.

	V	F
a. Il giardino di Alcinoo si estende in ampio spazio senza recinzione	☐	☐
b. La maniglia della porta del palazzo è d'argento	☐	☐
c. I troni sono ricoperti di drappi	☐	☐
d. Nella vigna c'è solo uva matura	☐	☐

Analisi

difficoltà ●●○

8. Ai riflessi di quali metalli rinvia il chiarore come di sole e di luna?
9. Da quali particolari emerge la presenza dell'attività dell'uomo nel giardino?
10. Quale frutto in particolare raffigura la compresenza nel giardino delle fasi dell'inizio della fioritura, della crescita, della maturazione e della raccolta?
11. Il giardino di Alcinoo può essere considerato:
    - ☐ un ambiente naturale in cui la vegetazione cresce spontanea
    - ☐ un paesaggio agrario lavorato dall'uomo
    - ☐ un paesaggio immerso completamente in un'atmosfera fantastica
    - ☐ un luogo che ha aspetti magici nel quale però si nota anche l'intervento dell'uomo

Produzione

difficoltà ●●○

12. La descrizione della dimora di Alcinoo può essere suddivisa in tre blocchi. Individuali e riassumili brevemente.

Gustave Courbet (1819-1877), *La falesia di Etretat dopo il temporale*, 1870, particolare, Parigi, Musée d'Orsay.

Dal Libro VII al Libro VIII

Ulisse entra nella grande sala dove sono riuniti i capi dei Feaci e si getta ai piedi della regina Arete, supplicandola di accoglierlo e di aiutarlo a tornare in patria. La sua accorata preghiera commuove il re e tutti i presenti. Alcinoo fa sedere Ulisse su un trono e lo invita a rifocillarsi. Poi annuncia per l'indomani un sontuoso banchetto per l'ospite. I capi feaci escono e Ulisse rimane nella sala accanto ad Alcinoo e Arete, che gli chiede chi sia e chi gli abbia dato quelle vesti. Ulisse, senza rivelare il suo nome, narra le sue vicende della forzata permanenza a Ogigia, della tempesta, del naufragio e dell'aiuto ricevuto da Nausicaa. Alcinoo, pieno di stupore e di ammirazione, esprime il desiderio che l'ospite possa trattenersi nella sua terra e prenda in sposa la figlia. Nonostante questo desiderio, il re non esita a promettere a Ulisse che lo aiuterà a raggiungere la sua patria. Arete fa preparare all'ospite un letto e tutti vanno a coricarsi.

Libro VIII

Il mattino seguente Alcinoo e Ulisse si recano in una piazza presso le navi dove i Feaci tengono la loro assemblea. Alcinoo ottiene che sia allestita una nave con cinquantadue tra i migliori giovani marinai per ricondurre in patria l'ospite; poi invita giovani scelti e gli altri principi a un banchetto che sarà allietato dal canto dell'aedo Demodoco. Mentre i giovani preparano la nave, l'araldo va a cercare Demodoco per guidarlo alla reggia perché è cieco: «molto la Musa lo amò, ma gli donò una cosa e un'altra gli tolse, gli donò il dolce canto» *(trad. it. Ciani).*

L'aedo, accompagnato dalla cetra, rievoca un episodio della guerra di Troia: la contesa tra Achille e Ulisse. I versi dell'aedo commuovono Ulisse che, coprendosi il volto con il mantello, piange. Nessuno si accorge dei gemiti di Ulisse tranne Alcinoo, che interrompe Demodoco e invita tutti a partecipare a delle gare atletiche. Ulisse, invitato a gareggiare, si schermisce; poi, quando il suo rifiuto viene interpretato come un segno di inettitudine, lancia il disco così lontano da sbalordire tutti. Inizia quindi una gara di danza e Demodoco è invitato di nuovo a rallegrare gli animi con il canto. Questa volta l'aedo sceglie un argomento divertente: gli amori di Afrodite e di Ares, scoperti da Efesto, marito geloso. I nobili feaci, su invito di Alcinoo, offrono preziosi doni all'ospite. Al tramonto tutti ritornano al palazzo dove Alcinoo e Arete aggiungono altri doni all'ospite. Ulisse, dopo un confortevole bagno, mentre si avvia verso la sala, si imbatte in Nausicaa che gli rivolge un accorato saluto d'addio e Ulisse le risponde con delicatezza e tenerezza: «Figlia del generoso Alcinoo, Nausicaa, così mi conceda Zeus, sposo di Era, il signore del tuono, di vedere il giorno del mio ritorno. E anche laggiù ti invocherò come una dea, ogni giorno, per sempre; perché tu mi hai salvato, fanciulla» *(trad. it. Ciani).*

Pellegrino Tibaldi (1527-1596), *Storie di Ulisse, Nettuno e la nave di Ulisse*, 1550-1551, particolare, Bologna, Palazzo Poggi.

Il canto di Demodoco

Luogo: Grecia
Anno: VIII secolo a.C.
Tratto da: **Libro** VIII, vv. 487-531

Il brano

Ulisse si siede sul trono accanto al re e inizia il convito serale. Giunge Demodoco, che è fatto sedere tra i convitati. Ulisse, in segno di omaggio per il cantore, invita l'araldo a offrire a Demodoco una parte della sua abbondante cena e lo invita a esprimergli il suo affetto: i cantori sono degni d'onore e rispetto perché sono amati dalla Musa. Demodoco accetta lieto l'omaggio dell'ospite. Terminato il banchetto, Ulisse si rivolge all'aedo: loda la sua arte e lo invita a cantare la storia del cavallo di legno, l'espediente che ha consentito agli Achei di conquistare la città.

«Demodoco, io ti lodo al di sopra di tutti i mortali:
o ti ha istruito la Musa, figlia di Zeus, o Apollo[1].
Canti la sorte degli Achei in modo perfetto,
quanto fecero gli Achei e patirono, e quanto soffrirono:
come uno che era presente o che ha sentito da un altro.
Ma su, cambia tema e canta il progetto del cavallo[2]
di legno, che Epeo[3] costruì con l'aiuto di Atena:
la trappola che poi il chiaro Odisseo portò sull'acropoli,
dopo averla riempita degli uomini che annientarono Ilio.
Se questo mi narrerai in modo giusto,
dirò a tutti gli uomini, subito,
che un dio benevolo ti concesse il canto divino».
Disse così. Egli, ispirato dal dio, cominciò[4]. Cantava
iniziando da quando, imbarcatisi sulle navi ben costruite,
gli Argivi salparono[5], dopo aver appiccato il fuoco
alle tende. Intanto gli altri, stretti all'insigne Odisseo,
stavano nella piazza di Troia, nascosti dentro il cavallo.
Gli stessi Troiani lo avevano tratto fin sull'acropoli[6].
Così il cavallo era lì: ed essi, seduti all'intorno,
dicevano molti contrastanti pareri: tre ne piacevano loro,
o spaccare il cavo animale di legno col bronzo spietato,
o trarlo fino al dirupo e gettarlo giù dalle rocce,
o lasciarlo, che fosse un gran dono propiziatorio agli dei.
E in questo modo poi doveva finire.
Perché era destino che la città rovinasse, appena accolto
il grande cavallo di legno in cui sedevano tutti gli Argivi
migliori per portare strage e rovina ai Troiani.
E cantava come distrussero i figli degli Achei la città,
riversatisi giù dal cavallo e lasciato il cavo agguato.
Cantava che devastarono chi qua chi là la rocca scoscesa,
che Odisseo andò come il dio della guerra, come Ares,
alle case di Deifobo[7] con Menelao pari a un dio.

1. **Apollo:** il dio appare qui per la prima volta nei poemi omerici come protettore delle Muse.
2. **ma su … cavallo:** era consuetudine che, terminata la parte più sostanziosa del banchetto, l'aedo cantasse su un tema proposto da uno dei convitati.
3. **Epeo:** secondo la tradizione, il cavallo fu materialmente costruito da questo personaggio, che compare nell'*Iliade* solo in occasione dei giochi funebri in onore di Patroclo, come pugilatore e lanciatore di disco.
4. **dal dio cominciò:** anche il canto di Demodoco, come l'*Iliade* e l'*Odissea*, incomincia con l'invocazione a una divinità.
5. **salparono:** gli Achei avevano finto di aver abbandonato l'impresa.
6. **acropoli:** il dibattito fra i Troiani su che cosa farne del cavallo è raccontato come avvenuto dopo che era stato introdotto nella città.
7. **Deifobo:** fratello di Ettore, ha sposato Elena dopo la morte di Paride. Fu ucciso da Menelao.

Diceva che lì, sostenuta una battaglia terribile,
vinse anche allora grazie alla magnanima Atena.
Queste imprese il cantore famoso cantava, e si struggeva
Odisseo, il pianto gli bagnava le guance sotto le palpebre.
Come piange una donna, gettatasi sul caro marito
che cadde davanti alla propria città e alle schiere
per stornare dalla patria e dai figli il giorno spietato:
ella, che l'ha visto morire e dibattersi, riversa
su di lui, singhiozza stridulamente, e i nemici di dietro,
battendole con le aste la schiena e le spalle,
la portano schiava, ad avere fatica e miseria;
le si consumano per la pena straziante le guance;
così Odisseo spargeva pianto straziante sotto le ciglia.

trad. it. di G.A. Privitera, Lorenzo Valla-Mondadori, Milano

Note di lettura

▸ Il pianto di Ulisse

Spinto dalla curiosità, Ulisse ha chiesto a Demodoco di cantare l'episodio finale della guerra di Troia. Evidentemente Ulisse è mosso dal desiderio di vedere in che modo questo avvenimento è stato trattato e quale posto egli occupi in questa rievocazione. L'aedo canta con grande arte questo avvenimento e **Ulisse si commuove** fino alle lacrime.

La vicenda del cavallo dovrebbe suscitare in Ulisse un sentimento di soddisfazione e di gioia per il successo dell'impresa e invece lo fa scoppiare in pianto. «*Il pianto in Omero è espressione di un ampio spettro di emozioni (paura, sollievo, contrarietà, pietà, senso di perdita, insuccesso o impotenza) ma nessuna si adatta perfettamente al caso di un uomo che piange nel ricordare una vittoria*» (Hainsworth). In realtà, Ulisse ha pianto anche ascoltando la rievocazione della sua contesa con Achille; ma allora la sua reazione esprimeva il rimpianto e la nostalgia per un passato eroico in confronto alla presente dolorosa condizione. Anche in questo caso può esserci questa motivazione, ma alla luce della lunga similitudine, il pianto di Ulisse appare come il segno di una nuova visione della gloria acquistata con le armi: l'impresa eroica perde il suo volto trionfalistico e appare come una **fonte di dolori e di lutti**, che hanno colpito anche i vincitori con le tragiche vicende vissute nei ritorni.

▸ Le forme della narrazione

La **similitudine** con cui il poeta vuol rendere più incisiva l'immagine di Ulisse in preda a uno straziante pianto è la più lunga e più commovente del poema. Il poeta avrebbe potuto dire semplicemente che Ulisse piangeva come una donna che scoppia in lacrime per la morte del marito e che è portata via schiava. Invece, la similitudine diventa uno **spaccato autonomo della realtà** che si arricchisce di particolari non tutti pertinenti al confronto. Il poeta, in questo modo, all'evocazione del trionfo degli Achei fatta da Demodoco contrappone uno scenario con il quale rappresenta, nell'immagine del disperato pianto della donna, la **condizione dei vinti**. E, con il dettaglio dell'uomo caduto nella difesa della città, fa sì che gli ascoltatori identifichino facilmente questi vinti con i Troiani.

Jacques-Louis David (1748-1825), *Il dolore di Andromaca sul corpo di Ettore*, 1783, particolare, Parigi, Musée du Louvre.

Competenze alla prova

Comprensione

difficoltà

1. Che cosa offre Ulisse a Demodoco?
2. Quale episodio della guerra è invitato a cantare l'aedo?
3. Chi ha costruito il cavallo?
4. Perché i Troiani accolgono il cavallo in città?
5. Perché gli Achei bruciarono le tende?
6. Perché durante il saccheggio della città Ulisse si era recato in casa di Deifobo con Menelao?
7. Come è morto il marito della donna che piange?

Analisi

difficoltà

8. Quale significato ha il gesto di Ulisse di offrire una parte del suo cibo a Demodoco?
9. Quale pregio Ulisse riconosce all'arte di Demodoco?
10. La parola «*ispirato*» del verso 499 significa
    - ☐ che il poeta trae ispirazione dal suo genio e dal suo estro
    - ☐ che il poeta è assistito dalla Musa
    - ☐ che il poeta è stimolato dalla richiesta di Ulisse
    - ☐ che il poeta è spinto dal desiderio di dimostrare la propria bravura
11. Quale figura retorica è contenuta nel verso 507?
    - ☐ Metafora
    - ☐ Metonimia
    - ☐ Anastrofe
    - ☐ Sinestesia
12. In «*cavo agguato*» (v. 515) sono presenti due figure retoriche. Quali?

Produzione

difficoltà

13. Scrivi un breve testo in cui esponi in forma dialogica i contrastanti pareri espressi dai Troiani sul cavallo.

Giulio Romano (1499-1546), *Zeus fra gli dei dell'Olimpo*, 1532-1535, particolare, Mantova, Palazzo Te, Sala dei Giganti.

Ulisse svela la propria identità

Luogo:
Grecia
Anno:
VIII secolo a.C.
Tratto da:
Libro IX, vv. 1-36

Il brano

Il libro VIII si è chiuso con l'intervento di Alcinoo che, accortosi del pianto di Ulisse, ha interrotto il canto dell'aedo Demodoco e si è rivolto all'ospite chiedendogli con fermezza di rivelare la sua identità e il motivo del pianto: «*Dimmi il nome con cui ti chiamano tuo padre tua madre e quelli della tua città e coloro che vivono intorno.* [...] *Dimmi perché piangi e soffri nell'animo la sorte degli Argivi e di Ilio. Gli dei l'hanno voluta, per quegli uomini decisero essi la morte, affinché fossero cantati in futuro*» (trad. it. Ciani). Ora Ulisse risponde.

Rispondendo gli disse l'astuto Odisseo:
«Potente Alcinoo, insigne tra tutti i popoli,
certo è bello ascoltare un cantore
così come è questo, simile per la voce agli dei.
Perché penso non v'è godimento più bello,
di quando la gioia pervade tutta la gente,
i convitati ascoltano nella sala il cantore
seduti con ordine, le tavole accanto son piene
di pane e di carni, dal cratere attinge vino
il coppiere, lo porta e nelle coppe lo versa:
questo mi sembra nell'animo una cosa bellissima.
Ma il tuo cuore s'è volto a chiedere delle mie dolorose
sventure, perché piangendo io gema di più.
Quale devo narrare per prima, quale per ultima?
perché sventure me ne diedero molte gli dei Uranidi[1].
Anzitutto dirò ora il nome, perché lo sappiate
anche voi ed io dopo, sfuggito al giorno spietato[2],
per voi sia un ospite, anche abitando lontano.
Sono Odisseo, figlio di Laerte, noto agli uomini

1. **Uranidi:** gli dei dell'Olimpo sono discendenti del dio Urano. Cronos, il padre di Zeus, è figlio di Urano.
2. **giorno spietato:** il giorno della morte.

‹ Alberto Savinio (1891-1952), maquette per Œdipus *Rex*, 1948, Firenze, Gabinetto Vieusseux.

3. **Dulichio ... Zacinto:** Dulichio è stata identificata con Dolichia, Same con Cefalonia, mentre si suppone che le attuali Zacinto e Itaca conservino i nomi omerici.
4. **Eea:** Eea è un'isola. Circe è la maga che la abita e che incontreremo nel libro X.

per tutte le astuzie, la mia fama va fino al cielo.
Abito ad Itaca chiara nel sole: in essa è un monte
che spicca, il Nerito frusciante di foglie; intorno sono
molte isole, vicine tra loro,
Dulichio e Same e Zacinto[3] selvosa.
Bassa nel mare essa giace, ultima
verso occidente – le altre a parte, verso l'aurora e il sole –,
irta di sassi, ma brava nutrice di giovani. Non so vedere
altra cosa più dolce, per uno, della sua terra.
Da una parte mi teneva Calipso, chiara tra le dee,
nelle cave spelonche, vogliosa d'avermi marito;
e così mi teneva anche Circe, nella sua casa,
l'insidiosa abitante di Eea[4], vogliosa d'avermi marito:
mai nessuna però convinse nel petto il mio animo.
Perché niente è più dolce, per uno, della patria
e dei suoi genitori, anche se abita una casa opulenta
lontano, in terra straniera, diviso dai genitori».

trad. it. G.A. Privitera, Lorenzo Valla-Mondadori, Milano

Note di lettura

▸ Il valore della poesia

Prima di rispondere alla domanda di Alcinoo, Ulisse fa una **premessa** in cui traccia il quadro di una **raffinata e ordinata comunità ideale**, che vive in concordia nell'abbondanza godendo i piaceri della vita, in una convivialità caratterizzata da un clima di serenità e di armonia. Tra questi piaceri Ulisse esalta quello che è dato dal **canto del poeta**. La poesia acquista così un posto di primo piano nella vita dell'uomo. Essa è fonte di un piacere particolare, che in termini moderni si può definire "piacere estetico". Infatti, nel contesto del banchetto la poesia non ha nessun'altra funzione che quella di procurare diletto. Le parole pronunciate da Alcinoo nel libro VIII («*gli dei per quegli uomini decisero essi la morte, affinché fossero cantati in futuro*») riflettono la concezione della poesia che troviamo nell'*Iliade*. Anche Elena dice a Ettore «*a noi Zeus diede un triste destino, ma per questo saremo cantati in futuro dagli uomini che verranno*»: la poesia non solo è il mezzo grazie al quale l'eroe e le sue imprese sono sottratti all'oblio, ma anche una **forma di risarcimento** che gli dei concedono agli uomini per le loro sofferenze.

▸ L'eroe si rivela

Finalmente Ulisse adempie al dovere dell'ospite di rivelare la propria identità per costituire un vero legame ospitale che duri nel tempo. Il modo con cui Ulisse si rivela ha il carattere di un'**orgogliosa autoesaltazione**. Ma questo sussulto di orgoglio va giudicato nell'ottica della cosiddetta "**civiltà della vergogna**", dove «*c'è coincidenza tra l'autostima interiore e il giudizio del gruppo sociale*» e il "vanto" è sentito come qualcosa di naturale «*e lecito, se non doveroso*» (Paduano).

Passando poi a parlare della propria origine, Ulisse indugia in un'**appassionata descrizione di Itaca** in cui vibra il profondo **affetto che lo lega alla sua terra.** Egli non sa vedere nulla di più dolce di quella piccola e pietrosa Itaca, per tornare alla quale ha affrontato pericoli di ogni genere e soprattutto non ha ceduto alle lusinghe di Circe e Calipso, che pure gli hanno fatto balenare il miraggio di un'eterna felicità. E neppure ora, affermando che niente per un uomo è più dolce della patria e dei genitori, anche se abita una casa opulenta in terra straniera, risponde con finissimo tatto alla richiesta di Alcinoo che lo vorrebbe come genero: neanche l'incantevole fascino di Nausicaa e la prospettiva di diventare re dei Feaci lo possono distogliere dal suo proposito.

Competenze alla prova

Comprensione

difficoltà ●○○

1. Di chi sente maggiormente la mancanza chi è lontano dalla propria terra?

Analisi

difficoltà ●●○

2. Quali piaceri è possibile distinguere all'interno di quello che Ulisse definisce il «*godimento più bello*» (v. 5)?
3. Quali indicazioni geografiche dà Ulisse per identificare Itaca?

Produzione

difficoltà ●●●

4. Immagina di essere lontano dal tuo Paese: in un breve testo fornisci alcune indicazioni che identifichino le caratteristiche che ritieni più importanti del tuo quartiere e sottolinea ciò di cui senti maggiormente la mancanza.

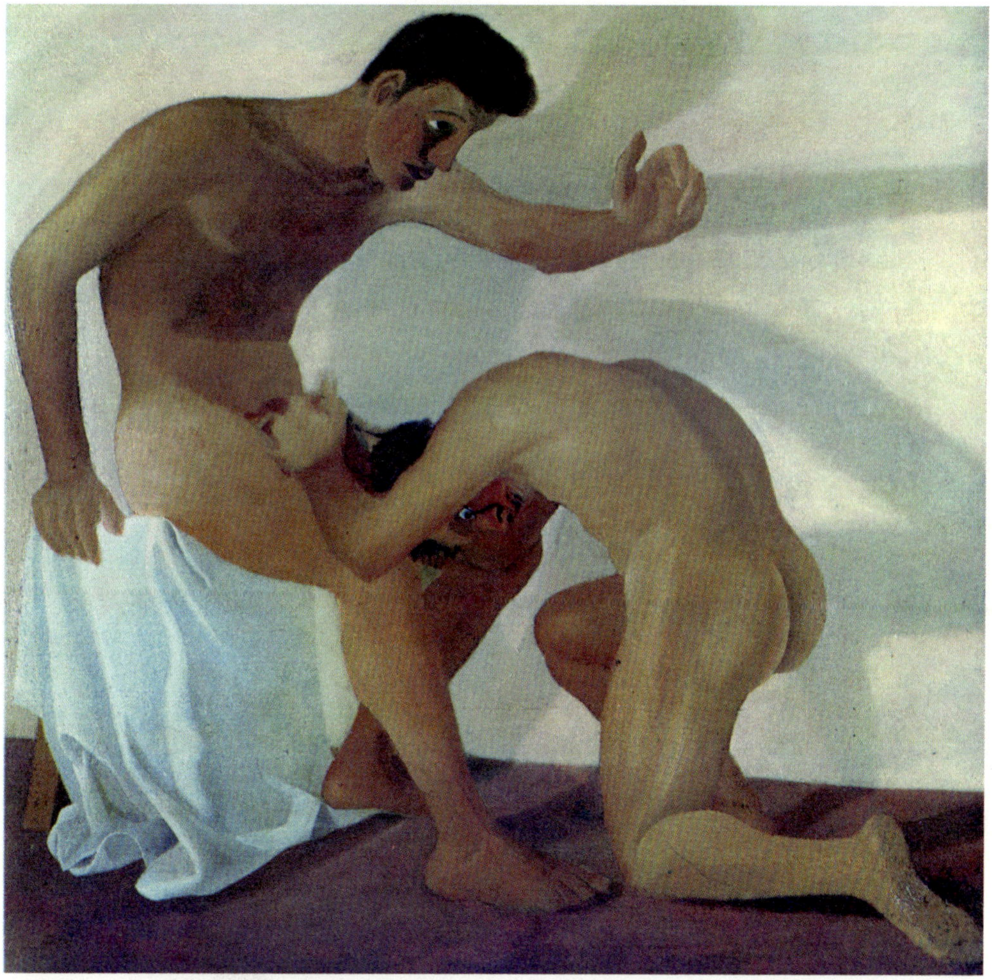

Corrado Cagli (1910-1976), *Il neofita*, 1933, collezione privata.

Libro IX

Ulisse incomincia a rievocare le avventure e le peregrinazioni che lo hanno condotto a Scheria. Dopo la partenza da Troia, il vento ha spinto le sue navi fino alla terra dei Ciconi, che erano stati alleati dei Troiani. Qui Ulisse, compiendo una vera e propria azione di pirateria, saccheggia la capitale Ismaro, rapisce le donne e si impadronisce di molte ricchezze. Benché Ulisse suggerisca di partire subito, i compagni si fermano a gozzovigliare sulla riva del mare. Qui sopraggiungono gli abitanti di altre località chiamati in aiuto dai cittadini di Ismaro e ingaggiano una battaglia nella quale periscono sei uomini per ogni nave.

Una volta ripartiti, al largo di capo Malea (la punta sudorientale del Peloponneso, abitualmente sferzata dalle tempeste), le navi sono spinte fuori rotta da una tempesta che le trascina alla deriva per nove giorni e nove notti, sospingendole verso un mondo che non ha più tratti reali, ma appare come un mondo di fiaba. Quindi, dopo capo Malea, non c'è più una geografia precisa nel racconto di Ulisse, o meglio, non c'è alcuna geografia. Egli entra in un mondo di luoghi favolosi che possono avere un nome ma non una collocazione nello spazio. Si è parlato a questo proposito di "spazialità narrata".

Le navi, cessata la tempesta, approdano alla terra dei Lotofagi, così chiamati perché si nutrono del frutto del loto. Gli uomini mandati a indagare chi siano gli abitanti di quella terra sono accolti come ospiti e «dopo aver mangiato il dolce frutto non volevano più ritornare a dare notizie, volevano invece restare là insieme ai Lotofagi, a mangiare loto, dimenticando il ritorno» (trad. it. Ciani). *Ma Ulisse li riconduce a forza sulle navi e riprende il viaggio.*

Odilon Redon (1840-1916), *Il Ciclope*, 1898, particolare, Otterlo, Kröller-Müller Museum.

La terra dei Ciclopi

Luogo:
Grecia
Anno:
VIII secolo a.C.
Tratto da:
Libro IX, vv. 170-197; 212-298; 336-525

Il brano

Le navi arrivano alla terra dei Ciclopi, «*superbi e senza leggi, i quali fidando negli dei immortali, non piantano e non arano mai: nasce tutto senza semina, senza aratura.* [...] *Assemblee non conoscono, né consigli né leggi, vivono in cave spelonche sulle cime più alte dei monti*». Ulisse vede non troppo lontana un'isola piatta e selvosa dove vivono solo capre selvatiche, con un porto naturale nel quale viene ancorata la flottiglia: tutti gli uomini scendono a terra e si mettono a dormire aspettando l'aurora.

Quando mattutina apparve Aurora dalle rosee dita,
allora fatto un consiglio parlai in mezzo a tutti:
"Voialtri ora aspettate, miei fedeli compagni,
mentre io con la mia nave e i miei compagni
vado a vedere che uomini sono costoro,
se prepotenti e selvaggi e non giusti,
oppure ospitali e che temono nella mente gli dei".
Detto così salii sulla nave[1], comandai ai compagni
di imbarcarsi anche loro e di sciogliere a poppa le gomene.
Subito essi salirono e presero posto agli scalmi,
e sedendo in fila battevano l'acqua canuta coi remi.
Quando arrivammo in quel luogo, che era vicino,
scorgemmo sull'orlo, accosto al mare, un'alta
spelonca coperta di alloro: molte greggi,
pecore e capre, di notte vi stavano; un alto recinto
si ergeva all'intorno con massi confitti in terra,
con lunghi tronchi di pino e di quercia d'alte fronde.
Vi dormiva un uomo immenso[2], che pasceva
da solo le greggi, lontano; non stava
con gli altri, ma viveva in disparte, da empio.
Ed era un mostro immenso, non somigliava
ad un uomo che mangia pane[3], ma alla cima selvosa
di altissimi monti, che appare isolata dalle altre.
Allora agli altri fedeli compagni ordinai
di restare presso la nave e di farle la guardia;
mentre io, scelti i dodici compagni migliori,
mi avviai. Avevo un otre di capra, pieno del nero vino,
dolce [...].

Un grande otre di questo vino portavo, e cibi
dentro un canestro: perché subito il mio animo altero pensò
che avremmo trovato un uomo con una gran forza,
selvaggio e ignaro di giusti pensieri e di leggi.

1. **salii sulla nave:** solo la nave di Ulisse approda alla terra dei Ciclopi, le altre rimangono all'ancora nel porto dell'isola.
2. **un uomo immenso:** è il Ciclope Polifemo (parola che significa "dalle molte voci", "rumoroso"). Polifemo è figlio di Posidone e di una Ninfa. Omero non dice espressamente che Polifemo ha un occhio solo, ma lo si deduce dallo svolgimento dei fatti.
3. **mangia pane:** cibarsi di pane è segno che distingue uomini "civili" e progrediti, perché chi si nutre di pane conosce la coltivazione della terra e il fuoco per cuocere la farina.

Rapidamente arrivammo alla grotta e non lo trovammo
dentro: pasceva le pingui greggi al pascolo.
Entrati nella spelonca guardammo meravigliati ogni cosa:
erano carichi di formaggi i graticci, erano stipati i recinti
di agnelli e capretti: ciascun gruppo era chiuso
a parte, da un lato i più vecchi, da uno i mezzani,
da un altro i lattanti; traboccavano tutti di siero[4] i vasi
ben lavorati, secchi e mastelli, nei quali mungeva.
Allora i compagni mi chiesero di prendere
anzitutto il formaggio e andar via, e poi,
cacciati sveltamente i capretti e gli agnelli dai recinti
sulla nave veloce, di navigare sull'acqua salata[5]:
ma io non volli ascoltare – e sarebbe stato assai meglio –
per poterlo vedere, e vedere se mi avrebbe ospitato.
Ma coi compagni non sarebbe stato gentile, una volta comparso.
Acceso il fuoco, bruciammo offerte e, preso del cacio,
mangiammo noi pure: lo aspettammo seduti
lì dentro, finché arrivò con la mandria. Portava un carico greve
di legna secca per servirsene durante la cena.
Gettandolo nella caverna produsse un rimbombo:
noi, atterriti, corremmo nel fondo dell'antro.
Poi egli spinse nella vasta spelonca le pingui bestie,
tutti i capi che egli mungeva: fuori lasciò quelli maschi,
arieti e caproni, all'interno dell'alto steccato.
Poi, sollevatolo in alto, mise come porta un gran masso
pesante: dalla soglia non l'avrebbero smosso
ventidue solidi carri con quattro ruote.
Una pietra così smisurata mise all'ingresso.
Sedutosi, munse le pecore e le capre belanti,
tutto in modo giusto, e sotto ogni bestia spinse un lattante.
Subito, fatto cagliare metà del candido latte,
lo raccolse e depose in canestri intrecciati,
invece metà lo mise nei vasi, perché lo potesse
prendere e bere e gli servisse da cena.
Dopoché sveltamente finì il suo lavoro,
ecco che accese il fuoco e ci scorse, ci chiese:
"Stranieri, chi siete?[6] da dove venite per le liquide vie?
Per affari o alla ventura vagate
sul mare, come i predoni[7] che vagano
rischiando la vita, portando danno agli estranei?".
Disse così, e a noi si spezzò il caro cuore,
atterriti dalla voce profonda e da lui, dal mostro.
Ma anche così[8] rispondendo con parole gli dissi:
"Siamo Achei, di ritorno da Troia! Deviati
da venti diversi sul grande abisso del mare,
bramosi di giungere a casa, altre rotte e altre tappe
abbiamo percorso: ha voluto disporre così certo Zeus.
Ci vantiamo d'essere gente dell'Atride Agamennone,
la cui fama sotto il cielo è grandissima ora:
così grande città, infatti, ha distrutto e molte genti
ha annientato. Noi, qui venuti, ci gettiamo
alle tue ginocchia, semmai ci ospitassi o ci dessi

---

4. **siero:** è il siero del latte, residuo liquido che si deposita dopo la preparazione del formaggio.
5. **Allora i compagni … acqua salata:** i compagni di Ulisse si comportano da pirati: arrivare di sorpresa, arraffare quello che si può e fuggire.
6. **chi siete?:** con questa domanda Polifemo dimostra di ignorare le norme dell'ospitalità secondo le quali, come si è visto fare dai Feaci, prima si accoglie lo straniero, lo si rifocilla poi gli si chiede di rivelare il proprio nome.
7. **i predoni:** il Ciclope sospetta che quegli intrusi siano pirati.
8. **Ma anche così:** "Benché fossi atterrito anch'io".

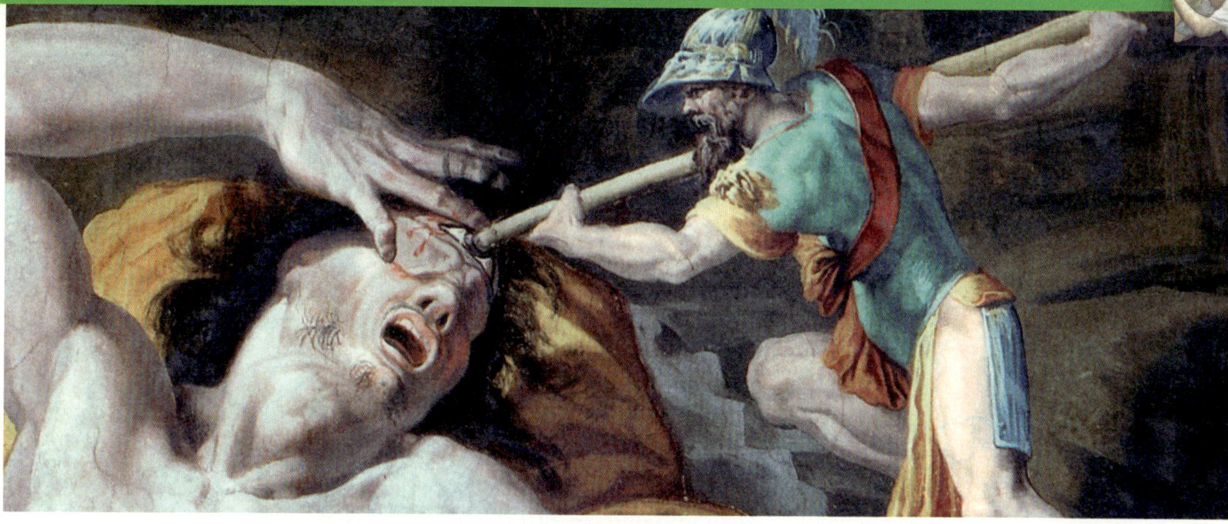

^ Pellegrino Tibaldi (1527-1596), *Storie di Ulisse, Accecamento di Polifemo*, 1550-1551, particolare, Bologna, Palazzo Poggi.

anche un diverso regalo, quale è norma tra gli ospiti.
O potente, onora gli dei: siamo tuoi supplici.
Vendicatore di supplici e ospiti è Zeus,
il dio ospitale che scorta i venerandi stranieri".
Dissi così, lui subito mi rispose con cuore spietato:
"Sei sciocco o straniero o vieni da molto lontano,
tu che mi inviti a temere o a schivare gli dei.
Ma i Ciclopi[9] non curano Zeus egìoco[10]
o gli dei beati, perché siamo molto più forti.
Per schivare l'ira di Zeus non risparmierei
né te né i compagni, se l'animo non me lo ordina.
Ma dimmi dove hai fermato, venendo, la nave ben costruita,
se in fondo o in luogo vicino, perché io lo sappia".
Disse così per provarmi: ma non m'ingannò, ne so tante.
E di nuovo gli dissi con parole ingannevoli[11]:
"La nave me l'ha fracassata Posidone che scuote la terra,
gettandola contro gli scogli, ai confini del vostro paese,
spingendola su un promontorio: il vento la portava dal largo.
Io però, con costoro, ho evitato la ripida morte".
Dissi così, ed egli non mi rispose, con cuore spietato,
ma d'un balzo allungò sui compagni le mani,
ne afferrò due a un tempo e li sbatté come cuccioli
a terra: sprizzò a terra il cervello, e bagnò il suolo.
Li squartò membro a membro e apprestò la sua cena:
mangiava come un leone cresciuto sui monti, niente lasciava,
interiora, carni e ossa con il midollo.
Noi piangendo alzammo a Zeus le mani,
vedendo l'atroce misfatto: eravamo impotenti.
Quando il Ciclope si fu riempito il gran ventre,
divorando la carne umana e bevendoci latte puro[12],
giacque nell'antro, disteso in mezzo alle greggi.

Ulisse sente l'impulso di trafiggere nel sonno Polifemo, ma si rende conto che nessuno poi saprebbe rimuovere il masso che chiude l'ingresso. Al mattino il Ciclope accende il fuoco, munge le greggi e infine afferra altri due uomini e li divora. Poi rimuove il masso dall'ingresso e porta le greggi al pascolo. Una volta uscito il Ciclope, Ulisse prende un tronco di ulivo, lo fa sgrossare e lisciare dai compagni; quindi ne aguzzata la punta e la indurisce sul fuoco. Terminata l'operazione, sceglie quattro compagni che reggeranno il tronco con lui e nasconde il palo sotto il letame.

9. **Ciclopi:** "Ciclope" significa "dall'occhio e dal viso rotondo".
10. **egìoco:** portatore dell'egida, lo scudo di Zeus.
11. **parole ingannevoli:** Ulisse ha capito che Polifemo vuole sapere dove è ormeggiata la nave per distruggerla.
12. **latte puro:** è un dettaglio importante, perché Polifemo conosce solo questa bevanda, perciò l'effetto del vino che gli offrirà Ulisse sarà più forte.

A sera tornò, guidando le greggi villose[13].
Subito, spinse nella vasta spelonca le pingui bestie,
tutte[14], senza lasciarne nessuna fuori dell'alto steccato,
o perché pensava qualcosa o perché un dio così l'ispirò.
Poi, sollevatolo in alto, mise come porta il gran masso.
Sedutosi, munse le pecore e le capre belanti,
tutto in modo giusto, e sotto ogni bestia spinse un lattante.
Dopoché sveltamente finì il suo lavoro,
afferrati ancora due uomini apprestò la sua cena.
Allora io standogli accanto dissi al Ciclope,
tenendo con le mani una ciotola di nero vino:
"Su, bevi il vino, Ciclope, dopo aver mangiato la carne umana,
perché tu sappia che bevanda è questa che la nostra nave
serbava. Te l'avevo portato in offerta, semmai impietosito
mi mandassi a casa. Ma tu sei insopportabilmente furioso.
Sciagurato, chi altro dei molti uomini potrebbe venire
in futuro da te? perché non agisci in modo giusto".
Dissi così, lui lo prese e lo tracannò: gioì terribilmente
a bere la dolce bevanda e me ne chiese ancora dell'altro:
"Dammene ancora, da bravo, e dimmi il tuo nome,
ora subito, che ti dò un dono ospitale[15] di cui rallegrarti.
Certo la terra che dona le biade produce ai Ciclopi
vino di ottimi grappoli, e la pioggia di Zeus glielo fa crescere.
Ma questo è una goccia di ambrosia e di nettare!".
Disse così, e io di nuovo gli porsi il vino scuro.
Gliene diedi tre volte, tre volte lo tracannò stoltamente.
Ma quando il vino raggiunse il Ciclope ai precordi[16],
allora gli parlai con dolci parole:
"Ciclope, mi chiedi il nome famoso, ed io
ti dirò: tu dammi, come hai promesso, il dono ospitale.
Nessuno è il mio nome: Nessuno mi chiamano
mia madre e mio padre e tutti gli altri compagni".
Dissi così, lui subito mi rispose con cuore spietato:
"Per ultimo io mangerò Nessuno, dopo i compagni,
gli altri prima: per te sarà questo il dono ospitale".
Disse, e arrovesciatosi cadde supino, e poi
giacque piegando il grosso collo: il sonno,
che tutto doma, lo colse; dalla strozza[17] gli uscì fuori vino
e pezzi di carne umana; ruttava ubriaco.
E allora io spinsi sotto la gran cenere il palo
finché si scaldò[18]: a tutti i compagni feci
coraggio, perché nessuno si ritraesse atterrito.
E appena il palo d'ulivo stava per avvampare
nel fuoco, benché fosse verde – era terribilmente rovente –,
allora lo trassi dal fuoco. I compagni stavano
intorno: un dio ci ispirò gran coraggio.
Essi, afferrato il palo d'ulivo, aguzzo all'estremità,
lo ficcarono dentro il suo occhio; io, sollevatomi, lo giravo
di sopra, come quando uno fora un legno di nave
col trapano, che altri di sotto muovono con una cinghia
tenendola dalle due parti, e sempre, senza sosta, esso avanza;
così giravamo nell'occhio il palo infuocato,

---

13. **villose:** lanose.
14. **tutte:** Polifemo fa entrare anche i maschi. Questo particolare è importante perché ciò, come si vedrà, consentirà la fuga dei prigionieri.
15. **un dono ospitale:** Polifemo sembra attenersi alle regole dell'ospitalità, ma in realtà egli fa della crudele ironia. Subito dopo specificherà di che natura è il suo dono ospitale.
16. **precordi:** il nome indica la membrana che si credeva avvolgesse il cuore e fosse sede dei sentimenti.
17. **strozza:** la gola.
18. **finché si scaldò:** per accecare Polifemo sarebbe bastato il palo appuntito: «*ma il palo arroventato cauterizzava la ferita, evitando un'emorragia che avrebbe debilitato il Ciclope fino ad impedirgli di aprire la caverna*» (Privitera).

reggendolo, e intorno alla punta calda il sangue scorreva.
Tutte le palpebre e le sopracciglia gli riarse la vampa,
quando il bulbo bruciò: le radici gli sfrigolavano al fuoco.
Come quando un fabbro immerge una grande scure
o un'ascia nell'acqua fredda con acuto stridio
per temprarle – ed è questa la forza del ferro –,
così sfrigolava il suo occhio attorno al palo d'ulivo.
Lanciò un grande urlo pauroso: rimbombò intorno la roccia.
Noi atterriti scappammo. Dall'occhio
si svelse il palo, sporco di molto sangue.
Lo scagliò con le mani lontano da sé, smaniando:
poi chiamò a gran voce i Ciclopi, che lì intorno
in spelonche abitavano, per le cime ventose.
Quelli, udendo il suo grido, arrivarono chi di qua chi di là
e, fermatisi presso il suo antro, chiedevano cosa lo molestasse:
"Perché, Polifemo, sei così afflitto e hai gridato così
nella notte divina, e ci fai senza sonno?
Forse un mortale porta via le tue greggi, e non vuoi?
forse qualcuno ti uccide con l'inganno o la forza?".
Ad essi il forte Polifemo[19] rispose dall'antro:
"Nessuno, amici, mi uccide con l'inganno, non con la forza".
Ed essi rispondendo dissero alate parole:
"Se dunque nessuno ti fa violenza e sei solo,
non puoi certo evitare il morbo del grande Zeus:
allora tu prega tuo padre, Posidone signore".
Dicevano così, e rise il mio cuore,
perché il nome mio e l'astuzia perfetta l'aveva ingannato.
Il Ciclope gemendo e penando per il dolore,
brancolando a tentoni, tolse dall'ingresso la pietra,
sedette davanti all'entrata tendendo le mani,
semmai cogliesse tra le pecore qualcuno che usciva:
forse sperava che io fossi così sciocco nell'animo.
Invece io meditavo quale fosse il piano migliore,
semmai trovassi uno scampo dalla morte ai compagni
e a me stesso; e tessevo ogni inganno ed astuzia,
come si fa per la vita: ci incalzava una grande sciagura.
E il piano migliore mi parve nell'animo questo:
c'erano alcuni montoni ben nutriti e villosi,
belli e grandi, ricoperti di lana violetta.
Li legai in silenzio con i vimini torti[20],
sui quali dormiva l'enorme Ciclope maligno,
afferrandone tre: quello in mezzo portava un compagno,
gli altri due avanzavano ai lati coprendo i compagni.
Tre montoni portavano ogni uomo; io invece –
c'era infatti un montone più grosso di tutte le bestie –
afferratolo al dorso, giacqui sotto il suo ventre villoso
piegato: giratomi, mi reggevo con le mani
al vello[21] divino, senza posa, con cuore paziente.
E così, sospirando, aspettammo la chiara Aurora.
Quando mattutina apparve Aurora dalle rosee dita,
allora egli spinse al pascolo le mandrie dei maschi;
le femmine, per i recinti, non munte belavano:

19. Polifemo: compare qui per la prima volta il nome del Ciclope.

20. vimini torti: i giunchi flessibili legati.

21. vello: il manto lanoso.

le loro poppe scoppiavano, infatti. Tormentato da fieri dolori,
il padrone tastava le groppe di tutte le bestie,
ferme diritte: lo sciocco non lo aveva capito,
che gli uomini erano stretti al petto delle bestie lanose.
Ultimo uscì il montone del gregge,
gravato dalla lana e da me coi miei fitti pensieri.
E il forte Polifemo palpandolo disse:
“Caro montone, perché vieni per la spelonca così,
per ultimo? prima non sei mai venuto dopo le pecore,
ma primissimo correvi a brucare i teneri fiori dell’erba,
a gran salti; per primo raggiungevi il corso dei fiumi;
per primo bramavi tornare alle stalle,
la sera; e ora invece sei l’ultimo. Forse tu piangi
l’occhio del tuo padrone? Lo ha accecato un vigliacco,
coi suoi vili compagni, dopo avermi vinto la mente col vino:
Nessuno, che penso non è sfuggito ancora alla morte.
Oh se potessi anche tu pensare e parlare,
per dirmi dove lui fugge dal mio furore.
A lui, sbattuto qua e là per la grotta,
si spaccherebbe il cervello per terra e il mio cuore
avrebbe sollievo dai mali che questo Nessuno da nulla mi diede”.
Detto così, spinse fuori il montone.
Giunti poco lontano dall’antro e dallo steccato,
mi staccai dal montone, per primo, e sciolsi i compagni.
Spingemmo in fretta le greggi dal passo diritto, pingui
di grasso, più volte volgendoci, finché arrivammo
alla nave. Al nostro apparire i cari compagni gioirono,
perché eravamo sfuggiti alla morte, ma piansero gli altri.
Io non lasciai che piangessero, coi sopraccigli dissuasi
ciascuno, ma ordinai di gettare rapidamente le molte
greggi villose dentro la nave e navigare sull’acqua salata.
Essi si imbarcarono subito e presero posto agli scalmi
e sedendo in fila battevano l’acqua canuta coi remi.
Ma appena distai quanto basta per sentire chi grida,

Johann Heinrich Füssli (1741-1825), *Polifemo*, 1803, particolare, collezione privata.

allora con parole taglienti dissi al Ciclope:
"Ciclope, non certo i compagni di un uomo vigliacco
avresti mangiato nella cava spelonca con dura violenza.
E i misfatti dovevano ricadere proprio su te,
sciagurato, che non hai esitato a mangiare gli ospiti
nella tua casa: perciò ti ha punito Zeus e gli altri dei".
Dissi così, e lui si adirò nel cuore di più,
divelse e scagliò la cima di una grande montagna:
la fece cadere oltre la nave dalla prora turchina;
alla caduta del masso il mare si sollevò:
l'onda rifluendo sospinse la nave a terra,
il riflusso dal largo, e la strinse contro la costa.
Io però, afferrata una lunghissima pertica,
la spinsi di fianco e ordinai ai compagni, incitandoli,
di gettarsi sui remi, per scampare al pericolo,
con cenni del capo: ed essi remavano, piegandosi avanti.
Quando avanzando sul mare distammo il doppio,
allora gridai al Ciclope; intorno i compagni
chi di qua chi di là mi frenavano con dolci parole:
"Sciagurato, perché vuoi irritare un selvaggio?
che anche ora, lanciando il masso nel mare, ha risospinto
verso terra la nave, e credevamo di lasciarci la vita.
Se sentiva fiatare o parlare qualcuno,
ci fracassava le teste e i legni di bordo,
colpendoci con una ruvida roccia: perché tira lontano".
Così dicevano, ma non convinsero il mio cuore magnanimo,
e di nuovo gli dissi con animo irato:
"Ciclope, se qualche uomo mortale
ti chiede dello sconcio accecamento dell'occhio,
digli che ad accecarti fu Odisseo, distruttore di rocche,
il figlio di Laerte che abita ad Itaca".
Dissi così, ed egli mi rispose gemendo:
"Ahimè, una profezia molto antica si avvera.
C'era qui un indovino valente e grande,
Telemo Eurimide, che eccelleva nell'arte profetica
e profetando invecchiò tra i Ciclopi:
egli mi disse che un giorno tutto questo si sarebbe compiuto,
d'essere privato della vista per mano di Odisseo.
Ma io ho sempre aspettato che arrivasse qui un uomo
grande e bello, vestito di grande vigore:
invece uno che è piccolo, da nulla e debole, ora
mi ha orbato dell'occhio, dopo avermi vinto col vino.
Ma vieni, Odisseo, che ti offra i doni ospitali
e induca lo Scuotiterra[22] glorioso a scortarti:
di lui sono figlio, padre mio dice d'essere.
Egli mi guarirà, se lo vuole, lui e nessun altro,
né degli dei beati né degli uomini mortali".
Disse così, ed io rispondendogli dissi:
"Magari avessi potuto privarti dell'anima
e della vita e scortarti nella casa di Ade,
come non guarirà il tuo occhio neppure lo Scuotiterra".

trad. it. G.A. Privitera, Lorenzo Valla-Mondadori, Milano

22. Scuotiterra: epiteto di Posidone. Si riteneva che i terremoti fossero provocati da Posidone che da sotto le acque del mare con il tridente scuoteva la terra.

Note di lettura

Polifemo oltre la fiaba

Nessun altro episodio dei viaggi di Ulisse ha corrispondenti più numerosi nell'ambito delle fiabe popolari come quello della terra dei Ciclopi. Vi confluiscono due tipi che originariamente erano ben distinti: la storia dell'**accecamento di un gigante cannibale** e quella di un **eroe che usa violenza contro un uomo cattivo e prepotente** ed evita la vendetta usando un nome falso. Il poeta fonde i due tipi rielaborandoli in modo del tutto personale ed eliminando gli aspetti marcatamente fiabeschi. Egli crea un personaggio, Polifemo, capace di emergere dal gruppo di Ciclopi che vivono sparsi per una terra selvaggia, non modificata dalla mano dell'uomo. Il suo aspetto mostruoso e l'appetito cannibalico concorrono a delineare una **figura al limite dell'umano**, un essere che vive come gli altri suoi consimili in una condizione presociale.

I Ciclopi non conoscono le tecniche delle civiltà e l'agricoltura (non producono pane), ignorano la navigazione, non hanno vita sociale e vivono in unità monofamiliari. Polifemo conduce una vita ancora più **solitaria** degli altri e non sa neppure che cosa siano le leggi dell'ospitalità. La natura del personaggio Polifemo è delineata innanzitutto dalle sue parole: «*La parola di Polifemo non è solo l'equivalente della sua mostruosa violenza fisica, ma è in grado di mettere al servizio di essa anche una rozza astuzia: chiede infatti con tono apparentemente innocuo dov'è ancorata la nave di Ulisse*» (Paduano). Polifemo sa anche essere **crudelmente sarcastico** sul doppio modo di intendere il dono ospitale riservato a Ulisse. Il carattere del personaggio emerge anche dal suo modo di vita e dal rapporto con gli animali che alleva e che convivono in simbiosi con lui nella caverna. Quest'ultimo aspetto è espresso nel discorso rivolto al montone, in cui il Ciclope rivela un'inaspettata dote di tenerezza e di sensibilità. **Simbiosi con gli animali** e **simbiosi con una natura incontaminata** dall'opera dell'uomo: una grande distanza divide questo essere dal civile Ulisse e dal suo mondo. Questi, nel confronto con Polifemo, appare l'antesignano dell'uomo tecnologico che interviene sulla natura e la manipola e la sfrutta. «*Ma su Ulisse, sull'uomo greco di sé sicuro, sull'uomo di tutti i tempi, erede di Ulisse ed esemplare schietto della rivoluzione neolitica, incomberà una minaccia finale, quella di Polifemo: la maledizione di una natura violata*» (Avezzù).

Alberto Savinio (1891-1952), *Ulisse e Polifemo*, 1932, particolare, collezione privata.

L'imprudenza di Ulisse

Prigioniero nella caverna del crudele Ciclope, Ulisse ha dato prova delle sue straordinarie **qualità**, che gli hanno consentito di

uscire da una situazione che appariva disperata. Ma all'origine di questa pericolosa avventura che rischiava di essergli fatale, ci sono delle **imprudenze**. Ulisse è imprudente quando, sbarcando, intuisce il pericolo, ma **decide di avventurarsi in quella terra**; è imprudente quando non dà ascolto ai compagni e **resta nell'antro**.
Infine, è imprudente quando **svela a Polifemo il proprio nome**. Secondo lo studioso Privitera, Ulisse è stato spinto a comportarsi in questo modo «*dalla sua dignità di guerriero*». Infatti, non bisogna dimenticare che egli è all'inizio delle sue lunghe peregrinazioni – avendo lasciato da poco Troia – e in lui è ancora viva la realtà del **mondo eroico**. Questo aspetto eroico si coglie però chiaramente solo nell'apostrofe a Polifemo, mentre la sua nave sta prendendo il largo. In questo caso Ulisse non valuta le drammatiche conseguenze della rivelazione del nome, perché considera il suo successo come un'azione eroica che deve concludersi con il vanto della vittoria. Invece, rinunciando a lasciare l'antro, come suggeriscono i compagni, egli vuole verificare se verrà accolto come un ospite dichiarando apertamente di volere «*vedere che uomini sono costoro, / se prepotenti e selvaggi e non giusti, / oppure ospitali e che temono nella mente gli dei*» (vv. 174-176). Ma imprudentemente o temerariamente non tiene conto del fatto che i Ciclopi non sono gli uomini che si aspetta, sia pur prepotenti e selvaggi.

▶ Le forme della narrazione

Omero ha preso il posto dell'aedo. Nella reggia di Alcinoo si attua un evento di fondamentale importanza per la storia dell'arte narrativa: fa il suo ingresso sulla scena il **personaggio che racconta se stesso**.
Con il felice espediente di far raccontare al protagonista stesso le sue avventure nel mondo fantastico, «*il poeta le ha liberate dalla narrazione epica in terza persona in cui le avventure avrebbero agito come corpi estranei, e in pari tempo le ha strettamente collegate a questa stessa narrazione tramite la persona del narratore, che tutte queste favolose avventure ha vissuto e sofferto. Esse si inseriscono così senza fratture nel contesto narrativo e nel mondo della rappresentazione mitico-eroica, familiare agli ascoltatori attraverso gli innumerevoli racconti epici orali*» (Heubeck).

Competenze alla prova

Comprensione

difficoltà ●○○

1. Che cosa chiedono a Ulisse i compagni appena entrati nella spelonca?

2. Tra le seguenti affermazioni, indica quali sono vere e quali sono false.

	V	F
a. Ulisse prima di entrare nella spelonca attende l'arrivo del Ciclope	☐	☒
b. Polifemo chiede a Ulisse dove è ancorata la sua nave	☒	☐
c. I compagni di Ulisse escono dalla spelonca nascosti sotto la pancia delle pecore	☒	☐
d. Ulisse e compagni dopo aver accecato Polifemo fanno razzia di bestiame	☐	☒

3. Quale norma dei rapporti ospitali ricorda Ulisse a Polifemo?

4. Ulisse come dispone i compagni per uscire dalla spelonca?

5. Come esce Ulisse dalla spelonca?

6. Quale informazione chiede Polifemo a Ulisse?

7. Perché Ulisse non uccide il Ciclope subito dopo che questi ha divorato due suoi compagni?

8. Come definisce Polifemo il vino offerto da Ulisse?

9. I Ciclopi non aiutano Polifemo:
- ☐ perché non capiscono che cosa è successo
- ☒ perché l'asserzione di Polifemo viene scambiata per una negazione
- ☐ perché non riescono a sentire bene ciò che egli dice
- ☐ perché pensano che Polifemo si prenda gioco di loro

Analisi

difficoltà ●●○

10. Qual è l'evento che determina l'ingresso di Ulisse con le sue navi in una dimensione che non è più quella reale?

11. Qual è il criterio di giudizio di Ulisse circa la natura degli abitanti della terra dei Ciclopi?

12. Perché il fatto di avere un solo occhio (elemento fiabesco molto diffuso) è la premessa indispensabile per il motivo dell'accecamento?

13. Come è considerato nel mondo omerico il rifiuto dell'ospitalità?

14. Con quale similitudine è espressa la voracità di Polifemo nel divorare i primi due compagni di Ulisse?

15. Quale rischio avrebbero corso Ulisse e i compagni se la seconda sera Polifemo avesse fatto entrare nella grotta, come di consueto, solo le femmine degli animali?

16. Come si può spiegare la decisione di Ulisse di rivelare il proprio nome a Polifemo?

17. Quale conseguenza ha questa scelta di Ulisse ?

18. Quale giustificazione dà Ulisse dell'azione compiuta?

19. Quali analogie ci sono tra lo stratagemma escogitato da Ulisse per entrare nella città di Troia e quello architettato per uscire dalla caverna?

20. Quali delle seguenti doti Ulisse dimostra di possedere nell'elaborazione e nell'attuazione del piano di fuga dalla caverna? Spiega per quale motivo.

- ☐ La pazienza
- ☐ Il coraggio
- ☐ La saggezza
- ☐ L'eroismo
- ☐ L'accortezza
- ☐ L'astuzia
- ☐ La prodezza
- ☐ La lucida lungimiranza

21. Individua i passi in cui ambienti, personaggi e azioni sono rappresentati con crudo realismo.

Produzione

difficoltà ●●○

22. Il racconto di questa avventura esprime il punto di vista di Ulisse. Prova ora a cambiare prospettiva e a riscrivere la vicenda. Immagina che Polifemo sia venuto a conoscenza dal padre Posidone del racconto di Ulisse e a sua volta esponga come si sono svolti i fatti dimostrando che Ulisse ha mentito in particolare sul suo cannibalismo.

23. Riguardo al discorso di Polifemo al montone sono state espresse valutazioni di segno opposto.

a. Il discorso di Polifemo è grottescamente patetico e improntato a un rozzo narcisismo: «*se è vero infatti che quella con il montone è la sola relazione affettiva manifestata dal Ciclope, è anche vero che in questa relazione non cerca altro che se stesso e l'eco e la conseguenza della propria sofferenza*» (Paduano).

b. «*Diventa poesia in questo incontro il legame profondo di attaccamento fedele che, nelle esistenze solitarie, lega talora in una sorta di comprensione senza parole l'uomo all'animale domestico, sentito come partecipe di gioie ed affanni*» (Stella).

Prova a esprimere la tua valutazione e il tuo parere motivandoli.

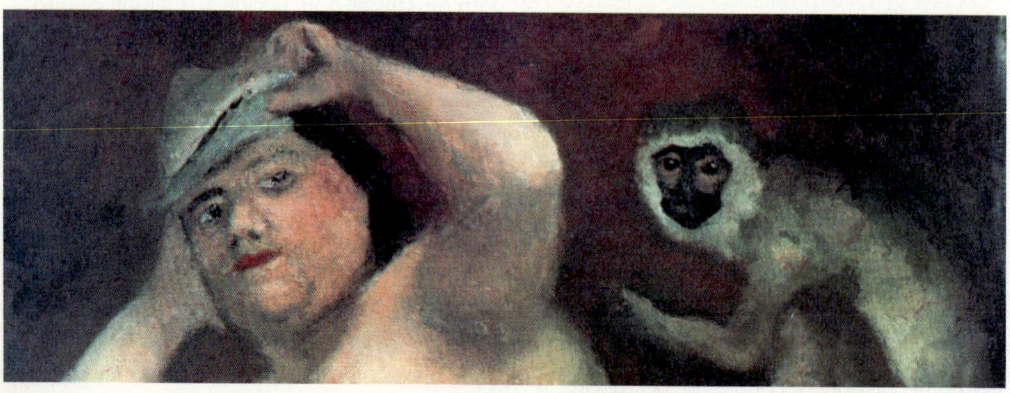

Alberto Ziveri (1908-1990), *Donna con scimmia*, 1937, particolare, collezione privata.

Libro x

Le navi di Ulisse riprendono il mare e approdano su un'isola galleggiante di nome Eolia, sulla quale regna Èolo, re dei venti. L'eroe viene accolto con ogni riguardo dal sovrano il quale, per mostrargli la sua benevolenza, gli dona un otre nel quale sono racchiusi tutti i venti che scatenano le tempeste in mare e che potrebbero ostacolare il viaggio di ritorno in patria. Dopo nove giorni di navigazione, quando ormai Itaca è vicina, i compagni, spinti dall'avidità, aprono l'otre pensando che contenga dei tesori. I venti, liberati dall'otre, provocano una violenta tempesta che spinge di nuovo le navi verso l'isola di Èolo, al quale Ulisse chiede di chiudere nuovamente i venti nell'otre; ma il re, sdegnato, lo caccia apostrofandolo duramente: «Va via dall'isola subito, ignominia dei vivi; / non è mio costume ospitare e scortare / un uomo che è in odio agli dèi beati» *(trad. it. Ciani).*

Ulisse riprende il mare con cuore angosciato e dopo sei giorni di navigazione giunge nel regno dei Lestrigoni, giganti cannibali come Polifemo. Le navi vengono ormeggiate all'interno di un piccolo porto, fatta eccezione per quella di Ulisse che viene lasciata all'esterno. Poi, l'eroe si mette di vedetta in cima a una roccia e manda alcuni uomini a cercare informazioni sugli abitanti di quella terra. Costoro, giunti alla reggia, si imbattono nella moglie del re Antifate, una donna di smisurata altezza, che chiama il marito, il quale afferra un uomo e lo divora. I compagni di Ulisse fuggono terrorizzati, inseguiti però dai Lestrigoni che, arrivati sulla costa, lanciando enormi massi affondano tutte le navi ormeggiate nel porto e divorano tutti i marinai dopo averli infilzati come pesci.

L'isola Eea e la maga Circe

Luogo:
Grecia

Anno:
VIII secolo a.C.

Tratto da:
Libro x, vv. 188-243; 302-405

Il brano

Ulisse e i compagni superstiti riprendono la navigazione sull'unica nave rimasta e giungono in un'altra terra sconosciuta: è l'isola Eea sulla quale regna la maga Circe «*dai bei riccioli*» (vv. 220, 310), «*dea tremenda dalla voce umana*». Ormeggiata la nave in un porto sicuro, i viaggiatori sostano nel lido per due giorni e due notti. All'alba del terzo giorno Ulisse sale su un'altura e scorge del fumo che sale da una casa posta in un ampio spazio tra gli alberi del bosco. Mentre torna alla nave, abbatte un magnifico cervo procurando un abbondante pasto per tutti. I superstiti trascorrono ancora una notte sul lido.

Quando mattutina apparve Aurora dalle rosee dita,
allora fatto un consiglio parlai in mezzo a tutti:
"O amici, non sappiamo dov'è l'occidente e l'aurora,
dove va sotto terra il sole che dà luce ai mortali,
e dove risorge: su presto, pensiamo
se v'è ancora un rimedio. Io non credo vi sia.
Son salito su una altura scoscesa, ed un'isola
ho visto, che il mare infinito incorona:
bassa essa giace; un fumo ho scorto con gli occhi
nel mezzo, tra la fitta macchia e la selva".
Dissi così, e ad essi si spezzò il caro cuore,
pensando ai misfatti del Lestrigono Antifate[1]

1. **Antifate:** è il re dei Lestrigoni, che hanno distrutto undici navi di Ulisse e hanno divorato i marinai.

› Giovanni Stradano (Jan van der Straet, 1523-1605), *Circe trasforma i compagni di Ulisse*, 1570 ca., particolare, Firenze, Palazzo Vecchio, studiolo di Francesco I.

e alla forza del magnanimo Ciclope antropofago.
Gemevano stridulamente, versando pianto copioso:
nessun vantaggio però gli veniva piangendo.
Allora io divisi tutti i compagni dai saldi schinieri
in due squadre, e diedi un capo a ciascuna.
Degli uni il capo ero io, degli altri Euriloco simile a un dio.
Subito agitiamo le sorti in un elmo di bronzo:
e saltò fuori la sorte del magnanimo Euriloco.
Si mise in cammino, e con lui ventidue compagni
piangenti: ci lasciarono, che gemevamo.
Nella vallata trovarono le case di Circe[2] costruite
con pietre squadrate, in un luogo protetto:
c'erano intorno lupi montani e leoni
che ella aveva stregato[3], dandogli filtri maligni.
Essi non assalirono gli uomini, ma
agitando le lunghe code si alzarono.
Come quando i cani scodinzolano al padrone che torna
da un pranzo, perché porta ogni volta dei buoni bocconi;
così i lupi dalle forti unghie e i leoni scodinzolavano
ad essi: temettero, quando videro le orribili fiere.
Si fermarono davanti alle porte della dea dai bei riccioli,
sentivano Circe che dentro con voce bella cantava,
intenta a un ordito[4] grande, immortale, come le dee
sanno farli, sottili e pieni di grazia e di luce.

2. **Circe:** è figlia del Sole e dell'oceanina Perse, a sua volta figlia di Oceano. Circe era sorella di Aiete, re della Colchide e padre di Medea, un'altra maga famosa. Circe, come Calipso, è immortale.
3. **lupi … stregato:** secondo alcuni interpreti non si tratta di uomini vittime del sortilegio, ma di animali dei quali Circe, con i suoi filtri magici, ha alterato il comportamento.
4. **ordito:** la dea sta tessendo. L'ordito è propriamente l'insieme dei fili verticali che sono posti sul telaio.

E cominciò fra essi a parlare Polite, capo di forti,
che mi era tra i compagni il più caro e fidato:
"O cari, qui dentro, intenta a un grande ordito,
canta in modo perfetto – ne risuona tutta la casa –
una dea o una donna: su presto, gridiamo».
Disse così, ed essi con grida chiamarono.
Lei subito uscita aprì le porte lucenti
e li invitò: la seguirono tutti senza sospetto.
Indietro restò Euriloco: pensò che fosse una trappola.
Li guidò e fece sedere sulle sedie e sui troni:
formaggio, farina d'orzo e pallido miele mischiò[5]
ad essi col vino di Pramno[6]; funesti farmaci
mischiò nel cibo, perché obliassero del tutto la patria.
Dopoché glielo diede e lo bevvero, li toccò subito
con una bacchetta[7] e li rinserrò nei porcili.
Dei porci essi avevano il corpo: voci e setole
e aspetto. Ma come in passato la mente era salda.
Così essi furono chiusi, piangenti, e Circe
gli gettò da mangiare le ghiande di leccio[8], di quercia
e corniolo[9], che mangiano sempre i maiali stesi per terra.

Euriloco torna terrorizzato alle navi per riferire l'accaduto e scongiura Ulisse di non riportarlo in quel palazzo, dove i suoi compagni sono stati annientati dalla maga. L'eroe si arma e si avvia verso la dimora di Circe. Lungo il cammino incontra Ermes, che gli rivela tutte le astuzie di Circe e gli dice come deve comportarsi. La maga gli offrirà un beverone con un farmaco malefico il cui effetto potrà essere annullato da un antidoto che Ermes gli consegna.

Detto così l'Arghifonte[10] mi porse il farmaco,
dalla terra strappandolo, e me ne mostrò la natura.
Nella radice era nero e il fiore era simile al latte.
Gli dei lo chiamano *moly*[11] e per uomini mortali
è duro strapparlo: gli dei però possono tutto.
Poi Ermete andò via, sull'alto Olimpo,
per l'isola boscosa. Ed io mi diressi alla casa
di Circe: andavo e il mio cuore era molto agitato.
Mi fermai davanti alle porte della dea dai bei riccioli;
fermatomi lì, gridai: la dea sentì la mia voce
e subito uscita aprì le porte lucenti.
Mi invitò: la seguii col cuore angosciato.
Mi guidò e fece sedere su un trono con borchie d'argento,
bello, lavorato: c'era sotto uno sgabello pei piedi.
In un vaso d'oro mi preparò un beverone, perché lo bevessi:
un farmaco ci mise dentro, meditando sventure nell'animo.
Poi me lo diede e lo bevvi, ma non mi stregò;
mi colpì con la verga, mi rivolse la parola, mi disse:
"Va' ora al porcile, stenditi con gli altri compagni".
Disse così; io, tratta l'aguzza lama lungo la coscia,
assalii Circe, come fossi bramoso d'ucciderla.
Lei con un urlo corse, m'afferrò le ginocchia
e piangendo mi rivolse alate parole:
"Chi sei, di che stirpe? dove hai città e genitori?
Mi stupisce che bevuti i miei farmaci non fosti stregato.
Nessun altro sopportò questi farmaci,

---

5. **formaggio … mischiò:** la mistura che Circe prepara è il "ciceone" che compare anche nell'*Iliade*. Di per sé non si tratta di una bevanda funesta: diventa tale solo per l'aggiunta del farmaco.
6. **Pramno:** luogo sconosciuto nel quale si produceva un vino pregiato.
7. **bacchetta:** secondo alcuni interpreti non è una bacchetta magica, ma un bastone. Nelle fiabe è una bacchetta magica, ma qui Circe se ne serve come di un bastone.
8. **leccio:** albero sempreverde somigliante a una quercia.
9. **corniolo:** pianta dal legno durissimo che dà frutti di color rosso.
10. **Arghifonte:** epiteto di Ermes, che aveva ucciso il mostro Argo "dai cento occhi".
11. ***moly*:** è un'erba dalla radice nera e dal fiore bianco che va dissotterrata con tutta la radice. Il nome si può forse accostare alla lingua dell'antica India *mulam*, "radice": la parola sarebbe divenuta assai presto in greco un termine del linguaggio magico (Heubeck).

chi li bevve, appena varcarono il recinto dei denti:
una mente che vince gli inganni hai nel petto.
Certo Odisseo tu sei, il multiforme[12], che sempre
l'Arghifonte dall'aurea verga mi diceva sarebbe arrivato,
venendo da Troia con la nera nave veloce.
Ma orsù, riponi la lama nel fodero, e tutti e due
saliamo sul letto, perché congiunti
nel letto e in amore ci si possa l'un l'altro fidare".
Disse così, ed io rispondendole dissi:
"Circe, come puoi chiedermi d'essere mite con te,
che nella casa m'hai fatto maiali i compagni,
e qui tenendomi adeschi anche me, insidiosa,
a venire nel talamo[13] sopra il tuo letto,
perché, appena nudo, mi faccia vile e impotente?
Sul tuo letto io non voglio salire,
se non acconsenti a giurarmi, o dea, il gran giuramento[14]
che non mediti un'altra azione cattiva a mio danno".
Dissi così, e lei giurò subito come volevo.
E dopo che ebbe giurato e finito quel giuramento,
allora io salii sul bellissimo letto di Circe.
Nelle sale lavoravano intanto le quattro
ancelle, che le stanno in casa come domestiche.
Sono nate dalle fonti e dai boschi, costoro,
e dai sacri fiumi che scorrono al mare[15].
Bei tappeti purpurei una d'esse metteva
sui troni, di sopra; e metteva panni lisci di sotto;
davanti ai troni un'altra stendeva argentee
tavole, e su di esse canestri d'oro poneva;
nel cratere d'argento mischiava il vino soave,
dolce, la terza, e le coppe d'oro distribuiva;
portava l'acqua, la quarta, e sotto a un gran tripode,
molto fuoco accendeva: l'acqua bolliva.
E quando poi l'acqua bollì nel bronzo lucente,
nella vasca mi fece sedere e me la versò dal gran tripode,
temperandola gradevolmente, sul capo e le spalle,
per togliere dalle mie membra la snervante fatica.
E quando m'ebbe lavato e unto con olio copiosamente,
mi gettò un bel manto e una tunica indosso,
mi guidò e fece sedere su un trono con borchie d'argento,
bello, lavorato: c'era sotto uno sgabello pei piedi;
un'ancella venne a versare dell'acqua da una brocca
bella, d'oro, in un bacile d'argento,
perché mi lavassi: vicino stese una tavola liscia.
La riverita dispensiera recò e pose il cibo,
imbandendo molte vivande, generosa di quello che c'era;
mi invitava a mangiare; ma non era gradito al mio animo,
e sedevo pensando ad altro, l'animo vedeva sventure.
Circe, come notò che sedevo e non allungavo
le mani sul cibo, ma avevo un penoso dolore,
standomi accanto mi rivolse alate parole:
"Perché, Odisseo, siedi così come un muto,
mangiandoti il cuore, e non tocchi cibo e bevanda?

---

12. **multiforme:** il termine greco *polýtropos* altrove è tradotto con "versatile". Circe usa l'epiteto che indica un fondamentale aspetto della personalità di Ulisse.
13. **talamo:** il letto o la camera nuziale.
14. **gran giuramento:** anche Calipso pronuncerà (si ricordi che Calipso sarà incontrata dopo Circe) un solenne giuramento.
15. **Ninfe … mare:** le quattro ancelle sono Ninfe delle sorgenti, dei fiumi e dei boschi.

Un altro inganno forse sospetti? Ma niente devi
temere! Un giuramento potente ormai ti ho giurato".
Disse così, ed io rispondendole dissi:
"Circe, quale uomo che sia anche giusto,
vorrebbe saziarsi di cibo e bevanda, prima d'aver liberato
e aver veduto i compagni davanti ai suoi occhi?
Se vuoi veramente che beva e che mangi,
sciogli li, perché coi miei occhi veda i fedeli compagni".
Dissi così, e Circe uscì dalla sala,
con in mano la verga, spalancò il porcile,
e li spinse simili a grassi maiali di nove anni.
Davanti le stettero, e lei avanzando
tra loro spalmò d'un altro farmaco ognuno.
Dal loro corpo le setole caddero, fatte nascere prima
dal filtro funesto che ad essi offrì Circe possente:
subito divennero uomini, più giovani di come erano prima,
e molto più belli e più grandi a vedersi.
Mi riconobbero e ciascuno mi diede la mano.
A tutti venne voglia di pianto, intorno ne echeggiava
altamente la casa: la dea si commosse anche lei.
E standomi accanto mi disse, chiara tra le dee:
"Divino figlio di Laerte, Odisseo pieno di astuzie,
adesso va' alla nave veloce e alla riva del mare.
Tirata anzitutto la nave all'asciutto,
stipate nelle grotte gli averi e tutti gli attrezzi:
tu poi ritorna e porta i fedeli compagni".

trad. it. G.A. Privitera, Lorenzo Valla-Mondadori, Milano

Nel mondo di Omero

Il folclore nell'*Odissea*

L'incontro con Circe è quello che più di altri (dopo che a capo Malea Ulisse è stato spinto fuori dal mondo reale) «*affonda più profondamente le radici nel mondo delle rappresentazioni fantastiche e della magia. La strega che trasforma gli uomini in animali si trova in molti temi favolistici di tutto il mondo; dappertutto ricorre la bacchetta magica, l'erba magica, la formula magica, l'antidoto magico (l'amuleto), l'aiuto contro la potenza magica, la rottura dell'incantesimo. Allo stesso modo la maga può essere descritta in forme diverse: accanto alla cattiva strega che trasforma e annienta le sue vittime, e viene poi vinta e punita da un essere umano, si trova l'amabile ma non meno pericolosa seduttrice, che attira un mortale nella sua orbita, lo fa innamorare di sé quando ne è stanca, lo trasforma in animale sino a quando anch'essa non trovi chi la domini. Tracce di entrambi i motivi si riconoscono nel racconto di Circe. Significativo, per la struttura dell'*Odissea*, è il fatto che i motivi centrali della favola siano ridotti al minimo. Di vera e propria magia si può vedere traccia solo in pochi versi che riguardano la trasformazione e la ritrasformazione dei compagni di Ulisse. Se e come l'erba magica* moly *esplicasse il suo potere su Circe non sappiamo*» (Heubeck). Inoltre, come tutti gli altri personaggi del mondo fantastico, Circe è **sottoposta all'ordinamento della religione olimpica** e in essa inglobata (è figlia del dio Sole, come Polifemo, l'orco cannibale, è figlio di Posidone). In questo modo il mondo della magia e del fantastico è sottratto alla sfera conturbante dell'inconoscibile e dell'incontrollabile ed è ricondotto sul piano delle possibilità umane senza che perda il fascino del fiabesco.

Note di lettura

Circe, la maga bifronte

Nel mondo favoloso nel quale si trova Ulisse non poteva mancare l'apparizione di una figura chiave di moltissime fiabe e racconti popolari: la **maga**, il personaggio più noto dei racconti popolari.

Tuttavia, a differenza delle maghe delle favole, che non hanno nessun tratto distintivo se non la funzione che svolgono nel racconto, Circe ha una sua **individualità inconfondibile**. Il poeta non dice nulla di lei, tranne che sta lavorando a una tela – bella come solo le divinità sanno farla – e che canta con una voce bella, ma non si sofferma sul suo aspetto (il dettaglio dei «*bei riccioli*» (vv. 220, 310) è un epiteto formulare). Egli la caratterizza però come un **personaggio enigmatico e inquietante** nel suo comportamento. Non chiarisce i motivi che la spingono a compiere il sortilegio che terrorizza i compagni di Ulisse, ma ne descrive gli effetti funesti. La maga agisce come un automa, come se fosse spinta da un impulso incontrollabile o da un gusto perverso di usare le sue arti magiche in odio degli esseri umani. Circe è dunque un **personaggio demoniaco e minaccioso**, la «*dea tremenda dalla voce umana*», che si compiace per un suo capriccio di tenere accanto alla sua dimora uomini ai quali ha fatto perdere la loro figura umana, ma soprattutto ha fatto loro perdere il ricordo della loro patria. Quando però si rende conto che contro Ulisse, protetto dall'erba *moly*, le sue arti magiche sono vane, ha la prontezza di mutare atteggiamento. Da questo momento Circe cessa d'essere «*un misterioso meccanismo e diventa un'amante-dea*» (Privitera).

La maga abile nell'arte della trasformazione a sua volta **accetta di essere trasformata**: da figura demoniaca che era, acquista una dimensione umana ed è piena di amorevole cura per i compagni di Ulisse (si commuove quando riprendono la forma umana) e soprattutto si muta in donna innamorata che vuole trattenere Ulisse come suo sposo, ma che è generosamente pronta alla rinuncia quando, dopo un anno di convivenza, questi la lascerà per tornare a Itaca.

Circe e Calipso

L'isola di Circe, come abbiamo visto, è in corrispondenza speculare con l'isola di Calipso. Ambedue segnano, dall'uno all'altro capo del mondo, i limiti estremi delle peregrinazioni di Ulisse tra Oriente e Occidente. Tra le due donne ci sono diverse **somiglianze**: ambedue sono **immortali**, sono rappresentate mentre **tessono** e **cantano**, hanno un **grande fascino** (ad ambedue è attribuito l'epiteto «*dai bei riccioli*») e cercano di trattenere Ulisse come loro **sposo**. Ma ci sono anche evidenti **diversità**. Ogigia è il regno della fiaba, Eea è il regno della magia. La dimora della maga è un **palazzo nascosto** in mezzo a un fitto bosco, luogo di arcane insidie; le bestie feroci che hanno perso il loro naturale istinto e si aggirano mansuete creano un'atmosfera misteriosa e inquietante. Calipso invece abita in un **luogo idillico e incantato** e in piena luce, tanto che Ermes gode della bellezza del paesaggio. La grotta e il canto di Calipso sono mirabilmente fusi con il paesaggio, la dimora di Circe è una costruzione artificiale e il suo canto è inseparabile dalla sua natura di maga.

Le forme della narrazione

Ulisse rimarrà nell'isola un anno, poi, dopo varie avventure, starà presso Calipso altri sette anni. Queste soste nel piano dell'opera hanno la funzione di **ritardare l'arrivo di Ulisse a Itaca**. Infatti, l'intreccio esige che Telemaco sia diventato adulto (Ulisse è partito quando il figlio era nato da poco) e che l'eroe venga ritenuto morto da tutti tranne che dai suoi famigliari e dagli amici più intimi. È necessario, perciò, che sia trattenuto nascosto alla vista degli uomini, sino a venti anni dopo la sua partenza da Troia. Quando tornerà, Ulisse troverà in Telemaco un valido aiuto per riconquistare il potere nella sua casa e nell'isola.

Competenze alla prova

Comprensione

difficoltà ●○○

1. Dov'è collocata dal poeta l'isola Eea?
2. Che cosa scorge Ulisse da un'altura?
3. Quale stranezza presentano gli animali che si aggirano intorno al palazzo di Circe?
4. A quale attività è intenta Circe all'interno della casa?
5. Mediante quale similitudine viene descritto l'atteggiamento mansueto dei cani?
6. Che cosa offre Circe agli ospiti e quale effetto hanno i «*funesti farmaci*» (v. 235)?
7. Quale antidoto riceve Ulisse per neutralizzare la bevanda che Circe gli offrirà, e da chi la ottiene?
8. La maga, vedendo che le sue arti a nulla valgono contro Ulisse, scende a ben più miti consigli e offre se stessa all'eroe, ma egli non si fida. Che cosa chiede Ulisse alla maga?
9. Indica quali tra le seguenti affermazioni sono vere e quali sono false.

	V	F
a. La dimora di Circe è la tipica capanna delle fiabe	☐	☐
b. Circe esce dalla sua casa e va incontro agli stranieri	☐	☐
c. Ulisse approdando all'isola di Circe ha perso l'orientamento	☐	☐
d. Il gruppo che dovrà esplorare l'isola è scelto da Ulisse	☐	☐
e. I compagni di Ulisse tramutati in porci hanno perso ogni caratteristica umana	☐	☐
f. Euriloco non torna con Ulisse nel palazzo	☐	☐

10. Circe restituisce la figura umana ai compagni di Ulisse:
    - ☐ toccandoli con la bacchetta magica
    - ☐ recitando una formula magica
    - ☐ cospargendoli di un unguento
    - ☐ facendo bere loro una pozione

Analisi

difficoltà ●●○

11. Quale significato ha il fatto che Circe sia rappresentata come figlia del dio Sole e di un'oceanina?
    - ☐ Che fa parte del mondo della natura
    - ☐ Spiega il fatto che faccia uso della magia
    - ☐ Che è un personaggio speciale
    - ☐ Che anch'essa sottostà all'ordinamento olimpico
12. Da quali indizi i compagni di Ulisse avrebbero dovuto capire che si trovavano in un luogo pieno d'insidie?
13. Perché nel comportamento delle belve mansuete può essere raffigurato quello di Circe?
14. Perché Polite vuole entrare in casa della dea?
15. Perché Ulisse segue Circe all'interno del palazzo «*col cuore angosciato*» (v. 313)?
16. In quale passo la dimora di Circe appare chiaramente più che la casa della maga delle fiabe la residenza signorile di una nobile signora?
17. Circe non si limita a restituire la figura umana ai compagni di Ulisse, ma fa anche qualcosa in più: che cosa?

Produzione

difficoltà ●●○

18. Scrivi un breve testo, immaginando che anche le fiere che si aggirano intorno alla casa di Circe vengano liberate dal sortilegio e acquistino la figura umana, ma che protestino perché preferivano la condizione in cui erano prima e che Ulisse cerchi di convincerli a rimanere uomini.

Libro X

Ulisse torna alla nave e invita i compagni a recarsi con lui nella casa di Circe, dove troveranno tutti gli altri in ottime condizioni. Euriloco cerca di dissuadere Ulisse dal tornare, ma questi, infuriato, lo minaccia e tutti si avviano verso la casa della maga. Qui ricevono una splendida accoglienza. I compagni che hanno ripreso la forma umana sono seduti a banchetto e quando si incontrano con gli altri, tutti incominciano a piangere e a lamentarsi. Allora la dea si rivolge a Ulisse: «Divino figlio di Laerte, Odisseo, ricco d'ingegno, ora non abbandonatevi al pianto. So anch'io quanto avete patito, sul mare ricco di pesci, e come, a terra, vi maltrattarono uomini a voi ostili. Ma ora mangiate il mio cibo, bevete il mio vino, finché riprenderete coraggio nell'animo, come un tempo, quando lasciaste la patria, l'aspra terra di Itaca. Or non avete più forza e vigore e il mare terribile avete nel cuore, il vostro animo non ha mai pace, perché avete molto sofferto» *(trad. it. Ciani).*
Ulisse accetta l'offerta di ospitalità di Circe e rimane per un anno intero presso di lei, dopodiché i compagni lo sollecitano a riprendere il mare. L'eroe chiede a Circe di mantenere la promessa fattagli e di lasciarlo partire. Circe acconsente, ma lo avverte che dovrà prima affrontare un altro pericoloso viaggio: si recherà nella dimora di Ade e della tremenda Persefone, i signori dell'oltretomba. Là dovrà interrogare l'anima di Tiresia, il profeta cieco. Ulisse a queste parole, angosciato, scoppia in lacrime, ma Circe lo rassicura dicendogli che il vento porterà spontaneamente la sua nave oltre l'oceano. Poi egli raggiungerà a piedi il luogo in cui scorrono i fiumi infernali, là dove il Piriflegetonte e il Cocito sboccano nell'Acheronte. Lo informa anche dei riti che dovrà compiere e gli indica come interrogare le ombre dei defunti. Quando Circe ha terminato di parlare è ormai l'alba. Ulisse sveglia i compagni per affrettare la partenza, ma non si accorge dell'assenza di Elpenore, il quale era andato a dormire ubriaco sul tetto del palazzo e, al risveglio, non accorgendosi di essere in un luogo sopraelevato, era precipitato spezzandosi il collo e le vertebre. Circe accompagna Ulisse alla riva del mare e lega segretamente alla nave che si appresta a salpare un agnello e una pecora nera da sacrificare agli dei degli inferi.

Libro XI

La nave di Ulisse riparte e, spinta da un vento favorevole, si dirige verso il regno dei morti. Dopo una giornata di navigazione, al tramonto Ulisse e i compagni giungono ai confini dell'oceano, nel regno dei Cimmeri, terra sempre avvolta nella nebbia che i raggi del sole non riescono ad attraversare. Giunto al luogo indicato da Circe, Ulisse prepara un rito di purificazione e di espiazione che i Greci compivano dovunque si credessero vicini all'Ade: scava una fossa quadrata e vi versa una libagione di miele mescolato con vino e acqua, cospargendo il tutto con farina. Poi, dopo aver supplicato gli dei, sacrifica sulla fossa il montone e la pecora che gli aveva dato Circe. Appena il sangue degli animali incomincia a scorrere, si accalcano intorno a Ulisse le anime dei morti.

«Fuori dall'Erebo [la parte più profonda del regno dei morti] si radunarono le anime dei trapassati: fanciulle, ragazzi, vecchi che molto soffrirono, giovani donne dall'animo nuovo al dolore; molti guerrieri caduti in battaglia, colpiti da lance di bronzo, con le armi macchiate di sangue. Si affollavano intorno alla fossa, da ogni parte, con grida acute con grida acute» *(trad. it. Ciani).*

Pellegrino Tibaldi (1527-1596), *Errori di Ulisse, Lo sbarco dei compagni di Ulisse*, 1550-1551, particolare, Bologna, Palazzo Poggi.

L'incontro con Tiresia

Luogo:
Grecia
Anno:
VIII secolo a.C.
Tratto da:
Libro XI, vv. 80-151

Il brano

Fedele alle istruzioni ricevute da Circe, Ulisse tiene lontane le anime dei morti dalla fossa dove, secondo le consuetudini, ha sacrificato il montone e la pecora e non consente loro di bere il sangue del sacrificio prima dell'arrivo di Tiresia, il vate che gli rivelerà come raggiungere Itaca. Gli si fa incontro l'ombra di Elpenore, il quale può parlare prima di bere il sangue perché non è ancora entrato nell'Ade: il suo corpo, infatti, non ha ancora ricevuto sepoltura (solo quando avrà varcato la soglia del regno dei morti perderà la memoria della vita terrena). Elpenore racconta come ha perso la vita e implora Ulisse di ergergli in riva al mare un tumulo sopra il quale dovrà piantare un remo. Ulisse gli assicura il sollecito adempimento delle sue richieste.

"O infelice, compirò e farò tutto questo per te".
Noi stavamo così, scambiandoci tristi
parole, io da un lato tenendo il brando sul sangue
e l'ombra del compagno dall'altro: e molto parlava.
Venne poi l'anima della madre defunta,
Anticlea[1] figlia del magnanimo Autolico:
viva io l'avevo lasciata, partendo per la sacra Ilio.
Vedendola piansi e nell'animo ne ebbi pietà:
ma neppure così, benché tanto accorato, la lasciai
accostare al sangue prima d'interrogare Tiresia[2].
E venne poi l'anima del tebano Tiresia,
stringendo lo scettro d'oro[3]. Mi riconobbe[4] e mi disse:
"Divino figlio di Laerte, Odisseo pieno di astuzie,
perché mai, infelice, lasciata la luce del sole,
sei venuto a vedere i defunti e questo tristissimo luogo?
Orsù, dalla fossa allontanati, togli l'aguzzo brando,
perché beva di questo sangue e ti dica parole veraci".
Disse così ed io arretrando infilai nel fodero
la spada con borchie d'argento. Appena bevé il fosco sangue,
mi parlò allora con queste parole l'esimio veggente:
"Desideri un dolce ritorno, illustre Odisseo,

---

1. **Anticlea:** la madre di Ulisse è la prima ad arrivare; eppure non può riconoscere Ulisse perché le ombre dei morti hanno dimenticato la vita terrena e sono prive di parola. Recupereranno per breve tempo la parola e i ricordi del loro passato dopo aver bevuto il sangue che era considerato l'elemento vitale.
2. **Tiresia:** uno dei più celebri indovini dell'Antichità, originario di Tebe nella Beozia e cieco. Le versioni sull'origine della sua cecità sono varie. Secondo la più diffusa, Tiresia divenne cieco perché aveva visto Atena che si bagnava nella fonte Ippocrene sull'Elicona. Atena lo punì rendendolo cieco perché aveva visto ciò che non avrebbe dovuto vedere. In compenso gli aveva concesso il dono della profezia.
3. **lo scettro d'oro:** lo scettro d'oro era simbolo di potere e di prestigio. Poteva essere impugnato dai sovrani, dai vati, dagli araldi e da coloro che avevano una posizione di prestigio.
4. **Mi riconobbe:** a differenza delle altre anime, Tiresia ha il privilegio di avere ancora un legame con il mondo dei vivi e riconosce Ulisse. Poi, per poter profetizzare dovrà anche lui bere il sangue degli animali sacrificati.

ma te lo farà aspro un dio. Perché credo che non sfuggirai
al dio scuotiterra[5], che con te nell'animo è in collera,
sdegnato perché gli accecasti suo figlio.
Ma anche così potresti arrivare, pur subendo sventure,
se sai trattenere l'animo tuo e dei compagni,
appena avrai spinto la nave ben costruita
sull'isola della Trinachia[6], sfuggito al mare viola,
e troverete le vacche al pascolo e le greggi pingui
del Sole, che vede ogni cosa e sente ogni cosa.
Se queste le lasci illese e pensi al ritorno,
potrete ancora arrivare ad Itaca, pur subendo sventure;
se però le molesti[7], allora prevedo rovina per te,
per la nave e i compagni: e tu, seppure ne scampi,
tardi ritorni e male, perduti tutti i compagni,
sopra una nave straniera; e a casa trovi dolori,
uomini prepotenti, che ti divorano i beni,
corteggiando la sposa divina e facendole doni.
Ma, tornato, tu punirai la loro violenza:
e quando, nelle tue case, i pretendenti li hai sterminati,
con l'inganno o a fronte con l'aguzzo bronzo,
prendi allora il maneggevole remo e va',
finché arrivi da uomini che non sanno
del mare, che non mangiano cibi conditi col sale[8],
che non conoscono navi dalle gote purpuree[9]
né i maneggevoli remi che sono per le navi le ali.
E ti dirò un segno chiarissimo: non potrà sfuggirti.
Quando un altro viandante, incontrandoti,
dirà che tu hai un ventilabro[10] sull'illustre spalla,
allora, confitto a terra il maneggevole remo[11]
e offerti bei sacrifici a Posidone signore,
un ariete, un toro e un verro che monta le scrofe,
torna a casa e sacrifica sacre ecatombi
agli dei immortali che hanno il vasto cielo,
a tutti con ordine. Per te la morte verrà
fuori dal mare[12], così serenamente da coglierti
consunto da splendente vecchiezza: intorno avrai
popoli ricchi. Questo senza errore ti annunzio".
Disse così ed io rispondendogli dissi:

5. **scuotiterra:** è l'attributo di Posidone, che da sotto il mare (la Terra era immaginata come una specie di piattaforma galleggiante sul mare) poteva provocare i terremoti. Ulisse viene a sapere ora che il dio ha ascoltato ed esaudito la preghiera del figlio Polifemo.

6. **Trinachia:** l'isola è stata identificata con la Sicilia. Ma bisogna tener presente che Ulisse, dopo capo Malea, è entrato in un mondo irreale e fiabesco. Quest'isola è un luogo ai limiti del mondo, collegata con il dio Sole, il padre di Circe.

7. **le molesti:** i compagni di Ulisse affamati, si ciberanno delle vacche sacre del dio Sole provocando la sua ira.

8. **non mangiano … sale:** è un segnale che si tratta di popolazioni che vivono lontano dal mare.

9. **gote purpuree:** le fiancate delle navi erano dipinte di rosso con il minio.

10. **ventilabro:** è una larga pala usata per spargere nell'aria la pula separata dal grano.

11. **confitto … remo:** è il segno della conclusione di un'esperienza. Qui si concludono definitivamente le avventure di Ulisse.

12. **la morte … fuori dal mare:** l'espressione greca è tradotta da altri "la morte verrà dal mare". Nella tradizione si è affermata "la morte dal mare". Anche la nave dell'Ulisse dantesco è sommersa dalle acque del mare (*Inferno* XXVI, 136-142).

"Tiresia, l'hanno filata gli dei questa sorte;
ma dimmi una cosa e dilla con tutta franchezza.
Vedo qui l'anima della madre defunta,
che sta presso il sangue, muta, e non osa
guardare in volto suo figlio e parlargli:
dimmi, o signore, come può riconoscere che sono io?".
Dissi così e subito rispondendomi disse:
"Una facile risposta posso darti e porre nell'animo:
chiunque dei morti defunti tu lasci
accostarsi al sangue, ti dirà cose vere;
chi invece tenessi lontano, tornerà indietro".
Detto così, andò via nella casa di Ade
l'anima del signore Tiresia, dopo che disse i responsi.

trad. it. G.A. Privitera, Lorenzo Valla-Mondadori, Milano

Note di lettura

▸ Il destino di Ulisse

«*Subito verrà l'indovino, o capo dei popoli / che può dirti la via e la lunghezza del viaggio / e il ritorno, come andrai sul mare pescoso*». Così aveva detto Circe a Ulisse, preannunciando l'incontro con Tiresia. In realtà, l'indovino non indica la via, ma **anticipa varie successioni di eventi nel futuro**. Tiresia prevede che Ulisse e i suoi compagni faranno una sosta in **Trinachia**, dove pascolano le vacche sacre al dio Sole. Poi però dà un avvertimento che sembra lasciare aperto un margine di libertà, una **possibilità di scampo** nel quadro di ciò che è già stato stabilito dal destino: tutti potranno tornare in patria, nonostante l'ostilità di Posidone, se saranno rispettati gli animali sacri al dio Sole.

Inoltre, Tiresia rivela a Ulisse anche ciò che gli accadrà **dopo il suo ritorno a Itaca** e l'**uccisione dei proci**. Per placare l'ira di Posidone egli dovrà ripartire di nuovo verso una terra i cui abitanti non hanno la nozione del mare e là fare un sacrificio al dio, «*perché è solo estendendo il potere della divinità, cui ha accecato il figlio, che Ulisse potrà placare il mare che gli è nemico*» (Powell). Per Ulisse si tratta di una **profezia molto amara**, che rischia di piegare la sua tenace volontà di tornare e di togliere senso alle sofferenze patite e che patirà per raggiungere il suo scopo. «*Valeva la pena di continuare il viaggio? Non sarebbe stato meglio rimanere per sempre da Circe? A che scopo tornare e partire di nuovo? Ulisse accetta rassegnato la sorte annunziata. È un segno della sua pazienza e del suo rispetto verso gli dèi: l'avevano filata per lui quella sorte*» (Privitera).

Tuttavia, l'asprezza di quel destino si addolcisce con la predizione che, alla fine, **Ulisse rivedrà di nuovo la sua Itaca**. Là troverà una morte serena lontano da quel mare sul quale ha vissuto i giorni più travagliati della sua esistenza, tanto da rimpiangere, durante una furibonda tempesta, di non essere morto sotto le mura di Ilio.

‹ Johann Heinrich Füssli (1741-1825), Tiresia appare a Ulisse durante il sacrificio, 1780-1785, Vienna, Albertina.

Competenze alla prova

Comprensione

difficoltà ●○○

1. Chi sono gli dei del regno dei morti?
2. Perché le anime dei morti devono bere il sangue per parlare con Ulisse?
3. Chi è Tiresia, quale condizione vive e quale privilegio gli è concesso?
4. Perché Ulisse impedisce alle anime di bere subito il sangue?
5. Tiresia dice che Ulisse potrà avere un dolce ritorno a Itaca
   - ☐ se cercherà di placare Posidone con sacrifici al dio
   - ☐ se seguirà le istruzioni di Circe
   - ☐ se rispetterà le vacche sacre al dio Sole
   - ☐ se eviterà di incorrere ancora nell'ira di Posidone
6. Qual è la caratteristica degli abitanti della terra verso la quale Ulisse dovrà ripartire?

Analisi

difficoltà ●●○

7. Il viaggio di Ulisse è stato definito una "catabasi" (cioè una discesa nel mondo degli inferi). Per quale motivo, sulla base del testo che hai appena letto, non è corretto definire "catabasi" ciò che viene narrato?
8. Attraverso le parole di Tiresia Ulisse viene a sapere che Penelope:
   - ☐ gli è fedele
   - ☐ è insidiata dai proci
   - ☐ si accinge a risposarsi
   - ☐ attende con ansia il ritorno dello sposo
9. In quale punto del testo appare chiaro che lo sviluppo degli avvenimenti non appare rigidamente fissato dal destino?
10. Che cosa deve desumere Ulisse quando incontrerà un uomo che scambierà il remo per un ventilàbro?
11. Con quale figura retorica sono indicati i remi?

Produzione

difficoltà ●●●

12. Scrivi un monologo in cui Ulisse, dopo le parole di Tiresia sulla situazione a Itaca, è incerto se tornare in patria o rimanere per sempre da Circe.

Ferruccio Ferrazzi (1891-1978), *Apocalisse*, 1946, particolare, collezione privata.

L'incontro con la madre

Luogo:
Grecia
Anno:
VIII secolo a.C.
Tratto da:
Libro XI, vv. 152-224

Il brano

L'incontro di Ulisse con la madre è diventato un modello per tutta la produzione poetica successiva, da Virgilio a Dante. Enea, nell'*Eneide*, incontrerà nell'oltretomba il padre Anchise e Dante, nel Paradiso, il suo avo Cacciaguida.
In tutti e due questi incontri si riecheggia il passo in cui Ulisse cerca invano di abbracciare la madre.

Ma io stetti immobile, finché sopraggiunse mia madre
e bevve il sangue fosco come nube. Subito mi riconobbe
e piangendo mi rivolse alate parole:
"Figlio, come sei giunto nella tenebra fosca
da vivo? Vedere questa landa per i vivi è difficile:
ci sono grandi fiumi[1] di mezzo e terribili vortici,
e anzitutto l'Oceano[2] che a piedi non si può
traversare, se non hai una nave ben costruita.
Arrivi qui ora da Troia, avendo vagato
gran tempo con la nave e i compagni? A Itaca
non ci sei stato, non hai visto nelle case tua moglie?".
Disse così ed io rispondendole dissi:
"Madre, il bisogno mi ha condotto da Ade
per chiedere all'anima del tebano Tiresia.
Non giunsi mai vicino all'Acaide[3], non toccai mai
la nostra terra, ma sempre, con dolore, ho vagato,
fin da quando ho seguito il chiaro[4] Agamennone
ad Ilio dalle belle puledre, per combattere contro i Troiani.
Ma dimmi una cosa e dilla con tutta franchezza:
quale fato di morte spietata ti vinse?
una lunga malattia? o Artemide saettatrice,
colpendoti con i suoi miti dardi[5], ti uccise?
Dimmi di mio padre e del figlio che ho lasciato laggiù,
se la mia dignità l'hanno loro, o l'ha
qualche altro e dicono che mai tornerò.
Svelami il volere e il pensiero della mia legittima sposa,
se sta con mio figlio e serba come prima ogni cosa,
o l'ha sposata qualche nobile Acheo».
Dissi così, e subito essa rispose, la madre augusta:
"Certo che ella rimane con animo fermo
nelle tue case! tristi le si consumano
sempre le notti e i giorni versando lacrime.
E nessuno ha il tuo nobile ufficio, ma Telemaco
amministra tranquillo le terre e partecipa

1. **grandi fiumi:** sono il Piriflegetonte, il Cocito e l'Acheronte, nel quale si gettano i primi due.
2. **Oceano:** gli antichi immaginavano l'oceano come un fiume profondo, circolare, che chiude tutt'intorno la terra.
3. **Acaide:** la terra achea.
4. **chiaro:** epiteto formulare.
5. **miti dardi:** secondo i Greci ai miti dardi di Artemide era attribuita la causa della morte improvvisa e indolore delle donne, mentre ai dardi di Apollo era attribuita la morte degli uomini.

› Amos Nattini (1892-1985), *Paradiso, canto XV*, l'incontro con Cacciaguida, 1937-1939, particolare, collezione privata.

ai giusti conviti[6], di cui è bene si curi chi rende giustizia[7]:
tutti infatti lo chiamano. Tuo padre[8] se ne sta sempre lì,
nel suo campo, e non scende in città. Per giaciglio non ha
letti e coltri e coperte lucenti,
ma dorme d'inverno dove dormono in casa gli schiavi,
nella cenere vicino al fuoco, e indossa miseri panni.
E quando poi viene l'estate e l'autunno fiorente,
dappertutto per lui sull'altura del podere a vigneti
sono sparsi per terra giacigli di foglie cadute.
Lì egli giace accorato, la pena gli si ingrossa nell'animo,
piangendo sulla tua sorte: aspra la vecchiezza l'ha colto.
E così son finita anche io e ho subito il destino.
Non fu l'abile saettatrice che in casa,
colpendomi con i suoi miti dardi, mi uccise,
né mi venne una qualche malattia, che spesso
toglie la vita con l'odiosa consunzione del corpo,
ma il rimpianto di te, dei tuoi saggi pensieri, illustre Odisseo,
del tuo mite carattere, mi tolse la dolcissima vita".
Disse così, e benché dubbioso nell'animo io volevo
abbracciare l'immagine di mia madre morta.
Tre volte tentai e mi spinse ad abbracciarla il mio animo,
e tre volte mi volò dalle mani simile a un'ombra
o a un sogno. Diveniva sempre più acuta la mia pena nel cuore,
e parlando le rivolsi alate parole:
"Madre, perché non m'aspetti mentre voglio abbracciarti
per saziarci di gelido pianto ambedue
gettandoci anche nell'Ade[9] le braccia intorno?
Oppure questo è un fantasma, che a me l'insigne Persefone[10]
manda, perché piangendo io gema ancora di più?".
Dissi così, e subito essa rispose, la madre augusta:
"Ohimè, figlio mio, il più misero di tutti gli uomini,
Persefone, la figlia di Zeus, non ti inganna,
ma la legge degli uomini è questa, quando si muore:
i nervi non reggono più la carne e le ossa,
ma la furia violenta del fuoco ardente
li disfa, appena la vita abbandona le bianche ossa
e l'anima vagola, volata via, come un sogno.
Ma volgiti in fretta alla luce: tutto questo
tu sappilo, per dirlo anche dopo a tua moglie".

trad. it. G.A. Privitera, Lorenzo Valla-Mondadori, Milano

6. **giusti conviti:** la partecipazione ai banchetti era un titolo di prestigio nel gruppo sociale.
7. **Telemaco … giustizia:** in realtà Telemaco al tempo del viaggio del padre nella terra dei morti (quindi prima del suo soggiorno settennale presso Calipso) è ancora un ragazzo.
8. **Tuo padre:** Laerte, già vecchio, si era ormai ritirato a vivere in campagna, non lontano dalla città.
9. **Ade:** non è solo il nome del re degli inferi, ma è usato anche per indicare il luogo su cui egli regna.
10. **Persefone:** è la dea degli inferi e la sposa di Ade.

Note di lettura

▶ Anticlea: la forza dell'affetto materno

Per tutto il tempo del colloquio con Tiresia, l'anima di Anticlea è rimasta muta, senza essere in grado di riconoscere Ulisse, ma appena bevuto il sangue si abbandona a un'accorata **apostrofe** con un'incalzante serie di **domande** in cui si avverte la **trepida apprensione di una madre angosciata** per la sorte del figlio.

Ulisse le parla brevemente delle sue dolorose peripezie e chiede prima di tutto **notizie della sua morte**. Ma Anticlea mostra di aver compreso che il figlio ha bisogno di essere rassicurato sulla situazione della sua casa a Itaca: lei non può predire il futuro come Tiresia, ma può confortare Ulisse e incoraggiarlo a cercare di tornare a Itaca, perché **Penelope gli è rimasta fedele** e, rinunciando a risposarsi, custodisce e mantiene integra la casa che incarna i valori autentici di un'intensa vita affettiva. Da Tiresia l'eroe aveva appreso che i proci insidiavano Penelope ma non che la donna stava resistendo alle loro insistenze.

Dalle parole di Anticlea emerge una visione della vita secondo la quale nella gerarchia dei valori non predomina più il *kléos* (la gloria) – come nell'*Iliade* –, ma l'***óikos*** (la casa), fondata su forti legami affettivi e con al centro la sposa fedele.

Per sé Anticlea riserva poche e misurate parole e si sofferma sulla dolorosa vita di **Laerte** che passa i suoi giorni nella struggente nostalgia del figlio. Nella condizione di Laerte è riflesso come in uno specchio il quadro della vita di Anticlea prima della morte. Infatti, «*attraverso il dolore di Laerte Anticlea giunge a parlare del proprio, e a rispondere alla prima domanda del figlio: non è morta di morte improvvisa e neppure di malattia, ma semplicemente della nostalgia di Ulisse. Poche volte la dimensione totalizzante dell'affetto materno ha trovato nella letteratura un'espressione di così affascinante semplicità*» (Paduano).

▶ Le forme della narrazione

Ulisse risponde subito alla prima domanda della madre, poi a sua volta le chiede come è morta; quindi chiede notizie del padre Laerte, del figlio Telemaco, della situazione politica di Itaca, dei suoi famigliari e della fedeltà di Penelope. **Anticlea**, invece, secondo l'uso epico, risponde seguendo un **ordine inverso**. Lo informa prima di tutto di Penelope, poi del potere regale di Telemaco, di Laerte (sulla dolorosa condizione del quale si sofferma più a lungo) e poi della propria morte. Inoltre il discorso di Anticlea segue lo **schema della composizione ad anello** (*Ring Komposition*): inizia e si conclude con il riferimento a Penelope (vv. 223-224). Ulisse dovrà rivelare a Penelope la triste realtà di questo mondo di tenebre in modo che così sappiano vivere più intensamente la loro vita.

❮ Odilon Redon (1840-1916), *Eva*, 1904, particolare, Parigi, Musée du Louvre.

Competenze alla prova

Comprensione

difficoltà ●○○

1. Quali sono i grandi fiumi ricordati da Anticlea?
2. Chi è Persefone?
3. Dove trascorre i suoi ultimi anni di vita Laerte?
4. Dove dorme Laerte in inverno e nella bella stagione?
5. Anticlea:
   - ☐ è stata colta da morte improvvisa
   - ☐ è deceduta in seguito a una lunga e dolorosa malattia
   - ☐ è stata colpita da un male sconosciuto
   - ☐ è morta per il dolore causato dalla nostalgia del figlio lontano

Analisi

difficoltà ●●○

6. Perché i dardi di Artemide che provocano la morte sono detti «*miti*» (v. 173)?
7. Su quale aspetto della vita di Laerte si sofferma Anticlea per dare a Ulisse l'idea della sua misera condizione?
8. In base ai tempi dello sviluppo della storia, non è possibile che Telemaco ricopra già la posizione di cui parla Anticlea. Perché?
9. Quale differenza c'è tra le notizie su Penelope date da Tiresia e quelle date da Anticlea?
10. Perché il poeta trascura questa differenza e rappresenta Telemaco come un erede nella pienezza dei suoi poteri?
11. Perché il tentativo di Ulisse di abbracciare la madre si rivela vano?
12. Qual è il paragone più appropriato per definire l'anima di chi è nell'Ade?

Produzione

difficoltà ●●○

13. Immagina di incontrare nell'Ade una persona alla quale sottoporre i principali interrogativi che ti poni sulla vita ultraterrena. Scrivi un breve dialogo immaginando le risposte che ti potrebbe dare.

Odilon Redon (1840-1916), *Il silenzio*, 1911, particolare, New York, Museum of Modern Art.

L'incontro con l'anima di Achille

Luogo:
Grecia
Anno:
VIII secolo a.C.
Tratto da:
Libro XI, vv. 465-516; 538-542

Il brano

Dopo l'incontro con la madre, accanto a Ulisse sfilano numerose eroine. Poi, quando le donne che si erano affollate intorno al sangue si disperdono, si fa avanti l'anima di Agamennone, che racconta con ricchezza di particolari realistici la sua ignominiosa morte per mano della moglie Clitennestra e di Egisto, suo amante. Agamennone consiglia Ulisse di guardarsi dalla perfidia femminile, ma riconosce che Penelope è l'esatto opposto di Clitennestra.
Mentre Ulisse sta ancora scambiando tristi parole con Agamennone, si avvicina l'anima di Achille.

Noi stavamo così, scambiandoci tristi
parole, afflitti, versando pianto copioso:
e giunse l'anima del Pelide Achille,
di Patroclo e del nobile Antiloco[1]
e di Aiace, che spiccava per aspetto e beltà
sugli altri Danai[2] dopo il nobile figlio di Peleo.
Mi riconobbe l'anima del celere Eacide[3]
e piangendo mi rivolse alate parole:
"Divino figlio di Laerte, Odisseo pieno di astuzie,
temerario, quale impresa più audace penserai nella mente?
Come ardisti venire nell'Ade, dove i morti
privi di sensi dimorano, le ombre degli uomini estinti?".
Disse così ed io rispondendogli dissi:
"Achille, figlio di Peleo, tra gli Achei il più valoroso,
son venuto per sentire Tiresia, se un consiglio
mi dava, come giungere nella ripida Itaca.
Non giunsi mai vicino all'Acaide, non toccai mai
la nostra terra, ma sempre ho sventure. Nessuno
di te più beato, o Achille, in passato e in futuro:
prima infatti, da vivo, ti rendevamo onori di dei
noi Argivi, ed ora hai grande potere tra i morti
qui dimorando: non t'angusti, Achille, la morte".
Dissi così e subito rispondendomi disse:
"Non abbellirmi, illustre Odisseo, la morte!
Vorrei da bracciante[4] servire un altro uomo,
un uomo senza podere che non ha molta roba;
piuttosto che dominare tra tutti i morti defunti.
Ma dammi qualche notizia del mio nobile figlio:
se è andato, o no, in guerra per essere un prode.
Dimmi del nobile Peleo, se hai saputo qualcosa:
se ha ancora la sua dignità tra i molti Mirmidoni,
o se nell'Ellade e a Ftia non lo onorano più,

1. **Antiloco:** è il figlio di Nestore, ucciso in battaglia da Memnone, a sua volta figlio di Titone e di Aurora.
2. **Danai:** altro nome con cui erano chiamati gli Achei.
3. **Eacide:** altro epiteto di Achille, discendente da Eaco, il padre di Peleo.
4. **bracciante:** non schiavo, ma dipendente di un uomo di più alto rango sociale.

› Alberto Savinio (1891-1952), *Apollinaire – Tête antique*, 1927, particolare, collezione privata.

perché la vecchiaia lo opprime alle mani e ai piedi.
Magari io potessi in suo aiuto, sotto i raggi del sole,
essendo così come quando nella vasta terra di Troia
facevo strage di eroi difendendo gli Argivi –
magari potessi andare così da mio padre, anche per poco:
odiose farei la mia forza e le irresistibili mani
per chi gli fa violenza e lo priva dell'onore dovuto".
Disse così ed io rispondendogli dissi:
"Veramente non so del nobile Peleo,
ma sul tuo caro figlio Neottolemo
tutta la verità ti dirò, come vuoi.
Lo portai sulla concava nave librata
io stesso da Sciro[5], tra gli Achei dai saldi schinieri.
E quando facevamo dei piani su Troia,
sempre parlava per primo e non sbagliava i discorsi:
soli lo superavamo Nestore pari a un nume ed io.
Ma quando nella piana di Troia noi Achei lottavamo,
non restava mai nella folla degli uomini e nella schiera,
ma molto avanzava, senza cedere in furore a nessuno:
molti uomini uccise nella mischia terribile.

Ulisse racconta ad Achille diversi gesti di valore compiuti da Neottolemo.

Dicevo così e l'anima del celere Eacide
andava a gran passi[6] sul prato asfodelio[7],
lieta, perché io gli dissi che il figlio era insigne.
Le altre anime dei morti defunti
stavano tristi, dicevano ognuna i propri dolori.

trad. it. G.A. Privitera, Lorenzo Valla-Mondadori, Milano

5. **Sciro:** dopo la morte di Achille, Ulisse era andato a Sciro, dove Neottolemo era stato allevato, per condurlo a Troia.
6. **a gran passi:** «*L'anima cammina a gran passi, come gli eroi viventi nella consapevolezza della loro forza*» (Heubeck).
7. **asfodelio:** è una specie di giglio un tempo legato al culto di Persefone.

Note di lettura

▸ Achille: il rimpianto della vita

Nel colloquio con Ulisse Achille rivela un rimpianto della vita che sembra in contrasto con l'ideale eroico della bella morte coltivato dall'eroe nell'*Iliade*. Ma già nell'*Iliade*, dopo l'oltraggio subìto da parte di Agamennone, l'ideale di una morte prematura ma gloriosa era entrato in crisi e Achille aveva dichiarato apertamente che il bene supremo è la vita: «*niente, per me vale più della vita: non i tesori che la bella città di Ilio possedeva prima in tempo di pace, [...], non le ricchezze del tempio di Apollo signore dei dardi a Pito rocciosa; buoi si possono rubare e pecore pingui, tripodi si possono acquistare e cavalli dalle fulve criniere; ma la vita dell'uomo non ritorna indietro, non si può riprendere o rapire quando ha passato la barriera dei denti*» (*Iliade*, IX, 401-409, trad. it. Ciani).

Achille andrà incontro alla morte solo per **vendicare** Patroclo e la gloria che seguirà alla sua azione guerresca avrà un posto non essenziale nella sua scala di valori. Nelle desolate e oscure regioni dell'Ade la **gloria**, che ha valore tra i vivi, è cosa **vana tra i morti**. Achille, infatti, non si cura neppure di sapere se nel mondo dei vivi la fama del suo eroismo è ancora viva. Ora, come per Anticlea, il centro della sua attenzione è la sfera degli **affetti familiari**: chiede notizie del figlio ed è tormentato dall'idea di non poter soccorrere il padre bisognoso d'aiuto, un assillo che da vivo aveva già manifestato nel colloquio con Priamo. Il fondo della sua fiera indole eroica emerge quando Ulisse gli racconta le gesta valorose del figlio. Emozionato da queste notizie, Achille si allontana senza neppure congedarsi da Ulisse, ma non si può non pensare, considerato ciò che ha appena detto a Ulisse, che egli sia felice soprattutto perché Neottolemo gode della luce del sole nel mondo dei vivi.

Competenze alla prova

Comprensione

difficoltà ●○○

1. Da chi è accompagnato Achille quando si avvicina a Odisseo?
2. Con quale epiteto Ulisse è chiamato da Achille?
3. Ulisse, rivolgendosi ad Achille, riconosce che anche tra i morti egli è onorato. Che cosa ribatte Achille?
4. Che cosa ricorda Achille della sua vita tra i vivi?
5. Qual è il motivo di maggior preoccupazione per Achille?
6. Tra le seguenti affermazioni, indica quali sono vere e quali sono false.

	V	F
a. Nell'incontro tra i due eroi è Ulisse che riconosce Achille	☐	☐
b. Achille condivide il giudizio di Ulisse sulla sua condizione nell'Ade	☐	☐
c. Ulisse rivolgendosi ad Achille ricorda la figura dell'eroe dell'*Iliade*	☐	☐
d. Achille vuole sapere se il figlio si distingue per valore guerriero	☐	☐
e. Ulisse informa Achille sulle condizioni in cui vive Peleo	☐	☐

Analisi

difficoltà ●●○

7. Quale visione del mondo esprime Achille in rapporto all'ideale eroico?
8. Qual è il centro dell'attenzione di Achille nel colloquio con Ulisse?
9. Quale incoerenza c'è nell'espressione «*Nessuno / di te più beato*» dei versi 482-483?

Produzione

difficoltà ●●●

10. Metti in evidenza, attraverso il confronto dei due testi, quale visione della famiglia emerge dal colloquio di Ulisse con Anticlea e con Achille e prepara un'esposizione orale.

Libro XI

Quando Achille si allontana, l'attenzione di Ulisse si volge verso Aiace Telamonio, che fino a quel momento era rimasto in disparte, silenzioso. Anche nell'Ade egli conserva la sua ira perché le armi di Achille, che dovevano essere donate a lui in quanto era il guerriero più forte dopo Achille, erano state assegnate a Ulisse. L'affronto era stato così grande da indurre Aiace a togliersi la vita. Ulisse si rivolge a lui con parole gentili: «Figlio del nobile Telamone, Aiace, neanche da morto hai potuto scordare l'ira per quelle armi funeste? Furono la sciagura che gli dei inflissero ai Danai, perché morissi tu, il loro baluardo; e, morto, noi ti piangiamo sempre, come piangiamo Achille, il figlio di Peleo. Ma nessuno è colpevole, soltanto Zeus che odiava ferocemente l'armata dei Danai guerrieri e per te stabilì questa sorte. Vieni ora signore, ascolta le mie parole, vinci l'ira e il cuore orgoglioso» *(trad. it. Ciani). Ma Aiace non risponde e si allontana dirigendosi verso l'Erebo. Come se gettasse lo sguardo dentro le profondità dell'oltretomba, Ulisse vede scorrere molte immagini di esseri mitici che si trovano nell'Erebo. Egli è ancora attorniato da una folla di morti, ma non indugia oltre, perché teme che dagli inferi esca la terribile testa della Medusa, custode dei confini dell'Ade, che ha il potere di pietrificare qualsiasi essere umano che incroci il suo sguardo.*

James Barry (1741-1806), *Ritratti di James Barry e di Edmond Burke nei personaggi di Ulisse e del suo compagno che fuggono dalla caverna di Polifemo*, 1776, Cork, Irlanda, Crawford Art Gallery.

L'incontro con le Sirene

Luogo:
Grecia
Anno:
VIII secolo a.C.
Tratto da:
Libro XII, vv. 148-200

Il brano

Non appena lasciata la terra dei morti, la nave di Ulisse torna all'isola Eea. Qui egli provvede a dare sepoltura a Elpenore. Sopraggiunge Circe con le ancelle, che portano abbondante cibo. La maga invita tutti a rimanere presso di lei fino all'indomani. Mentre i compagni dormono, l'eroe racconta a Circe tutti i particolari del viaggio nell'Ade. Poi Circe rivela a Ulisse ciò che l'attende quando partirà da Eea e gli dà i consigli su come affrontare gli ostacoli che dovrà affrontare. Il primo incontro sarà quello delle Sirene: «*Giungerai per prima cosa dalle Sirene che incantano tutti gli uomini che passano loro vicino. Chi, senza saperlo, si accosta e ode la voce delle Sirene, non torna più a casa, i figli e la sposa non gli si stringono intorno, festosi: le Sirene lo stregano con il loro canto soave, sedute sul prato; intorno hanno cumuli d'ossa di uomini imputriditi, dalla carne disfatta. Va oltre dunque e chiudi le orecchie dei tuoi compagni con della morbida cera perché nessuno di loro le oda; tu ascolta, se vuoi, ma fatti legare coi piedi e con le mani alla base dell'albero perché possa godere ascoltando la voce delle Sirene*» (trad. it Ciani).
Superata l'isola delle Sirene – continua Circe – Ulisse dovrà fronteggiare le insidie di Scilla, un orribile mostro che ghermisce i marinai che passano vicino al suo antro. Ma dovrà anche evitare di cadere nelle mani di Cariddi che, dalla parte opposta di Scilla, ingoia e rigetta tre volte al giorno l'acqua del mare. Infine la nave arriverà all'isola Trinachia, dove pascolano gli armenti del dio Sole.

Poi, dietro la nave dalla prora turchina
Circe dai riccioli belli, dea tremenda con voce umana[1]
ci inviò il vento propizio che gonfia la vela, valente compagno.
Dopo che disponemmo i singoli attrezzi dentro la nave,
sedemmo: la governavano il vento e il pilota.
Allora col cuore angosciato io dissi ai compagni:
"O cari, non devono saperle uno o due soli
le predizioni che Circe mi disse, chiara fra le dee,
ma io voglio dirvele, perché conosciutele o noi moriamo
o scampiamo, schivando la morte e il destino.
Anzitutto ci esorta a fuggire il canto
e il prato fiorito delle divine Sirene.
Esortava che ne udissi io solo la voce. Legatemi dunque
in un nodo difficile, perché lì resti saldo,
ritto sulla scassa[2] dell'albero: ad esso sian strette le funi.
Se vi scongiuro e comando di sciogliermi,
allora dovete legarmi con funi più numerose".
Dicendo così io spiegavo ogni cosa ai compagni:
intanto la solida nave rapidamente arrivò
all'isola delle Sirene: la spingeva un vento propizio.
Subito dopo il vento cessò, successe una calma
senza bava di vento[3], un dio assopiva le onde[4].

1. **Circe ... voce umana:** sono ripetuti i versi 135-136 del libro X. Circe continua a essere chiamata «*dea tremenda*», ma ormai è diventata una maga benefica che aiuta Ulisse e gli dà consigli sul suo viaggio.
2. **scassa:** armatura di legno che serve a fissare l'albero al fondo della nave.
3. **calma ... vento:** è la bonaccia, altrettanto insidiosa della tempesta, perché il mare fermo in un'immobilità irreale e il sole cocente fanno assopire i marinai in un torpore letale.
4. **un dio ... le onde:** la calma improvvisa è avvertita come opera di un dio.

Joseph Mallord William Turner (1775-1851), *Ulisse schernisce Polifemo*, 1829, Londra, National Gallery.

I compagni, levatisi e piegate le vele,
le deposero nella nave ben cava e postisi
ai remi imbiancavano l'acqua con gli abeti piallati.
Io invece, tagliato col bronzo aguzzo un grande
disco di cera a pezzetti, li premevo con le mani robuste.
Subito la cera cedette, sollecitata dalla gran forza
e dal raggio del Sole, dei signore Iperionide:
la spalmai sulle orecchie a tutti i compagni, uno a uno.
Essi poi mi legarono per le mani ed i piedi
ritto sulla scassa dell'albero, ad esso eran strette le funi,
e sedutisi battevano l'acqua canuta coi remi.
Ma appena distammo quanto basta per sentire chi grida,
benché noi corressimo, non sfuggì ad esse la nave veloce
che s'appressava e intonarono un limpido canto:
"Vieni, celebre Odisseo, grande gloria degli Achei[5],
e ferma la nave, perché di noi due possa udire la voce.
Nessuno mai è passato di qui con la nera nave
senza ascoltare dalla nostra bocca il suono di miele,
ma egli va dopo averne goduto e sapendo più cose.
Perché conosciamo le pene che nella Troade vasta
soffrirono Argivi e Troiani per volontà degli dei;
conosciamo quello che accade sulla terra ferace".
Così dissero, cantando con bella voce: e il mio cuore
voleva ascoltare e ordinai ai compagni di sciogliermi,
facendo segno cogli occhi: ma essi curvi remavano.
Subito Perimede ed Euriloco[6] alzatisi
mi legarono e strinsero di più con le funi.
Ma quando le superarono e più non s'udiva
la voce delle Sirene né il loro canto,
subito i fedeli compagni la cera levarono
che gli spalmai sulle orecchie, e dalle funi mi sciolsero.

trad. it. G.A. Privitera, Lorenzo Valla-Mondadori, Milano

5. **grande ... Achei:** le Sirene citano un verso dell'*Iliade* (IX, 673).
6. **Perimede ed Euriloco:** sono i compagni più fidati di Ulisse.

Note di lettura

Il fascino delle Sirene

Le Sirene si collegano a un modulo mitico fiabesco largamente diffuso. «*Dal punto di vista della genesi, l'avventura delle Sirene rientra nella sfera della favola, in particolare delle favole di naviganti. In molti racconti, diffusi in tutto il mondo si parla di demoni femminili, che attirano i naviganti con la seduzione magica del loro canto, li stregano e li mandano in rovina*» (Heubeck).

Le Sirene hanno un **fascino irresistibile**, ma non è vero che il loro canto provoca la morte (Ulisse, infatti, non muore). Chi le ascolta gode di un piacere così intenso e rimane tanto ammaliato che abbandona la nave, dimentica tutto e trascorre tutta la vita nel prato fiorito ad ascoltare il loro canto. Qualcosa di analogo succede nel mito delle cicale raccontato dal filosofo **Platone**. Prima che nascessero le Muse, le cicale erano uomini; quando poi vennero al mondo le Muse e il canto fece la sua comparsa, costoro furono talmente sconvolti dal piacere che, per cantare, si disinteressavano di cibi, e senza accorgersene morirono e furono trasformati in cicale.

Anche Ulisse, sempre padrone di se stesso, se non avesse seguito il suggerimento di Circe di farsi legare avrebbe ceduto al loro richiamo.

Le Sirene non cantano sempre, ma solo quando passa qualcuno che può udirle. Inoltre il loro canto non è generico, ma **si adatta a ogni navigante**, scegliendo temi che possono avvincerlo.

Appena scorgono Ulisse e capiscono che è in grado di sentirle gli rivelano l'argomento del loro canto. Più che far leva sul desiderio di conoscenza, le Sirene cercano con la potenza seducente della loro voce di fargli balenare davanti agli occhi un mondo illusorio (come le allucinazioni di cui sono vittime i marinai durante le bonacce), cercando di creare in lui l'illusione che il suo vero essere sia quello di quel mondo eroico di cui invece Achille gli ha rivelato l'insensatezza. Anche qui, come in altri incontri, il **pericolo** che corre Ulisse è quello dell'oblio, di **dimenticare le sue radici** e il suo passato a Itaca.

Le Sirene e l'aedo

Per la materia del loro canto, le Sirene si equiparano agli aedi, ma mentre gli aedi operano in una comunità, esse vivono nel **completo isolamento** e il loro canto è indirizzato ai singoli individui che passano davanti alla loro isola. Tuttavia, la differenza sostanziale sta nel fatto che l'**aedo** fonda i propri racconti sull'autorità della **Musa** – che è garante della veridicità dei fatti narrati – ed è il **depositario di un sapere tradizionale** intorno al quale una comunità fonda dei valori condivisi. Le **Sirene** invece sono le **uniche artefici del loro canto** e non hanno nessun vincolo: possono cantare indifferentemente cose false oppure vere. Da questa loro libertà inventiva emerge una concezione della **poesia come inganno e illusione**, che distrae l'uomo dai suoi compiti e lo porta alla rovina.

Il mito delle Sirene

Oltre che nell'*Odissea*, le Sirene compaiono anche nella storia della spedizione degli **Argonauti** alla ricerca del vello d'oro. Dell'equipaggio della nave Argo faceva parte anche il mitico cantore **Orfeo**. Le Sirene, quando videro avvicinarsi alle coste dell'isola la nave Argo, incominciarono a cantare, ma vennero superate dall'arte di Orfeo. Poiché era destino che esse sarebbero sopravvissute fintanto che qualcuno non le avesse oltrepassate senza essere conquistato dalla loro musica, si gettarono in mare, dove furono trasformate in rocce.

Altre tradizioni collegano le Sirene al **mondo dell'oltretomba** e a Persefone, la regina degli inferi. Le Sirene avevano il compito di affascinare con il loro canto le anime dei defunti e di introdurli alla presenza di Persefone, addolcendo il momento del trapasso. Questa tradizione è comprovata anche dalla loro presenza nell'**arte funeraria** fin da tempi molto antichi.

«*È da notare che alcuni particolari della storia delle Sirene le avvicinano alle figure delle Erinni e delle Arpie. Per molti aspetti esse appaiono legate al tema dell'arte e dell'amore (i loro nomi significano "che ha la voce splendida", "che seduce", "che incanta" [...], ma al tempo stesso altri particolari ne fanno figure inquietanti e sinistre: la spiaggia su cui si trovano quando cantano per sedurre Ulisse, nell'*Odissea*, è coperta di ossa di morti e di pelli umane in putrefazione; esse richiedono sacrifici umani. [...] Hanno talvolta, nelle immagini figurate, l'aspetto di uccelli con il busto di donna e con potenti artigli che le avvicinano alle Arpie. Qualche volta, infine, sono presenti nell'iconografia con il volto barbato, in versione maschile*» (Ferrari).

BIOGRAFIA
Platone

Competenze alla prova

Comprensione

difficoltà ●○○

1. In che modo Circe favorisce la partenza di Ulisse da Eea?

2. Perché Ulisse ha il cuore angosciato quando lascia l'isola di Circe?

3. Quante sono le Sirene?

4. Che cosa succede all'improvviso durante la navigazione?

5. In che modo Ulisse evita che i suoi compagni odano il canto delle Sirene?

6. Come fa Ulisse a comunicare ai suoi compagni l'ordine di scioglierlo?

Analisi

difficoltà ●●○

7. Analizza il discorso di Circe riportato nell'introduzione al brano e trova quali particolari Ulisse nasconde ai compagni e per quale motivo.

8. Quale significato simbolico ha la bonaccia descritta nei versi 168-169?

9. Quali figure retoriche sono contenute nei seguenti tre versi?

- «*imbiancavano l'acqua con gli abeti piallati*» (v. 172)
- «*Io invece, tagliato col bronzo aguzzo un grande / disco*» (vv. 173-174)
- «*... e intonarono un limpido canto*» (v. 183)

☐ Metonimia: ....

☐ Metafora: ....

☐ Perifrasi: ....

☐ Ossimoro: ....

☐ Iperbole: ....

☐ Sinestesia: ....

Produzione

difficoltà ●●●

10. Immagina che l'aedo Demodoco incontri le Sirene e prepara un piccolo testo argomentativo (10 righe) in cui egli sostiene la superiorità della poesia rispetto al canto delle Sirene.

Pablo Picasso (1881-1973), *Bagnanti*, 1920, particolare, Parigi, Museo Picasso.

Libro XI

Oltrepassate le isole delle Sirene, la nave di Ulisse giunge nell'arduo passaggio che si incunea tra due mostri marini: Scilla, un mostro a sei teste che vive in una caverna, e Cariddi, che inghiotte una gran quantità di acqua del mare e la rigetta. L'eroe riesce a far passare la nave indenne tra i paurosi gorghi provocati da Cariddi, ma nulla può contro Scilla, che con i suoi tentacoli cattura sei dei suoi compagni, li trascina nella caverna e li divora.
Superato lo stretto, verso sera la nave giunge nell'isola del Sole, la Trinachia, dove l'equipaggio decide di approdare nonostante il parere contrario di Ulisse, già avvertito del pericolo sia da Circe sia da Tiresia. A causa dei venti sfavorevoli la sosta si protrae per un mese. Quando le scorte di viveri si esauriscono, Euriloco e gli altri, affamati, approfittano del sonno di Ulisse per uccidere gli animali sacri e cibarsene. Il dio Sole si rivolge a Zeus chiedendo la giusta pena per gli empi, altrimenti, minaccia il dio, non risplenderà più sulla terra, ma scenderà nell'Ade a illuminare e riscaldare i morti. Zeus promette senza indugi che farà a pezzi la nave con la sua folgore.
Quando la nave prende il largo si scatena una furiosa tempesta:
«Lasciata l'isola, quando non si vedeva più terra, ma cielo e mare soltanto, allora il figlio di Crono stese una nuvola scura sopra la concava nave, si oscurò anche il mare, di sotto. Correva la nave ma non durò più a lungo: sopraggiunse all'improvviso Zefiro fischiando furioso, con una grande tempesta. Entrambe le funi dell'albero strappò l'uragano, l'albero cadde all'indietro, nella sentina si rovesciarono tutti gli attrezzi. L'albero a poppa colpì alla testa il pilota fracassandogli, dentro, le ossa, e simile a un tuffatore egli cadde dal ponte, abbandonò le membra il suo animo fiero. Zeus tuonò, e scagliò la sua folgore; colpita, girò su se stessa la nave, esalando odore di zolfo. Precipitarono in acqua i compagni: e intorno alla nave nera come corvi erano trascinati dai flutti, il dio li privò del ritorno. Sulla nave io mi aggiravo finché un'ondata strappò le fiancate della chiglia: nuda essa correva sul mare. Gettò anche l'albero contro la chiglia: su di esso vi era una fune fatta di pelle di bue, con questa legai insieme albero e chiglia e mi sedetti là sopra; mi trascinavano i venti funesti» *(trad. it. Ciani).*
Quel che resta della nave è spinto dal vento a Cariddi. Ulisse riesce a salvarsi aggrappandosi al fico che cresce sulla rupe di Cariddi. Dall'albero poi riesce a balzare di nuovo sui pezzi della nave riportati dalla risacca. In queste condizioni rimane in mare per nove giorni. Al decimo giorno è gettato dalle onde sull'isola di Ogigia, dove vive la ninfa Calipso, che lo accoglie e si prende cura di lui. Ulisse conoscerà il retroscena della sua tragica avventura proprio attraverso le parole della dea, alla quale Ermes aveva rivelato le peripezie dell'eroe.

Gustave Boulanger (1824-1888), Ulisse riconosciuto dalla nutrice Euriclea, 1849 ca., particolare, Parigi, École Nationale Supérieure des Beaux-Arts.

L'arrivo a Itaca

Luogo:
Grecia
Anno:
VIII secolo a.C.
Tratto da:
Libro XIII, vv. 187-310

Il brano

Ulisse ha terminato il suo lungo racconto. Tutti tacciono assorti e affascinati da quelle avventure straordinarie. Alcinoo invita i presenti a portare all'ospite doni preziosi. Tutti vanno a dormire e, quando sorge l'aurora, Alcinoo fa caricare i doni sulla nave che riporterà l'eroe in patria e invita i presenti al banchetto d'addio, allietato dal canto di Demodoco. Ulisse ringrazia Alcinoo e Arete: «*Sii felice, regina, per tutta la vita, fino a che giunga la vecchiaia e la morte, che sono comuni agli uomini. Io parto: ma tu, in questa casa, goditi i figli, il tuo popolo, il re*» (trad. it. Ciani).
Giunta la sera, Ulisse parte sulla nave dove i marinai, premurosi, gli hanno preparato un letto e «*un dolce sonno cadde a Ulisse sulle palpebre, dolce e profondo, che somigliava molto alla morte*» (trad. it. Ciani). La nave solca velocemente il mare: «*correva sicura, più veloce di uno sparviero, di un falco, che degli uccelli è il più veloce, rapida correva e solcava le onde del mare portando un uomo che molto aveva sofferto nell'animo, sul mare tremendo e nelle guerre degli uomini. Ma ora dormiva tranquillo scordando tutte le pene*» (trad. it. Ciani). Il viaggio dura tutta la notte e il mattino la nave giunge in vista del porto di Forchis, in Itaca. Ulisse viene sbarcato ancora immerso nel sonno. I marinai depongono accanto a lui i doni e riprendono la via del ritorno.
Posidone, sdegnato per l'aiuto che i Feaci hanno dato a Ulisse, si rivolge a Zeus che gli concede di trasformare in pietra la nave che lo ha ricondotto a Itaca e di coprire la città dei suoi soccorritori con un grande monte. Ai Feaci che vedono stupiti la nave trasformata in uno scoglio, Alcinoo ricorda un'antica profezia e propone di non prestare più aiuto agli stranieri. Quindi, per evitare che Posidone copra la loro terra con un monte, dispone che si faccia un sacrificio propiziatorio al dio. Poi viene narrato il risveglio di Ulisse.

[…] Si destò il chiaro Odisseo,
che dormiva nella terra dei padri, e non riconobbe la patria,
da cui era assente da tempo: d'una nebbia lo avvolse la dea
Pallade Atena, la figlia di Zeus, per farlo
irriconoscibile e raccontargli ogni cosa,
che la moglie e i suoi compatrioti non sapessero chi era,
prima che egli punisse i pretendenti d'ogni loro violenza.
Perciò tutto pareva estraneo al sovrano,
gli ininterrotti sentieri e i porti con ogni approdo,
le impervie rupi e gli alberi lussureggianti.
Si alzò in piedi e guardò la terra dei padri:
poi gemette e con le mani aperte batté
le sue cosce[1] e piangendo esclamò:
«Povero me! nella terra di quali mortali mi trovo?
Forse prepotenti e selvaggi e non giusti[2],
oppure ospitali e che temono nella mente gli dei?
Tante ricchezze[3] dove posso portarle? dove io stesso
ora vago? oh se fossero rimaste laggiù
dai Feaci! da un altro re potente
sarei andato, che mi avrebbe ospitato e scortato in viaggio.
Ora non so dove metterle, e qui non posso

1. **batté le sua cosce:** il battersi le cosce è un gesto di disperazione e di rabbia.
2. **forse … non giusti:** Ulisse ha usato le stesse parole anche quando è arrivato a Scheria e nella terra dei Ciclopi.
3. **Tante ricchezze:** sono i doni preziosi che ha ricevuto da Alcinoo e dai nobili feaci.

lasciarle, che non mi diventino preda di altri.
Ahimè, non erano saggi e giusti
del tutto i capi e i consiglieri feaci
che mi portarono in una terra diversa: promettevano
di guidarmi ad Itaca chiara nel sole, ma non l'hanno fatto.
Che li ripaghi Zeus protettore dei supplici, che guarda
anche gli altri uomini e castiga chi sbaglia.
Ma voglio contare[4] le ricchezze e vedere
se non sono partiti portandosele nella nave incavata».
Disse così e si mise a contare i bellissimi tripodi[5]
e i lebeti[6] e l'oro e le belle vesti intessute.
E di essi niente mancava; ma rimpiangeva la patria,
arrancando sulla riva del mare che molto rimugghia,
tra molti lamenti. Accanto a lui venne Atena,
nell'aspetto somigliante ad un giovane, a un pastore di greggi
delicatissimo, come sogliono i figli dei principi,
con intorno alle spalle un doppio mantello ben lavorato:
aveva sandali ai morbidi piedi ed in mano una picca[7].
Vedendola Odisseo gioì e le andò incontro
e parlando le rivolse alate[8] parole:
«O caro, poiché ti incontro per primo in questo paese,
salute! e non accostarti a me con animo ostile,
ma salva queste ricchezze e salva anche me: come un dio
io ti supplico e vengo ai tuoi cari ginocchi.
E dimmi sinceramente anche questo, che io sappia bene:
che terra è, che contrada, che uomini l'abitano?
È forse un'isola chiara nel sole? o una penisola
del continente dalle fertili zolle reclinata nel mare[9]?».
Gli rispose allora la dea glaucopide Atena:
«Sei sciocco o vieni da molto lontano, o straniero
che di questa terra domandi. Non è poi
così ignota: la conoscono tantissimi uomini,
sia quanti abitano verso l'aurora e il sole,
sia quanti abitano dietro, verso il fosco crepuscolo[10].
È aspra e impervia per i cavalli,
non è troppo magra né vasta.
Vi è grano da non dirsi in essa,
e vino, e sempre v'è pioggia e fitta rugiada.
È buona pastura di capre e di buoi e vi è un bosco
con ogni albero e sempre v'è acqua negli abbeveratoi.
Perciò il nome di Itaca è giunto, o straniero, anche a Troia
che pure dicono sia lontana dalla terra achea».
Disse così, si rallegrò il paziente chiaro Odisseo
gioendo per la sua patria, da come gli disse
Pallade Atena, la figlia di Zeus egìoco[11].
E parlando le rivolse alate parole –
ma non disse la verità, si trattenne dal dirla;
sempre agitava nel petto un animo pieno d'astuzie:
«Anche nell'ampia Creta[12], lontano oltremare,
sentivo di Itaca: proprio ora io sono arrivato
con queste ricchezze. Ai figli ne ho lasciate altrettante
e fuggo in esilio, poiché uccisi il figlio di Idomeneo[13]

4. **voglio contare:** questa operazione potrebbe mostrare un Ulisse avido di ricchezze. Ma i doni nel mondo omerico sono segno di prestigio.
5. **tripodi:** sostegni a tre piedi che servivano a sorreggere bacili o altri contenitori.
6. **lebeti:** recipienti a forma di catino, sostenuti da un tripode.
7. **una picca:** è una specie di giavellotto, usato prevalentemente come arma di difesa.
8. **alate:** epiteto formulare.
9. **reclinata nel mare:** declinante verso il mare.
10. **verso l'aurora … crepuscolo:** è nota a tutti coloro che abitano sia verso Oriente sia a Occidente.
11. **egìoco:** portatore dell'egida, lo scudo di Zeus, fatto con pelli di capra.
12. **Creta:** Ulisse anche negli altri falsi racconti si presenta come un cretese. Già ai tempi di Omero Creta esercitava un grande fascino per l'antichità delle sue tradizioni.
13. **Idomeneo:** re di Creta, nipote di Minosse. Idomeneo aveva partecipato alla spedizione contro Troia come alleato degli Achei.

il celere Orsiloco[14], il quale nell'ampia Creta
vinceva coi piedi veloci gli uomini che mangiano pane.
L'uccisi perché mi voleva privare di tutto il bottino
troiano, per cui ho sofferto dolori nell'animo,
traversando le guerre degli uomini e gli aspri marosi,
dicendo che non avevo ossequiato e servito suo padre
nella terra di Troia, ma comandato ad altri compagni.
Lo colpii con l'asta di bronzo, che tornava
dai campi, appostandomi con un compagno vicino alla via:
copriva il cielo una notte tenebrosissima, e nessuno
ci scorse, non si seppe che gli tolsi la vita.
Dopo che uccisi costui con l'aguzzo bronzo,
subito, cercata una nave, implorai degli illustri Fenici
e gli diedi una lauta mercede:
gli dissi di prendermi a bordo e portarmi a Pilo
o nell'Elide chiara, dove hanno potere gli Epei[15].
Ma la furia del vento li respinse da lì,
contro il loro volere: non volevano illudermi[16].
Da lì dirottati, arrivammo qui durante la notte.
A forza di remi entrammo nel porto, senza neppure
pensare al pasto, benché bisognosi di prenderlo,
ma tutti, sbarcati, ci sdraiammo così.
E un dolce sonno mi prese, che ero sfinito,
ma essi, levate le mie ricchezze dalla nave ben cava,
le deposero lì dove anch'io sulla sabbia giacevo.
Imbarcatisi, partirono verso Sidone[17]
ben costruita, ed io restai col cuore angosciato».
Disse così, la dea glaucopide Atena sorrise,
lo accarezzò con la mano: d'aspetto somigliava a una donna
bella e alta ed esperta di splendide opere;
e parlando gli disse alate parole:
«Dovrebbe essere accorto e abile chi volesse vincerti
in tutte le astuzie, ti stesse davanti anche un dio.
Ostinato, scaltro, mai sazio di inganni, non dovevi
neppure nella tua terra lasciar stare le trappole
e i racconti bugiardi, che tu ami tanto.
Ma non diciamone più, perché entrambi conosciamo
le astuzie. Tu superi tutti i mortali
per consiglio e parola, io tra tutti gli dei
sono celebre per senno ed astuzie: neanche tu ravvisasti
Pallade Atena, la figlia di Zeus, che sempre,
in tutti i travagli, ti assito e proteggo
e ti ho reso gradito ai Feaci.
Sono ora tornata per tessere insieme un piano
e nascondere i doni che partendo per casa
gli illustri Feaci ti diedero per mio consiglio e pensiero,
e dirti quanti dolori è tuo destino soffrire
nelle case ben costruite: tu sopportali, anche se a forza,
e non dire ad alcuno, né uomo né donna,
a nessun che sei arrivato errabondo, ma soffri
in silenzio i molti dolori, subendo gli insulti degli uomini».

trad. it. G.A. Privitera, Lorenzo Valla-Mondadori, Milano

14. Orsiloco: è un personaggio immaginario inventato per l'occasione da Ulisse.

15. Elide ... Epei: l'Elide è una regione della Grecia nel Peloponneso. Gli Epei erano gli antichi abitatori dell'Elide settentrionale.

16. non volevano illudermi: il verbo greco significa propriamente "ingannare". In realtà i Fenici non avevano fama di onesti navigatori...

17. Sidone: città della Fenicia.

Note di lettura

▸ Menzogne simili al vero

Ulisse è un esperto di discorsi fittizi ma simili al vero, cioè **verosimili**, quindi **credibili.** «*Parlava e diceva cose simili al vero*» (XIX, v. 203): come le false identità esibite che rivelano sempre qualcosa del suo vero essere.

Quella dei racconti menzogneri è una pratica indispensabile in un mondo che non è più quello eroico in cui i nemici erano ben riconoscibili e si affrontavano a viso aperto fidando solo sulla forza e sul coraggio. Ora invece l'arte della **dissimulazione** (la capacità di nascondere le proprie reazioni emotive e i propri sentimenti) e l'**arte del racconto menzognero e fuorviante** sono indispensabili per **sopravvivere in una realtà piena di insidie nascoste.** Ulisse ricorrerà spesso a racconti menzogneri, per nascondere la propria identità fino a quando sarà sicuro di poterla rendere manifesta senza correre pericoli.

Si tratta di narrazioni in cui egli dimostra quella straordinaria abilità di narratore che Alcinoo gli aveva riconosciuto: «*Certo tu non somigli, a vederti, Odisseo, a un imbroglione, a un bugiardo, dei tanti che prosperano sulla terra e fabbricano storie incredibili. Il tuo racconto è bello, saggia la mente, come un aedo hai narrato, con arte, la storia, le tristi sventure di tutti gli Argivi e le tue*» (XI, vv. 363-369, trad. it di G.M. Ciani).

I racconti sono strutturati secondo **schemi analoghi a quelli veritieri**, in modo che non appaiano assurdi, ma risultino **credibili.** Inoltre, i racconti che Ulisse inventa a Itaca richiamano quelli narrati ai Feaci, anche se sono ambientati non in un mondo meraviglioso e fiabesco, ma nel **mondo reale** (Ulisse in tutti racconti si presenta come cretese) con i suoi quotidiani e abituali avvenimenti, drammatici e dolorosi, oppure piacevoli lieti.

▸ Le forme della narrazione

Con la conclusione del racconto di Ulisse presso la corte di Alcinoo ricompare il **narratore esterno** che riprende il filo della narrazione: dal libro XIII in poi essa procede secondo l'ordine della *fabula*, con il concatenarsi logico-cronologico delle vicende.

Ordine dell'intreccio: concilio degli dei – viaggio di Telemaco – nuovo concilio degli dei – Ulisse da Calipso e partenza – tempesta e approdo presso i Feaci – racconto di Ulisse – partenza per Itaca.

Ordine della fabula: partenza da Troia per Itaca – Ismaro e Ciconi – passaggio di capo Malea – lotofagi – Polifemo – Èolo – lestrigoni – Circe – viaggio nell'oltretomba – Scilla e Cariddi – Sirene – uccisione delle mandrie del dio Sole – morte dei compagni di Ulisse – approdo all'isola di Calipso – concilio degli dei – partenza di Telemaco – nuovo concilio degli dei – partenza di Ulisse dall'isola di Calipso – approdo presso i Feaci – breve permanenza presso i Feaci – approdo a Itaca.

Con l'approdo a Itaca l'ordine della *fabula* e quello dell'intreccio coincidono.

‹ Francesco Primaticcio (1504-1570), *Ulisse e Penelope*, 1563 ca., Toledo, Ohio, Toledo Museum of Art.

Competenze alla prova

Comprensione

difficoltà

1. Perché Atena diffonde la nebbia intorno a Ulisse?
2. Quale aspetto assume all'inizio Atena e come si modifica in seguito la sua immagine?
3. Atena dice di essere tornata da Ulisse:
   - ☐ per confortarlo nelle prossime prove che lo attendono
   - ☐ per guidarlo in città mentre è avvolto dalla nebbia
   - ☐ per organizzare un piano per punire i proci e per nascondere i tesori
   - ☐ per ricordargli che i Feaci lo hanno ben accolto grazie a lei
4. Tra le seguenti affermazioni, indica quali sono vere e quali sono false.

	V	F
a. Appena sveglio, Ulisse sospetta che i Feaci l'abbiano ingannato.	☐	☐
b. Atena assume le sembianze di un umile pastore.	☐	☐
c. Quando Ulisse vede il giovinetto gli chiede subito di rivelargli in quale terra si trova.	☐	☐
d. Ulisse dice al giovinetto che è fuggito da Creta.	☐	☐
e. Atena rimprovera severamente Ulisse per non averla riconosciuta.	☐	☐

5. Perché Atena dice a Ulisse che è sciocco o viene da molto lontano?

Analisi

difficoltà

6. Qual è la prima preoccupazione di Ulisse quando pensa di essere in una terra straniera e per quale motivo?
7. Nel suo racconto Ulisse alterna il vero al falso. Quali dati sono veri?
8. Atena stabilisce un rapporto con Ulisse:
   - ☐ che mantiene le distanze tra la divinità e il suo protetto
   - ☐ che è fondato sulla convinzione che Ulisse non sia in grado di fare a meno del suo aiuto.
   - ☐ che arriva a un grado di confidenza tale da annullare le distanze tra uomo e divinità
   - ☐ che è basato sull'ammirazione delle doti di Ulisse
9. Quali doti accomunano Ulisse e Atena?
10. Atena dice a Ulisse che in tutti i suoi travagli lo assiste e lo protegge (v. 301), ma in realtà in diverse situazioni critiche per Ulisse la dea è stata assente. In quali?
11. Qual è il dato meno credibile del racconto di Ulisse?

Produzione

difficoltà

12. Ricostruisci gli eventi riferiti dal racconto di Ulisse secondo l'ordine della *fabula*.

^ Jacques-Louis David (1748-1825), *Il commiato di Telemaco da Eucharide*, 1818, particolare, Los Angeles, The Paul J. Getty Museum.

Libro XIII

Ulisse cerca una conferma del fatto di essere finalmente ritornato in patria e Atena, per persuaderlo, gli mostra la terra d'Itaca. Allora la nebbia si disperde e l'eroe bacia il suolo.
Atena aiuta Ulisse a nascondere le ricchezze dei Feaci nella grotta sacra alle Ninfe. In seguito, quando la dea informa l'eroe del pericolo costituito dai pretendenti e lo rassicura sulla fedeltà di Penelope, questi la prega di stargli vicino, perché vuole vendicarsi di quegli uomini.
Atena espone a Ulisse le sue intenzioni: dapprima gli farà assumere l'aspetto di un mendicante e in questa veste egli si recherà in campagna dal guardiano dei porci Eumeo, rimasto fedele, per avere il suo aiuto. Atena rassicura Ulisse sulla sorte del figlio, che è in viaggio alla ricerca del padre, poi lo trasforma in un vecchio e logoro mendicante, quindi si reca subito a Sparta in cerca di Telemaco.

Libro XIV

Ulisse, trasformato in un mendicante, si avvia attraverso un aspro sentiero alla capanna di Eumeo, il fedele guardiano di porci: lo trova seduto fuori della sua casa, presso un recinto in cui sono chiusi molti capi di bestiame. Eumeo accoglie benevolmente il mendicante e gli offre subito ospitalità. Mentre prepara un lauto pranzo, Eumeo esprime lo sdegno per i proci, i pretendenti alla mano di Penelope che dilapidano le ricchezze della reggia, e ricorda con nostalgia il suo padrone lontano. Il mendicante cerca di rincuorarlo dicendogli di aver conosciuto il suo padrone e assicurando che presto tornerà a Itaca. Ulisse – continua l'ospite – si vendicherà di tutti coloro che offendono la moglie e il figlio.
Dopo il pasto, Eumeo chiede al mendicante chi sia e come sia giunto a Itaca. Ulisse inventa di essere il figlio di un nobile cretese, di aver partecipato alla guerra di Troia, di aver vissuto in Egitto e in Fenicia e di essere infine partito per l'Africa con un mercante fenicio che in realtà voleva venderlo schiavo. Fuggito, era stato trascinato dai venti fino in Epiro, dove era stato da poco per consultare l'oracolo di Dodona. Partito per Dulichio, anche i marinai che l'accompagnavano avevano cercato di venderlo come schiavo, ma era riuscito ancora a fuggire e a raggiungere l'isola. Eumeo ascolta con viva partecipazione il racconto dell'ospite, ma è diffidente e non crede a quanto gli è stato detto di Ulisse.
Scesa ormai la sera, Eumeo, il porcaro, ordina ai suoi servi di immolare il più bello dei porci in onore dell'ospite. Dopo essersi saziati di quelle carni, tutti desiderano il riposo. È una «notte cupa, senza luce di luna. Tutta la notte scende la pioggia di Zeus, e senza sosta soffia l'umido Zefiro» *(trad. it. Ciani). Ulisse, per mettere alla prova la generosità di Eumeo verso l'ospite, racconta un'altra storia: mentre preparavano un agguato durante la guerra di Troia, dice di aver avuto bisogno di ripararsi dal freddo e di aver chiesto aiuto a Ulisse; l'eroe aveva mandato un uomo a chiedere rinforzi, e gli aveva prestato il mantello del guerriero partito per raggiungere Agamennone. Eumeo dà allora all'ospite un mantello per coprirsi durante la notte e gli prepara un giaciglio vicino al fuoco, mentre lui si arma e va a dormire dove dormono i maiali nel cavo di una rupe, al riparo dal vento.*

Libro XV

Atena, recatasi a Sparta, appare in sogno a Telemaco e lo esorta a tornare a Itaca, avvertendolo delle insidie dei proci e consigliandogli di fermarsi prima a casa di Eumeo. Telemaco si congeda allora da Menelao, il quale fa preparare un pranzo e gli offre ricchi doni.
Nel cielo compare un prodigio: un'aquila che stringe fra gli artigli una grossa oca. Elena lo interpreta come presagio del ritorno di Ulisse e della vendetta sui proci.
Durante il viaggio, l'indovino Teoclimeno, fuggito da Argo per aver commesso un omicidio, prega Telemaco di ospitarlo sulla sua nave; il giovane acconsente e riprende la navigazione.
Intanto Ulisse esprime l'intenzione di andare a mendicare in città, ma Eumeo insiste perché non si esponga all'arroganza superba dei proci, che arriva «fino al livido cielo». *Il porcaro informa poi Ulisse sulle condizioni del padre Laerte, disperato, e sulla morte della madre Anticlea, morta di dolore per l'assenza del valoroso figlio.* «Ti parlerò, straniero, con molta franchezza. Vive ancora Laerte, ma prega Zeus ogni giorno perché dal suo corpo svanisca la vita. Amaramente egli piange il figlio lontano e la sposa nobile e saggia che morendo gli ha procurato un immenso dolore e l'ha abbandonato a una vecchiaia crudele. Lei morì di dolore per il figlio glorioso, una morte tristissima: non muoia così nessuno di coloro che vivono qui e mi sono cari e mi fanno del bene» *(trad. it. Ciani).*
Su richiesta dell'ospite, Eumeo racconta la propria storia: era figlio del re dell'isola di Siria. Aiutati da una schiava loro complice, dei marinai fenici lo rapirono ancora bambino e, giunti a Itaca, lo vendettero a Laerte.
Il mattino seguente Telemaco sbarca a Itaca e si dirige subito alla capanna di Eumeo. In cielo compare un altro presagio: un falco che stringe tra gli artigli una colomba; l'indovino Teoclimeno interpreta questo secondo segno, al pari di Elena, come presagio del ritorno di Ulisse e della vendetta sui proci.

Ulisse svela la propria identità a Telemaco

Luogo:
Grecia
Anno:
VIII secolo a.C.
Tratto da:
Libro XVI, vv. 154-219

Il brano

All'alba Ulisse ed Eumeo preparano il pasto mentre i mandriani sono al pascolo. All'improvviso arriva Telemaco, accolto con gioia e affetto paterno dal porcaro.
Telemaco chiede poi notizie dell'ospite e ascolta da Eumeo il riassunto della storia narrata dal falso mendicante; promette allora di mandare allo straniero mantello, tunica e spada, senza però farlo andare al palazzo, perché teme la prepotenza dei proci. Il figlio di Ulisse invia allora il porcaro dalla madre per informarla del suo arrivo.

[Eumeo] prese i sandali in mano
e legatili ai piedi s'avviò alla città. E ad Atena
non sfuggì che il porcaro Eumeo lasciava la stalla,
ma andò lì: per l'aspetto somigliava a una donna
bella e alta[1] ed esperta di splendide opere.
Apparve ad Odisseo ritta all'entrata della capanna:
non la vide Telemaco davanti a sé né la scorse –
perché gli dei non appaiono a tutti visibilmente –
ma Odisseo la vide, la videro i cani e non abbaiarono,
ma fuggirono dall'altra parte uggiolando attraverso la stalla[2].
Coi sopraccigli fece un cenno[3]: la notò il chiaro Odisseo,
uscì dalla stalla lungo il gran muro dell'atrio,
le stette di fronte[4]. E Atena gli disse:
«Divino figlio di Laerte, Odisseo pieno di astuzie,
parla ormai a tuo figlio e non ti nascondere più,
perché ordita la morte ai proci e il destino,
andiate nell'illustre città. Io non starò
lontana da voi, ardendo combattere».
Atena disse, e lo toccò con la verga d'oro.
Un lindo mantello e una tunica gli pose
prima sul corpo, ne elevò la statura e il vigore:
il suo colorito di nuovo fu bruno[5], le guance si stesero[6],
la barba diventò nero-azzurra[7] sul mento.

1. **somigliava ... alta:** Atena qui, sia pure sotto un aspetto umano, appare nel suo divino splendore.
2. **la videro i cani ... stalla:** i cani avvertono con il loro istinto la presenza della divinità.
3. **fece un cenno:** è un gesto che rivela (come si è visto anche quando la dea si presenta a Ulisse sbarcato a Itaca) una confidenza e un rapporto ben diverso da quello che hanno i comuni mortali con la divinità.
4. **uscì dalla stalla ... di fronte:** l'incontro con Atena avviene al di fuori della capanna e all'insaputa di Telemaco.
5. **bruno:** «*L'unico caso in Omero in cui di una persona si dice che ha colorito abbronzato*» (Hoekstra).
6. **le guance si stesero:** sparirono le rughe dalle guance.
7. **diventò nero-azzurra:** in verità Ulisse era biondo anche nella barba, come dice Atena nel libro XIII. Ma ovviamente questo dettaglio è trascurabile.

❮ Théodore Géricault (1791-1824), *Insegna di maniscalco*, 1813-1814, particolare, Zurigo, Kunsthaus.

Dopo aver operato così andò via, e Odisseo
entrò nella stalla. Lo guardò con stupore suo figlio,
impaurito volse altrove lo sguardo[8], che non fosse un dio,
e rivoltosi a lui gli disse alate parole:
«Mi sei apparso or ora diverso da prima, o straniero!
hai altri vestiti, la tua pelle non è più la stessa.
Certo sei qualche dio: essi hanno il vasto cielo.
Sii propizio! ti offriremo sacrifici graditi
e doni d'oro, ben lavorati: risparmiaci».
Gli rispose allora il paziente chiaro Odisseo:
«Non sono un dio: perché mi eguagli agli dei?
Ma sono tuo padre, per il quale tu soffri
gemendo tanti dolori, subendo gli insulti degli uomini».
Dopo aver detto così, baciò il figlio e dalle guance
versò pianto[9] a terra: prima lo tratteneva sempre, costantemente.
Ma Telemaco – poiché non credeva che fosse suo padre –
rispondendo gli disse di nuovo
«Non sei Odisseo, tu, mio padre, ma un demone
mi sta incantando, perché pianga ancora di più, gemendo.
Un uomo mortale non potrebbe mai fare questi prodigi
con la sua mente, se un dio venendo lui stesso
non lo facesse giovane o vecchio, facilmente volendolo.
Poco fa eri un vecchio e vestivi poveramente;
ora somigli agli dei, che hanno il vasto cielo».
Rispondendo gli disse allora l'astuto Odisseo:
«Telemaco, non è da te stupirti eccessivamente
e meravigliarti che tuo padre sia a casa.
Mai più ti verrà un altro Odisseo qui,
ma sono io quello, che soffrendo sventure e molto vagando
sono giunto al ventesimo anno nella terra dei padri.
Ed è opera di Atena predatrice[10] codesta:
ella mi ha fatto così come vuole – lo può –,
una volta somigliante a un pitocco e un'altra
ad un uomo ancor giovane e che ha belle vesti sul corpo.
È facile, per gli dei che hanno il vasto cielo,
sia esaltare un uomo mortale sia umiliarlo».
Dopo aver detto così sedette[11], e Telemaco
abbracciando il padre valoroso singhiozzava piangendo.
Un desiderio di pianto era sorto in entrambi.
Singhiozzavano acutamente, più fittamente di uccelli,
di vulturi[12] o di artigliati avvoltoi, ai quali i villani[13]
tolsero i piccoli prima che fossero alati.
Così essi, sotto le ciglia, spargevano pianto straziante.

trad. it. G.A. Privitera, Lorenzo Valla-Mondadori, Milano

8. **volse … sguardo:** il volgere altrove lo sguardo era un gesto di timore e di rispetto nei confronti di una divinità sconosciuta.
9. **versò pianto:** il pianto, come si è più volte visto, nel mondo epico e in ogni epoca in Grecia non era considerato indegno di un uomo o di un eroe.
10. **predatrice:** epiteto che qualche volta Omero attribuisce ad Atena ed equivale a "guerriera".
11. **sedette:** il gesto di sedersi dimostra che Ulisse non ha più nulla da aggiungere a ciò che ha detto.
12. **vulturi:** una specie di uccelli affine agli avvoltoi.
13. **villani:** il termine greco è letteralmente "contadini", che il poeta può avere inteso come "cacciatori".

Note di lettura

▸ La metamorfosi di Ulisse e il riconoscimento

La scena del **riconoscimento**, che si svolge sotto l'accorta regia di Atena, è allo stesso tempo «*prodigiosa e realistica*» (Privitera). Atena fa un cenno con le sopracciglia a Ulisse che le va incontro e ascolta il piano della dea: bisogna punire i proci ed è necessario che Ulisse si riveli al figlio. Poi Atena **restituisce a Ulisse la bellezza e il vigore di un giovane**. Ma il prodigio non ha alcun effetto su Telemaco che, sbigottito per la repentina metamorfosi, pensa di avere di fronte non un essere umano, ma un dio di cui aver timore. La metamorfosi è tanto più sorprendente e inquietante quanto più miserando era l'aspetto che Atena aveva dato a Ulisse («*Su tutte le membra dell'agile corpo gli fece avvizzire la morbida pelle: sembrava quella di un vecchio; i capelli biondi tolse dal capo; offuscò gli occhi che prima brillavano*», trad. it. Ciani).

Dal canto suo, Ulisse non può fornire al figlio nessuna prova concreta della sua identità se non quella di affermare semplicemente di essere suo padre richiamando le sofferenze del figlio privo dell'affetto e della sua protezione; e poi di compiere il gesto istintivo di un padre che bacia il figlio dopo una lunga assenza. Tuttavia Telemaco non si lascia prendere dall'emozione perché non vuole illudersi: la speranza delusa gli porterebbe solo più intensi dolori. «*È un confronto drammatico. Il meccanismo è sempre lo stesso: ciò che agogniamo ci lascia increduli, quando finalmente si avvera. Odisseo dice poche parole: sobrie, pacate, venate di lieve rimprovero*» (Privitera); accenna al proprio travagliato ritorno e conclude con una considerazione che richiama l'instabilità e la fragilità della condizione umana. Telemaco non risponde, ma dimostra di essersi liberato da ogni diffidenza abbracciando il padre e versando con lui lacrime di gioia. Da questo momento Ulisse e Telemaco non hanno più parole, ma solo **pianti e singhiozzi** perché l'intensità dei sentimenti che provano non può essere espressa con le parole.

▸ Forme della narrazione

L'episodio si conclude con una **similitudine antifrastica** (si ha un'antifrasi quando un'espressione è usata per significare l'opposto di ciò che si dice). Infatti, il pianto di gioia di Telemaco e Ulisse è accostato al pianto di dolore degli avvoltoi ai quali i contadini hanno sottratto i piccoli. Qui la situazione è inversa: **il figlio ha ritrovato il padre e i due piangono di gioia**. Omero esprime in questo modo una «*grande verità psicologica*» (Paduano), quella dell'irresistibilità del pianto tanto nelle situazioni negative quanto in quelle positive: «*Il pianto di gioia esaltante, con lo scioglimento delle angosce che accompagna il ritrovamento reciproco di padre e figlio, è infatti irresistibile come quello degli avvoltoi che hanno invece perduto i loro piccoli*».

› Giorgio de Chirico (1888-1978), *Gli archeologi*, 1927, particolare, Roma, Galleria Nazionale d'Arte Moderna.

Competenze alla prova

Comprensione

difficoltà ●○○

1. Tra le seguenti affermazioni, indica quali sono vere e quali sono false.

	V	F
a. Atena appare a Ulisse quando Eumeo si è allontanato	☐	☐
b. I cani quando vedono Atena fuggono abbaiando	☐	☐
c. Telemaco, scambiando Ulisse per un dio, gli chiede di rivelarsi	☐	☐
d. Telemaco dimostra di riconoscere il padre non con le parole ma con un gesto	☐	☐

2. Quale intenzione attribuisce Telemaco al dio che crede di avere davanti a sé?
3. Come reagisce Telemaco quando Ulisse gli ribadisce di essere suo padre e rivela che la sua trasformazione è opera di Atena?
4. Con quale similitudine è espressa l'intensità del pianto di Telemaco e di Ulisse?

Analisi

difficoltà ●●○

5. Da quale dettaglio si comprende la confidenza con cui Atena si rivolge a Ulisse?
6. Per quale motivo Atena ritiene che Ulisse debba farsi riconoscere subito da Telemaco?
7. Perché la repentina trasformazione di Ulisse appare a Telemaco sorprendente?
8. A chi si riferisce Ulisse quando dice a Telemaco che subisce gli insulti degli uomini?
9. In altri passi per il pianto il poeta usa l'espressione formulare "versare lacrime". Qui invece sceglie una forma diversa. Quale? E quale effetto produce?

Produzione

difficoltà ●●○

10. Riscrivi l'episodio immaginando che Telemaco racconti in prima persona a un amico l'incontro con il padre.

^ Charles Gleyre (1806-1874), *La sera* o *Le illusioni perdute*, 1843, Parigi, Musée du Louvre.

Padre e figlio parlano a lungo e progettano la difficile impresa di sopraffare i proci, forti e numerosi. A Telemaco, che esprime i propri dubbi circa il successo dell'impresa, Ulisse ricorda che possono contare sull'assistenza di Atena; quindi esorta il figlio a recarsi al palazzo e a stare in mezzo ai proci, mentre lui verrà in città, vestito da vecchio mendicante, accompagnato dal porcaro.
Intanto a Itaca, tramite Eumeo e i compagni di Telemaco, si diffonde la notizia del ritorno del giovane. I proci, rattristati e abbattuti di non essere riusciti nel loro piano, si riuniscono in assemblea: Antinoo propone di uccidere il figlio di Ulisse lontano dalla città, per poi dividersi tra loro tutti i beni e le ricchezze, ma viene frenato dalla prudenza di Anfinomo.
Penelope, venuta a conoscenza dell'agguato che si trama contro il figlio, scende nella sala e rivolge ad Antinoo un aspro rimprovero; le risponde Eurimaco, che la inganna promettendole di proteggere Telemaco in nome dell'antica generosità di Ulisse nei suoi confronti.
Alla sera Eumeo torna e riferisce a Telemaco e a Ulisse (il quale ha assunto di nuovo l'aspetto di un mendicante) di aver visto arrivare nel porto una nave carica di armi: nave che probabilmente avrebbe dovuto tendere l'agguato a Telemaco.
Padre e figlio si scambiano di nascosto un sorriso di intesa e, dopo aver mangiato, vanno a dormire.

Pierre Puvis de Chavannes (1824-1898), *Studio*, 1877 ca., particolare, collezione privata.

Libro XVII

Telemaco di buon mattino incarica il porcaro Eumeo di accompagnare in città il vecchio mendicante (che in realtà è Ulisse travestito per non farsi riconoscere), mentre egli si dirige alla reggia dove è accolto festosamente dalla nutrice Euriclea e da Penelope. Poi, armato di lancia, il giovane esce di casa, incontra i proci che gli si affollano intorno, ma evita di fermarsi e va a cercare l'indovino Teoclimeno, che aveva condotto con sé da Pilo, e lo invita ad andare nel palazzo. In seguito, seduto alla mensa, riferisce alla madre ciò che ha saputo da Menelao. Interviene l'indovino: secondo un presagio, Ulisse è già a Itaca e sta preparando la sua vendetta.

Intanto Eumeo e Ulisse, avviatisi verso la città, si imbattono nel capraio Melanzio che, ormai asservito ai proci, porta alla casa di Ulisse bestie per i banchetti. Melanzio li apostrofa con parole insolenti e volgari e sferra un calcio a Ulisse, che istintivamente vorrebbe reagire balzandogli addosso per ucciderlo, ma trattiene la sua ira.

Il cane Argo riconosce Ulisse

Luogo:
Grecia
Anno:
VIII secolo a.C.
Tratto da:
Libro XVII, vv. 290-327

Il brano

Eumeo e Ulisse proseguono il camino e conversando giungono davanti al palazzo, dove sentono la musica e il canto che sta allietando il banchetto dei proci. Davanti all'ingresso vedono un vecchio cane sdraiato su un mucchio di letame.

Essi dunque facevano questi discorsi tra loro.
E un cane, che era sdraiato, sollevò il capo e le orecchie,
Argo[1], il cane dell'intrepido Odisseo, che egli stesso
s'era allevato, ma non goduto: andò prima
alla sacra Ilio. Con lui i giovani un tempo cacciavano
capre selvatiche, daini e lepri:
ma ora, partito il padrone, giaceva in disparte
sul molto letame di muli e di buoi
che stava ammucchiato davanti alle porte[2], finché lo toglievano
i servi di Odisseo, per concimare il grande podere.
Giaceva il cane su di esso, Argo, pieno di zecche[3].
Allorché vide Odisseo accanto,
scodinzolò e piegò entrambe le orecchie,
ma al proprio padrone non poté
avvicinarsi. Questi distolse lo sguardo e si terse una lacrima,
facilmente eludendo Eumeo; poi domandò:
«Eumeo, che meraviglia, questo cane sopra il letame!
È bello il suo aspetto, ma non so chiaramente

1. **Argo:** il nome costituisce la personalizzazione dell'aggettivo greco *argós*, che significa "veloce".
2. **ammucchiato davanti alle porte:** non è segno di trascuratezza. Era consuetudine ammassare fuori della casa molto letame che veniva utilizzato dai servi per concimare i campi. Il particolare rivela le caratteristiche di una società agricola nella quale anche il re partecipava ai lavori dei campi.
3. **zecche:** Argo, infestato dai parassiti, è abbandonato al suo destino anche dai servi.

› Niccolò Betti (notizie dal 1576 al 1618), *Il Saccheggio*, 1571 ca., particolare, Firenze, Palazzo Vecchio, studiolo di Francesco I.

se era anche celere con questa figura,
o se era come sono i cani da mensa
degli uomini: li allevano per lusso i padroni».
E tu rispondendo, o porcaro Eumeo, gli dicesti:
«Oh sì, questo è il cane di un uomo che è morto lontano:
se per l'aspetto e l'azione fosse così
come quando Odisseo, partendo per Troia, lo lasciò,
subito ne ammireresti la celerità e la forza.
Nei recessi della selva profonda non gli sfuggiva
una fiera che egli inseguisse: eccelleva nel seguire le peste[4].
Ma ora è in miseria: il padrone gli è morto lontano
da casa e le donne, incuranti, non l'accudiscono.
Quando i padroni non ordinano, i servi
non vogliono più lavorare a dovere.
Zeus dalla voce possente toglie metà del valore
ad un uomo, appena lo umilia il servaggio[5]».
Detto così, entrò nella casa ben situata
e si diresse nella gran sala, tra i pretendenti egregi.
E subito il fato della nera morte colse Argo,
quando ebbe visto Odisseo dopo venti anni.

trad. it. G.A. Privitera, Lorenzo Valla-Mondadori, Milano

4. **le peste:** le orme della selvaggina.
5. **Ma ora … servaggio:** Eumeo vede nella condizione di Argo la testimonianza della decadenza della casa di Ulisse dovuta all'infedeltà dei servi.

Note di lettura

▸ La tenace fedeltà di Argo

L'episodio dell'incontro di Ulisse con il cane Argo, pur nella sua brevità, tocca nel poema il **culmine dell'intensità affettiva**. Fra tutte le scene di riconoscimento da parte dei famigliari e delle persone fedeli a Ulisse, questa è unica perché è la sola in cui l'identità del reduce è svelata senza contributo suo o di Atena e senza una prova.
Argo non ha dubbi, non ha bisogno di indizi: l'immagine del padrone è rimasta tenacemente impressa in lui. Non c'è travestimento che possa trarre in inganno il suo istinto di cane fedele e subito scatta l'impulso di dimostrare a Ulisse la gioia di rivederlo. Ma ora **non ha forze sufficienti** neppure per alzarsi e andargli incontro con un festoso abbaiare. Argo rimane silenzioso, può solo scodinzolare (il poeta mette in evidenza il termine "coda", che nel testo originale è posto proprio all'inizio del verso 302) e abbassare le orecchie (che alla vista di Ulisse e di Eumeo aveva rizzato), quasi come segno di mestizia per non poter accogliere il padrone come avrebbe voluto.
«*Di fronte al silenzio del cane morente hanno dignità inferiore le parole degli uomini che lo ammirano e lo compiangono; quelle di Odisseo, che finge di voler sapere se era un bravo cane da caccia o se era tenuto per sola bellezza, sembrano un antidoto un po' imbarazzante alla commozione che l'ha afferrato e che, come sempre, deve nascondere; quelle di Eumeo vedono nell'abbandono in cui Argo è tenuto un esempio della trascuratezza nel servizio della reggia*» (Paduano).
«*Argo non viene gratificato dal narratore con la vista del suo padrone in lacrime né con la percezione di una qualsiasi manifestazione di interesse del padrone nei suoi confronti. Lo impedisce l'obbligo per Ulisse di non farsi riconoscere da alcuno, nemmeno da Eumeo. Ma Argo non lo sa*» (Di Benedetto).
Il narratore, però, esprime la sua commossa partecipazione alla sorte di Argo, che meritava per una virtù rara tra gli umani un ben diverso trattamento, in un intervento diretto con l'apostrofe a Eumeo («*E tu rispondendo, o porcaro Eumeo, gli dicesti*», v. 311) e **umanizza la fine di Argo** rappresentandola come se parlasse di un essere umano.

Nel mondo di Omero

Il tempo nell'*Odissea*

Se gli avvenimenti dell'*Iliade* sembrano racchiusi entro un orizzonte in cui non esiste la dimensione del tempo, l'*Odissea* vive sotto il segno della temporalità. Ugualmente, mentre il modello dell'assedio nell'*Iliade* era fissato su un presente senza tempo, il modello del ritorno nell'*Odissea* si edifica sulle fondamenta del passato. Il presente è sempre in correlazione con il passato e il passato è la dimensione scoperta nel nuovo poema e con il passato la memoria, che ha aperto i confini del narrare. Ulisse per non perdere la sua identità deve raccontare il suo passato. «*Raccontandosi, Ulisse si ritrova e si conferma; questo mi è davvero successo, ecco i nomi e i luoghi dove si svolsero i fatti; ironicamente egli balza da una costa all'altra, cercando qualcuno che voglia ascoltarlo*» (Ferrucci).
Le avventure più insidiose sono quelle che fanno sprofondare nell'oblio, nella perdita della memoria del proprio passato: la stessa Calipso cerca di convincere Ulisse ad accettare un'esistenza che sarebbe un eterno anonimo presente senza più passato né futuro. Tuttavia nell'*Odissea* è ancora assente ogni riferimento allo scorrere del tempo che conduce alla morte. Un concreto segnale del tempo che passa inesorabile è offerto dal cane Argo, ma la sua morte non è motivo per una riflessione su questa realtà. Né Ulisse avverte dentro di sé mutamenti rispetto al passato. Anche la sua figura fisica, grazie agli interventi di Atena, non porta i segni del tempo, degli anni trascorsi. Egli si presenterà a Penelope nel fulgore di una figura giovanile, com'era quando partì per Troia. Anche Penelope, riferendosi alla sua bellezza sfiorita, non si riferisce all'azione del tempo ma dice: «*la mia bellezza, me l'hanno tolta gli dei quando per Ilio salparono i Danai e con loro era il mio sposo, Odisseo. Se lui tornasse a occuparsi della mia vita, la mia fama sarebbe certo più grande e più bella*» (XVIII, vv. 251-255, trad. it. G.M. Ciani).

Competenze alla prova

Comprensione

difficoltà ●○○

1. Qual è la prima reazione di Argo appena si accorge dell'arrivo di Eumeo e Ulisse?
2. Come reagisce Argo appena riconosce Ulisse?
3. Dove giace Argo?
4. In che cosa eccelleva Argo nelle battute di caccia?
5. A chi attribuisce Eumeo la responsabilità dello stato di abbandono dell'animale?

Analisi

difficoltà ●●○

6. Perché Odisseo volge gli occhi da un'altra parte, mentre chiede notizie del cane?
7. In che modo il poeta rende più commovente agli occhi dell'ascoltatore l'attuale stato di abbandono in cui si trova Argo?
8. Quali aspetti della personalità di Ulisse si manifestano in questo atteggiamento?

Produzione

difficoltà ●●●

9. Immagina che Argo, prima di morire, in un monologo rifletta sul comportamento di Ulisse verso di lui.

Jacques-Louis David (1748-1825), *Omero recita i suoi versi ai Greci*, 1794, Parigi, Musée du Louvre.

Libro XVII

Telemaco invita il padre travestito da mendicante a entrare nella sala e a elemosinare chiedendo denaro ai pretendenti. Dopo che Femio ha terminato il suo canto, Ulisse incomincia a tendere la mano per mettere alla prova i proci. Ma il falso mendicante riceve solo insulti, soprattutto da Antinoo, che rimprovera Eumeo di averlo portato da loro.

Telemaco interviene in difesa del porcaro e dell'ospite, ma quando Ulisse tende la mano ad Antinoo, questi lo colpisce a una spalla con uno sgabello. Il falso mendicante invoca la vendetta delle Erinni e anche altri proci si indignano con Antinoo. Penelope, informata dell'accaduto, si sdegna per il comportamento dei pretendenti, poi prega Eumeo di accompagnare lo straniero nelle sue stanze sperando che egli, dopo aver tanto viaggiato, possa dare qualche notizia di Ulisse. Lo straniero, però, rinvia prudentemente il colloquio alla sera: preferisce parlare con Penelope quando i proci si saranno allontanati dalla casa.

Libro XVIII

Alla reggia arriva un altro mendicante girovago di nome Iro, che intende cacciare Ulisse ingiuriandolo. Ulisse risponde che nella casa possono stare tutti e due, suscitando la furia di Iro.

Antinoo, il capo dei proci, istiga i due a lottare, promettendo al vincitore di poter mangiare sempre con i proci. I mendicanti accettano la proposta.

Davanti alla robustezza dell'avversario, Iro trema dalla paura e viene facilmente sconfitto da Ulisse con un leggero colpo. I proci ridono fragorosamente e, dopo aver scacciato Iro, si congratulano con Ulisse. Questi si rivolge allora ad Anfinomo, il più gentile tra i proci, presagendogli il ritorno di Ulisse a casa e lo esorta ad allontanarsi per evitare la sua vendetta: «Anfinomo mi sembra che tu sia molto saggio: tale era tuo padre – la sua fama gloriosa la conosco –, Niso di Dulichio, nobile e ricco; da lui ti dicono nato e sembri un uomo cortese. Per questo io ti dico, e tu ascolta e comprendi: di tutto ciò che nutre la terra, e sulla terra si muove e cammina, nulla è dell'uomo più effimero. Egli pensa che non gli accadrà nulla di male, finché gli dei gli concedono forza e le sue membra si muovono. Ma quando i numi beati dolori gli infliggono, anche questi sopporta, suo malgrado, con cuore paziente. Così è l'animo degli uomini che vivono sulla terra, come il giorno che manda il padre degli dei e degli uomini. [...] Mai dovrebbe essere ingiusto l'uomo, ma godere in silenzio i doni che i numi gli danno. Ora vedo i Pretendenti compiere azioni indegne, distruggendo gli averi e oltraggiando la sposa di un uomo che – io vi dico – non resterà per molto tempo lontano dalla patria e dalla famiglia: anzi è molto vicino. Meglio che un dio alla tua casa ti riconduca e che tu non ti incontri con lui quando alla terra dei padri farà ritorno; non credo che senza sangue si divideranno, lui e i Pretendenti, quando entrerà nella sua casa» *(vv. 125-150, trad. it. Ciani). Anfinomo intuisce la sorte che aspetta i proci, ma non è abbastanza determinato per allontanarsi e sfuggire al destino di morte.*

Intanto Penelope, resa ancora più bella da Atena, scende dalle sue stanze e rimprovera Telemaco di aver permesso che il forestiero venisse così maltrattato in sala; il figlio si difende richiamando la prepotenza dei proci.

Eurimaco, uno dei capi dei proci, loda Penelope per la sua bellezza, ma ella rimpiange con dolore Ulisse e si lamenta del fatto che i pretendenti, invece di offrire doni alla donna desiderata, continuano a divorarne i beni. Antinoo propone allora di far portare alla regina doni preziosi, vesti e gioielli.

Mentre Penelope sale nelle sue stanze, seguita dalle ancelle che recano i doni, i proci riprendono le danze e il canto.

Quando alla sera le ancelle accendono le torce, Ulisse consiglia loro di andare ad assistere la regina, offrendosi di custodire lui stesso le torce. Le ancelle inveiscono contro Ulisse e lo insultano, in particolare Melanto, ancella di Penelope, amante di Eurimaco e complice dei proci. Ulisse minaccia di riferire a Telemaco le parole di Melanto ed Eurimaco lo insulta e gli lancia contro uno sgabello, senza però colpirlo.

Su consiglio del saggio Anfinomo, i proci bevono altro vino e, dopo la libagione, lasciano la reggia e vanno a dormire.

Libro XIX

*È la sera del trentottesimo giorno dell'azione dell'*Odissea*. I pretendenti sono tornati alle loro case e nella grande sala rimangono soli Ulisse e Telemaco a preparare il piano della vendetta: portano via le armi che si trovano nella sala e le ripongono in nascondigli situati all'interno della casa. Compiuta l'operazione in tutta segretezza, Telemaco va a dormire e Ulisse rimane solo* «per mettere ancora alla prova le ancelle e Penelope».

La regina scende dalle sue stanze con le ancelle. Melanto insulta ancora il forestiero, ma Penelope la rimprovera aspramente; quindi ordina a un'ancella di portare un seggio per far sedere l'ospite, al quale chiede subito chi è e da dove viene. Ulisse non risponde alla richiesta, ma tesse un elogio di Penelope e ricorda la propria triste condizione. Penelope a sua volta gli parla della vita infelice che conduce per l'assenza del marito, della vana attesa del suo ritorno, dei nobili che la vogliono in sposa e dell'inganno della tela; ma poi insiste per conoscere la stirpe dell'ospite. Questi le dice di chiamarsi Etone, di essere il fratello del re di Creta e di aver ospitato Ulisse quando stava dirigendosi a Troia. A capo Malea il vento aveva spinto la nave di Ulisse all'isola di Creta. Qui l'eroe era rimasto suo ospite per dodici giorni a causa del vento che impediva alla nave di salpare.

Penelope ascolta piangendo, con il volto inondato di lacrime; poi mette alla prova lo straniero chiedendogli quali abiti indossava Ulisse. L'ospite premette che è difficile ricordarlo a vent'anni di distanza, ma poi descrive dettagliatamente gli indumenti di Ulisse. Penelope si convince della verità del racconto, ma esprime la dolorosa convinzione che Ulisse non farà più ritorno. L'ospite la esorta ad avere fiducia. Egli sa che Ulisse non è ancora tornato perché va in molte terre per raccogliere ricchezze e giura che farà ritorno «quando la luna cala e l'altra comincia».

La nutrice Euriclea riconosce Ulisse

Luogo:
Grecia
Anno:
VIII secolo a.C.
Tratto da:
Libro XIX, vv. 349-507

Il brano

Penelope si augura che le previsioni del mendicante si avverino e ordina alle ancelle di lavare l'ospite. Ulisse chiede che nessuna delle donne della casa lavi i suoi piedi a meno che tra di esse non ci sia una vecchia che abbia sofferto ciò che lui ha sofferto: a questa sola egli lascerà che gli tocchi i piedi.

Gli rispose allora la saggia Penelope:
«Ospite caro, tra i forestieri di paesi lontani
mai è arrivato più caro nella mia casa un uomo così avveduto,
come sei tu che dici ogni cosa in modo chiaro e assennato[1].

1. **chiaro e assennato:** anche Alcinoo aveva riconosciuto la straordinaria abilità oratoria di Ulisse «*Il tuo racconto è bello, saggia è la tua mente, come un aedo hai narrato, con arte la storia, e le tristi sventure di tutti gli Argivi e le tue*» (XI, 366-369, trad. it Ciani).
2. **connessi pensieri:** pensieri saggi e accorti.

C'è una vecchia con me, ed ha nella mente connessi pensieri[2],
che crebbe e allevò con affetto quel misero,
accogliendolo nelle sue braccia, appena la madre lo partorì:
ti laverà i piedi costei, anche se è molto debole.
Dunque ora alzati, saggia Euriclea,
e lava un coetaneo del tuo signore: Odisseo certo
ha ormai i piedi e le mani[3] ridotte così,
perché i mortali invecchiano subito nella sventura».
Disse così, e la vecchia si coprì con le mani la faccia,
versò calde lacrime, pronunciò lamentose parole:
«Per te, o figlio, m'accoro, impotente: tra gli uomini
Zeus odiò te di più, che avevi un animo pio.
Nessuno bruciò tra i mortali a Zeus lieto del fulmine
cosci grassi e scelte ecatombi così numerosi,
quanti ne desti tu a lui, pregando di poter arrivare
ad una splendente vecchiezza e crescere il figlio illustre:
ed ora a te solo tolse del tutto il dì del ritorno.
Forse le donne dei forestieri di paesi lontani irridevano
così anche lui, quando arrivava nella casa illustre di uno,
come irridono te queste cagne, tutte;
ed ora tu, per evitarne l'oltraggio e le molte infamie,
non le lasci lavarti; e l'ha ordinato a me, consenziente,
la figlia di Icario, la saggia Penelope.
Ti laverò dunque i piedi, per riguardo a Penelope
e a te, perché il mio animo, dentro, è mosso
da compassione. Ma ora ascolta la parola che dico:
molti stranieri qui sono giunti, provati dalla sventura,
ma nessuno, dico, a vederlo somigliava tanto
ad Odisseo, come tu gli somigli, nell'aspetto, la voce, i piedi».
Rispondendo le disse l'astuto Odisseo:
«O vecchia, così dicono quanti con gli occhi ci videro
entrambi, che siamo assai somiglianti
tra noi, come affermi con senno anche tu».
Disse così, e la vecchia prese il bacile lucente,
in cui lavava i piedi, vi versò molta acqua
fredda e aggiunse poi quella calda. Odisseo
sedeva discosto dal focolare, e d'un tratto si volse alla tenebra:
subito temette nell'animo che nel toccarlo
notasse la sua cicatrice e si scoprisse ogni cosa.
Lavava il padrone accostandosi e riconobbe all'istante
la ferita che gli inferse il cinghiale col bianco dente,
quando andò sul Parnaso, da Autolico[4] e i figli,
dal nobile nonno materno, che spiccava tra gli uomini
per ladrocinio e spergiuro: glieli diede il dio stesso
Ermete, al quale bruciava cosci graditi
di agnelli e capretti, e che lo scortava benevolo.
Arrivando nel ricco paese di Itaca, Autolico
aveva trovato il figlio neonato di sua figlia;
sui ginocchi Euriclea glielo pose,
quando egli finì la sua cena gli rivolse la parola, gli disse:
«Autolico trova ora tu un nome da imporre
al figlio caro di tua figlia: fu tanto agognato da te».

---

3. **i piedi e le mani:** le mani e i piedi sono oggetto dell'attenzione di Omero con la stessa frequenza con cui lo sono per noi i tratti del volto.
4. **Autolico:** figlio di Ermes e di Anfitea, era il nonno materno di Ulisse. Il nome significa "il lupo in persona", o "proprio il lupo". Viveva sul Parnaso ed era celebre per le sue ruberie e per la sua straordinaria astuzia.

Le rispose allora Autolico e disse:
«Genero mio, figlia mia, mettetegli il nome che dico:
io vengo qui con *odio* per molti[5],
uomini e donne sulla terra molto ferace,
e dunque si chiami *Odisseo*[6] di nome. Ed io,
allorché cresciuto verrà sul Parnaso[7],
nel palazzo materno dove sono i miei beni,
a lui ne darò mandandolo a casa contento».
Per questi Odisseo andò, per avere gli splendidi doni.
Autolico e i figli di Autolico
l'accolsero con abbracci e parole gentili;
Anfitea, la nonna materna, strinse Odisseo,
gli baciò il capo e i due occhi belli.
Autolico ordinò ai suoi figli gloriosi
di preparare il pranzo: essi ubbidirono all'ordine.
Subito portarono un bue di cinque anni,
lo scuoiarono e prepararono, lo squartarono tutto,
lo spezzettarono con maestria, l'infilzarono in spiedi,
l'arrostirono con attenzione e le parti divisero.
Così tutto il giorno, fino al tramonto,
mangiarono, e al loro animo non mancò la giusta porzione;
appena il sole calò e sopraggiunse la tenebra,
allora si coricarono e colsero il dono del sonno.
Quando mattutina apparve Aurora dalle rosee dita,
per la caccia partirono, sia i cani sia loro,
i figli di Autolico; il chiaro Odisseo andava
con essi. Salirono il ripido monte vestito di boschi,
il monte Parnaso, e presto arrivarono in gole ventose.
Il sole colpiva da poco i campi
fuori dal calmo e profondo Oceano[8] fluente,
e i cacciatori arrivarono in una valletta: davanti ad essi
andavano i cani, cercando le tracce, e dietro
i figli di Autolico; il chiaro Odisseo andava
con essi, accosto ai cani, agitando la lancia dalla lunga ombra.
Lì, nella folta macchia, era acquattato un grosso cinghiale;
non la penetrava il vigore dei venti che spirano umidi,
né mai il sole lucente la colpiva coi raggi,
e neppure vi filtrava la pioggia: così fitta
essa era, e c'era un mucchio enorme di foglie.
Gli giunse il rumore dei piedi degli uomini e quello dei cani,
come cacciando avanzavano: sbucò loro incontro dal covo,
irto di setole, spirando fuoco dagli occhi,
e s'arrestò innanzi ad essi. S'avventò Odisseo
per primo, alzando la lunga lancia con la mano robusta,
bramoso di ucciderlo; lo prevenne il cinghiale, lo percosse
sopra il ginocchio, gli cavò molta carne col dente,
di fianco avventandosi, ma senza giungere all'osso dell'uomo.
Odisseo lo colse e ferì alla spalla diritta[9],
la punta dell'asta lucente lo passò parte a parte:
nella polvere cadde, stridendo, gli volò via la vita.
Gli prestarono aiuto i cari figli di Autolico:
legarono con abilità la ferita

5. **vengo … molti:** dal ritratto che ne dà il poeta emerge la figura di un uomo che è sempre in rapporto conflittuale con gli altri.
6. **Odisseo:** in accordo con una presumibile etimologia popolare, il nome Odisseo è collegato al verbo *odússomai*, "odiare": di conseguenza potrebbe avere il significato di "colui che odia" oppure, al contrario, di "colui che è odiato". Alcuni studiosi ritengono che potrebbe essere inteso come " colui che distribuisce odio": un uomo, insomma, che allo stesso tempo odia ed è odiato.
7. **Parnaso:** catena di monti della Grecia. Questo nome era solitamente riferito alla porzione più elevata della catena. Il Parnaso era celebre perché era ritenuto sacro ad Apollo e alle Muse.
8. **profondo Oceano:** immenso fiume che i Greci ritenevano circondasse la Terra, rappresentata come un disco piatto attorniato dalle acque.
9. **spalla diritta:** la spalla destra.

del nobile Odisseo pari a un dio, arrestarono il fosco sangue
con un incantesimo[10] e subito giunsero alla casa del padre.
Autolico e i figli di Autolico,
dopo averlo ben guarito, offertigli splendidi doni,
lietamente lo mandarono a Itaca, lieto,
rapidamente. Il padre e la madre augusta gioirono
che fosse tornato e gli chiesero in ogni punto
perché subì la ferita: e ad essi egli spiegò
che a caccia lo aveva aggredito un cinghiale col bianco dente,
quando egli andò sul Parnaso coi figli di Autolico.
Questa ferita la vecchia toccò con le palme
e al tatto la riconobbe: abbandonò il piede.
Piombò nel bacile la gamba, risuonò il bronzo,
s'inchinò dalla parte opposta, l'acqua si versò a terra.
Gioia e dolore a un tempo la colsero al cuore, le si empirono
gli occhi di lacrime, le si arrestò la voce fiorente.
Toccandogli il mento disse ad Odisseo:
«Ma tu, figlio caro, sei Odisseo: ed io prima
non t'ho ravvisato, prima d'aver tutto palpato il mio signore».
Disse e guardò con gli occhi Penelope,
volendo mostrarle che il caro sposo era in casa.
Ma lei non poteva vederla in faccia e capire:
le distolse Atena la mente. Ma Odisseo
le prese e afferrò con la destra la gola,
con l'altra la trasse a sé e le disse:
«Balia, perché mi vuoi perdere? Mi hai nutrito tu stessa
al tuo seno! dopo tanti dolori sofferti,
sono ora tornato, al ventesimo anno, nella terra dei padri.
Ma poiché hai scoperto e un dio te l'ha posto nell'animo,
taci! nessun altro in casa lo sappia.
Perché così io ti dico e così di sicuro sarà:
se un dio abbatterà per mia mano gli egregi corteggiatori,
non rispetterò te, che pur sei la mia balia, qualora le altre
ancelle uccidessi nella mia casa, le donne».
Gli disse allora la saggia Euriclea:
«Figlio mio, che parola ti sfuggì dal recinto dei denti.
Lo sai, come è salda e non cede la mia volontà:
come una solida roccia starò, come il ferro.
Ma ti dirò un'altra cosa e tu tienila a mente.
Se un dio per tua mano abbattesse gli egregi corteggiatori,
allora ti enumererò quali sono in casa le donne
che non ti rispettano e quelle che sono innocenti».
Rispondendo le disse l'astuto Odisseo:
«Balia, perché vuoi dirmele tu? non è necessario.
Da me noterò e saprò di ciascuna perfettamente.
Mantieni il silenzio e fa' agire gli dèi».
Disse così e la vecchia uscì dalla stanza,
per portare l'acqua dei piedi: la prima s'era tutta versata.
E quando l'ebbe lavato e unto con olio, copiosamente,
Odisseo di nuovo accostò al fuoco la sedia,
per riscaldarsi, e coi suoi cenci coprì la ferita.

trad. it. G.A. Privitera, Lorenzo Valla-Mondadori, Milano

10. **incantesimo:** nelle religioni arcaiche e popolari si credeva al potere di formule magiche cantate o almeno recitate cantilenando (da cui il termine incantesimo).

Note di lettura

▸ La fedele nutrice

Alle parole di Penelope che richiamano la condizione sventurata del vecchio mendicante, Euriclea, pensando alla sorte di Ulisse e associandola a quella del pover'uomo che ha di fronte, reagisce con un'accorata apostrofe rivolta a Ulisse, "idealmente" presente. Le sue parole acquistano una drammatica intensità emotiva, perché Ulisse è "realmente" presente e le due figure si sovrappongono, i loro destini appaiono intercambiabili. Infatti, dal *tu* rivolto a Ulisse lontano Euriclea passa al *tu* rivolto a Ulisse presente (v. 373); anche l'inizio dell'apostrofe – «*Per te, o figlio, m'accoro*» (v. 363) – è percepito dall'ascoltatore come amorevolmente rivolto al povero mendicante e solo poco più avanti si delinea la figura di Ulisse. Euriclea conclude la sua apostrofe rivolgendosi al mendicante e dalle sue parole si comprende che la **somiglianza** l'ha indotta a evocare Ulisse come se l'istinto materno (sia per Ulisse sia per Telemaco questa vecchia nutrice è come una "madre") le facesse intuire che quel mendicante nasconde la sua vera identità. Ulisse comprende che Euriclea è già vicina alla verità e dapprima tenta di allontanare ogni sospetto con parole generiche («*così dicono quanti con gli occhi ci videro*», v. 383) poi, con un accorto movimento, si mette in una zona oscura. Il che non può impedire a Euriclea di riconoscerlo (Ulisse vuole piuttosto tenere Euriclea discosta dagli altri, prevedendo le sue manifestazioni di gioia). Euriclea, infatti, ha improvvisamente la **certezza dell'identità dell'uomo** toccando con le palme la sua **ferita**. È il momento culminante di tutto l'episodio. La donna è scossa da una fortissima emozione e prova al tempo stesso un sentimento di **gioia** e di **dolore** (per non aver riconosciuto subito il suo padrone e per vederlo in condizioni così miserevoli), che la fa rimanere senza parole. Poi esprime con accenti di **tenerezza materna** il profondo affetto che prova per Ulisse. In questa scena Euriclea si inserisce tra le figure più nobili del poema con il suo amore per Ulisse, la sua lealtà e la sua devozione.

Ulisse interviene a soffocare l'istintiva esclamazione d'affetto di Euriclea minacciandola addirittura di morte, ma la fedele nutrice non prova nessun risentimento: la durezza di Ulisse non scalfisce la saldezza del suo amore e la donna assicura l'eroe che lo aiuterà nel suo progetto di punire i proci.

▸ Le forme della narrazione

I versi 392-466 contengono un'ampia **analessi** con due **digressioni** in cui si evocano altrettanti eventi cruciali della storia di Ulisse. Nella prima digressione il poeta informa gli ascoltatori circa la visita di Autolico alla figlia in occasione della nascita di Ulisse e dell'imposizione del nome. In questo episodio si definisce l'**identità di Ulisse** nel suo **stretto legame con il nonno** che sceglie un nome utile a caratterizzare l'indole del nipote. Ulisse rappresenta infatti la faccia positiva dell'astuzia del nonno.

Nella seconda digressione si spiega l'**origine della cicatrice**. L'analessi ha la funzione di ritardare la reazione emotiva di Euriclea, ma soprattutto quella di **completare il quadro della personalità di Ulisse** con la narrazione della sua prima battuta di caccia, che ha segnato il suo ingresso nel mondo degli adulti. Infatti, nella caccia e nel ferimento è adombrato un **rito di passaggio**. La cicatrice è il segno che con la sua prova di coraggio ha cessato di essere un ragazzo per diventare un uomo capace di usare le armi.

Le digressioni tendono a essere circoscritte o incorniciate dall'uso di **espressioni simili** all'inizio e alla fine del passo secondo il procedimento della **composizione ad anello**: «*riconobbe all'istante / la ferita che gli inferse il cinghiale col bianco dente, / quando andò sul Parnaso, da Autolico e i figli*» (vv. 392-394) e «*e ad essi egli spiegò / che a caccia lo aveva aggredito un cinghiale col bianco dente, / quando egli andò sul Parnaso coi figli di Autolico*» (vv. 464-466).

Competenze alla prova

Comprensione

difficoltà ●○○

1. Quale ordine impartisce Penelope a Euriclea?

2. Che cosa impone Ulisse alla vecchia nutrice? Perché?

3. Tra le seguenti affermazioni, indica quali sono vere e quali sono false.

	V	F
a. Euriclea non è smentita quando dice al falso mendicante che assomiglia a Ulisse	☐	☐
b. Il nonno Autolico accompagna Ulisse alla battuta di caccia	☐	☐
c. Il cinghiale esce dal nascondiglio e si avventa subito su Ulisse	☐	☐
d. Il dio Ermes è il bisnonno di Ulisse	☐	☐

4. Chi, oltre ad Autolico, accoglie Ulisse quando si reca alla casa del nonno?

5. In che modo i figli di Autolico arrestano il sangue che esce dalla ferita di Ulisse?

Analisi

difficoltà ●●○

6. Nell'episodio che abbiamo letto è citato un intervento di Atena. Quale?

7. Che cosa hanno in comune il misero straniero e Ulisse nell'apostrofe di Euriclea?

8. Da quale particolare si comprende che Ulisse sospetta che Euriclea possa averlo riconosciuto o teme che lo riconoscerà?

9. Perché la caccia al cinghiale è un evento fondamentale nella vita di Ulisse?

10. Quale figura retorica è presente nei versi 469-470?

☐ Polisindeto ☐ Anafora
☐ Asindeto ☐ Iperbole

11. Il poeta rende viva la scena del riconoscimento di Ulisse (vv. 467-470):

☐ soffermandosi sui particolari del riconoscimento
☐ descrivendo lo stupore di Euriclea
☐ accennando alla sorpresa di Ulisse per essere stato riconosciuto
☐ descrivendo in rapida successione ciò che succede quando Euriclea lascia piombare la gamba di Ulisse nel bacile

Produzione

difficoltà ●●○

12. Dividi in sequenze i versi 399-466.

^ Giorgio de Chirico (1888-1978), *Combattimento di gladiatori*, 1969, particolare, Roma, Fondazione Giorgio e Isa de Chirico.

Libro XIX

Penelope, assorta nei suoi pensieri, non sospetta ancora nulla circa la vera identità dello straniero giunto a palazzo. Quando il finto mendicante torna da lei, essa gli rivela i dubbi che l'angosciano: deve lasciare la casa nuziale o mantenersi fedele al marito lontano? Gli chiede poi spiegazione di un sogno profetico: venti oche domestiche uccise da un'aquila che dichiarava poi di essere Ulisse, pronto a uccidere i proci. Nonostante Ulisse confermi il significato del sogno, Penelope dichiara di non potersi fidare dei sogni, che parlano in modo ambiguo: «Straniero sono ambigui e inspiegabili i sogni e non si avverano tutti, per gli uomini. Due sono le porte dei sogni effimeri: una è fatta d'avorio; quelli che varcano la porta di avorio tagliato sono ingannevoli, portano un vano messaggio; quelli che passano attraverso la porta di lucido corno dicono il vero quando l'uomo li vede» *(trad. it. Ciani).*

Penelope afferma poi che l'indomani proporrà una gara ai pretendenti e che sposerà quello di loro che riuscirà a tendere l'arco di Ulisse e a far passare la freccia tra i fori di dodici scuri disposte in fila. Ulisse approva la sua decisione garantendole l'imminente ritorno di Ulisse. La donna si ritira nelle sue stanze e su di lei Atena fa cadere un sonno soave.

Giovanni Benedetto Castiglione, detto il Grechetto (1609-1664), *Circe*, 1650 ca., Firenze, Galleria degli Uffizi.

Libro XX

Ulisse si sdraia sotto il portico, ma non riesce a dormire: vede le ancelle infedeli che escono per andare ad amoreggiare con i proci e riflette se ucciderle o meno. Gli appare allora Atena con l'aspetto di donna e gli assicura che lei lo proteggerà e che presto i suoi mali avranno fine. Quando Ulisse si addormenta, Penelope si sveglia e invoca la morte. Il pianto della donna desta dal sonno l'eroe, che si rivolge a Zeus pregandolo di mandare un segno propizio dal cielo. Subito si ode un tuono e la voce di un'ancella che invoca la fine delle sopraffazioni dei proci: Ulisse si rallegra per quell'augurio e medita la vendetta.

Il mattino dopo Telemaco si informa presso Euriclea circa l'accoglienza riservata all'ospite. Intanto, Eumeo giunge al palazzo portando tre maiali e Ulisse gli conferma le infamie dei pretendenti. Arriva anche il capraio Melanzio, che ancora rivolge parole di scherno all'ospite. Giunge per terzo il bovaro Filezio, il quale saluta con rispetto il forestiero e si augura il ritorno del padrone: il mendicante gli assicura che Ulisse tornerà e punirà i proci.

Mentre i pretendenti tramano l'uccisione di Telemaco, in cielo appare un'aquila che tiene tra gli artigli una colomba. Anfinomo interpreta l'apparizione come presagio dell'insuccesso del loro piano e invita i compagni a pensare al banchetto.

Telemaco fa sedere Ulisse nella sala promettendo di proteggerlo e comanda ai proci di non insultare l'ospite. Quando ha inizio il banchetto, il forestiero riceve una porzione uguale a quella degli altri. Uno dei più malvagi tra i pretendenti, Ctesippo, scaglia contro Ulisse una zampa di bue; Ulisse la schiva e Telemaco difende l'ospite e minaccia i proci, che rimangono in silenzio. Parla infine tra loro Agenore, che esorta i compagni a non maltrattare più l'ospite e consiglia a Telemaco di affrettare il matrimonio della madre con uno di loro. Il giovane risponde di non voler ritardare le nozze, ma di aver riguardo a cacciare di casa Penelope se lei non vuole.

Atena stravolge la mente dei proci suscitando tra loro un'irrefrenabile risata, mentre le carni imbandite trasudano di sangue. L'indovino Teoclimeno preannuncia la sventura che incombe su di loro e che non salverà nessuno dalla morte. I proci lo giudicano un pazzo e provocano Telemaco deridendo i suoi ospiti. Il giovane non risponde ma, silenzioso, guarda il padre aspettando il momento della vendetta.

Libro XXI

Penelope, ispirata da Atena, scende tra i proci e propone la gara dell'arco: colui che sarà in grado di tendere l'arco che apparteneva a Ulisse e saprà scagliare una freccia in modo che essa attraversi i fori di dodici scuri piantate una dietro l'altra nel suolo, diventerà suo sposo. Alla gara prende parte anche Telemaco: se sarà lui a vincere, la madre non dovrà abbandonare la reggia per andarsene con un altro uomo. Al terzo tentativo Telemaco sta per riuscire, ma a un cenno di Ulisse desiste. Anche i proci tentano di tendere l'arco, ma senza risultato.

Intanto Eumeo e Filezio escono di casa piangendo seguiti da Ulisse, che si fa riconoscere mostrando la cicatrice della ferita «Ed essi, dopo che l'ebbero vista ed ebbero compreso ogni cosa, piangevano abbracciando il valoroso Odisseo e con affetto gli baciavano il capo e le spalle; anche Odisseo baciava loro la testa e le mani. E avrebbero pianto fino al tramonto del sole se Odisseo non li avesse fermati» *(trad. it. Ciani). Ulisse ordina ai due servi di rientrare dopo di lui nella sala e incarica Eumeo di portargli l'arco. Poi Eumeo dovrà provvedere a chiudere tutte le porte della sala. All'interno i proci, su proposta di Antinoo, decidono di rinviare la gara a dopo la festa di Apollo. Ulisse chiede di poter tentare di tendere l'arco e suscita l'irata reazione dei proci che lo insultano, ma Penelope appoggia la richiesta dell'ospite. In ogni caso – precisa Penelope – lo straniero non sarà suo sposo, anche se riuscisse a scoccare la freccia.*

Interviene Telemaco, il quale dichiara che spetta a lui decidere chi potrà cimentarsi nella prova. Eumeo consegna l'arco a Ulisse, poi riferisce a Euriclea gli ordini di Ulisse: le ancelle dovranno restare chiuse nelle stanze interne della reggia senza muoversi se sentiranno urla e gemiti provenire dalla sala del banchetto. Intanto, Filezio provvede a chiudere le porte dell'atrio.

Ulisse frattanto ha fra le mani l'arco e lo esamina attentamente, «come quando un esperto suonatore di cetra senza sforzo tende la corda intorno alla nuova chiavetta, fissando da una parte e dall'altra il ritorto budello di pecora, così senza sforzo, tese il grande arco Odisseo. Toccò, con la mano destra, la corda, ed essa emise un suono bellissimo, simile a voce di rondine. Presi da grande spavento, impallidirono i proci» *(trad. it. Ciani). Ulisse prende una freccia e, restando seduto la lancia senza fallire il bersaglio: il dardo attraversa tutti i fori delle scuri uscendo dall'altra parte.*

A un cenno di Ulisse, Telemaco cinge la spada, impugna una lancia e si mette accanto al padre.

L'uccisione dei proci

Luogo:
Grecia
Anno:
VIII secolo a.C.
Tratto da:
Libro XXII, vv. 1-125; 297-309

Il brano

La gara dell'arco è stata l'occasione propizia per consentire a Ulisse di imbracciare, senza destare sospetti, l'arma con cui incominciare a colpire i proci cogliendoli di sorpresa. Ora l'eroe dà inizio alla sua vendetta scagliando frecce contro i pretendenti.

Egli si tolse gli stracci di dosso, l'astuto Odisseo,
balzò sulla grande soglia[1] stringendo arco e faretra
piena di frecce, rovesciò le saette veloci
lì ai suoi piedi e disse tra i proci:
«Questa prova difficile[2] è ormai superata
e cercherò adesso un altro bersaglio, che un uomo
non ha mai colpito, se lo colgo e Apollo me ne dà il vanto».
Disse e puntò il dardo pungente su Antinoo[3].
Quello stava levando la bella coppa
d'oro a due anse[4] e con le mani la rivolgeva
per bere del vino: non pensava alla morte
nell'animo. E chi avrebbe pensato che tra i convitati
un uomo, solo tra molti, anche se molto forte,
gli avrebbe inflitto una morte maligna e il nero destino?
Ma mirando alla gola, Odisseo lo colpì con la freccia:
la punta gli trapassò il morbido collo.
Colpito si ripiegò indietro, la tazza gli cadde
di mano, subito gli venne denso alle nari un fiotto
di sangue umano, spinse lontano da sé
con un calcio la mensa, rovesciò i cibi per terra:
pane e carni arrostite si insudiciarono. Gli altri
nella sala gridarono, come videro l'uomo caduto;
balzarono su dalle sedie per la sala eccitati,
gettando sguardi dovunque sui muri ben costruiti:
ma non v'era uno scudo da prendere, o un'asta guerriera.
Coprivano Odisseo di irosi improperi:
«Straniero, è male che tiri su uomini! Non farai
altre gare: per te ora è certa la ripida morte.
Hai ucciso ora un uomo che era il più nobile
tra i giovani di Itaca: e qui gli avvoltoi ti divoreranno».
Ciascuno parlava, perché ritenevano che avesse ucciso
quell'uomo senza volerlo: non avevano inteso gli sciocchi
che, tutti, essi erano avvinti dai lacci di morte.
Guardandoli bieco gli disse l'astuto Odisseo:
«Cani, non pensavate che sarei mai venuto reduce a casa
dalla terra di Troia, che m'avete saccheggiato la casa,

1. **grande soglia:** è l'ingresso alla sala più importante del palazzo, il *mégaron*. La soglia è sopraelevata, quindi Ulisse dall'alto può tenere sotto tiro con l'arco i proci e impedire che escano dalla sala.
2. **prova difficile:** è la prova dell'arco.
3. **Antinoo:** Ulisse colpisce per primo Antinoo perché è il più autorevole tra i proci e anche il più tracotante.
4. **a due anse:** a due manici. L'ansa è la parte ricurva della coppa, a forma di piccolo manico.

vi giacevate a forza con le donne mie ancelle,
corteggiavate mia moglie mentre io sono vivo,
senza temere gli dei che hanno il vasto cielo,
o che poi vi sarebbe stato uno sdegno degli uomini:
ora voi tutti siete avvinti dai lacci di morte».
Disse così e prese tutti una pallida angoscia:
ciascuno guardava dove scampare alla ripida morte.
Solo Eurimaco rispondendo gli disse:
«Se davvero sei ritornato Odisseo d'Itaca,
queste cose che hanno fatto gli Achei[5] giustamente le hai dette,
le molte insolenze in casa, le molte in campagna.
Ma ormai giace morto chi era di tutte la causa:
Antinoo. Perché queste azioni le provocò lui,
non per bisogno o voglia di nozze,
ma ad altro mirando, che il figlio di Crono non gli compì:
a regnare sul popolo d'Itaca ben costruita
egli stesso, e ad uccidere in agguato tuo figlio.
Ma ucciso è lui ora, a ragione; tu le tue genti
risparmiale: e noi, raccogliendo dopo tra il popolo,
per quel che ti è stato bevuto e mangiato in casa
ti renderemo, ciascuno portandolo a parte, un compenso
in bronzo e in oro di venti buoi, finché il tuo cuore
si plachi. Non si può biasimare che tu, prima, sia irato».
Guardandolo bieco gli disse l'astuto Odisseo:
«Eurimaco, neppure se tutti i beni paterni mi deste,
che voi ora avete, e vi aggiungeste dell'altro da altrove,
neppure così fermerei le mie mani dallo sterminio,
se prima i proci non scontano tutta la loro arroganza.
Ora sta a voi o di battervi fronte a fronte
o fuggire, chi dovesse evitare la morte e il destino.
Ma non credo che scamperà nessuno alla ripida morte».
Disse così e qui ad essi si sciolsero ginocchia e cuore.
E una seconda volta parlò tra loro Eurimaco:
«Amici, quest'uomo non fermerà le irresistibili mani,
ma poiché prese l'arco ben levigato con la faretra
tirerà frecce, dalla soglia piallata, finché non ci avrà uccisi
tutti: orsù, pensiamo a lottare.
Sguainate le spade e alle frecce di rapida morte
opponete le mense: stringiamoci tutti contro di lui,
semmai lo cacciassimo via dalla soglia e via dalle porte,
corressimo per la città e presto ci fosse l'allarme[6]:
presto costui avrebbe tirato ora per l'ultima volta».
Così dicendo trasse l'aguzza lama,
di bronzo, affilato a due tagli, e balzò su di lui
gridando da fare spavento. Ed ecco che il chiaro Odisseo
scoccava la freccia, ne colpì il petto[7] vicino al capezzolo,
gli infisse la freccia veloce nel fegato. Dalla mano
gli cadde a terra la spada, s'abbatté curvo
inerte sul tavolo, rovesciò il cibo per terra
e una coppa a due anse. Con la fronte percosse il suolo,
penando; scuoteva il trono scalciando
coi piedi; sui suoi occhi dilagò la caligine.

5. **Achei:** con questo termine vengono qui designati gli aristocratici di Itaca, alle cui famiglie appartengono i proci.
6. **semmai ... ci fosse l'allarme:** Eurimaco non intende affrontare direttamente Ulisse, ma andare in città e chiedere aiuto.
7. **colpì il petto:** Eurimaco ha esortato i compagni a farsi scudo con i tavoli, ma ciò è impossibile con una sola mano (l'altra impugna la spada); e infatti egli, privo di protezione, viene trafitto nel petto.

Si slanciò sul glorioso Odisseo, balzandogli contro,
Anfinomo: aveva estratto l'aguzza lama,
semmai gli cedesse[8], lasciando la porta. Ma lo prevenne
di dietro Telemaco, con l'asta di bronzo colpendolo
in mezzo alle spalle[9]: la spinse nel petto.
Con un tonfo egli cadde, batté il suolo con tutta la fronte.
Telemaco corse, lasciando la lancia dalla lunga ombra
nel corpo di Anfinomo, perché paventava che nello strappare
la lancia dalla lunga ombra qualche Acheo lo ferisse,
con la lama slanciandosi o colpendolo mentre era chino.
Si mise a correre, raggiunse rapidissimamente suo padre
e standogli accanto gli rivolse alate parole:
«Padre, voglio portarti all'istante uno scudo e due aste
e un elmo di bronzo stretto alle tempie:
indosserò anche io, andando, altre armi e ne darò
al porcaro e al bovaro: è meglio essere armati».
Rispondendo gli disse l'astuto Odisseo:
«Portali, svelto, finché ho frecce con me per tenerli lontani:
che non mi scaccino via dalle porte mentre son solo».
Disse così, e Telemaco ubbidì a suo padre,
s'avviò verso il talamo, dove stavano le armi famose.
Prese da lì quattro scudi, otto lance
e quattro elmi di bronzo criniti:
li trasportò e raggiunse rapidissimamente suo padre.
Anzitutto lui stesso indossò il bronzo sul corpo:
quando ugualmente i due servi indossarono le belle armi,
si posero allato al valente astuto Odisseo.
Ed egli, finché ebbe frecce per tenerli lontani,

8. semmai gli cedesse: anche Anfinomo non vuole uccidere Ulisse, ma uscire per chiedere aiuto. Anfinomo si era opposto due volte al tentativo ordito da Antinoo di ordire un agguato mortale a Telemaco.

9. in mezzo alle spalle. «*Il fatto che Anfinomo venga colpito alle spalle dimostra che i pretendenti non costituivano una massa compatta, come avrebbe voluto Eurimaco: il che avrebbe reso impossibile a Telemaco colpire da dietro Anfinomo*» (Di Benedetto).

› Alberto Savinio (1891-1952), *Le retour*, 1929, particolare, collezione privata.

mirando colpiva sempre qualcuno dei proci
nella sua casa: quelli cadevano a mucchio.
Poiché al signore, scoccando, vennero meno le frecce,
appoggiò allo stipite della gran sala ben costruita
l'arco, perché stesse ritto, contro il muro lucente:
si mise a tracolla uno scudo di quattro strati,
pose sul forte capo un solido elmo
crinito, da cui il cimiero ondeggiava terribile:
afferrò due aste guerriere con teste di bronzo.

Melanzio, il servo fedele ai proci, penetra nell'armeria lasciata aperta da Telemaco e rifornisce di armi i pretendenti. Ulisse ha un attimo di smarrimento, ma si riprende subito e manda Eumeo e Filezio a chiudere le porte. I due catturano Melanzio, lo issano legato su una colonna e tornano a combattere contro i proci. Accanto alla piccola schiera che combatte a fianco di Ulisse appare Atena sotto le sembianze di Mentore e incita l'eroe. Poi la dea si tramuta in rondine e assiste dal tetto alla scena. I proci scagliano le lunghe lance contro Ulisse, ma Atena manda a vuoto i colpi.

E allora Atena, in alto dal tetto, sollevò
l'egida che annienta i mortali, e il loro animo fu sconcertato.
Sgomenti correvano per la gran sala, come mucche di mandria
che il tortuoso tafano avventandosi assilla
nel tempo che i giorni si allungano in primavera.
Gli altri come avvoltoi con artigli e becco adunchi,
venuti dai monti, s'avventano contro gli uccelli,
e questi si lanciano per la pianura, fuggendo atterriti le nubi,
e quelli balzandogli addosso li uccidono, e non gli vale la forza
o la fuga, e della caccia agli uomini godono;
gli altri così, balzati sui proci nella gran sala,
colpivano in giro: il loro lamento saliva orribile
dai capi colpiti, tutto il suolo fumava di sangue.

trad. it. G.A. Privitera, Lorenzo Valla-Mondadori, Milano

Note di lettura

▸ Un'implacabile vendetta

Il cencioso e malfermo mendicante che aveva saputo vincere la gara dell'arco avrebbe dovuto suscitare nei proci qualche **sospetto** circa la sua identità: se non altro, avrebbero dovuto immaginare che sotto quelle sembianze avrebbe potuto nascondersi anche una divinità (d'altra parte, era comune convincimento che gli dei amassero presentarsi spesso alle porte dei mortali sotto mentite spoglie chiedendo ospitalità). E la rapida rivelazione di Ulisse è come quella di un dio (Powell). D'un balzo egli, imbracciando l'arco, occupa la soglia dalla quale sovrasta su tutti e appare nella vera identità di **re e signore della casa.** Prima ancora che si riabbiano dalla sorpresa della rapida trasformazione, i proci vedono Antinoo stramazzare al suolo mentre sta levando la coppa del vino. La scena della sua fine, con i dettagli crudamente realisti-

ci, appare descritta attraverso lo sguardo degli stupiti compagni.
Antinoo muore senza aver riconosciuto Ulisse. La sua punizione sarebbe stata più piena se avesse saputo da chi era stato scoccato il dardo. Ma Ulisse ha compreso che Antinoo doveva essere subito eliminato perché, essendo il capo e il portavoce dei proci, avrebbe potuto coordinare la difesa.
Eurimaco cerca di scaricare tutte le responsabilità su Antinoo e pensa di **poter trattare** sulla base di un **adeguato risarcimento**. La proposta di Eurimaco somiglia a quella che fa Agamennone nell'*Iliade* ad Achille promettendogli ricchi doni in cambio della fine della sua ira. Come Achille, anche Ulisse oppone un netto **rifiuto**. Egli evidentemente ritiene che nessun risarcimento, per quanto ricco, possa compensare l'onore compromesso del re, la violazione della sua casa, le trame contro Telemaco e l'umiliazione inflitta a un ospite sotto il suo tetto. Ulisse, forte del **sostegno di Atena**, può permettersi di accusarli di **empietà** (i proci hanno agito «*senza temere gli dei*», v. 39) e presentare la **vendetta** come un'**opera di giustizia avallata dagli dei**.

▶ La logica del potere

L'**uccisione di Anfinomo** può apparire di non particolare rilievo in questo scenario di una strage generalizzata. Se invece la si considera tenendo presente gli atteggiamenti del personaggio nei libri precedenti (cosa che gli ascoltatori avevano ben presente) assume una significativa connotazione. Anfinomo è colui che tra i pretendenti «*era gradito a Penelope per i suoi discorsi: aveva un cuore gentile*» (XVI, 395-399, trad. it. Ciani), per due volte si è opposto alla decisione di uccidere Telemaco e nel banchetto aveva trattato benevolmente l'ospite. Egli per la verità non aveva seguito il consiglio di Ulisse che l'aveva esortato a dissociarsi dagli altri pretendenti, ma certamente Anfinomo non appare meritevole di avere la stessa sorte degli altri proci. Eppure egli cade per mano di Telemaco. Il poeta, con questa scelta, sembra che voglia mettere in luce un'amara verità: Ulisse, oltre che mosso dallo spirito di vendetta, è guidato dalla **spietata logica del potere che esclude ogni forma di *pietas*** e non fa distinzione delle diverse responsabilità di chi viene a trovarsi nel campo avverso.

▶ Il giudizio sui proci

Nel poema confluisce il **motivo fiabesco** della tradizione popolare: l'**eroe che torna dopo una lunga assenza e uccide l'usurpatore**. Nell'*Odissea* il motivo dell'uccisione dei proci è continuamente richiamato. La loro insolenza e la loro arroganza sono presentate come meritevoli di una **punizione esemplare**. Anche la scena del folle riso nel piano dell'opera ha la funzione di renderli **spregevoli** agli occhi degli ascoltatori tanto da meritare la morte. Secondo uno scrittore contemporaneo che ha analizzato la questione dal punto di vista storico, i proci «*non si resero colpevoli di soprusi. Furono insolenti, talvolta prepotenti. Ma la legge o quel complesso di consuetudini che tremila anni fa erano la legge, non la violarono*» (Granzotto). Solo a partire dal settimo anno dopo che Ulisse aveva lasciato Troia incominciarono a installarsi a banchettare nella reggia e a chiedere la mano di Penelope, quando cioè il ritorno di Ulisse era ormai da escludersi. Del resto, Penelope stessa aveva invitato i pretendenti a farsi avanti. Quindi i proci sono molto meno colpevoli di quanto appaiono nel poema. Secondo un'altra interpretazione i proci «*hanno degradato la casa e offeso l'onore di Ulisse e la sua immagine: se egli appena tornato non avesse sterminato i colpevoli, nessuno dei suoi sudditi avrebbe avuto più stima di lui*» (Privitera). I pretendenti, se fossero stati graziati, sarebbero diventati potenziali nemici.
A queste considerazioni si potrebbe aggiungere che Ulisse, secondo la profezia di Tiresia, è consapevole che **dovrà lasciare di nuovo l'isola** e quindi è ancora più determinato nella sua dura repressione. Ulisse non lo ha, infatti, dimenticato: ne parlerà a Penelope quando si farà riconoscere.
I pretendenti, inoltre, invadendo la casa di Ulisse **hanno violato il diritto di proprietà**: si tratta «*di un diritto destinato a occupare un posto essenzialissimo nelle nostre civiltà, che assume per la prima volta rilievo protagonistico attraverso quello che dunque possiamo chiamare il reato commesso dai pretendenti*» (Paduano).
In ogni caso se queste motivazioni valgono a spiegare l'eliminazione fisica dei pretendenti, resta **incomprensibile la crudele fine riservata alle ancelle infedeli**, che non potevano affatto costituire una minaccia per il potere di Ulisse.

Competenze alla prova

Comprensione

difficoltà

1. Che cosa credono stoltamente i proci quando vedono Antinoo stramazzare al suolo?
2. Quale minaccia rivolgono all'ospite i proci?
3. Di che cosa accusa i proci Ulisse?
4. Chi, secondo Eurimaco, pagherà il prezzo del risarcimento a Ulisse?
5. Che cosa si propongono di fare i proci quando Ulisse rifiuta la proposta di Eurimaco?
6. Da chi viene ucciso Anfinomo?
7. Quando Ulisse decide di armarsi di lancia?
8. Nelle due similitudini a quali animali sono paragonati i proci e a quali Ulisse, Telemaco, Eumeo e Filezio?

Analisi

difficoltà

9. Che cosa intende dire Ulisse quando afferma che cercherà un altro bersaglio?
10. Quali dettagli del discorso di Eurimaco potrebbero mettere in difficoltà Ulisse?
11. Quale funzione hanno i particolari realistici della morte dei proci, con i cibi imbrattati di sangue?
    - ☐ Impressionare gli ascoltatori
    - ☐ Mettere in risalto l'efficacia dell'azione di Ulisse
    - ☐ Sottolineare la morte ignominiosa dei pretendenti
    - ☐ Dimostrare che i pretendenti meritano una giusta punizione
12. Quale scena tipica dell'*Iliade* è richiamata in questo testo?
13. Quale significato ha la decisione di Ulisse di armarsi di lancia e di scudo e di indossare l'elmo che ondeggia terribile?
14. Quale differenza c'è tra le scene di morte dell'*Iliade* e quella descritta in questo libro dell'*Odissea*?
15. Individua i passi in cui il poeta interviene nella narrazione.

Produzione

difficoltà

16. I proci meritavano di essere trucidati? Argomenta per iscritto il tuo punto di vista.

Mario Mafai (1902-1965), *Fantasia*, 1943, particolare, collezione privata.

Conclusione del poema

Ulisse non risparmia la vita all'indovino Leode, che lo supplica di non ucciderlo abbracciandogli le ginocchia. Vengono invece risparmiati l'aedo Femio e l'araldo Medonte, che si è acquattato sotto un sedile con addosso una pelle di bue. Quando Ulisse vede tutti giacere morti nel sangue e nella polvere «come pesci che i pescatori hanno tratto a riva dal mare bianco di schiuma» *(trad it. Ciani), fa chiamare Euriclea, che esulta allo spettacolo della strage. Ulisse la rimprovera perché è empio esultare su uomini uccisi e le chiede di indicargli le donne di casa che non gli sono state fedeli. L'eroe poi ordina a Telemaco di far trasportare fuori i corpi, di far ripulire la sala e di trafiggere con la spada le donne infedeli, ma Telemaco toglie loro la vita con una morte più crudele:* «a una lunga colonna della rotonda attaccò la fune di un nave azzurrina, e alta la tese perché nessuno toccasse terra coi piedi [...] così esse in fila tenevano il capo e intorno al collo avevano un laccio perché più crudele fosse la morte» *(trad. it. Ciani). Infine, Ulisse ordina a Euriclea di portare dello zolfo per purificare la sala e quindi di far venire Penelope con le ancelle.*

Libro XXIII

Euriclea sale esultando nelle stanze al piano superiore per svegliare Penelope e annunciarle il ritorno di Ulisse. La regina, incredula, crede che la nutrice sia impazzita e si burli di lei. Quando Euriclea rivela che Ulisse era quel forestiero disprezzato da tutti e protetto da Telemaco, Penelope per un attimo le crede, ma poi dubita ancora: Ulisse è ormai morto e la strage dei proci potrebbe essere stata opera di qualche dio che ha voluto punire la loro malvagità. La regina, perplessa, si decide a scendere solo quando Euriclea le parla della cicatrice, segno di riconoscimento dell'eroe.

Scesa nella grande sala, Penelope si siede di fronte a Ulisse, il quale aspetta che lei parli. Telemaco rimprovera la madre per il suo animo insensibile e questa risponde che, se quell'uomo è davvero Ulisse, potrà riconoscerlo da certi segni segreti noti solo a loro due. Ulisse invita Telemaco a lasciare che la madre lo metta alla prova; dichiara poi di voler evitare che la notizia della strage dei proci si diffonda: ordina quindi che si dia inizio a canti e danze, in modo che la gente pensi che si stiano celebrando le nozze della regina con qualcuno dei pretendenti. La dispensiera Eurinome lava Ulisse e Atena lo rende giovane e bello: «Intanto Eurinome, la dispensiera, lavò il generoso Odisseo, nella sua casa, e lo unse di olio, gli fece indossare una tunica e un mantello bellissimo. E grande bellezza su di lui sparse Pallade Atena, più alto lo fece a vedersi, più forte, i capelli sul capo li rese ricciuti, simili al fior di giacinto. Come quando un esperto artigiano ricopre con l'oro l'argento: a lui insegnarono l'arte Efesto e Pallade, egli compie lavori stupendi. Così sulla testa e sul corpo di Odisseo riversò bellezza la dea» *(trad. it. Ciani).*

Penelope, per mettere Ulisse alla prova, ordina a Euriclea di portare il letto dell'eroe fuori dal talamo. Ulisse, stupito e rattristato, risponde che quel letto non può essere spostato: lui stesso lo aveva costruito intagliandolo in un tronco di olivo radicato nel terreno. La conoscenza del segreto di quel letto è prova sicura per Penelope che, piangendo, getta le braccia intorno al collo di Ulisse e gli spiega le ragioni della sua prudenza nell'accoglierlo: «Non adirarti con me, Odisseo, tu che eri il più saggio tra gli uomini. Ci hanno inflitto dolori gli dei, non hanno voluto che noi, uno accanto all'altra godessimo della la giovinezza e alla vecchiaia giungessimo insieme. E dunque ora non adirarti perché non ti ho abbracciato subito appena ti ho visto. Sempre mi tremava il cuore nel petto, che non capitasse qualcuno a ingannarmi con chiacchiere: sono in molti a tramare ignobili azioni. [...] Ma adesso che mi hai descritto in modo chiaro il nostro letto – che nessun altro ha veduto, ma tu ed io soli e un'ancella Attoride, che il padre mi diede in dono quando venni qui e che custodiva le porte del talamo ben costruito – hai convinto il mio cuore anche se è molto ostinato. Così disse, e in lui suscitò una gran voglia di pianto: piangeva tenendo stretta la sposa amata, fedele. Come ai naufraghi appare, desiderata, la terra, quando in mare il dio Posidone distrugge la nave ben fatta, travolta dal vento e dalle onde violente: in pochi scamparono al mare bianco di schiuma nuotando verso la riva, con il corpo incrostato di salso, lieti toccarono terra, sfuggendo alla morte. Così agognato appariva a lei il suo sposo, e dal suo collo non riusciva a staccare le candide braccia. Fino alla luce dell'alba avrebbero pianto, ma ad altro pensò la dea dagli occhi lucenti: lei allungò la notte ch'era alla fine, trattenne accanto all'Oceano l'Aurora dall'aureo trono, non le lasciava aggiogare i cavalli dai piedi veloci che recano agli uomini la luce del giorno, Lampo e Fetonte i cavalli che portano Aurora» *(trad. it. Ciani).*

Durante la notte, prolungata da Atena, Ulisse rivela a Penelope la profezia dell'indovino Tiresia: egli dovrà viaggiare ancora per molte città portando con sé un remo, fino a quando non giungerà tra genti che non conoscono il mare. Quando un viandante, incontrandolo, scambierà il remo per un ventilabro, dovrà piantare a terra il remo e sacrificare vittime a Posidone. Tornato poi in patria, dovrà compiere sacre ecatombi agli dei immortali: qui morirà sereno in vecchiaia.

Intanto, Eurinome e Euriclea preparano il letto e, quando nel palazzo cessano le danze, i due sposi si recano nella stanza nuziale. Qui, dopo aver goduto del loro dolce amore, raccontano l'uno all'altra le sofferenze e le pene dei vent'anni passati lontani; terminato il racconto del suo lungo viaggio, Ulisse si addormenta e Atena fa sorgere l'alba.
Al mattino Ulisse raccomanda a Penelope di ritirarsi con le ancelle nelle stanze superiori perché teme la vendetta dei parenti dei proci; intanto egli si arma, insieme a Telemaco, Eumeo e Filezio, per recarsi in campagna e riabbracciare il padre Laerte.
È già sorto il sole quando i quattro viandanti si mettono in cammino, ma Atena li avvolge nel buio e li conduce rapidamente fuori dalla città.

Libro XXIV

Il dio Ermes guida le anime dei proci nel regno dei morti, dove si trovano le ombre di Achille, Patroclo, Antiloco e Aiace.
Si avvicina poi l'anima di Agamennone, del quale Achille compiange la fine miserevole per mano di Egisto e della sposa infedele Clitennestra; l'Atride ricorda invece la gloriosa morte del Pelide e i solenni riti funebri celebrati per lui dagli Achei. Tra i proci Agamennone riconosce Anfimedonte, il quale gli racconta come avvenne la loro infelice morte: narra del corteggiamento fatto a Penelope dai proci, dell'inganno della tela, del ritorno e della vendetta di Ulisse. Agamennone loda la virtù di Penelope, confrontando la sua fedeltà con la malvagità di Clitennestra.
Intanto, a Itaca, Ulisse giunge alla casa di Laerte. L'eroe ha pietà del vecchio padre, che trova a lavorare nel frutteto sfinito dalla vecchiaia e oppresso dal dolore. Decide comunque di metterlo alla prova: si avvicina a lui lodando la sua cura nella coltivazione, ma criticando il suo aspetto trasandato; dice poi di essere uno straniero e di aver ospitato cinque anni prima un tale che si vantava di essere figlio di Laerte di Itaca. Il vecchio scoppia a piangere, ricordando l'infelice figlio morto lontano dalla patria senza onori funebri. Ulisse continua a fingere e si presenta come Eperito di Alibante, finché si commuove per la disperazione del padre e, abbracciandolo, si rivela a lui: «"Quello di cui domandi sono io, padre mio, che dopo vent'anni giungo alla mia terra. Frena dunque le lacrime e il pianto. Io ti racconterò – ma dobbiamo far presto: ho ucciso i Pretendenti nella mia casa vendicando i dolorosi oltraggi e le ignobili azioni". E Laerte gli rispose e gli disse: "Se davvero sei Odisseo, mio figlio, e sei tornato, dammi un segno sicuro perché io ti creda". A lui disse allora l'accorto Odisseo: "Guarda con i tuoi occhi questa ferita che con la bianca zanna mi inflisse il cinghiale quando andai sul Parnaso: tu mi mandasti, e mia madre, dal padre suo Autolico per ricevere i doni che egli venendo qui mi aveva promesso e giurato.
E anche i nomi degli alberi di questo frutteto ben coltivato io ti dirò: un tempo me li donasti e io, ancora bambino, te li chiedevo uno per uno venendoti dietro nell'orto; in mezzo ad essi andavamo e tu mi dicevi il nome di tutti; tredici peri mi desti, e dieci meli, e quaranta fichi, cinquanta filari di viti mi promettesti, che maturano in tempi diversi, e vi sono grappoli di ogni tipo nella stagione di Zeus". Disse così e a lui si sciolsero le ginocchia e il cuore nel riconoscere i segni sicuri che gli rivelava Odisseo. Gettò le braccia al collo del figlio; a sé lo strinse il paziente, divino Odisseo» *(trad. it. Ciani).*
Laerte quasi sviene per l'emozione e, quando si riprende, va con il figlio nella casa vicino al frutteto dove Telemaco, Eumeo e Filezio hanno preparato un pranzo.
Intanto, a Itaca, si è diffusa la notizia della strage. Dopo aver portato i cadaveri via dal palazzo per la sepoltura, i parenti dei proci si radunano in piazza: l'araldo Medonte e il vecchio Aliterse disapprovano il loro proposito di punire gli uccisori dei figli e dei fratelli, esortandoli a rinunciare alla vendetta, perché Ulisse gode del favore degli dei.
La maggioranza, però, desidera vendicarsi e una folla armata guidata dal padre di Antinoo, Eupite, si dirige in campagna, dove Ulisse si prepara allo scontro insieme al figlio e ai servi fedeli.
Laerte, a cui Atena ha infuso grande energia, uccide Eupite. Intanto, Ulisse e Telemaco si gettano sui guerrieri della prima fila, ma vengono poi fermati da Atena, che li esorta a porre fine alla guerra e a separarsi per non spargere altro sangue.
Spaventati, i parenti dei proci fuggono in città; Ulisse sta per inseguirli, ma un fulmine di Zeus lo ammonisce di evitare un'altra strage.
Tra le due parti si arriva infine a un patto giurato, mediato da Atena per volere di Zeus.

4 L'epica latina di Virgilio

Virgilio e il suo tempo

Il più importante poema epico del mondo latino è l'***Eneide*** di Virgilio. La composizione di quest'opera si colloca in un'epoca cruciale della storia di Roma: **il passaggio dalla repubblica all'impero**. Virgilio è l'esponente di una civiltà matura, dove la cultura ha raggiunto livelli di estrema raffinatezza ed elaborazione. In questo panorama culturale **la scrittura si è ormai imposta da secoli e i versi sono destinati alla lettura**: la composizione dell'*Eneide* quindi non ha nulla in comune con l'attività degli aedi che cantavano nelle corti o nelle piazze, così come le circostanze della sua stesura e della vita del suo autore sono a noi note.

Publio Virgilio Marone nacque nel 70 a.C. ad Andes, forse l'attuale frazione di Pietole, presso Mantova. Apparteneva a una famiglia di piccoli proprietari terrieri che gli garantì un'accurata educazione letteraria: fu avviato, infatti, agli studi di grammatica e retorica prima a Cremona e poi a Milano, per trasferirsi successivamente a Roma, dove frequentò la scuola del retore Epidio, in cui avrebbe avuto come compagno Caio Ottavio, il fu-

Giambattista Tiepolo (1696-1770), *Enea presenta a Didone Amore nelle sembianze di Ascanio*, 1757, particolare, Vicenza, Villa Valmarana.

turo Ottaviano Augusto, e strinse amicizia con giovani di rango elevato ai quali resterà sempre legato. Il padre l'aveva destinato alla carriera forense e politica, ma il giovane era più incline alla meditazione e alla poesia: al tempo della guerra civile tra Cesare e Pompeo (49 a.C.) lasciò Roma e si recò a Napoli, dove frequentò la scuola del filosofo epicureo Sirone.
Si stabilì a Napoli, nella villa che era stata di Sirone, alternando tuttavia periodi di soggiorno a Roma. Fra il 42 e il 39 a.C. compose le ***Bucoliche***, dieci poesie di argomento pastorale, ma non prive di riferimenti all'attualità. Entrò quindi a far parte del circolo di Mecenate, protettore di poeti e artisti, che sosteneva la politica sociale e culturale di Ottaviano, ormai dominatore incontrastato della politica romana.
Tra il 37 e il 30 a.C. compose le ***Georgiche***, un poemetto didascalico in quattro libri contenente insegnamenti sulla coltivazione dei campi e sull'allevamento del bestiame; in quest'opera, rispondendo alla propria inclinazione per la vita agreste, appoggiava anche il programma del principe di valorizzazione del mondo agricolo e di ritorno ai semplici valori contadini.
Le *Georgiche* attirarono l'attenzione di Ottaviano, ormai vincitore di ogni rivale dopo la battaglia di Azio (31 a.C.), che diede a Virgilio l'incarico di comporre un poema epico nazionale, che celebrasse Roma e il principato augusteo e riconciliasse gli animi dopo le guerre civili, esaltando i valori religiosi e civili tradizionali: nasceva così l'*Eneide*, alla quale Virgilio lavorò instancabilmente per dieci anni, dal 29 a.C. alla morte. Nel 19 a.C. si recò in Grecia e in Asia per documentarsi in vista della stesura definitiva del poema, ma ad Atene si ammalò e fu costretto a tornare indietro; sbarcò a Brindisi dove morì. Raccomandò agli amici di distruggere il suo poema, che egli considerava incompiuto, ma Augusto ne ordinò la pubblicazione, che fu curata da due amici di Virgilio, Vario e Tucca. La sua salma venne trasportata a Napoli, dove fu sepolto sulla via di Pozzuoli.

L'epoca di Augusto e l'occasione del poema

Il programma politico di **Augusto** si impernia intorno al motivo della **pace** e della restaurazione degli **antichi valori morali** travolti dalle guerre civili.
Nella visione di Augusto la pace però è il frutto di **guerre vittoriose** che propagano il dominio romano sul mondo. In quest'ottica infatti vengono realizzate diverse campagne militari, dal 24 al 22 a.C., per rendere più sicuri i confini meridionali dell'impero e, dal 27 al 19 a.C, per rinsaldare i confini occidentali.
Una volta terminate anche queste guerre, Augusto ha modo di mettere in luce quelle **virtù** – come la clemenza, la giustizia, la pietà – che i suoi contemporanei gli riconoscevano e che costituivano la reale garanzia della pace e dell'ordine sociale: il principe infatti intraprende un **programma politico-culturale di ampio respiro**, con il quale si propone (e di fatto ottiene) di rinnovare la mentalità collettiva. Egli vuole formare una nuova generazione di cittadini educati all'amore per il lavoro, al culto dei valori tradizionali e al rispetto per il potere costituito. Il suo stretto collaboratore **Mecenate** si fa interprete di queste direttive e cerca di coinvolgere nel programma augusteo i letterati e gli artisti che si raccolgono attorno a lui.
Nel clima di euforia e di esaltazione seguito alla vittoria su Antonio e Cleopatra (31 a.C.), l'aspettativa di una nuova opera epica era ormai matura. Ottaviano stesso nell'estate del 29 a.C., dopo aver ascoltato per quattro giorni la lettura delle *Georgiche*, sollecita Virgilio a comporre un **poema che celebri le sue gesta**. Lo spunto per la richiesta di Ottaviano è offerto da un passo delle *Georgiche*, in cui il poeta afferma che «*presto si accingerà a cantare le infuocate battaglie di Cesare e a renderne famoso il nome in futuro*» (vv. 46-47).
Virgilio accetta di celebrare in Augusto il restauratore della pace e della grandezza romana, ma escogita una **modalità personale e innovativa** per manifestare la propria adesione ideologica all'incarico ricevuto. Infatti, il primitivo piano di lavoro, che prevedeva una celebrazione diretta delle imprese di Ottaviano, subisce una radicale **inver-**

sione di prospettiva. La figura del principe non è più al centro della vicenda narrata. Il poema ruota invece attorno al personaggio di **Enea**, il mitico progenitore della stirpe romana, mentre la nuova era, inaugurata da Ottaviano, è anticipata sotto forma di profezia (vedi a p. 313).

La tradizione epica latina e Virgilio

Anche i Romani, come i Greci, ebbero una tradizione orale, ma questa non sopravvisse fissata in un testo, come avvenne per la Grecia.

L'epica romana precedente a Virgilio si rivolge ormai a un pubblico di eruditi, abituati alla lettura e alla raffinatezza formale. Gli autori epici continuano a seguire Omero e a coltivare il gusto per la ricerca formale, ma mettono la loro attività al servizio dei grandi ideali nazionali.

Nell'epica romana **gli elementi mitici si fondono con quelli storici**, conferendo a questi ultimi i caratteri della solennità e dell'esemplarità. Il passato si costituisce come esempio per il presente, nel quale il destinatario è un pubblico che condivide gli ideali espressi dal poeta e che, nello stesso tempo, è istruito e capace di cogliere i riferimenti dotti contenuti nel testo.

BIOGRAFIE
Ennio
Nevio

Virgilio, accingendosi a comporre un poema epico, deve tener conto delle attese dei contemporanei, i quali si aspettavano un'opera rivolta verso l'attualità e che celebrasse direttamente la grandezza romana sull'esempio degli autori latini **Nevio** ed **Ennio** che avevano derivato il loro argomento dal recente passato di Roma.

Senza contravvenire alle attese del pubblico, Virgilio compie una scelta innovativa: mentre Ennio cala il tema eroico nell'attualità (per esempio le gesta dei condottieri nelle battaglie), egli lo distanzia, riconducendolo nel **passato mitico**.

Il poeta colloca le vicende narrate nell'*Eneide* in un lontanissimo passato che deve essere salvato dalla dimenticanza, perché **in quel passato si trova il senso del presente**. Egli si riallaccia al **modello omerico** più direttamente degli altri poeti epici romani e, nello stesso tempo, imposta il poema in modo tale da stabilire uno **stretto legame con il suo tempo**, venendo incontro alle attese dei destinatari. L'eroe dell'*Eneide* infatti appartiene al passato mitico del mondo omerico, ma ha il compito di gettare le basi della **futura civiltà romana** che si rivelerà in tutta la sua pienezza nell'era augustea.

› Giambattista Tiepolo (1696-1770), *Mercurio ordina a Enea di lasciare Cartagine*, 1757, particolare, Vicenza, Villa Valmarana.

La leggenda di Enea

Nell'Iliade Enea, pur non avendo un ruolo di primo piano, è presentato con **tratti ben definiti**. Figlio di Anchise e di Afrodite (Venere), discende da Assaraco, appartenente a un ramo collaterale della famiglia regnante di Troia.

È un uomo **giovane**, **valoroso** e **forte**. Si distingue per il **valore in battaglia**, ma anche per l'**assennatezza**. Gode del rispetto del popolo e degli dei, che lo amano per la sua pietà. Posidone dichiara che egli è destinato a salvarsi (*Iliade* XX, 302-305): «*destino è per lui salvarsi, / perché non isterilita, non cancellata perisca la stirpe / di Dardano, che il Cronide amò sopra tutti i suoi figli, / quanti gli nacquero da donne mortali*» (trad. it. Calzecchi Onesti).

La leggenda di Enea si diffuse nell'Italia antica insieme con altre "**leggende di fondazione**" collegate con la fine della guerra troiana. I reduci, sia Greci sia Troiani, nelle loro peregrinazioni dopo la caduta della città si sarebbero insediati in varie località della penisola (vedi per esempio Antenore, fondatore di Padova).

Della leggenda di Enea esistevano **diverse varianti**: secondo una versione raccolta dal poeta Nevio, Romolo era un nipote di Enea. Secondo un'altra tradizione i discendenti di Enea fondarono Alba Longa, mentre Roma sarebbe sorta molto tempo dopo.

Il riconoscimento ufficiale delle origini troiane di Roma risale probabilmente agli ultimi anni del IV secolo o ai primi del III a.C. e conobbe un periodo particolarmente fortunato nel II e I secolo a.C.

Il collegamento con un eroe consacrato dalla fama di Omero serviva a dare particolare **prestigio alla potenza romana**, che stava affermando la propria egemonia sul Mediterraneo e nell'Oriente.

Anche **Giulio Cesare** sfruttò a fini politici la leggenda di Enea e volle sottolineare le sue origini troiane fin dall'inizio della sua carriera politica nel 68 a.C., affermando la sua discendenza da Iulio-Ascanio, figlio di Enea. Egli dimostrò anche una particolare devozione per Venere, madre di Enea. Con Cesare, e poi con Ottaviano, l'origine troiana cessò di essere patrimonio nazionale e divenne appannaggio della *gens* Giulia.

La peculiarità del poema virgiliano

Virgilio riprende da Nevio la leggenda di Enea, l'eroe troiano sopravvissuto alla distruzione della città. Per volere del Fato Enea, accompagnato da altri compagni superstiti, intraprende un lungo viaggio alla ricerca della **nuova patria**. Dopo varie peripezie giunge nel Lazio, la terra che gli è destinata. Qui l'eroe potrà insediarsi definitivamente dopo aver combattuto una dura guerra contro i Latini.

Il modello narrativo del poema può essere così individuato:

1. un eroe (il protagonista) si distingue per **valore e virtù morali**;
2. all'eroe è affidato un **destino glorioso**;
3. l'eroe affronta un **viaggio** per realizzare questo destino;
4. l'eroe incontra numerosi **ostacoli** frapposti da forze ostili;
5. l'eroe **supera tutti gli ostacoli** grazie al suo valore e agli aiuti di forze benefiche;
6. l'eroe riesce a **raggiungere l'obiettivo** voluto dal destino.

Le peripezie dell'eroe sono raccontate in terza persona da un **narratore onnisciente**, ma nella narrazione è inserito anche un **racconto in prima persona** fatto dall'eroe stesso. L'espediente del **racconto nel racconto** deriva dall'*Odissea* ed è un procedimento che permette di dilatare il tempo della narrazione senza renderla monotona.

Come si può notare dalla schematizzazione, l'*Eneide* è modellata sull'*Odissea*, ma con il recupero dell'*Iliade* nella parte dedicata al superamento degli ostacoli, quando l'eroe giunge al termine del suo viaggio.

L'impianto del racconto, dunque, segue quello dell'autorevole e consolidato **modello omerico**. Ma Virgilio tratta in modo del tutto **originale** la materia.

5 *Eneide*

Il proemio e l'ira di Giunone

Luogo:
Roma
Anno:
29-19 a.C.
Tratto da:
Libro I, vv. 1-11

Il brano

Seguendo l'esempio dei poemi omerici, Virgilio apre l'*Eneide* con un proemio suddiviso in due parti: la protasi – in cui il poeta enuncia i contenuti dell'opera e presenta il protagonista, accennando alle sue avventure e alle sue peregrinazioni – e l'invocazione alla Musa.

Canto[1] le armi e l'uomo che per primo[2] dalle terre di Troia
raggiunse esule l'Italia per volere del fato e le sponde

1. **Canto:** il corrispondente verbo latino *cano*, "cantare", è riferito a componimenti di tono elevato.
2. **per primo:** secondo un'altra tradizione Enea era stato preceduto da Antenore, che aveva fondato Padova nella Gallia Cisalpina. Ma con il termine "Italia" Virgilio intende il territorio che si estende dal fiume Rubicone (presso Ravenna) fino a Messina, prima che Augusto incorporasse la Gallia Cisalpina.

^ Alessandro Tiarini (1577-1668), *La morte di Didone*, 1620 ca., particolare, collezione privata.

lavinie[3], molto per forza di dei travagliato in terra
e in mare, e per la memore ira della crudele Giunone,
e molto avendo sofferto in guerra, pur di fondare
la città, e introdurre nel Lazio i Penati[4], di dove la stirpe
latina, e i padri albani e le mura dell'alta Roma[5].
O Musa[6], dimmi le cause, per quali offese al suo nume,
di cosa dolendosi, la regina degli dei costrinse un uomo
insigne per pietà a trascorrere tante sventure, ad imbattersi
in tanti travagli? Tali nell'animo dei celesti le ire?

trad. it. E. Canali, Lorenzo Valla-Mondadori, Milano

3. **sponde lavinie:** Lavinio, oggi Pratica di Mare, nel Lazio. Lavinio è la città che Enea fonderà, dopo la sua vittoria nel Lazio, in onore della sua sposa Lavinia.

4. **Penati:** divinità domestiche venerate dai Romani. Erano protettori della famiglia, della casa e della patria.

5. **di dove … Roma:** sono sommariamente ricordate le tre fasi successive alla vittoria di Enea nel Lazio: la fusione di Latini e Troiani, la fondazione di Alba Longa e la fondazione di Roma per opera dei discendenti dei re di Alba Longa.

6. **Musa:** la Musa, come nei poemi omerici, figlia di Zeus e di *Mnemosýne* (il ricordo), è depositaria di un sapere che trasmette al poeta.

Note di lettura

Il proemio: da Omero a Virgilio

Il verso iniziale dell'*Eneide* («*Canto le armi e l'uomo*», v. 1) si riallaccia chiaramente ai **poemi omerici**, non solo sul piano della tradizione epica che prevede di incominciare l'opera indicandone gli argomenti, ma anche su quello dei **contenuti**. Le «*armi*» (v. 1) richiamano **Achille** e il suo eroismo in battaglia, mentre l'«*uomo*» (v. 1) ricorda **Ulisse** e il suo travagliato viaggio. Ambedue questi personaggi sono rievocati nella figura di Enea.

La scelta di iniziare con queste due parole anticipa la suddivisione dell'*Eneide* in **due parti, composte ciascuna da sei libri** (l'una di carattere "**odissiaco**", l'altra "**iliadico**"). Infatti, i primi sei libri sono dedicati al viaggio di Enea (ostacolato da Giunone, così come Ulisse era stato ostacolato da Posidone), mentre gli altri sei sono dedicati alla guerra che i Troiani sosterranno nel Lazio.

A differenza del proemio dei poemi omerici, però, qui **il poeta parla in prima persona**, rivendicando in tal modo l'originalità della sua ispirazione; alla Musa si rivolge, dopo l'enunciazione dell'argomento (che invece nei poemi omerici è attribuito alla Musa: «*Canta, Musa divina, l'ira di Achille*» *Iliade*, v. 1, libro 1, p. 46; «*Dell'uomo dimmi o Musa*» *Odissea*, v. 1, libro 1, p. 118), solo perché spieghi qualcosa che va **oltre la comprensione umana**: il comportamento di Giunone e i motivi dell'odio che spingono la dea a perseguitare Enea.

Infine, nel proemio troviamo preannunciato un altro elemento di novità. Virgilio fonde in modo originale il **filone mitico** e quello **storico**, evocando le tappe che hanno condotto alla fondazione della potenza romana.

Píetas e fato

Se il primo verso mette in evidenza le «*armi*», e quindi il valore di Enea, poco dopo l'eroe troiano è detto «*insigne per pietà*» (v. 10). Egli è dotato di una virtù che è l'autentico **tratto distintivo della sua personalità**, e il «*caposaldo ideologico dell'*Eneide» (Traina), tanto che l'appellativo "pio" – *pius*, aggettivo corrispondente al sostantivo *píetas* – accompagnerà Enea quasi sempre nel corso del poema. La parola latina *píetas*, tradotta normalmente con "pietà", ha uno spettro di significati non compresi nel termine della lingua italiana, in cui prevale l'idea di "compassione".

La *píetas* per i Romani è invece una virtù che implica un complesso di **doveri** sia verso gli **dei** e i **famigliari** sia nei **rapporti individuali** e nella **sfera pubblica**. Nella *pietas* ha una parte rilevante la sfera della **vita affettiva**. In questo senso la parola è sinonimo di "mitezza", "comprensione", "spirito di amicizia" e sta a indicare un **sentimento di umanità e di giustizia** che è in contrasto con la violenza e la guerra. Infatti

Enea non è il guerriero tipico dell'*Iliade*, che è animato dallo spirito bellicoso della morale eroica, ma prenderà le armi solo spinto dalla **necessità**.

Alla *pìetas* dell'uomo verso gli dei dovrebbe corrispondere una *pìetas* degli dei verso gli uomini e perciò emerge netto il **contrasto tra la *pìetas* di Enea e l'ira di Giunone**, tanto che con la domanda «*Tali nell'animo dei celesti le ire?*» (v. 11) il poeta pone in maniera angosciosa il problema dell'**incomprensibilità del comportamento della regina degli dei**. Ma la *pìetas* di Enea verso gli dei non verrà mai meno, neppure quando è messa a dura prova dall'accanimento con cui alcuni dei infieriscono sulla sua città.

Uno degli aspetti della *pìetas* è la sottomissione ai voleri del Fato. Il termine "fato" (in latino *fatum* – dal verbo latino *fari*, "dire" – significa letteralmente "ciò che è stato detto", e quindi "ciò che è stato stabilito") allude a una **volontà superiore e imperscrutabile**, che sta al di sopra non solo degli uomini ma anche degli dei (anche se talvolta il Fato è identificato con Giove). Il Fato **regola gli eventi umani** secondo un piano teso alla realizzazione di un **fine prestabilito**, senza alcun riguardo per le personali e private vicende dei singoli esseri umani . Tuttavia, solo le cose più importanti sono fissate, per così dire, dal Fato: tutto il resto è lasciato provvisoriamente in sospeso in modo da lasciare agli uomini e agli dei invocati dagli uomini una certa **libertà d'azione**.

Enea è stato scelto per compiere una missione che porterà alla fondazione di una città, Roma, destinata a sottomettere il mondo e a pacificarlo. Enea è dunque lo strumento di questo potere superiore di cui si coglie la silenziosa presenza in tutto il poema. E questo comporterà per lui anche sofferenze e sacrifici delle sue aspirazioni private che sono in contrasto con i disegni del fato.

▸ Le forme della narrazione

L'espressione «*le mura dell'alta Roma*» (v. 7) sta per "le alte mura di Roma". L'aggettivo "*alto*" dovrebbe essere riferito al sostantivo «*mura*» (v. 7), ma il poeta lo attribuisce a «*Roma*» (v. 7). Si tratta di una tecnica espressiva, detta in retorica **"ipallage"**, alla quale il poeta ricorre spesso e che serve per accentuare il concetto principale, in questo caso la **grandezza di Roma**. Un'ipallage famosa è quella del verso 255 del libro II: «*gli amici silenzi della tacita luna*», dove l'aggettivo «*amici*» invece che alla luna (la luna amica) è riferito a «*silenzi*».

› Alberto Savinio (1891-1952), Giove, 1926-1927, particolare, collezione privata.

L'antefatto

Luogo:
Roma

Anno:
29-19 a.C.

Tratto da:
Libro I, vv. 12-33

Il poeta incomincia la narrazione vera e propria a partire dal verso 12, riallacciandosi alla domanda posta a conclusione del banchetto e soffermandosi sui motivi per i quali Giunone è nemica dei Troiani.

Città antica fu, la tennero coloni tirii[1],
Cartagine, lontano di fronte all'Italia e alla foce
del Tevere, ricca di mezzi, fortissima di ardore guerriero;
che, sola, si dice Giunone prediligesse[2] fra tutte
le terre, trascurata Samo[3]; qui le sue armi,
qui il suo carro[4]; che questa regni sui popoli,
se i fati permettano, la dea fin d'allora si prefigge e medita.
Tuttavia sapeva che sarebbe discesa da sangue troiano
una stirpe che un giorno abbatterebbe le rocche tirie[5];
di qui un popolo largamente sovrano e superbo[6] in guerra
verrebbe a rovina della Libia[7]: così filavano le Parche[8].
Temendo ciò la Saturnia[9], e memore della passata guerra
che aveva fatto per prima a Troia in favore della diletta
Argo[10] – infatti non le erano ancora cadute dall'animo
le cause dell'ira e i crudeli dolori: rimane serrato
nel profondo del cuore il giudizio di Paride e l'offesa della spregiata
bellezza, e l'invisa stirpe[11], e gli onori a Ganimede[12] rapito –,
adirata di queste cose teneva lontani dal Lazio,
travagliati per tutta la distesa delle acque, i Troiani, relitti
dei Danai[13] e del feroce Achille; e già da molti anni
erravano, spinti dai fati, intorno a tutti i mari.
Tanto costava fondare la gente romana.

trad. it. E. Canali, Lorenzo Valla-Mondadori, Milano

1. **coloni tirii:** i Tirii erano abitanti della città fenicia di Tiro. I fondatori della città di Cartagine, situata sulle coste dell'attuale Tunisia, provenivano da Tiro, per questo i Cartaginesi sono chiamati anche Tirii.
2. **prediligesse:** questa predilezione è riferita a un passato lontano. Ora Giunone, ormai placata dopo la scomparsa di Cartagine, ha trasferito la sua protezione su Roma.
3. **Samo:** città insulare dell'Egeo, prediletta dalla dea perché vi era nata e aveva celebrato le nozze con Giove.
4. **il suo carro:** «*Virgilio immagina che nel tempio cartaginese costruito da Didone, la regina di Cartagine, vi sia una statua di Giunone armata su un cocchio*» (Giannotti).
5. **le rocche tirie:** Cartagine.
6. **superbo:** l'aggettivo superbo ha qui il senso positivo di "superiore", "eccellente".
7. **Libia:** anticamente era chiamata così tutta l'Africa.
8. **Parche:** erano tre divinità del destino (Lachesi, Atropo e Cloto) dalle quali dipendevano la vita e la morte degli uomini.
9. **Saturnia:** Giunone è qui definita "Saturnia" in quanto figlia di Saturno: nell'*Eneide* diventa epiteto formulare.
10. **Argo:** città greca consacrata al culto di Era/Giunone. Da Argo giunse a Troia un contingente numerosissimo di guerrieri, tanto che Omero chiama "Argivi" tutti i Greci. Nella guerra di Troia Giunone/Era aveva parteggiato per i Greci.
11. **invisa stirpe:** i Troiani, discendenti da Dardano.
12. **Ganimede:** figlio di un re troiano, fu amato per la sua bellezza da Giove, che lo fece rapire da un'aquila e lo rese coppiere degli dei.
13. **relitti dei Danai:** sono i pochi Troiani sopravvissuti alla distruzione della città. Danai è il nome con il quale Virgilio solitamente chiama i Greci.

Note di lettura

BIOGRAFIA
T. Livio

L'odio di Giunone

Nell'*Eneide* Giunone ha nei confronti di Enea un ruolo analogo a quello che Posidone ricopre nell'*Odissea* verso Ulisse, ma mentre Posidone aveva ragioni personali di rancore contro Ulisse (l'accecamento di suo figlio Polifemo), Giunone non ha nessun motivo di risentimento diretto verso Enea.

L'odio di Giunone per i Troiani risale al giudizio di Paride, figlio del re di Troia Priamo. Nella **gara di bellezza** tra Venere (Afrodite), Minerva (Atena) e Giunone (Era) era stato scelto come giudice **Paride**, che avrebbe espresso il suo giudizio consegnando un pomo d'oro alla prescelta. Ciascuna delle tre dee aveva promesso un compenso nel caso fosse stata la prescelta: Atena /Minerva la vittoria in guerra e la sapienza, Era/Giunone la sovranità su tutta l'Asia, Afrodite/Venere l'amore di Elena, la donna più bella del mondo. Paride consegnò il pomo (diventato famoso come "pomo della discordia") a **Venere**, attirando però su di sé e sulla sua gente l'odio di Minerva e Giunone.

Il risentimento di Giunone verso i Troiani è accresciuto anche da **altre ragioni**. I Troiani discendono da **Dardano**, nato da uno dei numerosi tradimenti coniugali di Giove, che si era unito a Elettra, figlia di Atlante. Inoltre, Giove si era invaghito di **Ganimede**, un bellissimo giovinetto figlio del troiano Tros e lo aveva reso coppiere degli dei allontanando Ebe, figlia sua e di Giunone. Infine, Giunone protegge **Cartagine** e si adopera per assicurare a questa città il dominio su tutti i popoli. Come si vede, accanto ai decreti inalterabili del Fato, nelle vicende umane agiscono anche potenze soprannaturali ma indipendenti, che possono trovarsi in conflitto con il fato.

Il poeta e il suo pubblico

Enea, il capostipite del popolo romano, è un **vinto che abbandona la sua patria** e che invece di resistere e di organizzare la rivincita, va a fondare altrove una **nuova città**, mentre tanti altri Troiani sono morti con le armi in pugno. Questo fatto creava per Virgilio degli ostacoli che noi non ci configuriamo più come tali, ma che esistevano per i Romani. «*Al solo pensare una cosa del genere, un cittadino romano deve, per forza di cose, aver provato un profondo senso di vergogna. Roma è per lui ciò che Ilio era per Enea: chi fra i Romani, avrebbe accettato di abbandonare, assieme a moglie, figlio e séguito, la propria città ormai in preda ai nemici piuttosto che cadere con essa? Quale romano avrebbe potuto pensare di portare in un paese straniero gli dei della città?*» (Heinze). A questo proposito, si è citato un passo di uno storico romano, **Tito Livio**, in cui Marco Furio Camillo, personaggio della Roma repubblicana, cerca di dissuadere i Romani assediati dai Galli dal trasferirsi a Veio: «*rinunciare a combattere per la patria finché ci sia in noi un alito di vita, se per gli altri è disonorevole, è un atto di empietà per Camillo*» (Livio, V, 51). Ma Virgilio, come si vedrà, aggira questo ostacolo. Nel prosieguo dell'opera risulta che in realtà Enea, senza esserne subito consapevole, sta riportando i sopravvissuti all'«***antica madre***», cioè alle coste del Lazio. Si scopre infatti che Dardano, il progenitore dei Troiani, proveniva da quella terra. Virgilio poi evita di dare adito ai sensi di vergogna, ponendosi come obiettivo quello di affrancare i Troiani, e in particolare Enea, dalla taccia di viltà e di debolezza, di mancanza di coraggio e di slealtà verso la patria. La sconfitta troiana non è dovuta a mancanza di coraggio e di tenacia nel difendere la patria, ma a un disegno divino: «*Inoltre, dato che la simpatia verso il vinto cresce di tanto quanto diminuisce la simpatia verso il vincitore, i Greci dovevano essere privati dell'alone di gloria che in genere accompagna la vittoria, badando, però, a non dare in alcun modo l'impressione di malanimo*» (Heinze). In questo modo **la figura del vinto è esaltata**, perché nella sua travagliata vicenda dimostrerà non solo il coraggio del combattente ma anche quella virtù esaltata da Camillo: «*l'amore per questa terra che chiamiamo madre*».

Nel mondo di Virgilio

I Penati

I Penati sono divinità di numero sconosciuto, senza un nome e di sesso non definito. Questi dei erano venerati nelle singole case e nella religione di Stato in vigore presso i Romani. Secondo una concezione antica, il nome di Penati è riferito al fatto che essi erano venerati nei penetrali della casa, cioè nella parte più interna della casa che aveva funzione di "sacrario degli dei Penati". In tutte le case romane erano venerati in forma di statuette poste su un piatto tondo di terracotta o di metallo che serviva per i sacrifici. Essi avevano un posto stabile accanto al focolare domestico, e li si salutava uscendo e rientrando in casa. Per questo spesso la parola "Penati" era usata metonimicamente per indicare l'abitazione.

Competenze alla prova

Comprensione

difficoltà ●○○

1. Da dove parte Enea e qual è il punto d'arrivo dei suoi viaggi?
2. Qual è la causa dei travagli del viaggio di Enea?
3. Perché Enea è fuggito da Troia?
4. Per volontà di chi Enea raggiunge l'Italia?
5. Tra le seguenti affermazioni, indica quali sono vere e quali sono false.

	V	F
a. Nel proemio è citato il nome del protagonista	☐	☐
b. I Penati erano una popolazione del Lazio	☐	☐
c. Giunone odia Enea, ma non ha ricevuto da lui nessuna offesa	☐	☐
d. I Tirii erano gli abitanti di Tiro, una città della Fenicia	☐	☐

Analisi

difficoltà ●●○

6. Perché l'ira di Giunone è detta «*memore*» (v. 4)?
7. In che cosa si distingue l'eroe protagonista del poema?
8. Dire che un evento è attribuito al Fato significa affermare che:
   - ☐ è dovuto al caso
   - ☐ rientra in un disegno prestabilito
   - ☐ ha avuto un esito positivo
   - ☐ ha avuto un esito incerto
9. Com'è caratterizzato il popolo che distruggerà Cartagine?
10. In quali versi Virgilio anticipa, anche se non apertamente, la notizia dello scontro tra Roma e Cartagine con la rovina di quest'ultima?
11. Quale figura retorica è contenuta nell'espressione «*Canto le armi*» (v. 1)?
12. Il poeta chiede alla Musa:
    - ☐ che narri direttamente le vicende del poema
    - ☐ che lo assista per tutto il corso della narrazione
    - ☐ che gli riveli le cause dell'odio di Giunone per Enea
    - ☐ che sia garante di ciò che narrerà
13. Con quale metafora è indicato il corso del destino degli uomini amministrato dalle Parche?

Produzione

difficoltà ●●●

14. Leggi i proemi dell'*Iliade* e dell'*Odissea* e confrontali con quello dell'*Eneide*. Scrivi un breve testo in cui individui analogie e differenze.

Dosso Dossi (1490-1542), *Enea e Acate sulla costa della Libia*, 1519 ca., particolare, Washington, National Gallery of Art.

Libro I

La flotta troiana, continuando la sua navigazione, salpa dalla Sicilia diretta verso il Lazio. Giunone, sdegnata, si reca dal re dei venti Èolo e lo convince a scatenare contro la flotta di Enea una furiosa tempesta che spinge le navi verso la costa africana. Alcune imbarcazioni urtano contro scogliere nascoste, altre s'incagliano nelle secche. Una nave, guidata da Oronte, affonda. Frattanto Nettuno vede la flotta dispersa per tutto il mare e indignato contro chi si è intromesso nel suo regno impone ai venti di tornare alla loro dimora e libera dagli scogli e dal fondo sabbioso le navi troiane.
Enea approda con sette imbarcazioni superstiti in Libia, dove ristora i compagni e, nascondendo il suo dolore, li conforta: per volere del Fato troveranno patria nel Lazio.
Venere protesta con Giove per le pene del figlio, ma il sovrano degli dei la rassicura: immutabile è il destino di Enea, che giungerà in Italia, dove i suoi discendenti fonderanno un grande impero. Giove invia poi Mercurio a Cartagine, la città presso la quale le navi sono approdate, perché susciti nell'animo della regina Didone e dei suoi sudditi sentimenti di benevolenza verso i Troiani.
Il mattino seguente Venere appare al figlio simile a una cacciatrice e gli rivela che si trova presso la città di Cartagine su cui regna la regina Didone. La dea narra al figlio la tragica storia che da Tiro ha portato Didone a Cartagine con il suo popolo: la donna era stata costretta a fuggire perché suo fratello Pigmalione dopo averle ucciso il marito Sicheo si era impossessato del trono. Venere esorta Enea a entrare in Cartagine e a chiedere ospitalità alla regina e gli annuncia che le navi che egli credeva disperse sono scampate al naufragio.

L'incontro fra Enea e Didone

Luogo:
Roma
Anno:
29-19 a.C.
Tratto da:
Libro I, vv. 494-508; 560-636; 697-756

Il brano

Enea, accompagnato da Acate, uno suoi più fedeli compagni, si dirige verso Cartagine e Venere avvolge entrambi in una nube perché nessuno li veda e li disturbi durante il cammino. I due giungono in un bosco sacro, nel centro della città, dove Didone sta innalzando un magnifico tempio a Giunone. Enea entra nel tempio e capisce di essere tra uomini civili perché vede raffigurate nel tempio scene della guerra troiana.

Mentre al dardanio Enea appaiono queste cose mirabili,
mentre stupisce, immobile, fisso nel solo sguardo,
la regina entrò nel tempio, la bellissima Didone,
stretto intorno a lei un grande stuolo di giovani.
Quale sulle rive dell'Eurota[1] o per i gioghi del Cinto[2]
Diana[3] guida le danze, e mille Oreadi[4] seguendola
da una parte e dall'altra si addensano; ella sorregge la faretra
alla spalla, e avanzando sovrasta tutte le dee:
una gioia penetra nel silenzioso cuore di Latona[5]:
tale era Didone, tale lieta incedeva tra i suoi,
sorvegliando le opere preparatrici del regno futuro.
Allora sulle soglie della dea, sotto la volta del tempio,

1. **Eurota:** è il principale fiume della Laconia.
2. **Cinto:** monte dell'isola di Delo, dove Latona partorì Apollo e Artemide.
3. **Diana:** nella mitologia romana è la greca Artemide.
4. **Oreadi:** Ninfe dei monti.
5. **Quale sulle rive … Latona:** ripresa la similitudine del canto VI (vv. 102-106) dell'*Odissea* riferita a Nausicaa.

cinta d'armati, alta sul trono si assise.
Dava leggi e diritti agli uomini, divideva la fatica
delle opere in giuste parti, o la traeva a sorte.

Davanti alla regina si presenta all'improvviso un'ambasceria di Troiani dispersi dalla tempesta e spinti in un altro punto della costa. Enea e Acate si rallegrano di vedere i loro compagni sani e salvi e vorrebbero andare loro incontro, ma si tengono nascosti. Ilioneo, il personaggio più autorevole del gruppo di superstiti, supplica la regina di impedire l'incendio delle navi: essi sono naufraghi e non pirati venuti per saccheggiare, e sperano di ricongiungersi con il loro re Enea, la cui imbarcazione è stata dispersa dalla tempesta. Ilioneo chiede inoltre di essere ospitato con i suoi compagni per tutto il tempo necessario alla riparazione delle navi.

Allora, con il volto reclino, Didone parla brevemente:
«Liberate il cuore dal timore, o Teucri, e allontanate gli affanni.
Un duro stato e la novità del regno mi obbligano
a tali misure, e a vegliare con guardie su tutti i confini.
Chi ignora la stirpe degli Eneadi e la città di Troia,
e le gesta, e gli eroi, e gli incendi di tale guerra?
Non abbiamo i cuori così ottusi noi Punici[6],
o tanto remoto dalla tiria città[7] il sole
aggioga i cavalli. Sia che desideriate la grande Esperia[8]
e i campi saturni[9], o le terre di Erice[10] e il re Aceste,
vi congederò sicuri di aiuto e vi soccorrerò di mezzi.
Volete ugualmente con me risiedere in questo regno?
la città che fondo è vostra; tirate in secco
le navi; troiano o tirio, per me non vi sarà differenza.
E fosse presente, spinto dal medesimo Noto[11],
il re Enea! Ma certo invierò per le spiagge
uomini fidati e ordinerò di esplorare gli estremi
confini della Libia, se si aggiri naufrago per città o per selve».
Eccitati nell'animo da queste parole, il forte
Acate e il padre[12] Enea da tempo ardevano di lacerare
la nube. Per primo Acate si rivolge ad Enea:
«O figlio della dea, quale decisione ti sorge
nell'animo? vedi tutto sicuro, la flotta e i compagni
recuperati. Manca uno[13] soltanto, che vedemmo sommerso
tra i flutti; il resto corrisponde alle parole della madre».
Aveva appena detto ciò, quando d'un tratto
la nube che li avvolge si squarcia e si dissolve nel cielo aperto.
Ristette Enea e rifulse in una chiara luce,

6. **Punici:** i Cartaginesi erano chiamati anche così. Il termine latino "punico" deriva dal termine greco *phoiníx* che designava i Fenici e, di conseguenza, anche i Cartaginesi.

7. **tiria città:** «*Non è del tutto chiaro se qui Virgilio si riferisce alla vera e propria città di Tiro in Fenicia, da cui Didone proviene. Il senso generale della frase potrebbe essere che i Cartaginesi non sono considerati un popolo ignorante o barbaro, come potrebbero essere considerati quelli dei territori più lontani dai percorsi del sole, e per questo più freddi e incivili*» (Giannotti).

8. **Esperia:** nome con cui è indicata l'Italia. Il termine significa letteralmente "terra occidentale".

9. **campi saturni:** il Lazio. Saturno è un'antica divinità italica, identificata poi con il dio Crono dei Greci, e ritenuto quindi padre di Giove e Giunone. Cacciato dall'Olimpo da Giove, si sarebbe rifugiato nel Lazio dando inizio a un'età particolarmente felice detta "l'età dell'oro".

10. **Erice:** città della Sicilia di cui era re appunto Aceste.

11. **Noto:** vento che spira da sud, detto anche "Austro".

12. **padre:** parola usata frequentemente come epiteto di Enea, per sottolineare il suo ruolo di guida e di protettore del popolo troiano.

13. **uno:** è Oronte, la cui nave è stata inghiottita dai flutti.

simili il volto e le spalle a un dio; infatti la madre
aveva ispirato nel figlio la bella chioma
e il purpureo fiore di gioventù e la lieta grazia negli occhi:
quale aggiunge bellezza all'avorio l'arte, o da biondo
oro è ravvolto l'argento o il marmo pario[14].
Allora saluta così la regina, e a tutti inatteso
parla ad un tratto: «Ecco, sono io, che cercate,
il troiano Enea, scampato alle onde libiche.
O sola pietosa degli indicibili travagli di Troia,
che noi, relitti dei Danai[15], ormai stremati da tutte
le sventure della terra e del mare, bisognosi di tutto,
associ nella città e nella casa, renderti giuste grazie
non è in nostro potere, o Didone, né di alcuno,
dovunque sia, della gente dardania, dispersa
nel vasto mondo. Gli dei, se il loro volere tutela i buoni,
se in un luogo vale giustizia e la mente conscia del giusto,
ti rendano degni compensi. Quale età fortunata
ti produsse? quali magnanimi genitori ti crearono tale?
Finché i fiumi correranno al mare, e le ombre
esploreranno il cavo dei monti, e il cielo pascerà le stelle,
sempre durerà il tuo onore e il nome e la gloria,
qualunque terra mi chiami». Strinse, detto così,
l'amico Ilioneo con la destra, con la sinistra Seresto
e gli altri, e il forte Gìa e il forte Cloanto[16].
La sidonia Didone stupì anzitutto al vederlo,
poi della straordinaria sorte dell'eroe, e parlò così:
«Quale destino t'insegue, o figlio della dea, fra tanti
pericoli? quale mai forza ti spinge su rive selvagge?
Sei tu il famoso Enea, che la divina Venere
generò al dardanio[17] Anchise presso l'onda del frigio
Simoenta[18]? Certo ricordo che Teucro[19] venne a Sidone
bandito dai patrii confini, cercando un nuovo regno
con l'aiuto di Belo[20]; allora il padre Belo
devastava e vincitore teneva in pugno la ricca Cipro.
Già da quel tempo conoscevo la caduta della città
troiana e il tuo nome e i re pelasgi[21]. Lo stesso
nemico esaltava i Teucri[22] con grande lode,
e si vantava sorto da antica stirpe di Teucri.
Perciò avanti, o giovani, entrate nel nostro palazzo.
Una simile sorte volle che anch'io, agitata

14. **marmo pario:** il marmo di Paro (una delle isole Cicladi) era famoso. Qui sta a indicare un qualsiasi marmo pregevole.
15. **relitti dei Danai:** avanzo dei Danai (Greci). Espressione concisa: "avanzo delle stragi compiute dai Danai".
16. **Seresto … Cloanto:** sono tutti compagni di Enea.
17. **dardanio:** della stirpe di Dardano, il fondatore di Troia.
18. **Simoenta:** fiume della Troade reso famoso, insieme allo Xanto, dall'*Iliade*.
19. **Teucro:** figlio di Telamone, re di Salamina, al ritorno dalla guerra di Troia fu cacciato dal padre perché non aveva vendicato il fratello Aiace (che si era ucciso per un'ingiustizia subita da Ulisse e da altri). Questo Teucro non deve essere confuso con il mitico Teucro, antenato dei Troiani (vedi nota 22).
20. **Belo:** re di Tiro, padre di Didone.
21. **pelasgi:** con questo nome era indicato un popolo antichissimo, preesistente all'immigrazione dei Greci (nell'*Iliade* i Pelasgi compaiono come alleati dei Troiani). Qui, però – come nel resto del poema –, vale più genericamente come "Greci".
22. **Teucri:** denominazione dei Troiani, derivata dal mitico Teucro, la cui figlia sposò Dardano, capostipite della famiglia regnante a Troia.

da molti travagli, mi fermassi infine in questa terra.
Esperta del dolore, ho appreso a soccorrere gli infelici».
Parla così, e conduce Enea nel palazzo
regale, e indice nei templi cerimonie agli dei.
E frattanto manda venti tori ai compagni
sulla riva, cento irsute terga di grandi
maiali, cento grassi agnelli con le madri,
doni e letizia del giorno.

Enea è accolto in una splendida reggia e manda subito Acate a chiamare il figlio Ascanio (detto anche Iulo). Gli ordina di portare preziosi doni, scampati alla rovina, da offrire a Didone. Venere diffida dei Cartaginesi e della regina e perciò decide di sostituire Ascanio con il figlio Cupìdo (il dio dell'amore, raffigurato come un fanciullo alato che porta una faretra colma di frecce; chi è colpito da queste frecce diventa preda di un'irresistibile passione d'amore). Il dio andrà alla reggia con i doni e quando la regina lo accoglierà in grembo accenderà in lei la fiamma d'amore per Enea.

Quando arriva, la regina si adagia sull'aurea
sponda[23] sotto superbe cortine, sdraiata nel mezzo.
Già il padre Enea e la gioventù troiana si radunano,
si distendono ognuno al suo posto su tappeti di porpora[24].
I servi versano acqua sulle mani, estraggono dai cesti
i doni di Cerere[25], e portano tovaglioli dal vello rasato[26].
Dentro, cinquanta ancelle, che hanno l'incarico di disporre
la lunga imbandigione e di alimentare la fiamma ai Penati;
altre cento, e altrettanti valletti di pari età,
che colmino le mense di cibi e vi pongano calici.
Ed anche i Tirii numerosi si radunano sulle liete
soglie, invitati a distendersi su istoriati giacigli.
Ammirano i doni di Enea, ammirano Iulo,
il volto splendente del dio e le simulate parole
e il manto e la veste colorata di croceo acanto[27].
Specialmente l'infelice Didone, votata alla futura rovina[28],
non può soddisfare la mente e arde nel guardare,
ed è ugualmente commossa dal fanciullo e dai doni.
Quando nell'abbraccio, sospeso al collo di Enea,
egli saziò il grande amore del falso padre,
si avvicinò alla regina. Ella non si stacca con gli occhi
né con tutto il cuore, e lo stringe al seno, Didone
ignara di quale grande iddio le si pose in grembo,
sventurata. Quello, memore della madre Acidalia[29], comincia
a cancellare lentamente Sicheo[30], e si appresta a vincere con vivo
amore l'animo prima inerte e il cuore ormai disavvezzo.

---

23. aurea sponda: il triclinio, su cui gli antichi Romani si sdraiavano per mangiare.

24. porpora: alla porpora era associata l'idea di lusso e di potenza.

25. i doni di Cerere: il pane. Cerere è la dea delle messi.

26. dal vello rasato: dal pelo raso, quindi lisci e morbidi.

27. croceo acanto: l'acanto è una pianta ornamentale. Le sue foglie color del croco (pianta erbacea di color giallo) venivano raffigurate nei ricami su stoffe, nei bassorilievi, nei fregi dei capitelli corinzi.

28. l'infelice … rovina: Didone è «*infelice*» (l'aggettivo latino *infelix* significa anche "sfortunato", "sventurato") perché destinata al tormento d'amore che la porterà al suicidio.

29. Acidalia: appellativo di Venere, dal nome della fonte Acidalia che si trova a Orcomeno, in Beozia, dove si bagnano le Grazie, sacre a Venere. Secondo un'altra interpretazione, il nome deriva dalla parola greca *akídas* che significa "suscitatrice di affanni".

30. Sicheo: il marito di Didone ucciso dal fratello di lei, Pigmalione.

Dopo la prima pausa del banchetto, e allontanate le mense[31],
collocano grandi crateri e coronano i vini.
Nasce nella sala uno strepito, e fanno echeggiare
la voce per gli ampi atrii; pendono le lampade accese
dagli aurei soffitti, e le torce vincono con la fiamma la notte.
Qui la regina chiese e riempì di vino una coppa
pesante di gemme e d'oro, che Belo e tutti i discendenti
di Belo usavano; si fece silenzio nella casa: «O Giove
– dicono infatti che tu dai diritti agli ospiti –,
fa' che questo giorno sia lieto ai Tirii
e ai profughi da Troia, e che i nostri nipoti lo ricordino.
Assista Bacco[32] dispensatore di gioia, e Giunone benigna;
e voi, o Tirii, affollate giulivi il convegno».
Disse, e per prima libò sulla mensa l'omaggio
dei vini e, libato, gustò con la superficie delle labbra.
Poi lo porse a Bizia[33] invitandolo a bere; quegli sollecito
bevve la coppa spumante, e tuffò il viso nel pieno oro;
poi gli altri nobili. Il chiomato Iopa[34],
allievo del grandissimo Atlante[35], suona l'aurea cetra.
Canta la luna errabonda e le fatiche del sole;
l'origine del genere umano e delle bestie, della pioggia e del fuoco;
Arturo e le Iadi[36] piovose ed entrambe le Orse[37];
perché si affrettino tanto a immergersi nell'Oceano i soli
invernali, o quale indugio ostacoli le lente notti.
Raddoppiano l'applauso i Tirii, e i Teucri li seguono.
Così con vario discorrere protraeva la notte
l'infelice Didone, e beveva il lungo amore,
molto chiedendo su Priamo, e molto su Ettore;
ora con quali armi venne il figlio dell'Aurora[38],
ora quali i cavalli di Diomede[39] o quanto era grande
Achille. «Avanti, ospite, narraci fin dalla prima
origine le insidie dei Danai, e le sventure dei tuoi,
e il tuo errare; già infatti la settima estate[40]
ti porta vagante per tutte le terre e i flutti».

trad. it. E. Canali, Lorenzo Valla-Mondadori, Milano

31. **allontanate le mense:** secondo l'uso conviviale romano, portate vie le tavole con i cibi, venivano introdotti i crateri, grandi vasi nei quali il vino era mescolato con acqua, e ghirlande di fiori per coronare sia i convitati sia i crateri e le coppe.
32. **Bacco:** nome con cui nel mondo romano era venerato il dio Dioniso. In epoca classica è essenzialmente il dio della vite.
33. **Bizia:** nome di uno dei notabili cartaginesi.
34. **Iopa:** è il cantore che ha lo stesso ruolo di Femio e di Demodoco ai banchetti di Alcinoo e dei proci nell'*Odissea*. Iopa però non canta gesta eroiche, ma vicende cosmiche. Iopa è chiomato come il dio Apollo che suona la cetra.
35. **Atlante:** il gigante che sosteneva il mondo; era depositario della scienza dei fenomeni celesti.
36. **Arturo ... Iadi:** Arturo (dal greco *árctou*, "dell'orsa" e *ourá*, "coda", significa "coda dell'orsa") è una stella che si trova nella costellazione dell'Orsa Maggiore. Le Iadi erano le figlie di Atlante e furono trasformate in costellazione da Giove.
37. **entrambe le Orse:** l'Orsa Maggiore e l'Orsa Minore.
38. **il figlio dell'Aurora:** Memnone, figlio di Titone e di Aurora, che, venuto in soccorso di Troia, uccise Antiloco, il figlio di Nestore e fu a sua volta ucciso da Achille.
39. **i cavalli di Diomede:** in un episodio dell'*Iliade* Diomede durante una spedizione notturna nel campo troiano con Ulisse, ruba i cavalli di Reso, re dei Traci, alleati dei Troiani.
40. **la settima estate:** «*È questo uno dei principali tratti di "cronologia interna" dei fatti narrati reperibile nell'*Eneide» (Giannotti).

Note di lettura

▶ Didone: un incontro fatale

Il poeta, con un'accorta regia, non introduce direttamente il personaggio di Didone nello scenario del racconto, ma **prepara il suo ingresso** facendo raccontare da Venere a Enea la sua **impresa straordinaria**. Il racconto suscita subito un'incondizionata **ammirazione** per una donna alla quale la sventura ha dato il coraggio virile di guidare una schiera di uomini e di condurli lontano dalla patria per fondare una città in mezzo a popoli sconosciuti.

Solo dopo queste anticipazioni, Didone appare, accompagnata dal suo seguito, nella sua regale magnificenza. Essa incede lieta e spicca per la **bellezza**, che il poeta non descrive, ma lascia intuire accostandola, con il richiamo della similitudine del libro VI dell'*Odissea* (il pubblico di Virgilio conosceva i poemi omerici), alla bellezza di **Nausicaa**. Il poeta aggiunge in questo modo un altro connotato del personaggio, essenziale per lo sviluppo della vicenda, non anticipato da Venere nel suo racconto. Enea può trovare la conferma di quello che gli è stato raccontato circa Didone osservando direttamente la regina mentre assolve ai compiti propri di un sovrano. Inoltre, ha modo di conoscere la sua **umanità**, che si è manifestata nella benevola accoglienza concessa ai Troiani, bisognosi di protezione. Le sofferenze non hanno inaridito il suo cuore, ma l'hanno resa sensibile alle sofferenze altrui, che avverte come proprie.

Didone dimostra di conoscere i fatti della guerra troiana e la parte che Enea vi ha avuto. Ora lo ha sentito anche lodare dai suoi uomini e in lei si fa vivo il **desiderio di conoscerlo**.

Si sono così creati i **presupposti** per l'incontro dei due personaggi e a questo punto l'eroe troiano, liberato dalla nube che lo circonda, appare alla presenza della regina. Il suo discorso, nel quale esprime gratitudine per l'accoglienza ricevuta, ha i toni e gli accenti di un **inno** che esalta le straordinarie doti della regina.

Tra i due si stabilisce una **profonda consonanza di sentimenti** per le comuni dolorose esperienze di esuli e si creano le condizioni per il sorgere di un **legame più profondo**. Cupìdo non farà altro che rendere irresistibile nel cuore di Didone una passione d'amore che la porterà alla rovina. E il poeta richiama già qui il **tragico epilogo della vicenda**, esprimendo la sua commossa partecipazione per la sorte che attende la regina: chiamandola «*infelice*» e «*sventurata*» (vv. 712, 720) getta un'ombra sinistra nel contesto festoso e sereno (Didone «*lieta incedeva tra i suoi*», v. 503) dell'incontro e del banchetto.

▶ La fondazione di Cartagine

Secondo la versione accolta da Virgilio, **Pigmalione**, fratello di Didone, dopo la morte del padre Belo, re di Tiro, uccise di nascosto il marito di lei, Sicheo, per potersi

Giorgio de Chirico (1888-1978), *Villa Medici*, 1945, Roma, Fondazione Giorgio e Isa de Chirico.

BIOGRAFIA
Lucrezio

impadronire delle sue ricchezze e del trono. L'ombra di Sicheo apparve in sogno a Didone e rivelò il delitto commesso dal fratello, esortandola a fuggire. La donna decise allora di abbandonare la città portando con sé i tesori del marito e mettendosi alla testa di tutti coloro che come lei odiavano Pigmalione. Giunta in **Africa**, gli indigeni le concessero di acquistare quanto del loro territorio poteva coprire con una pelle di toro. Didone tagliò la pelle in sottilissime strisce e le dispose in modo da poter abbracciare una grande estensione di terreno sulla quale incominciò a edificare la città di **Cartagine**.

▶ Cartagine e Roma

Cartagine ebbe rapporti difficili con Roma e lo scontro fra le due città per l'**egemonia sul Mediterraneo occidentale** si prolungò per oltre un secolo, dando origine a tre guerre, dette "**guerre puniche**": la prima fra il 264 e il 241 a.C., la seconda fra il 218 e il 201 a.C. e la terza fra il 149 e il 146 a.C. Il conflitto si concluse con la definitiva vittoria romana. Lo scontro fu particolarmente duro durante la seconda guerra punica: la potenza romana aveva rischiato di essere travolta e annientata dal genio del comandante cartaginese Annibale, che era giunto vittorioso fino alle porte di Roma. E proprio questo pericolo aveva lasciato una traccia particolarmente profonda nella tradizione. Il grande poeta latino **Lucrezio** (circa 98-55 a.C.) così rievocava dopo più di un secolo quegli eventi: «*I Punici vennero da ogni parte all'assalto, / e tutto il mondo scosso dal trepido tumulto / tremò rabbrividendo sotto le alte volte dell'etere, / e fu in dubbio sotto il regno di quale dei due popoli / dovessero cadere tutti gli uomini in terra e in mare*» (*La natura delle cose*, III, 833-837, trad. Canali). Nell'immaginario dei Romani, Cartagine era stata e rimaneva la **mortale nemica di Roma** e i Cartaginesi erano considerati come avversari spietati e perfidi. In particolare, «*nell'ottica della cultura romana dell'età delle conquiste, sia nell'epos che nella storiografia nazionale si erano rappresentate le guerre puniche come uno scontro fra diversi: l'identità romana si fondava nella grande opposizione a Cartagine. Il nemico era infido, crudele, amante del lusso, dedito ai riti perversi*» (Conte).

Nel mondo di Virgilio

La ricostruzione di Cartagine

Virgilio, come si è visto, rappresenta Didone e i Cartaginesi in una luce decisamente positiva, dimostrando per loro una grande ammirazione. Questa scelta è stata spiegata collegandola a un'iniziativa di Augusto negli anni in cui il poeta scriveva l'*Eneide*. Egli, infatti, aveva deciso di ricostruire Cartagine e di farla abitare da cittadini romani. Ma i pregiudizi e l'odio per il nemico, che avevano ostacolato anche precedenti tentativi, erano ancora vivi: si temeva che la nuova città avrebbe potuto ancora rivaleggiare con Roma. Perciò Virgilio volle dare il suo contributo a sostegno dell'iniziativa di Augusto, cercando di renderla ben accetta ai suoi lettori.
Alla base della scelta di Virgilio c'è però un motivo più profondo, che va cercato nella sua sensibilità per la sorte dei vinti. Bisogna infatti ricordare che Roma era stata spietata nella vittoria finale: Scipione l'Emiliano aveva distrutto la città dalle fondamenta e con un interdetto religioso aveva destinato per sempre il territorio di Cartagine al pascolo. «*La distruzione totale di una città grande e famosa, con più di mezzo di milione di abitanti, così si dice, e quasi sette secoli di storia, fu un'azione drastica e brutale. Tale sembrò agli antichi e tale a noi oggi secondo un'idea che è estranea alla barbarie*» (Maps). E non è difficile immaginare che Virgilio considerasse Cartagine e Troia accomunate da un comune destino.
Inoltre, come osserva Gian Biagio Conte, per Virgilio la guerra romana non era stata uno scontro tra "diversi": «*Per Virgilio la guerra con Cartagine non nasce da una* differenza; *riportata al tempo delle origini, la guerra è nata da un eccessivo e tragico amore fra* simili. *Le parole con cui Didone suggella il suo discorso di ospitalità ad Enea dicono appunto la loro vicinanza nel dolore (I, 630)*: conoscendo la sofferenza, da essa imparo a soccorrere chi soffre».

Competenze alla prova

Comprensione

difficoltà

1. A quale dea è accostata Didone nella similitudine dei versi 498-502?

2. Tra le seguenti affermazioni, indica quali sono vere e quali sono false.

	V	F
a. Didone offre ospitalità ai Troiani per un periodo di tempo limitato	☐	☐
b. Enea e Acate assistono non visti alla scena dell'incontro di Didone con i loro compagni	☐	☐
c. Tutte le navi di Enea e tutti i suoi compagni sono scampati al naufragio	☐	☐
d. L'aedo Iopa al banchetto canta imprese eroiche	☐	☐

3. Quale prodigio compie Venere quando si squarcia la nube che avvolge Enea?

4. Da chi Didone aveva avuto notizie della guerra di Troia?

5. Chi è Iulo e con quale altro nome è chiamato?

6. Con quale divinità Venere sostituisce Iulo per portare doni a Didone?

Analisi

difficoltà

7. Didone invitando i Troiani a restare dimostra che

- ☐ è interessata ad aver uomini che collaborino alla costruzione della città
- ☐ sa accogliere generosamente chi le chiede aiuto senza pregiudizi sulla sua stirpe o sulla provenienza
- ☐ vuole farsi amici i Troiani
- ☐ spera di poter conoscere Enea

8. Nel registro alto dello stile epico è frequente il ricorso alla perifrasi. Individua le perifrasi nel brano riportato.

9. In che modo Didone esprime il suo stupore e la sua emozione nel vedere Enea?

10. Con quale figura retorica è rappresentato il corso del Sole?

11. Come potrebbero essere sintetizzati in linguaggio prosastico i versi 607-609?

12. Le parole di Didone del verso 573 sono un esempio di ironia tragica. Per quale motivo?

13. L'iconografia antica di Cupìdo raffigura il dio come un giovinetto che fa innamorare chi colpisce con le sue frecce. Virgilio invece rappresenta in un altro modo la sua azione. Come e con quale effetto?

14. Qual è il primo segno dell'insorgere della passione in Didone?

15. Con quale espressione metaforica è rappresentato il sorgere dell'amore in Didone e a quale gesto è collegato?

Produzione

difficoltà

16. Metti nel giusto ordine i seguenti punti del discorso di Enea a Didone assegnando a ciascuno un numero da 1 a 5.

- ☐ Impossibilità per i Troiani di rendere adeguate grazie a Didone
- ☐ Impegno solenne di Enea a conservare la memoria di Didone
- ☐ Solo gli dei possono dare il giusto compenso a Didone
- ☐ Espressioni di lode per i genitori di Didone
- ☐ Elogio di Didone

17. Riscrivi la risposta di Didone a Enea usando il discorso indiretto libero.

Il cavallo di legno

Luogo: Roma
Anno: 29-19 a.C.
Tratto da: **Libro** II, vv. 1-56

Il brano

Dopo la libagione in onore dell'ospite e l'invito rivolto da Didone a Enea di raccontare "fin dalla prima origine" le vicissitudini e le peregrinazioni dei Troiani scampati all'eccidio della città, il secondo libro si apre con l'attesa silenziosa del racconto dei grandi eventi di cui Enea è stato protagonista e testimone.

Tacquero tutti e tenevano attento lo sguardo.
Allora dall'alto giaciglio[1] il padre Enea cominciò:
«Mi chiedi, o regina, di rinnovare un dolore indicibile,
il modo tenuto dai Danai nel distruggere la potenza troiana
e il regno sventurato, tristissimi fatti dei quali
fui testimone e protagonista. Chi mai a raccontarli,
mirmidone o dolope[2] o soldato del duro[3] Ulisse,
frenerebbe la lagrime? E già l'umida notte discende
dal cielo e le stelle al tramonto conciliano il sonno.
Ma se desideri tanto di conoscere le nostre vicende
e di udire brevemente l'estremo travaglio di Troia,
sebbene l'animo inorridisca al ricordo e sempre si sia abbandonato al pianto,
comincerò. Stremati dalla guerra e respinti dai fati,
i capi dei Danai, trascorsi ormai tanti anni,
per divina arte di Pallade[4] costruiscono un cavallo
a misura di monte[5] e ne intessono i fianchi di abete[6];
simulano un voto[7] per il ritorno, la fama si sparge.
Qui rinchiudono di frodo[8] nel fianco oscuro prescelti
corpi di eroi designati a sorte, e le vaste
profonde caverne del ventre riempiono d'uomini armati.
Davanti è Tenedo[9] in vista, famosa isola,
florida e ricca durante il regno di Priamo,
ora soltanto una baia, una sosta malfida alle navi;

1. **dall'alto giaciglio:** Virgilio attribuisce ai Cartaginesi l'usanza romana di stare a banchetto sdraiati su appositi letti, i triclini, appoggiandosi su un gomito.
2. **mirmidone o dolope:** i Mirmidoni erano i soldati di Achille, i Dolopi erano gli abitanti dell'isola di Sciro che andarono a Troia al seguito di Pirro Neottolemo, figlio di Achille e di Deidamia, figlia del re di Sciro.
3. **duro:** spietato.
4. **Pallade:** è un altro nome di Atena (la Minerva romana). Originariamente Atena era fra le divinità protettrici di Troia, poi, offesa per non essere stata scelta da Paride come la dea più bella, si era schierata dalla parte dei Greci. L'espressione «*per divina arte*» può significare "grazie al suggerimento di Pallade", dato che l'ideatore del cavallo era stato Ulisse.
5. **a misura di monte:** alto come un monte.
6. **di abete:** di legno d'abete.
7. **un voto:** un'offerta votiva agli dei per propiziare agli Achei il ritorno in patria.
8. **di frodo:** di nascosto.
9. **Tenedo:** isoletta vicina alla costa asiatica, posta davanti a Troia, famosa perché sede di un tempio di Apollo.

qui, spintisi al largo, si celano nella riva deserta.
Pensammo che fossero partiti con il vento diretti a Micene[10].
Allora tutta la Teucria[11] si sciolglie da un lungo dolore.
Si aprono le porte; piace l'andare, e il dorico
campo[12] e i luoghi deserti vedere e la libera spiaggia.
Qui la schiera dei Dolopi, qui di Achille crudele la tenda,
qui la flotta, qui usavano combattere schierati.
Parte al dono esiziale[13] per la vergine Minerva stupisce,
ed ammirano la mole del cavallo; e per primo Timete[14]
esorta a introdurlo tra le mura e a collocarlo sulla rocca,
si trattasse d'inganno, o già comportasse così
il destino di Troia. Ma Capi[15] e quelli che hanno in mente
un migliore pensiero, vogliono che si getti in mare il tranello
dei Danai, il dono sospetto, o si arda appiccandovi fiamme,
o si forino le cavità del ventre e si esplorino i nascondigli.
Il popolo incerto si divide in opposti pareri.
Per primo accorre, davanti a tutti, dall'alto
della rocca Laocoonte[16] adirato, seguito da una grande turba;
e di lungi: "Sciagurati cittadini, quale così grande follia?
credete partiti i nemici? o stimate alcun dono
dei Danai privo d'inganni? Così conoscete Ulisse?
O chiusi in questo legno si tengono nascosti Achei,
o questa macchina[17] è fabbricata a danno delle nostre mura,
per spiare le case e sorprendere dall'alto la città,
o cela un'altra insidia: Troiani, non credete al cavallo.
Di qualunque cosa si tratti, ho timore dei Danai
anche se recano doni". Disse, e avventò con vigore
gagliardo la grande asta al fianco della fiera[18] ed al ventre
dalle curve giunture. Quella s'infisse vibrando e dall'alvo
percosso risuonarono le cavità e diedero un gemito le caverne.
E se i fati degli dei, se la nostra mente non era funesta[19],
egli ci aveva sospinti a violare il nascondiglio argolico[20] con il ferro;
oggi Troia si ergerebbe, e tu, alta rocca di Priamo, dureresti ancora.

trad. it. E. Canali, Lorenzo Valla-Mondadori, Milano

---

10. **Micene:** città dell'Argolide, regno di Agamennone. Qui indica tutto il territorio della Grecia.
11. **Teucria:** la terra dei Teucri, altro nome con cui erano chiamati i Troiani.
12. **dorico campo:** il campo dei Greci, detti anche Dori.
13. **esiziale:** funesto, fatale.
14. **Timete:** fratello di Priamo, avrebbe consigliato di introdurre il cavallo per vendicarsi di Priamo, che gli aveva fatto uccidere il figlio. Un indovino aveva predetto che un fanciullo nato in un certo giorno avrebbe causato la rovina di Troia. Nel giorno indicato dall'indovino erano nati il figlio di Timete e Paride. Priamo risparmiò Paride e fece uccidere il nipote.
15. **Capi:** uno dei compagni di Enea e leggendario fondatore di Capua.
16. **Laocoonte:** figlio di Capi e fratello di Anchise, il padre di Enea, era sacerdote di Apollo, ma per sorteggio era stato designato sacerdote di Nettuno (il greco Posidone).
17. **macchina:** il latino *machina* designava i congegni bellici romani, come le torri mobili usate per l'assedio delle città.
18. **della fiera:** dell'animale, cioè del cavallo di legno.
19. **mente … funesta:** "funesta" traduce il latino *laevus*, "sinistro", che ha una connotazione negativa (passata anche nella lingua italiana). Qui *mens laeva* (letteralmente "mente sinistra") allude all'incapacità dei Troiani di riconoscere i segni funesti. In questo caso i Troiani ignorano il gemito proveniente dal ventre del cavallo colpito dalla lancia di Laocoonte.
20. **argolico:** di Argo, città greca; anche qui, come in altri passi, "argolico" sta per "greco".

Note di lettura

L'esordio del racconto

L'inizio del racconto di Enea è preceduto da una pausa di silenzio che crea un'**atmosfera di attesa** carica di forte **tensione emotiva**. Enea, prima di entrare nel vivo della narrazione, lascia trapelare l'**angoscia** che prova nel rievocare una tragedia di cui è stato diretto testimone e per descrivere la quale **non ci sono parole adeguate**. Nel testo latino la parola che corrisponde a "indicibile" – *infandum* – è posta in forte rilievo all'inizio del verso. Per ribadire l'inadeguatezza delle parole, Enea menziona i più spietati soldati greci, tra i quali è compreso Ulisse: essi stessi non potrebbero evitare di piangere rievocando quei fatti che ora egli si accinge a narrare. In contrapposizione al proprio stato d'animo, Enea richiama il sereno spettacolo, ricco di risonanze emotive e di un significato interiore, della notte che cala e concilia il sonno ristoratore: «*E già l'umida notte discende / dal cielo e le stelle al tramonto conciliano il sonno*» (vv. 8-9).

Il cavallo di legno

Il mito del cavallo di legno giunge a Virgilio, oltre che dall'*Odissea*, da una **lunga tradizione letteraria**: era stato il tema di due poemi andati perduti, rispettivamente l'*Iliupersis* (*La presa di Ilio*) di Arctino (VIII a.C.) e l'*Ilias Parva* (*Piccola Iliade*) di Lesche (VII a.C.), e anche argomento di dramma nel teatro latino arcaico.

Mentre nell'*Iliade* si parla dell'imminente fine di Troia senza riferimenti espliciti al cavallo (in un poema epico fondato sui valori della morale eroica questo stratagemma sarebbe inaccettabile), nell'*Odissea*, dove l'episodio è citato tre volte, il cavallo è il **simbolo narrativo** che sintetizza il grande tema della **distruzione di Troia** ed esalta soprattutto l'intelligenza e l'**astuzia di Ulisse**, in un contesto nel quale l'ideale eroico è solo un ricordo.

Nel racconto di Enea il cavallo non è più segno positivo delle qualità di Ulisse, del quale il poeta nel v. 7 ricorda la crudeltà. L'alone di gloria che accompagna i vincitori si è dissolto e cresce la **simpatia per i Troiani** visti come **vittime di un fatale inganno**.

Il cavallo nel racconto di Enea incombe con la sua immensa mole «*a misura di monte*» (v. 16). «*Le immagini usate per connotare la sua terribile realtà sono molto ricche* [...]. *Virgilio lo rappresenta come un mostro oscillante tra l'animato e l'inanimato, dotato ora di immense caverne ora di un ventre che partorirà i funesti nemici di Troia*» (Baldo). I foschi segni della catastrofe di cui è portatore si colgono anche nel cupo suono, simile a un gemito, che proviene dalle sue oscure cavità, quando è colpito dalla lancia di Laocoonte.

Le forme della narrazione

Laocoonte è il **protagonista** di una scena animata tipica di una rappresentazione teatrale che mette in evidenza il carattere "**drammatico**" dell'arte virgiliana. Il personaggio non è immaginato in mezzo a persone che discutono, ma **interviene** nel mezzo della discussione, con lo scopo ben preciso di **mettere in guardia** i suoi concittadini. Egli, sdegnato della credulità dei suoi concittadini, cerca di scuoterli compiendo un gesto di cui possiamo comprendere meglio l'efficacia se proviamo a immaginarlo rappresentato su un palcoscenico. Timete e Capi esprimono le loro opinioni, alcuni personaggi del popolo si dividono parte a favore dell'uno parte a favore dell'altro; all'improvviso irrompe sulla scena, alla testa del suo seguito, Laocoonte, che, irato, pronuncia un concitato e breve discorso brandendo la lancia che scaglia contro il cavallo, tra la sorpresa e lo stupore dei presenti. «*Solo in questo modo lo spettatore riceve l'impressione che qui non si esprime semplicemente un'opinione ulteriore che va ad aggiungersi alle altre, ma che si sta verificando un evento gravido di conseguenze*» (Heinze).

Dopo la rievocazione del gesto di Laocoonte, Enea interrompe il racconto per introdurre una sua amara considerazione (vv. 54-56) in cui **il punto di vista del narratore prevale sull'oggettiva esposizione dei fatti**. Nell'*Eneide* questa tecnica dell'intervento del poeta per commentare ed esprimere giudizi è frequente ed è il segno di una particolare attitudine di Virgilio a sentirsi emotivamente compartecipe delle vicende che narra.

Competenze alla prova

Comprensione

difficoltà ●○○

1. Che cosa ha chiesto Didone a Enea?
2. Tra le seguenti affermazioni, indica quali sono vere e quali sono false.

	V	F
a. I Mirmidoni sono i soldati di Ulisse	☐	☐
b. Enea si appresta a raccontare le sue vicende prima del tramonto	☐	☐
c. Il cavallo di legno era di grandi dimensioni	☐	☐
d. I Greci sostano in una baia di una località vicina all'isola di Tenedo	☐	☐
e. Il troiano Capi vuole accogliere il cavallo in città	☐	☐

3. Che cosa volevano far credere ai Troiani i Greci lasciando sulla spiaggia il cavallo?
4. Che cosa propone Capi?
5. In quale parte del corpo del cavallo si infigge la lancia di Laocoonte?

Analisi

difficoltà ●●○

6. Quali metafore usa il poeta per descrivere l'interno del cavallo?
7. I versi 6-8 contengono un'interrogazione retorica. Che cosa significa?
8. Quale figura retorica è «*a misura di monte*» (v. 16)?
   ☐ Metafora
   ☐ Metonimia
   ☐ Similitudine
   ☐ Iperbole
9. Quali congetture fa Laocoonte circa il cavallo?
10. Come reagiscono i Troiani alla notizia che i Greci sono partiti?
11. Per quale motivo Laocoonte chiama "folli" i suoi concittadini?
12. Quale figura retorica è contenuta nel verso 56: «*oggi Troia si ergerebbe, e tu, alta rocca di Priamo, dureresti ancora*»?
    ☐ Litote
    ☐ Apostrofe
    ☐ Parallelismo
    ☐ Metonimia
13. Attraverso quale figura retorica il poeta esprime l'eccitazione dei Troiani che visitano il campo acheo?
14. Quale amara considerazione fa Enea a conclusione del racconto dell'intervento di Laocoonte?

Produzione

difficoltà ●●●

15. Gli episodi del libro II hanno una struttura teatrale, si prestano cioè a essere rappresentati drammaticamente. Prova con i tuoi compagni a predisporre una sceneggiatura dell'episodio, individuando i personaggi principali e scrivendo le battute del dialogo.

Alberto Savinio (1891-1952), *Promenade Pompéienne*, 1925-1926, particolare, collezione privata.

Libro II

Mentre Laocoonte cerca di convincere i suoi concittadini a non fidarsi dei Danai, alcuni pastori conducono davanti a Priamo un prigioniero greco, che in realtà si è lasciato catturare di proposito per ingannare i nemici. I giovani troiani gli si affollano intorno e lo scherniscono. Interrogato, il prigioniero pronuncia un lungo racconto menzognero. Dice di chiamarsi Sinone e di essere venuto alla guerra insieme a Palamede. Questi, incorso nell'odio dei Greci e soprattutto di Ulisse perché incominciava a consigliare la pace, era stato ucciso con una falsa accusa. Sinone si era ripromesso di vendicare l'amico, suscitando però l'odio di Ulisse, che aveva preso a spargere calunnie contro di lui. Intanto i Greci, stanchi della guerra, volevano tornare in patria, ma erano stati più volte distolti dal mare tempestoso. L'oracolo di Apollo, consultato sulle cause di questi ostacoli, aveva risposto che dovevano placare gli dei offrendo la vita di un greco. L'indovino Calcante, istigato da Ulisse, aveva designato Sinone come vittima richiesta da Apollo. Ma il giorno del sacrificio Sinone era riuscito a fuggire. In seguito a questa fuga, Sinone dice che non può più tornare in patria e implora i Troiani di aver compassione di lui. I Troiani, commossi da questo racconto, gli concedono salva la vita.
Il re Priamo gli domanda perché i Greci abbiano costruito e lasciato sul lido quello smisurato cavallo e Sinone continua il suo discorso menzognero: i Greci avevano sempre riposto la speranza di vittoria nell'aiuto di Pallade Atena. Ma quando Ulisse e Diomede, penetrati di nascosto in città, avevano osato rapire il palladio (la statua di Atena che assicurava l'invincibilità alla città che la conservava), profanando il tempio della dea, Atena aveva mostrato chiari segni della sua ira. Calcante aveva vaticinato che bisognava fuggire per mare e che si doveva tornare ad Argo a prendere gli auspici. I Greci erano partiti, dopo aver lasciato il cavallo per compensare il furto del palladio e come offerta espiatoria ad Atena. Calcante aveva ordinato di costruirlo di enormi dimensioni per evitare che potesse essere portato nella città dai Troiani. Sinone rivela che, se i Troiani distruggeranno il cavallo, provocheranno la propria rovina. Se, invece, riusciranno a introdurlo nella città l'Asia conquisterà la Grecia.

La morte di Laocoonte

Luogo:
Anno: 29-19 a.C.
Tratto da: Libro II, vv. 199-249

Il brano

Concluso il discorso di Sinone, entra ancora in scena Laocoonte, accompagnato dai due giovani figli, questa volta in veste di sacerdote di Nettuno, e si appresta a immolare un toro al dio presso gli altari posti sul lido. Enea rievoca il tragico evento.

Qui un nuovo avvenimento, più grande
e molto più orrendo, si offre agli sventurati, e turba i cuori
sorpresi. Laocoonte, sacerdote tratto a sorte a Nettuno,
immolava un grande toro presso le are[1] solenni.
Ma ecco da Tenedo in coppia per le profonde acque tranquille
– inorridisco a raccontarlo – due serpenti con immense volute
incombono sul mare, e parimenti si dirigono alla riva;
i petti erti tra i flutti e le creste sanguigne
sovrastano le onde; tutta l'altra parte
sfiora il mare da tergo e incurva in spire gli enormi dorsi;
scroscia il gorgo schiumante. E già approdavano,
e iniettati di sangue e di fuoco gli occhi che ardevano[2],

1. **le are:** gli altari.
2. **e iniettati … ardevano:** l'espressione sta per "con gli occhi ardenti e iniettati di sangue". Si tratta di una figura grammaticale detta "accusativo di relazione" che consiste nello scambio dei casi.

lambivano con lingue vibrate le bocche sibilanti.
Fuggivamo esangui a quella vista[3]. I serpenti con marcia sicura
si dirigono su Laocoonte; e prima l'uno e l'altro
serpente avvinghiano i piccoli corpi[4] dei due figli
e li serrano, e a morsi si pascono delle misere membra;
poi afferrano e stringono in grandi spire
lui che sopraggiunge in aiuto e brandisce le armi;
avvintolo due volte alla vita, e attortisi al collo
due volte con le terga[5] squamose, sovrastano con il capo
e con l'alte cervici[6]. Egli si sforza di svellere
i nodi con la forza delle mani, cosparso le bende[7] di sangue
corrotto e di nero veleno, e leva orrendi clamori
alle stelle: quali i muggiti d'un toro ferito che fugge
dall'ara, e scuote via dal collo la scure malcerta.
Strisciando in coppia i due draghi fuggono verso l'alto
santuario e muovono verso la rocca della crudele Tritonide[8];
si acquattano ai piedi della dea e sotto il cerchio dello scudo.
Allora a tutti s'insinua nei petti tremanti
un nuovo timore, e dicono che Laocoonte ha pagato
giustamente il delitto, poiché ha violato con la punta
il legno sacro, e avventato al fianco la lancia delittuosa.
Gridano che si deve condurre al tempio il simulacro
e pregare il nume della dea.
Apriamo una breccia[9] nelle mura e spalanchiamo la cinta della città.
Tutti si accingono all'opera e pongono sotto le zampe
scorrevoli rulli e gettano canapi[10] al collo.
Sale la fatale macchina i muri, gravida
d'armi. Giovinetti intorno e intatte fanciulle
cantano inni e godono di toccare la fune.
Quella entra e scorre minacciosa in mezzo alla città.
O patria, o Ilio, dimora degli dei, e gloriose in guerra
mura dei Dardanidi! Quattro[11] volte s'arrestò sul limitare
della porta, e quattro volte dal ventre risuonarono le armi.
Tuttavia insistiamo incuranti, e accecati dalla follia,
e collochiamo il mostro infausto[12] sulla sacra rocca.
Anche allora Cassandra[13] dischiude le labbra ai fati
futuri, per ordine del dio giammai creduta dai Teucri.
Noi sventurati, nel nostro ultimo giorno,
per la città coroniamo i templi degli dei di festosa fronda.

trad. it. E. Canali, Lorenzo Valla-Mondadori, Milano

3. **esangui … vista:** agghiacciati d'orrore a quella vista.
4. **piccoli corpi:** si dice qui per la prima volta che Laocoonte è accompagnato dai figli.
5. **terga:** i dorsi.
6. **alte cervici:** le sommità del capo.
7. **cosparso le bende:** "con le bende cosparse", un altro accusativo di relazione (vedi nota 2). Il capo del sacerdote durante il rito sacrificale era avvolto da bende sacre.
8. **Tritonide:** appellativo di Atena.
9. **Apriamo una breccia:** i Troiani aprono una breccia nel muro che passa sopra alla porta principale della città.
10. **canapi:** fune di canapa, una pianta erbacea da cui si ricava un fibra tessile.
11. **Quattro:** per i Romani il ricorrere del numero quattro era di cattivo augurio, perché questo numero era connesso con il rituale dei sacrifici in onore degli dei inferi. Anche l'inciampare sulla soglia era considerato di cattivo augurio.
12. **infausto:** traduce l'aggettivo latino *infelix* che significa anche "sterile", "infecondo".
13. **Cassandra:** figlia di Priamo e di Ecuba, aveva conquistato per la sua bellezza Apollo, che le aveva dato il dono della profezia. Ma avendo rifiutato l'amore del dio, questi la punì facendo in modo che nessuno le credesse.

Note di lettura

Una crudele vendetta divina

Anche il personaggio di Laocoonte è presente nei poemi più antichi che raccontavano la presa di Troia, ma Virgilio ne ha tratto solo lo spunto per costruire l'episodio in modo **originale** e **funzionale** al suo intento. Nell'*Iliupersis*, un antico poema più noto come *La presa di Ilio*, di cui restano pochi frammenti, Laocoonte ha la funzione di avvertire Enea della prossima caduta della città. La sua morte avveniva dopo che il cavallo di legno era già stato introdotto in città. In Virgilio, invece, la morte di Laocoonte non è più segno premonitore, ma affianca e completa l'astuto racconto di Sinone. I Troiani trovano un'autorevole conferma della veridicità di ciò che ha detto il finto disertore greco e ai loro occhi la **morte di Laocoonte** appare una **punizione** per l'atto empio commesso contro la sacralità di un dono votivo a Minerva. In questo senso la drammatica scena ha anche la funzione di mettere in una luce favorevole i Troiani: essi non si sono dimostrati degli stolti a introdurre in città il cavallo, perché la terribile fine di Laocoonte e dei figli è per loro un inequivocabile segno del volere divino.
Inoltre, mentre nella tradizione greca Laocoonte era punito dal dio per avere commesso un atto empio, in Virgilio il personaggio non si è macchiato di nessuna colpa. Egli è ritratto mentre se ne sta solo, sdegnosamente in disparte e sacrifica a Nettuno, invocando il naufragio della flotta nemica partita da poco. Laocoonte è solo anche e soprattutto di fronte al destino ed è degno di ammirazione e di pietà. È degno di **ammirazione** per la sua grandezza di uomo saggio e per il suo amore paterno: egli accorre in aiuto ai suoi figli senza riguardi per se stesso. È degno di **pietà** per l'atroce e inspiegabile destino al quale è condannato con i suoi figli; una pietà che suscita anche un sentimento di accorata partecipazione da parte del lettore, dal momento che la domanda sul perché di tanta ira divina, che il poeta lascia implicitamente trasparire, rimane senza risposta e fa sentire l'esistenza umana in balia di un destino incomprensibile.

Le forme della narrazione

La rappresentazione della straziante fine di Laocoonte e dei figli è ricca di **particolari realistici** che hanno l'effetto di creare una forte **tensione drammatica ed emotiva**, anche attraverso l'uso dei **tempi verbali al presente**.
Le due gigantesche creature sorgono non da un mare agitato che preannuncia un evento straordinario, ma inaspettatamente da un mare tranquillo e profondo. La forma dei serpenti è minuziosamente descritta attraverso le sequenze dei movimenti che compiono sulla superficie del mare e il loro aspetto è messo in evidenza da **notazioni coloristiche** (le creste sanguigne, gli occhi iniettati di sangue) e **sonore** (lo scrosciare del gorgo schiumante e il sibilo terribile emesso dalle loro bocche). Poi al rosso del sangue delle bende sacerdotali si aggiunge il nero veleno dei mostri. Le notazioni sonore acquistano un forte rilievo, quando i mostri si avventano su Laocoonte. Mentre i due ragazzi muoiono senza neppure emettere un gemito né reagire, il padre nel tentativo di salvarli ingaggia una furibonda lotta, levando orrendi clamori causati dallo strazio per la sorte dei figli più che dalle ferite. «*La scena terribilmente grandiosa*» (Paratore) termina con una **similitudine**, che assimila Laocoonte a una **vittima sacrificale**. La sua morte non è descritta, ma sottintesa nella similitudine del toro mortalmente ferito che conserva però forze bastanti per dare voce al suo dolore. L'eco di questi "muggiti" si spegne nella silenziosa e calma fuga dei due serpenti verso la rocca della «*crudele Tritonide*» (v. 226).

Competenze alla prova

Comprensione

difficoltà ●○○

1. Di quale dio è sacerdote Laocoonte?
2. Quale animale sta sacrificando e per quale motivo?
3. Da dove arrivano i serpenti e dove si rifugiano dopo aver ucciso Laocoonte?
4. Quando sopraggiungono i serpenti, coloro che stanno assistendo al sacrificio:
   - ☐ rimangono paralizzati dalla paura
   - ☐ levano alte grida
   - ☐ fuggono impalliditi per la paura
   - ☐ fuggono dopo qualche esitazione
5. Quali sono le prime vittime dei serpenti?
6. In che modo i Troiani conducono il cavallo in città?
7. Chi, oltre a Laocoonte, sapeva che il cavallo era un inganno e per quale motivo?

Analisi

difficoltà ●●○

8. Quale reazione ha Enea nel rievocare l'episodio?
9. I serpenti sono raffigurati come esseri fantastici simili a draghi. Da quali dettagli lo si può desumere?
10. Perché la provenienza da Tenedo dei serpenti può essere considerata una premonizione della sciagura che si abbatterà sulla città?
11. Come interpretano i Troiani la morte di Laocoonte e quali sono le conseguenze di questo evento?
12. Perché il cavallo è definito «*fatale macchina*» (v. 237)?
13. Durante il trasporto del cavallo quali segnali premonitori vengono trascurati dai Troiani?

Produzione

difficoltà ●●●

14. Suddividi il brano in sequenze e dai loro un titolo.

‹ Nicolò dell'Abate (1512 ca.-1571), *Scene dall'Eneide, Battaglia a cui assistono gli dei*, 1539-1541 ca., Modena, Palazzo dei Musei, Galleria estense.

L'invasione notturna e il sogno di Enea

Luogo: Roma
Anno: 29-19 a.C.
Tratto da: Libro II, vv. 250-297

Il brano

Dopo la narrazione dei drammatici antefatti, ha inizio il racconto della battaglia notturna che si concluderà con la tragica fine di Troia e la fuga di Enea con i suoi compagni sopravvissuti. Lo stacco tra i due eventi è sottolineato dall'indicazione temporale dei primi due versi.

Ruota frattanto il cielo e dall'Oceano sorge la notte,
avvolgendo nella vasta ombra la terra e l'etere[1]
e gli inganni dei Mirmidoni[2]; sparsi per le case i Teucri
tacquero; il sonno avvince le membra stanche.
E già la falange[3] argiva andava a navi schierate
da Tenedo, per gli amici silenzi della tacita luna
e dirigendosi alle note rive, quando la regia
nave[4] innalzò segnali di fiamma[5], e protetto dagli iniqui
fati degli dei, Sinone disserra furtivo
i Danai rinchiusi nel ventre e il serrame[6] di pino. Il cavallo
aperto li rende all'aria, ed escono lieti dal concavo
legno Tessandro e Stenelo[7] capi e lo spietato Ulisse,
discesi giù per una fune, e Acamante[8] e Toante[9],
e il pelide Neottolemo[10], e per primo Macaone[11],
e Menelao, e lo stesso fabbricatore dell'inganno, Epeo[12].
Invadono la città sepolta nel sonno e nel vino;
uccidono le sentinelle, accolgono tutti i compagni
dalle porte spalancate, e congiungono le complici schiere.
Era il momento nel quale comincia agli affranti mortali
il primo riposo e s'insinua gratissimo per dono degli dei;
ed ecco, in sogno, mi sembra di vedere

1. **Ruota ... l'etere:** secondo una concezione astronomica diffusa nel mondo antico, la sfera celeste compiva ogni giorno un intero giro intorno alla Terra.
2. **Mirmidoni:** sono i soldati di Achille.
3. **falange:** propriamente la falange era una formazione di battaglia dei Macedoni. Qui sta per "schiera di navi compatta".
4. **regia nave:** la nave di Agamennone.
5. **segnali di fiamma:** è il segnale convenuto tra Sinone e Agamennone.
6. **serrame:** è il congegno che chiude dall'esterno il ventre del cavallo.
7. **Tessandro e Stenelo:** Tessandro è ignoto a Omero, mentre Stenelo compare più volte nell'*Iliade*.
8. **Acamante:** figlio di Teseo e Arianna.
9. **Toante:** è un eroe minore.
10. **Neottolemo:** è lo spietato figlio di Achille, che ucciderà Priamo.
11. **Macaone:** aveva condotto i Messeni alla guerra di Troia. Era celebre come medico.
12. **Epeo:** è l'artefice del cavallo. Nella tradizione più che come eroe è apprezzato come ideatore e costruttore di statue e di varie "macchine". Omero lo rappresenta come buon pugile. Virgilio lo pone tra i guerrieri scelti perché è il costruttore del cavallo.

❮ Giorgio de Chirico (1888-1978), *La battaglia*, 1953, particolare, Roma, Fondazione Giorgio e Isa de Chirico.

davanti agli occhi Ettore angosciato versare largo pianto,
com'era nel giorno in cui lo trascinava la biga
nero di polvere cruenta e trafitti dalle redini i piedi enfiati[13].
Ahi quale il suo aspetto, quanto mutato dal grande
Ettore che tornò vestito delle spoglie di Achille[14]
o dopo avere avventato fuochi frigi[15] alle navi
dei Danai; con la barba irsuta e i capelli rappresi di sangue,
e le ferite che ricevette numerose intorno alle patrie mura.
Sembrava che io piangendo mi rivolgessi per primo
all'eroe ed esprimessi meste parole:
"O luce della Dardania[16], sicura speranza dei Teucri,
che grandi indugi ti trattennero? da quali regioni,
o sospirato Ettore, vieni? Come, dopo molte uccisioni
dei tuoi e molti travagli degli uomini e della città,
ti rivediamo stremati! Che indegna causa deturpa
il volto sereno? e perché mi appaiono queste ferite?".
Egli non indugia sulle vane domande che pongo,
ma gravemente traendo un gemito dal profondo del petto,
"Ah fuggi, figlio della dea"[17] dice, "e scampa alle fiamme.
Il nemico occupa le mura; Troia precipita dall'alto della rocca.
Abbiamo dato abbastanza alla patria e a Priamo:
se un braccio potesse difendere Pergamo[18], l'avrebbe difesa
già il mio. Troia ti affida i sacri arredi
e i Penati: prendili compagni dei fati e cerca con essi
grandi mura, che infine fonderai, percorso il mare".
Disse, e portò sulle mani dall'interno del sacrario
le bende e Vesta[19] potente e l'eterno fuoco.

trad. it. E. Canali, Lorenzo Valla-Mondadori, Milano

13. **piedi enfiati:** Achille, dopo il combattimento, aveva legato alla biga Ettore con strisce di cuoio che aveva fatto passare attraverso dei fori praticatigli nei piedi. "Trafitti i piedi" è un accusativo di relazione (vedi nota 2 a p. 258).

14. **spoglie di Achille:** Ettore si era impadronito delle armi di Achille indossate da Patroclo.

15. **fuochi frigi:** i fuochi troiani. Ettore dopo aver ucciso Patroclo aveva guidato i compagni ad appiccare il fuoco alle navi degli Achei.

16. **Dardania:** la terra di Dardano, il figlio di Giove ed Elettra, capostipite della gente troiana.

17. **figlio della dea:** Enea è figlio di Anchise e di Venere.

18. **Pergamo:** è la rocca fortificata della città di Troia; negli scrittori successivi ai poemi omerici indica la città stessa.

19. **Vesta:** qui, come altrove, Virgilio attribuisce ai Troiani costumi romani. Vesta era la dea tutrice del popolo romano e del focolare familiare e quindi della vita domestica di cui il fuoco era simbolo. Era oggetto di culto pubblico in un santuario dove sei sacerdotesse, le vestali, mantenevano sempre vivo il fuoco sacro. Virgilio dà un particolare rilievo a questa divinità perché Augusto le attribuiva una grande importanza.

Note di lettura

Ettore e la missione di Enea

L'apparizione di **Ettore** ha un'importanza fondamentale nella compagine del poema, perché **allontana definitivamente da Enea il sospetto di una fuga disonorevole**. Infatti, non ha sufficiente forza persuasiva la rappresentazione di Enea come esecutore della volontà del Fato, tanto più che non c'è stato un preciso intervento della divinità per investirlo di questa missione. Le parole di Ettore sono la più autorevole garanzia del fatto che Enea deve partire non solo perché lo vuole il Fato. Infatti, se persino Ettore, l'eroe più grande di Troia, il difensore della città, **esorta Enea a lasciare la città**, vuol dire che ogni resistenza è inutile. Se è lui a consigliargli di fuggire, **la fuga non può essere ignominiosa**.

Per rendere ancora più inattaccabile la decisione di Enea, il poeta ricorre all'espediente della fuga mentre la città non solo è **distrutta** dai nemici, ma anche dalle **fiamme** (nelle rappresentazioni tradizionali della presa di Troia, i Greci appiccano il fuoco prima di abbandonare la città). Il quadro di Enea che si allontana tra le fiamme non risponde solo all'esigenza di rendere più drammatico e impressionante l'episodio, ma serve a ribadire **l'impotenza dei Troiani contro il nemico** che li ha colti di sorpresa e soprattutto contro la furia devastatrice dell'incendio. A questo punto ogni atto di eroismo e ogni volontà di resistenza sono vani, perché ormai della città non resterà che un mucchio di macerie e di ceneri fumanti.

Inoltre, Ettore non solo sollecita Enea ad abbandonare la città, ma gli affida anche il compito di portare con sé e di custodire i **Penati di Troia**, nei quali è simbolicamente racchiusa la memoria della gloriosa e tragica storia di un popolo, da perpetuare in un'altra città che egli dovrà fondare. Le parole di Ettore hanno il tono di una religiosa solennità che dà all'investitura un **carattere sacrale**. Anche l'atto di trarre fuori dai sacri e inviolabili recessi del tempio le bende e l'effigie di Vesta è rappresentato nella forma di un rito solenne. Enea diventa in tal modo non solo il degno **successore del più grande eroe troiano** che incarnava i valori dell'amor patrio delineato nell'*Iliade*, ma anche il capo investito di una **missione religiosa** che adempie con coraggio e alla quale sarà sempre fedele.

Le forme della narrazione

Nei versi 250-267 Enea ha esposto i fatti di cui non ha avuto esperienza diretta, quindi come un narratore onnisciente. Con il racconto del sogno egli «*torna alle impressioni personali. E al solito lo spostamento di prospettiva è introdotto da un notazione di tempo (*"Era il momento nel quale..."*)*» (Paratore). Con questa notazione temporale Virgilio proietta l'episodio del **sogno** in una **dimensione vasta**, sullo sfondo di un'umanità che gode di una momentanea cessazione dagli affanni e dalle sofferenze. L'improvviso **passaggio da una scena serena a una situazione drammatica** è messo in risalto dallo stacco netto prodotto da «*ed ecco*» (v. 270). Nell'apparizione notturna il viso dell'eroe è profondamente sconvolto dall'angoscia e il suo corpo porta i segni dello scempio subito dopo la morte. Attraverso immagini che suscitano pietà e orrore, si crea intorno alla figura dell'eroe troiano un'**atmosfera spettrale**: i contorni delle sue sembianze sono resi informi dalla polvere insanguinata che ricopre tutto il corpo e dal particolare dei piedi tumefatti perforati e attraversati da corde di cuoio. Il misero aspetto di Ettore strappa a Enea un'accorata esclamazione: «*Ahi quale il suo aspetto...*» (v. 274).

La tragica e penosa condizione è sottolineata per contrasto dal ricordo di una circostanza esaltante della sua vita, quando, indossando le armi di Achille (si noti che l'Ettore della visione è spogliato delle armi) aveva assunto le sembianze del suo invincibile avversario.

Dopo il richiamo a quei momenti gloriosi, il poeta si sofferma sui **segni della devastazione fisica** che deturpano il volto, di cui all'inizio si era colta solo l'espressione angosciata, e sulle numerose ferite del corpo. Mentre nei sogni omerici, ai quali Virgilio si ispira, parla per primo l'essere che appare, qui è Enea che si rivolge per primo a Ettore. Questo espediente accentua la **tensione emotiva** della scena, perché Enea è subito coinvolto nell'angosciante atmosfera del sogno.

Competenze alla prova

Comprensione

difficoltà ●○○

1. Qual è il segnale convenuto atteso da Sinone?

2. Perché i piedi di Ettore sono gonfi?

3. Tra le seguenti affermazioni, indica quali sono vere e quali sono false.

	V	F
a. Dal cavallo insieme agli altri eroi esce anche Agamennone	☐	☐
b. Il costruttore del cavallo è Epeo	☐	☐
c. Ettore appare in sogno a Enea con le armi sottratte a Patroclo	☐	☐
d. Ettore risponde alle domande di Enea	☐	☐
e. Enea nel sogno piange	☐	☐

4. Quale impresa aveva compiuto Ettore dopo aver ucciso Patroclo?

5. Quale connotazione assume la metafora «*sepolta*» del verso 265 nel contesto dell'episodio?

Analisi

difficoltà ●●○

6. Perché il poeta evoca i momenti di gloria di Ettore?

7. Il verso 290 tradotto alla lettera sarebbe "Il nemico occupa le mura; crolla dall'alto suo culmine Troia", in cui il soggetto e il predicato delle due proposizioni (il nemico occupa - crolla Troia) sono disposti
- ☐ in parallelismo
- ☐ a chiasmo

8. Perché Ettore non risponde alle insistenti domande di Enea?

9. Rivolgendosi a Ettore (v. 281) Enea usa una figura retorica. Quale?
- ☐ Anafora
- ☐ Perifrasi
- ☐ Chiasmo
- ☐ Apostrofe

10. Quale figura retorica contiene il verso 292: «*se un braccio potesse difendere Pergamo, l'avrebbe difesa*»?
- ☐ Una metafora
- ☐ Una metonimia
- ☐ Un'apostrofe
- ☐ Una personificazione

11. Per indicare la notte il poeta usa:
- ☐ un'anafora
- ☐ una perifrasi
- ☐ una metafora
- ☐ un polisindeto

Produzione

difficoltà ●●●

12. Per il sogno di Ettore il poeta prende spunto da un episodio dell'*Iliade* nel quale Patroclo, ucciso da Ettore, appare in sogno ad Achille.
Confronta il sogno di Achille con quello di Enea. Poi scrivi un testo di circa 15 righe in cui evidenzi le analogie e le differenze:

Il sonno si versò su Achille molto dolcemente, ed ecco che venne a lui l'ombra dell'infelice Patroclo, simile in tutto, la figura, gli occhi bellissimi, la voce, gli abiti che vestivano il corpo; si fermò sopra il suo capo e gli disse: «Tu dormi e di me ti sei dimenticato, Achille. Non mi trascuravi da vivo, non ti curi di me ora che sono morto. Dammi sepoltura al più presto, che io possa passare le porte dell'Ade; mi tengono lontano le ombre, i fantasmi dei morti, non lasciano che passi il fiume e a loro mi unisca; e io vado errando per la dimora dell'Ade dalle ampie porte. Dammi la tua mano, ora, lasciami piangere; mai più ritornerò dall'Ade, dopo che mi avrete dato alle fiamme: mai più nella vita, lontano dagli altri compagni, ci scambieremo consigli, mi ha inghiottito la morte odiosa che ebbi in sorte dalla nascita. Anche per te è destino, Achille pari agli dei, morire sotto le mura della ricchissima Troia. Ma un'altra cosa ti dico e comando se vuoi ascoltarmi: non deporre lontano dalle tue le mie ossa, Achille, mettile insieme, come insieme siamo cresciuti nella tua casa [...].
Gli rispose Achille dai piedi veloci: «Perché mi sei venuto qui amico diletto? E perché tutte queste cose mi ordini? Certo ti obbedirò, farò tutto quello che mi chiedi. Ma ora avvicinati: per un istante almeno abbracciamoci e abbandoniamoci al pianto e al dolore». Così disse e tese le braccia, ma non strinse nulla. Come fumo, sibilando, scomparve l'anima sotto terra.

Iliade, XXXIII, 62-101, trad. it. Ciani

L'uccisione di Priamo

Luogo: Roma
Anno: 29-19 a.C.
Tratto da: **Libro** II, vv. 469-558

Il brano

In città i Greci stanno già facendo strage. I frastuoni delle armi giungono anche alla casa di Enea che, destatosi dal sonno, afferra le armi e con un gruppo di compagni si getta nella mischia. La schiera di Enea si scontra con un drappello di Greci sui quali riesce ad avere la meglio: i Troiani si impadroniscono delle loro armi e delle loro insegne. Scambiati per Danai attaccano battaglia e uccidono molti nemici. Poi però sono riconosciuti e sopraffatti. Enea con alcuni superstiti si avvia alla reggia di Priamo, intorno alla quale infuria la battaglia, e riesce a entrare nel palazzo attraverso un passaggio segreto; qui si batte con altri compagni per respingere gli assedianti. Ma ogni tentativo di difesa è vano: i nemici guidati dal feroce Pirro Neottolemo, figlio di Achille, riescono a irrompere nel palazzo.

Proprio davanti al vestibolo e al limitare della soglia,
Pirro infuria, corrusco di dardi e di bronzeo splendore[1];
quale nella luce un serpente pasciuto di male erbe,
che il freddo inverno copriva gonfio sotto la terra,
ora, lasciate le spoglie, nuovo e splendente di gioventù,
con il petto levato snoda le viscide terga
eretto nel sole e vibra in bocca con triplice lingua.
Con lui il gigantesco Perifante[2] e l'auriga dei cavalli
di Achille, l'armigero Automedonte[3]; con lui tutti i giovani
sciri[4] premono alla reggia e lanciano fiamme ai tetti.
Egli tra i primi, afferrata una scure, fracassa
la dura porta e svelle dai cardini i battenti
coperti di bronzo; e già, troncata la trave, scava il legno
robusto e produce un vasto squarcio di larga apertura.
Appare l'interno della casa, e si schiudono i lunghi atrii;
appaiono le stanze segrete di Priamo e degli antichi re,
e vedono gli armati sul limite della soglia.
L'interno del palazzo risuona di gemiti
e d'un misero tumulto; le ampie stanze remote
ululano di pianti femminili; il clamore ferisce le auree[5] stelle.
Le donne atterrite errano per le vaste sale,
tengono abbracciati gli stipiti e v'imprimono baci[6].
Pirro incalza con la violenza del padre, né le sbarre
né le sentinelle riescono a resistere; la porta vacilla
ai fitti colpi d'ariete, e i battenti crollano schiantati
dai cardini. La violenza apre la via; irrompono i Danai,
ed entrati uccidono i primi, e riempiono ogni luogo di soldati.
Non così vastamente, rotti gli argini, un fiume schiumante
straripa e travolge nel gorgo i massi che gli si oppongono,
in piena trabocca furente nei campi e trascina

1. **corrusco … splendore:** splendente nelle sue armi di bronzo.
2. **Perifante:** è il nome di un guerriero dell'*Iliade* che viene ucciso in battaglia.
3. **Automedonte:** celebre scudiero e auriga prima di Achille, poi di Pirro.
4. **sciri:** dell'isola di Sciro. Pirro era nato da Deidamia, figlia di Licomede, re dell'isola.
5. **auree:** epiteto di carattere esornativo.
6. **imprimono baci:** sono baci d'addio.

per tutta la pianura le stalle e gli armenti. Vidi
Neottolemo furente di strage, e sulla soglia i due Atridi[7],
e Ecuba[8] e le cento nuore[9] e Priamo tra gli altari
deturpare col sangue i fuochi[10] da lui consacrati.
Le cinquanta stanze nuziali[11], tanta speranza di nipoti,
stipiti di barbarico oro e superbi di trofei,
crollarono; i Danai occupano i luoghi che il fuoco risparmia.
Forse vorrai conoscere anche il destino di Priamo.
Come vide il disastro della città conquistata e le soglie
della reggia infrante e il nemico nelle stanze, invano,
carico d'anni, circonda le spalle tremanti
con le armi a lungo desuete, e cinge l'inutile ferro,
e muove deciso a morire nel folto dei nemici.
In mezzo al palazzo, sotto l'aperta volta del cielo,
v'era un altare imponente, e un vetusto alloro
il quale si protendeva sull'ara e avvolgeva d'ombra i Penati[12].
Ecuba e le figlie invano intorno agli altari,
giunte precipitose come colombe nella fosca bufera,
sedevano strette fra loro e abbracciate alle statue degli dei.
Come vide Priamo, vestito delle armi dei giovani,
"Quale funesto pensiero, infelicissimo sposo, t'indusse
a cingerti di queste armi e dove ti precipiti?" disse;
"il momento non richiede un simile aiuto, né tali
difensori, neanche se ora ci fosse il mio Ettore.
Alfine rifugiati qui[13]; quest'ara proteggerà
tutti, o morirai con noi". Avendo parlato così,
trasse a sé il vegliardo e lo pose sul sacro soglio.
Ed ecco, scampato alla strage di Pirro, Polite,
uno dei figli di Priamo, tra i dardi, tra i nemici
fugge per i lunghi portici, e percorre gli atrii deserti,

7. **i due Atridi:** Menelao e Agamennone, figli di Atreo.

8. **Ecuba:** moglie di Priamo, madre di Ettore e Paride.

9. **cento nuore:** espressione iperbolica. Nell'*Iliade* (VI, 247) risulta un numero di gran lunga inferiore: cinquanta figli e dodici figlie.

10. **i fuochi:** sono i fuochi sacri che si accendevano sugli altari in onore degli dei.

11. **le cinquanta stanze:** le stanze nuziali dei figli maschi.

12. **In mezzo ... Penati:** secondo l'uso romano, l'altare con le statue dei Penati era accanto a un alloro sacro, nella parte scoperta dell'atrio.

13. **rifugiati qui:** chi si rifugiava presso gli altari degli dei era ritenuto intoccabile.

Raffaello Sanzio (1483-1520), *Stanza della Segnatura, Il Parnaso*, 1508-1511, particolare di Omero e Virgilio, Roma, Città del Vaticano.

› Hans von Marées (1837-1887), *Tre uomini in un paesaggio*, 1875, particolare, Düsseldorf, Museum Kunst Palast.

ferito: impetuoso lo insegue Pirro con colpi minacciosi
e già lo afferra con la mano e lo preme con l'asta:
come infine giunse davanti allo sguardo dei genitori,
cadde, ed effuse con molto sangue la vita.
Allora Priamo, sebbene già nella stretta della morte,
tuttavia non si contenne, e non risparmiò la voce e l'ira:
"Per tale delitto e prodezza" esclama "gli dei,
se v'è nel cielo pietà che di questo si curi,
ripaghino degne grazie e rendano i premi
dovuti a te, che m'hai costretto ad assistere
alla morte del figlio, profanando con l'eccidio il volto paterno.
Ma non quell'Achille, del quale ti menti progenie,
si comportò così con il nemico Priamo; ma ebbe riguardo
ai diritti e alla fede del supplice, e rese il corpo esangue
di Ettore al sepolcro, e me rinviò nel mio regno"[14].
Così parlò il vecchio e vibrò priva di slancio
l'innocua lancia che subito rimbalzò dal fioco bronzo
e pendette inutile dal sommo della borchia dello scudo.
A lui Pirro: "Dunque riferirai questo
ed andrai messaggero al genitore Pelide; ricordati
di narrargli le mie atrocità, e che Neottolemo traligna[15].
Adesso muori". E dicendo così lo trascina tremante
agli altari, e sdrucciolante nel molto sangue del figlio,
gli afferra la chioma con la sinistra, con la destra solleva
la spada corrusca e gliela immerge tutta nel fianco.
Così si concluse il destino di Priamo, questa morte fatale
lo rapì mentre vedeva Troia in fiamme e Pergamo
crollata, egli un tempo superbo[16] sovrano di tanti
popoli e terre d'Asia. Giace grande sul lido[17] un tronco,
il capo spiccato dal busto, e un corpo senza nome».

trad. it. E. Canali, Lorenzo Valla-Mondadori, Milano

14. **Ma non quell'Achille ... regno:** le parole di Priamo riassumono i fatti narrati nell'*Iliade* (XXIV, 440-676).
15. **traligna:** traduce il latino *degener* "degenere". Tralignare letteralmente è detto delle piante che si allontanano dalle caratteristiche della specie (inselvatichiscono) e in senso metaforico significa "allontanarsi dalla retta via e dalle tradizioni familiari".
16. **superbo:** il corrispondente latino *superbus* in questo contesto non ha un significato negativo, ma equivale a "splendido", "eccelso".
17. **sul lido:** Virgilio sovrappone alla versione della morte data precedentemente quella secondo cui Priamo fu decapitato sul promontorio Sigeo, presso la tomba di Achille.

Note di lettura

▸ Orrore della guerra e pietà

Nelle scene drammatiche e tragiche che si susseguono nell'episodio, Virgilio rappresenta la **guerra** non più come occasione per esaltare gesta eroiche, ma nella sua cruda realtà e come **fonte di atroci sofferenze**. Egli insiste sui **particolari realistici** non per un gusto del macabro, ma per suscitare un sentimento di **orrore** nei confronti di una strage che è la manifestazione di una violenza brutale e gratuita e di **pietà** per i vinti e per tutte le vittime della disumana ferocia che si scatena nelle guerre. Il sentimento di pietà viene accentuato dalla raffigurazione delle donne terrorizzate e ormai prive di difesa in preda alla disperazione, per la sorte che le attende. Al pianto delle donne che risuona per tutto il palazzo il poeta dà un particolare risalto mediante un efficace espediente: «*L'ululare, l'urlare lamentoso, è riferito alle stanze che sono come personificate: espressione più densa e potente che "riecheggiano gli urli e i pianti"*» (La Penna). Un forte impatto emotivo ha anche la scena carica di una drammaticità angosciosa dell'**inseguimento di Polite** con il dettaglio straziante della sua uccisione sotto gli occhi del padre.

▸ Pirro Neottolemo

Nella figura di Pirro Neottolemo Virgilio rappresenta la **fine del mondo eroico**, mettendo in luce gli aspetti meno nobili e più crudi che la morale eroica aveva in sé. Il comportamento di Pirro non ha nulla di eroico; in lui prevale piuttosto la figura di un **carnefice sanguinario**, quando uccide il giovane Polite ormai senza più forze per le ferite ricevute e poi un vecchio inerme. Egli si distingue anche per l'inaudita empietà: nell'uccisione di Priamo si macchia di uno dei crimini peggiori al cospetto degli dei. Infatti, egli non «*si limita a uccidere il vecchio presso l'altare ma ve lo trascina addirittura sopra, nel modo più brutale, per scannarlo proprio come una vittima sacrificale*» (Heinze).
Nell'irridente sarcasmo delle parole rivolte a Priamo, Pirro dimostra di **oltraggiare anche la memoria di Achille**. Del padre il figlio ha messo in luce il furore talvolta barbarico (il disumano scempio del corpo di Ettore), ma non l'altro aspetto del suo animo: quella coscienza di una comune infelicità degli uomini che lo aveva indotto a considerare il nemico con occhi diversi quando aveva restituito a Priamo il corpo di Ettore.

▸ Priamo

La morte di Priamo è stata definita l'ultimo atto della tragedia di Troia e il simbolo della fine della città. La sua figura incarnava lo splendore e la potenza della città.
L'evocazione di questa grandezza, che Virgilio amplia molto rispetto all'*Iliade*, configura un contrasto ricco di un'intensa carica emotiva con la tragica e miseranda fine del potente sovrano di un tempo.
Tuttavia, anche in questa condizione in cui Priamo è ridotto, il poeta fa in modo che il lettore sia indotto a non provare solo compassione per il vecchio re, ma anche **ammirazione**: «*Priamo non cade né vittima inerme della guerra né cercando la morte come una liberazione, e neppure si lagna e implora di essere risparmiato; egli ha deciso di morire da guerriero e, se ha un momento di debolezza di fronte alle preghiere della vecchia moglie, nel vedere cadere il figlio il vecchio eroe ha un sussulto di orgoglio e muore da guerriero*» (Heinze).

▸ Le forme della narrazione

Un acuto interprete delle opere di Virgilio ha illustrato molto chiaramente i caratteri originali dell'epica virgiliana (che ha definito "**epica del sentimento**") rispetto a Omero, confrontando il verso 503 del libro II dell'*Eneide* «*Le cinquanta stanze nuziali, tanta speranza di nipoti*» (letteralmente "una così grande speranza di nipoti") con il verso 244 del libro VI dell'*Iliade*: «*Le cinquanta stanze nuziali di pietra ben levigata*» ripreso da Virgilio. I due versi si corrispondono perfettamente nella prima parte. Nella seconda parte «*all'oggettività descrittiva – alla fisicità – del modello omerico si sovraimpone (ma in forte scarto) l'intervento simpatetico e riflessivo – sentimentale – di Virgilio:* "tanta speranza di nipoti"». In questa riflessione, in cui Virgilio mostra di essere sentimentalmente partecipe al dramma che si sta vivendo nella reggia, risalta chiaramente una nuova disposizione del linguaggio epico rispetto al modello omerico. «*Nella variazione* "tanta speranza di nipoti" *stanno – condensati per connotazione – molti motivi peculiari su cui è costruita l'intima compagine del testo virgiliano: la speranza delusa dalla morte, la vita come seguito di generazioni, la morte segnata dall'amarezza di un'ingiustizia irragionevolmente patita*».

Competenze alla prova

Comprensione

difficoltà ●○○

1. Chi e in che modo apre la via per l'invasione della reggia?
2. Con quale similitudine è rappresentata l'irruenza dei Danai che dilagano nella reggia?
3. Dove si rifugia Ecuba con le figlie?
4. Con quale similitudine sono raffigurate Ecuba e le figlie che accorrono intorno agli altari?
5. Quale episodio dell'*Iliade* ricorda Priamo parlando a Pirro?
6. Che cosa augura Priamo a Pirro quando questi uccide il figlio Polite sotto i suoi occhi?
7. Tra le seguenti affermazioni, indica quali sono vere e quali sono false.
   - *a.* Perifante era l'auriga di Achille ☐ ☐
   - *b.* Anche Menelao e Agamennone fanno parte dei guerrieri che invadono la reggia di Priamo ☐ ☐
   - *c.* Le donne atterrite si rinchiudono nelle stanze ☐ ☐
   - *d.* Ecuba riesce a far desistere Priamo dal proposito di andare a combattere ☐ ☐
   - *e.* Pirro si imbatte casualmente in Polite che sta fuggendo ☐ ☐

Analisi

difficoltà ●●○

8. La similitudine dei versi 471-475 è ripresa dall'*Iliade* (XXII, 93-95), dove è riferita a Ettore: «*Lui aspettava il gigantesco Achille come un serpente sui monti, appostato presso la tana, aspetta l'uomo; gonfio di veleni e in preda a una furia tremenda, avvolge le sue spire sopra la tana lanciando sguardi terribili*».
   Confronta le due similitudini. Quali analogie e quali differenze si possono trovare, quali particolari aggiunge Virgilio e quale connotazione dà alla figura di Pirro?
9. Perché Ecuba e le figlie giungono «*invano*» (v. 515) presso l'altare?
10. Pirro oltraggia la memoria del padre non solo con l'azione, ma anche con le parole. In che modo?
11. Pirro uccidendo Priamo compie un atto di violenza gratuita, ma anche di rabbiosa reazione a una frase di Priamo. Quale?
12. Il verso 488 («*Il clamore ferisce le auree stelle*») contiene due figure retoriche. Quali?
    - ☐ Litote
    - ☐ Iperbole
    - ☐ Metonimia
    - ☐ Paragone
    - ☐ Metafora
13. Quale figura retorica è contenuta nei versi 500-503 e quale funzione espressiva ha?
    - ☐ Asindeto
    - ☐ Polisindeto
    - ☐ Parallelismo
    - ☐ Anafora
14. Quale procedimento sintattico prevale nella descrizione dell'invasione della reggia?

Produzione

difficoltà ●●●

15. Immagina di essere un corrispondente di guerra e scrivi un resoconto dell'episodio per un quotidiano.

Libro II

La visione di Priamo ucciso richiama al cuore e al pensiero di Enea il vecchio padre Anchise, lasciato solo in casa con Creusa, la moglie di Enea, e con il figlioletto Iulo, anch'essi in pericolo. Nel palazzo Enea scorge Elena in un luogo appartato e al pensiero che essa tornerà incolume in patria, mentre Troia per colpa sua sarà distrutta, viene preso dall'ira ed è tentato di ucciderla; ma gli appare la madre Venere che lo esorta a trattenere la sua ira e a pensare al padre, alla moglie e al figlio che sarebbero già morti se lei non vegliasse su di loro. I responsabili della caduta di Troia – continua Venere – sono gli dei. Così dicendo, dissipa la nebbia che impedisce ai mortali di vedere le cose divine e mostra a Enea lo spettacolo degli dei che sono materialmente all'opera per distruggere Troia: Nettuno con il grande tridente scuote la città e la sta abbattendo, Giunone occupa le porte Scee e Giove stesso infonde ai Danai baldanza e vigore. Perciò Enea, dice Venere, dovrà fuggire di lì: essa lo aiuterà a salvarsi.

Enea torna per trarre in salvo i suoi, ma Anchise rifiuta di seguirlo perché vuole morire difendendo la propria casa. Enea allora decide di lanciarsi di nuovo a combattere, ma è trattenuto da un prodigio: una fiamma avvolge il capo del figlioletto Iulo senza recargli danno. Anchise giudica fausto quel prodigio e chiede a Giove di darne conferma: subito scoppia un fulmine a sinistra e una stella luminosa solca il cielo notturno. Anchise vede in ciò un segno del favore divino e acconsente a partire con Enea, Iulo e Creusa.

Enea si mette in cammino con i suoi invitando il padre a salire sulle sue spalle: «Su dunque, diletto padre, salimi sul collo; / ti sosterrò con le spalle, e il peso non mi sarà grave; / dovunque cadranno le sorti, uno e comune sarà / il pericolo, una per ambedue la salvezza. Il piccolo Iulo / mi accompagni, e la sposa segua discreta i miei passi».

All'uscita della città i fuggiaschi si fermano presso un antico tempio di Cerere dal quale prendono i sacri arredi e i patrii Penati. Quando sono già vicini alle porte, Creusa scompare alla vista ed Enea torna disperato alla casa paterna, ormai invasa dai nemici. All'improvviso gli appare il fantasma della moglie, che lo consola e gli predice il suo destino di fondare un regno in Italia. Enea torna allora dai compagni pronti a seguirlo.

Raffaello Sanzio (1483-1520), *Stanza dell'Incendio di Borgo*, 1514-1517, particolare di Enea che trasporta sulle spalle il padre Anchise, al fianco del figlioletto Ascanio e della nutrice Caieta, Roma, Città del Vaticano.

Il triste destino di Polidoro

Luogo:
Roma
Anno:
29-19 a.C.
Tratto da:
Libro III, vv. 19-72

Il brano

Enea continua il racconto delle sue dolorose peregrinazioni. Allestita una nuova flotta, i profughi troiani all'inizio della buona stagione salpano senza sapere dove li condurrà il Fato. Approdano nella vicina terra di Tracia, legata un tempo da vincoli di ospitalità con Troia. Enea, desideroso di una nuova patria e pronto a fermarsi nella prima terra che gli sembri offrire un rifugio sicuro, si accinge a innalzare le prime mura di una nuova città che si chiamerà Enèada.

Facevo sacrifici alla madre dionea[1] ed ai numi
auspici[2] dell'opera intrapresa, e mi accingevo a immolare
sulla riva uno splendido toro al re dei celesti[3].
V'era lì accanto un'altura, e in cima virgulti
di corniolo e un mirto[4] rigido di dense verghe[5].
M'appressai, e tentando di svellere dal suolo un verde
cespuglio, per coprire le are di rami frondosi,
orrendo e mirabile a dirsi vedo un prodigio.
Infatti dall'arbusto che strappo dal suolo per primo,
spezzate le radici, colano gocce di nero sangue[6]
e macchiano la terra di putredine[7]. Un freddo brivido
mi scuote le membra, e il sangue si gela per il terrore.
Di nuovo insisto a strappare il flessibile ramo
d'un altro, e a cercare a fondo le cause nascoste.
Anche dalla corteccia dell'altro sgorga nero sangue;
agitando molti pensieri nell'animo veneravo le agresti
Ninfe[8] e il padre Gradivo[9] che presiede ai campi getici[10],
perché propiziassero la visione e alleviassero il presagio.
Ma dopo che afferro con maggiore slancio la terza

1. **madre dionea:** Venere, qui identificata come figlia di Giove e di Dione.
2. **ai numi auspici:** Enea chiede anche ad altri dei un segno favorevole per la sua impresa.
3. **re dei celesti:** Giove.
4. **corniolo … mirto:** sono arbusti tipici della vegetazione mediterranea. Il corniolo è un legno molto duro e dai frutti rossi. Il mirto è un arbusto sempreverde.
5. **rigido di dense verghe:** dai fitti rami irti di punte. I rami sono rigidi perché, come si dirà più avanti, ricordano le aste conficcate nel corpo di Polidoro le quali, messe le radici, si trasformarono in cespugli.
6. **nero sangue:** sangue che diventa scuro a contatto con l'aria.
7. **putredine:** sangue putrefatto.
8. **agresti Ninfe:** le Ninfe erano divinità che popolavano le campagne, i monti, i boschi e le acque. Enea in un primo tempo crede che il cespuglio sia abitato dalle Ninfe agresti.
9. **padre Gradivo:** Marte, protettore dei bellicosi Traci. L'epiteto "Gradivo", di incerta etimologia, è collegato al verbo latino *gradiri*, che significa "procedere", "avanzare". Perciò Marte è "colui che avanza in guerra".
10. **campi getici:** getici sta per "traci". I Getici propriamente erano un popolo stanziato sulla riva sinistra del Danubio. I Traci, invece, abitavano sulla riva opposta del fiume.

‹ Guglielmo Janni (1892-1958), *Pesi e trapezi*, 1935 ca., particolare, collezione privata

verga[11], puntando le ginocchia contro la sabbia
– devo parlare o tacere? –, s'ode un lacrimoso gemito
dalla base del cumulo, e una voce uscendone raggiunge gli orecchi:
"Perché laceri uno sventurato, o Enea? Risparmia un cadavere;
risparmia di profanare le pie mani. Troia mi ha generato
non estraneo a te, e il sangue che vedi non sgorga dal legno.
Oh fuggi terre crudeli, fuggi un avido lido.
Sono Polidoro. Qui mi trafisse e mi coprì
una ferrea messe di dardi e crebbe di acute aste".
Allora, oppresso la mente dubbiosa dall'orrore,
stupii, si drizzarono i capelli, e la voce si arrestò nella gola.
Lui, Polidoro, un giorno, con grande quantità d'oro
l'infelice Priamo aveva affidato in segreto
da allevare al re tracio, quando ormai disperava
delle armi dei Dardani, e vedeva la città assediata.
Quello, appena furono infrante le forze dei Teucri e la fortuna
si ritrasse, seguendo le sorti di Agamennone e le armi vincitrici,
offende ogni legge; uccide Polidoro, e s'appropria
con violenza dell'oro. A cosa non spingi i cuori mortali,
o esecrabile fame dell'oro? Dopo che il terrore lasciò
le mie ossa, agli scelti capi del popolo e per primo al padre
riferisco i prodigi degli dei, e chiedo il parere.
Tutti hanno il medesimo proponimento, allontanarsi dalla terra scellerata,
lasciare il rifugio contaminato, e affidare le navi ai venti.
Dunque prepariamo le esequie a Polidoro: si ammucchia
una massa di terra per il tumulo; si ergono ai Mani[12]
are meste di livide bende e di nero cipresso,
e intorno le donne di Ilio, sciolte secondo l'uso
le chiome; offriamo tazze schiumanti di tiepido latte
e coppe di sacro sangue, e chiudiamo l'anima
nel sepolcro, e gridiamo a gran voce l'estremo saluto.
Indi, appena ci affidiamo al mare e i venti placano
le onde e un lieve austro schioccando invita al largo,
i compagni mettono in acqua le navi e riempiono la riva.
Ci allontaniamo dal porto, e terre e città retrocedono.

trad. it. E. Canali, Lorenzo Valla-Mondadori, Milano

11. terza verga: il triplice tentativo è stato giudicato enfatico. Ma il numero tre ha un valore sacrale. Enea spera ora che la sua preghiera venga esaudita.

12. Mani: le anime dei defunti divinizzate. *«I Mani sono in Virgilio una collettività indistinta di presenze dalla vaga connotazione divina, connesse con il mondo infero»* (Giannotti). Talvolta il termine è usato per indicare gli inferi o gli dei inferi.

Note di lettura

▸ L'atroce destino di Polidoro

Enea ha da poco abbandonato il terribile scenario della violenza dei vincitori sui vinti, con il suo seguito di vittime innocenti, e deve affrontare un'altra dolorosa esperienza. Polidoro è poco più che un fanciullo, **vittima innocente** non di un nemico, ma di un **congiunto** che oltretutto è impunemente venuto meno ai doveri di tutela e di protezione dovuti a un ospite. La riprovazione del poeta si concentra sulla figura di Polimestore, espressione della realtà di un **mondo capovolto** in cui l'avidità di ricchezza spinge a violare i valori più sacri. Poi però non c'è nessun'altra riflessione sulla sorte di Polidoro: l'interesse di Enea è tutto rivolto al significato del prodigio in relazione al suo desiderio di fondare la nuova città.

▸ Polidoro: dall'*Iliade* all'*Eneide*

Polidoro (il nome greco significa "uomo dai molti doni") è nell'*Iliade* (XX, 409; XXI, 84-85) il più giovane dei figli di Priamo e di Laothoe e nel racconto di Omero viene ucciso da Achille: «*Con la lancia in pugno Achille balzò su Polidoro divino, figlio di Priamo; non voleva che combattesse, suo padre, perché tra i figli era il più giovane d'anni, il più caro e tutti, nella corsa vinceva; anche allora, come un fanciullo, per mostrare l'agilità dei suoi piedi, correva tra i primi finché perdette la vita. Con la sua lancia lo colse in pieno Achille dai piedi veloci, lo colse alle spalle, dove si uniscono le fibbie d'oro della cintura e doppia è la corazza*» (trad. it. Ciani).

Virgilio non segue la tradizione omerica, ma i versi dell'*Iliade* erano ben presenti ai lettori dell'*Eneide* e per loro era viva l'immagine di un giovane molto amato dal padre, nel fiore della giovinezza, fiero della velocità nella corsa, che rende più struggente la commozione per la sua tragica fine. Virgilio segue, in parte, una **versione della leggenda posteriore a quella omerica** che è attestata per la prima volta dal tragediografo greco Euripide in una sua opera, l'*Ecuba*, nella quale Polidoro è figlio, appunto, di Ecuba, regina di Troia.

Priamo, sentendo avvicinarsi la fine della città, allontana il figlio e lo affida a un suo antico ospite e genero, Polimestore, sovrano del Chersonneso di Tracia. Polimestore, dopo la caduta di Troia, per impossessarsi dei tesori che il giovane aveva portato con sé, lo uccide e getta in mare il suo corpo. Nella tragedia di Euripide le correnti portano a riva il cadavere del giovane proprio mentre la madre sta compiendo un sacrificio funebre per una figlia immolata dagli Achei sulla tomba di Achille.

› Odilon Redon (1840-1916), *Ritratto del figlio*, 1897, particolare, Chicago, Art Institute.

Se fino all'uccisione di Polidoro il racconto di Enea è riconducibile a una ben attestata tradizione, l'episodio della **selva** va considerato un'**invenzione originale di Virgilio**. Lo spunto di questa invenzione Virgilio potrebbe averlo tratto da un'espressione del prologo della tragedia di **Euripide**, nella quale lo spettro di Polidoro, raccontando la sua vicenda, dice: «*in casa dell'ospite di Tracia ero nutrito: crescevo come un virgulto*». Se Polidoro era un "virgulto", ora sono proprio dei virgulti che dal suo sangue vivono, ad aver messo radici nel suo cuore ucciso. (Della Corte)

BIOGRAFIA
Euripide

▸ Polidoro nell'*Inferno* di Dante

Nella tradizione letteraria si costituisce un filo di "**episodi polidoriani**", il più celebre dei quali è quello dantesco. Nel canto XIII dell'*Inferno*, Dante e Virgilio entrano nel secondo girone del settimo cerchio dove sono condannati i **suicidi** (i violenti contro se stessi). Il luogo della pena è un bosco senza alcun sentiero, formato di alberi con fronde di colore scuro e con rami contorti e spinosi. Sui rami nidificano le repellenti Arpie (altro riferimento all'*Eneide*, vedi a p. 278). Da ogni parte si levano voci di lamenti, ma il luogo è deserto. Dante spezza un ramo e dall'albero incredibilmente escono "parole e sangue".

Non fronda verde, ma di color fosco;
non rami schietti, ma nodosi e 'nvolti;
non pomi v'eran, ma stecchi con tòsco.
[...]
Allor porsi la mano un poco avante
e colsi un ramicel da un gran pruno;
e 'l tronco suo gridò: «Perché mi schiante?».
Da che fatto fu poi di sangue bruno,
ricominciò a dir: «Perché mi scerpi?
non hai tu spirto di pietade alcuno?
Uomini fummo, e or siam fatti sterpi:
ben dovrebb'esser la tua man più pia,
se state fossimo anime di serpi».

Le fronde non erano verdi, ma di colore cupo, i rami non erano dritti, ma nodosi e contorti; non c'erano frutti, ma spine con veleno.
[...]
Allora protesi la mano un po' in avanti e colsi un ramoscello da un grande pruno; e il suo tronco gridò: «Perché mi spezzi?». Dopo che divenne scuro per il sangue, ricominciò a dire: «Perché mi laceri? Non hai tu alcun sentimento di pietà? Siamo stati uomini, e ora siamo trasformati in sterpi: la tua mano dovrebbe essere ben più pietosa, se anche fossimo state anime di serpenti».

Dante si rivolge all'anima prigioniera in quel luogo che descrive la condizione e la pena dei suicidi: i suicidi sono trasformati in rami e straziati dalle Arpie come punizione per aver straziato e soppresso il proprio corpo. Non potranno mai più ricongiungersi con il proprio corpo e, dopo la risurrezione finale, le spoglie senza vita saranno trascinate e appese ai rami di quegli alberi.

Amos Nattini (1892-1985), *Inferno, canto XIII*, le Arpie e la selva dei suicidi, 1919-1931, particolare, collezione privata.

Competenze alla prova

Comprensione

difficoltà

1. Chi è la madre dionea alla quale Enea sta dedicando sacrifici? La madre è Venere
2. Per quale scopo Enea sacrifica ai numi?
3. Per quante volte Enea tenta di strappare il ramo? Per due volte
4. Che cosa fa Enea quando vede sgorgare il sangue dalla corteccia? Si spaventa
5. Quale consiglio dà Polidoro a Enea?
6. Come è morto Polidoro?
7. Quando Polimestore decide di uccidere Polidoro?

Analisi

difficoltà

8. Quale figura retorica è messa in atto definendo «*avido*» (v. 44) il lido in cui si svolge l'azione?
   - ☐ Chiasmo
   - ☐ Ipallage
   - ☐ Ossimoro
   - ☐ Personificazione
9. Che cosa motiva la scelta dell'aggettivo «*avido*» (v. 44)?
10. Quale analogia c'è tra l'espressione metaforica «*ferrea messe di dardi*» (v. 46) e i rami del cespuglio?
11. A un certo punto del racconto Enea assume la veste di narratore onnisciente. Quando?
12. Oltre che con la forma di una domanda retorica, con quali due altre figure retoriche Enea dà risalto alle sue considerazioni sulla tragica fine di Polidoro nell'espressione dei versi 56-57?
    - ☐ Metonimia
    - ☐ Anafora
    - ☐ Personificazione
    - ☐ Chiasmo
    - ☐ Apostrofe

Produzione

difficoltà

13. Metti nel giusto ordine le operazioni compiute per il rito funebre di Polidoro, assegnando a ciascuna un numero da 1 a 6.
    - ☐ Le donne troiane sciolgono i capelli e levano grida di dolore
    - ☐ Vengono innalzati altari presso la tomba
    - ☐ Vengono portate le offerte funebri
    - ☐ Si collocano sugli altari bende scure e rami di cipresso
    - ☐ Si alza a gran voce l'estremo saluto
    - ☐ Si costruisce una solida struttura che sostituisce il tumulo precedente

Libro III

I Troiani riprendono la navigazione e giungono nell'isola di Delo. Qui sono accolti e ospitati da Anio, vecchio amico di Anchise, re e sacerdote di Apollo. Enea, davanti al tempio, invoca Apollo perché gli indichi la via da seguire per arrivare alla terra promessa dal Fato. Il suolo trema e si ode una voce:

O duri Dardanidi, proprio la terra che vi produsse
per prima dal ceppo degli avi, vi accoglierà al ritorno
nel lieto seno. Cercate l'antica madre.
Qui la casa di Enea dominerà su tutte le terre,
e i figli dei figli, e quelli che nasceranno da loro.

I Troiani sono lieti e allo stesso tempo perplessi per quella risposta. Anchise interpreta l'oracolo in modo errato. Dice che Apollo si riferiva a Creta, isola nella quale si innalza il monte Ida, culla della gente troiana. Di là, afferma Anchise, proveniva Teucro, il progenitore dei Troiani; di quella terra era anche il culto della dea Cibele e il nome Ida dato al monte selvoso della Troade. I Troiani, ormai convinti che quella sia la terra destinata a loro, navigano attraverso le Cicladi e arrivano a Creta, dove Enea fonda una nuova città, che chiama Pergamo. I Troiani cominciano la loro nuova vita, ma scoppia una pestilenza che fa strage di uomini e rende sterili i campi. Enea torna a Delo per consultare nuovamente l'oracolo. Durante la notte appaiono a Enea le immagini dei Penati. Apollo – dicono i Penati – ha loro ordinato di rivelare a Enea che la meta stabilita dal destino è l'Italia:

V'è un luogo, i Greci la chiamano con il nome di Esperia,
antica terra, potente d'armi e di feconde zolle,
l'abitarono uomini enotrii, ora si dice che i figli
abbiano chiamato Italia la gente dal nome di un capo:
queste le nostre sedi; di qui Dardano sorse.

Enea, scosso da questa visione, balza fuori dal letto e informa il padre Anchise, il quale riconosce l'errore e ricorda che Cassandra, la profetessa figlia di Priamo (condannata da Apollo a profetizzare il vero senza mai essere creduta) parlava spesso di Esperia e di un regno italico. Ma allora, ovviamente, nessuno prestava fede alle sue profezie.

Giorgio de Chirico (1888-1978), *Testa d'uomo*, 1945, particolare, Roma, Fondazione Giorgio e Isa de Chirico.

Le Arpie

Luogo:
Roma
Anno:
29-19 a.C.
Tratto da:
Libro III, vv. 203-267

Il brano

Anchise invita Enea a seguire il nuovo responso di Apollo e i Troiani riprendono il mare. Si leva una tempesta che oscura il cielo: le navi vanno fuori rotta e restano in balia delle onde per tre giorni e tre notti, avvolte nella caligine e nell'oscurità.

Così erriamo sul mare per tre incerti soli
nella cieca caligine, e altrettante notti senza stelle.
Infine il quarto giorno apparve ergersi una terra,
e lontano svelare montagne, e levare fumo.
Le vele cadono, sorgiamo sui remi; i marinai instancabili
rovesciano con forza le schiume e spazzano i lividi flutti.
Mi accolgono dapprima in salvo dalle onde le rive
delle Strofadi[1]; sono denominate Strofadi, con nome greco,
le isole del vasto Ionio, che la sinistra Celeno[2]
e le altre Arpie[3] abitano, dopo che la casa di Fineo
si chiuse, e per timore lasciarono le antiche mense.
Non v'è mostro più infausto di quelle; nessuna peste
più crudele o maledizione divina uscì dalle onde stigie[4].
Virginei volti su corpi di uccelli, nauseante profluvio[5]
di ventre, artigli adunchi, e pallida sempre
la faccia di fame.
Come, arrivati qui, entrammo nel porto, ecco
vediamo floridi armenti di buoi sparsi nei campi
e senza alcun custode[6] un gregge di capre tra l'erba.
Assaliamo col ferro e chiamiamo a parte della preda
gli dei e lo stesso Giove; allora sulla curva spiaggia
disponiamo giacigli e banchettiamo con laute vivande.
Ma improvvise con orribile discesa dai monti compaiono
le Arpie e scuotono con grandi strida le ali,
ghermiscono i cibi e lordano tutto con immondo
contatto; s'odono lugubri strida tra il lezzo.
Imbandiamo di nuovo le mense in una profonda rientranza
sotto una cava rupe, racchiusa intorno da alberi
e da ombre emergenti, e riponiamo il fuoco sulle are:
di nuovo da una diversa parte del cielo, e da ciechi nascondigli,
vola la turba sonora intorno alla preda con unghie
adunche e insozza i cibi con la bocca. Allora ai compagni
ordino di prendere le armi, e di combattere la sinistra
genìa. Fanno com'è comandato, e dispongono
le spade celate nell'erba e nascondono gli scudi.

1. **Strofadi:** odierne Strivali, sono due piccole isole dello Ionio situate tra il Peloponneso e Zacinto.
2. **Celeno:** è la regina delle Arpie.
3. **le altre Arpie:** Ocipete e Aello.
4. **onde stigie:** con questa espressione Virgilio indica la palude infernale dello Stige, il fiume dell'oltretomba *«dal quale si immaginava che sorgessero i più orribili mostri e malanni»* (Giannotti).
5. **profluvio:** flusso.
6. **senza alcun custode:** il bestiame appartiene alle Arpie e l'uccisione di alcuni animali provocherà la reazione dei mostri. È riecheggiato qui l'episodio fatale per i compagni di Ulisse che si cibarono delle vacche sacre al dio Sole (*Odissea*, XII, 341-365).

Dunque, appena esse discesero per la curva spiaggia e produssero
strepito, Miseno[7] dall'alta vedetta emette il segnale
con il cavo bronzo. I compagni assalgono e tentano
strane battaglie, ferire col ferro i sudici uccelli del mare.
Ma non ricevono offesa nelle piume, o ferite
sul dorso, e volate con rapida fuga alle stelle
lasciano la preda semidivorata e le sozze vestigia.
Sola si fermò su un'altissima rupe Celeno,
infausta profetessa, ed eruppe questa voce dal petto:
"Guerra, anche, per la strage dei buoi e gli abbattuti
giovenchi, o Laomedontiadi[8], guerra vi preparate a portare
e a scacciare dal patrio regno le innocenti Arpie?
Accogliete dunque nell'animo e imprimete queste parole:
ciò che il Padre onnipotente predisse a Febo,
e Febo Apollo a me, io, massima delle Furie[9], svelo.
Voi navigate verso l'Italia[10], e la invocate seguendo i venti:
giungerete in Italia, e potrete entrare in porto;
ma non cingerete di mura la città destinata
prima che una terribile fame e l'offesa fatta coll'aggredirci
vi costringa a consumare con le mascelle le róse mense[11]".
Disse, e levatasi sulle ali, fuggì nella selva.
Ai compagni per l'improvviso terrore si rapprese gelido
il sangue; caddero gli animi, e non più con le armi,
ma con voti e preghiere esigono di chiedere pace,
siano dee, o sinistri e sudici uccelli.
Il padre Anchise, sollevate le braccia dalla riva,
invoca i grandi numi, e indice giusti onori:
"O dei, impedite la minaccia, disperdete una tale sventura,
e benigni salvateci per la nostra pietà". Poi ordina
di strappare gli ormeggi dalla riva e di scuotere e mollare le gomene[12]».

trad. it. E. Canali, Lorenzo Valla-Mondadori, Milano

^ Odilon Redon (1840-1916), *La notte*, 1910-1911, particolare, Fontfroide, Biblioteca dell'Abbazia.

7. **Miseno:** è il trombettiere dell'esercito troiano.
8. **Laomedontiadi:** l'appellativo suona come un insulto ed equivale a spergiuri. Laomedonte, il padre di Priamo, aveva negato il compenso pattuito a Nettuno e a Eracle, che lo avevano aiutato a costruire le mura di Troia.
9. **Furie:** le Furie erano divinità (in numero di tre: Aletto, Megera e Tesifone) che tormentavano con i rimorsi coloro che erano colpevoli di delitti, in particolare gli uccisori dei parenti. Le Arpie non coincidono con le Furie, ma talvolta sono identificate con loro.
10. **navigate verso l'Italia:** il riferimento di Celeno alla destinazione dei Troiani rende credibile la profezia.
11. **le róse mense:** le mense rosicchiate. Il termine latino *mensae* designava in un primo momento le focacce, poi i piatti che contenevano le offerte ai Penati. La profezia si avvererà in senso favorevole per i Troiani: le mense che mangeranno non saranno i piatti, ma le focacce per posarvi i cibi.
12. **gomene:** robuste corde che tengono le navi ormeggiate.

Note di lettura

BIOGRAFIE
A. Rodio
Dante

▸ Le Arpie: creature immonde

Le Arpie erano immaginate dagli antichi come grandi uccelli rapaci dal volto di fanciulla, velocissimi e apportatori di distruzione, la cui funzione originaria era quella di messaggere delle divinità degli inferi.
Virgilio in questo episodio allude a una tradizione mitologica molto antica riportata nelle *Argonautiche*, poema del greco **Apollonio Rodio** (295-215 a.C.). Vi è narrata la spedizione degli Argonauti, eroi che sotto la guida di **Giasone** salparono da Iolco, in Tessaglia, con la nave Argo per recuperare il **vello d'oro**. Il vello era il manto completamente d'oro di un ariete che si trovava in una grotta della Colchide, una località all'estremità orientale del mar Nero, custodita da un drago che non si addormentava mai. Nelle *Argonautiche* si narra che il re di Tracia Fìneo aveva perseguitato i figli di primo letto e Giove aveva dato alle Arpie il compito di punirlo portandogli via il cibo e insozzandolo. Il re fu liberato da questo tormento da due Argonauti, Càlai e Zeto, figli di Bòrea, i quali cacciarono le Arpie e le inseguirono fino alle isole Stròfadi, dove i due inseguitori si sarebbero fermati e tornati indietro (di qui il nome delle isole, dal verbo greco *stréphein* "tornare indietro"). Il nome delle Arpie è strettamente legato alla loro natura. "Arpie" significa infatti "le rapaci". Celeno è "la tenebrosa", Ocipete "la veloce", Aello "la tempestosa".
Virgilio insiste sui particolari ripugnanti di uno **spettacolo immondo e raccapricciante**, che rappresenta efficacemente con **crudo realismo**, ricorrendo non solo a **impressioni visive** ma anche **uditive** e **olfattive**: il disgustoso aspetto, il disumano stridore e il repellente odore dei loro corpi. Al senso di disgusto provocato dai mostri subentra un irrefrenabile **terrore**, quando i Troiani si accorgono che queste creature sono invulnerabili (quindi esseri che appartengono alla sfera del soprannaturale) e odono la profezia di Celeno. Lo smarrimento e il turbamento dei Troiani è accresciuto dal fatto che anche fenomeni mostruosi e repellenti possono essere **manifestazione** di **misteriosi e minacciosi poteri**, di fronte ai quali l'uomo avverte un acuto senso di **impotenza** e di **sgomento** e non può far altro che invocare la benevolenza divina.

▸ Le Arpie dell'*Inferno* di Dante

«*Quivi le brutte Arpie lor nidi fanno,*
che cacciar de le Strofade i Troiani
con tristo annunzio di futuro danno.
Ali hanno late, e colli e visi umani,
piè con artigli, e pennuto 'l gran ventre;
fanno lamenti in su li alberi strani».

Qui nidificano le repellenti Arpie, che cacciarono i Troiani dalle Strofadi con un funesto annuncio di una sventura prossima. Hanno ampie ali e collo e aspetto umani, zampe con artigli, e il grande ventre ricoperto di penne; emettono suoni lamentosi e orribili sugli alberi.

Dante riprende quasi alla lettera il racconto virgiliano nell'*Inferno* (XIII, 10-15), ponendo le Arpie a guardia della **selva dei suicidi** e deputate a **torturare i dannati mutati in piante**. Esse, cibandosi delle foglie e costruendo i loro nidi su quei rami, rompono continuamente le fronde e causano perciò ai dannati terribili dolori.
L'unico particolare non presente in Virgilio sono i lamenti emessi da questi mostruosi uccelli.

Competenze alla prova

Comprensione

difficoltà ●○○

1. Dove approdano i Troiani?

2. Qual è il luogo d'origine delle Arpie?

3. Da dove arrivano le Arpie per assalire i Troiani?

4. Tra le seguenti affermazioni, indica quali sono vere e quali sono false.

	V	F
a. Appena sbarcati, i Troiani sono attaccati dalle Arpie	□	□
b. Le Arpie hanno sempre abitato sulle isole Strofadi	□	□
c. I Troiani si cibano degli armenti trovati sull'isola	□	□
d. Dopo l'assalto delle Arpie, i Troiani rinunciano a imbandire di nuovo le mense	□	□
e. Celeno non sa che i Troiani sono diretti in Italia	□	□

5. In che modo i Troiani cercano di uccidere le Arpie?

6. Che cosa intendono le Arpie con l'espressione «*róse mense*» (v. 257)?

Analisi

difficoltà ●●○

7. Il poeta rappresenta la faccia delle Arpie pallide di fame perché vuole
- □ rimarcare la loro bruttezza
- □ rendere più terribile il loro aspetto
- □ caratterizzarle come mostri insaziabili che non riescono a sfamarsi
- □ dare risalto alla tonalità terrea del loro volto

8. Con quali notazioni, oltre che con la descrizione del loro aspetto, sono rappresentate le Arpie e quale effetto hanno?

9. Perché le Arpie per insultare i Troiani li chiamano «*Laomedontiadi*» (v. 248)?

10. Da chi Celeno dice di aver appreso la conoscenza del futuro che rivela ai Troiani?

11. Quale figura retorica si trova nell'espressione «*artigli adunchi*» (v. 217), «*e pallida sempre la faccia di fame*» (vv. 217-218)?
- □ Chiasmo
- □ Parallelismo
- □ Asindeto
- □ Polisindeto

12. Perché si può dire che Celeno non ha compreso il vero senso della profezia di Apollo?

13. Perché Celeno ritiene che la profezia che sta rivelando ai Troiani sia una terribile sventura?

Produzione

difficoltà ●●●

14. Seguendo le indicazioni del testo e utilizzando anche i versi di Dante descrivi con parole tue l'aspetto delle Arpie.

II III
↳ Racconto di Enea

Libro III

I Troiani riprendono il mare: navigano oltre Zacinto, Duichio, Same, evitando Itaca, regno del loro nemico Ulisse e, giunti presso il promontorio di Leucate, sbarcano ad Azio. Qui celebrano i giochi, lieti di essere scampati alle città greche e passano l'inverno. Poi si mettono di nuovo in mare e giungono in Epiro, dove Enea apprende una notizia incredibile: su quella terra regna il troiano Èleno, l'indovino figlio di Priamo e ora marito di Andromaca. Desideroso di parlare con Andromaca, Enea si addentra nel bosco davanti alla città e la trova che sta offrendo doni e onori funebri al cenotafio (il sepolcro vuoto) di Ettore. Appena scorge Enea, Andromaca rimane sbigottita e incredula, poi si abbandona a un lamento straziante sulla propria infelice condizione. Fatta schiava, era stata concubina di Pirro Neottolemo, che in seguito l'aveva concessa a Èleno perché voleva sposare la figlia di Menelao. Dopo la morte di Pirro, una parte del regno era passata a Èleno, che aveva cercato di ricostruire una piccola città fatta a immagine di Troia.

Sopraggiunge intanto Èleno, che ospita generosamente i compatrioti nel suo palazzo.

Al momento della partenza Enea consulta Èleno sul viaggio che deve affrontare. Il re conferma che gli auspici sono favorevoli («Tu non temere i futuri morsi delle mense»*) e gli indica ciò che deve fare e ciò che deve evitare. Dovrà evitare la parte della Sicilia dove un breve tratto di mare separa la costa siciliana da quella italica: da una parte si trova Cariddi, che sconvolge le acque, dall'altra Scilla, il mostro enorme che spinge le navi sugli scogli. Gli raccomanda poi di venerare Giunone e vincere la sua ostilità con doni e offerte. Infine, gli dice che quando arriverà a Cuma dovrà consultare la Sibilla: essa gli rivelerà le guerre future e in che modo potrà superare ogni prova.*

Concluso il suo discorso, Èleno fa portare preziosi doni sulle navi. Anche Andromaca, triste per l'estremo commiato, reca vesti con ricami d'oro per Ascanio:

> Ricevi anche queste, o fanciullo, che ti siano ricordo
> delle mie mani, e attestino il lungo amore di Andromaca,
> sposa di Ettore. Prendi gli estremi doni dei tuoi,
> o unica superstite a me immagine del mio Astianatte.
> Così aveva il volto, con gli occhi e le mani,
> e ora crescerebbe come te, uguale d'anni.

Ripreso il mare i profughi giungono nella terra dei Ciclopi. Qui il greco Achemenide, dimenticato sull'isola da Ulisse tre mesi prima, supplica i Troiani di portarlo via da quella terra abitata da esseri mostruosi.

> Appare Polifemo,
> orribile mostro, informe, gigantesco, con l'occhio accecato.
> Un pino tronco ne guida la mano e sostiene i passi;
> lo accompagnano le pecore lanose, questo il solo piacere
> e conforto del male.

A quella vista i Troiani, dopo aver accolto benevolmente Achemenide, salpano in tutta fretta e riescono a evitare il pericoloso Ciclope.

Costeggiando la Sicilia orientale e poi quella meridionale giungono fino a Trapani dove muore Anchise, il padre di Enea.

A mezza estate Enea e i compagni salpano alla volta dell'Italia, ma una tempesta che Èolo ha scatenato su richiesta di Giunone spinge le navi sulla costa libica.

Enea pone fine così al suo lungo racconto.

Didone si confida con Anna: l'amorosa passione

Luogo:
Roma
Anno:
29-19 a.C.
Tratto da:
Libro IV, vv. 1-89

Il brano

Didone ha ascoltato, ormai soggiogata dall'amore per Enea, il lungo racconto delle peregrinazioni che si è protratto per tutta la notte. Turbata per il nuovo sentimento che si agita in lei, si rivolge alla sorella Anna e le confida la sua inquietudine.

Ma già la regina, tormentata da un profondo affanno,
nutre una ferita nelle vene, e un cieco fuoco[1] la divora.
Il grande valore dell'eroe, la grande gloria della stirpe
le ritornano in mente: non dileguano, impressi nel cuore, il volto
e le parole; l'affanno non concede alle membra la placida quiete.
L'Aurora[2] seguente illuminava le terre con la luce
febea[3] e aveva allontanato dal cielo l'umida ombra,
quando, già perturbata, parla alla concorde[4] sorella:
«Anna, sorella, che sogni mi tengono sospesa e m'angosciano!
Che ospite straordinario è entrato nel nostro palazzo,
quale mostrandosi in volto! che forza nel cuore e nell'armi!
Credo davvero che sia – non è fede illusoria –
di stirpe divina. Il timore accusa gli animi ignobili[5].
Quali fati lo hanno agitato! Che guerre sofferte narrava!
Se non fosse decisione irremovibile e fissa nel cuore
di non volermi unire a nessuno con vincolo coniugale,
dopo che il primo amore m'ingannò e m'illuse con la morte[6],
se non avessi in odio il talamo[7] e le fiaccole nuziali[8],
forse per questo solo potrei soccombere al peccato[9].
Anna, lo confesso, dopo la morte del misero sposo
Sicheo, e la casa insanguinata da fraterna strage[10],

1. **un cieco fuoco:** un fuoco che acceca.
2. **Aurora:** è una personificazione e sorge dall'Oceano concepito come una vasta distesa d'acqua che circonda le terre emerse.
3. **luce febea:** la luce di Febo Apollo, identificato con il Sole.
4. **concorde:** la parola latina è *unanimis*, che alla lettera significa "del medesimo animo". Didone e Anna sono "un solo cuore" e Anna conosce e condivide i sentimenti più segreti della sorella.
5. **ignobili:** non nobili.
6. **amore … morte:** Sicheo, il «*primo amore*», morendo deluse le speranze di una vita felice che Didone nutriva.
7. **talamo:** il letto nuziale.
8. **fiaccole nuziali:** Virgilio ha qui in mente i riti nuziali a Roma, con le fiaccole che accompagnavano il corteo degli sposi.
9. **peccato:** la parola, che traduce il latino *culpa*, non va intesa allo stesso modo dei cristiani. Didone vive come una colpa il sentimento che prova per Enea, perché ha giurato fedeltà a Sicheo sulla sua tomba.
10. **fraterna strage:** Sicheo era stato ucciso a tradimento da Pigmalione, fratello di Didone.

egli soltanto ha scosso i miei sensi, e m'ha fatto
vacillare l'animo. Riconosco i segni dell'antica fiamma.
Ma voglio che prima la terra mi s'apra in un abisso,
e il padre onnipotente mi spinga con il fulmine tra le ombre,
le ombre del pallido Èrebo[11] e la notte profonda,
prima che ti violi, o Pudore[12], o sciolga le tue leggi.
Quello che per primo mi unì a sé, mi rapì l'amore;
egli lo abbia con sé e lo serbi nel sepolcro».
Detto ciò, riempì la veste di dirotte lagrime.
Anna risponde: «O più cara della luce alla sorella,
ti consumerai sola e dolente per l'intera giovinezza,
e non conoscerai i dolci figli né i doni di Venere[13]?
Credi che di ciò si curino le ceneri e i Mani sepolti[14]?
Sia, un giorno nessun marito ti piegò affranta,
né in Libia, né prima in Tiro; hai spregiato Iarba[15]
e gli altri capi che nutre l'Africa, terra
ricca di trionfi: resisterai anche a un amore gradito?
Non ti viene in mente nei campi di chi sei stanziata?
Da una parte città getule[16], stirpe invincibile in guerra,
e sfrenati Numidi[17] ti attorniano, e le inospitali Sirti[18];
dall'altra una regione desolata dalla sete, e per largo tratto
i furenti Barcei[19]. Che dire delle guerre che sorgono da Tiro
e delle minacce del fratello?
Penso davvero che, auspici gli dei e propizia Giunone,
le navi iliache seguirono questa rotta col vento.
Quale vedrai questa città, sorella, e quale regno
sorgere per tale connubio[20]! Con l'aiuto delle armi dei Teucri
per quali grandi eventi si leverà la punica gloria!
Ma tu invoca il favore degli dei e, compiuti sacrifici,
prolunga l'ospitalità, e intreccia cause d'indugio,
mentre imperversa sul mare l'inverno e il piovoso Orione[21],
e le navi sono sconnesse[22], e il cielo è tempestoso».
Con queste parole infiammò l'animo ardente d'amore,
diede speranza alla mente dubbiosa, e dissolse il pudore.
Prima si recano nei templi, e implorano la pace
sulle are; sacrificano secondo il rito scelte pecore bidenti[23]

11. **Èrebo:** è uno dei termini per indicare l'oltretomba.
12. **Pudore:** è personificata una virtù che si manifesta nel rispetto di valori morali e religiosi, violando i quali si prova un sentimento di vergogna nel contesto delle responsabilità sociali. In particolare, per Didone implica la fedeltà dell'*univira* (la donna che ha avuto un solo matrimonio) alla memoria del marito. *Pudor* o *Pudicitia*, infatti, per i Romani era una divinità che poteva essere venerata solamente dalle donne che avevano avuto un solo marito.
13. **i doni di Venere:** i piaceri dell'amore.
14. **Mani sepolti:** sono le anime dei defunti divinizzate. Qui sta semplicemente per "defunti".
15. **Iarba:** è presentato da Virgilio come re di vasti territori dell'Africa. Da lui Didone ha ottenuto il territorio per edificare la città di Cartagine.
16. **città getule:** città dei Getuli, un popolo nomade dell'Africa settentrionale.
17. **Numidi:** popolazione stanziata nel territorio dell'odierna Algeria.
18. **inospitali Sirti:** indica due golfi, Sirti Maggiore e Sirti Minore. Oggi si chiamano Golfo di Sidra e Golfo di Gabes.
19. **Barcei:** gli abitanti di Barce, città della Cirenaica.
20. **connubio:** matrimonio.
21. **piovoso Orione:** Orione è una costellazione la cui levata e tramonto (dalla metà di giugno a novembre) sono accompagnati nei calendari astro-meteorologici dall'indicazione di piogge e temporali.
22. **le navi sono sconnesse:** le navi hanno subito danni durante la tempesta e verranno riparate nella stagione invernale, durante la quale è sconsigliabile navigare.
23. **bidenti:** con due denti. Si riferisce ai denti incisivi che l'animale cambia e che, al secondo anno, si distinguono meglio degli altri perché sono sporgenti. Bidenti, quindi, è sinonimo di "animale di due anni".

Giorgio de Chirico (1888-1978), *Testa di donna piangente*, 1955 ca., particolare, Roma, Fondazione Giorgio e Isa de Chirico.

a Cerere[24] legislatrice e a Febo e al padre Lieo[25],
a Giunone[26] prima di tutti, che tutela i vincoli nuziali.
La bellissima Didone, tenendo nella destra una coppa,
la versa tra le corna d'una candida giovenca, o s'aggira
davanti alle statue degli dei tra le ricche are,
e rinnova il giorno con doni, e aperto il petto
delle vittime consulta col respiro sospeso le viscere palpitanti[27].
Oh ignare menti dei profeti! che giovano all'invasata
i voti e i templi? Frattanto una dolce fiamma
divora le midolla, e tacita vive la ferita nel cuore.
Arde l'infelice Didone e vaga per tutta la città,
invasata; quale una cerva colpita da una freccia,
che un pastore inseguendola incauta trafisse con dardi
da lontano nei boschi cretesi, e le lasciò dentro l'alato ferro,
ignaro; quella percorre in fuga le selve e le balze
dittee[28]; ma non si distacca dal fianco l'asta mortale.
Ora conduce Enea con sé attraverso le mura,
e mostra le ricchezze sidonie e la città preparata;
comincia a parlare, e a metà del discorso s'arresta;
ora sul calare del sole desidera un nuovo convito,
e chiede, folle, di udire ancora una volta i travagli
di Troia, e ancora una volta pende dalle labbra del narratore.
Poi, appena si congedano, e la luna a sua volta oscurandosi
nasconde la luce, e le stelle calanti conciliano il sonno,
si tormenta sola nel vuoto palazzo, e giace sui tappeti
abbandonati: lui, lontana, lontano ascolta e vede;
o tiene in grembo Ascanio, presa dall'immagine
del padre, per cercare di ingannare così l'indicibile amore.
Le torri cominciate non crescono, la gioventù non si esercita
nelle armi, e non allestiscono porti o sicuri bastioni
per la guerra; pendono interrotte le opere e la superba
crescita delle mura, e le loro impalcature che uguagliano il cielo.

trad. it. E. Canali, Lorenzo Valla-Mondadori, Milano

24. Cerere: è la dea delle messi.

25. padre Lieo: è Bacco, il dio del vino.

26. Giunone: nella gerarchia delle divinità invocate Giunone occupa il primo posto perché è venerata come "pronuba", ovvero protettrice dei matrimoni.

27. palpitanti: le viscere delle vittime appena sacrificate. L'esame delle viscere degli animali immolati per trarre auspici, detto *aruspicina*, era una pratica tipicamente romana, derivata dagli Etruschi. Virgilio anacronisticamente la attribuisce ai Cartaginesi.

28. dittee: del monte Ditte, nell'isola di Creta.

Venere fa innamorare Didone di Enea x R senza contingenza e quindi favorisce l'innamoramento didone con cupido

Note di lettura

▸ La tormentata passione di Didone

Il libro III si è chiuso con la conclusione del racconto di Enea: «*Così il padre Enea, solo, a tutti che erano intenti / raccontava i fati divini e narrava i suoi viaggi. Tacque infine e, terminato il racconto, si riposò*» (III, 716-718). All'immagine di Enea che gode del riposo notturno si contrappone all'inizio del quarto libro (sottolineato dal «*Ma*» all'inizio del v. 1) quella di Didone che, ormai innamorata di Enea, non vive questo nuovo sentimento con piacere, ma è tormenta da un profondo affanno. La **passione** che è nata in lei appare subito come una **ferita dolorosa** «*inflitta profondamente alla sua carne: una metafora questa, dell'amore-ferita, dell'amore-malattia, tradizionale, e che tuttavia connota con rinnovato spessore tragico la prima scena*» (Baldo).
L'intensità della tensione accumulata nella tormentata solitudine della notte si manifesta nell'irruenza delle esclamazioni con cui Didone elogia di fronte alla sorella Anna le qualità e la **personalità quasi divina di Enea**, ed esprime la commozione provata per le sue sofferenze.
Didone non confessa alla sorella la reale natura della passione irresistibile da cui è dominata e le prospetta solo l'ipotesi di poter avere Enea come sposo in grazia delle sue straordinarie virtù. Soltanto questa possibilità, presentata però come irreale, le dà il coraggio di rivelare ad Anna l'amore per Enea: «*Riconosco i segni dell'antica fiamma*» (v. 23). Tuttavia, Didone afferma subito la sua **volontà di rimanere fedele alla memoria di Sicheo** e sente il mancato rispetto di questo impegno come una colpa, come una violazione delle leggi del **pudore**. Ma l'azione di Cupido aveva già cancellato dalla memoria di Didone l'immagine di Sicheo: «*Quello [Cupìdo] comincia / a cancellare lentamente Sicheo, e si appresta a vincere con / vivo amore, l'animo prima inerte e il cuore armai disavvezzo*» (I, 720-723). Le solenni attestazioni di fedeltà di Didone – con le paradossali e iperboliche espressioni dei versi 34-35 – appaiono ormai manifestazione di un **rispetto formale** della promessa fatta alla morte del marito e sono un **debole argine alla passione**. Infatti, il pianto con cui conclude il suo discorso lascia intravedere il suo desiderio nascosto.
La sorella Anna può agevolmente convincere la sorella a liberarsi da ogni scrupolo perché nel suo intimo Didone è dominata dall'inconfessata aspirazione a superare il dissidio che la tormenta e ad abbandonarsi alla passione. Ma neppure liberata dai vincoli del pudore, e dopo aver cercato affannosamente i segni del favore divino, Didone trova sollievo: il suo animo è sconvolto da un'**inquietudine** che non dà scampo e da un travolgente **furore amoroso** che la ragione non è più in grado di controllare. È una drammatica condizione magistralmente rappresentata dal poeta nella **similitudine della cerva ferita** che vaga senza meta per i boschi senza potersi distaccare dal fianco la freccia che l'ha trafitta. Al vagare della cerva corrisponde un agitarsi forsennato e un'inquietudine che annienta le doti per le quali Didone spiccava nella sua prima apparizione.

▸ Le forme della narrazione

Il dialogo tra Didone e Anna è costruito in **forma drammatica.** Introducendo la figura della sorella come confidente privilegiata dei pensieri e dei sentimenti di Didone, Virgilio trasforma il racconto epico in **azione** che sembra svolgersi su un palcoscenico. La scena ha tutto l'aspetto del **prologo di una tragedia**, nel quale sono contenuti i presupposti di una vicenda destinata a concludersi tragicamente.
Il poeta rinuncia al ruolo di narratore onnisciente lasciando che il **mondo interiore di Didone si manifesti con immediatezza**, che i segreti della sua vita intima – con i tormenti, le tensioni e i conflitti che lo agitano – vengano pienamente alla luce nel confronto con un suo *alter ego* configurato nel personaggio della sorella.

Competenze alla prova

Comprensione

difficoltà

1. Che cosa aveva promesso Didone alla morte di Sicheo?
2. A che cosa si riferisce Didone ricordando la «*fraterna strage*» (v. 21)?
3. A quale divinità si rivolge Didone per ribadire il suo intento di restare fedele alla memoria di Sicheo?
4. A quali divinità offrono sacrifici Didone e Anna?
5. Chi è Iarba e a che cosa aspira?
6. Perché, secondo Anna, gli dei hanno fatto approdare la flotta troiana a Cartagine?
7. Perché Didone si affida ai sacrifici e alle predizioni?
8. Quali attività trascura Didone dopo che si è abbandonata alla passione?

Analisi

difficoltà

9. Per quale motivo Didone considera il suo amore per Enea come una colpa?
10. Tra le seguenti affermazioni, indica quali sono vere e quali sono false.

	V	F
a. L'amore è concepito come un impulso irrazionale	☐	☐
b. Didone rivela a Enea il suo amore.	☐	☐
c. Il pudore per Didone ha un senso morale religioso	☐	☐
d. Anna vede con favore il matrimonio con Enea perché è necessario tutelarsi dalle aggressioni dei vicini	☐	☐

11. Anna esorta Didone a liberarsi dal proposito di mantenersi fedele alla memoria di Sicheo perché
    - ☐ questo ricordo le procura solo affanni
    - ☐ è sufficiente onorare la memoria di Sicheo con cerimonie rituali in onore dei Mani
    - ☐ il pensiero di Sicheo la distrae da altre occupazioni connesse ai suoi doveri di regina
    - ☐ il mondo dei morti è completamente estraneo al mondo dei vivi
12. Quale giudizio esprime il poeta sulle pratiche dei vaticini?
13. Per quale motivo Didone fa sacrifici «*a Giunone prima di tutti*» (v. 59)?
14. Con quali parole Didone accosta la passione per Enea a quella che ha provato per il marito?
15. A quale proposito il poeta interviene direttamente nella narrazione?
16. Quale dettaglio della similitudine della cerva ferita prefigura l'esito tragico della vicenda d'amore di Didone?
17. Perché Didone indulge a tenere tra le braccia Ascanio?
18. Con quali espressioni metaforiche il poeta esprime gli effetti negativi dell'amore passionale?

Produzione

difficoltà

19. Trasforma il dialogo di Didone con Anna in un discorso che Didone fa tra sé e sé riferito in stile diretto libero.

Libro IV

Giunone pattuisce le nozze tra Enea e Didone con Venere, nella segreta speranza di tenere i Troiani lontano dal Lazio. Venere, sapendo che a questo progetto si oppone il Fato, pur essendo certa dell'insuccesso, tuttavia accetta, perché il matrimonio renderebbe sicuro il soggiorno del figlio a Cartagine.
Dopo l'accordo tra le due dee, i nobili troiani e i nobili cartaginesi si preparano a una battuta di caccia alla quale partecipano anche Didone ed Enea. Quando la schiera giunge nei luoghi stabiliti per la caccia, Giunone scatena una tempesta che disperde i cacciatori. Enea e Didone si rifugiano nella stessa grotta, dove avviene il connubio al quale assistono la divinità della Terra e Giunone. Le fiaccole del corteo nuziale sono i lampi del cielo e le Ninfe dei monti li accompagnano con le loro grida. Da questo momento Didone si considera moglie di Enea e copre con il nome di vincolo matrimoniale la sua colpa: «Quello fu il primo giorno di morte, e la prima / causa di sventure. Didone non si preoccupa di apparenze / e di fama, ormai non medita un amore furtivo: / lo chiama connubio; vela con questo nome la colpa» *(vv. 169-172). La Fama diffonde subito la notizia e Iarba, pretendente respinto da Didone dopo averla ospitata nella sua terra, chiede l'intervento del padre Giove.*

L'ultimo incontro

Luogo:
Roma
Anno:
29-19 a.C.
Tratto da:
Libro IV, vv. 279-396

Il brano

Giove invia Mercurio a Cartagine affinché ricordi a Enea il destino di gloria promesso alla sua stirpe in Italia. Il messaggero del dio trova Enea impegnato nell'opera di edificazione della città, lo rimprovera aspramente e gli comunica gli ordini di Giove: deve lasciare subito Cartagine e volgere le vele verso il Lazio, obbedendo alla volontà del Fato. Senza attendere risposta, Mercurio scompare.

Enea ammutolì smarrito a tale visione.
I capelli si drizzarono per l'orrore, la voce si arrestò nella gola.
Arde di fuggire e di lasciare le dolci terre,
attonito all'alto ammonimento e all'ordine degli dei.
Ahi, che fare? con quali parole oserà
circuire[1] la regina in delirio? come inizierà il discorso?
Divide il veloce animo di qua, di là,
e lo trae in diverse parti e lo volge ad ogni espediente.
Questa a lui che esitava sembrò la decisione migliore:
chiama Mnesteo e Sergesto e il forte Seresto[2]:
apprestino in silenzio la flotta e raccolgano i compagni
sulla riva, preparino gli attrezzi e dissimulino la causa
di quei mutamenti; egli frattanto, mentre la dolcissima
Didone, ignara, non pensa che un amore così grande s'infranga,

1. **circuire:** il vero latino *ambire* in senso proprio è riferito all'attività della propaganda elettorale, durante la quale i candidati cercavano di ottenere l'appoggio degli elettori blandendoli con promesse.
2. **Mnesteo, Sergesto ... Seresto:** sono tre compagni di Enea destinati a figurare tra i principali capi delle sue truppe.

tenterà la via, il momento più agevole di parlarle,
il modo più adatto all'impresa. Subito tutti
obbediscono lieti al comando ed eseguono gli ordini.
Ma la regina presentì – chi ingannerebbe un'amante? –
e colse per prima le trame e le mosse future,
già temendo perché troppo sicura. La stessa empia Fama[3]
riporta alla furente che armavano la flotta, pronti a partire.
Infuria smarrita nell'animo e ardente delira
per tutta la città, come una Tiade[4] eccitata
al destarsi dei riti, quando udito Bacco la stimolano
le orge triennali e la richiama con grida il notturno Citerone.
Infine si rivolge per prima ad Enea con queste parole:
«Speravi, o perfido, di poter dissimulare[5] una tale
infamia, e di allontanarti senza parole dalla mia terra?
Non ti trattiene il nostro amore e la mano che un giorno
mi desti[6], e Didone ostinata a morire amaramente?
Sotto le stelle invernali prepari la flotta,
e ti appresti a prendere il largo in mezzo agli aquiloni[7],
o spietato? Se tu non cercassi terre straniere
e ignote dimore, e sopravvivesse l'antica Troia,
andresti a Troia con le navi sul mare tempestoso?
Fuggi me? Ti prego per queste lagrime, per la tua destra
– poiché null'altro ho lasciato a me sventurata –,
per il nostro connubio, per l'iniziato imeneo[8], se bene
di te meritai, o qualcosa di me ti fu dolce,
abbi pietà della casa che crolla, e abbandona,
se ancora valgono le preghiere, questo pensiero.
Per te le libiche genti e i principi dei Numidi[9]
mi odiano, sono ostili i Tirii[10]; si estinse, sempre per te,
il pudore, e, sola per cui andavo alle stelle,
la fama di prima. A chi mi lasci morente, ospite?
(Questo è l'unico nome che mi resta dello sposo.)
Che cosa aspetto? forse che il fratello Pigmalione[11] distrugga
le mie mura, o mi tragga prigioniera il getulo Iarba?
Almeno se stringessi fra le braccia un figlio avuto da te
prima della fuga, se giocasse per me nella corte
un piccolo Enea che almeno richiamasse te nel volto,
certo non mi sentirei sorpresa e abbandonata del tutto».
Disse. Egli teneva gli occhi immoti ai comandi di Giove,
e premeva con sforzo la pena nel cuore.
Infine rispose brevemente: «Per quanto tu possa
enumerare moltissimi meriti, giammai negherò
che li avesti, o regina, né mi dorrò di ricordare Elissa[12],
finché mi ricordi di me e lo spirito mi regga le membra.
Del fatto dirò brevemente. Non speravo,
non credere, tenerti nascosta la fuga, né mai
proffersi fiaccole nuziali[13] o giunsi a questi legami.
Se i fati permettessero che io conducessi la vita
secondo i miei auspici o placassi da me gli affanni,
prima sarei di nuovo nella città di Troia, con le dolci
reliquie dei miei, e l'alto palazzo di Priamo si ergerebbe,
e avrei ricostruito per i vinti Pergamo caduta due volte[14].

3. **empia Fama:** la Fama è stata descritta in precedenza come una divinità malevola dalle mille bocche.
4. **Tiade:** le Tiadi (dette anche Baccanti o Menadi) erano le seguaci del culto di Bacco (il Dioniso dei Greci) il dio del vino e dell'ebbrezza. Sul monte Citerone, in Beozia, ogni tre anni le seguaci del dio celebravano orge notturne abbandonandosi a danze e comportamenti sfrenati.
5. **dissimulare:** nascondere.
6. **la mano … desti:** Didone intende l'incontro nella grotta come un vero e proprio rito nuziale.
7. **aquiloni:** venti freddi e tempestosi provenienti da nord.
8. **l'iniziato imeneo:** "il nostro matrimonio appena iniziato". "Imeneo" deriva da Imene, una divinità che presiede alle nozze.
9. **i principi dei Numidi:** i principi africani dei territori circostanti.
10. **i Tirii:** erano i Cartaginesi che disapprovavano la condotta di Didone.
11. **Pigmalione:** fratello di Didone e assassino di Sicheo.
12. **Elissa:** nome fenicio di Didone.
13. **né mai … fiaccole nuziali:** Enea nega che il loro rapporto sia stato sancito da un vincolo matrimoniale.
14. **Pergamo … volte:** Troia distrutta due volte, la prima da Ercole, la seconda dai Greci.

Ma ora Apollo Grineo[15] e gli oracoli della Licia[16]
mi ordinano di raggiungere la grande Italia;
questo il desiderio, questa la patria. Se la rocca di Cartagine
e la vista d'una città libica trattiene te fenicia,
perché non vuoi che i Teucri si stanzino in terra ausonia[17]?
Anche noi possiamo cercare regni stranieri.
L'immagine del padre Anchise, per quante volte la notte
ricopre con le umide ombre la terra, e sorgono gli astri
di fuoco, mi rimprovera in sogno e mi atterrisce adirata;
anche il fanciullo Ascanio, con l'offesa al suo caro
capo, che defraudo del regno d'Esperia[18] e dei campi fatali[19].
Ora anche il messaggero degli dei, mandato da Giove
– lo giuro sul capo di entrambi –, mi porta comandi
per l'aria veloce; io stesso vidi il dio nella chiara luce
penetrare i muri, e ne accolsi con questi orecchi la voce.
Smetti d'inasprire me e te con il pianto:
l'Italia non spontaneamente io cerco».
Con sguardo ostile già da tempo lo guarda dire così,
girando gli occhi in qua e in là, e tutto
lo percorre con gli occhi silenziosi, e parla infocata:
«Non ti è madre una dea, o perfido, né fondatore
della stirpe Dardano, ma il Caucaso irto di dure
rocce, e ti porsero le mammelle tigri ircane[20].
Perché dissimulare o riservarmi ad affronti maggiori[21]?
Forse gemette al mio pianto, o chinò gli occhi?
Forse vinto versò una lagrima, o commiserò l'amante?
Quale onta è peggiore di questa? Ormai la grande
Giunone e il padre Saturnio[22] non guardano con giusti occhi.
La lealtà è dovunque malcerta. Naufrago, bisognoso di tutto,
ti accolsi e, folle, ti posi a parte del regno;
salvai la flotta perduta e i compagni dalla morte.
Ahi, l'ira mi arde e mi travolge[23]! Adesso l'augure Apollo,
e gli oracoli della Licia, e il nunzio degli dei
mandato da Giove porta orribili comandi per l'aria.
Questo travaglia gli dei; un tale affanno conturba
o la loro quiete[24]. Ma non ti trattengo, non confuto
le tue parole. Va', insegui l'Italia nei venti,
cerca il regno sull'onde. T'auguro, se i numi pietosi

15. **Grineo:** epiteto di Apollo, derivato dal nome della città di Grinio, sulla costa della Misia, con un tempio e un oracolo di Apollo.
16. **oracoli della Licia:** l'oracolo di Apollo nella città di Patara, in Licia.
17. **terra ausonia:** terra italica. Ausone, figlio di Ulisse e Circe (o di Ulisse e Calipso) diede il proprio nome agli Ausoni, i primi abitanti dell'Italia. Ausonia era il nome con cui i Greci chiamavano le terre della penisola al di fuori della loro influenza.
18. **regno d'Esperia:** Esperia (terra d'Occidente) è un altro nome con cui i Greci chiamavano l'Italia.
19. **campi fatali:** le terre che il destino assegna al figlio di Enea.
20. **Caucaso ... ircane:** Didone considera Enea figlio di una roccia del Caucaso. L'Ircania è una regione selvaggia adiacente al Caucaso.
21. **Perché ... maggiori:** Didone si chiede perché dovrebbe fingere ed esporsi a insulti peggiori.
22. **padre Saturnio:** Giove, figlio di Saturno.
23. **l'ira ... mi travolge:** la traduzione letterale ("Ahi, sono infiammata e trascinata via dal furore") esprime un risentimento più forte dell'ira.
24. **travaglia ... la loro quiete:** disturba la quiete degli dei. Detto con evidente sarcasmo. Didone accenna qui alla dottrina epicurea secondo la quale gli dei sono indifferenti alla vicende umane e vivono in uno stato di imperturbabile beatitudine.

possono qualcosa, di scontare la pena tra gli scogli,
d'invocare spesso per nome Didone. T'inseguirò lontana
con neri fuochi[25], e quando la fredda morte avrà separato
le membra dall'anima, ti sarò fantasma dovunque.
Subirai il castigo, malvagio. Saprò, e la fama verrà
tra i Mani profondi[26]». Con ciò interruppe il discorso;
affranta fugge la luce, e si volge, e si sottrae allo sguardo,
lasciandolo molto esitante nel timore e intento a dire
molto. Le ancelle la accolgono, e riportano sul talamo
marmoreo il corpo svenuto e lo adagiano sui cuscini.
Ma il pio Enea, sebbene desideri calmare
la dolente, e confortarla, e allontanare con parole le pene,
molto gemendo e con l'animo vacillante per il grande amore[27],
tuttavia esegue i comandi degli dei, e ritorna alla flotta.

trad. it. E. Canali, Lorenzo Valla-Mondadori, Milano

25. **neri fuochi:** allusione alle fiaccole delle Furie vendicatrici e alle fiamme del rogo sul quale Didone morirà e che Enea vedrà dal mare.

26. **i Mani profondi:** le anime dei morti.

27. **vacillante per il grande amore:** l'espressione può essere intesa in due sensi: l'animo di Enea vacilla per l'amore che sente per Didone, oppure vacilla perché si è reso conto del grande amore che Didone ha per lui.

Note di lettura

▶ Dal furore amoroso all'odio implacabile

Didone, con l'oscura **coscienza di un amore nato sotto segni infausti**, è oppressa da uno stato di **tensione** e di **timore** anche quando dovrebbe sentirsi ormai sicura e vivere l'amore come gioia e serenità. La sua acuta sensibilità le fa presentire il pericolo nonostante la calma: prima che le giunga la notizia, intuisce che i Troiani si apprestano a partire. In preda a un irrefrenabile **furore passionale**, affronta Enea con una serie concitata di domande che, dopo un avvio aggressivo, assumono il tono di un'**invocazione dagli accenti disperati**, in nome di un connubio per il quale si sente legata in modo indissolubile a Enea. Didone non si richiama solo ai suoi meriti, ma anche a quello a cui ha rinunciato: la parte migliore di se stessa, il suo più alto titolo di onore («*si estinse, sempre per te, / il pudore, e, sola, per cui andavo alle stelle, / la fama di prima*», vv. 321-323).

Didone conclude la sua preghiera, in cui affiorano i primi accenni alla morte che il distacco provocherebbe, rivolgendosi a se stessa con una domanda piena d'angoscia e con la struggente e dolorosa constatazione di non poter mitigare la **solitudine** che l'aspetta. Il suo furore si placa in una manifestazione di «*tenerezza femminile che non ha confronti nell'*Eneide» (La Penna-Grassi), con il commovente vagheggiamento di una vita accanto a un figlio che le richiamerebbe costantemente il volto di Enea.

Ma Enea è sordo a questi appassionati e disperati appelli. La dichiarazione che Didone apparterrà sempre alla sua memoria e che non intendeva tenerle nascosta la partenza non possono avere alcun effetto. Quando poi afferma che al centro del suo mondo affettivo c'è solo il **rimpianto della patria perduta**, il divario che separa i due si trasforma in un solco incolmabile. Didone lascia cadere ogni cautela e la sua risposta è di una violenza pari a quella della sua passione. Essa diventa la **personificazione dell'odio e della vendetta**. L'odio si mescola al sarcasmo con cui liquida le motivazioni di Enea che le ricorda gli ordini divini. In tono sprezzante obietta a Enea che gli dei non si occupano delle cose umane e vivono beati nelle loro sedi. Infine, minaccia Enea di perseguitarlo anche in futuro. Ma la brusca interruzione del dialogo e lo svenimento sono il chiaro segno che in Didone l'amore non morirà mai.

Competenze alla prova

Comprensione

difficoltà ●○○

1. Tra le seguenti affermazioni, indica quali sono vere e quali sono false.

	V	F
a. Enea è incerto se ubbidire subito all'ordine di Giove o rimanere ancora per qualche tempo a Cartagine	☐	☐
b. Benché afflitta, Didone accetta la decisione di Enea	☐	☐
c. La notizia dell'imminente partenza della flotta troiana è portata da una dea	☐	☐
d. Didone lascia interrotto il suo discorso nel burrascoso colloquio con Enea	☐	☐

2. Quali sono state per Didone le conseguenze della sua unione con Enea?
3. Con quale similitudine è espresso il furore di Didone alla notizia della partenza di Enea?
4. Che cosa promette Enea a Didone nel tentativo di consolarla?
5. Da chi viene rimproverato in sogno Enea?
6. Perché, secondo Enea, Didone dovrebbe comprendere il suo desiderio di fondare una città?

Analisi

difficoltà ●●○

7. In quale forma sono espresse le perplessità di Enea all'annuncio di Mercurio?
8. Dalla dichiarazione di Enea che se il fato glielo consentisse tornerebbe a ricostruire Troia, Didone è portata a dedurre che
   - ☐ Enea è un uomo ammirevole per il suo amore patrio
   - ☐ è normale che egli abbia nel cuore sempre la sua città
   - ☐ in realtà non è lei a essere al centro degli interessi di Enea
   - ☐ le chiederebbe di seguirlo
9. Tra gli argomenti che Enea elenca per giustificare la sua partenza, quale affermazione ferisce più profondamente Didone e per quale motivo?
10. Da quali affermazioni si comprende che Didone non sopravvivrà al distacco da Enea?
11. Quale conseguenza più di altre assilla Didone per l'abbandono di Enea?
    - ☐ L'ostilità dei principi africani
    - ☐ Il malcontento popolare a Cartagine
    - ☐ Il disonore per aver tradito la fedeltà promessa a Sicheo
    - ☐ La necessità di rinunciare al trono
12. Con le sue concitate domande retoriche Didone esprime:
    - ☐ il desiderio di conoscere le vere intenzioni di Enea
    - ☐ uno stato d'animo esasperato e pieno di risentimento verso Enea
    - ☐ uno sfogo che comunque ritiene privo di effetti sulla decisione di Enea
    - ☐ la volontà di commuovere Enea
13. Qual è il desiderio inappagato di Didone, soddisfatto il quale sente che potrebbe sopportare la lontananza di Enea?
14. Quale concezione degli dei mostra di avere Didone e in quale passo sembra contraddirsi?
15. Didone, nella sua ultima invettiva, quale sorte augura a Enea?

Produzione

difficoltà ●●●

16. Prova a scrivere una parodia del brano nella quale i ruoli sono invertiti: Didone per dare potenza al suo regno è costretta dal Fato a sposare Iarba e vuole scacciare da Cartagine Enea che invece è innamorato di lei.
17. Scrivi un testo in cui immagini che Didone riferisca alla sorella Anna il colloquio con Enea.

Didone medita il suicidio

Luogo:
Roma
Anno:
29-19 a.C.
Tratto da:
Libro IV, vv. 408-508; 517-553

Il brano

Enea, benché addolorato, continua i preparativi per la partenza. I Troiani accorrono da tutta la città e si dedicano con fervore alla riparazione delle navi e all'imbarco delle provviste. Didone vede dall'alto lo spettacolo della frenetica attività che anima il porto.

Quali pensieri avevi allora, o Didone, guardando questo,
quali gemiti davi scorgendo dall'alta rocca[1]
fervere per largo tratto le rive e tutto vedendo
il mare turbarsi davanti agli occhi per gli alti clamori!
Crudele amore, a cosa spingi i cuori umani?
È sforzata di nuovo a piegarsi alle lagrime, di nuovo a tentare
con preghiere, e supplice sottomettere l'orgoglio all'amore
per non lasciare nulla d'intentato, e non morire invano,
«Anna[2], vedi, si affrettano su tutta la riva:
si radunano da tutte le parti; la vela già chiama
i venti, e lieti marinai posero corone sulle poppe[3].
Se ho potuto aspettarmi questo così grande dolore,
potrò anche sopportarlo, sorella. Fa' tuttavia,
Anna, questo soltanto per me sventurata. Infatti
il perfido rispettava te sola, e ti confidava persino
i pensieri segreti; sola conoscevi gli agevoli
momenti di avvicinarlo: va', sorella, e implora
il superbo nemico: non io con i Danai in Aulide giurai
di distruggere il popolo troiano, o mandai la flotta a Pergamo[4],
né violai le ceneri e i Mani del padre Anchise[5];
perché negli occhi crudeli non accoglie le mie parole?
Dove corre? Conceda un estremo dono all'amante[6]
sventurata: aspetti una facile fuga e favorevoli venti.
Non imploro l'antico connubio[7], che egli tradì,
e neppure che si privi del bel Lazio e rinunzi al regno;

---

1. **dall'alta rocca:** il palazzo della regina è nella parte più alta della rocca della città.
2. **Anna:** nelle parole rivolte ad Anna è stato visto un richiamo a una tradizione secondo la quale era Anna a innamorarsi di Enea e a uccidersi.
3. **corone sulle poppe:** le corone sono poste sulle poppe delle navi, dove erano dipinte immagini. Si ponevano all'arrivo in segno di ringraziamento e alla partenza per propiziare una felice navigazione.
4. **non io … Pergamo:** Didone proclama la propria estraneità alla distruzione di Troia da parte dei Greci. L'Aulide è il porto della Beozia in cui si era radunata la flotta achea per salpare verso Troia.
5. **i Mani del padre Anchise:** esisteva una tradizione secondo la quale l'eroe greco Diomede aveva profanato la tomba di Anchise.
6. **amante:** il corrispondente termine latino andrebbe reso con l'espressione "a colei che lo ama".
7. **l'antico connubio:** il matrimonio è detto «*antico*» non perché è trascorso molto tempo dalla morte di Sicheo, ma perché Didone lo considera cosa del passato, che non può più tornare.

Giorgio de Chirico (1888-1978), *Il pensatore (Archeologo)*, 1973, particolare, Roma, Fondazione Giorgio e Isa de Chirico.

poco tempo chiedo, requie e intervallo al furore,
finché la mia sorte m'insegni a soffrire vinta.
Quest'ultima grazia imploro – abbi pietà della sorella –;
quando me l'avrà concessa, lo ricambierò con l'aggiunta della morte[8]».
Con tali parole implorava, e l'infelice sorella
porta e riporta quei pianti. Ma egli non cede
a pianti, e non ode arrendevole nessuna parola;
i fati si oppongono; un dio gli chiude gli imperturbabili orecchi.
E come le tramontane alpine lottano fra loro
con raffiche, di qua di là, per abbattere una robusta quercia
dal fusto annoso; va uno stridore, e gli alti
rami cospargono la terra intorno allo scosso tronco;
quella s'abbarbica alle rocce, e quanto con la cima nell'aria
del cielo, tanto con la radice si protende verso il Tartaro[9]:
così l'eroe è battuto di qua, di là,
da assidue voci, e sente nel grande cuore la pena;
l'animo resta incrollabile; scorrono vane le lagrime[10].
Allora l'infelice Didone atterrita dai fati
implora a morte; odia guardar la volta del cielo.
Perché compia il proposito e abbandoni la luce,
mentre pone doni sulle are che ardono d'incenso,
vede – orribile a dirsi – il latte sacro annerire
e i vini[11] versati mutarsi in sangue corrotto.
Non rivelò la visione a nessuno, neanche alla sorella.
Inoltre v'era nel palazzo un tempio marmoreo
in onore dell'antico sposo[12], che venerava con mirabile amore,
cinto di bianchi velli e di fronde festive;
le sembrò che qui s'udissero voci e parole di lui
che chiamava, mentre l'oscura notte avvolgeva la terra,
e il gufo[13] solitario sovente dai tetti gemesse
con lugubre verso e volgesse in pianto i lunghi
richiami; e molte predizioni di antichi indovini
la spaventavano con terribile monito. Lo stesso Enea
crudelmente perseguita in sogno la folle; e sempre le pare
di essere lasciata sola, di percorrere priva di compagni

8. **l'aggiunta della morte:** Didone accenna in modo enigmatico alla sua volontà di non sopravvivere all'abbandono di Enea, ma Anna interpreta diversamente queste parole: Didone arriverà alla morte senza più nulla chiedere a Enea.
9. **E come ... Tartaro:** la lunga similitudine è di ascendenza omerica: «... *come sui monti querce dall'alta cima che tutti i giorni resistono al vento e alla pioggia, attaccate con lunghe e forti radici*» (*Iliade*, XII, vv. 131 ss.). Il Tartaro è un luogo di pena nell'oltretomba.
10. **scorrono ... lagrime:** secondo alcuni interpreti le lacrime sono quelle di Didone (o di Didone e Anna). Secondo altri sono quelle di Enea che piange, pur restando irremovibile, nella sua determinazione di partire subito.
11. **i vini:** il vino versato per le libagioni.
12. **tempio ... sposo:** Virgilio trasferisce a Cartagine l'usanza romana del tempio, o sacello, per il morto.
13. **gufo:** il canto del gufo era considerato di malaugurio.

una lunga via e di cercare i Tirii in una terra deserta.
Come Penteo impazzito vede schiere di Eumenidi,
e mostrarglisi due soli e una doppia Tebe, oppure
quando Oreste figlio di Agamennone inseguito sulle scene
fugge la madre armata di fiaccole e di nere
serpi, e sulla soglia siedono vendicatrici le Dire[14].
Appena la invase la follia, e la vinse il dolore,
e decise di morire, escogita tra sé il momento
e il modo, e rivoltasi con parole alla mesta sorella,
cela la decisione nel volto, e rasserena la speranza in fronte:
«Ho trovato la via, sorella – con la sorella rallegrati –,
la quale me lo renda, oppure mi liberi di questo amore.
Presso la fine dell'Oceano e il sole cadente
v'è l'estrema contrada degli Etiopi[15], dove l'altissimo
Atlante sostiene a spalla il cielo che porta congiunte le stelle
ardenti: di qui mi comparve una maga della gente massila[16],
custode del tempio delle Esperidi[17], che dava il cibo
al drago e vegliava sui rami dell'albero sacro,
spargendo liquido miele e soporoso papavero.
Costei promette di liberare con incantesimi le menti
che voglia, oppure d'introdurre altri duri affanni;
fermare l'acqua dei fiumi, e volgere indietro le stelle;
di notte suscita i Mani; vedrai rombare
la terra sotto i piedi, e discendere gli orni[18] dai monti.
Giuro sugli dei e su te, sorella, e sul tuo dolce
capo che a malincuore mi accingo alle magiche arti.
Innalza nell'aria, in segreto, un rogo all'interno
del palazzo, e ponivi sopra le armi che l'empio
lasciò appese al talamo[19], e tutte le spoglie, e il letto
nuziale, nel quale mi sono perduta: m'è grato distruggere
tutti i ricordi dell'infame, e lo prescrive la maga».
Detto ciò, tace, e il pallore le invade il volto.
Anna non crede che la sorella con gli strani riti nasconda
la morte, né immagina tanta follia, o non teme
eventi più gravi di quelli per la morte di Sicheo.
Dunque esegue i comandi.
La regina, innalzato nell'aria un grande rogo
nel segreto del palazzo, con pino resinoso e tavole d'elce,
ricopre il luogo di serti e la corona di fronda
funerea; sopra pone le spoglie e la spada
abbandonata e l'effigie sul letto, non ignara del futuro.

---

14. **Come Penteo … Dire:** le similitudini sono tratte da rappresentazioni teatrali. Penteo impazzisce per aver disprezzato il dio Dioniso e vede schiere di Eumenidi (le Furie vendicatrici). Oreste, dopo aver vendicato il padre Agamennone uccidendo la madre Clitennestra, è anche lui perseguitato dalle Furie (Dire) e nel suo delirio vede la madre armata di serpi e di fiaccole.
15. **Etiopi:** il nome significa "uomini dal volto bruciato". Si tratta di una popolazione fantastica collocata in terre in cui il sole nasce o va a tramontare. Qui sono evocati gli Etiopi d'Occidente.
16. **gente massila:** i Numidi.
17. **Esperidi:** il tempio delle Esperidi (le tre figlie di Atlante) è all'estremo Occidente, con annesso giardino dalle mele d'oro che la Terra donò a Giunone per le nozze con Giove. Il personaggio della maga è una novità introdotta da Virgilio nel mito.
18. **orni:** l'orno è un frassino selvatico.
19. **talamo:** la stanza o il letto nuziale.

Didone pronuncia i suoi scongiuri invocando Erebo (il dio delle tenebre), il Caos (il padre di Erebo) ed Ecate (la divinità, rappresentazione della luna calante, che poteva muoversi tra i tre regni degli dei, degli uomini e dei morti); poi prepara gli ingredienti per un rituale magico.

Lei sparge farina sacra e con le pie mani, presso l'altare,
sciolto un piede dal calzare, con la veste discinta[20],
moritura[21] chiama a testimoni gli dei e le stelle
consapevoli del fato; poi, se qualche nume si curi
degli amanti infelici, memore e giusto, lo invoca.
Era la notte, e in terra i corpi stanchi godevano il placido
sonno, e s'erano acquietati i boschi e il mare tempestoso,
quando le stelle si volgono a metà del corso,
e tacciono i campi, le greggi e i variopinti uccelli,
e gli esseri contenuti dalle liquide ampie distese e dalle terre
irte di rovi: composti nel sonno sotto la notte silenziosa
lenivano le pene e i cuori dimentichi degli affanni.
Ma non la sventurata fenicia che mai s'abbandona
al sonno, o accoglie la notte negli occhi o nell'animo:
raddoppiano i tormenti, e di nuovo insorgendo l'amore
imperversa, e fluttua con grande tempesta di ire.
Così insiste, così volge tra sé in cuore:
«Ebbene, che faccio? Tenterò di nuovo, irrisa,
i pretendenti di prima, e cercherò supplice le nozze
dei Nomadi[22], sposi che già disdegnai tante volte?
Oppure seguirò le navi iliache, ultima schiava
dei Teucri? Davvero mi rallegro di averli salvati un tempo[23],
e bene resiste per i memori la gratitudine dell'antico fatto!
E ammesso che voglia, chi mi lascerà salire accogliendomi
irrisa sulle navi superbe? Ahimè, non sai, sciagurata,
e ancora non intendi gli spergiuri della stirpe laomedontea[24]?
E allora? da sola accompagnerò nella fuga i marinai esultanti?
o muoverò coi Tirii, e con tutta la folta schiera
dei miei, e di nuovo guiderò sul mare coloro che a stento
strappai da Sidone, e ordinerò di dare le vele ai venti?
Muori piuttosto, lo meriti, e allontana il dolore col ferro.
E tu, vinta dalle mie lagrime, tu per prima,
sorella, opprimi con questi mali me impazzita e mi offri
al nemico[25]. Non ha saputo trascorrere la vita senza nozze,
e senza colpa, come una bestia, ed evitare tali affanni.
Non ho serbato la fede promessa alle ceneri di Sicheo».
Ella prorompeva dal cuore con profondi gemiti.

trad. it. E. Canali, Lorenzo Valla-Mondadori, Milano

20. sciolto ... discinta: «*Veste discinta e piedi scalzi rientravano nell'apparato simbolico del rito magico. In particolare, il piede nudo garantisce un contatto immediato con la terra e le potenze infere*» (Giannotti).

21. moritura: destinata a morire.

22. Nomadi: popolazioni indigene senza fissa dimora dei territori vicini a Cartagine.

23. mi rallegro ... un tempo: esclamazione sarcastica.

24. stirpe laomedontea: della stirpe di Laomedonte, il padre di Priamo. Laomedonte è simbolo di slealtà, perché aveva negato il compenso pattuito a Nettuno e a Eracle, che lo avevano aiutato a costruire le mura di Troia.

25. tu ... nemico: Didone si rivolge idealmente alla sorella per ricordare che inconsapevolmente è stata causa della sua rovina.

Note di lettura

▶ Didone verso il tragico epilogo

Siamo all'ultimo atto della tragedia. Il ritorno di Didone sulla scena è accompagnato da un **intervento lirico del poeta** che sottolinea, con l'espressione della sua commossa partecipazione, la pena straziante del personaggio.

Dopo le manifestazioni di furore e di odio con cui si è concluso il dialogo precedente, il tumulto dei sentimenti si è placato e Didone, incurante del suo orgoglio regale, torna alle **preghiere**: si rivolge ad Anna con tono di rassegnata tristezza e non chiede più che Enea resti (ormai lo chiama addirittura «*nemico*», non più «*coniuge*» e neppure «*ospite*»), ma solo che **rinvii di poco la partenza**. Eppure questo tentativo, fatto per mezzo di Anna, appare dettato dalla segreta illusione che finché Enea rimarrà a Cartagine lei potrà trattenerlo.

L'**inflessibilità di Enea**, sostenuta dall'intervento divino, le fa prendere definitiva coscienza dell'irreparabile: prevale così, al di là di ogni illusione, la volontà di **non sopravvivere al definitivo distacco**, già velatamente anticipata nella conclusione della sua preghiera ad Anna con una frase di tragica ambiguità, che lascia trapelare il lugubre proposito del suicidio.

Didone, tormentata da orribili visioni che le sconvolgono la mente, vive notti piene di incubo. Nei sogni vede se stessa mentre percorre, abbandonata da tutti, una strada solitaria: questo senso di **solitudine morale e materiale**, di vuoto e di disperazione «*è uno dei motivi più insistenti e più lirici di tutto il libro*» (Puccioni).

Inoltre, Didone appare ormai estranea a quel mondo che con la sua saggezza e sollecitudine stava costruendo. L'immagine della donna in preda alla follia, che scalza e discinta è intenta a pratiche di magia, richiama per contrasto la scena della sua prima apparizione, quando la vediamo incedere nel tempio circondata dall'ammirazione e nello splendore della sua regalità.

Quando scende la notte che precede la partenza di Enea e tutti i mortali hanno una sosta dalle loro pene, Didone non sa darsi pace. La sua condizione interiore è sintetizzata e simboleggiata con grande efficacia nell'immagine di lei che non accoglie la notte negli occhi o nell'animo, che non sa trovare la quiete ristoratrice del corpo e la serenità: l'oscurità della notte diventa così anche l'**oscurità del suo animo** che non sa liberarsi dal tormentoso amore. In un'accorata riflessione «*tra sé in cuore*» (v. 533) la regina infine passa in rassegna con lucidità le possibilità che restano, si volge ancora a ipotesi di salvezza, ma solo per constatare che ogni ipotesi è impossibile e ogni via le è preclusa.

▶ La figura di Enea

Sul comportamento di Enea e sul suo ruolo in tutta la vicenda gli interpreti hanno espresso giudizi contrastanti. Per alcuni, Enea appare **insensibile e distaccato**, incapace di comprendere la natura dei sentimenti di Didone. Dopo l'apparizione di Mercurio, nel suo turbamento non ha alcuna parte il dolore per dover abbandonare la persona amata. Enea è unicamente preoccupato di trovare il modo di convincerla ad accettare la sua decisione. Alla donna che si appella al vincolo che ormai li unisce dopo il connubio nella grotta, egli obietta con freddezza burocratica che non c'è stato alcun matrimonio legalmente sancito: essa deve comprendere che è costretto suo malgrado ad abbandonarla. Ma egli chiede una comprensione per le proprie ragioni senza saper comprendere quelle di Didone, che nella sua appassionata e incondizionata dedizione a lui ha messo in gioco tutta la sua esistenza.

Per altri, l'atteggiamento distaccato e duro di Enea nasconde una **vera pena**: egli soffre ma reprime nel suo cuore il dolore, perché l'obbedienza al destino al quale lo ha a richiamato Mercurio non gli permette di manifestare i suoi veri sentimenti. In questa ottica la sua diventa una **solitudine eroica**, perché egli si sente costretto non solo a sacrificare i suoi sentimenti, ma anche la sua aspirazione a rimanere in queste dolci terre, mettendo fine alle sue peregrinazioni. Per dare una giusta valutazione dei sentimenti di Enea, si cita ciò che egli dirà all'ombra di Didone nell'oltretomba: «*Infelice Didone, vera notizia mi giunse, / Che avevi cessato di vivere e cercato la fine col ferro? / Ahimè, ho provocato la tua morte? Giuro per le stelle / ed i celesti, e per la fede se ve n'è nel profondo della terra, / a malincuore, o regina, partii dal tuo lido. / Ma il volere degli dèi, che ora mi costringe ad andare tra le ombre, / per luoghi squallidi di desolazione e per la notte profonda, / mi spinse con i suoi comandi; non potevo credere / di darti con la mia partenza un dolore così grande*» (VI, 456-464).

Anche Enea, dunque, benché in tutta la vicenda il poeta non dia nessun risalto ai suoi sentimenti verso Didone, soffre la sua condizione di **strumento del destino** e nell'ultimo appello disperato che gli giunge da Didone attraverso le parole di Anna, si mostra irremovibile perché un "dio gli ha chiuso le orecchie". Infatti, questo dettaglio ci ricorda che «*dietro lo scenario drammatico dell'episodio di Didone e di Enea c'è un movimento di forze a loro superiori che ne muovono e ne determinano le azioni: sono forze in contrasto tra loro, di cui i protagonisti appaiono le prime vittime, con la tacita ma necessaria conseguenza della diminuita loro responsabilità di quanto compiono, ma non della diminuita loro infelicità*» (Traglia).

Competenze alla prova

Comprensione

difficoltà ●○○

1. Didone sceglie Anna come intermediaria perché
   - ☐ ritiene che abbia le doti necessarie per convincere Enea
   - ☐ vuole mantenere segreto il suo proposito
   - ☐ conta sul suo fascino
   - ☐ perché Anna è confidente di Enea e conosce a fondo il suo animo
2. Tra le seguenti affermazioni, indica quali sono vere e quali sono false.

	V	F
a. Didone dice alla sorella che amerà sempre Enea	☐	☐
b. Dopo il colloquio con Enea, Didone non parla più di connubio	☐	☐
c. Enea parte da Cartagine approfittando dei venti favorevoli	☐	☐
d. Didone rivela le sue visioni solo alla sorella	☐	☐

3. Quale presagio di lutto arriva a Didone dalle voci della natura?
4. Da chi si sente abbandonata Didone oltre che da Enea?
5. Da dove proviene la maga che porta il filtro magico?
6. Perché chiamare Enea «*della stirpe laomedontea*» (v. 542) suona come un insulto?
7. Che cosa si rimprovera Didone nella sua riflessione «*tra sé in cuore*» (v. 533)?

Analisi

difficoltà ●●○

8. In che modo Didone cerca di rassicurare la sorella e di nasconderle i suoi propositi prima e dopo il rifiuto di Enea di rinviare la partenza?
9. Quale funzione ha la particolareggiata similitudine della quercia?
10. Da che cosa è provocata l'impressione che Didone ha di udire le voci di Sicheo?
11. Con quali atti del rito magico Didone dovrebbe liberarsi dell'amore di Enea?
12. Soffermandosi con molti dettagli sullo spettacolo della pace notturna quale effetto ottiene il poeta?
13. Quale figura retorica è contenuta nel verso 459, «*cinto di bianchi velli e di fronde festive*»?
    - ☐ Parallelismo
    - ☐ Chiasmo
    - ☐ Metonimia
14. Quale figura retorica è contenuta nei versi 522-526?
    - ☐ Anafora
    - ☐ Polisindeto
    - ☐ Asindeto
    - ☐ *Climax*
15. Quale figura retorica è «*ceneri di Sicheo*» (v. 552)?
    - ☐ Metafora
    - ☐ Metonimia
    - ☐ Iperbole
    - ☐ Perifrasi

Produzione

difficoltà ●●●

16. Scrivi un breve testo in cui esprimi il tuo giudizio sul comportamento di Enea e sui suoi sentimenti verso Didone.
17. Virgilio riserva pochi versi ai tentativi di Anna per trattenere Enea. Sviluppa in un dialogo i possibili contenuti di un colloquio tra Anna ed Enea.

Nel mondo di Virgilio

BIOGRAFIE
Euripide
A. Rodio

I precedenti letterari della vicenda di Didone

Il libro IV rappresenta una pausa nello sviluppo della trama del poema. Il viaggio di Enea verso la sua destinazione è interrotto: l'eroe, stanco del lungo peregrinare, sembra dimenticare la missione che il destino gli ha affidato. In questo libro, ben isolato dal resto del poema, Virgilio si allontana dal modello omerico e si rivolge ad altre fonti sia per la struttura del racconto sia per il contenuto.
Tutta la narrazione, infatti, ha l'andamento e i toni della tragedia che ricorda i grandi autori tragici ateniesi, in particolare **Euripide** (485-406 a.C.). Per quanto riguarda la materia, Virgilio affronta una tematica scoperta solo dopo Omero: la raffigurazione dell'amore come passione esclusiva e devastante. Omero non dedica molte parole all'amore. Calipso e Circe lasciano partire Ulisse senza drammi, con una sorta di indifferenza tipicamente divina. Calipso provvede a fornirgli i viveri e Circe gli dà consigli per il commiato. Virgilio, invece, introduce nel suo poema la problematica della passione d'amore ispirandosi a una forma d'arte narrativa minore, l'epillio, diffusa nell'età ellenistica. Gli epilli erano brevi componimenti di vicende amorose trattate con tocco leggero e con frequenti richiami alla mitologia, ma Virgilio solleva questa materia alla dignità del genere epico, seguendo lo stile alto della tragedia. Inoltre, prende spunto dal mito di Medea nel poema *Le Argonautiche* del poeta greco **Apollonio Rodio** (295-215 a.C.).
Il poema narra la spedizione di Giasone e dei suoi compagni che, a bordo della nave Argo, vanno alla conquista del vello d'oro nella lontana Colchide. Dopo innumerevoli peripezie Giasone giunge nella Colchide e si presenta a re Eeta che non rifiuta di dargli il vello d'oro, ma gli pone come condizione di mettere il giogo a due tori con gli zoccoli d'oro che soffiano fuoco dalle narici e poi, superato questo ostacolo, di seminare in un campo i denti di un drago. In aiuto di Giasone viene Medea, la figlia del re, che si innamora di lui e gli consegna i filtri magici che consentiranno a Giasone di superare le prove. Tutto il libro terzo della *Argonautiche* è dedicato alla descrizione della vana resistenza di Medea alla passione che si sta pian piano impadronendo di lei, una passione destinata ad ardere e a travolgerla.

Libro IV

Mentre Enea è immerso nel sonno sulla poppa della sua nave, vede in sogno Mercurio che lo avverte dei pericoli che corre a causa dell'ira di Didone e della sua possibile vendetta. Enea si sveglia e dà subito l'ordine della partenza.
All'alba la regina scorge la flotta ormai lontana. Subito è assalita da un impeto d'ira: medita di inseguire Enea e di vendicare l'offesa, ma constata che oramai è troppo tardi. Dopo questi vani propositi, Didone scaglia contro Enea una maledizione destinata a prolungarsi tra i suoi discendenti: «E voi, o Tirii, tormentate con odio la sua stirpe / e tutta la razza futura, offrite un tal dono / alle nostre ceneri. Non vi sia amore né patto tra i popoli» *(vv. 621-624). Poi evoca il futuro Annibale che infliggerà cocenti sconfitte ai Romani. Didone, dopo aver allontanato Barce, la nutrice di Sicheo, con il pretesto di mandarla a chiamare Anna per compiere un sacrificio a Giove stigio (Plutone), si avvia verso la stanza nuziale. Vedendo le vesti di Enea rivive qualche istante di tenerezza, poi fa un bilancio della sua vita rievocando il glorioso passato:* «Ho fondato una splendida città, ho veduto / mura da me costruite, vendicato lo sposo, punito / il fratello nemico; felice, troppo felice, se solo le navi / dardanie non avessero mai toccato le nostre rive» *(vv. 653-655). Infine, dopo aver concluso il suo soliloquio con un pensiero di vendetta, augurando al fuggiasco di interpretare il fuoco del rogo come un sinistro presagio, si getta sulla spada che Enea le aveva donato. La notizia del suicidio si diffonde subito. Accorre Anna che, disperata, abbraccia la sorella ancora in vita. Didone compie l'estremo sforzo per risollevarsi e poi ricade priva di vita.*

Libro V

Partiti da Cartagine, i Troiani, mentre si stanno allontanando dalla città, vedono innalzarsi le fiamme del rogo sul quale Didone si è uccisa e, pur senza conoscere il motivo di quel fuoco, ne traggono un funesto presentimento. Quando sono in mare aperto, sopra di loro si addensa una pericolosa tempesta ed Enea, su consiglio del nocchiero Palinuro, fa rotta verso la Sicilia. Sbarcano così sul litorale di Erice, una colonia fondata dal troiano Aceste, che li accoglie amichevolmente.

L'indomani Enea annuncia ai compagni che intende celebrare dei giochi in onore di Anchise, sepolto in quella terra, per celebrare l'anniversario della sua morte. Mentre sta compiendo i sacrifici, un serpente esce dalle profondità della terra e si avvolge in sette spire. Enea, stupito per il prodigio, rinnova il rito sacrificale. Incominciano i giochi: la gara delle navi, la corsa a piedi, il pugilato, la sfilata dei giovani cavalieri, la gara dell'arco. Aceste lancia una freccia che s'infiamma e si perde nel cielo, segno di buon augurio. Ultimo gioco è il ludus troianus, *carosello equestre con finte battaglie cui partecipano i giovani troiani, tra cui lo stesso Ascanio.*

Intanto, in disparte, le donne piangono la morte di Anchise implorando la fine delle peregrinazioni. Giunone, allora, invia Iride sotto le sembianze dell'anziana troiana Beroe. Persuase dalla dea, le donne appiccano il fuoco alle navi per impedire la partenza dalla Sicilia. Enea invoca l'aiuto di Giove, il quale estingue l'incendio scatenando una tempesta: solo quattro navi vengono distrutte.

Enea è turbato. Di notte gli appare in sogno il padre, che lo ammonisce a seguire i consigli dell'indovino Naute: proseguire il viaggio solo con gli uomini e lasciare vecchi, donne e bambini presso Aceste. Lo esorta inoltre a scendere nel regno dei morti per conoscere la propria sorte e discendenza.

Alla partenza dei Troiani, Venere prega Nettuno di proteggere il viaggio del figlio dall'ira di Giunone. Il dio la rassicura, ma la avverte della necessità di sacrificare un uomo. Durante la notte il Sonno scende verso il nocchiero Palinuro, che cade in mare vinto dalla stanchezza. Senza nocchiero la flotta rischia di avvicinarsi alla scogliera delle Sirene, ma Enea si accorge in tempo e, piangendo il compagno, prende personalmente il timone.

Libro VI

I Troiani sbarcano sulle coste della Campania, a Cuma, antichissima colonia greca, presso la quale, in un antro vicino al tempio di Apollo, si trova l'oracolo della profetessa Sibilla. Il tempio è opera di Dedalo, che ha effigiato sulle porte le scene del mito di Teseo e del Minotauro, insieme con altre storie.

Enea si dirige al tempio e mentre sta contemplando le raffigurazioni che lo ornano giunge la Sibilla, che gli ordina di compiere un sacrificio rituale; quindi la profetessa penetra nell'antro e, invasata da Apollo, annuncia i responsi del dio che prefigurano sanguinose guerre per l'eroe troiano. Tuttavia, la Sibilla lo incoraggia e gli assicura un aiuto finale per compiere quanto per lui è stato previsto dal Fato.

L'eroe troiano risponde di essere già preparato ai travagli, ma chiede ora di essere accompagnato nel regno dei morti per rivedere Anchise. La Sibilla è disposta a guidarlo, ma prevede che sarà un'impresa molto difficile e rischiosa: Enea riuscirà a compierla se troverà nella vicina foresta un ramo d'oro da offrire a Proserpina. Prima, però, dovrà dare sepoltura a uno dei suoi compagni che giace ancora insepolto sulla spiaggia.

Turbato dalla notizia, Enea torna mesto alle navi e discorre con Acate chiedendosi di chi sia quel corpo. Giunto alla spiaggia, Enea scopre che l'amico scomparso è Miseno, il suo trombettiere. Subito si incomincia a preparare la pira funeraria. Per trovare la legna Enea va nel bosco che circonda il lago Averno. Qui egli vede due colombe e seguendole trova il ramo d'oro che porta alla Sibilla.

Frattanto si celebra il rito per Miseno ed Enea innalza un grande monumento funebre su un colle che porta ancora oggi il nome del troiano morto (Capo Miseno).

› Joseph Mallord William Turner (1775-1851), *Didone costruisce Cartagine (L'ascesa dell'Impero cartaginese)*, 1815, Londra, National Gallery.

La discesa nelle viscere della terra

Luogo: Roma
Anno: 29-19 a.C.
Tratto da: Libro VI, vv. 268-332; 384-444; 450-476

Il brano

Offerto il sacrificio in onore di Miseno, Enea segue la Sibilla che lo conduce in una profonda grotta, protetta da un nero lago e dalle tenebre del bosco, dalla quale si levano esalazioni sulfuree. Enea, presso l'imbocco della spelonca, che è l'ingresso nel regno delle tenebre, dedica un sacrificio propiziatorio alle divinità infernali. Poi la Sibilla invita Enea ad avventurarsi con coraggio negli inferi.

Andavano oscuri nell'ombra della notte solitaria[1]
e per le vuote case di Dite[2] e i vani regni:
quale il cammino nelle selve per l'incerta luna[3],
sotto un'avara luce, se Giove[4] nasconde il cielo
nell'ombra, e la nera notte toglie il colore alle cose.
Proprio davanti al vestibolo, sull'orlo delle fauci dell'Orco[5]
il Pianto e gli Affanni vendicatori posero il loro covile;
vi abitano i pallidi Morbi e la triste Vecchiaia,
la Paura, e la Fame, cattiva consigliera, e la turpe Miseria,
terribili forme a vedersi, e la Morte, e il Dolore;
poi il Sonno, consanguineo della Morte, e i malvagi Piaceri
dell'animo, e sull'opposta soglia la Guerra apportatrice di lutto,
e i ferrei talami delle Eumenidi, e la folle Discordia[6],
intrecciata la chioma viperea di bende cruente[7].
Nel mezzo spande i rami, decrepite braccia,
un olmo oscuro, immenso, dove si dice che abitino
a torme i Sogni fallaci[8], e aderiscono sotto ciascuna foglia.
Inoltre numerosi prodigi di diverse fiere,
i Centauri[9] s'installano alle porte e le Stille biformi[10]

1. **Andavano oscuri ... notte solitaria:** ipallage; l'aggettivo «*oscuri*» è riferito a Enea e alla Sibilla invece che a «*notte*»: "andavano nella notte oscura". Per l'importanza di questa figura retorica nel poema vedi p. 34. Si potrebbe addirittura parlare di doppia ipallage, dove, oltre a quella messa in evidenza, abbiamo anche «*solitaria*» riferito a «*notte*» invece che a Enea e Sibilla: doppia ipallage incrociata.
2. **Dite:** altro nome del re degli inferi.
3. **incerta luna:** incerta perché velata dalle nuvole.
4. **Giove:** in quanto signore del cielo, Giove presiede ai fenomeni meteorologici.
5. **Orco:** nome del dio degli inferi e quindi, per metonimia, gli inferi stessi.
6. **pallidi Morbi ... Discordia:** personificazioni dei mali e delle sventure che si abbattono sull'uomo. Le Eumenidi sono le Furie, citate con l'epiteto augurale (in greco *Eumenidi*, significa "benigne") che si dava loro quando cessavano di perseguitare il colpevole o per evitare, chiamandole con un nome odioso, di attirare la loro collera. I «*ferrei talami*» sono le stanze chiuse da sbarre.
7. **intrecciata ... cruente:** alla Discordia, oltre all'epiteto di «*folle*», è attribuita la chioma intrecciata con bende insanguinate; «*intrecciata la chioma*» è un accusativo di relazione.
8. **fallaci:** ingannevoli.
9. **Centauri:** creature mitiche che avevano la testa umana e il corpo di cavallo.
10. **Stille biformi:** le Stille nella parte superiore del corpo avevano l'aspetto di bellissime donne, mentre nella parte inferiore erano come terribili mostri marini.

e Briareo[11] dalle cento braccia e la belva di Lerna [12],
e orribilmente stridendo, armata di fiamme, la Chimera[13],
e le Gorgoni[14] e le Arpie[15], e la forma del fantasma dai tre corpi[16].
Allora Enea, tremante d'improvviso terrore,
afferra la spada, e ne oppone la punta ai venienti,
e se l'esperta compagna non lo ammonisse che si tratta di vite
che volteggiano tenui, incorporee, fantasmi in cavo sembiante,
irromperebbe, e invano col ferro squarcerebbe le ombre.
Di qui la via che porta alle onde del tartareo Acheronte[17].
Qui un gorgo torbido di fango in vasta voragine
ribolle ed erutta in Cocito tutta la sabbia.
Orrendo nocchiero, custodisce queste acque e il fiume
Caronte[18], di squallore terribile, a cui una larga canizie
incolta invade il mento, si sbarrano gli occhi di fiamma,
sordido[19] pende dagli omeri annodato[20] il mantello.
Egli spinge la barca con una pertica e governa le vele,
e trasporta i corpi sullo scafo di colore ferrigno[21],
vegliardo, ma dio di cruda e verde vecchiezza[22].
Qui tutta una folla dispersa si precipitava alle rive,
donne e uomini, i corpi privati della vita
di magnanimi eroi, fanciulli e intatte fanciulle,
e giovani posti sul rogo davanti agli occhi dei padri:
quante nelle selve al primo freddo d'autunno
cadono scosse le foglie, o quanti dall'alto mare
uccelli s'addensano in terra, se la fredda stagione
li mette in fuga oltremare e li spinge nelle regioni assolate.
Stavano eretti pregando di compiere per primi il traghetto
e tendevano le mani per il desiderio dell'altra sponda.
Ma lo spietato barcaiolo accoglie questi o quelli,
gli altri sospinge lontano e scaccia dalla spiaggia.
Enea allora, meravigliato e turbato dal tumulto,
«Dimmi, o vergine» esclama, «che vuole la folla sul fiume?
che chiedono le anime? e per quale differenza le une
lasciano le rive, le altre solcano coi remi le livide acque?».
Così gli parlò brevemente l'annosa[23] sacerdotessa:

---

11. **Briareo:** gigante dalle cento mani e cinquanta bocche.
12. **la belva di Lerna:** l'idra, o serpente con più teste (una delle quali era immortale), che abitava nella palude di Lerna, vicino ad Argo, e che fu uccisa da Ercole.
13. **Chimera:** altro mostro della mitologia greca con testa di leone, corpo di capra e coda di serpente. Dalla bocca emana un fuoco invincibile.
14. **le Gorgoni:** erano tre: Steno, Eurìale e Medusa. Quando si parla di Gorgoni ci si riferisce a Medusa, rappresentata con serpi al posto dei capelli e dotata di uno sguardo che tramutava in pietra chi la guardava.
15. **Arpie:** sono i medesimi mostri incontrati da Enea (III, 210 sgg., p. 278). «*Erano mostri di origine infernale, ma non è chiaro come Virgilio immaginasse la loro simultanea presenza sulla terra e fra i morti*» (Giannotti).
16. **tre corpi:** è Gerione, essere mostruoso che dalle anche in su si divideva in tre corpi.
17. **Acheronte:** fiume infernale che appare come tale per la prima volta nell'*Odissea* (X, v. 513). Mentre nell'*Odissea* gli altri fiumi infernali (Cocito e Piriflegetonte) confluiscono nell'Acheronte, negli inferi di Virgilio le acque dell'Acheronte confluiscono nel Cocito. «*Tartareo*»: "del Tartaro", cioè della zona d'oltretomba nella quale vengono gettati i malvagi.
18. **Caronte:** il personaggio infernale cui è affidato il compito di traghettare le anime al di là dell'Acheronte.
19. **sordido:** sudicio.
20. **annodato:** è l'*amictus*, che nell'abbigliamento romano era fermato alla spalla sinistra con una *fibula* (spilla, fermaglio).
21. **ferrigno:** del colore del ferro.
22. **di cruda ... vecchiezza:** di fiera e florida vecchiezza.
23. **annnosa:** carica d'anni. Secondo la leggenda, quando accompagna Virgilio nell'oltretomba la Sibilla ha sette secoli.

«Figlio d'Anchise, certissima prole di dei,
vedi i profondi stagni di Cocito e la palude stigia[24],
sulla potenza dei quali temono di spergiurare gli dei.
Tutta questa che scorgi è una misera turba insepolta;
il nocchiero è Caronte; questi, che porta l'onda, sono i sepolti.
Non si possono attraversare le rive paurose e la rauca
corrente, prima che le ossa riposino nella tomba.
Errano cento anni e s'aggirano su queste sponde:
allora, infine ammessi, rivedono gli stagni bramati».
Ristette il figlio d'Anchise e fermò i passi,
assorto, con l'animo impietosito dall'ingiusta sorte.

Tra le anime dei morti insepolti ci sono Leucasi e Oronte, il timoniere e il comandante della nave affondata nel naufragio al largo di Cartagine. Enea vede anche Palinuro, il nocchiero della sua nave, che era stato sbalzato in mare dal dio Sonno. Palinuro racconta di essere rimasto in acqua per tre giorni. Al quarto giorno, dall'alto dell'onda, aveva scorto la costa dell'Italia. Ma quando pensava di essere ormai salvo e stava toccando la costa era stato ucciso da gente crudele che lo aveva scambiato per una preda. Palinuro implora Enea di cercare il porto di Velia e lì di dargli sepoltura, o di portarlo con sé oltre il fiume. Interviene la Sibilla che rimprovera Palinuro: «*cessa di sperare che i destini degli dei si pieghino pregando*». Poi la Sibilla rivela che gli abitanti delle terre vicine al suo cadavere gli costruiranno un tumulo e il luogo avrà in eterno il suo nome.

Essi proseguono il cammino intrapreso e s'avvicinano al fiume.
Quando il barcaiolo dall'onda stigia li scorse avviarsi
di lì per il bosco silente e rivolgere il passo alla riva,
per primo li apostrofa così, e li rampogna[25]:
«Chiunque tu sia che ti dirigi armato al nostro fiume,
di' perché vieni, di lì, e ferma il passo.
Questo è il luogo delle Ombre, del Sonno e della soporifera Notte;
il battello stigio non può trasportare viventi,
e non mi rallegrai mai di avere ricevuto sul lago
l'Alcide che scendeva, né Teseo e Piritoo[26],
sebbene fossero generati da dei e invitti di forze.
Quello scovò dal trono stesso del re e mise in catene
il guardiano tartareo[27] e lo trasse tremante;
questi tentarono di strappare dal talamo la sposa di Dite[28]».
Rispose in breve l'anfrisia veggente[29]:
«Qui non vi sono tali insidie; cessa di adirarti;
le armi non portano violenza; l'immane portinaio nell'antro
atterrisca latrando in eterno le ombre esangui,
serbi Proserpina, casta, la soglia dello zio[30].
Il troiano Enea, insigne di pietà e d'armi,
discende al padre, tra le profonde ombre dell'Erebo.

24. **palude stigia:** palude formata dallo Stige, il fiume sul quale giurano gli dei.

25. **rampogna:** li rimprovera aspramente.

26. **Alcide … Teseo e Piritoo:** Ercole (il cui padre si chiamava Alceo, da cui il patronimico "Alcide"), era sceso nell'Ade per mettere le catene al cane Cerbero; Teseo e Piritoo erano scesi per liberare Proserpina (la greca Persefone), figlia di Cerere (la greca Demetra), rapita dal re degli inferi.

27. **guardiano tartareo:** Cerbero, il cane a tre teste, è il custode del Tartaro.

28. **Dite:** è l'altro nome di Plutone e corrisponde all'Ade greco.

29. **anfrisia veggente:** è la Sibilla; in quanto profetessa di Apollo che aveva pascolato le greggi del re Admeto presso l'Anfriso, fiume della Tessaglia.

30. **zio:** Dite è fratello di Giove, padre di Proserpina.

Se non ti muove l'immagine di tanta pietà, almeno
riconosci il ramo[31]» e mostra il ramo che celava nel mantello.
Allora si placa il cuore gonfio d'ira.
Non fu detto nulla di più. Quegli, ammirando il venerabile dono
del fatale virgulto, veduto dopo lungo tempo,
volge la livida poppa, e accosta alla riva.
Indi[32] scaccia le altre anime, che sedevano sui lunghi
banchi, e sgombra la tolda; insieme accoglie nello scafo
il grande Enea. Gemette sotto il peso la barca
intessuta di giunchi, e ricevette molta acqua dalle fessure.
Infine depose incolume al di là del fiume la veggente
e l'eroe sull'informe fanghiglia e tra la glauca erba palustre.
L'enorme Cerbero col latrato di tre fauci rintrona
i regni infernali, giacendo immane di fronte in un antro[33].
La profetessa, vedendo i colli arruffarsi di serpi,
gli getta un'offa soporosa di miele e di farina affatturata[34].
Quello con fame rabbiosa spalancando le tre gole
la afferra a volo, e rilassa le immani terga[35]
sdraiato al suolo, ed enorme si estende per l'antro.
Enea varca l'entrata, sepolto il guardiano nel sonno,
e lascia rapido la riva dell'onda da cui non si torna[36].
Subito[37] si udirono voci e un alto vagire,
piangenti anime d'infanti sul limitare della soglia,
che esclusi dalla dolce vita e strappati dal seno
un tetro giorno rapì e sommerse nella tomba acerba[38].
Accanto a loro i condannati a morte per ingiusta accusa.
Queste dimore non sono assegnate senza sorteggio
e senza giudice: Minosse[39], inquisitore, scuote l'urna[40];
convoca il concilio dei morti silenziosi e apprende le vite e le colpe.
Poi occupano mesti i luoghi vicini gli innocenti
che si diedero la morte[41] di propria mano, e in odio
alla luce gettarono la vita. Quanto vorrebbero ora
sopportare sopra, nel cielo[42], la povertà e i duri affanni!
La legge si oppone, e li lega l'esecrabile palude dalla triste
onda, e lo Stige trascorre e li serra nove volte.
Non lontano di qui si estendono in tutte le direzioni

---

31. il ramo: è il ramo d'oro che Enea ha staccato da una pianta nel bosco antistante all'entrata dell'Averno. Il ramo è sacro a Proserpina, alla quale dovrà essere portato in dono, e poteva essere staccato solo da chi era predestinato a scendere nell'Ade.

32. Indi: dalla navicella.

33. di fronte in un antro: nell'antro posto di fronte a chi entra.

34. offa … affatturata: una focaccia fatta di miele e grano, misto a semi soporiferi.

35. rilassa … terga: per effetto del cibo soporifero Cerbero rilassa l'immenso corpo; «*terga*» indica propriamente il dorso.

36. dall'onda … si torna: dal fiume che nessuno può ripassare.

37. Subito: Enea entra in un Antinferno, dove si trovano le anime di quanti morirono prematuramente e che non possono raggiungere la sede definitiva dell'Averno se non hanno compiuto l'intero ciclo della vita.

38. sommerse … acerba: l'espressione latina *funere mersit acerbo* divenne l'epitaffio per molte tombe di persone scomparse prematuramente e fu utilizzata dal poeta Giosue Carducci (1835-1907) come titolo per una poesia in morte del figlioletto Dante.

39. Minosse: è il mitico re di Creta; noto per la sua giustizia, è immaginato giudice dei morti.

40. senza giudice … l'urna: senza sorteggiare i giudici. Il sorteggio dei giudici era nell'uso romano. Virgilio lo introduce qui riferendolo all'età mitica. Secondo un'altra interpretazione l'estrazione non riguarderebbe i giudici, ma coloro che dovevano essere giudicati.

41. innocenti … morte: presso i Romani il suicidio non era considerato una colpa.

42. nel cielo: nel mondo superiore.

❮ Pablo Picasso (1881-1973), *Nudo seduto*, 1905, particolare, Parigi, Musée National d'Art moderne.

i Campi del Pianto; li chiamano con questo nome.
Quei sentieri appartati celano coloro che un doloroso
amore consunse con struggimento crudele: intorno li copre
una selva di mirto[43]; il tormento non li abbandona neanche nella morte.

Tra le numerose anime che affollano questo luogo il poeta individua sette eroine che soffrirono per la loro passione d'amore e persero la vita prematuramente.

Tra di esse, fresca della ferita[44], la fenicia Didone
errava nella vasta selva; appena l'eroe
troiano le ristette vicino e la riconobbe tra le ombre,
indistinta, quale si vede sorgere la luna
al principio del mese[45], o si crede di averla veduta tra le nubi,
gli sgorgarono lagrime, e parlò con dolce amore:
«Infelice Didone, vera notizia mi giunse,
che avevi cessato di vivere e cercato la fine col ferro?
Ahimè, ho provocato la tua morte? Giuro per le stelle
ed i celesti, e per la fede se ve n'è nel profondo della terra,
a malincuore, o regina, partii dal tuo lido.
Ma il volere degli dei, che ora mi costringe ad andare tra le ombre,
per luoghi squallidi di desolazione e per la notte profonda[46],
mi spinse con i suoi comandi; non potevo credere
di darti con la mia partenza un dolore così grande.
Ferma il passo, non sottrarti al mio sguardo. Chi fuggi?
Questa è l'ultima volta che il destino mi concede di parlarti».
Con tali parole Enea cerca di lenire
quell'anima ardente[47], dal torvo sguardo, e piangeva.
Ella, rivolta altrove, teneva gli occhi fissi
al suolo, e il volto immobile all'intrapreso discorso,
più che se fosse dura selce o roccia marpesia[48].
Infine si strappò di lì, e fuggì ostile
nel bosco pieno d'ombra, dove l'antico sposo
Sicheo[49] le corrisponde l'affanno e ne uguaglia l'amore.
Non meno Enea, scosso dall'ingiusta sventura,
la segue di lontano in lagrime e la compiange fuggente.

trad. it. E. Canali, Lorenzo Valla-Mondadori, Milano

43. **selva di mirto:** il mirto era una pianta sacra a Venere.
44. **fresca delle ferite:** si riteneva che le ombre dei morti conservassero i segni delle ferite che ne avevano causato la morte.
45. **al principio del mese:** quando la luna non ha ancora raggiunto il primo quarto.
46. **la notte profonda:** le tenebre infernali.
47. **ardente:** ardente di sdegno.
48. **roccia marpesia:** il Marpeso, monte dell'isola di Paro, nell'Egeo, era celebre per i suoi marmi pregiati.
49. **Sicheo:** Sicheo, il primo marito di Didone, si trova nell'Antinferno perché morto prematuramente, ucciso dal fratello di Didone.

Note di lettura

▸ L'incontro con Didone

Con la tragica conclusione del libro IV Didone sembrava definitivamente uscita di scena. Invece, il breve episodio del suo incontro con Enea nei Campi del Pianto riporta in primo piano questo personaggio la cui reazione alla vista di Enea manifesta chiaramente che **la morte non l'ha liberata dalle sofferenze da lui provocatele**: la ferita d'amore è ancora aperta, simboleggiata dai segni della ferita reale che si era inferta con la spada del principe troiano.
Si ripresenta la situazione dell'ultimo colloquio nel libro IV, ma ora è Didone che rimane sorda alla preghiera di Enea, né si commuove al suo pianto. Tuttavia, essa non fugge subito e ascolta Enea in silenzio. Questo fa supporre che si aspetti da lui parole che potrebbero darle un po' di conforto, e cioè che le manifesti il suo amore e la nostalgia di una passata felicità. Ma anche ora, come nell'ultimo colloquio, pur tra le lacrime, Enea su questo argomento non fa neppure un cenno: esprime solo il suo sincero **rammarico** per non aver capito la forza travolgente di una passione capace di condurre la donna a cercare la morte e di non essere riuscito a farle accettare l'inevitabile distacco. Il discorso di Enea non appare a Didone animato da sincero amore e la fa **fuggire in silenzio**. «*Come Enea allora non si è arreso a Didone, così ora Didone è irremovibile, quasi per una specie di contrappasso*» (La Penna-Grassi).
La **distanza spirituale** che divide i due qui giunge al suo culmine e tutta la vicenda si presta a essere letta come il dramma doloroso dell'**incomprensione** e dell'**estraneità**. Didone si allontana chiusa nel suo dolore e nel suo risentimento, Enea riprende il suo cammino con la rinnovata coscienza del prezzo che deve pagare per essere fedele ai voleri di una misteriosa forza superiore.

Competenze alla prova

Comprensione

difficoltà ●○○

1. Tra le seguenti affermazioni, indica quali sono vere e quali sono false.

	V	F
a. Gli Affanni e le altre personificazioni sono già all'interno dell'Ade	☒	☐
b. Enea e la Sibilla sono i primi esseri viventi traghettati da Caronte	☐	☒
c. Ira i mali personificati è descritta solo la Discordia	☐	☒
d. L'Olmo dal quale pendono i sogni fallaci è una pianta rigogliosa con le foglie verdi	☐	☒
e. Enea ha già conosciuto le Arpie	☒	☐

2. Come reagisce Enea quando si trova di fronte ai mostri infernali?

3. Perché la Sibilla gli dice che il suo gesto è inutile?

4. Chi è Caronte e quale compito ha?

5. Caronte scaccia alcune anime e non permette loro di attraversare l'Acheronte perché

- ☐ sono anime di empi che devono attendere cento anni prima di attraversare il fiume
- ☐ rispetta l'ordine con cui le anime hanno raggiunto le soglie dell'Ade
- ☒ i loro corpi sulla terra giacciono ancora insepolti
- ☐ non si fanno riconoscere

6. Perché Ercole era sceso nell'Ade?

7. Che cos'è l'«*offa soporosa*» (v. 420)?

8. Minosse è:

- ☐ un mostro infernale
- ☐ il custode di dell'oltretomba
- ☒ il giudice delle anime
- ☐ una divinità degli inferi

9. In quale parte dell'Ade si trova Didone?

10. Da chi va Didone quando lascia Enea e perché l'anima di questo personaggio si trova nell'Antinferno?

Analisi

difficoltà ●●○

11. Quale figura retorica usa il poeta per rappresentare i mali, i turbamenti e le angosce che sconvolgono la vita degli uomini?

12. Perché il poeta definisce Caronte un dio di cruda e verde vecchiezza?

13. Quali sono i tratti fisici caratteristici di Caronte?

14. Perché il ramo d'oro è definito «*fatale virgulto*» (v. 409)?

15. L'Ade non è un luogo in cui regna il silenzio come nell'oltretomba omerico. Quali suoni e voci ode Enea?

16. Quali anime accoglie l'Antinferno al di là della porta vigilata da Cerbero e come sono suddivise?

17. In quale modo Virgilio esprime la sua adesione sentimentale al dramma senza nome di vite prematuramente stroncate dalla morte?

18. Quali sono le caratteristiche dell'ambiente in cui avviene l'incontro tra Enea e Didone?

19. Il termine «*fauci*» ricorre nei versi 273 e 417. In quale dei due versi è una metafora?

20. Con quale immagine è espressa la caparbia impassibilità di Didone alle parole di Enea?

21. Quali di questi sentimenti non traspaiono dalle parole di Enea?

☒ Dolore
☐ Affetto
☐ Passione
☐ Simpatia
☒ Commozione
☒ Rimpianto della passata felicità

Produzione

difficoltà ●●●

22. Confronta la figura del Caronte virgiliano con quella che compare nell'*Inferno* di **Dante** (III, vv. 82-111) in cui Caronte traghetta le anime attraverso l'Acheronte. Prepara un discorso orale in cui fai emergere analogie e differenze.

BIOGRAFIA
Dante

Ed ecco verso noi venir per nave
un vecchio, bianco per antico pelo,
gridando: «Guai a voi, anime prave!
Non isperate mai veder lo cielo:
i' vegno per menarvi a l'altra riva
ne le tenebre etterne, in caldo e 'n gelo»
[...]

Quinci fuor quete le lanose gote
al nocchier de la livida palude,
che 'ntorno a li occhi avea di fiamme rote
[...]

Caron dimonio, con occhi di bragia
loro accennando, tutte le raccoglie;
batte col remo qualunque s'adagia

Ed ecco verso di noi venire su una barca un vecchio, con i capelli bianchi per l'età, che gridava: «Maledette voi, anime malvagie. Non sperate più di vedere il cielo: io vengo per portarvi all'altra riva nelle tenebre eterne, nel fuoco e nel gelo».
[...]

Da quel momento si quietarono le guance coperte di barba al nocchiero della limacciosa palude; il quale intorno agli occhi aveva cerchi infuocati.
[...]

Il demonio Caronte, facendo loro cenni con gli occhi rossi come il fuoco, le riunisce (le anime) tutte: batte con il remo chiunque indugia.

23. Ricostruisci e riassumi per iscritto il percorso di Enea e della Sibilla, soffermandoti sulle caratteristiche dei luoghi.

24. Immagina che Didone, ritornando da Sicheo, gli riferisca dell'incontro con Enea e trascrivi le parole della regina.

Libro VI

Enea procede nel suo cammino e tra le anime dei caduti in guerra incontra Deifobo, un fratello di Ettore, il quale racconta di come fu orrendamente mutilato nella notte in cui fu presa Troia. Egli venne ucciso a tradimento nel proprio letto da Ulisse e Menelao, grazie alla complicità di Elena, che egli aveva sposato dopo la morte di Paride. Invitato dalla Sibilla a procedere, Enea giunge a un bivio. Una strada conduce al Tartaro, con le triplici mura cinte dal fiume Flegetonte, il fiume infuocato, dove sono relegate le anime dei malvagi: «si odono gemiti e crudeli percosse; / poi uno stridore di ferro, e strascicate catene». *Nessun essere puro può varcare quella soglia. La Sibilla, alla quale un tempo Ècate aveva mostrato i castighi dei dannati, spiega che lì ha il suo tribunale il giudice Radamanto (fratello di Minosse), che costringe i colpevoli a confessare i loro delitti e poi li consegna alle Furie. Queste, dopo averli frustati, aprono la porta custodita all'interno dall'Idra, un mostro* «con cinquanta nere fauci mostruose».

I dannati vengono gettati nell'oscuro abisso del Tartaro, che è profondo il doppio della distanza tra terra e cielo. Qui scontano le loro pene alcune figure di sacrileghi e ribelli contro le divinità del cielo. Tra gli altri Enea vede Tizio, un gigante dal corpo immenso: un avvoltoio rode continuamente il suo fegato. Vi si trovano anche una moltitudine di persone colpevoli di avere violato la legge morale (i peccatori contro i parenti, gli avari, i frodatori delle persone che proteggevano, i servi traditori dei padroni, gli adulteri, i traditori della patria, gli incestuosi).

Dopo questa rassegna, la Sibilla ed Enea prendono la strada di destra che porta al palazzo di ferro in cui abitano Plutone e Proserpina. Qui Enea si purifica con acqua lustrale e affigge alla porta del palazzo il ramo d'oro.

L'incontro con Anchise. Le anime dei beati

Luogo:
Roma

Anno:
29-19 a.C.

Tratto da:
Libro VI, vv. 679-751

Il brano

La Sibilla ed Enea riprendono il cammino e giungono a un luogo di beatitudine, i Campi Elisi, una ridente vallata che, pur essendo sottoterra, gode di luce, aria e persino di una volta celeste.

Tra i beati dei Campi Elisi c'è Orfeo, che suona la sua lira, e i re troiani discendenti di Teucro. Enea vede anche gli antichi eroi troiani che si dilettano di armi, carri e cavalli. Nei Campi Elisi si trovano pure le anime di coloro che perirono combattendo per la patria, dei sacerdoti pii, dei poeti cari ad Apollo, degli inventori delle arti, dei benefattori.

La turba dei beati è intrattenuta dal poeta Museo (il mitico discepolo di Orfeo), al quale la Sibilla chiede dove si trova il padre di Enea. Il poeta accompagna i due visitatori sulla sommità di una collina da cui si può vedere Anchise.

Il padre Anchise nel cuore d'una verde vallata[1]
esaminava considerando con attenzione le anime rinchiuse
e pronte ad uscire alla luce superna[2], e passava appunto

1. **verde vallata:** la valle verdeggiante del fiume Lete, il fiume dell'oblio (cfr v. 705).
2. **pronte … superna:** pronte a reincarnarsi e a ritornare sulla terra.

❮ Giorgio de Chirico (1888-1978), *Testa di vegliardo*, 1964 ca., particolare, Roma, Fondazione Giorgio e Isa de Chirico.

in rassegna l'intero numero dei suoi, e i diletti nipoti[3],
e i fati e le fortune degli uomini e i costumi e le imprese.
Egli, quando vide Enea che gli veniva incontro
sul prato, protese commosso entrambe le mani,
e lagrime scorsero dalle palpebre, e la voce eruppe dalle labbra:
«Venisti infine, e la tua pietà, desiderata dal padre,
vinse il duro cammino? Posso, o figlio, guardarti
in volto, e ascoltare la nota voce e risponderti?
Così certamente immaginavo e credevo che sarebbe avvenuto,
contando i giorni, e l'ansia non mi trasse in inganno.
Portato per quali terre ed ampie distese del mare
ti accolgo! travagliato, o figlio, da quali gravi pericoli!
Quanto temetti che ti nuocesse il regno di Libia![4]».
Ed egli: «La tua mesta immagine, o padre, comparendomi
così di frequente, mi spinse a dirigermi a queste soglie;
le navi sostano nel mare Tirreno[5]. Concedi
di stringerti la destra, concedi, e non sottrarti all'abbraccio».
Così discorrendo, rigava il viso di largo pianto.
Tre volte cercò di circondargli il collo con le braccia,
tre volte invano[6] afferrata l'immagine sfuggì dalle mani;
pari ai lievi venti, simile ad alato sogno.
Frattanto Enea vede in seno a una valle
un bosco appartato e virgulti fruscianti della selva,
e il fiume Lete[7] che scorre davanti alle placide sedi.
Intorno aleggiavano innumerevoli popoli e genti:
come nell'estate serena quando nei prati le api
si posano sui fiori variegati e sciamano intorno
ai candidi gigli; l'intero campo brusisce d'un murmure.
Stupisce l'ignaro Enea alla visione improvvisa
e chiede le cause, quali siano lontano quelle acque,
e che uomini affollino le rive in schiera così numerosa.
Allora il padre Anchise: «Le anime alle quali per fato
si devono nuovi corpi, bevono linfe serene
e lunghi oblii vicino all'onda del fiume leteo.
Da tempo desidero parlarti apertamente di loro
e mostrartele, ed enumerare codesta discendenza dei miei,
perché tu maggiormente gioisca con me dell'Italia trovata».

3. intero … nipoti: Anchise sta passando in rassegna i suoi discendenti che saranno i protagonisti della futura gloria di Roma.

4. il regno di Libia: allusione alla passione di Didone, che avrebbe potuto distogliere Enea dalla sua missione.

5. nel mare Tirreno: di fronte a Cuma.

6. cercò … invano: la scena è simile a quella descritta da Omero nella quale Ulisse tenta invano di abbracciare la madre Anticlea. La stessa situazione verrà ripresa da Dante nell'episodio dell'incontro con il musico Casella nel *Purgatorio* (II, vv. 79 sg.).

7. fiume Lete: il fiume dell'oblio; il nome deriva dal greco *léthe*, che significa "dimenticanza". Le anime destinate al ritorno sulla terra bevono l'acqua di questo fiume e dimenticano la vita precedentemente trascorsa nel mondo superiore, prima di rinascere in nuovi corpi.

«O padre, si deve dunque pensare che alcune anime
risalgano di qui al cielo, e ritornino nei grevi corpi?
Quale crudele rimpianto della luce possiede gli sventurati?»
«Lo dirò certamente, o figlio, e non ti terrò nell'incertezza»
risponde Anchise, e per ordine chiarisce le cose.
«Anzitutto uno spirito interno vivifica il cielo e la terra
e le liquide distese e il lucente globo della luna
e l'astro titanio[8]; l'anima diffusa per le membra
muove l'intera massa e si mescola al grande corpo[9].
Di qui la stirpe degli uomini e degli animali e le vite degli uccelli
e i mostri che il mare produce sotto la marmorea distesa[10].
Quei semi[11] possiedono un igneo vigore[12] e un'origine
celeste, finché non li gravano corpi nocivi[13]
né li ottundono organi terreni e membra moriture[14].
Perciò temono e desiderano, soffrono e godono, e chiusi
nelle tenebre d'un cieco carcere non scorgono il cielo.
Ed anche quando la vita li abbandona con l'ultima luce,
tuttavia dagli sventurati[15] non si allontanano tutti i mali,
non si sradicano i contagi corporei, ma è destino che molti vizi,
a lungo induritisi, germoglino in strane maniere.
Dunque le anime sono travagliate da pene e pagano
i castighi delle antiche colpe: alcune si aprono sospese
ai lievi venti; ad altre la macchia dei delitti
si dilava nel vasto gorgo e si brucia nel fuoco[16];
ciascuno soffre il suo demone; dopo veniamo mandati
per l'ampio Eliso, e in pochi abitiamo i lieti campi;
finché una lunga stagione, compiuto il ciclo del tempo[17],
toglie la macchia contratta e lascia puro
l'etereo senso[18] e la fiamma del semplice spirito.
Tutte queste, girata la ruota per mille anni,
il dio[19] le chiama in folla al fiume leteo[20],
sicuramente immemori, perché ritornino a vedere la volta
del cielo e comincino a sentire il desiderio di rientrare nei corpi».

trad. it. E. Canali, Lorenzo Valla-Mondadori, Milano

8. l'astro titanio: il Sole, figlio del titano Iperione. Con immagini poetiche sono ricordati i quattro elementi che compongono l'universo: l'aria («*il cielo*»), la terra, l'acqua («*le liquide distese*») e il fuoco, rappresentato dalla luna («*il lucente globo*») e dal sole. Essi sono vivificati da uno spirito che è l'"anima dell'universo".

9. l'anima ... corpo: l'anima, lo spirito ordinatore, infuso in tutte le membra dell'universo tiene in movimento la massa della materia e si mescola con l'intero corpo.

10. l'anima ... distesa: dall'unione dello spirito e della materia traggono origine tutti gli esseri viventi; «*marmorea*» ha qui il significato di "scintillante", "lucente come marmo".

11. Quei semi: sono i germi della vita; «*Le particelle che compongono l'anima individuale non sono che "semi" derivati dall'anima dell'universo*» (Giannotti).

12. igneo vigore: il vigore del fuoco.

13. corpi nocivi: secondo questa concezione del mondo, i corpi sono una prigione delle anime e le contaminano.

14. ottundono ... moriture: vengono intorpiditi dalle membra e dagli organi del corpo che sono destinati a morire appesantiti dai corpi.

15. dagli sventurati: dai semi di vita (cioè le anime) che sono entrati nei corpi.

16. alcune ... fuoco: le anime si purificano per mezzo dell'aria, dell'acqua e del fuoco.

17. compiuto ... tempo: non si dice quanto duri, forse diecimila anni.

18. l'etereo senso: l'essenza celeste.

19. il dio: Mercurio, l'accompagnatore delle anime o, secondo un'altra interpretazione, una divinità non definita.

20. fiume leteo: bevendo le acque del fiume Lete le anime dimenticano la vita precedente e desiderano reincarnarsi.

Note di lettura

▶ Anchise padre e filosofo

L'episodio dell'incontro di Anchise è il cuore del libro e ha un'importanza fondamentale non solo per comprendere il libro VI perché viene prefigurato il **ruolo storico di Roma**, ma anche il **senso di tutta l'opera**.
Anchise era apparso in sogno a Enea e lo aveva esortato a scendere nell'oltretomba dove gli avrebbe rivelato il futuro della sua stirpe: «*Figlio, un tempo a me più caro della vita,* [...] *porta in Italia giovani scelti, i cuori / più forti; nel Lazio devi debellare un duro popolo / e di rude vita. Tuttavia rècati prima / nelle infere sedi di Dite; nel profondo Averno, / figlio, vieni all'incontro con me. Non mi accoglie / l'empio Tartaro, tristi ombre; mi trovo / nelle amene adunanze dei pii e nell'Eliso* [...]. *Allora apprenderai tutta la tua discendenza, e le mura assegnate*» (V, vv. 723-737).
Dopo l'iniziale commozione dell'incontro – nel quale Enea manifesta tutta la sua devozione figliale e il padre la gioia di rivedere il figlio –, Anchise è ansioso di «*condividere con Enea la certezza del destino grandioso e di comunicargli profeticamente, gioiosamente, la profondità prospettica della sua missione storica*». Il discorso di Anchise assume ora un'intonazione solenne. Le anime che si sono purificate delle loro colpe attraverso un lungo processo sono state scelte per tornare nel mondo e affrontare le prove dell'esistenza terrena: dopo aver bevuto le acque del Lete si reincarneranno in personaggi protagonisti della storia di una potenza destinata a pacificare il mondo.
La concezione delle anime esposta da Anchise si ispira alle correnti religiose dell'**orfismo** e del **pitagorismo** e si inserisce in una visione del cosmo attinta a una dottrina filosofica detta "**stoicismo**". Secondo gli stoici l'universo in tutti i suoi elementi è pervaso da uno spirito che è causa di tutto, il quale vivifica la materia. Questo spirito universale è come una divinità che dispone tutto secondo un **ordine provvidenziale** di cui anche l'anima dell'uomo è parte.
Dall'orfismo e dal pitagorismo proviene la concezione di un'anima che si trova nel corpo come in una prigione per espiare colpe commesse in una vita precedente, costretta a trasmigrare di corpo in corpo (dottrina della **metempsicosi**) fino alla completa purificazione da tutte le passioni e da tutti gli istinti che l'hanno macchiata, per tornare infine là da dove è discesa. Coniugando queste dottrine, Virgilio cerca di trovare una **razionalità** nel groviglio degli avvenimenti umani che appaiono spesso incomprensibili e causano agli individui continui lutti e sofferenze. Nello stesso tempo, afferma il **primato della componente spirituale su quella materiale** e dà un forte risalto alla sfera morale: l'uomo deve vincere gli istinti e le passioni e assoggettarsi ai legami e alle responsabilità nei confronti della famiglia, della patria e dell'umanità.

▶ Le forme della narrazione

Enea nel libro VI segue la traccia narrativa del libro XI dell'*Odissea*, ma la rielaborazione virgiliana degli spunti omerici è notevolissima e il suo libro contiene **rivoluzionarie innovazioni** del codice epico.
Enea nella prima parte del libro incontra la Sibilla, sacerdotessa di Apollo, ed Ecate, mediatrice tra gli uomini e gli dei e guida consacrata al contatto con l'aldilà. Con questa autorevole guida, Enea non incontra le anime, come invece accade a Ulisse, al di fuori dell'Ade, ma penetra nel loro regno, che si presenta con una geografia ben definita. Nell'oltretomba virgiliano, a differenza di quello omerico, c'è una distribuzione delle anime secondo il criterio basato sui concetti del **bene** e del **male**, del **premio** e della **punizione**, della **sofferenza** e della **purificazione**. Gli incontri non sono casuali, come avviene nell'*Odissea*, ma finalizzati a un preciso obiettivo di **collegamento con il piano stabilito dal Fato** e quindi con la realtà del mondo dei vivi.
Per Omero la morte recide ogni legame tra vivi e morti e le anime dei morti hanno completamente dimenticato la vita terrena. Esse riacquistano la memoria solo per breve tempo, dopo aver bevuto il sangue dell'animale sacrificato, per poi ricadere nel gorgo della dimenticanza. Le anime dell'Ade virgiliano ricordano l'esistenza terrena, **mantengono i legami con la vita**: tra i vivi e i morti **la comunicazione è ininterrotta**.

Competenze alla prova

Comprensione

difficoltà ●○○

1. Quali anime si trovano nei Campi Elisi?
2. Che cosa sta facendo Anchise quando arriva Enea?
3. Come cerca di manifestare Enea il suo amore per il padre?
4. La funzione del fiume Lete è quella di:
   - ☐ separare due zone dei Campi Elisi
   - ☐ accogliere nelle sue acque le anime che vogliono purificarsi
   - ☒ far sì che le anime bevendo le sue acque dimentichino la vita passata sulla terra
   - ☐ far sì che bevendo le sue acque le anime acquistino il desiderio di tornare sulla terra
5. Da che cosa traggono vita gli esseri viventi?
6. Dopo quanti anni le anime dell'Eliso tornano sulla terra?

Analisi

difficoltà ●●○

7. Perché le domande che Anchise rivolge al figlio suonano come l'esaltazione delle virtù di Enea?
8. Quale giudizio lascia trapelare Anchise sul soggiorno di Enea a Cartagine?
9. Con quale paragone Virgilio rappresenta la natura dell'anima di Anchise e quindi delle altre anime?
10. Quali sono le caratteristiche del fiume Lete rispetto agli altri fiumi dell'oltretomba?
11. In quale condizione vive l'anima nel corpo?
12. Da che cosa sono offuscate le anime quando si trovano sulla terra nei corpi degli uomini?
13. Quali sono i mezzi di purificazione delle anime?
14. Quali valori vengono esaltati nella visione del mondo espressa da Anchise?

Produzione

difficoltà ●●○

15. Confronta la similitudine dei versi 706-709 con quella dei versi 309-312. Descrivi per iscritto le due differenti atmosfere, spiegando il motivo della diversità.

^ Andrea Mantegna (1431-1506), *Trionfo di Cesare: IV (I portatori di vasi)*, 1485-1505, particolare, Londra, Hampton Court.

I grandi protagonisti della storia romana

Luogo:
Roma
Anno:
29-19 a.C.
Tratto da:
Libro VI, vv. 826-901

Il brano

Anchise conduce Enea e la Sibilla in mezzo a una schiera di anime, e sale su di un'altura per poterle distinguere meglio. Egli mostra al figlio le anime destinate a incarnarsi in personaggi famosi della futura storia di Roma.

Dopo aver passato in rassegna i re di Alba Longa ed essersi soffermato sulla figura di Romolo, il fondatore della città destinata all'impero, Anchise mostra Cesare Augusto, figlio di un dio, che riporterà di nuovo l'età dell'oro nel Lazio (la mitica età in cui gli uomini godevano di una vita felice e concorde e la terra dava spontaneamente i suoi frutti) ed estenderà l'impero nelle regioni più remote della terra. Anchise continua poi a illustrare la discendenza troiana degli Eneadi citando i personaggi di rilievo che contribuiranno a fare grande Roma.

«E quelle anime[1] che vedi rifulgere concordi in uguali
armi, ora e finché saranno premute dalla notte[2],
ahi, che terribili guerre tra loro, se attingeranno il lume
della vita, che grandi schiere e stragi susciteranno!,
il suocero[3] discendendo dai contrafforti alpini e dalla rocca
di Moneco[4], il genero schierato coi contrapposti orientali[5].
O figli, non rendete consuete all'animo tali guerre,
non rivolgete al corpo della patria le valide forze;
e tu, per primo, perdona, tu che derivi la stirpe dall'Olimpo,
getta le armi di mano, o sangue mio[6]!
Quello[7], soggiogata Corinto, guiderà vittorioso il carro
sull'alto Campidoglio, insigne per la disfatta degli Achivi,
quello[8] abbatterà Argo e l'agamennonia Micene[9],
e proprio un Eacide[10], stirpe di Achille possente in armi,
vendicando gli avi di Troia, e il violato tempio di Minerva[11].

1. **quelle anime:** Anchise si riferisce, senza nominarli, a Cesare e Pompeo responsabili delle guerre civili che tormentarono Roma all'inizio della seconda metà del I secolo a.C. I due si combatterono aspramente fra il 49 e il 48 a.C., ma la guerra civile continuò anche dopo la morte di Pompeo, fino al 45 a.C.
2. **notte:** qui il termine è usato per indicare genericamente l'oltretomba.
3. **suocero:** Cesare; Giulia, la figlia di Cesare, aveva sposato Pompeo.
4. **Moneco:** la rocca di Monaco, il promontorio tra la Gallia e la Liguria, nei pressi di Nizza.
5. **contrapposti orientali:** Pompeo aveva raccolto le sue milizie nelle province orientali.
6. **o sangue mio:** Cesare apparteneva alla gente Giulia, che si vantava di discendere da Venere attraverso Iulo/Ascanio.
7. **Quello:** Mummio, altro personaggio dell'età repubblicana che distrusse la città greca di Corinto (146 a.C.).
8. **quello:** Emilio Paolo, che vinse il re della Macedonia Perseo (168 a.C.).
9. **Argo … Micene:** delle città distrutte dai Romani vengono ricordate simbolicamente Argo e Micene (di cui erano re rispettivamente Diomede e Agamennone), perché erano state le città promotrici della guerra contro Troia.
10. **Eacide:** Perseo era discendente di Achille, nipote di Eaco.
11. **violato … Minerva:** durante il saccheggio di Troia, Aiace Oileo aveva violato il tempio di Atena per trascinare via la profetessa Cassandra, che si era rifugiata presso l'altare della dea.

› Mirabello Cavalori (1520-1572), *Lavinia all'ara*, 1570-1572, particolare, Firenze, Palazzo Vecchio, studiolo di Francesco I.

[...]
Forgeranno altri con maggiore eleganza spirante bronzo,
credo di certo, e trarranno dal marmo vivi volti,
patrocineranno meglio le cause, e seguiranno con il compasso[12]
i percorsi del cielo e prediranno il corso degli astri[13]:
tu ricorda, o romano, di dominare le genti;
queste saranno le tue arti, stabilire norme alla pace,
risparmiare i sottomessi e debellare i superbi»[14].
Così il padre Anchise, e a loro due meravigliati soggiunse:
«Guarda come Marcello[15] avanza glorioso di spoglie,
e vincitore sovrasta tutti i guerrieri.
Questi, cavaliere[16], sosterrà lo Stato romano e nelle ansie
d'un grave cimento prostrerà i Punici e i Galli ribelli,
e sarà il terzo ad appendere al padre Quirino armi catturate»[17].
E qui Enea, poiché vedeva andare con quello
un giovane straordinario di bellezza[18] e d'armi splendenti,
ma mesta la fronte e gli occhi reclini nel volto:
«Chi è, o padre, quello che così ne accompagna[19]
l'andare? un figlio, o qualcuno della grande progenie?
Che mormorio di compagni[20] intorno! quanta maestà in lui!
Ma una nera notte gli aleggia intorno al capo con triste ombra».
Allora il padre Anchise cominciò, tra lagrime che sgorgavano:

---

12. **compasso:** strumento con cui erano disegnate le figure geometriche.
13. **Forgeranno altri … astri:** gli «*altri*» sono i Greci che si distingueranno per la cultura, artistica, letteraria e scientifica.
14. **tu ricorda … i superbi:** i Romani avranno il compito di dominare sulle genti attraverso norme che garantiscano la pace e i diritti degli uomini. «*Qui ai valori spirituali dell'orfismo, si sostituiscono quelli solidi, concreti dello stato poggiante sulla Pax Romana 'la pace stabilita da Roma'*» (Paratore).
15. **Marcello:** è Claudio Marcello, console nel 222 a.C., che vinse i Galli Insubri a Casteggio, nei pressi di Pavia e seppe tenere a bada Annibale nella seconda guerra punica.
16. **cavaliere:** Marcello rafforzò la cavalleria romana, l'arma vincente che risollevò le sorti romane nella battaglia di Nola (208 a.C.).
17. **terzo … armi catturate:** "e sarà il terzo a consacrare le spoglie opìme a Romolo", divinizzato con il nome di Quirino. Le spoglie opìme erano le armi tolte al nemico ucciso in duello, che in realtà dovevano essere consacrate a Giove Feretrio.
18. **un giovane … bellezza:** è Marco Claudio Marcello, figlio del console Gaio Marcello e di Ottavia, sorella di Augusto. L'imperatore lo designò come suo successore, ma il giovane morì a soli 19 anni nel 23 a.C.
19. **quello … ne accompagna:** l'anima del giovane Marcello accompagna quella del vecchio console, suo proavo.
20. **che mormorio di compagni:** Marcello è circondato dall'ammirazione dei compagni come se questi già conoscessero la dignità di cui sarà investito.

«O figlio, non chiedere un immenso lutto dei tuoi[21];
i fati lo mostreranno appena alle terre e impediranno
che viva più oltre. Troppo la discendenza romana
vi sembrerebbe potente, o celesti, se possedesse a lungo simili doni[22].
Che alti gemiti di eroi renderà quel campo
presso la grande città di Marte[23]! e quali esequie[24]
vedrai, o Tevere, oltrepassando la tomba recente[25]!
Nessun giovinetto della stirpe iliaca solleverà
a tanta speranza gli avi latini, né mai
la terra romulea si vanterà tanto di alcun germoglio.
O pietà, o antica fede, o destra invitta
in guerra[26]! a lui armato nessuno si sarebbe opposto
impunemente, sia che da fante muovesse contro il nemico,
sia che ferisse con gli speroni i fianchi d'uno schiumante destriero.
O giovane degno di compianto, se vincerai gli aspri fati,
tu sarai un Marcello[27]. Date gigli a piene mani[28];
ch'io sparga fiori purpurei, e ricolmi
almeno con questi doni l'anima del nipote, e assolva
l'inutile onore[29]». Così vagano per l'intera
regione, nei vasti campi dell'aria, ed esplorano tutto.
Dopo che Anchise condusse il figlio nei singoli luoghi,
e gli accese l'animo con l'amore della futura gloria,
gli enumera poi le guerre che avrebbe dovuto combattere,
e lo istruisce sui popoli laurenti[30] e sulla città di Latino,
e sul modo di evitare o sopportare tutti i travagli.
Sono due le porte del Sonno, delle quali l'una
si dice di corno, di dove le vere ombre
possono uscire agevolmente; splendente l'altra e di candido
avorio[31], ma i Mani ne esprimono al cielo ingannevoli sogni.
Ivi Anchise, parlando, accompagna il figlio
e insieme la Sibilla, e li fa uscire dalla porta eburnea[32]:
quello[33] s'affretta alle navi e torna a vedere i compagni.
Poi raggiunge il porto di Gaeta costeggiando diritto.
L'àncora cala da prua; ristanno a riva le poppe.

trad. it. E. Canali, Lorenzo Valla-Mondadori, Milano

21. **lutto dei tuoi:** un lutto che colpisce la discendenza di Enea.
22. **simili doni:** simili pregi e doti.
23. **campo … di Marte:** era il campo Marzio, nel quale si celebravano i funerali solenni.
24. **quali esequie:** al funerale partecipò un'immensa folla e Augusto lesse l'elogio funebre.
25. **tomba recente:** Augusto aveva fatto erigere sulle rive del Tevere un mausoleo per tutti i membri della famiglia.
26. **o destra … in guerra:** il valore non vinto in guerra.
27. **se vincerai … Marcello:** solo nel caso che Marcello riuscisse a sottrarsi ai decreti del destino che lo attende, il giovane potrebbe divenire un personaggio paragonabile al suo proavo.
28. **Date gigli a piene mani:** Anchise immagina di essere presente al funerale e vorrebbe spargere sulla tomba molti gigli.
29. **l'inutile onore:** l'onoranza funebre non potrà ridare la vita a Marcello.
30. **popoli laurenti:** abitanti della città di Laurento, sede del re Latino. Sua figlia Lavinia, prima promessa in matrimonio a Turno, re dei Rutuli, verrà data in sposa a Enea.
31. **Sono due … candido avorio:** sono le due porte dei sogni, una di corno dalla quale escono i sogni veritieri, l'altra d'avorio dalla quale escono i sogni ingannevoli. L'immagine è tratta dall'*Odissea* (XIX, vv. 562-564).
32. **eburnea:** d'avorio; Enea, essendo un essere vivente, non può uscire dalla porta di corno da dove escono le immagini dei defunti per apparire nei sogni degli uomini e annunciare loro la verità. Inoltre Enea «*non deve presentarsi in sogno a nessuno; può quindi uscire dalla porta delle visioni fallaci*» (Paratore).
33. **quello:** Enea.

Note di lettura

La missione di Roma

Anchise dall'alto di un'altura rivela, sempre con tono solenne, l'identità degli spiriti che sfilano dinanzi, come in una parata di eroi della storia antica e recente, pronti a risalire alla luce del mondo. Sono ricordati, senza essere nominati, i consoli **Mummio** e **Paolo Emilio**, non tanto per l'importanza politica delle loro imprese, quanto per l'occasione che offriranno di compiere la **vendetta** contro le città greche che avevano promosso la guerra contro Troia e avverando il vaticinio espresso da Giove: «*Verrà un tempo, col volgersi / dei lustri, che la casa di Assaraco* [avo di Anchise] *ridurrà in schiavitù / la gloriosa Micene* [patria di Menealo], *e Ftia* [la patria di Achille] *e dominerà sulla vinta Argo* [patria di Agamennone]» (I, vv. 283-285).

Ai **Greci** viene riconosciuto il **primato** nelle **arti**, nella **filosofia**, nell'**oratoria** e nella **scienza**. Ma i **Romani** avranno un'indiscussa superiorità in un'arte fondamentale per assicurare agli uomini una convivenza civile e pacifica: l'arte del **buon governo**, che appare superiore alle attività artistiche dei Greci. Anchise espone questa verità e il ruolo che i Romani saranno destinati a svolgere nella storia «*con un'intonazione degna di un oracolo divino o di un'epigrafe pubblica*» (Alberti): il dominio romano sarà fondato sulla clemenza verso i vinti e renderà stabile la pace fra i popoli dell'impero. È evidente in questa solenne enunciazione il riferimento al **programma augusteo** di restaurazione di un ordine, di una stabilità e di una pacificazione della società romana e del mondo sottomesso a Roma, di cui Virgilio avverte l'esigenza dopo le sanguinose guerre civili che avevano imperversato per quasi un secolo.

Le parole di Anchise possono apparire una trionfalistica glorificazione della potenza romana in ossequio ad Augusto. In realtà esse vanno valutate nell'ottica della finalità della visita di Enea al padre negli inferi. Da lui l'eroe potrà ricevere **certezze definitive sulla sua missione**. E, infatti, Anchise gli rivela il senso del suo destino alla luce di **verità universali** sul mondo e sulla storia umana. Inoltre, esaltando i meriti della potenza romana e rivolgendosi al figlio con l'appellativo di «*romano*» (v. 851), vuole anche dargli **forza ed entusiasmo** in vista dei pericoli della dolorosa guerra che deve affrontare, e compensarlo dei sacrifici personali con il trionfale futuro della sua stirpe.

Il destino del giovane Marcello

Virgilio inserì nel poema la celebrazione del giovane Marcello dopo la morte del giovane (23 a.C.), quando il libro VI probabilmente era stato già quasi completato. Sappiamo che nell'anno della morte di Marcello Virgilio lesse i versi dedicati al giovane alla presenza di Augusto e di Ottavia, la madre del giovane, la quale, sentendo evocare la presenza del figlio nelle parole di Anchise «*Marcello...*» cadde svenuta. La scelta di rappresentare l'anima di Marcello nei campi Elisi nasce da un motivo occasionale e forse con lo scopo di fare cosa gradita ad Augusto. Ma non si tratta certamente di un atto di ossequio nei confronti del potere. Virgilio è mosso da una motivazione più profonda: dal sentimento di **pietà** e di **commossa partecipazione** di fronte alla sorte di giovani stroncati dalla morte prima del tempo. Anchise, raffigurando il destino del giovane Marcello, abbandona il linguaggio ispirato e solenne, piange e il suo discorso diventa un toccante e accorato compianto funebre per la breve presenza del giovane sullo scenario del vita terrena. Nel momento di massima esaltazione della gloria romana e nella visione prospettica di un cammino storico razionale guidato da una volontà superiore, Virgilio «*introduce l'inevitabile contrappunto del dolore della morte*» (Baldo): sul provvidenziale corso della storia si stende l'**ombra delle sofferenze** che costellano l'esistenza e della precarietà di tutto quanto è umano.

Competenze alla prova

Comprensione

difficoltà ●○○

1. Anchise mostra al figlio
   - ☐ personaggi della storia romana e del mito greco
   - ☐ la grandezza del dominio che Enea conquisterà in Italia
   - ☐ le difficoltà che Enea dovrà affrontare in Italia
   - ☐ il modo di evitare e sopportare le difficoltà future

2. Quale significato ha l'esortazione pronunciata nei versi 832-833: «*O figli, non rendete consuete all'animo tali guerre, / non rivolgete al corpo della patria le valide forze*»?

3. Quale differenza intercorre tra la porta di corno e la porta d'avorio?

Analisi

difficoltà ●●○

4. Perché vengono menzionate alcune città greche?

5. Individua il verso in cui Virgilio indica chiaramente l'importanza che, a livello psicologico, il discorso di Anchise riveste per Enea.

Produzione

difficoltà ●●●

6. Immagina che Enea racconti al figlio ciò che ha visto nell'Ade, in modo da confortarlo circa la paura della morte e infondergli una fiducia positiva nella vita saggia e onesta. Puoi scegliere se far parlare l'eroe troiano in prima persona o riferire il resoconto in terza persona. Componi un testo di circa 20 righe.

Corrado Cagli (1910-1976), *Veduta allegorica di Roma*, 1937 ca., particolare, Firenze, Fondazione Cagli.

Libro VII

Partite da Cuma, le navi troiane giungono in un porto della Campania. Qui muore la nutrice di Enea e in suo onore il luogo in cui è sepolta è chiamato con il suo nome, Caieta (l'odierna Gaeta). Poi i Troiani riprendono il mare, passano accanto al promontorio del Circeo – così chiamato in onore della maga Circe, che secondo i poemi omerici aveva lì la sua dimora – e all'alba arrivano alle foci del Tevere. Enea fa entrare le navi nella foce e approda all'ombra di un bosco sacro che circonda le acque del fiume. Il poeta invoca la Musa affinché lo aiuti a narrare le vicende di Latino, re della città di Laurento, al quale il padre Fauno aveva profetizzato che il marito della figlia Lavinia sarebbe stato uno straniero. All'arrivo i Troiani si rifocillano e, affamati, mangiano anche le mense, cioè le focacce su cui sono appoggiati i cibi, come fossero piatti. Iulo osserva che si sta realizzando in senso favorevole ai Troiani la profezia di Celeno (III, vv. 254-257). Enea ricorda anche la profezia di Anchise: il luogo in cui avrebbero divorato le mense sarebbe stato la loro meta.
Esplorati i luoghi in cui sono giunti, il giorno dopo Enea incomincia a costruire la città e manda un'ambasceria a Latino. Il re capisce che Enea è il genero profetizzato dai responsi e promette agli stranieri ospitalità e alleanza. Giunone, amareggiata e irata per l'arrivo dei Troiani nel Lazio, chiama dagli inferi la furia Aletto e le chiede di scatenare una sanguinosa guerra fra Troiani e Latini.
La prima vittima di Aletto è la regina Amata, moglie del re Latino: irata con Latino perché vuole che la figlia, già promessa sposa a Turno re dei Rutuli, sposi Enea, infuria forsennata per la città seguita da altre donne. Aletto si reca poi ad Ardea, la capitale dei Rutuli, e compare in sogno a Turno suscitando in lui un furore cieco e un folle desiderio di guerra: convocati i capi del suo esercito, si prepara a marciare contro il re Latino. Infine, Aletto arriva nel campo troiano e, durante una partita di caccia di Iulo, suscita un'improvvisa rabbia nelle sue cagne, inducendole a inseguire un bellissimo cervo, che appartiene a Silvia, la figlia del pastore Tirro al quale sono affidate le terre del re Latino. Il giovane trafigge l'animale e suscita l'ira degli abitanti del luogo che, radunati da Tirro, muovono all'assalto del campo troiano. Finita la battaglia, i contadini portano in città i corpi dei loro compagni uccisi. Aizzati da Turno, che nel frattempo è giunto a Laurento, i mariti delle donne del seguito di Amata invocano la guerra. Il re tenta di opporsi, rifiutandosi di aprire le porte del tempio di Giano, un rito che sancisce l'apertura ufficiale delle ostilità; ma interviene Giunone aprendo lei stessa le pesanti porte. A Laurento e nelle città vicine fervono i preparativi della guerra: i contadini lasciano i campi e prendono le armi. Il poeta si rivolge ancora alle Muse perché lo assistano nella rassegna dei guerrieri che prenderanno le armi contro i Troiani.

Libro VIII

Dall'alto del castello di Laurento, Turno dà il segnale della guerra: chiama a raccolta i grandi condottieri suoi alleati e manda un'ambasciata ad Arpi, nell'Apulia, per chiedere l'alleanza dell'eroe greco Diomede, che regna in quella città. Mentre per tutto il Lazio si diffondono gli allarmi di guerra, Enea è turbato. Il dio Tiberino gli appare in sogno annunciandogli che, malgrado le apparenze sfavorevoli, il Lazio è la meta voluta dal destino; si offre poi di accompagnare Enea nella città degli Arcadi, con i quali potrà allearsi contro i Latini. Al risveglio, l'eroe trova nel bosco, come gli aveva predetto il dio, una scrofa con trenta porcellini, che vengono sacrificati a Giunone. Costeggiando il Tevere Enea giunge a Pallanteo, città degli Arcadi, e viene accolto dal re Evandro che, dopo aver abbandonato l'Arcadia (regione montuosa del Peloponneso), era emigrato nel Lazio. Il re gli assicura la propria alleanza e lo invita all'annuale banchetto sacrificale in onore di Ercole, che aveva liberato il Lazio dal mostro Caco. Dopo il sacrificio, Evandro mostra i luoghi della futura Roma all'ospite, che rimane affascinato dal paesaggio ed è desideroso di conoscere la storia delle genti che vi avevano abitato in passato. Evandro racconta che lì un tempo vivevano le divinità agresti e un popolo che, non conoscendo l'agricoltura, viveva di caccia. Un giorno su quelle terre scese Saturno e sotto il suo regno gli uomini godettero della felice età dell'oro. Poi, però, la furia delle guerre e la cupidigia degli uomini provocarono la fine di quell'età felice e altri popoli vi giunsero: Ausonii, Sicani, e da ultimo, gli Arcadi.
Durante la notte, Venere, angosciata per il figlio, usa il suo fascino per persuadere Vulcano a fabbricare armi speciali per Enea nella sua fucina sulle isole Eolie. Il mattino seguente Evandro conferma a Enea l'alleanza, ma gli consiglia di cercare alleati anche in Etruria. Gli Etruschi, infatti, hanno pronto un esercito per combattere contro lo spietato Mazenzio, alleato di Turno: essi attendono solo che a guidarli giunga un capo straniero, secondo la prescrizione di un oracolo. Evandro si sente ormai vecchio e affida il comando dell'esercito al figlio Pallante, poi si congeda da lui, con il doloroso presentimento che non lo rivedrà mai più. Dopo il doloroso addio di Evandro al figlio, i cavalieri arcadi guidati da Enea e Pallante raggiungono l'accampamento degli Etruschi. Venere porta in dono al figlio le armi di Vulcano, tra cui il mirabile scudo raffigurante scene della futura gloria di Roma fino al trionfo di Augusto ad Azio.

Libro IX

Mentre Enea è assente, Iride, inviata da Giunone, appare a Turno e lo informa degli ultimi avvenimenti, fino alla partenza di Enea per recarsi dagli Etruschi: è questo, quindi, il momento più opportuno per sfidare i Troiani, i quali però, dietro ordine di Enea, si trattengono nell'accampamento. Turno, furibondo, non potendo espugnare l'accampamento, cerca di appiccare il fuoco alle navi. Anche questo tentativo, però, fallisce per intervento della dea Cibele, la "grande madre", che trasforma le navi in ninfe. Turno non perde la fiducia e, rivolto ai suoi, rivendica il diritto di annientare con le armi quella stirpe che gli ha strappato la promessa sposa Lavinia. Egli si mostra sicuro di vincere i Troiani, così come gli Achei hanno espugnato la loro città; ma, a differenza degli Achei, prevarrà solo con la forza delle armi, senza ricorrere all'inganno del cavallo.

Eurialo e Niso

Luogo:
Roma
Anno:
29-19 a.C.
Tratto da:
Libro IX, vv. 176-223, 367-449, 473-502

Il brano

Al discorso di Turno non fa seguito alcuna azione, ma soltanto l'annuncio della battaglia per il giorno successivo. Si dispongono i cambi di guardia per controllare le mosse dei Troiani, ai soldati è concesso di bivaccare intorno ai fuochi e di "indulgere al vino". Dall'alto delle loro fortificazioni i Troiani, a loro volta, osservano il campo nemico e rafforzano le loro difese.

Niso[1] era custode a una porta, fortissimo in armi,
figlio d'Irtaco; compagno a Enea l'aveva mandato
l'Ida ricca di cacce[2], bravo con picche[3], con frecce leggere.
E accanto Eurialo[4], il suo amico, di cui più bello nessuno
fu tra i fidi d'Enea o vestì l'armi troiane,
fanciullo, che segna le guance intonse[5] del primo lor fiore.
Un unico amore essi avevano[6], insieme in battaglia correvano:
e anche allora la porta con guardia comune tenevano[7].
Niso disse: «Gli dèi questo amore ispirano agli animi,
Eurialo, o dio per ciascuno diventa la folle passione?[8]
O una battaglia, o qualcosa tentar di grande, da un pezzo
medita il cuore, non è di placida pace contento.
Tu vedi che sicurezza del loro vantaggio hanno i Rutuli.

1. **Niso:** figlio di Ìrtaco, un valente cacciatore compagno di Enea che proveniva dal monte Ida.
2. **l'Ida … cacce:** il monte Ida, nella Frigia, era noto come zona ricca di selvaggina.
3. **picche:** lance.
4. **Eurialo:** figlio di Ofèlte. Insieme all'amico Niso, è già comparso nell'episodio dei giochi in onore di Anchise, durante la sosta dei Troiani presso Aceste, in Sicilia.
5. **guance intonse:** il giovane volto non era ancora mai stato rasato.
6. **Un unico … avevano:** erano legati da un profondo affetto e perciò combattevano insieme in guerra.
7. **guardia comune tenevano:** presidiavano insieme.
8. **dio … passione?:** l'irrefrenabile e irrazionale («*dira cupido*») impulso di combattere diventa un dio alla cui volontà bisogna obbedire. L'espressione latina *dira cupido* (alla lettera "crudele" o "feroce bramosia") è stata variamente tradotta: "incontenibile brama" (Fo), "smania crudele" (Canali), "folle brama" (Ramous).

Radi ammiccano i lumi[9]; in preda al sonno ed al vino[10]
si dànno, e tutto, intorno, è silenzio. E tu senti
che speranza, che idea mi sta nascendo nell'animo.
Chiamare Enea tutti vogliono, e popolo e padri[11],
e mandar uomini in grado di riferir cose certe[12].
Se a te quel che chiedo promettono[13] (a me basta la fama
del fatto), credo che là sotto quel colle potrò rintracciare
la via per le mura e per la città pallantea»[14].
Restò senza fiato, dal grande amore di gloria,
Eurialo: e subito così parla all'amico eccitato:
«Me dunque compagno alle imprese più grandi non vuoi
prendere, Niso? Ti lascerò solo in tanto pericolo?
Non così il padre Ofelte avvezzo alle guerre
m'educò, poiché in mezzo al terrore dei Dànai[15], allo strazio
di Troia io son nato: non così con te vissi
e del magnanimo Enea seguii fino in fondo il destino[16]:
c'è qui, c'è un cuore che disprezza la luce[17], che crede
buon prezzo pagar con la vita l'onore a cui tendi[18]».
E Niso: «No, certo, non questo di te potevo temere,
sarebbe stata ingiustizia: così a te mi riporti in trionfo
il gran Giove[19], o chi altri guarda benigno l'impresa!
Ma se (tu vedi che molte sono le cose in tali frangenti)
se un caso, se un dio dovesse gettarmi nel peggio,
te vorrei vivo, più degni di vita i tuoi anni.
E poi ci sarebbe chi, vinto in battaglia o comprato con oro[20],
m'affidi alla terra[21], o se la solita Fortuna s'oppone,
faccia l'esequie all'assente e di tomba m'onori[22].
E alla tua misera madre non voglio esser causa di pianto,
a lei che sola, fra tante donne, fanciullo,
osò seguirti, e nulla per lei furon le mura d'Aceste[23]».
Ma quello: «Scuse inutili intessi, senza costrutto[24];
non cede, non muta comunque la mia decisione.
Facciamo presto», dice. E sveglia le scolte[25], e subentrano
quelli a prender la guardia: egli lascia il suo posto,
compagno a Niso si muove e cercano il re[26].

---

9. **Radi ... i lumi:** i fuochi dell'accampamento dei Rutuli si stanno spegnendo.
10. **in preda al sonno ed al vino:** secondo l'ordine logico il sonno segue al vino che ne è la causa. Questa inversione in retorica è detta *hýsteron próteron* (dal greco *hysteron*, "dopo", e *proton*, "prima").
11. **padri:** i capi.
12. **cose certe:** notizie sicure.
13. **Se a te ... promettono:** Niso pensa ai premi per l'amico, mentre per sé desidera solo la fama.
14. **la città pallantea:** Niso ritiene che Enea si trovi ancora a Pallanteo, la città di Evandro dal quale si era recato in cerca di alleanze.
15. **il padre Ofelte ... Danai:** il padre di Eurialo aveva allevato il figlio durante la guerra contro i Greci e l'aveva abituato ad affrontare i pericoli.
16. **non così ... destino:** Eurialo non si è comportato vilmente con l'amico da quando ha seguito Enea e il suo destino.
17. **disprezza la luce:** disprezza la vita.
18. **pagar con la vita ... tendi:** ritiene giusto pagare con la vita l'onore al quale Niso aspira.
19. **a te ... il gran Giove:** Niso si augura che Giove gli sia favorevole e che possa tornare trionfante dall'amico.
20. **comprato con oro:** fatto prigioniero e riscattato con l'oro.
21. **m'affidi alla terra:** provveda alla mia sepoltura.
22 **faccia ... m'onori:** se Niso non tornerà, Eurialo renderà onore con i riti dovuti al suo sepolcro, benché vuoto.
23. **nulla ... Aceste:** la madre di Eurialo dopo l'incendio delle navi in Sicilia, non era rimasta presso il re Aceste, come le altre donne, ma aveva voluto seguire il figlio.
24. **Scuse ... senza costrutto:** scuse prive di fondamento.
25. **sveglia le scolte:** svegli le sentinelle del successivo turno di guardia.
26. **il re:** Ascanio che, in assenza di Enea, detiene il potere.

Niso cede alla richiesta di Eurialo di seguirlo e insieme a lui si reca dai capi troiani riuniti intorno ad Ascanio. I due ricevono entusiastiche lodi dai capi e Ascanio promette loro come ricompensa doni preziosi e una parte cospicua del bottino di guerra. Eurialo non si cura dei doni, ma pensa alla madre che raccomanda ad Ascanio nel caso in cui non tornasse vivo dalla missione.

I due giovani, usciti dal campo, attraversando le linee dei Rutuli fanno strage di nemici con il favore della notte. All'avvicinarsi dell'alba Niso sollecita Eurialo a desistere dalla strage e ad allontanarsi; ma, prima di lasciare il campo, Eurialo si carica di un prezioso bottino e si mette lo splendido elmo di Messàpo, uno dei guerrieri rutuli da lui uccisi.

Intanto, mandati avanti dal borgo latino, ché l'altro
esercito, pronto, resta in attesa nel piano,
cavalieri venivano[27], e a Turno re risposte portavano;
trecento, tutti armati di scudi, e Volcente era il capo.
E già si avvicinavano al campo e alle mura arrivavano[28],
quando, lontano, costoro vedon girare a sinistra,
e l'elmo, nell'ombra della notte lunare, tradì
l'immemore[29] Eurialo, colpito dai raggi splendette.
Non impunemente[30] fu visto. Volcente gridò dalla schiera:
«Fermi, uomini, che cosa vi muove? chi siete in armi?
Dove siete diretti?». Essi nulla rispondono,
ma rapidi fuggono al bosco e alla notte si affidano.
I cavalieri si lanciano ai passaggi ben noti,
di qua, di là, tutti i bivii con guardie coronano[31].
La selva era vasta, di macchie e d'elci[32] nerastri
foltissima, e densi spineti per tutto l'empivano:
radi sentieri lucevano fra intrichi nascosti.
Eurialo, l'ombra dei rami, la preda onerosa[33]
impaccia, l'inganna l'orrore nel tentare la via[34].
Niso andava: già senza accorgersene ha passato i nemici,
e i boschi sacri, che poi dal nome d'Alba[35] si dissero
Albani (allora il re Latino, pascoli folti, li aveva):
come ristette, e invano a cercar l'amico si volse, e non c'era:
«Eurialo infelice, dove mai t'ho lasciato? dove ti cerco,
tutto facendo di nuovo il confuso cammino
dell'ingannevole selva?». E scruta all'indietro
le impronte recenti e le segue, s'aggira fra mute boscaglie.
Ecco, ode cavalli, strepito ode, e gli inseguitori, e i richiami:
e molto non passa, che un urlo agli orecchi
gli arriva, e vede Eurialo: già tutta la schiera
(colpa della notte e del luogo) con subito confuso tumulto
lo raggiunge, lo tiene, che tutto invano pur tenta[36].

---

27. **intanto ... venivano:** intanto vengono i cavalieri mandati in avanscoperta dalla città latina, mentre il grosso dell'esercito indugia schierato nella pianura.
28. **alle mura arrivavano:** l'accampamento dei Rutuli è difeso da una palizzata di legno.
29. **immemore:** Eurialo non ha pensato di togliersi l'elmo.
30. **Non impunemente fu visto:** non passò inosservato.
31. **coronano:** circondano.
32. **elci:** lecci, alberi sempreverdi, con corteccia e foglie molto scure, somiglianti alla quercia.
33. **onerosa:** pesante. La corsa di Eurialo è ostacolata dal bottino e dall'intrico dei rami.
34. **l'inganna ... la via:** la paura inganna Eurialo sulla direzione da prendere.
35. **Alba:** non la famosa Alba Longa (Paratore), ma una località nei pressi del campo troiano.
36. **che tutto ... pur tenta:** benché Eurialo resista con tutte le sue forze.

Che fare? con quale forza, con quali armi oserà
strappar loro il fanciullo? o è meglio gettarsi a morire,
su quelle spade, affrettare la bella morte nel sangue?
Rapidamente flettendo il braccio palleggia l'astile,
e in alto, alla Luna rivolto, la prega così:
«Tu dea, tu valido aiuto, soccorri il nostro pericolo,
o bellezza degli astri, o dei boschi Latonia[37] custode.
Se mai per me sui tuoi altari il padre mio Irtaco
portò doni, se anch'io con le mie cacce ne aggiunsi,
e ne appesi alla cupola, e ai sacri fastigi[38] ne affissi,
fammi sconvolgere tu quella folla, reggi l'arma per l'aria».
Disse, e con tutto il corpo tendendosi il ferro
lanciò. L'asta volando straccia l'ombra notturna,
e vien nella schiena a Sulmone[39], voltato, e lì stesso
s'infrange, ma passa col legno rotto i precordi[40].
Rotola quello, dal petto un caldo fiume versando;
già freddo, gli ultimi aneliti con lunghi singulti dà ancora.
Di qua, di là guardano. E Niso, più ardente,
ancora scagliava dall'orecchio una picca[41]:
stavan quelli confusi, e l'asta passò a Tago[42] le tempie
stridendo, restò a intiepidirsi nel cervello trafitto.
Volcente infuria, feroce: non riesce a vedere l'autore
del colpo, né dove possa pieno di rabbia scagliarsi.
«Tu intanto, però, col caldo sangue vendetta
mi pagherai per entrambi», gridò e col ferro sguainato
piombava su Eurialo. Allora folle, sconvolto,
Niso scoppia a gridare, non può più nel buio nascondersi,
non può sopportare così orrendo dolore.
«Me, me qui son io che ho colpito, su me il ferro volgete
o Rutuli! Mio è tutto l'inganno, nulla osò questo,
né avrebbe potuto: il cielo lo attesti e, consce, le stelle[43].
Soltanto, amò troppo il suo misero amico».
Queste parole gridava, ma spinta a forza la spada
tagliò le costole, il candido petto sfondò.
S'accasciò Eurialo morto, per il bel corpo
scorreva il sangue, cadde la testa sulla spalla, pesante:
così purpureo fiore, che l'aratro ha tagliato,
languisce morendo, o chinano il capo i papaveri
sul collo stanco, quando la pioggia li grava.
Ma Niso si butta nel mezzo, solo fra tutti
Volcente ricerca, Volcente solo egli vuole.
Intorno i nemici si stringono, di qua e di là tentano
di ributtarlo: e nondimeno resiste, e ruota la spada
fulminea, finché al Rutulo urlante la cacciò nella gola

---

37. **Latonia:** nella sua supplica, Niso si richiama all'identificazione di Artemide/Diana, la dea cacciatrice figlia di Latina, con la Luna.
38. **sacri fastigi:** la sommità esterna della casa.
39. **Sulmone:** è un cavaliere rutulo.
40. **precordi:** la zona anteriore del torace in corrispondenza del cuore.
41. **scagliava ... picca:** scagliava la lancia sollevata all'altezza dell'orecchio.
42. **Tago:** altro cavaliere rutulo.
43. **il cielo ... le stelle:** formula di giuramento con la quale Niso chiama a testimoni della veridicità delle sue parole il cielo e le stelle, che dall'alto tutto vedono.

e tolse, morendo, al suo nemico la vita[44].
Allora si buttò in terra, sull'amico già esanime,
e lì, trafitto, trovò in placida morte riposo.
Fortunati l'uno e l'altro! Se posson qualcosa i miei versi,
mai nessun giorno al ricordo vi toglierà dei futuri,
fin che la casa d'Enea del Campidoglio l'immobile
rupe dòmini e il padre Romano[45] abbia impero.

I Rutuli portano Volcente morto al loro campo e vedono la strage compiuta durante la notte dai due giovani. Allo spuntare del nuovo giorno, Turno prepara le truppe all'assalto. Le teste di Eurialo e Niso vengono infisse su due aste e sono mostrate dall'alto ai Troiani.

Subito, alata pel borgo sgomento volando,
dilaga a narrare la Fama[46], e arriva agli orecchi
della madre d'Eurialo. Ah, svanì a un tratto dall'ossa il calore
alla misera, le sfuggì il fuso di mano, s'arrovesciò la conocchia[47].
Fuori la sventurata volò e con femminei singhiozzi
si strappa i capelli, come una pazza, di corsa alle mura,
alle prime file si getta, non degli uomini, non del pericolo
memore più o delle armi: e il cielo riempie di pianti.
«Così, Eurialo, io ti vedo? Tu, della tarda vecchiezza
mia tu il riposo, potesti lasciarmi qui sola,
crudele? Né in tanti rischi mandandoti, un'ultima
volta permisero che tu salutassi la madre?
Oh, in terra ignota, preda lasciata alle cagne latine,
agli uccelli, tu giaci; e io, la tua mamma, non ho
composto il tuo corpo, non chiusi gli occhi, non lavate le piaghe,
con la veste coprendoti, che in fretta, per te, notte e giorno,
badavo a tessere e l'ansiosa vecchiezza ingannavo al telaio?
Dove ti cercherò? Le membra tue lacere, il povero corpo,
che terra ora li tiene? Questo di te mi riporti,
creatura, questo per terra e per mare ho seguito?
Oh me trafiggete, se avete pietà, su me tutte l'armi
scagliate, o Rutuli, me per la prima finite col ferro.
O meglio, tu, grande padre dei numi, abbi pietà,
col tuo fulmine al Tartaro[48] getta l'odiosa mia testa,
quando non posso altrimenti troncare la vita crudele!»
Da questi pianti sconvolti eran gli animi, serpeggia per tutto
un cupo singhiozzo: torpide e fiacche son le forze alla lotta.
Lei, dunque, che infiamma un incendio di pianti, Attore e Ideo,
da Ilioneo, da Iulo che piange a dirotto, mandati,
prendon su, tra le braccia, e nella tenda la portano.

trad. it. R. Calzecchi Onesti, Mondadori, Milano

44. tolse … la vita: Niso, ormai circondato da troppi guerrieri, sta per soccombere, ma non senza prima uccidere Volcente.

45. l'immobile … Romano: la rocca del Campidoglio e i senatori.

46. Fama: divinità allegorica personificazione della "voce pubblica", ossia delle dicerie che si diffondono tra la gente.

47. s'arrovesciò la conocchia: il particolare della conocchia (strumento per filare) che cade per terra è ripreso dall'*Iliade*: Andromaca, quando ode i gemiti per la morte di Ettore, lascia cadere la spola (XXII, v. 448).

48. Tartaro: la parte più profonda degli inferi.

Note di lettura

▸ Il modello omerico della spedizione notturna

L'episodio della sortita notturna si ispira al modello omerico nel libro x dell'*Iliade*, in cui **Ulisse e Diomede** si muovono verso il campo degli avversari per spiare furtivamente i nemici e raccogliere informazioni sui loro progetti. Durante il tragitto, i due intercettano **Dolone**, una spia troiana diretta al campo acheo. Dolone, nella speranza di aver salva la vita, li informa sulla dislocazione dei contingenti degli alleati dei Troiani. Ulisse e Diomede sopprimono Dolone, penetrano nel campo dei Traci e fanno strage di nemici. Uccidono anche il loro re Reso e, impadronitisi dei suoi splendidi cavalli, tornano incolumi al campo acheo.

Virgilio dal modello omerico trae più di un particolare descrittivo, ma nello svolgimento della trama segue una strada del tutto nuova, costruendo un episodio di **alta drammaticità**. A differenza di Ulisse e Diomede, che sono capi nell'esercito acheo, Eurialo e Niso sono giovani guerrieri di condizione meno elevata. Inoltre, mentre Ulisse e Diomede sono ambedue esperti e scaltri guerrieri, Eurialo è del tutto inadeguato a un'impresa del genere e l'imprevidenza del suo comportamento lo dimostrerà. Infatti, l'incursione dei due Achei si conclude felicemente e i due eroi sono festeggiati dai compagni; al contrario, la spedizione di Eurialo e Niso si risolve in un tragico fallimento.

▸ Una tragica amicizia

Rispetto a Omero, il racconto virgiliano è tutto incentrato sul motivo dell'**amicizia**, un legame nobile che si intreccia con un'intensa **aspirazione alla gloria** e la alimenta.

L'amore che unisce Eurialo e Niso è un sentimento intermedio tra l'amicizia e la passione: pur nella sua purezza, tende all'*eros*. L'amicizia tra i due è un valore assoluto, in nome del quale si può sacrificare anche la vita. «*Niso paga con la vita la debolezza di aver accettato come compagno l'immaturo Eurialo; e il fanciullo che nella sua infantile vanità non vuole essere da meno del compagno più grande e scambia la guerra per un gioco, apprende troppo crudelmente a sue spese che essere uccisi è altrettanto facile che uccidere*» (Bellincioni). Nell'angosciato appello ai Rutuli, Niso rivela la forza dell'attaccamento a Eurialo e nello stesso tempo la sua nobile generosa indole. L'unico modo di scontare la fatale imprudenza di aver ceduto alle insistenze di Eurialo è quello di testimoniare l'**autenticità del suo amore**, offrendosi allo stesso destino dell'amico. A commento della tragica scena vi è solo la partecipazione del poeta che promette, a compenso di un inutile sacrificio, la sopravvivenza nell'eternità dell'arte: «*Se posson qualcosa i miei versi, / mai nessun giorno al ricordo vi toglierà dei futuri*» (vv. 446-447).

▸ Un nobile gesto o un'inutile ostentazione di eroismo?

La vicenda di Eurialo e Niso è stata variamente interpretata. A parere di alcuni studiosi, l'episodio sarebbe un esempio di un **comportamento futilmente ambizioso** e della tragedia di una giovinezza animata da ideali di gloria militare e da un desiderio di bottino che – sebbene tipici dei Romani – **Virgilio dimostrerebbe di non condividere**. In quest'ottica si sottolineano l'insensatezza di Niso e la puerile avidità di bottino di Eurialo, ancora incapace di distinguere tra gioco e realtà. Anche la brutalità della strage non appare come un'azione eroica, dal momento che Eurialo e Niso massacrano guerrieri immersi nel sonno.

Secondo altri, invece, Virgilio presenta sotto una luce positiva i **nobili sentimenti dei due giovani**. Con l'apostrofe «*Fortunati l'uno e l'altro*» egli «*ha voluto rivendicare la gloria degli eroi caduti indipendentemente dal successo delle loro imprese: l'imprudenza non toglie niente alla nobiltà delle loro intenzioni, alla grandezza del loro valore e della loro abnegazione*» (La Penna).

In questo senso, la loro amicizia eroica assume un **valore esemplare**, perché il loro slancio giovanile, l'ardire guerriero e lo spirito di sacrificio sono doti che la romanità celebrava.

Tuttavia, Virgilio non esalta l'eroismo dei due giovani con gratuito e superficiale ottimismo. Non tralascia, infatti, di mettere in evidenza gli **errori** e l'**imprudenza** che provocano il fallimento della missione. Inoltre, nella delicata e struggente similitudine del fiore reciso si coglie la sua **sensibilità per il tema delle giovani vite prematuramente stroncate**; ma soprattutto nel pianto disperato della madre di Eurialo emerge la sofferta e drammatica consapevolezza degli alti costi in termini di straziante sofferenza che la realtà della guerra comporta.

Competenze alla prova

Comprensione

difficoltà ●○○

1. Qual è il progetto di Niso e perché lo ritiene realizzabile?

2. Tra le seguenti affermazioni, indica quali sono vere e quali sono false.

	V	F
a. Enea si trova presso il re Latino	☐	☐
b. Niso è più giovane di Eurialo	☐	☐
c. Eurialo spicca per la sua bellezza	☐	☐
d. Niso si accontenta solo della fama che deriverà dalla sua impresa	☐	☐

3. Nella risposta a Eurialo che chiede di accompagnarlo nella sortita, Niso elenca una serie di motivi. Tra i motivi riportati qui di seguito, quali non sono presenti nel testo?
   - ☐ La giovane età di Eurialo
   - ☐ Il desiderio che l'amico si occupi della sua sepoltura in caso di insuccesso
   - ☐ Il timore che l'inesperienza di Eurialo comprometta l'esito della spedizione
   - ☐ La presenza della madre di Eurialo nel campo
   - ☐ Il timore del rimprovero dei capi

4. Che cosa fa Eurialo prima di recarsi da Iulo/Ascanio con l'amico?

5. Quanti sono i cavalieri rutuli e chi li guida?

6. Da che cosa è ostacolato Eurialo durante la fuga?

7. In quale situazione Niso trova Eurialo, dopo averlo cercato nella selva?

8. Chi chiama testimoni della veridicità delle sue affermazioni Niso rivolgendosi ai Rutuli?

9. Qual è l'ultimo gesto di Niso prima di spirare?

10. Perché la madre di Eurialo si trova nel campo troiano?

11. Con quale gesto reagisce la donna alla notizia della morte del figlio?

12. L'espressione «*Così, Eurialo, io ti vedo*» del verso 481, a quale drammatica vista si riferisce?

Analisi

difficoltà ●●○

13. Come spiega Niso il suo amore per la gloria?

14. Perché Niso è un modello di eroe disinteressato?

15. Quali fattori influiscono sulla scelta di Eurialo di seguire il compagno?

16. I versi 399-401 sono un esempio di:
    - ☐ discorso diretto
    - ☐ discorso indiretto
    - ☐ discorso indiretto libero

17. Nell'espressione «*caldo fiume versando*» (v. 414) sono contenute due figure retoriche. Quali?

18. La preghiera di Niso, secondo gli schemi convenzionali omerici, è divisa in due parti. Quali?

19. Scegliendo di colpire i guerrieri nemici Niso agisce irrazionalmente con l'impulsività della giovinezza. Considerando che per l'amico non c'era via di scampo, che cosa avrebbe dovuto fare?

20. Perché Niso invoca proprio la Luna prima di scagliare la lancia?

21. Per quale motivo l'invocazione di Niso ai Rutuli induce Volcente a uccidere subito Eurialo?

22. Che differenza c'è tra la descrizione della morte di Sulmone e di Tago e quella di Eurialo?

23. Nella similitudine del fiore, quale significato ha l'aratro?

24. La seconda immagine del fiore («*chinano il capo i papaveri / sul collo stanco*», vv. 436-437) a quale particolare della descrizione della morte si collega?

25. Nel verso 439, attraverso quale figura retorica si esprime il furore con cui Niso si lancia contro l'uccisore di Eurialo?

26. In che modo il poeta esprime la sua partecipazione emotiva alla vicenda dei due giovani?

27. **Nei versi 446-449 Virgilio assegna alla poesia il compito di**
- ☐ celebrare la gloria di Roma
- ☐ rendere omaggio alla giovinezza prematuramente stroncata dei giovani
- ☐ conservare viva presso i posteri la memoria di Eurialo e Niso, come risarcimento al loro sacrificio
- ☐ spingere i giovani delle generazioni future a compiere gesta eroiche

Produzione

difficoltà ●●●

28. **Riscrivi in forma di discorso indiretto libero le parole della madre di Eurialo.**

29. **Metti nel giusto ordine, assegnando un numero da 1 a 5, i seguenti motivi espressi nel lamento della madre di Eurialo.**
- ☐ Rimprovero al figlio che è partito senza salutarla.
- ☐ Vista della testa del figlio.
- ☐ Invocazione della morte dai Rutuli e da Giove.
- ☐ Disperazione della madre che non ha il corpo del figlio e non ha futuro.
- ☐ Il corpo dilacerato del figlio, privo di funerali.

Libro IX

L'esercito nemico sferra un violento attacco contro i Troiani, cercando di forzare l'accampamento. Turno, dopo essere riuscito a incendiare una torre, imbaldanzito, si scatena nella lotta, ma i Troiani riescono a tenergli testa.
Turno insolentisce i Troiani, che non osano uscire dall'accampamento. Le sue parole provocano l'ira di Iulo, che vorrebbe affrontare il nemico, ma Apollo fa allontanare il giovinetto dalla battaglia per non esporlo al pericolo. Due fratelli troiani, Pandaro e Bizia, giganteschi guerrieri, aprono la porta alla quale erano posti a guardia e sfidano i nemici a entrare facendone strage. Infine, accorre Turno che uccide Bizia, mentre Pandaro, con un grande sforzo, riesce a richiudere la porta; ma Turno rimane all'interno dell'accampamento e uccide Pandaro seminando poi il panico fra i Troiani. Alla fine, però, neppure lui riesce a spalancare la porta e a fare entrare i suoi. I Troiani riescono così a riorganizzare in qualche modo le loro file e Turno, ormai esausto, è costretto ad arretrare finché d'un balzo si tuffa nel Tevere e raggiunge i suoi compagni.

Libro X

Giove raduna gli dei sull'Olimpo e li rimprovera per aver suscitato la guerra tra Rutuli e Troiani e li invita alla concordia. Venere in un lungo discorso esprime a Giove il suo dolore e la sua indignazione per la sorte funesta che sembra riservata ai Troiani. Giunone ribatte sdegnata che le sventure dei Troiani sono la conseguenza delle loro colpe. Giove tronca il litigio fra le due divinità affermando che sarà imparziale verso i belligeranti e lascerà che il destino compia il suo corso.
Frattanto, mentre i Rutuli rinnovano l'assalto al campo troiano, Enea, ricevuta dal re etrusco Tarconte una flotta di trenta navi, è sulla via del ritorno. Durante la navigazione, gli vengono incontro le Ninfe in cui sono state trasformate le sue navi. La ninfa Comodocèa informa Enea del prodigio e gli predice uno splendido successo nella battaglia che dovrà ingaggiare al suo arrivo.

Il duello fra Turno e Pallante

Luogo:
Roma
Anno:
29-19 a.C.
Tratto da:
Libro x, vv. 439-509

Il brano

All'arrivo di Enea, sul lido si accende la battaglia intorno alle navi. In un'altra parte del campo i cavalieri arcadi, costretti dalla natura accidentata del terreno a lasciare i cavalli, indietreggiano, ma Pallante li incoraggia e li incita al contrattacco. Nello schieramento avverso combatte anche un altro valoroso giovane, Lauso, figlio di Mezenzio. I due giovani eroi non hanno occasione di affrontarsi direttamente per volontà di Giove, perché ambedue sono destinati a trovare una morte prematura per mano di avversari più forti di loro. Contro Pallante avanza Turno, che vuole riservare a sé il compito di uccidere il giovane figlio del re Evandro.

Intanto la divina sorella[1] esorta a subentrare a Lauso
Turno, che attraversa con il carro volante la schiera.
Appena vide i compagni: «È tempo di cessare la battaglia;
io solamente assalgo Pallante; a me solamente spetta
Pallante; vorrei che vi fosse suo padre ad assistere[2]».
Così disse, e i compagni s'allontanarono dallo spazio vietato[3].
Quando i Rutuli si ritrassero, il giovane stupito ai superbi comandi[4]
fissa meravigliato Turno e volge gli occhi sul corpo
immane[5], e squadra tutto da lontano con sguardo fiero,
e contrasta le parole del superbo re con queste parole:
«Avrò la gloria di averti strappato le ricche spoglie[6],
o d'una nobile morte; il padre[7] accetta entrambe le sorti.
Cessa le minacce». E parlato così, avanza in mezzo al campo:
agli Arcadi si gela il sangue rappreso nel cuore.
Turno balza dalla biga; si appresta al combattimento a piedi.
Come un leone, che scorge dall'alta vedetta
ergersi lontano nel piano un toro mentre prepara lo scontro,
si avventa: tale è l'immagine di Turno che si avvicina.
Quando credette che fosse a tiro di lancia, Pallante
muove per primo, sperando che la sorte aiuti l'audacia
della sua impari forza, e parla così al grande cielo:
«Per l'ospitalità del padre e per la mensa a cui giungesti straniero
ti prego, Alcide[8], assistimi nell'ardua impresa.
Agonizzante, mi veda strappargli le armi insanguinate,
e gli occhi morenti di Turno sopportino me vincitore».
Ercole ode il giovane, e soffoca un grande gemito
nel profondo del petto, e versa lagrime vane.
Allora il padre[9] parla al figlio con parole amiche:
«A ciascuno è fissato il suo giorno, breve e irreparabile tempo
per tutti è la vita; ma estendere la fama con le imprese,
questo è il compito del valore. Sotto le alte mura di Troia,

1. **la divina sorella:** è Giuturna; avendo ricambiato l'amore di Giove, la sorella di Turno era stata ricompensata con l'immortalità ed era diventata una ninfa delle sorgenti e dei corsi d'acqua del Lazio.
2. **a me solamente ... assistere:** Turno rivendica a sé il diritto di uccidere Pallante, perché vuole punire Evandro per essersi alleato con i Troiani.
3. **spazio vietato:** il terreno dello scontro.
4. **superbi comandi:** comandi dispotici che rivelano il carattere arrogante di Turno.
5. **corpo immane:** la figura di Turno campeggia su tutti gli altri guerrieri.
6. **spoglie:** si riferisce alle spoglie opime, che erano le armi tolte al nemico ucciso in duello e consacrate a Giove.
7. **il padre:** Evandro.
8. **Alcide:** Pallante si rivolge a Ercole, chiamato così perché discendente di Alceo. Ercole era stato ospitato da Evandro ed era venerato tra gli Arcadi.
9. **il padre:** è Giove che si rivolge al figlio Ercole.

› Heinrich Vogeler (1872-1942), *Melanconia*, 1912, particolare, Hannover, Niedersächsische Sparkassenstiftung.

caddero tanti figli di dei[10], e perì con quelli
Sarpedone[11], mio figlio. Il proprio destino chiama
anche Turno[12], che giunge alla meta del tempo assegnato».
Così disse, e distolse gli occhi dai campi dei Rutuli.
Pallante scaglia l'asta con grande forza,
e strappa dalla cava guaina la spada fulgente.
L'asta volando colpisce dove culmina il riparo
dell'omero[13], e apertasi la via nell'orlo dello scudo,
infine sfiora il grande corpo di Turno.
Allora Turno, vibrando a lungo l'asta munita
di aguzzo ferro, la scaglia contro Pallante, e dice:
«Guarda se la mia arma non penetri meglio».
Parlò, e la grande cuspide attraversa con un colpo vibrante
il centro dello scudo, tante superfici di ferro,
tante di bronzo, la pelle di toro che lo avvolge più volte[14],
e perfora l'ostacolo della corazza e il vasto petto.
Pallante strappa invano dalla ferita la calda arma:
per la stessa via sgorgano insieme il sangue e la vita.
Crollò sulla ferita; le armi sopra tuonarono,
e morendo percosse la terra ostile con il volto
insanguinato. Turno levato su lui [così parla]:
«O Arcadi» disse, «riportate memori a Evandro
queste parole: Pallante, quale egli meritò, gli rimando;
qualunque onore del tumulo, qualunque conforto del sepolcro,
concedo. Non gli costerà poco l'ospitalità ad Enea».
E detto così, calcò con il piede sinistro l'esanime,
strappandogli la pesante cintura[15] e il delitto
che v'era inciso: in un'unica notte nuziale una schiera
di giovani turpemente uccisi[16], e i talami insanguinati[17],

10. **tanti figli di dei:** allude, tra gli altri, ad Achille, figlio di Teti, e a Memnone, figlio di Aurora.
11. **Sarpdone:** Giove ricorda che lui, il re degli dei, non ha potuto sottrarre al destino il figlio Sarpedone, ucciso da Patroclo (*Iliade* XVI, vv. 419-507).
12. **proprio ... Turno:** Giove anticipa l'imminente morte di Turno.
13. **culmina ... omero:** dove l'armatura copre l'articolazione della spalla.
14. **superfici ... più volte:** gli strati della materia attraverso i quali penetra la lancia sono indicati in ordine inverso.
15. **la pesante cintura:** è la cintura portata a tracolla per appendervi la spada, spesso ornata con borchie.
16. **inciso ... uccisi:** sulla cintura di Pallante, il balteo, è cesellato il mito delle Danaidi. Le cinquanta figlie di Danao furono costrette a sposare i cinquanta figli dello zio paterno, Egizio, ma nella notte delle nozze le giovani donne, istigate dal padre, massacrarono i loro sposi.
17. **i talami insanguinati:** le stanze nuziali divenute teatro degli assassinii.

Giambattista Tiepolo (1696-1770), *Addio di Venere a Enea*, 1757, Vicenza, Villa Valmarana, stanza dell'Eneide.

che Clono[18] figlio di Eurito aveva cesellato in molto oro;
Turno trionfa della spoglia, ed esulta di possederla.
O mente degli uomini inconsapevole del fato e del futuro,
e di serbare la misura, esaltata dagli eventi propizi!
Verrà il tempo per Turno, in cui desidererà riscattato
ad alto prezzo e vivo Pallante, e odierà queste spoglie
e questo giorno[19]. Intanto i compagni con grandi lamenti e con lagrime
riportano in folla Pallante adagiato sullo scudo.
O tu che tornerai dolore e grande gloria per il padre!
Questo primo giorno ti diede alla guerra, questo t'invola,
mentre comunque lasci folti mucchi di Rutuli.

trad. it. E. Canali, Lorenzo Valla-Mondadori, Milano

18. Clono: è l'artigiano autore della fine cesellatura del balteo.

19. Verrà ... giorno: come si vedrà nell'episodio del duello con Enea, la cintura di Pallante sarà la causa dell'uccisione di Turno: la vista della cintura indossata da Turno spegnerà ogni sentimento di pietà in Enea.

Note di lettura

Il modello omerico e lo spirito virgiliano

Il duello si svolge secondo il classico **schema tipico dei duelli dell'*Iliade*** e in particolare, nell'economia del poema, equivale a quello tra Patroclo ed Ettore. Infatti, come l'uccisione di Patroclo provoca la violenta reazione di Achille, che ritorna a combattere per vendicare la sua morte, così l'uccisione di Pallante colpisce profondamente Enea. L'eroe troiano, dopo aver atterrato Turno, non gli risparmierà la vita proprio perché intenzionato a vendicare la morte di Pallante. Tuttavia, il modello omerico agisce solo in superficie: il **clima** in cui si svolge lo scontro e i **sentimenti** che suscita sono una **creazione tipicamente virgiliana**.

Il poeta mette in forte risalto il contrasto tra la natura dei due personaggi che si affrontano, esaltando la figura di Pallante e sottolineando i tratti barbari di Turno.

L'eroismo di Pallante

Pallante è un **giovane fragile e vulnerabile** di fronte all'imponenza dell'avversario, ma non si perde d'animo. Alle crudeli parole di Turno, che desidererebbe fosse presente Evandro per assistere allo spettacolo della morte del figlio, Pallante risponde con fierezza: gli ricorda che suo padre accetterà dignitosamente sia la vittoria sia una morte gloriosa. Alla superba ostentazione di superiorità di Turno fa da contraltare la **coscienza della propria inferiorità** del giovane avversario che rivolge una commovente preghiera a Ercole. Questa consapevolezza rende più nobile e più grande la sua figura: egli non fugge come Ettore di fronte ad Achille, ma va incontro con **coraggio** al proprio destino. Quando viene colpito, Pallante non leva nessun lamento, né invoca maledizioni nei confronti di Turno, ma usa le sue ultime forze per liberare il proprio corpo dall'arma del nemico. Oltre che nell'apostrofe dei vv. 507-509, il poeta rende un commosso omaggio alla giovinezza prematuramente stroncata di Pallante con «*immagine di struggente bellezza pittorica*» (Paratore) nella similitudine del libro XI, quando i compagni depongono delicatamente il suo corpo su un giaciglio allestito con fronde: «*Alto qui pongono il giovane sopra il tappeto campestre: / quale un fiore reciso dal pollice di una fanciulla, / o di tenera viola o di languente giacinto / cui, mentre ancora fulgore e bellezza non sono svanititi / più non infonde la madre terra alimento o vigore*» (XI, vv. 67-71, trad. it. Canali).

L'empietà di Turno

A questo eroico e generoso personaggio si contrappone nettamente **Turno**, una figura carica di **valenze negative**. Più che per la crudeltà e la tracotanza – che non sono estranei al codice eroico –, Turno spicca per la sua empietà quando **calpesta la sacralità dei legami affettivi che legano il padre al figlio**: egli uccide Pallante non in quanto nemico, ma in quanto figlio di Evandro, compiacendosi di infliggere a Evandro un'atroce sofferenza, più crudele della stessa morte. Egli rifugge dal comportamento barbaro di negare la restituzione della salma di Pallante al padre, ma non è mosso da un sussulto di pietà. Turno intende sarcasticamente la restituzione del corpo come una **ricompensa** a Evandro per l'ospitalità offerta a Enea. Anche l'atto di poggiare il piede sul corpo, che nel codice eroico dell'*Iliade* rientra nella tipologia del duello, nella cultura romana è considerato negativamente come contrario a quel principio espresso da Anchise di moderarsi nel successo risparmiando i vinti («*Tu ricorda, o romano, di dominare le genti: / queste saranno le tue arti, stabilire le norme della pace, / risparmiare i sottomessi e debellare i superbi*», VI, vv. 851-853). Turno invece si comporta come i superbi che i Romani hanno il dovere di debellare.

Competenze alla prova

Comprensione

difficoltà ●○○

1. Quale ordine impartisce Turno ai suoi compagni e per quale motivo?
2. Quali impressioni suscitano in Pallante i superbi ordini di Turno?
3. Perché Pallante si rivolge proprio a Ercole e non a un'altra divinità per invocare il suo aiuto?
4. Qual è la reazione di Ercole alle parole di Pallante e per quale motivo?
5. Tra le seguenti affermazioni, indica quali sono vere e quali sono false.

	V	F
a. Giove è il padre di Ercole	☐	☐
b. Giove assiste dall'alto al duello tra Pallante e Turno	☐	☐
c. La lancia di Pallante perfora l'orlo dello scudo di Turno	☐	☐
d. Pallante predice a Turno la sua imminente morte	☐	☐
e. Turno restituisce il corpo di Pallante agli Arcadi con tutta la sua armatura	☐	☐

6. Nel suo intervento diretto il poeta rimprovera a Turno
   - ☐ di aver agito con crudeltà
   - ☐ l'incapacità di tenere un comportamento moderato nella buona sorte
   - ☐ di non aver risparmiato la vita a Pallante
   - ☐ di aver voluto vendicarsi di Evandro uccidendogli il figlio

Analisi

difficoltà ●●○

7. Quale figura retorica usa il poeta per esprimere l'effetto sugli Arcadi dell'aspetto di Turno?
   - ☐ Iperbole
   - ☐ Metonimia
   - ☐ Metafora
   - ☐ Personificazione
8. Giove consola Ercole richiamando la realtà della condizione umana soggetta alla morte il cui unico compenso sono le nobili imprese perché:
   - ☐ destano l'ammirazione degli uomini
   - ☐ sono di esempio per gli altri
   - ☐ assicurano una fama duratura
   - ☐ danno prestigio ai famigliari dell'eroe
9. Perché Pallante prende l'iniziativa di scagliare per primo la lancia?
10. In quali passi è inserita una prolessi dello sviluppo della *fabula*?
11. Quale relazione ha il mito inciso sul balteo con la sorte di Pallante?
12. Perché la restituzione del corpo di Pallante non appare un atto di pietà?
13. In quale modo il poeta dimostra la sua partecipazione al destino di Pallante?

Produzione

difficoltà ●●○

14. Ricostruisci le fasi del duello ponendo nel giusto ordine gli elementi indicati qui di seguito. Sottolinea poi tra questi quelli tipici dello schema iliadico.
    - ☐ L'atto di calcare con il piede il corpo dell'avversario vinto
    - ☐ Dettagli dello scudo trapassato
    - ☐ L'eroe colpito a morte rivolge al vincitore una preghiera o predice la sua prossima morte
    - ☐ Uno dei due eroi si rivolge all'altro che gli risponde
    - ☐ L'anima del vinto va nell'Ade
    - ☐ È presente una divinità che assiste l'eroe che gode della sua protezione
    - ☐ Sono sferrati colpi che vanno a vuoto
    - ☐ Vestizione dell'eroe
    - ☐ Il vincitore pronuncia parole di vanto per il successo ottenuto e di scherno per l'avversario
    - ☐ Parole di vanto del vincitore che si appresta a sferrare il corpo mortale
    - ☐ Il colpo respinto dallo scudo

Libro X

Gli Arcadi, piangendo, riportano al campo il corpo di Pallante adagiato su uno scudo.
Quando gli giunge la notizia della morte del giovane, Enea corre con il pensiero al padre Evandro, poi, sconvolto dal dolore e dall'ira, fa strage di nemici mostrandosi spietato anche quando il vinto supplica che gli sia risparmiata la vita. Giunone, preoccupata per i successi di Enea, che va alla ricerca di Turno per vendicare Pallante, ottiene da Giove il permesso di scendere tra i combattenti. Per allontanare l'eroe troiano da Turno, la dea forma un fantasma con le sembianze di Enea e lo avvicina a Turno che lo insegue fin sulla nave di un alleato etrusco. La nave salpa e il fantasma si dissolve. Turno si sente disonorato per aver abbandonato il campo di battaglia e vorrebbe uccidersi, ma Giunone glielo impedisce.
Frattanto, sul campo di battaglia infuria il crudele ed empio tiranno etrusco Mezenzio, alleato dei Rutuli. Enea lo affronta: Mezenzio scaglia la lancia che rimbalza sullo scudo di Enea, il quale invece riesce a ferire l'Etrusco all'inguine. In soccorso di Mezenzio accorre il giovane figlio Lauso. Enea non vuole uccidere il giovane e lo invita a desistere. Ma Lauso affronta la lotta e cade trafitto dalla spada di Enea. Commosso dalla pietà filiale di Lauso, Enea rinuncia a impossessarsi delle sue armi e lo rimanda al padre: «Ma appena l'Anchisiade vide lo sguardo e il volto / del morente, il volto pallido in mirabile modo, / gemette gravemente, pietoso, e tese la destra, / e gli strinse il cuore il pensiero dell'amore paterno. / "Che cosa, o miserando fanciullo, per questa tua gloria, / il pio Enea ti darà, degno di tale cuore? / Le armi di cui ti allietavi, abbile tue. Ti rimando / ai Mani e al cenere degli avi, se di ciò ti curi. / Questo tuttavia, o infelice, consolerà la sventurata morte: / cadi per la destra del grande Enea". Rimprovera / per primo i compagni esitanti, e solleva Lauso da terra, / mentre questi deturpa di sangue i capelli bene acconciati» *(vv. 821-832, trad. it. Canali).*
Il corpo del giovane viene portato in riva al fiume dove il padre si sta curando la ferita. Mezenzio prorompe in un lamento disperato, poi decide, benché ferito, di sfidare l'uccisore del figlio. Mezenzio combatte stando a cavallo e sferrando terribili colpi, ma Enea riesce ad abbattere il cavallo, che stramazzando al suono schiaccia il cavaliere. Mezenzio, prima di essere trafitto, chiede a Enea di essere sepolto accanto al figlio Lauso.

Libro XI

Il mattino seguente Enea celebra la vittoria su Mezenzio, arringa i suoi e preannuncia l'intenzione di marciare verso Laurento. Enea si reca poi nella tenda dove giace Pallante per rendergli l'estremo saluto. Alla vista del giovane con la ferita aperta nel petto pronuncia tra le lacrime un accorato discorso: «Quando partii, non avevo promesso questo di te / al padre Evandro,[...] Ed ora egli, purtroppo ingannato da una vana speranza, / forse fa voti e colma gli altari di doni; / noi accompagniamo mesti il giovane esanime, e che nulla / deve più a nessuno dei celesti, con inutile onore. / Sventurato, vedrai la crudele morte del figlio!» *(vv. 44-54, trad. it. Canali). Enea ordina che mille uomini in un corteo solenne riportino Pallante al proprio padre con tutti i suoi trofei; poi, dopo aver rivolto l'estremo saluto al giovane, torna al campo dove trova gli ambasciatori latini venuti a chiedere una tregua per seppellire i morti.*
Enea acconsente e approfitta della loro presenza per riaffermare che non era sua intenzione fare guerra al popolo latino: il suo nemico è Turno e il re rutulo avrebbe dovuto risolvere il conflitto accettando un duello tra i comandanti supremi, senza coinvolgere il popolo latino. Gli ambasciatori, per bocca di Drance, un vecchio sempre ostile a Turno, elogiano Enea.
La Fama, frattanto, porta la terribile notizia a Evandro che, sconvolto dal dolore, corre incontro al corteo e si getta in lacrime sul feretro. Il re lamenta la propria dolorosa sorte di sopravvissuto al figlio, si mostra però orgoglioso del valore di questi e dichiara di accettare di vivere ancora solo perché spera che Enea vendichi Pallante uccidendo Turno.
Nella città dei Latini serpeggia il malcontento, alimentato in particolare da Drance. Turno, invece, è spalleggiato dalla regina Amata e da una parte del popolo. Intanto, i messaggeri inviati ad Arpi presso Diomede per chiedere il suo appoggio nella guerra contro Enea, portano una risposta negativa: Diomede non ha più voglia né trae più alcun piacere dagli antichi mali.
Dopo questo rifiuto dell'eroe greco di riprendere le armi contro Enea, i Latini si riuniscono in assemblea. Il re Latino propone di trattare la pace con i Troiani e Drance accusa Turno di provocare la rovina del popolo latino. Turno reagisce con violenza, accusa a sua volta Drance di viltà e confida che con l'aiuto di altri alleati i Teucri potranno essere sconfitti: «Se poi – aggiunge – i Teucri richiedono me solo al duello, / se volete questo, e tanto sono di ostacolo al bene comune, / la vittoria non odiò e non fuggì le mie mani / a tal punto che io rifiuti per tanta speranza. / L'affronterò con coraggio, anche se superi il grande / Achille, e impugni armi simili fatte da Vulcano. / Io, Turno, secondo a nessuno degli antichi / per valore, consacro la vita e voi e al suocero Latino» *(vv. 434-441, trad. it. Canali).*

Intanto giunge la notizia che Enea muove verso la città e subito Turno organizza la difesa. Quando è ormai pronto alla battaglia, è raggiunto da Camilla, la valorosa regina dei Volsci, seguita da una schiera di cavalieri, la quale chiede a Turno che le sia affidato il compito di affrontare la cavalleria nemica.
In cielo Diana è addolorata per la sorte a cui sta andando incontro la sua fedele ancella decidendo di combattere contro i Troiani. La dea chiama la ninfa Opi, alla quale racconta le vicende di Camilla, e la incarica di punire chi oserà colpirla.
Camilla, armata di scure bipenne, arco e faretra, fa strage tra i cavalieri nemici, ma mentre insegue un guerriero nemico, attratta dagli sfarzosi e splendidi ornamenti della sua armatura, è colta di sorpresa da Arrunte, un cavaliere etrusco, il cui colpo di lancia la trafigge sotto il seno. Prima di spirare Camilla tenta invano di togliersi l'arma dal corpo, raccomanda a una sua compagna di interrompere la lotta e di avvertire Turno, in modo che subentri al suo posto. Dall'alto di un monte, Opi lamenta il destino di Camilla e le promette, insieme a una fama imperitura, un'immediata vendetta; quindi scova Arrunte e lo trafigge con un dardo. Informato della morte di Camilla e della disastrosa situazione in città, Turno scende a difendere Laurento dalle schiere di Enea, ma cala la notte e i due eserciti si accampano sotto le mura.

Libro XII

Nella città di Laurento assediata dai Troiani, Turno decide di affrontare in duello Enea e chiede al re Latino di prendere gli accordi necessari con i Troiani. Latino, però, gli consiglia di ritirarsi dalla guerra e di rinunziare alle nozze con Lavinia: il destino ha già stabilito il corso degli eventi e Turno deve evitare l'inutile sacrificio della sua vita. Anche la regina Amata, alla presenza di Lavinia, cerca di dissuaderlo. Ma Turno non desiste dal suo proposito; anzi, la vista di Lavinia lo infiamma ancor di più: si ritira nella tenda, si cinge di corazza e brandisce la lancia augurandosi che questa gli conceda «di squarciare e infrangere con valida mano» *la corazza di Enea che chiama, con sprezzante appellativo,* «effeminato».
Il giorno seguente i Rutuli e i Troiani provvedono ai preparativi necessari per lo scontro e per la cerimonia del patto, mentre i due eserciti si schierano sotto le mura della città.
Anche Giunone dall'alto di un colle assiste alla scena. La dea, desiderosa di differire la morte del suo protetto, chiama la ninfa Giuturna, sorella di Turno, e le consiglia di salvare il fratello trovando il modo di far violare l'accordo.
Enea e Latino fissano solennemente il patto: se il vincitore del duello sarà Turno, i Troiani si ritireranno nella città di Evandro e lasceranno il territorio latino; se il vincitore sarà Enea, Troiani e Latini convivranno con uguali leggi sotto il regno del re Latino e i Teucri fonderanno una città che si chiamerà Lavinia, sulla quale regnerà Enea.
Nell'attesa del duello Turno ha già perso l'iniziale fervore e i Rutuli, vedendo l'atteggiamento pensieroso del loro capo, sono molto inquieti per le sorti del duello. Perciò, aizzati da Giuturna, apparsa con le sembianze di un nobile guerriero, violano la tregua. La battaglia si riaccende, la cerimonia del patto è interrotta. Enea, mentre sta cercando di evitare la violazione del patto, è ferito da una freccia che si conficca in un ginocchio. L'eroe viene soccorso dalla madre Venere che lo guarisce applicando sulla ferita una medicina preparata con erbe miracolose.

› Jean-Auguste-Dominique Ingres (1780-1867), *Romolo vincitore di Acrone porta le spoglie opime al tempio di Giove*, 1812, particolare, Parigi, Ecole des Beaux-Arts.

Il duello fra Enea e Turno

Luogo:
Roma
Anno:
29-19 a.C.
Tratto da:
Libro XII, vv. 614-765; 843-952

Il brano

Riprese le forze, Enea saluta Ascanio e torna nella mischia. Mentre i suoi compagni combattano accanitamente, egli va in cerca di Turno per proporgli di nuovo un duello risolutivo; ma Giuturna, preso l'aspetto di Metisco, l'auriga di Turno, porta in giro il carro del fratello per tutto il campo senza farlo incontrare con l'eroe troiano.
Enea, dietro suggerimento di Venere, esorta i compagni ad attaccare direttamente Laurento e minaccia di incendiarla e distruggerla. Nella città, la regina Amata, appena scorge il nemico avvicinarsi alle case senza che nessuno resista, crede che Turno sia caduto e accusandosi come responsabile di tanti lutti, si uccide.
Lavinia, le donne troiane e Latino, insieme a tutta la città, si abbandonano a un disperato lamento.

Frattanto all'estremità della pianura il combattivo Turno
insegue pochi nemici dispersi[1] sempre più sfiduciato,
e sempre meno gioioso del trascorrere dei cavalli.
L'aria gli portò quel clamore[2] misto ad oscuri
terrori e il rombo della città sconvolta; e il sinistro
fragore percosse e fece protendere l'udito.
«Ahimè, perché le mura si turbano di tale pianto?
Quale così grande clamore erompe dalla città lontana?»
Così dice, e si arresta, fuori di sé, tirate le briglie;
a lui la sorella[3], mutata com'era d'aspetto nell'auriga
Metisco e che reggeva il carro e i cavalli e le redini,
replica con tali parole: «Inseguiamo i Troiani,
o Turno, per dove prima la vittoria apre la via;
vi sono altri che possono difendere la città.
Enea assale gli Italici e ingaggia battaglie;
e noi seminiamo crudeli uccisioni fra i Teucri[4].
Uscirai dalla lotta non minore di vittime e di gloria».
Turno rispose:
«Sorella, da tempo ti riconobbi quando per prima turbasti
il patto con un artificio[5], e ti gettasti nella mischia,
ed ora cerchi invano, tu dea, d'ingannarmi. Chi mai ti ha ordinato
di scendere dall'Olimpo e di sopportare tanti travagli[6]?
Forse per vedere la crudele morte dello sventurato fratello?
Cos'altro mi resta? o quale fortuna ormai
mi promette salvezza? Vidi davanti ai miei occhi
Murrano[7] invocarmi, più caro del quale nessuno
mi resta, e, grande, perire vinto da grande ferita.
Cadde, infelice, per non assistere alla nostra vergogna,
Ufente[8], e i Teucri s'impadroniscono del corpo e delle armi.

1. **dispersi:** sbandati.
2. **clamore:** il clamore che si è levato a Lavinio alla notizia del suicidio della regina Amata.
3. **la sorella:** la ninfa Giuturna.
4. **Enea assale … fra i Teucri:** Giuturna vuole evitare che Turno affronti Enea.
5. **quando … artificio:** Giuturna aveva indotto con un inganno l'àugure Tolumnio a violare la tregua concordata in occasione dell'annunciato duello tra Turno ed Enea.
6. **Chi mai … travagli:** Turno ha compreso che a sostegno dell'azione di Giuturna c'è una potente divinità.
7. **Murrano:** era stato ucciso da Enea con un macigno.
8. **Ufente:** capo degli Equi, era stato ucciso all'inizio della battaglia.

Sopporterò che si distruggano le case – questo soltanto mancava
alla sorte –? E non smentirò con la destra le parole di Drance?[9]
Volgerò le spalle, e questa mia terra vedrà
Turno che fugge? A tal punto dispiace morire?
Voi, o Mani[10], siatemi benigni, poiché i celesti
mi avversano. Anima pura[11], ignara di simile colpa,
io discenderò a voi, mai indegno dei grandi avi».
Aveva appena parlato, ed ecco Sace[12] vola
tra i nemici sul cavallo schiumante, ferito in pieno viso
da un dardo, e cade invocando il nome di Turno:
«Turno, in te l'estrema salvezza; abbi pietà dei tuoi.
Enea fulmina in armi e minaccia di abbattere
le alte rocche degli Italici e di seminare sterminio;
già le fiaccole volano ai tetti. I Latini rivolgono
a te il volto e lo sguardo; lo stesso re Latino
esita sul genero da accogliere, sul patto a cui piegarsi;
e la regina[13], a te fedelissima, cadde
di sua stessa mano, e sconvolta fuggì la luce.
Soli davanti alle porte, Messapo e il fiero Atina
sostengono l'assalto. Di qua, di là li circondano
dense falangi, una ferrea messe irta di spade
snudate: tu volteggi col carro su un prato deserto».
Turno sbigottì, confuso dalla varia immagine
degli eventi, e ristette, con lo sguardo immobile, in silenzio:
grande ribolle in un solo cuore la vergogna,
e follia mista a cordoglio e amore[14] agitato dalla furia,
e consapevole valore. Come scomparvero le ombre,
e tornò la luce alla mente, rivolse annuvolato[15] gli occhi
ardenti alle mura e guardò dal carro la grande città.
Ed ecco un vortice di fiamme, volgendosi tra i palchi,
ondeggiava alto nel cielo e avvolgeva la torre[16]
che egli stesso aveva eretto con travi compatte,
e munita sotto di ruote, e impiantata con alti ponti.
«Sorella, i fati ci sopraffanno. Smetti gli indugi.
Andiamo dove mi chiamano il dio e la dura Fortuna.
Devo affrontare Enea e soffrire la morte
con quanto vi è di amaro. Non più mi vedrai inglorioso,
sorella. Ti prego, lascia che prima divampi di questo furore.»
Disse, e subito balza dal carro nei campi,
e si slancia tra i nemici, tra i dardi, e lascia la sorella
angosciata, e fende a metà le schiere con rapida corsa.
Come quando un macigno cade a precipizio dalla vetta
d'un monte, staccato dal vento, sia che un torbido scroscio
lo trascini, o vecchiezza strisciando con gli anni ne dissolva la base;
il masso con grande impeto piomba rovinoso
nei dirupi, e rimbalza sul suolo, travolgendo con sé
selve, armenti, uomini: così, tra le schiere disperse,
Turno s'avventa alle mura, dove copiosa[17] la terra
s'intride di sangue versato, e sibila l'aria di frecce;
fa segnali con la mano, e comincia a gran voce:
«Ora smettete, o Rutuli, e voi frenate i dardi, o Latini;
qualunque sia la Fortuna, mi appartiene; è più giusto

9. **le parole di Drance:** Drance nell'assemblea dei Latini aveva accusato Turno di viltà, perché aveva messo in dubbio la sua volontà di affrontare Enea.

10. **Mani:** nella convinzione di una morte imminente, Turno invoca i Mani, le ombre divinizzate dei morti.

11. **Anima pura:** non in senso morale, ma riferito a un eroismo e a un valore guerriero che non cede alla viltà.

12. **Sace:** guerriero rutulo mai nominato finora.

13. **la regina:** Amata.

14. **cordoglio e amore:** cordoglio per la morte di Amata, amore per Lavinia.

15. **annuvolato:** «*pieno di aspra amarezza*» (Paratore).

16. **volgendosi ... torre:** il fuoco brucia i palchi, i piani della torre che Turno ha fatto erigere presso la porta per difendere meglio la città.

17. **copiosa:** abbondante. Aggettivo usato con valore avverbiale, per enallage (una parola assume una funzione grammaticale o sintattica diversa da quella che richiederebbe il contesto).

che io solamente paghi il patto per voi, e decida col ferro».
Nel mezzo tutti si allontanarono, e diedero spazio.
Il padre Enea, udito il nome di Turno,
lascia i muri e lascia le altissime rocche,
tronca tutti gli indugi, interrompe tutte le imprese,
esultando di gioia, e terribile rimbomba nell'armi:
quale l'Athos[18], o l'Erice[19], o lo stesso padre
Appennino possente[20] quando freme di elci ondeggianti,
e gode levandosi con la vetta nevosa al cielo.
E già i Rutuli a gara e i Teucri e tutti gli Italici
rivolsero lo sguardo, quelli che stavano sugli alti bastioni,
e quelli che percuotevano con l'ariete[21] la base delle mura,
e deposero le armi dalle spalle. Stupisce lo stesso Latino
che quei gloriosi guerrieri, generati in parti diverse
del mondo, si scontrino tra loro e decidano la sorte col ferro.
Quelli, appena il terreno si liberò in un'ampia distesa,
con rapido assalto, scagliate da lontano le aste,
cominciano il duello con gli scudi di bronzo sonoro.
Geme la terra, e con le spade[22] raddoppiano i colpi
frequenti; il caso e il valore si mischiano insieme.
E come quando, sull'immensa Sila[23] o in vetta al Taburno[24],
due tori cozzano a testa bassa in aspra battaglia;
arretrano atterriti i pastori; tutto l'armento
ammutolisce per il timore, e le giovenche non intendono
a chi obbedisca la selva o tutta si accodi la mandria[25];
quelli si scambiano colpi con grande violenza
e forzando infiggono le corna, e bagnano il collo e le spalle
di fiotti di sangue; tutta la selva risuona d'un mugghio:
così il troiano Enea e l'eroe daunio[26] cozzano
con gli scudi, e un grande fragore riempie il cielo.
Giove, equilibrato l'ago, sostiene i due piatti
della bilancia, e vi pone i diversi destini dei due,
chi lo scontro condanni, dove col peso inclini la morte[27].
Balza, senza pensare al pericolo, Turno, e alto
si leva su tutto il corpo sorgendo con la spada,
e colpisce: urlano i Teucri e i trepidi Latini,
tese le schiere di entrambi. Ma la perfida spada[28]

---

18. **Athos:** il monte più alto della penisola calcidica nel Nord della Grecia, oggi famoso per i monasteri bizantini.
19. **Erice:** il monte sovrastante Trapani dove Erice, figlio di Venere, aveva elevato un tempio dedicato alla madre.
20. **Appennino possente:** probabile allusione al massiccio del Gran Sasso.
21. **ariete:** macchina da guerra utilizzata per sfondare le porte e le mura delle città assediate.
22. **con le spade:** l'iniziale scontro a distanza con le lance non ha avuto alcun effetto: la lancia di Enea è andata a conficcarsi nel ceppo di un ulivo selvatico sacro al dio Fauno. I due contendenti passano quindi allo scontro diretto con le spade.
23. **immensa Sila:** altopiano della Calabria ricoperto di boschi.
24. **Taburno:** catena montuosa del Sannio, tra Abruzzo, Molise e Campania.
25. **non intendono … la mandria:** le giovenche non riescono a comprendere a quale dei due obbediranno gli animali del pascolo (selva) e chi dei due la mandria dovrà riconoscere come capo.
26. **l'eroe daunio:** Turno è figlio di Dauno, eroe eponimo della regione della Daunia, corrispondente anticamente alla Puglia. Nell'*Eneide* Dauno è presentato come re dei Rutuli di Ardea.
27. **Giove … morte:** il motivo della pesatura dei due destini è ripreso dal XXII libro dell'*Iliade*. Durante lo scontro tra Ettore e Achille, Zeus pone sulla bilancia le sorti dei due eroi. A differenza dell'*Iliade* qui non è precisato l'esito della pesatura.
28. **la perfida spada:** la spada traditrice.

‹ Nicolò dell'Abate (1512 ca.-1571), *Scene dall'Eneide, Uccisione di Turno*, 1539-1541 ca., Modena, Palazzo dei Musei, Galleria estense.

s'infrange e abbandona l'ardente a metà del colpo,
se non lo aiutasse la fuga. Fugge più veloce dell'Euro[29],
appena vede l'elsa ignota[30] e la destra inerme.
È fama che quando all'inizio della battaglia salì precipitoso
sui cavalli aggiogati, lasciata la spada del padre,
afferrò trepidante il ferro dell'auriga Metisco;
questo, mentre i Teucri volgevano le spalle dispersi,
bastò a lungo; ma poi che si venne alle armi divine
di Vulcano, la lama mortale[31], al pari di fragile ghiaccio,
si spezzò al colpo; i frammenti risplendono sul fulvo suolo[32].
Turno, fuori di sé, fugge in diverse parti del campo,
e intreccia di qua, di là incerti giri;
dovunque infatti i Teucri si stringono in folta corona,
e di qui lo cinge una vasta palude, di lì le erte mura.
Enea, sebbene a momenti lo ostacoli il ginocchio
attardato dal colpo di freccia[33], e gli ricusi la corsa,
lo insegue e fervido preme col piede il piede
di lui trepidante: come a volte il segugio, imbattutosi
in un cervo serrato da un fiume o irretito dal timore
delle penne purpuree[34], lo incalza con la corsa e il latrato;

---

29. Euro: vento che soffia dall'Oriente.

30. l'elsa ignota: l'elsa è l'impugnatura della spada. Solo ora Turno si accorge di aver preso la spada dell'auriga e non quella del padre Dauno, un'arma con la lama infrangibile perché era stata forgiata da Vulcano e immersa nelle acque dello Stige.

31. la lama mortale: la lama forgiata da un uomo e non da un dio.

32. sul fulvo suolo: sul terreno sabbioso di colore giallo-rossiccio.

33. attardato dal colpo di freccia: Enea, dopo la violazione della tregua, era stato ferito al ginocchio da una freccia, mentre tentava di far rispettare i patti. La ferita era stata guarita da Venere.

34. penne purpuree: «*Un'antica tecnica venatoria* [...] *prevedeva che alla caccia al cervo si circondasse una parte del bosco con una corda cui erano appese, a guisa di "spauracchio", penne di colore rosso acceso*» (Gianotti).

e quello, atterrito dalle insidie e dalla riva scoscesa,
fugge e rifugge per mille vie; ma l'umbro focoso[35]
lo tallona con le fauci spalancate, e quasi lo tiene, e come
lo tenesse, sbatte le mascelle, deluso dal morso a vuoto.
Allora si leva un grido, e la palude e le rive
echeggiano intorno, e tutto il cielo rimbomba del tumulto.
Turno fuggendo apostrofa tutti i Rutuli,
chiamando ciascuno per nome, e reclama la nota spada;
mentre Enea minaccia morte e strage immediata,
se alcuno intervenga, e atterrisce i tremanti, giurando
la distruzione della città, e, sebbene ferito, incalza.
Compiono cinque giri di corsa, e ne ripetono altrettanti,
di qua, di là; non inseguono premi lievi o scherzosi,
combattono per la vita ed il sangue di Turno.

La lancia di Enea si è conficcata nel ceppo di un oleastro sacro a Fauno, che i Troiani avevano tagliato. Enea cerca di strappare la lancia per colpire con l'asta chi non aveva potuto raggiungere con la corsa. Ma Turno prega Fauno e la dea Terra di trattenere nel ceppo l'arma. Le due divinità esaudiscono la sua preghiera ed Enea non riesce a impadronirsi della sua lancia, mentre Giuturna, con le sembianze di Metisco, accorre in aiuto del fratello e gli rende la spada. Venere, indignata per l'intervento della Ninfa, strappa la lancia dalle radici dell'oleastro e la riporta a Enea. I due contendenti, recuperate le armi e il coraggio, incominciano a combattere.
Sull'Olimpo, Giove, che ha già pesato il destino dei due eroi, si rivolge a Giunone ricordandole che il Fato ha già stabilito l'esito della missione di Enea e la invita a cessare di perseguitare i Troiani. La dea, rassegnata, chiede che i nativi latini non diventino troiani e che il nome di Troia scompaia per sempre, mentre il Lazio dovrà rimanere con il suo nome, con le sue leggi, con i suoi costumi e la sua lingua. Giove accetta le condizioni di Giunone e la dea, allietata, distrae la mente abbandonando Turno al suo destino.

Compiuto ciò, il Padre medita altro fra sé,
e si prepara ad allontanare Giuturna dalle armi del fratello.
Vi sono due pesti gemelle, che chiamano Dire:
la fosca Notte le generò insieme alla tartarea
Megera[36] in un unico parto; e le cinse di uguali
spire di serpi, e aggiunse ali ventose[37].
Esse compaiono accanto al trono di Giove, sulla soglia del re
implacabile, e acuiscono il terrore agli affranti mortali,
se il re degli dei ordisce atroce morte
e morbi, o atterrisce le città colpevoli con la guerra.
Giove fece discendere una di esse veloce dal sommo
del cielo, e le ordinò di mostrarsi in presagio a Giuturna.
Quella vola, e si dirige sulla terra con rapido turbine.
Come, scoccata dall'arco attraverso una nube, la freccia
che un Parto o un Cidone[38] scagliò, armata del fiele
di feroce veleno, immedicabile colpo, stridendo
attraversa senza che alcuno la veda le ombre veloci:
così la figlia della Notte viaggiò e raggiunse la terra.
Dopo che vide l'esercito iliaco[39] e le schiere di Turno,
subito si raccolse nella figura del piccolo uccello[40]
che talvolta, posato di notte sulle tombe e sui tetti deserti,
canta lugubre a lungo attraverso le ombre;
mutatasi in questa forma, la peste vola e rivola
gemendo sul volto di Turno e percuote lo scudo con le ali.

35. l'umbro focoso: *«il segugio (v. 749) appartiene dunque a una delle più pregiate razze di cani da caccia»* (Gianotti), da qui il motivo per cui viene assimilato a Enea.

36. pesti … Megera: le Dire, Tisifone e Aletto, di solito identificate con le Furie, sono figlie della Notte (qui personificata) e sorelle dell'infernale Megèra. Costei è rinchiusa nell'Averno, mentre Aletto e Tisifone stanno accanto al trono di Giove.

37. cinse … ventose: le Dire sono mostri alati e in testa invece dei capelli hanno serpenti.

38. Parto o un Cidone: i Parti e i Cretesi (Cìdone è una città dell'isola di Creta) erano famosi per l'abilità nel maneggiare l'arco.

39. iliaco: troiano. Ilio era l'altro nome della città di Troia.

40. piccolo uccello: un gufo o una civetta.

A lui uno strano torpore infiacchì di spavento le membra.
i capelli si drizzarono per l'orrore, e la voce s'arrestò nella gola.
Come da lontano riconobbe le strida e le ali della Dira,
l'infelice Giuturna si scioglie e si strappa i capelli,
colpendosi il volto con le unghie e il petto coi pugni:
«Come adesso, o Turno, la sorella potrà aiutarti?
che resta a me, crudele? con quali espedienti
protrarti la vita? e posso oppormi a simile mostro?
Sì, abbandono il campo. Non m'atterrite, sgomenta,
infausti uccelli: conosco il battito delle ali
e il mortifero suono; non mi sfuggono i duri comandi
del magnanimo[41] Giove. Così per la verginità mi ripaga?[42]
Perché mi diede un'eterna vita, e mi tolse la condizione
della morte? ora potrei terminare questi tormenti,
e accompagnare lo sventurato fratello tra le ombre.
Io immortale? Vi sarà qualcosa di dolce per me,
senza di te, o fratello? Quale profondo abisso
si aprirà precipitando me dea tra i profondi Mani?».
Detto ciò, si avvolse il capo nel glauco manto[43] delle acque,
con alti gemiti, e scomparve nelle profondità del fiume.
Enea di contro incalza e vibra la lancia,
enorme, simile a un tronco, e parla con animo feroce:
«Ora cos'è quest'indugio? Perché ti attardi, o Turno?
Non con la corsa, con l'armi crudeli si deve combattere
da presso. Trasformati in tutti gli aspetti, raduna quanto
vali con l'animo e con l'astuzia; desidera di volare
sulle alte stelle, e di racchiuderti nel cavo della terra[44]...».
Quello, scuotendo il capo[45]: «Non le tue superbe parole m'atterriscono,
o arrogante; gli dei mi atterriscono e Giove nemico[46]».
E senza dire null'altro, rivolge lo sguardo a un grande macigno,
a un grande, antico macigno che giaceva sul campo,
posto come confine al terreno, per dirimere le agresti contese.
Lo porterebbero a stento sul collo dodici uomini scelti[47],
quali di membra attualmente produce la terra;
l'eroe, afferratolo con mano ansiosa[48], cercò di scagliarlo
sul nemico, ergendosi in alto e preso di corsa l'abbrivio.
Ma non si riconobbe nel correre, nel muoversi,
nell'alzare con la mano e nel librare il possente macigno;
le ginocchia vacillano, si rapprende gelido il sangue.
Allora la pietra, lanciata dal guerriero nel vuoto,

---

41. magnanimo: detto con sarcasmo.

42. così ... mi ripaga?: Giuturna era stata amata da Giove che le aveva dato l'immortalità.

43. avvolse ... manto: Giuturna si avvolge il capo in segno di lutto. Il suo manto è glauco, come in genere quello delle divinità fluviali, lacustri o marine.

44. Trasformati ... terra: la conclusione sottintesa a queste parole è che Turno non riuscirà a sottrarsi all'ira di Enea.

45. scuotendo il capo: «*Lo scuotimento del capo esprime sdegno verso Enea, il quale è orgoglioso di una superiorità che non è dovuta alle sue forze*» (La Penna).

46. Giove nemico: il termine latino *hostis*, riferito alla divinità, è qui usato per la prima volta e in seguito, dopo Virgilio, compare rarissimamente (Traina).

47. Lo porterebbero ... scelti: Virgilio riprende il motivo dell'*Iliade* in cui il poeta esalta la sovrumana forza degli eroi di un tempo, ben più possenti dei suoi contemporanei.

48. mano ansiosa: Turno, prima ancora di alzare il macigno, teme che le sue condizioni fisiche non glielo consentano.

non percorse tutto lo spazio, né portò a termine il colpo.
E come in sogno, di notte, quando una languida quiete
grava sugli occhi, ci sembra di voler inutilmente intraprendere
avide corse, e durante il tentativo cadiamo sfiniti;
la lingua impotente, le forze consuete del corpo
svaniscono, e non escono voce o parole[49]:
così a Turno, con qualunque sforzo tenti la via,
l'orribile dea nega il successo. Allora volge
nel cuore sentimenti diversi: guarda i Rutuli e la città,
e indugia nel timore, e trema all'arrivo del colpo;
non sa dove scampare, come assalire il nemico,
e non vede in nessun luogo il carro e la sorella auriga[50].
Mentre esitava, Enea brandisce l'asta fatale,
calcolando la sorte con gli occhi, e la vibra da lontano
con lo slancio di tutto il corpo. Non rombano mai
così le pietre scagliate da una macchina murale[51],
o col fulmine scoppiano simili tuoni. L'asta vola a guisa
di nero turbine, portando sinistra rovina, e squarcia
l'orlo della corazza, e l'ultimo cerchio nel settemplice scudo[52].
Trapassa stridendo la coscia. Il grande Turno
cadde in terra, colpito, con le ginocchia piegate.
Balzano con un grido i Rutuli, e tutto rimbomba
il monte d'intorno, e ampiamente i profondi boschi riecheggiano.
Egli da terra, supplice, protendendo lo sguardo e la destra
implorante: «L'ho meritato» disse «e non me ne dolgo;
profitta della tua fortuna; tuttavia, se il pensiero d'un padre
infelice ti tocchi, prego – anche tu avesti un padre,
Anchise –, pietà della vecchiaia di Dauno,
e rendi me, o se vuoi le membra prive di vita,
ai miei. Hai vinto e gli Ausoni mi videro sconfitto
tendere le mani; ora Lavinia è tua sposa;
non procedere oltre con gli odii». Ristette fiero nell'armi
Enea, volgendo gli occhi, e trattenne la destra;
sempre di più il discorso cominciava a piegarlo
e a farlo esitare: quando al sommo della spalla apparve
l'infausto balteo e rifulsero le cinghie delle note borchie[53]
del giovane Pallante, che Turno aveva vinto e abbattuto
con una ferita, e portava sulle spalle il trofeo nemico.
Egli, fissato con gli occhi il ricordo del crudele dolore,
e la preda, arso dalla furia, e terribile
nell'ira: «Tu, vestito delle spoglie dei miei,
vorresti sfuggirmi? Pallante con questa ferita,
Pallante t'immola, e si vendica sul sangue scellerato».
Dicendo così, gli affonda furioso il ferro in pieno petto;
a quello le membra si sciolgono nel gelo,
e la vita con un gemito fugge sdegnosa tra le ombre.

trad. it. E. Canali, Lorenzo Valla-Mondadori, Milano

---

49. **E come … parole:** il poeta ha tratto spunto da una similitudine del libro XXII dell'*Iliade*: «*Così, nel sogno, non riusciamo a inseguire chi fugge. Chi fugge non riesce a fuggire, chi insegue non riesce a inseguire. Così Achille non riusciva a raggiungere Ettore, Ettore non riusciva a sfuggire ad Achille*» (vv. 199-201, trad. it. Ciani).
50. **la sorella auriga:** la ninfa Giuturna.
51. **macchina murale:** la balista, o balestra, macchina da guerra per lanciare pietre e stoppe infuocate.
52. **l'orlo … scudo:** lo scudo era formato da sette strati di pelle e di bronzo. La lancia di Enea colpisce gli strati circolari in un punto marginale, dove lo scudo è meno spesso che al centro.
53. **le note borchie:** vedi libro X, vv. 496-497. Sulle borchie del balteo di Pallante è cesellato il mito delle Danaidi. Le cinquanta figlie di Danao furono costrette e sposare i cinquanta figli dello zio paterno, Egizio. Nella notte delle nozze, le giovani donne, istigate dal padre, massacrarono i loro sposi.

Note di lettura

▶ La tragedia dei vinti: Turno e Giuturna

Nel libro conclusivo dell'*Eneide* il poeta ha riservato a **Turno** un **ruolo di primo piano**. Il re dei Rutuli era comparso sulla scena come un personaggio tracotante, fiducioso nelle proprie forze, dominato da un'impulsività aggressiva, dalla frenesia, dalla follia che gli fanno perdere la lucidità e il controllo delle sue passioni. Incline a una barbara crudeltà, si era vendicato di Evandro uccidendone il figlio. Il poeta aveva sottolineato la sua mancanza di misura e tutti i **tratti della sua indole che lo ponevano in chiara antitesi con il mondo dei valori di cui è portatore Enea**: la sensibilità per le sofferenze umane, la sottomissione ai voleri del destino e degli dei reprimendo le individuali aspirazioni, la moderazione e in generale le virtù della *pietas*.

Ora, però, nell'imminenza della sua tragica fine, Turno appare sotto una **luce completamente diversa**: egli diventa l'eroe sfortunato, il vinto al quale va la pietà del poeta, che approfondisce i tratti di una personalità travagliata, rappresentati in termini umanamente toccanti, in cui gli illusori entusiasmi si alternano allo scoramento, a paure e incertezze. Tuttavia, nel momento in cui Turno avoca a sé il compito di risolvere la guerra, rivela una **dignità di comportamento** che gli era prima sconosciuta e che lo **riscatta** dalle precedenti paure e tentennamenti.

A Enea che, sicuro della propria superiorità, lo apostrofa con arrogante sarcasmo, Turno non risponde e si limita a replicare che non lo atterriscono le sue superbe parole, ma gli dei e «*Giove nemico*» (v. 895). Su di lui, infatti, si accanisce, con una visione d'orrore, il malaugurante piccolo uccello notturno mandato da Giove che, svolazzandogli intorno al viso e colpendo lo scudo, lo getta in uno stato di profonda prostrazione e contribuisce a esporlo quasi inerme ai colpi dell'avversario. Inoltre, **Turno non gode più della protezione di Giunone** che, per mezzo della furia Aletto, ha alimentato in lui una fatale follia: la dea, raggiunto l'accordo con Giove, lo abbandona al suo destino. Turno appare così come **vittima inconsapevole** di una volontà superiore: è una figura tragica, di cui Virgilio sente la necessità di far udire la voce senza peraltro rinunciare a credere che i disegni di quella volontà superiore che è il fato, debbano necessariamente compiersi.

Alla voce di Turno si aggiunge anche il **dramma della sorella Giuturna**, cui il poeta riserva la possibilità di esprimere con sconsolata angoscia la disperazione per la sorte del fratello e la propria tragedia di Ninfa per la quale l'immortalità diventa fonte di un infinito soffrire. Giuturna, infatti, ormai non più partecipe della condizione mortale che le consentirebbe di seguire il fratello nel mondo dei morti, è condannata a **perpetuare il suo lutto**, priva di quell'imperturbabilità che costituisce una prerogativa degli immortali. Prima di inabissarsi per sempre nelle acque, Giuturna esprime un duro giudizio su Giove, chiamato sarcasticamente «*magnanimo*» (v. 878). Nelle sue parole si rivela «*una visuale non solo incompatibile con l'orientamento del fato, ma addirittura critica verso lo statuto tradizionale della divinità*» (Conte). Tuttavia, il suo punto di vista e la sua voce sono destinati a rimanere isolati, in quanto estranei alla visione del mondo di Virgilio secondo la quale gli eventi umani sono guidati dagli dei e, al di sopra di loro, da una potenza superiore che si identifica con il fato.

▶ Enea tra *pietas* e inclemenza

Di fronte al superbo che si umilia e riconosce la propria colpa, **Enea esita**: l'implorazione di Turno gli tocca il cuore e suscita la sua compassione. Egli è così incline alla clemenza, memore anche dell'esortazione del padre Anchise al progenitore dei futuri dominatori del mondo: «*risparmiare i sottomessi e debellare i superbi*» (VI, v. 853).

Ma, improvvisamente, **la vista del balteo sottratto da Turno al giovane Pallante ferisce Enea** come un'arrogante provocazione e richiama alla sua mente e al suo cuore l'opposta immagine del Turno violento e superbo, che aveva ferocemente desiderato di uccidere Pallante sotto gli occhi del padre. A questo si aggiunge il doloroso ricordo della sofferenza per la morte di un giovinetto, verso il quale Enea nutriva un affetto paterno, che tronca l'umana esitazione di Enea e determina in lui un'**incontenibile ira verso Turno**.

Il comportamento di Enea è stato variamente interpretato. Per alcuni l'eroe troiano, non accogliendo la preghiera del supplice, si dimostra a sua volta **arrogante e spietato**, smentendo la *píetas* che lo caratterizza in tutto il poema. L'azione di Enea è guidata, oltre che dal dovere della vendetta, dal furore (v. 946), «*dunque, proprio da quella passione che in tutta la sua opera Virgilio non si stanca mai di bollare come rovinosa*» (Holzberg).

Per altri, invece, il comportamento di Enea è **in linea con la sua umanità di fondo**. Egli assolve un preciso dovere esplicitamente indicato come tale da Evandro, che aveva detto di voler continuare a vivere solo in attesa della vendetta. Nel gesto di Enea non ci sarebbe quindi una smentita della *píetas*, che comprende la clemenza, ma anche la ***fides***, una virtù che impone la **fedeltà ai vincoli di amicizia**.

In tale ottica, pur nella tragica conclusione del duello con il prevalere della *fides* sulla clemenza, non meno autentici sono considerati il sentimento di pietà di Enea e l'inclinazione alla misericordia. Proprio per questo Enea non esulta per la vittoria, e il verso che conclude il poema è riservato al vinto, la cui anima scende nell'Ade, "indignata", parola che «*suona come una protesta contro il destino*» (Gianotti) per una morte immatura, una delle tante che la crudele realtà della guerra semina.

› Jean-Auguste-Dominique Ingres (1780-1867), *Virgilio legge l'Eneide dinanzi ad Augusto*, 1812, Bruxelles, Musées Royaux des Beaux-Arts.

Competenze alla prova

Comprensione

difficoltà

1. Qual è la causa dei clamori che provengono da Laurento?

2. Tra le seguenti affermazioni, indica quali sono vere e quali sono false.

	V	F
a. Turno riconosce la sorella Giuturna solo quando essa riprende il suo vero aspetto	☐	☐
b. Nel luogo dove è stato condotto Turno ci sono molti nemici	☐	☐
c. Turno rimprovera Giuturna di averlo ingannato	☐	☐
d. Sace giunge da Turno ferito a morte	☐	☐
e. Sace dice che il re Latino parteggia per Enea	☐	☐

3. Come è riuscita Giuturna a convincere Turno a lasciarsi condurre lontano dalla mischia?

4. Che cosa significa l'espressione «*le fiaccole volano ai tetti*» (v. 656)?

5. Con quale similitudine è rappresentata la travolgente irruenza di Turno nel ritornare sotto le mura?

6. Che cosa dice Turno ai suoi guerrieri prima di incominciare il duello?

7. Come incominciano il duello i due contendenti?

8. Quale errore ha commesso Turno nel prendere la spada con cui affrontare Enea?

9. Quale figura assume Dira e che cosa fa?

10. Quali sono gli effetti dell'azione dell'uccello notturno su Turno?

11. Come reagisce Giuturna quando riconosce le strida e le ali della Dira?

12. Enea non risparmia Turno:

☐ perché Turno vivo sarebbe un ostacolo al compimento della sua missione
☐ perché non crede alla sincerità delle sue parole
☐ perché la vista del balteo strappato dal corpo di Pallante gli ripresenta l'immagine della scellerata uccisione del giovane
☐ perché Turno è stato causa di tanti lutti nell'esercito di Enea

Analisi

difficoltà

13. Quale figura retorica prevale nel discorso di Turno a Giuturna dei vv. 632-650?

☐ La perifrasi
☐ L'interrogazione retorica
☐ L'iperbole
☐ L'apostrofe

14. Il poeta usa per indicare la spada il termine "ferro". Di quale figura retorica si tratta?

15. Che cosa rivela Turno invocando i Mani (vv. 647-649)?

16. Quali parole di Sace suonano come un rimprovero a Turno?

17. Al verso 663, nella frase «*una ferrea messe irta di spade*», si possono individuare due figure retoriche. Quali sono e qual è il significato di questa espressione?

☐ Esclamazione
☐ Perifrasi
☐ Eufemismo
☐ Iperbole
☐ Metafora
☐ Antonomasia

18. Qual è lo stato d'animo di Turno quando si riprende dallo sbigottimento per le notizie portate da Sace?

☐ Umile rassegnazione
☐ Astio verso gli dei
☐ Timore della morte
☐ Volontà di rivendicare il proprio valore guerriero

19. Quali sentimenti e passioni si agitano nell'animo di Turno alle notizie portate da Sace?

20. Nell'espressione «*fuggì la luce*» del verso 660 sono comprese tre figure retoriche. Quali?

☐ Perifrasi
☐ Eufemismo
☐ Litote
☐ Ipallage
☐ Metafora

21. Nell'espressione contenuta nel verso 859, «*attraversa senza che alcuno la veda le ombre veloci*», sono comprese due figure retoriche. Quali?

22. Individua tutti i termini e le espressioni con cui il poeta fa leva sulle sensazioni uditive (anche nelle similitudini) per esprimere la durezza e la grandiosità dell'imminente duello.

23. In che modo la Dira crea un'atmosfera di morte intorno alla figura di Turno?

24. Quale significato può avere l'atto della Dira di percuotere con le ali lo scudo di Turno?

25. I versi 891-895 sono un esempio di *adýnaton* (termine greco che significa "impossibile"), una figura retorica con la quale si formula un'ipotesi irrealizzabile cui è subordinato un fatto che, in tal modo, è presentato come impossibile. In questo caso quali sono i fatti irrealizzabili e qual è il fatto che si ritiene impossibile e che Enea lascia implicito?

26. In quale similitudine il poeta suscita nel lettore un sentimento di pena per Turno che sente mancargli le forze?

27. A quale consiglio ricevuto da Anchise sul comportamento dei Romani nei confronti dei vinti si sta ispirando Enea con il supplice Turno?

28. Quale reazione ha Enea alla vista del balteo di Pallante indosso a Turno?

29. Perché il balteo è detto «*infausto*» (v. 942)?

Produzione

difficoltà

30. Confronta la similitudine dei versi 908-913 con il corrispondente modello dell'*Iliade* riportato in nota, rilevando le differenze e i tratti caratteristici della similitudine dell'*Eneide*.

31. A proposito della conclusione del libro si è parlato di "fine provvisoria". Prova a scrivere un seguito dell'intreccio immaginando che Enea risparmi Turno.

Ludovico (1555-1619) e Annibale (1560-1609) Carracci, *Storie di Romolo e Remo, Romolo e Remo allattati dalla lupa*, 1590-1592, particolare, Bologna, Palazzo Magnani.

Appendici
Biografie degli autori

Apollonio Rodio (295-215 a.C.)
Nacque ad Alessandria, in Egitto, dove si formò e lavorò durante i primi decenni del III secolo a.C., conoscendo e collaborando con tutti i maggiori poeti, filologi, eruditi che in quegli anni gravitavano intorno alla Biblioteca di Alessandria. La tradizione racconta che ebbe uno scontro con Callimaco, direttore della Biblioteca e poeta erudito di grande fama; in seguito alla tensione tra i due, Apollonio si trasferì a Rodi e dalla permanenza nell'isola deriva il suo appellativo (Rodio). Non possediamo tutta la sua produzione, ma leggiamo integralmente il suo poema maggiore, le *Argonautiche*, poema epico in quattro libri, sulla vicenda degli Argonauti alla conquista del vello d'oro. La sua opera è importante soprattutto per la "rifondazione" del genere epico, che non fu più inteso come narrazione poetica estesa, sviluppata in molti libri, ma piuttosto come narrazione poetica breve, da contenere in pochi libri, dallo stile e dalla cura formale sorvegliatissimi. La sua opera fu modello irrinunciabile per la produzione epica latina.

Dante Alighieri (Firenze nel 1265 - Ravenna 1321)
È considerato il primo e più grande poeta della lingua italiana. Sulla sua formazione culturale ebbero grande influenza sia i poeti fiorentini e toscani che diedero vita al movimento del *Dolce Stil Novo*, sia la frequentazione dell'università di Bologna. Partecipò attivamente alla vita politica del tempo, ricoprendo numerose cariche politiche nella Firenze nel 1300. Quando presero il potere i guelfi neri, Dante venne condannato all'esilio. Oltre alla *Divina Commedia*, che compose tra il 1306 e il 1323, scrisse altre varie opere: le *Rime*, una raccolta di versi in volgare, la *Vita nuova* (1292-93), una raccolta in chiave autobiografica di poesie e prose scritte in volgare; il *Convivio* (1304-1307) in cui trovano espressione le meditazioni morali, filosofiche e politiche del poeta; scrisse il *De vulgari eloquentia* (1303-1304), trattato in latino sulla lingua volgare.

Ennio Quinto
Nacque a *Rudiae*, nel 239 a.C. Prima di dedicarsi alla poesia, esercitò la professione di soldato e combatté nella seconda guerra punica (218-201 a.C.). Nel 204 a.C. fu condotto a Roma da Catone il Censore, che ne aveva apprezzato le qualità poetiche. Grazie, forse, alla sua attività di maestro di grammatica, che affiancò a quella di autore teatrale, fu apprezzato dagli Scipioni e nel 184 a.C. fu insignito della cittadinanza romana. La sua opera più famosa sono gli *Annales*, opera epico storica sulle origini di Roma, giunta a noi solo in frammenti. Morì a settant'anni, nel 169 a.C. e fu onorato con una statua collocata nel sepolcro degli Scipioni sulla via Appia.

Euripide
Nacque a Salamina, in Grecia, intorno al 485 a.C. e morì a circa 80 anni. Della sua vasta produzione restano 18 tragedie e l'unico esempio di dramma satiresco, *Il ciclope*. Influenzato dalla sofistica, nelle sue tragedie, sotto il velame del mito, trattò argomenti di grande attualità come la guerra e la schiavitù (*Eraclidi, Supplici, Troiane, Ione*), nonché sentimenti come l'amore e la gelosia (*Ippolito, Medea*), rivelando grandi doti di introspezione psicologica.

Esiodo
È il più antico poeta greco di cui si abbiano notizie storiche. Visse ad Ascra, città della Beozia, una regione della Grecia, tra i secoli VIII e VII a.C. Il padre era un mercante proveniente dall'Asia minore e alla sua morte lasciò il suo podere ai due figli, Esiodo e il fratello Perse; quest'ultimo però, scialacquati i beni paterni, cercò di farsi assegnare dai giudici anche la parte del fratello. Di Esiodo ci restano due poemi in esametri: la *Teogonia*, in cui compare un primo tentativo consapevole di sistemazione del patrimonio mitico-religioso, e *Le opere e i giorni*, che prende spunto dalla lite con il fratello.

Esopo
Le notizie sulla sua vita si confondono con la leggenda già nei tempi antichi: lo storico Erodoto conosceva un libro popolare del secolo V a.C., il *Romanzo di Esopo*. Sarebbe vissuto nei secoli VII-VI, originario della Tracia o della Frigia e venduto come schiavo a un filosofo a Samo. Dopo avventurose vicende e lunghi vagabondaggi in Oriente, sarebbe stato condannato a morte a Delfi sotto la falsa accusa di furto sacrilego e Apollo ne avrebbe vendicato la morte diffondendone la fama. Si raccontava anche che fosse deforme, con una testa troppo grossa e il corpo piccolo, gobbo, obeso e balbuziente, ma dotato di una intelligenza tale da consentirgli di affrancarsi dalla sua condizione di schiavo.
Probabilmente queste notizie tramandateci dagli antichi avevano un significato simbolico: la deformità e la balbuzie compensate dall'acutezza d'ingegno ricordano la cecità di Omero, anch'essa sicuramente simbolica, così come la condizione servile, comune anche a Fedro, sembra giustificare l'adozione di un genere minore come la favola.

Fedro (20 a.C. - 50 a.C.)
Scrittore latino nato in condizione di schiavitù durante il principato di Augusto e poi affrancato dall'imperatore. Di lui ci sono giunte circa novanta favole.

Hertel Dieter (1949)
È professore di Archeologia Classica all´Università di Monaco. Il suo libro *Troia*, il Mulino, ripercorre la storia di Troia che è insieme la storia di una città antica e di un mito letterario ma anche di un'avventura dell'archeologia moderna.

Livio Tito
Nacque a Padova nel 59 a.C. da famiglia benestante, che gli permise avanzati studi retorici e anche filosofici, in una delle città più antiche e ricche dell'impero. Dalla sua città di provincia il giovane Livio assistette alla fine della repubblica e alla formazione del principato. È probabile che alla conclusione della guerra civile (30 o 29 a.C.) egli si recò a Roma, per raccogliere la documentazione necessaria a realizzare la grande opera storica che aveva progettato. Fu forse la pubblicazione dei primi libri della sua monumentale opera storica – gli *Ab Urbe condita libri*, cioè la storia di Roma dalla sua fondazione – ad attirare su di lui l'attenzione di Augusto, del quale Livio ottenne l'amicizia. Tuttavia non divenne mai uno dei suoi funzionari, facendo carriera politica. Rimase sempre schivo e defilato, ritornando spesso alla sua città d'origine e recandosi a Roma solo per ricercare documentazione storica. Livio morì a Padova nel 17 d.C.

Lucrezio Tito Caro (98 ca - 55 ca a.C.)
Fu un poeta latino delle sua vita si hanno solo notizie incerte. Cicerone curò l'edizione postuma della sua unica opera, il *De rerum natura*, poema filosofico in 6 libri. Nell'opera Lucrezio si proponeva di diffondere la dottrina di Epicuro e di liberare gli uomini dalla paura degli dei e della morte.

Nevio Gneo
Del quale non si conosce la data di nascita, mentre si sa che partecipò alla prima guerra punica nel 235 a.C. e che morì esule a Utica nel 201 a.C., fu un poeta latino autore, oltre che di commedie e tragedie, del *Bellum punicum*, poema sulla prima guerra punica nel quale riconnette le origini di Roma alla leggenda di Enea. Il poema fu di esempio a Ennio e Virgilio.

Parry Milman
Nacque a Oakland, in California, nel 1902. Grecista e professore alla Harvard University dal 1929 fino alla morte nel 1935, contribuì al rinnovamento degli studi omerici con la sua tesi di laurea pubblicata con il titolo L'épithète *traditionnelle dans Homère: essai sur un problème de style homérique* (1928). Sono importanti gli studi di Parry sulla formularità: la fissità di interi versi (i versi formulari) o di singole espressioni (in particolare, Parry studiò l'uso degli epiteti).

Platone
Visse in Grecia fra il 427 e il 347 a.C. e fu uno dei più grandi filosofi dell'Antichità. Fu allievo di Socrate. Secondo la sua dottrina della conoscenza, i sensi non ci forniscono vera scienza, ma solo opinione, infatti le cose sensibili sono copie di modelli eterni e immutabili, le idee, oggetto della vera conoscenza. Scrisse trentaquattro dialoghi, grazie ai quali conosciamo il pensiero di Socrate.

Schliemann Heinrich
Nacque nel 1822 a Neubukow, in Germania. Si arricchì con il commercio, coltivando contemporaneamente una grande passione per l'archeologia che lo portò, nel 1963, a vendere la propria azienda per esplorare i luoghi descritti da Omero. Nel 1871 iniziò gli scavi che portarono alla luce la città di Troia, individuando nove strati sovrapposti. Nel corso di spedizioni successive scoprì il *mégaron* e le tombe dell'Acropoli a Micene (1874-76), e il palazzo di Tirinto (1886). Schliemann fu considerato da molti studiosi un archeologo dilettante e la sua opera fu sottoposta a revisione in più punti dalla successiva ricerca archeologica. Tuttavia il lavoro di Schliemann ebbe il merito di aprire un capitolo ancora inesplorato della storia, grazie al rinvenimento di una grande quantità di nuovi materiali.

Virgilio (Publio Virgilio Marone)
Nacque nel 70 a.C. ad Andes, nei pressi di Mantova. Visse a Roma, dove fra il 42 e il 39 a.C compose le *Bucoliche*, dieci poesie di argomento pastorale ma con riferimenti all'attualità. Entrò a far parte del circolo di Mecenate, che sosteneva la politica sociale culturale di Ottaviano Augusto, dominatore della scena politica romana; tra il 37 e il 30 a.C compose le *Georgiche*, poema didascalico in quattro libri dedicato all'agricoltura e all'allevamento. Dal 29 a.C. sino alla morte, avvenuta nel 19 a.C., si dedicò alla composizione dell'*Eneide*: un poema epico nazionale che celebrava Roma e il principato augusteo, esaltando i valori religiosi e civili tradizionali.

Wolf, Friedrich August
Nacque nel 1759 ad Hainrode, in Germania. Filologo e pedagogista, dal 1873 insegnò Pedagogia all'Università di Halle e poi di Berlino, dove si trasferì nel 1806, dopo l'occupazione di Halle da parte dei francesi nel 1806. A lui si deve il merito di aver portato l'attenzione del mondo culturale sulla questione omerica con l'introduzione a un'edizione dell'Iliade, *Prolegomena ad Homerum* (1795). Morì nel 1824.

Bibliografia

Omero, *Iliade*, Trad. G. Paduano, commento di M.S. Mirto, Einaudi, Torino 1997

Omero, *Iliade*, trad. M. G. Ciani commento di E. Avezzù, Marsilio, Padova 1990

Omero, *Odissea*, trad. di M. G. Ciani, commento di E. Avezzù, Marsilio, Padova 1994

G.S, Kirk, *Omero* in *Storia della letteratura greca Cambridge*, University, Mondadori, Milano 1989

D. Hertel, *Troia*, Il Mulino Bologna 2003

B.B. Powell, *Omero*, Il Mulino, Bologna 2006

J. Latacz, *Omero*, Laterza, Bari 1989

J.P. Vernant, *La morte negli occhi*, Il Mulino Bologna 1987

V. Di Benedetto, *Nel laboratorio di Omero*, Einaudi, Torino 1994

G.A. Privitera, *Il ritorno del guerriero*, Einaudi, Torino 2005

V. Di Benedetto, *Odissea*, Rizzoli, Milano 2010

Virgilio, *Eneide*, trad. di A. Fo, commento di F. Giannotti, Einuadi, Torino 2012

Virgilio, *Eneide*, trad. Ramous, commento di G. Baldo, Marsilio Padova 1998

K. Buchner, *Virgilio*, Paideia, Brescia 1963

N. Holzberg, *Virgilio*, il Mulino, Bologna 2008

G.B. Conte, *Virgilio*, Einaudi, Torino 2002

R. Heinze, *La tecnica epica di Virgilio*, Il Mulino, Bologna 1989

F. Giannotti, *Commento all'Eneide*, Einaudi, Torino 2012

G. Baldo, *Commento all'Eneide*, Marsilio Padova 1998

K. Buchner, *Virgilio*, Paideia, Brescia 1963

N. Holzberg, *Virgilio*, il Mulino, Bologna 2008

G.B. Conte, *Virgilio*, Einaudi, Torino 2002

R. Heinze, *La tecnica epica di Virgilio*, Il Mulino, Bologna 1989

A. Albertini, *Eneide*, libro VI, Societa editrice Dante Alighieri, Roma 1963

A. Traina, *Poeti latini e neolatini*, Pàtron, Bologna 1981

A. Camps, *Lecturae virgilianae*, III, *Lettura del I libro dell'Eneide*, Giannini, Napoli 1983

E. Paratore, *Commento all'Eneide*, Mondadori, Milano 1989

A. La Penna - C. Grassi, Virgilio. *Le opere*, La Nuova Italia, Firenze 1971

F. Della Corte, *Eneide*, Mursia, Milano 1984

A. Traglia, *Lecturae virgilianae*, III, *Lettura del IV libro dell'Eneide*, Giannini, Napoli 1983

G. Puccioni, *Saggi virgiliani*, Pàtron, Bologna 1985

M. Bellincioni, s.v. *Eurialo, Niso* in *Enciclopedia Virgiliana*, Istituto dell'Enciclopedia italiana Treccani, Roma 1984-1991